Altamerikanistik

Eine Einführung in die Hochkulturen Mittel- und Südamerikas

Herausgegeben von
Ulrich Köhler

DIETRICH REIMER VERLAG
BERLIN

CIP-Titelaufnahme der Deutschen Bibliothek

Altamerikanistik : eine Einführung in die Hochkulturen Mittel- und Südamerikas / Ulrich Köhler (Hg.). – Berlin : Reimer, 1990
ISBN 3-496-00936-5
NE: Köhler, Ulrich [Hrsg.]

Dr. Friedrich Kaufmann
Unter den Eichen 57
1000 Berlin 45

Umschlaggestaltung
Thomas Rode / Werner Ost
Frankfurt am Main

Printed in Germany

ISBN 3-496-00936-5

INHALT

Einleitung

Ulrich Köhler

Diese komprimierte Einführung in die neuweltlichen Hochkulturen will Studenten der Altamerikanistik und Völkerkunde wie auch interessierte Laien dazu anregen, sich selbst weitere Einzelthemen zu erschließen. Neben der Präsentation von Fakten liegt deshalb ein wichtiger Akzent auf den jeweiligen Methoden und dem Verweis auf weiterführende Literatur. Dabei wird immer wieder auf aktuell diskutierte Fragen und bislang ungelöste Probleme eingegangen. Sie lassen zumindest einen Teil der Bereiche erkennen, in denen zukünftige Forschung weitere Aufschlüsse erbringen kann.

Die Altamerikanistik befaßt sich in erster Linie mit den präkolumbischen Hochkulturen, wobei aber auch die spanische Kolonialzeit sowie gegenwärtige Indianer Mesoamerikas und des Andengebietes in den Forschungsgegenstand einbezogen werden.

Überkommene Schwerpunkte der Forschung und Lehre liegen in den Bereichen der Archäologie, Kulturgeschichte, Ethnohistorie, Linguistik, Philologie und Epigraphie. Grundsätzlich können aber alle Fragestellungen der Völkerkunde bzw. der anthropologischen Wissenschaften zur Anwendung kommen.

Die Quellen der Altamerikanistik sind zum größten Teil einerseits archäologische Funde und Befunde, andererseits historische Dokumente, hauptsächlich aus dem 16. Jahrhundert. In Mesoamerika wird diese Kategorie schriftlicher Quellen durch Aufzeichnungen in indianischen Schriften ergänzt. Mit ihrer zunehmenden Entzifferung werden jeweils auch neue Inhalte erschlossen. Für manche Fragestellungen haben sich auch ethnographische Erhebungen bei heutigen Indianern als nützlich erwiesen. Beim Versuch, Rückschlüsse auf präkolumbische Denk- und Lebensformen zu ziehen, müssen aber alle methodischen Hürden der Ferninterpretation berücksichtigt werden.

Im deutschsprachigen Raum wird Altamerikanistik vorwiegend im Rahmen der Völkerkunde (Ethnologie) gelehrt, in Berlin und Hamburg ist sie jedoch ein selbständiges Studienfach. Die Anfänge reichen in das ausgehende 19. Jahrhundert zurück, als Eduard Seler 1899 in Berlin eine Stiftungsprofessur für "Amerikanische Sprach-, Volks- und Alterthumskunde" erhielt. Sie war jedoch nur von kurzer Dauer, und seine Nachfolger in der Berliner Altamerikanistik waren hauptamtlich nicht an der Universität, sondern am Museum für Völkerkunde bzw. dem Ibero-Amerikanischen Institut beschäftigt. Aus ihrer großen Zahl seien nur Walter Lehmann, Walter Krickeberg, Hans-Dietrich Disselhoff und Gerdt Kutscher genannt. Erst vor etwa zehn Jahren wurde die Altamerikanistik an der Freien Universität Berlin mit zwei Professuren fest etabliert. In Hamburg wurde Altamerikanistik zunächst durch Franz Termer im Rahmen der Völkerkunde gelehrt. Anfang der sechziger Jahre wurde dann aber eine eigene Professur für "Altamerikanische Sprachen und Kulturen" geschaffen, deren erster Inhaber Günter Zimmermann war.

An den übrigen Universitäten sind altamerikanistische Lehrinhalte weitgehend personengebunden, d.h. es ergeben sich mit Emeritierungen und Neuberufungen immer wieder Verschiebungen von Ort zu Ort. Eine gewisse Sonderstellung nimmt dabei Bonn ein, wo sich die von Hermann Trimborn begründete und von Udo Oberem fortgesetzte Ausrichtung auf die präkolumbischen Hochkulturen auch in der Nachfolge institutionell gefestigt hat.

Angesichts der Vielzahl der Einzelkulturen mußte bei der Gestaltung des Buches eine Auswahl getroffen werden. Die größeren Zusammenhänge werden am Anfang der beiden regionalen Hauptteile umrissen, worauf dann in den archäologischen Abschnitten ausgewählte Beispiele vorgestellt werden, die in der jeweiligen Epoche eine herausragende Rolle spielten. Sowohl wegen ihrer politischen Bedeutung als auch der besonders günstigen Quellenlage liegt der thematische Schwerpunkt der ethnohistorischen Abschnitte auf den Kulturen der Azteken und Inka. Gerade der Vergleich dieser so unterschiedlich strukturierten etwa zeitgleichen Reiche ist besonders aufschlußreich. Ähnliches gilt aber auch für frühere Epochen der Geschichte und Vorgeschichte, die in beiden Großregionen von Aufstieg und Niedergang bedeutender Kulturen geprägt war. Um solche Vergleiche zu erleichtern, sind die beiden Hauptteile "Mesoamerika" und "Andengebiet" ähnlich untergliedert.

Mit Absicht umfaßt dieses Lehrbuch sowohl die Hochkulturen Süd- als auch Mittelamerikas. Sachlich ist dieser weite Rahmen von Vorteil, da der direkte Vergleich ähnliche Entwicklungen wie auch deutlich abweichende Formen unmittelbar aufzeigt und somit zu Fragen nach den jeweiligen Gründen anregt. Zusätzlich spielte aber auch die didaktische Überlegung eine Rolle, der erkennbaren Tendenz zu allzu enger regionaler Spezialisierung entgegenzuwirken. Eine solche Einengung mag angesichts der Vielzahl der Quellen grundsätzlich gerechtfertigt sein, sie sollte aber erst in einem fortgeschrittenen Stadium der Beschäftigung mit den präkolumbischen Hochkulturen erfolgen; denn erst nach Kenntnis der parallelen Entwicklungen lassen sich die jeweiligen charakteristischen Eigenarten der zeitlichen und regionalen Sonderformen wirklich würdigen.

Zur formalen Gestaltung sind nur wenige Hinweise notwendig. Quellenverweise und Anlage der Literaturverzeichnisse erfolgten in der Art, wie sie in der Ethnologie üblich sind. Dabei wurden wegen der Übersichtlichkeit möglichst knappe Formen gewählt. So steht die Eintragung 22:14-36 für Band 22, Seite 14-36. Ein der Seitenangabe vorangestelltes 22,3 bedeutet demgegenüber Band 22, Heft 3.

Um die störende Einfügung in den Text möglichst knapp zu halten, wurde in eindeutigen Fällen oft darauf verzichtet, beim Quellenverweis (z.B. Miller 1983) zu kennzeichnen, daß der Genannte nur Herausgeber und nicht Autor des Werkes ist. Redundanzen wurden vermieden; so ist etwa der verbreitete Zusatz "in:" überflüssig, wenn die Quelle durch Nennung der ersten und letzten Seite eindeutig als Aufsatz gekennzeichnet ist. Groß- bzw. Kleinschreibung bei Titeln der Literaturverzeichnisse richtet sich nach der Konvention in der jeweiligen Sprache. Bei manchen Literaturangaben ist der Zusatz (Lit.!) angebracht, der zum Ausdruck bringt, daß der Beitrag reichlich weiterführende Literatur enthält.

Verweise zwischen einzelnen Aufsätzen des Buches haben die Form (→ 1-IIc3). Dabei steht die erste Zahl für den Buchteil, die anderen Angaben für die Position des Beitrages in der Gliederung. Zum leichteren Auffinden tragen die einzelnen Artikel ihre jeweilige Chiffre in der Kopfzeile jeder linken Seite. Nur in einem besonders stringent untergliederten Beitrag (→ 1-IIa2) gibt es auch Verweise innerhalb des Artikels. Diese sind jedoch durch andere formale Gestaltung leicht als solche erkennbar.

Eingangs ist schon darauf hingewiesen worden, daß die Forschung noch nicht abgeschlossen ist. Nachstehend sollen nun die wichtigsten Wege skizziert werden, die – einzeln oder kombiniert – neue Einblicke in die präkolumbischen Hochkulturen versprechen. Es handelt sich dabei um die folgenden vier Ansätze: 1) die Erschließung neuer Quellen; 2) die kritische Bearbeitung bekannter Quellen; 3) die Anwendung neuer Methoden; 4) die Befragung der Quellen unter neuen Gesichtspunkten.

Die Erschließung neuer Quellen und daraus resultierende Erweiterung des Wissensstandes ist im Bereich der Archäologie besonders spektakulär. Die Ergebnisse neuer Grabungen zwingen auch immer wieder zu einer Änderung bisheriger Interpretationen und einer Korrektur von Datierungen. Im Bereich der Ethnohistorie vollzieht sich das Aufdecken neuer Quellen eher im Verborgenen, aber auch hier werden kontinuierlich Fortschritte erzielt. Gelegentlich wird zwar noch eine verschollene frühe Chronik wiedergefunden, die Hauptarbeit besteht jedoch in der gezielten Auswertung von Archivmaterial, nicht zuletzt den früher wenig beachteten Beständen von Provinz- oder Gemeindearchiven. Systematische ethnographische Forschung ist vereinzelt schon zu Beginn dieses Jahrhunderts vorgenommen worden. Der größte Teil unseres Wissens über rezente Indianer Mesoamerikas und des Andengebietes stammt jedoch aus Feldforschungen der letzten drei Jahrzehnte. Auch für zukünftige Forschung liegt hier noch ein weites Betätigungsfeld.

Die kritische Bearbeitung bekannter Quellen betrifft vor allem die schriftlichen. Auch archäologische Funde können neu interpretiert werden, die Möglichkeiten kritischer Überprüfung sind hier jedoch begrenzt, wenn keine Angaben zu Stratigraphie und Fundkontext vorliegen. Solche Informationen fehlen jedoch üblicherweise für die in Museen aufbewahrten Objekte; denn größtenteils wurden sie nicht systematisch ausgegraben, sondern von Sammlern zusammengetragen. Die kritische Quellenbearbeitung ist hierzulande vor allem von der Hamburger Schule der Altamerikanistik durchgeführt worden, und Anleitungen dazu liefern hier die Beiträge von Tschohl. Die dort skizzierte Vorgehensweise der dokumentarischen Ethnohistorik mag für den einen oder anderen Leser zunächst trocken wirken, sie ist in ihrer strengen Systematik jedoch einer der Wege, die die Forschung voranbringen. Ein besonderes Anliegen der Quellenkritik besteht darin, die Quellengenetik aufzudecken. Es leuchtet ja unmittelbar ein, daß dreifaches Abschreiben aus einer Quelle nicht zu drei zusätzlichen Belegen mit eigenem Aussagewert führt. Dennoch werden frühe Chroniken immer wieder so zitiert, als seien sie unabhängige Belege, selbst wenn ihre Zugehörigkeit zu bestimmten Quellenfamilien längst weithin bekannt ist.

Hinsichtlich neuer Methoden seien für die Archäologie beispielhaft die Luftbildprospektion (normal und infrarot) von Satelliten, Prospektion mit dem Magnetometer und neue Datierungsweisen wie das Thermoluminiszenzverfahren genannt. Letzteres, das auf Keramik angewendet wird, hat auch schon dazu beigetragen, Fälschungen in Museumsbeständen aufzudecken, so etwa in größerem Umfang bei den als "urnas" bekannten zapotekischen Räuchergefäßen. Bei der Ethnohistorik geht es vor allem um die systematische Verfeinerung bisheriger Arbeitsweisen. Die rezente ethnographische Forschung verdankt besonders dem Ansatz der kognitiven Anthropologie eine Verbesserung ihrer Daten, da die Sichtweise der Einheimischen und der Bezugsrahmen der jeweiligen Sprache nachhaltiger berücksichtigt werden.

Neue Fragestellungen können sich ad hoc ergeben, häufiger sind sie jedoch das Ergebnis längerer Vorarbeiten, auch innerhalb von Nachbardisziplinen. So wurde etwa für die Archäologie Mesoamerikas und des Andengebietes, die lange Zeit auf spektakuläre Zeremonialbauten fixiert war, mit Fragen der Urbanisation, wie auch ganz allgemein der Siedlungsmuster, ein neuer Blickwinkel erschlossen. Ähnliches gilt für das bewußte Erfassen der Interaktion mit der jeweiligen Umwelt, wobei auch Methoden und theoretische Ansätze der ökologischen Anthropologie verwendet werden.

Aus Theorien abgeleitete Fragestellungen haben grundsätzlich den Vorteil, daß ihre Abstraktionen üblicherweise bereits an empirischem Material überprüft und bestätigt worden sind. Als Beispiele seien modellhafte Prozesse der Akkulturation und der Herausbildung von Synkretismen, Grundmuster der Distribution in vorindustriellen Gesellschaften oder die weite Palette theoretischer Ansätze zur Erklärung des Entstehens komplexer Herrschaftsgebilde genannt. Zu letztgenanntem Thema haben mehrere Disziplinen Erklärungsmuster entwickelt. Beim Versuch die Prozesse zu erhellen, die in einem konkreten Einzelfall – z.B. bei den Inka oder Azteken – abgelaufen sind, können alle diese Deutungsansätze berücksichtigt werden. Bei der Gegenüberstellung mit den empirischen Daten zeigt sich dann, ob sie in dem gegebenen Einzelfall tatsächlich zum besseren Verständnis der Abläufe beitragen oder nicht. Ist letzteres gegeben, so bietet sich die Chance, anhand der in den Quellen belegten Vorgänge bisherige Modelle zu modifizieren oder gar neue zu entwerfen. Diese Erklärungsmuster können dann ihrerseits für andere historische Kontexte – auch in der Alten Welt – als Fragestellungen dienen.

Ich danke den Mitarbeitern am Institut für Völkerkunde der Universität Freiburg für ihren Beitrag zum Gelingen des Werkes; besonders Frau Pamela Elbs-May und Frau Sieglinde Prütz, die das Manuskript auf Computer schrieben, Herrn Peter Heschel, der den Text formatierte sowie allfällige Computerprobleme löste und Herrn Dr. Bruno Illius, der einen Großteil der Aufsätze kritisch durchsah.

1. Hauptteil:

MESOAMERIKA

I. Archäologie

a. Umweltbedingungen und Synopsis der kulturgeschichtlichen Entwicklung

Ulrich Köhler

Als "Mesoamerika" wird seit Paul Kirchhoff (1943) das Verbreitungsgebiet der mittelamerikanischen Hochkulturen bezeichnet. Die herausragenden Merkmale lassen sich wie folgt kurz zusammenfassen: 1) Komplexe Gesellschaften auf der Basis von Bodenbau, die in einigen Fällen die Herrschaftsstruktur eines Staates erreichten; 2) Ausgedehnte zeremonielle Zentren oder gar Städte mit aufwendigen Bauten, unter denen besonders Pyramiden, Paläste, Ballspielplätze die Aufmerksamkeit auf sich ziehen, daneben auch in einigen Fällen ausgedehnte Prachtstraßen; 3) Hohes Niveau des Kunsthandwerks in der Bearbeitung von Stein, Keramik, Holz und Textilien (Metall erst in der Schlußphase) sowie der Malerei; 4) Entwickeltes Kalenderwesen und zum Teil auch Schriften. (vgl. auch Vivó et al. 1982).

Es handelt sich dabei nicht um eine rein geographisch fixierte Zone, sondern um ein Kulturareal im Sinne der nordamerikanischen Ethnologie. Bei dieser Definition verschieben sich logischerweise seine Grenzen in dem Maße, in dem sich der Einfluß der Hochkulturen an der Peripherie weiter ausbreitet oder aber rückschreitet. Solche Prozesse haben seit dem Durchbruch zur Hochkultur um etwa 1.000 v. Chr. mehrfach stattgefunden, und parallel dazu hat sich die Ausdehnung Mesoamerikas jeweils vergrößert oder verkleinert.

Nach einem verbreiteten groben Schema verläuft die Nordgrenze ungefähr auf der Höhe des Wendekreises (Willey 1966:86). Nach einer anderen – eher realistischeren Konvention – weist sie zwischen den beiden Kordilleren eine Ausbuchtung nach Süden (Heyden and Gendorp 1973:10; Spranz 1986:30; Prem 1989:287) auf (Abb. 1). Die Ostgrenze verläuft demgegenüber zu Lande je nach zeitlichem Bezug durch das heutige Nicaragua und Costa Rica oder aber El Salvador und Honduras. Während die Nicarao, die einen aztekischen Dialekt sprachen, zur Zeit der Conquista einen weit nach Osten vorgeschobenen Vorposten bildeten, ist für einen Großteil der nur archäologisch belegten Phasen die genannte westlichere Grenzziehung typischer. Diese wurde deshalb auch hier bei der Abgrenzung von Mesoamerika zu Zentralamerika (→ 2-Ia3) gewählt. Im Norden fluktuierte die Grenze nicht zuletzt auch im Zuge wechselnder klimatischer Bedingungen. In Phasen gesteigerten Regenfalles verschob sie sich wegen des nun möglichen Bodenbaus weiter nach Norden und bewegte sich mit der durch anhaltende Trockenheit erzwungenen Aufgabe dieser Wirtschaftsform zeitweise wieder in entgegengesetzter Richtung. Diese Fluktuation betraf vor allem den besonders witterungsabhängigen zentralen Bereich zwischen den beiden küstennahen Gebirgszügen der östlichen und westlichen Sierra Madre.

Der kulturgeschichtliche Ablauf von einst eingewanderten Jägern und Sammlern über beginnenden und dann zunehmend differenzierten Bodenbau zu den bekannten archäologischen oder historischen Kulturen Mesoamerikas ist deshalb so faszinierend, weil er sich nicht in einer modellhaften Entwicklung vom Einfachen zum Komplexen bewegte, sondern zumindest während der letzten Jahrtausende in Folgen von Aufstieg und Niedergang. Auch regional wechselten innerhalb dieser Zeitspanne mehrfach die Zentren, von denen dynamische Neuerungen ausgingen. Eine der wichtigsten Aufgaben der Forschung besteht deshalb darin, die Gründe für den unterschiedlichen Verlauf in den einzelnen Subarealen sowie auch die Wechselbeziehungen zwischen ihnen aufzudecken.[1] Zum besseren Verständnis dieser Prozesse sollen nun zunächst die geographischen und klimatischen Bedingungen skizziert werden.

Umweltbedingungen

Ausgehend von der als selbstverständlich erachteten Annahme, daß sich Zentral- und Südamerika südlich von Mexiko befinden, fällt es Europäern in der Regel sehr schwer, sich in den geographischen Koordinaten Mesoamerikas zurechtzufinden. Es empfiehlt sich daher, sich die tatsächliche Ausrichtung Mesoamerikas sowie der angrenzenden Landbrücke nach Südamerika genau einzuprägen. Dabei zeigt sich, daß diese Verbindung zwar auch nach Süden verläuft, vergleichsweise

---

1 Mit dem "Handbook of Middle American Indians" (1965-75) steht der Forschung eine nützliche Dokumentation zur Verfügung, die den damaligen Wissensstand zu einer Vielzahl von Themen in übersichtlicher Weise präsentiert. Auch heute noch ist das Werk als Ausgangspunkt für weitere Forschung geeignet. Besonders wertvoll sind die kommentierten Kataloge ethnohistorischer Quellen (Bände 12-15).

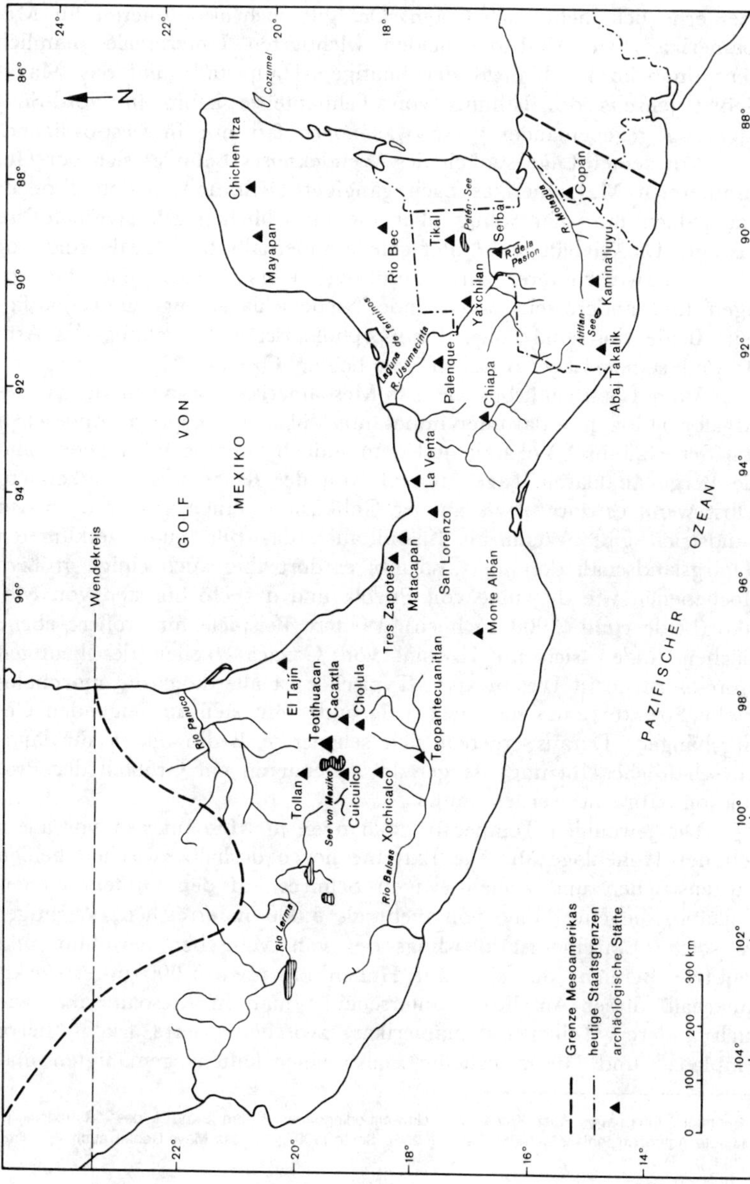
GOLF VON MEXIKO
PAZIFISCHER OZEAN
Wendekreis
N
Cozumel
Chichen Itza
Mayapan
Rio Bec
Tikal
Petén-See
Seibal
R. de la Pasion
Yaxchilan
Laguna de Terminos
R. Usumacinta
Palenque
Chiapa
La Venta
San Lorenzo
Tres Zapotes
Matacapan
Monte Albán
El Tajin
Teotihuacan
Cacaxtla
Cholula
Tollan
See von Mexiko
Cuicuilco
Xochicalco
Teopantecuanitlan
Rio Panuco
Rio Lerma
Rio Balsas
R. Motagua
Copán
Kaminaljuyu
Atitlan-See
Abaj Takalik
Grenze Mesoamerikas
heutige Staatsgrenzen
archäologische Stätte
0 100 200 300 km

Abb. 1

aber erheblich mehr nach Osten. Das gilt noch akzentuierter für Mesoamerika. Dort sind die beiden wichtigsten Unterareale, nämlich Zentralmexiko im Umfeld der heutigen Hauptstadt und das Maya-Gebiet jenseits des Isthmus von Tehuantepec kaum in Nord-Süd-Richtung gegeneinander versetzt, sondern fast nur in west-östlicher.

Mit seiner Lage südlich des Wendekreises befindet sich der Gesamtbereich Mesoamerikas nach gängiger Definition in den Tropen, was jedoch nur sehr wenig über die tatsächlichen Klimaverhältnisse aussagt. Die vielfältigen Unterschiede innerhalb des Areals sind vor allem auf zwei Faktoren zurückzuführen: einerseits variierende Höhenlagen und andererseits wechselnde Niederschlagsmenge und -häufigkeit. Beide sind eine Folge der morphologischen Gestaltung des Areals und seiner Lage zwischen den beiden Ozeanen.[2]

Vom Landschaftsbild her ist Mesoamerika vor allem durch Gebirgsformationen – darunter imposante Vulkane – geprägt. Abgesehen von der Halbinsel Yukatan und dem südlich angrenzenden Petén sind die Berge an klaren Tagen überall von der Küste aus zu erkennen, selbst wenn es dort – wie an der Golfküste – einen breiteren ebenen Landstrich gibt. Wenn im Inland auch das Bild einer zerklüfteten Gebirgslandschaft dominiert, so gibt es dort aber auch einige größere Hochebenen wie diejenige von Puebla und das Hochbecken von Mexiko (beide rund 2.000 m hoch). Weitere Beispiele für größere ebene Flächen finden sich im Hochtal von Oaxaca, Teilen des heutigen Morelos sowie in Westmexiko. Typischer ist allerdings die morphologische Struktur eines schmalen Talgrundes mit steil aufsteigenden Gebirgshängen. Daraus ergeben sich schwierige Bedingungen für landwirtschaftliche Nutzung, da gerade an letzteren ein Großteil der Produktion erbracht werden muß.

Die jeweiligen Temperaturen hängen in Mesoamerika vor allem von der Höhenlage ab. Die Extreme liegen deshalb zwischen heißen Küstenstrichen und Zonen ewigen Schnees auf den Gipfeln einiger Vulkane, die eine Höhe von mehr als 5.000 m erreichen. Wichtiger als solche Extreme ist allerdings der von Menschen bewohnte und genutzte Bereich, der sich auf Höhen bis über 3.000 m erstreckt. Innerhalb dieser Amplitude unterscheidet man in Mesoamerika (wie auch anderen Teilen Lateinamerikas) zwischen "tierra fría", "tierra templada" und "tierra caliente", also einer kalten, gemäßigten und

2 Genauere Information über Klima- und Umweltbedingungen liefern Band 1 des "Handbook of Middle American Indians" (1965), Lauer (1986), Smith (1987), für das Maya-Gebiet auch Wilhelmy (1981).

warmen Zone. Nach einer groben Einteilung umfaßt die erste Lagen über 2.000 m, die letzte solche unter 800 m. Entsprechend den Bedingungen der einzelnen Lokalklimata variiert die Übereinstimmung mit bestimmten Höhenlagen jedoch erheblich.

Bezüglich der Häufigkeit der Niederschläge gibt es eine klare Zweiteilung in einerseits Regenzeit (im Sommer und Herbst) und andererseits Trockenzeit (Winter und Frühjahr). In abgeschwächter Form gilt dies auch für Regenwaldgebiete im Südosten des Areals. Bestimmend für die Niederschläge sind vor allem Winde, die von den Meeren her wehen. Prägend für die Regenzeit, die im Süden schon Ende April/Anfang Mai, im Norden dagegen erst im Juni oder gar Juli einsetzt, ist der Nordost-Passat, im Laufe des Sommers ergänzt durch einen Südwest-"Monsun". Sie verlieren ihre Kraft im Verlauf des August, und obwohl auch noch im September wirksam, werden sie nun in ihrer Bedeutung als Regenbringer von den Ausläufern der Wirbelstürme im Golf von Mexiko (und teils auch im Pazifik) abgelöst. Von etwa November bis April reicht dann die Zeit der "nortes", kalte Winde aus den verschneiten Ebenen Nordamerikas und Kanadas, die sich über dem Golf von Mexiko mit Feuchtigkeit anreichern, so daß auch während der Trockenzeit sporadisch Niederschläge fallen, die manchmal auch das Binnenland erreichen. Neben diesen drei wichtigsten Regenbringern gibt es noch weitere, teilweise lokal begrenzte Faktoren, die Niederschläge verursachen.

Die Chance, daß die vom Meer kommenden Regenwolken ein bestimmtes Gebiet erreichen, wird nicht zuletzt von der geomorphologischen Struktur bestimmt. Die Wolken bilden sich zunächst an den großen meeresnahen Gebirgszügen, wo sie auch schon einen großen Teil der Niederschläge verlieren. Je weiter eine Landschaft im Binnenland liegt, umso schlechter sind deshalb grundsätzlich ihre Chancen, zumindest noch von Resten dieser Wolkenformationen erreicht zu werden. In Mexiko zeigt sich dies anschaulich in der nördlichen Landeshälfte, wo eine weite Zone zwischen den beiden küstennahen Gebirgszügen der Sierra Madre Oriental und Occidental unter geringen und unregelmäßigen Regenfällen leidet. In weiten Teilen dieses Gebietes ist Landwirtschaft nur wegen der Niederschläge möglich, die die Ausläufer der anderorts verheerend wirkenden Wirbelstürme herbeibringen.

Ähnlich wie hier im Großen skizziert, entwickeln sich auch die Mikroklimata. Besonders anschaulich zeigen sich diese in der jeweiligen Vegetation. So kann man etwa beobachten, daß ein dem entfernten Meer zugeneigter Gebirgshang ab ca. 600/800 m üppige

Nebelwaldvegetation aufweist, der gegenüberliegende Hang zum Binnenland hin dagegen Dornensträucher und Kakteen. Wegen des zusätzlichen Einflusses der vielfältigen unterschiedlichen Höhenlagen ist das Landschaftsbild Mesoamerikas selbst auf relativ engem Raum von einer Vielzahl verschiedener Vegetationszonen geprägt. – Damit sind sehr gute Voraussetzungen für arbeitsteilige agrarische Spezialisierung und wirtschaftlichen Austausch gegeben.

Kulturgeschichtliche Abfolge

Die Darstellung der kulturgeschichtlichen Entwicklung kann chronologisch oder typologisch (nach Abschnitten mit bestimmten Merkmalen) erfolgen. Hier wird zunächst die erste Form gewählt, um das empirische Material nicht von vornherein in bestimmte Modelle zu zwängen.

Die frühen Abschnitte bis zur Seßhaftwerdung als Bodenbauer in permanenten Siedlungen sollen hier nur skizzenhaft gestreift werden. Um etwa 10.000 v.Chr. sind im Hochbecken von Mexiko noch Mammutjäger nachgewiesen. Erste Anzeichen für eine Domestizierung von Pflanzen – ab 7.000 v.Chr. zunächst Flaschenkürbis (lagenaria), Chillipfeffer (capsicum annuum) und Kürbis (cucurbita pepo) – sind in der Sierra Madre Oriental in Tamaulipas gefunden worden. Die weitere Entwicklung ist vor allem aus einem südlicheren Bereich dieses Gebirgszuges, nämlich dem Tal von Tehuacán in Puebla, belegt. Dort ist Mais (zea mais) erstmals um 5.000 v.Chr. nachgewiesen, allerdings mit noch sehr kleinen Kolben, die wohl der Wildform nahestanden. Ertragreicherer domestizierter Mais und Bohnen (faseolus vulgaris) gehören dann ab 3.400 zunehmend zur Nahrungsgrundlage (Willey 1966:64f., 78ff.)[3] – So wichtig diese Funde sind, vermitteln sie doch nur ein sehr begrenztes Bild über die tatsächlichen Abläufe, da sie aus eher atypischen, ariden Zonen stammen, die zwar gute Bedingungen für die Erhaltung des pflanzlichen Materials lieferten, wahrscheinlich aber nicht die Orte der erstmaligen Domestikation waren.

Das Siedeln in permanent genutzten Dörfern begann wohl um 2.500 v.Chr. (Stark 1981), ist aber erst ab etwa 1.500 v.Chr. in

---

[3] Die genaue Beschreibung der Abfolge im Tal von Tehuacán liefert "The Prehistory of the Tehuacan Valley" (1967-75), anschauliche Zusammenfassungen der Ergebnisse finden sich in Haberland 1969:8ff., MacNeish 1964, 1981.

größerem Umfang belegt (Flannery 1976:2). Es handelt sich hierbei um einen bisher noch unzureichend untersuchten Abschnitt der mesoamerikanischen Archäologie, in den auch die zunehmende Nutzung von Keramik fällt. Für das Verständnis der kulturgeschichtlichen Entwicklung zum kontinuierlich an Bedeutung gewinnenden Bodenbau und dem Siedeln in festen Ansiedlungen[4] erweist es sich als nützlich, einen Seitenblick auf das etwa zeitgleiche Geschehen in anderen Teilen Amerikas zu werfen. So ist etwa aus der vergleichenden Studie von Ford (1969) ersichtlich, daß an einer größeren Zahl von Orten zwischen Peru und dem Südosten Nordamerikas ganz ähnliche Prozesse abliefen. Dabei deutete zunächst noch nichts darauf hin, daß gerade in Mesoamerika und dem mittleren Andengebiet der Durchbruch zur Hochkultur erfolgen würde, denn zeitweise schien die Entwicklung in anderen Gegenden weiter fortgeschritten zu sein.

Dieser entscheidende Durchbruch gelang in Mesoamerika den Olmeken, die mit ihren monumentalen Zentren von La Venta, Tres Zapotes und San Lorenzo im Tiefland des nördlichen Isthmus-Gebietes einen neuen Kulturtyp schufen (→ 1-Ic1). Ob man sie aufgrund ihrer Leistungen in Architektur und Kunst bereits als Hochkultur bezeichnen soll,[5] ist genauso eine zweitrangige Frage, wie diejenige, ob ihre soziale und politische Organisation bereits die Herrschaftsstruktur eines Staates erreichte. Die entscheidende Neuerung bestand darin, daß hier erstmals eine Vielzahl von dörflichen Ansiedlungen von bestimmten Zentren aus jeweils zu einem größeren Sozialverband integriert werden konnte, der auf gemeinsamer ideologischer Basis die materielle Umwelt in recht spektakulärer Weise neu gestaltete. Im Falle der Pyramide von La Venta und der künstlich angelegten Plattform des zeremoniellen Zentrums von San Lorenzo handelte es sich dabei um öffentliche Arbeiten, die bereits in ihrer Planung auf Jahre oder gar Jahrzehnte konzipiert waren. Über die genannte geographische Zone hinaus haben die Olmeken vor allem durch die Verbreitung eines charakteristischen Kunststils (→ 1-Ic1, Abb. 2-6) Bedeutung erlangt. Zeugnisse ihres Einflusses mit Abbildungen aus bzw. auf Stein und Keramik sind mit Ausnahme des nördlichen Bereichs aus allen Unterarealen Mesoamerikas belegt, wobei sich neben dem Isthmus-Gebiet mit Guerrero und an-

---

4 Wenn zwischen diesen beiden Phänomenen auch eine enge Korrelation besteht, so hat es doch auch in Mesoamerika seßhafte Wildbeuter gegeben (Spranz 1984).

5 Ich halte dies für gerechtfertigt.

grenzenden Gegenden ein zweiter Schwerpunkt abzeichnet. Ungeachtet der Dominanz des olmekischen Stils, fallen in diese Zeit zwischen 1.000 bis 500 v.Chr. auch markante lokale Eigenentwicklungen, etwa im zentralen Hochland mit Tlatilco (Porter 1953) oder an der Pazifikküste von Guatemala (Miles 1965:242ff.).

Die nachfolgenden Jahrhunderte sind durch parallele eigenständige Entwicklungen in verschiedenen Gegenden Mesoamerikas gekennzeichnet, die zwar zum Teil in Kontakt miteinander standen, jedoch jeweils durch spezifische regional begrenzte Züge charakterisiert sind. Solche Abfolgen sind etwa im mittleren Petén (Uaxactun, Tikal), Chiapa de Corzo, Monte Albán oder dem Hochbecken von Mexiko detailliert beschrieben und sind darüberhinaus auch für weitere Areale in groben Umrissen nachweisbar. In dieser Phase des Herausbildens neuer spezifischer Regionalstile hat das nördliche Isthmus-Gebiet nur noch etwa bis zum Beginn unserer Zeitrechnung mithalten können.[6] Nach der Aufgabe von La Venta und San Lorenzo sowie dem Ende der durch Monumentalplastiken gekennzeichneten olmekischen Kultur in Tres Zapotes war das kulturelle Leben im Umfeld des Tuxtla-Gebirges wie auch allgemein des Isthmus-Gebietes nicht ganz zum Erliegen gekommen. Obwohl es dort keine monumentalen zeremoniellen Zentren mehr gab und im weiteren Verlauf keine vergleichbaren neuen entstanden, war es doch eine Region, deren Bewohner sich durch reges Geistesleben auszeichneten. Dafür sprechen jedenfalls Frühformen von Schrift und Kalender (→ 1-Ic4; 1-IIc2), von denen gerade hier wichtige Zeugnisse gefunden worden sind. Nur unter Einbeziehung dieser – manchmal als Epiolmeken bezeichneten – späteren Nachfahren der Olmeken, von denen vielfältige Anregungen ausgingen, erscheint die Bezeichnung der olmekischen Kultur als "Mutterkultur Mesoamerikas" wirklich gerechtfertigt.

Nach dieser letzten Blüte im geistigen Bereich hat der Isthmus an Bedeutung verloren und das Geschehen wird zunehmend von anderen Regionalkulturen bestimmt, deren Entwicklung bereits um die Mitte des ersten Jahrtausends v.Chr. begonnen hatte. Unter ihnen sind besonders Teotihuacan in Zentralmexiko, Monte Albán in Oaxaca sowie die Maya-Kulturen im Petén (Guatemala) hervorzuheben. An erster Stelle ist Teotihuacan zu nennen, das teils aufbauend auf Erfahrungen des am Südende des Hochbeckens von Mexiko gelegenen

6 Rechnet man das weiter nordwestlich gelegene Cerro de las Mesas hinzu, ist das Ende erst um die Mitte des ersten Jahrtausends anzusetzen.

Cuicuilco, bereits kurz nach Beginn unserer Zeitrechnung ein urbanes Zentrum errichtete. In diese frühe Zeit der Stadtanlage fällt auch schon der Bau der beiden monumentalen Pyramiden (→ 1-Ic2). Wenn auch die Datierung (absolut wie relativ) im Detail unsicher ist, so läßt sich doch sagen, daß Teotihuacan dieses Entwicklungsstadium etwa 150-200 Jahre früher erreichte als Monte Albán und Tikal, das nun zum herausragenden Zentrum innerhalb der Maya-Kulturen wurde. In diesen drei Arealen bildeten sich diejenigen Lebensformen heraus, die üblicherweise als die klassischen Kulturen Mesoamerikas bezeichnet werden. Wenn auch mit unterschiedlichen Stilrichtungen und Schwerpunkten zeichneten sich alle drei durch eine komplexe Gesellschaft, große architektonische Leistungen, eine Blüte von Handwerk, Handel und Kunst sowie im Falle von Monte Albán und den Maya-Kulturen auch durch Kalender und Schrift aus, die bei den letztgenannten in dieser Epoche ihren höchsten Enwicklungsstand erreichten (→ 1-Ic4).

Teotihuacan (→ 1-Ic2) und den Maya-Kulturen (→ 1-Ic3) sind hier eigene Kapitel gewidmet, so daß nur Monte Albán kurz skizziert werden muß. Es handelt sich dabei um eine auf einem Inselberg im Tal von Oaxaca gelegene Ansiedlung mit weitläufigem zeremoniellen Zentrum, das in seinen frühen Phasen olmekischen Einfluß erkennen läßt. Dieses archäologische Zentrum wird üblicherweise – und wohl zu recht – mit der Sprachgruppe der Zapoteken in Verbindung gebracht. Die Zeit der Blüte begann etwa um 250 n.Chr. und die größte Bevölkerungszahl wurde mit rund 24.000 ungefähr 200 Jahre später erreicht. In dieser Zeit dominierte Monte Albán eine größere Zahl mittlerer und kleinerer Zentren, zum großen Teil in und am Rande des Tals von Oaxaca. Wenn in der Ansiedlung auf dem Berggipfel auch Handwerk und Handel vertreten waren, so vermutet man doch, daß die Hauptfunktion dieses Zentrums administrativer Art war (Blanton and Kowalewski 1981).[7)]

Es scheint wichtig herauszustellen, daß es innerhalb der drei herausragenden Kulturen dieser Zeit hinsichtlich der inneren Zusammensetzung bedeutende Unterschiede gab. Während im Falle von Teotihuacan und Monte Albán jeweils ein herausragendes Zentrum ein größeres bzw. kleineres Umfeld dominierte, handelte es sich bei den Maya-Kulturen um eine größere Zahl von herausragenden Zen-

---

7 Zur weiteren Vertiefung der Information über Monte Albán sei auf Flannery and Marcus, Eds. (1983), Blanton 1978, Paddock, Ed. (1966) und Scott (1978) verwiesen.

tren, die sowohl politisch wie kulturell etwa gleichwertig waren und jeweils ihren Einfluß auf eine Anzahl kleinerer Zentren erstreckten. Trotz eines gemeinsamen kulturellen Nenners ist das Maya-Gebiet in dieser Zeit vergleichsweise also durch erheblich größere Heterogenität gekennzeichnet, die auch in der Architektur und spezifischen Stilen der Hieroglyphenschrift deutlich wird. Bezüglich der Maya-Kulturen muß betont werden, daß zumindest die größeren archäologischen Stätten, im Gegensatz zu lange gehegten Annahmen, keine reinen zeremoniellen Zentren waren, sondern durchaus urbanen Charakter besaßen.[8])

Trotz ihrer unterschiedlichen Entwicklung und kultureller Eigenständigkeit hat es zwischen den drei Arealen, die das Gesicht Mesoamerikas im ersten Jahrtausend n.Chr. prägten, verschiedene Wechselbeziehungen gegeben. In den ersten Jahrhunderten ging der Einfluß vor allem von Teotihuacan aus und seine Präsenz ist nicht nur in Monte Albán sichtbar, sondern auch im Maya-Gebiet bis hin nach Kaminaljuyú im Hochland von Guatemala und Tikal im Petén. Besonders im Maya-Gebiet nehmen Zeichen für eine Einflußnahme Teotihuacans jedoch um die Mitte des Jahrtausends ab und danach zeigt sich eine selbständige Entwicklung, die sich von zentralmexikanischen Formen gelöst hat.

Da Teotihuacan seine Blüte um einige Generationen früher erreichte, ist nicht so verwunderlich, daß gerade von hier aus eine Einflußnahme auf die anderen beiden Regionen erfolgte und nicht umgekehrt. Die Art, in welcher Weise Teotihuacan seine Präsenz in diesen entfernten Gebieten ausübte, ist immer noch nicht sicher geklärt. Orte mit deutlicher Präsenz Teotihuacans auf dem Weg ins Maya-Gebiet bzw. dort selbst – Matacapan (Veracruz), Mirador (Chiapas), Kaminaljuyú (Guatemala) – wirken wie Stützpunkte und könnten die Hypothese erhärten, es habe zumindest zeitweilig ein Reich von Teotihuacan gegeben, das sich bis in diese entfernten Regionen erstreckte. Als Gegenargument wird für eine Hypothese der friedlichen Allianz vor allem angeführt, daß die vielfältigen erhaltenen bildlichen Darstellungen aus Teotihuacan (ganz im Gegensatz zu nachfolgenden Epochen!) keine Darstellungen von Kampfhandlungen zeigen. Andere Deutungsansätze sind kürzlich in einem von Miller herausgegebenen Band (1983) präsentiert worden. Wenig überzeugen

[8] Da gradlinig angelegte Straßen - wie z.B.in Teotihuacan - zumeist fehlen, drängt sich der städtische Charakter nicht sogleich auf. Erst flächendeckende Untersuchungen im Umfeld der Pyramiden deckten die unregelmäßig angelegten Wohngebiete auf.

kann besonders die darin von Santley (1983) aufgestellte These, Teotihuacan habe mittels eines behaupteten Obsidian-Monopols das Maya-Gebiet dominiert und Tikal habe seinen Aufschwung der Funktion als Knotenpunkt in der Distribution dieses Gutes verdankt. Wenn Obsidianfertigung und –handel auch eine wichtige Rolle in der Wirtschaft Teotihuacans spielten, so stützen die empirischen Daten den modellhaft allzu vereinfachten Deutungsansatz nicht.

Wenn der Blick auch zumeist auf die drei genannten Kulturen gerichtet ist, die diese Epoche der mesoamerikanischen Kulturgeschichte prägten, so waren sie doch bei weitem nicht die einzigen. Zeitgleich mit ihnen existierte eine größere Anzahl selbständiger Kulturen mit teils eigenwilligen Schöpfungen, die jedoch keine Monumentalarchitektur schufen und hinsichtlich der sozialen Organisation auf der Ebene des Stammes oder Dorfes verweilten. Als Beispiele für solche Kulturen, die besonders wegen ihrer auffälligen Keramik bekannt geworden sind, seien nur diejenigen des südlichen und mittleren Veracruz (Brüggemann 1972) sowie Westmexikos (Bell 1971) genannt.

Genau wie bei der Entfaltung ihrer Blüte erfolgte auch der Niedergang von Teotihuacan, Monte Albán und der Maya-Kulturen nicht zeitgleich. Die Ausstrahlungskraft Teotihuacans war schon um die Mitte des Jahrtausends gebrochen, und nach allmählichem Niedergang wurde die Stadt um 750 n.Chr. aufgegeben. Monte Albán verlor um etwa 700 seine Rolle als politische Oberhoheit im Tal von Oaxaca, existierte aber zunächst als eines von mehreren Zentren weiter. Dieser Machtverlust stand wahrscheinlich in einem Zusammenhang mit dem Niedergang von Teotihuacan. Sei es, daß nun Impulse von dort fehlten, oder aber – entsprechend einer neueren Hypothese von Blanton und Kowalewski (1981:112) – daß nach dem Fehlen einer von ihnen angenommenen Bedrohung durch Teotihuacan die zentralisierte Verwaltungsspitze nicht mehr die erforderliche Unterstützung fand. Die Maya-Kulturen waren demgegenüber vergleichsweise geringfügig vom Niedergang Teotihuacans betroffen. Auf eine Phase von Stagnation und Schwäche um die Mitte des Jahrtausends folgte dort jedenfalls für etwa zwei weitere Jahrhunderte eine Phase gesteigerter kultureller Blüte und Lebenskraft. Ab etwa 800 setzte jedoch auch im Maya-Gebiet ein Niedergang ein, der nach und nach die einzelnen Zentren erreichte. Das zeigte sich durch Fehlen weiterer Bautätigkeit, das Ausbleiben datierter Inschriften und schließlich dem Verlassen der Zentren. Im Gegensatz zu gängigen Darstellungen handelte es sich hierbei nicht um einen plötzlichen

Kollaps, sondern um einen Prozeß, der sich über etwa hundert Jahre, also rund drei Generationen, erstreckte. Nicht zuletzt aufgrund dieser Tatsache haben auf Naturkatastrophen bezogene Erklärungsansätze kaum Überzeugungskraft (→ 1-Ic3).

Der Niedergang der drei großen als klassisch bezeichneten Kulturen endetete nicht in allgemeiner Stagnation auf niederem Niveau. Schon bald regten sich, vor allem im zentralen Hochland von Mexiko, neue Kräfte, die nicht nur einen kulturellen Neubeginn einleiteten, sondern auch konkrete Machtansprüche anmeldeten. Wolf hat diese Zeit mit "Coming of the Warriors" zu charakterisieren versucht (1959) und damit durchaus einen wahren Kern getroffen. Krieger und Kriegswesen gab es zwar gewiß schon früher, nun scheinen sie aber einen besonderen Stellenwert erhalten zu haben. Dafür sprechen jedenfalls die vielfältigen Abbildungen von Kriegern und Kriegsszenen an Tempeln und Palästen. Diese Phase setzt in Zentralmexiko schon bald nach dem Fall von Teotihuacan ein, wobei die genaue zeitliche Fixierung aufgrund der Datenlage jedoch recht schwierig ist.[9] Im Mittelpunkt des Kultes steht nun ein Gott, der mit einer Federschlange oder gar ganzen Heerschaaren von Federschlangen assoziiert ist (→ 1-IIc1). Diese drachenartigen Wesen sind bereits aus der Zeit von Teotihuacan aus dem Umfeld der Regengötter bekannt (Berrin 1988:138ff.). Nun haben sie aber offenbar eine zusätzliche Bedeutung im Streben nach militärischer Größe erlangt.

Herausragende Repräsentanten dieser neuen Kultur sind in Zentralmexiko Xochicalco, Morelos (Sáenz 1975; Hirth and Cyphers Guillén 1988), Cacaxtla, Tlaxcala (Foncerrada 1978) und Tollan, Hidalgo (Diehl 1983). Dazu gesellen sich an der mittleren Golfküste El Tajín (Brüggemann 1984, 1988; Raesfeld 1990) und im nördlichen Yukatan Chichen-Itzá (Tozzer 1957; Coggins and Shane 1984), das eine besonders enge historische Beziehung zu Zentralmexiko (Tollan) erkennen läßt. Demgegenüber hat El Tajín einen eigenen Stil entwickelt, behandelt inhaltlich jedoch weitgehend dieselben Themen wie die anderen genannten Zentren. Es ist eine Zeit reger Interaktion innerhalb Mesoamerikas, von der auch Westmexiko und das

---

9 Es kann nicht ausgeschlossen werden, daß diese Bewegung bereits in der Schlußphase von Teotihuacan einsetzte und zu seinem Fall beitrug.

südliche Guatemala erreicht werden.[10] Besonders auffällig ist, daß Impulse nicht nur von Zentralmexiko ausgehen, sondern auch von der mittleren Golfküste, sowie im Gegenzug aus dem Maya-Gebiet, wo der Niedergang der Kulturen des Petén und angrenzender Regionen wahrscheinlich durch diese neuen dynamischen Kräfte beschleunigt worden ist. Der gegenläufige kulturelle Einfluß aus dem Maya-Gebiet ist besonders gut durch Skulpturen in Xochicalco und Gemälde sowie Stelen in Cacaxtla belegt (McVicker 1985).[11]

Es existiert in dieser Zeit also eine Anzahl größerer voneinander unabhängiger politischer Zentren, die deutliche Züge einer gemeinsamen Kultur tragen, obwohl sie über weite Teile Mesoamerikas verstreut sind.[12] Neben dem Kult des Gottes Federschlange und der Huldigung von Kriegern und Militärorden ist hier vor allem das rituelle Ballspiel (Köhler 1986) zu nennen, das damals seine höchste Entwicklung und größte Bedeutung erlangte. Bei der Keramik erreichte das aus dem Südosten stammende Plumbate weite Verbreitung. Nach etwa zwei bis drei Jahrhunderten ging die Dynamik verloren, und spätestens im Laufe des 12. Jahrhunderts wurden die letzten Zentren dieser Kultur verlassen, ohne daß ein Sieger erkennbar wäre, der von ihrem Fall profitiert hätte. Über Tollan existieren nun schon Informationen aus aztekischer Überlieferung, die Jahresangabe mit 1168 ist jedoch hinsichtlich ihrer historischen Aussagekraft umstritten; für die übrigen Orte sind ebenfalls nur grobe Schätzwerte möglich.

Das Ende dieser panmesoamerikanischen Epoche bedeutete für weite Regionen eine kulturelle Verarmung und den Rückfall in Provinzialität. Dies zeigte sich besonders deutlich im zentralen Hochbecken und angrenzenden Gebieten nach dem Fall von Tollan. Jenseits des hohen Gebirgszuges im Osten konnten jedoch in Für-

---

10 Bei den Quiché im Hochland von Guatemala hat der Gott Federschlange einen so nachhaltigen Eindruck hinterlassen, daß er noch Jahrhunderte später im Popol Vuh unter der lokalen Bezeichnung Cucumatz als einer der Götter der Schöpfung genannt ist (Schultze Jena 1944: 2ff.).

11 Durch rezente Funde gravierter Knochen ist dieser Einfluß auch für das südöstliche Puebla nachgewiesen. In seiner Abhandlung diskutiert Spranz (1988) auch die mögliche Rolle der Olmeca-Xicalanca bei dieser Kulturbeziehung.

12 Die Gleichzeitigkeit dieser Zentren ist in der Art eines zeitlichen Überlappens zu verstehen, nicht jedoch in einer genauen Parallelität von Aufstieg bis Niedergang. Nach gegenwärtigem Forschungsstand scheinen die Anfänge der neuen Richtung in Xochicalco zu liegen, dessen Beginn noch in die Zeit Teotihuacans fällt (Hirth y Cyphers Guillén 1988). El Tajín erreichte mit 900-1100 (maximal 850-1150) seine Blüte später als bisher angenommen (Brüggemann 1988).

stentümern und Königreichen sowie dem zunehmend als Tempelstadt Bedeutung gewinnenden Cholula Traditionen aus vorangegangener Zeit bewahrt und weiterentwickelt werden. Hervorzuheben sind in diesem Zusammenhang vor allem mixtekische Fürstentümer und Königreiche aus dem südlichen Puebla und angrenzenden Oaxaca (Caso 1977-79; Flannery and Marcus 1983), die besonders nach der Jahrtausendwende auch größere politische Aktivität entfalteten und sich nach Unterwerfung der Zapoteken im Hochtal von Oaxaca etablierten. Im Norden Yukatans konnte die auf den Niedergang Chichen-Itzás folgende Phase der Dekadenz durch einen politischen Zusammenschluß unter der Führung Mayapans zeitweilig aufgehalten werden. Sie verhinderte aber nicht die spätere Aufsplitterung Yukatans in eine Vielzahl kleiner Fürstentümer mit vergleichsweise unbedeutenden kulturellen Zentren, so wie die Spanier sie bei ihrer Ankunft vorfanden (Riese 1972).

Westlich des Isthmus von Tehuantepec begünstigte das Fehlen größerer Machtzentren das Herausbilden und die Konsolidierung eigener Formen und Stile. Die Mixteken sind bereits genannt worden, weitere wichtige Beispiele sind etwa die Tarasken in Michoacán, die Totonaken an der mittleren Golfküste und angrenzenden Gebirgszonen oder die etwas weiter nördlich gelegenen Kulturen der Huaxteca (Piña Chan 1976).

Im Bereich des Hochbeckens von Mexiko war im 12. Jahrhundert nach dem Fall von Tollan zunächst ein politisches Vakuum entstanden und es gab kein Gemeinwesen, das in der Lage gewesen wäre, die Tradition fortzuführen. Dazu trug auch die Aufsplitterung der Bevölkerung Tollans auf mehrere Ortschaften bei, von denen einige rund um den Tetzcoco-See entstanden. Nach mehr oder minder harmonischem Nebeneinander von etwa 20 gleich großen unabhängigen Gemeinwesen rund um den See, schickten sich im 14. Jahrhundert Tetzcoco am Ostufer und Atzcapotzalco am Westufer dazu an, andere Ortschaften zu unterwerfen und tributpflichtig zu machen. Bei diesen konkurrierenden Hegemonialbestrebungen war zunächst Tetzcoco erfolgreicher. Zu Beginn des 15. Jahrhunderts gelang es jedoch Atzcapotzalco die Oberhand zu gewinnen und es stand kurz davor, seinen Machtbereich über das ganze Hochbecken auszudehnen. Nach dem Tod des so geschickten Herrschers Tezozomoc von Atzcapotzalco kam es dann während politischer Wirren um die Nachfolge zu dem berühmten Dreibund zwischen Tetzcoco, Tlacopan und dem bis dahin eher unbedeutenden Tenochtitlan (Calnek 1982). Diese verfolgten nun gemeinsam Hegemonialpolitik, wobei sie sich hinsichtlich der administrativen Gestaltung am von Atzcapotzalco besetzten Vorbild orientieren konnten. Dem Dreibund gelang es, im Verlauf von etwa 60 Jahren, seinen Machtbereich bis zu beiden Meeren und im Südosten bis in das Gebiet von Guatemala hin auszubreiten (→ 1-IIb1). Hier ist also ein erneutes Beispiel für eine dynamische Entwicklung gegeben, die von Zentralmexiko ausging. Das erst im Entstehen begriffene aztekische Reich (→ 1-IIb2) war allerdings bei der Ankunft der Spanier noch kaum konsolidiert, so daß es ihnen leicht zum Opfer fallen konnte (→ 1-IIb3).

Typologische Gliederung

Mit Absicht wurde bei dieser knappen Schilderung des kulturgeschichtlichen Ablaufs in Mesoamerika keine Untergliederung in typologische Abschnitte vorgenommen, sondern eine chronologische Abfolge präsentiert, bei der auf Besonderheiten einzelner Unterregionen und Machtverlagerungen zwischen ihnen eingegangen wurde. Auf diese Weise lassen sich auch Wechselbeziehungen zwischen den einzelnen Gebieten klarer darstellen als bei der Wiedergabe des Ablaufes in der Form starrer Schemata. Die in der Literatur zumeist anzutreffende Gliederung nach typologischen Abschnitten ist aber durchaus geeignet, zusätzliche Einblicke zu vermitteln, und es sollen deshalb die beiden wichtigsten Formen kurz vorgestellt und diskutiert werden.

Es geht dabei einerseits um eine phaseologische Gliederung, die Entwicklungsstadien zum Ausdruck bringen will und andererseits um eine Unterteilung nach Horizonten und Zwischenperioden, die den Wechsel zwischen Zeiten kultureller Gleichartigkeit und Diversität erhellen will.

Die traditionelle typologische Untergliederung der Kulturgeschichte Mesoamerikas ist eine phaseologische. Ab dem Zusammenleben in größeren permanenten Ansiedlungen wird sie üblicherweise in die drei Phasen Präklassikum, Klassikum und Postklassikum unterteilt, wobei – nach gängiger europäischer Tradition – diese häufig wieder in einen früheren, mittleren und höheren Abschnitt untergliedert werden. Solch eine Unterteilung hat durchaus heuristischen Wert, vor allem dann, wenn sich die als klassisch bezeichnete Phase deutlich von den anderen abhebt, die davorliegende einsichtig zu ihr hinführt und die nachfolgende durch einen deutlichen Bruch oder epigonenhafte Ausläufer gekennzeichnet ist. Diese Bedingungen sind in Mesoamerika zum Teil durchaus erfüllt, und es verwundert deshalb nicht sonderlich, daß dieses Einteilungschema so populär ist.

Wie so oft, steckt allerdings auch hier der Teufel im Detail. Als Klassikum wird ein Entwicklungsstadium bezeichnet, das sich hinsichtlich der gesellschaftlichen Entwicklung, insbesondere aber auch dem Niveau von Architektur, Handwerk und Kunst in seiner Qualität deutlich von vorangegangenen und späteren Phasen abhebt. Eine solche Entwicklung haben nun aber nicht alle Völker oder auch Regionen Mesoamerikas durchgemacht, so daß die Anwendung des Gliederungsprinzips für das Kulturareal insgesamnt eher fragwürdig ist. Mit den drei Hauptphasen läßt sich eben nur in den Gebieten arbeiten, die tatsächlich ein Klassikum erlebten. Sinnvoll ist die Anwendung des Konzeptes also für Zentralmexiko mit Teotihuacan als Repräsentanten des Klassikums, für Oaxaca mit Monte Albán IIIa-IIIb in der gleichen Funktion, und schließlich den Maya-Kulturen im Petén und angrenzenden Regionen. Für die zahlreichen Gegenden Mesoamerikas, die keine entsprechende Entwicklung durchmachten, ist demgegenüber dieses Phasenmodell nicht nur obsolet sondern irreführend.

Da ein Phasenmodell die Dynamik von Entwicklung, Blüte und Niedergang erhellen will, gehe ich nur bezüglich der drei genannten "klassischen" Kulturen etwas näher darauf ein. Auch diese lassen sich allerdings nicht in ein einheitliches Schema pressen. Ein Grund dafür ist durch den unterschiedlichen zeitlichen Rahmen des jeweiligen Klassikums gegeben. Ein weiterer besteht darin, daß aufgrund der Unwägbarkeiten der Forschungsgeschichte die Kriterien für die Bestimmung der klassischen Phase dieser Kulturen nicht einheitlich sind. Im Falle Teotihuacans wird das Klassikum aufgrund archäologischer Kriterien bestimmt, im Falle von Monte Albán ebenfalls, bei den Maya-Kulturen wurde dagegen von einer ganz anderen Bemessungsgrundlage ausgegangen, nämlich dem frühesten und letzten Anbringen datierter Inschriften. Bei diesem Ansatz, der auch heute noch Nachwirkungen zeigt, vergrößert sich die Phase des Klassikums mit jeder neuen gefundenen Inschrift, die die Zeitspanne an ihrem Beginn oder Ende erweitert. Bislang blieben diese Verschiebungen, etwa der Beginn von 320 auf 290 n.Chr., allerdings durchaus im Rahmen einer Entwicklungsfolge, wie sie auch auf der Basis archäologischer Kriterien im Umfeld von Tikal ermittelt werden konnte. Ganz aus dem Rahmen fällt nun aber die in den siebziger Jahren entdeckte Stele von Abaj Takalik, die bei einer Gestaltung im klassischen Maya-Stil das Datum 126 n.Chr. aufweist (Graham 1977).

Zumal Abaj Takalik jenseits der Sierra Madre an der Pazifikküste gelegen ist und vorerst kaum Anhaltspunkte dafür auszumachen sind, wie von dort aus eine Befruchtung der kulturellen Entwicklung im Petén ausgegangen sein soll, unterstreicht dieser Fund die Notwendigkeit, auch andere Kriterien zur Abgrenzung des Klassikums hinzuzuziehen.

Um die Unterscheidung von Klassikum sowie Vor- und Nachphasen für Mesoamerika sinnvoll einsetzen zu können, sollte für jede der drei genannten klassischen Kulturen der tatsächliche zeitliche Rahmen separat angegeben werden. Die gängigen Abfolgen, bei denen für Mesoamerika pauschal ein Klassikum zwischen bestimmten Zeitmarkierungen festgeschrieben wird, wirken zwar recht übersichtlich (Willey 1966:90f.; Pasztory 1978:6) enthalten aber den Nachteil, daß diese Angaben für keine der Kulturen stimmen und im übrigen die tatsächlichen Abläufe eher verschleiert werden. Bei einer Differenzierung – Teotihuacan ca. 100-750, Monte Albán ca. 250-700, Maya ca. 300-900 – werden diese transparenter, es fehlt allerdings ein einprägsames Gesamtbild.

Das Präklassikum, manchmal auch Formativum genannt, kennzeichnet mit beiden Termini relativ gut, was sich in diesem Abschnitt vollzogen hat. Auf die weithin ausstrahlende Kultur der Olmeken folgten nun regionale Sonderentwicklungen, die im Falle der klassischen Zentren recht deutlich zu ihnen hinleiteten. Wenn man sich bewußt bleibt, daß die Mehrzahl dieser kulturellen Prozesse zu keinem Klassikum führte, kann man mit dem Konzept des Präklassikums immerhin arbeiten. Schwieriger ist es hinsichtlich des Postklassikums, das wegen der sehr unterschiedlichen kulturellen Entwicklungen in der Zeitspanne bis zur Conquista keinen gemeinsamen Nenner erkennen läßt. Um die Zeit erneuter kultureller Blüte in verschiedenen Regionen Mesoamerikas um die Jahrtausendwende als einen Abschnitt mit eigenem Charakter abzugrenzen, wird dieser neuerdings auch als "End-Klassikum" bezeichnet (Prem 1986). Für diese Zuordnung spricht der Umstand, daß die betreffenden Kulturen in mancher Hinsicht an diejenigen des Klassikums anknüpfen. Für das nördliche Maya-Gebiet läßt sich im übrigen anführen, daß dort eine gewisse Kontinuität zum Klassikum gegeben ist. Demgegenüber ist in Zentralmexiko ein vergleichsweise größerer Bruch zu verzeichnen und an der mittleren Golfküste ist ein Anknüpfen gar nicht möglich, da es dort kein Klassikum gegeben hat. Immerhin ist es ein Versuch, den Ablauf der Kulturgeschichte weiter zu differenzieren und anschauliche Kategorien zu bilden.

Gerade für den auf das Klassikum folgenden Abschnitt scheint mir der zweite Ansatz zur typologischen Gliederung nützlich zu sein, der aus der peruanischen Archäologie entlehnt ist und sich dort aufgrund der gegebenen Abläufe gut bewährt hat. Dieses Gliederungsprinzip unterscheidet zwischen Horizonten, d.h. zeitlichen Phasen weitgehender kultureller Einheit über ein großes Areal und Zwischenperioden, die durch vielfältige lokale Eigenentwicklungen charakterisiert sind. Es ist bereits versucht worden, auch diesen analytischen Ansatz – der als komplementär zu dem phaseologischen zu verstehen ist – auf Mesoamerika anzuwenden (Price 1976; Sanders et al. 1979: 93; Berrin 1988:48). Wenn die Zielrichtung auch vernünftig ist, halte ich keinen der bisherigen Versuche für wirklich geglückt. Ich präsentiere deshalb meine etwas abweichende Einteilung, die meines Erachtens den empirischen Daten eher gerecht wird.

Ausgeprägte Horizonte im Sinne weitgehender kultureller Gleichförmigkeit hat es nur in drei Abschnitten der mesoamerikanischen Kulturgeschichte gegeben. Der erste bildete sich während der Olmekenzeit, der zweite im Klassikum in der Zeitspanne der Ausstrahlungskraft Teotihuacans und der dritte im Anschluß an das Klassikum während des Höhenflugs der Federschlangen und des mit ihnen assoziierten Gottes. Außerdem gab es einen Ansatz zur Bildung eines Horizontes durch die Azteken und ihre Verbündeten im Dreibund während der letzten etwa dreißig Jahre vor der Conquista.[13)] Aneinandergereiht ergibt sich damit das nachstehende grobe zeitliches Schema (Tab. 1).

Bei bisherigen Versuchen der Gliederung nach Horizonten ist erstaunlicherweise der Federschlangen-Horizont übersehen worden.[14)] Mit einem Seitenblick auf Peru ist er von besonderem Interesse, da bei ihm nicht ein dominierendes Zentrum vorliegt, sondern mehrere. Es handelt sich hier also um einen polyzentrischen Horizont. Vielleicht ist er gerade wegen seiner atypischen Form bisher nicht als solcher zur Kenntnis genommen worden, denn auch in Mesoamerika weisen die übrigen Horizonte ein klar erkennbares Zentrum auf, das

---

13 Erst ab den Eroberungen von Ahuizotl (1486-1502) hatte der aztekische Einflußbereich entsprechende Ausmaße erreicht.

14 Hinsichtlich der Abgrenzung ist bei früheren Gliederungen zu kritisieren, daß der Horizont von Teotihuacan auch die Zeit einschließt, in der die Stadt ihre Ausstrahlungskraft verloren hatte, und der aztekische zu früh angesetzt ist, nämlich zu einer Zeit, als Tenochtitlan noch ein unbedeutendes Dorf war.

1490 bis 1519 n.Chr.	beginnender aztekischer Horizont
3. Zwischenperiode	
800 bis 1150 n.Chr.	Federschlangen-Horizont
2. Zwischenperiode	
300 bis 550 n.Chr.	Teotihuacan-Horizont
1. Zwischenperiode	
1000 bis 500 v.Chr.	Olmekischer Horizont

Tab. 1

die kulturelle Ähnlichkeit während der Periode prägte. Betrachten wir die räumlichen Gegebenheiten, so zeigt sich, daß die meisten Anstöße zu hegemonialer Ausbreitung vom zentralmexikanischen Hochland ausgingen. Mit den Olmeken gibt es jedoch ein deutliches Gegenbeispiel, denn damals verbreiteten sich die dynamischen Anregungen von der Tieflandzone des nördlichen Isthmus-Gebietes aus.

Während der Blickwinkel bei dieser Unterscheidung von Horizonten und Zwischenperioden auf ganz Mesoamerika gerichtet ist und den Wechsel zwischen Zeiten größerer und geringerer Kommunikation zwischen den Unterarealen erhellt, verspricht in diachronischer Sicht nicht zuletzt auch die Einengung des Blickwinkels auf die Abfolge innerhalb einzelner Unterregionen neue Erkenntnisse. Dieser Ansatz erlaubt es besonders, den mehrfachen Wechsel von Aufstieg und Niedergang innerhalb einer relativ homogenen Zone nachzuvollziehen, wie es etwa Sanders und seine Mitarbeiter für das zentralmexikanische Becken versucht haben (Sanders et al. 1979).[15]

Gerade, wenn Fragestellungen des Wechselspiels zwischen kultureller Entwicklung und Umwelt im Vordergrund des Interesses stehen, bringt die räumliche Begrenzung den Vorteil, daß mit den Umwelt-

[15] Auch für solche begrenzten Regionen kann die Anwendung des Konzeptes von Horizonten und Zwischenperioden nützlich sein, wobei sich entsprechend den lokalen Gegebenheiten spezifische Abfolgen ergeben, die sich von denen des weiteren geographischen Bezugsrahmens unterscheiden können.

bedingungen eine gemeinsame Bezugsgröße gegeben ist.[16] Eine konsequente Anwendung dieses Forschungsansatzes würde allerdings die Verfechter der Idee einer mehr oder minder gesetzmäßigen Evolution dazu zwingen, einige wichtige Fragen zu beantworten. Darunter wäre etwa diejenige, wieso das nördliche Isthmus-Gebiet, wo die Olmeken die ersten herausragenden kulturellen Zentren geschaffen hatten, in der nachfolgenden Zeit nichts vergleichbares mehr hervorbringen konnte. Die Umweltbedingungen waren etwa die gleichen geblieben, und auch die Bevölkerungsdichte reichte aus, um größere städtische Zentren zu bilden – nur dies geschah eben nicht. Bei solch differenzierterer Betrachtungsweise, die sich auch für die übrigen Unterre-

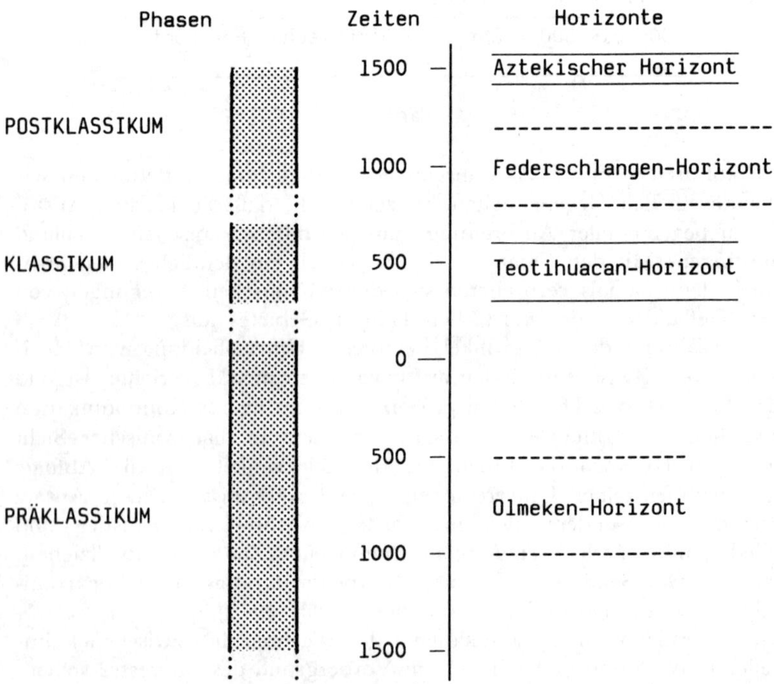

Tab. 2

16 Vor allem bei längeren Zeitperioden treten dann auch die Veränderungen der Umwelt und ihre Auswirkungen auf die menschlichen Gesellschaften in den Vordergrund des Interesses.

gionen Mesoamerikas lohnte, verliert eine modellhafte Evolution, wie sie in dem viel gelesenen Buch von Sanders und Price (1968) suggeriert worden ist, rasch an Überzeugungskraft.

Zum Abschluß der Ausführungen über typologische Gliederungen sollen Phasen und Horizonte in Verbindung mit der chronologischen Abfolge einander gegenübergestellt werden (Tab. 2).

Dabei zeigt sich, daß sie zeitlich keineswegs deckungsgleich sind. Um so wichtiger ist es also, die analytischen Ansätze getrennt anzulegen. Bei der phaseologischen Gliederung ist durch die Punkte vor und nach dem Klassikum angezeigt, daß zu dieser Zeit nicht alle klassischen Kulturen dieses Stadium erreicht hatten bzw. am Ende nicht mehr auf diesem Niveau verweilten. Während die Zeitspanne der Existenz mindestens einer klassischen Kultur auf dem Boden Mesoamerikas also 800 Jahre umfaßt (100-900 n.Chr.), ist der Abschnitt während dessen alle drei parallel diese Phase erlebten, nur halb so lang (300-700 n.Chr.). Bei den Horizonten ist mit durchgezogenen bzw. unterbrochenen Linien der Grad der Sicherheit der zeitlichen Abgrenzung optisch angedeutet.

Gründe des Aufstiegs und Niedergangs

Die Frage nach den Gründen für den manchmal sehr schnellen Aufstieg zur eindrucksvollen kulturellen Blüte und nachfolgenden Niedergang hat immer wieder Forscher und Laien fasziniert. Trotz der Erstellung systematischer Arbeiten gibt es aber nur wenige Erklärungen, die so überzeugend sind, daß sie von der Mehrzahl der Forscher geteilt werden. Gerade wegen der recht unterschiedlichen Abläufe in einzelnen Unterregionen sowie zu verschiedenen Epochen reizt es besonders, die Entwicklungen auch unter dem Blickwinkel verschiedener theoretischer Ansätze zu beleuchten.

In den letzten beiden Jahrzehnten sind evolutionistische Erklärungsansätze wieder in den Vordergrund getreten, insbesondere im Zusammenhang mit Fragestellungen, die ein besonderes Augenmerk auf die Wechselbeziehungen von Mensch und Umwelt legen (Carneiro 1970; Service 1975). Als Beispiele für Mesoamerika seien Sanders and Price (1968), Sanders et al. (1979) und Flannery and Marcus (1983) genannt. Die Beliebtheit dieses Ansatzes ist um so leichter zu verstehen, wenn man berücksichtigt, daß die Ökologische Anthropologie (vgl. Orlove 1980) etwa seit den sechziger Jahren zu einem der Modethemen der nordamerikanischen anthropologischen Wissenschaften geworden war. In den frühen Phasen der kulturellen Entwicklung ist der evolutionistische Erklärungsansatz durchaus einleuchtend, etwa in der Parallelität zwischen Domestikation von Nahrungspflanzen, dem zunehmenden Siedeln in permanenten Ortschaften und steigender Bevölkerungsdichte. Überzeugen kann auch das Postulat einer gewissen Mindestbevölkerung als Voraussetzung für das Entstehen komplexerer sozialer Einheiten wie etwa Häuptlingstümern ("chiefdoms") und Staaten. Nur warum diese bei gleichen demographischen sowie subsistenzmäßigen Bedingungen dann in bestimmten Gegenden entstanden sind, in anderen jedoch nicht, läßt sich mit einem Modell, das von gesetzmäßigen Abläufen ausgeht, nicht erklären. Damit endet ein weitgehender Konsens hinsichtlich eines evolutionistischen Erklärungsansatzes für Mesoamerika mit dem Auftreten der olmekischen Kultur, d.h. dem Zeitpunkt, von dem ab die weitere Entwicklung erst wirklich interessant wird.

Auf Umweltfaktoren bezogene Erklärungsansätze, etwa wichtige Rohstoffvorkommen, wirken in Einzelfällen durchaus plausibel, jedenfalls in dem Sinne, daß sie bei der Entwicklung zu komplexeren Gesellschaften auch eine Rolle gespielt haben. Das gilt etwa für Teotihuacan (Obsidian) und zu einem gewissen Grade wohl auch für Tollan, kaum aber für Tikal und die anderen Kulturen des Petén. Mögliche Vorzüge aufgrund der Lage an Handelswegen haben bei der Entwicklung der drei gerade genannten Zentren wohl auch eine gewisse Bedeutung gehabt.

Ein wichtiger traditioneller Erklärungsansatz sind Überlagerungstheorien, wobei in der Alten Welt besonders solche von Hirtennomaden über Bodenbauer im Vordergrund der Modellbildung gestanden haben (Schmidt und Koppers 1924; Rüstow 1950-57). Wenn es in Mesoamerika auch keine Hirten gegeben hat, so kann der theoretische Ansatz auf einer etwas allgemeineren Basis hier durchaus verfolgt werden. So ist etwa nicht ausgeschlossen, daß die Ausstrahlung Teotihuacans nach Südosten sowohl in Monte Albán als auch im Maya-Gebiet die Entwicklung zum Klassikum beschleunigt hat. Erheblich wertvoller wäre der Erklärungsansatz, wenn er auch Einblicke in das Entstehen der ersten klassischen Kultur Teotihuacan sowie auch diejenige der Olmeken liefern könnte. Das ist bei der gegebenen empirischen Datenlage jedoch nicht der Fall. Auf den ersten Blick gesehen könnte die Überlagerungstheorie bei der Entstehung des Aztekenreiches anwendbar sein, denn sie kamen ja als Fremde in das Gebiet Bodenbau treibender Bevölkerung am Tetzcoco-See. Schon ein erster Blick in die Geschichte des Hochbeckens zeigt dann aber, daß sie keineswegs als Herren dort ankamen, sondern in die Abhängigkeit dort ansässiger Ethnien gerieten, aus der sie sich erst nach etwa zwei Jahrhunderten befreien konnten.

Es ist immer wieder versucht worden, außeramerikanische Einflüsse für das Entstehen der mesoamerikanischen Hochkulturen verantwortlich zu machen. Gerade das Problem transpazifischer Kulturbeziehungen wird in neuerer Zeit wieder intensiver behandelt (Bosch-Gimpera 1971). Im Hinblick auf die Frage nach einer selbständigen oder abhängigen Entwicklung zur Hochkultur in Mesoamerika sind solche Untersuchungen allerdings nicht von Belang, da nur eine außeramerikanische Einflußnahme auf die Kultur der Olmeken von grundlegender kulturgeschichtlicher Relevanz wäre. Auch für diese sind außereuropäische Beziehungen behauptet worden, sie entbehren jedoch jeglicher wissenschaftlichen Qualifikation (→ 1-Ic1). Untersuchungen über mögliche transpazifische Beziehungen einiger der späteren Kulturen können vielleicht eines Tages Auskünfte über Entlehnungen im Bereich von Kunst, Religion und Mantik bringen. Es ist im Augenblick jedoch nicht erkennbar, daß auf diese Weise das Herausbilden der betreffenden Kulturen selbst erklärt werden könnte.

In Anlehnung an die Theorie der "Hydraulischen Gesellschaften" von Wittfogel (1957) ist auch postuliert worden, die Kontrolle über Bewässerungssysteme habe zum Entstehen komplexer staatlicher Organisation geführt, so etwa in Teotihuacan (Sanders et al. 1979:392ff.). Diese Schlußfolgerung beruht jedoch nur auf einer Modellrechnung ohne direkten archäologischen Beleg (Turner 1983:18). Das Fehlen eigener Bewässerungsanlagen in Teotihuacan wird leichter verständlich, wenn man sich die Versorgungsweise der aztekischen Hauptstadt vor Augen führt. Dort stammten Nahrungsmittel vornehmlich aus Tributen (vgl. Katz 1956:89), und es ist durchaus möglich, daß die Ernährung der Bevölkerung Teotihuacans auf ähnliche Weise erfolgte. Die archäologischen Daten bezüglich der dort verwendeten Agrotechnologien sprechen jedenfalls dafür, daß ein Großteil der Nahrungsmittel nicht im engeren Umfeld von Teotihuacan erzeugt worden ist. Was die Azteken anbetrifft, so könnten die Dammstraßen im See und die vielfältigen Kanäle auf den ersten Blick suggerieren, hier habe die Wasserkontrolle zur Entstehung der Stadt und staatlichen Herrschaft entscheidend beigetragen. Dennoch ist das Modell von Wittfogel nicht anwendbar, da die größeren öffentlichen Arbeiten nicht im Zusammenhang mit der Subsistenzsicherung standen und im übrigen erst zu einem Zeitpunkt erfolgten, als sich die weitgehend auf Tributeinnahmen begründete zentrale Herrschaft bereits herausgebildet hatte.

Wenn Subsistenz und Umweltbedingungen auch unbestreitbar wichtige Voraussetzungen für hohe Bevölkerungsdichte auf einem gegebenen Raum sind, so reichen sie allein kaum aus, um zu erklären, wieso ein bestimmtes komplexes Sozialwesen entstanden ist. Im Gegenzug zu umweltdeterministischen Interpretationen hat Coe (1981) auf die Bedeutung der Religion im Zusammenhang mit dem Entstehen der mesoamerikanischen Hochkulturen hingewiesen. Besonders im Fall von Teotihuacan spricht der archäologische Befund dafür, daß der entscheidende Durchbruch vom religiösen Bereich ausging, da die beiden großen Pyramiden bereits zu jener Zeit errichtet wurden. Neben ihrer Bedeutung in Handwerk und Handel hat die Stadt zu jener Zeit also wahrscheinlich auch als Wallfahrtszentrum eine wichtige Rolle gespielt. Auch während des Federschlangen-Horizontes, der sich nach dem Niedergang der Zentren des Klassikums ausbreitete, ist eine starke religiöse Komponente unverkennbar.

Unter den nicht materiell faßbaren Faktoren sind schließlich auch besondere Fähigkeiten – kreativer wie organisatorischer Art – einzelner Persönlichkeiten zu nennen, die den Lauf der Geschichte aller Kontinente häufig gelenkt und geprägt haben. Für Mesoamerika ist dies allerdings nur sehr begrenzt nachweisbar, da die erhaltenen Quellen größtenteils archäologischer Art sind. Für die Azteken, über die wir vergleichsweise erheblich bessere Informationen besitzen, sind die unterschiedlichen Qualitäten der einzelnen Herrscher immerhin ersichtlich, darunter auch die Persönlichkeit des Itzcoatl (1426-40), dem die entscheidenden Schritte für die Entwicklung des späteren Reiches zu verdanken waren (Calnek 1982). Vor allem durch genauere Lesung mixtekischer Bilderhandschriften (→ 1-IIa1) sowie fortschreitende Entzifferung von Texten aus dem Klassikum der Maya (→ 1-Ic4) wird sich dieser Aspekt der vorkolumbischen Geschichte Mesoamerikas noch weiter erhellen lassen. Für den größeren Teil der präkolumbischen Kulturen Mesoamerikas ist solcher Einblick in die historischen Abläufe aber leider verschlossen.

Bezüglich des Niedergangs der präkolumbischen Kulturen Mesoamerikas besitzen wir nur für diejenigen aus der Zeit der Conquista genauere Information (→ 1-IIb3). Nach aztekischen Überlieferungen wurde auch Tollan erobert, und dieses Schicksal teilte anscheinend auch Teotihuacan. Brandspuren bei einer größeren Zahl von Gebäuden sprechen jedenfalls für diese Interpretation. Für das Ende des Klassikums der Maya (→ 1-Ic3) setzt sich zunehmend eine differenziertere Betrachtungsweise durch (Culbert 1973). Wie es scheint, hat das Zusammenspiel mehrerer Faktoren zum Niedergang dieser Kulturen geführt. Der Hauptanlaß kann dabei von Ort zu Ort unterschiedlich gewesen sein. So gibt es aufgrund von Zerstörungen vereinzelt Hinweise auf einen möglichen internen Aufstand, in den meisten Fällen jedoch nicht. Ein Aufstand gegen die herrschende Schicht ist bei den Olmeken von San Lorenzo aufgrund der archäologischen Daten wahrscheinlich, nicht dagegen aber für die beiden anderen großen Zentren jener Kultur (→ 1-Ic1).

Die wenigen Beispiele zeigen bereits, daß es keinen allgemeinen Erklärungsgrund für den Aufstieg und Niedergang der verschiedenen präkolumbischen Kulturen gibt. Es muß also in jedem Fall einzeln untersucht werden, welche Faktoren daran beteiligt waren und wie sie untereinander gewichtet waren. Wenn neuere Untersuchungen auch wertvolle zusätzliche Einblicke vermittelt haben, so ist auch hier noch ein weites Betätigungsfeld für zukünftige Forschung gegeben.

Literatur

Bell, Betty
1971 Archaeology of Nayarit, Jalisco, and Colima. Handbook of Middle American Indians 11:694-753.

Berrin, Kathleen (Ed.)
1988 Feathered Serpents and Flowering Trees. Reconstructing the Murals of Teotihuacan. Seattle.

Blanton, Richard E.
1978 Monte Albán: Settlement Patterns at the Ancient Zapotec Capital. New York.

Blanton, Richard E. and Stephan A. Kowalewski
1981 Monte Albán and After in the Valley of Oaxaca. Supplement to the Handbook of Middle American Indians 1:94-116. Austin.

Bosch-Gimpera, Pedro
1971 Transpazifische Parallelen der amerikanischen Hochkultur und ihre Chronologie. Saeculum 22:195-226.

Brüggemann, Jürgen K.
1972 Die Entwicklungsgeschichte der Golfküstenkulturen Mexicos. Anthropos 67:873-899.
1984 Análisis urbano del sitio arqueológico del Tajín. Informe del proyecto Tajín, 139-219. México (INAH), Ms.
1988 El problema cronológico del Tajín. Anales de Antropología 25. México.

Calnek, Edward E.
1982 Patterns of Empire Formation in the Valley of Mexiko, Late Postclassic Period, 1200-1521. Collier et al. (Eds.) 1982:43-62.

Carneiro, Robert L.
1970 A Theory of the Origin of the State. Science 169:733-738.

Caso, Alfonso
1977-79 Reyes y reinos de la mixteca. Tomos I, II. México.

Coe, Michael D.
1981 Religion and the Rise of Mesoamerican States. Jones and Kautz (Eds.) 1981:157-171.

Coggins, Clemency Chase and Orrin C. Shane III (Eds.)
1984 Cenote of Sacrifice. Maya Treasures from the Sacred Well at Chichen Itza. Austin.

Collier, George A., R. I. Rosaldo and J. D. Wirth (Eds.)
1982 The Inca and Aztec States 1400-1800. New York.

Culbert, T. Patrick (Ed.)
1973 The Classic Maya Collapse. Albuquerque.

Diehl, Richard A.
1983 Tula: The Toltec Capital of Ancient Mexico. London.

Flannery, Kent V. (Ed.)
1976 The Early Mesoamerican Village. New York.

Flannery, Kent V. and Joyce Marcus (Eds.)
1983 The Cloud People: Divergent Evolution of the Zapotec and Mixtec Civilizations. New York.

Foncerrada de Molina, Marta
1978 The Cacaxtla Murals: An example of cultural contact? Ibero-Amerikanisches Archiv 4:141-160.

Ford, J.A.
1969 A Comparison of Formative Cultures in the Americas. Smithsonian Contributions to Knowledge 11. Washington, D.C.

Haberland, Wolfgang
1969 Die Kulturen Meso- und Zentralamerikas. Frankfurt.

Handbook of Middle American Indians.
1965ff. 16 Bände u. bislang 3 Supplementbände. Austin.

Heyden, Doris and Paul Gendorp
1973 Pre-Columbian Architecture of Mesoamerika. New York.

Hirth, Kenneth G. y Ann Cyphers Guillén
1988 Tiempo y Asentamiento en Xochicalco. México.

Jones, Grant D. and Robert R. Kautz (Eds.)
1981 The Transition to Statehood in the New World. Cambridge.

Katz, Friedrich
1956 Die sozialökonomischen Verhältnisse bei den Azteken im 15. und 16. Jahrhundert. Ethnographisch-archäologische Forschungen, Bd. 3., Tl. 2. Berlin.

Kirchhoff, Paul
1943 Mesoamérica: sus límites geográficos, composición étnica y caracteres culturales. Acta Americana 1:92-107.

Köhler, Ulrich
1986 Das Ballspiel. Prem u. Dyckerhoff (Hg.) 1986:273-281.

Lauer, Wilhelm
1986 Der Naturraum. Prem u. Dyckerhoff (Hg.) 1986:13-28.

MacNeish, Richard S.
1964 El origen de la civilización mesoaméricana visto desde Tehuacán. INAH, Dpto. de Prehistoria, Publicación 16. México.
1981 Tehuacans Accomplishments. Supplement to the Handbook of Middle American Indians 1:31-47.

McClung de Tapia, Emily y Evelyn C. Rattray (eds.)
1987 Teotihuacan: Nuevos datos, Nuevas Síntesis, Nuevos Problemas. México.

Miles, S.W.
1965 Sculpture of the Guatemala-Chiapas Highlands, and Pacific Slopes, and Associated Hieroglyphs. Handbook of Middle American Indians 2:237-275.

Miller, Arthur G. (Ed.)
1983 Highland-Lowland Interaction in Mesoamerica: Interdisciplinary Approaches. Washington, D.C.

Millon, René F.
1973 Urbanization at Teotihuacan, Mexico. Volume 1, The Teotihuacan Map. Austin.
1981 Teotihuacan: City, State and Civilization. Supplement to the Handbook of Middle American Indians 1:198:243. Austin.

Orlove, Benjamin S.
1980 Ecological Anthropology. Annual Review of Anthropology 9:235-273.

Paddock, John (Ed.)
1966 Ancient Oaxaca. Stanford.

Pasztory, Esther (Ed.)
1978 Middle Classic Mesoamerica: A.D. 400-700. New York.

Piña Chan, Román (ed.)
1975-76 Los pueblos y señoríos teocráticos. El periodo de las ciudades urbanas. Tomos I, II. México, Panorama histórico y cultural VII-VIII. Méxiko.
1976 Los señoríos y estados militaristas. México, Panorama histórico y cultural IX. México.

Porter, Muriel N.
1953 Tlatilco and the pre-classic cultures of the New World. Viking Fund Publications in Anthropology 19.

The Prehistory of the Tehuacan Valley
1967-75 5 Vols. Austin (Einzelbände mit unterschiedlichen Herausgebern: D.S. Byers, R.S. MacNeish, R.S. MacNeish et al.).

Prem, Hanns J.
1986 Die Geschichte der Mesoamerikanischen Kulturen. Prem u. Dyckerhoff (Hg.) 1986:46-113.
1989 Geschichte Altamerikas. München.

Prem, Hanns J. und Ursula Dyckerhoff (Hg.)
1986 Das Alte Mexiko. München.

Price, Barbara J.
1976 A Chronological Framework for Cultural Development in Mesoamerica. Wolf (Ed.) 1976:13-21.

Raesfeld, Lydia
1990 Die Ballspielplätze von El Tajín, Mexiko. Ethnologische Studien 8. Münster.

Riese, Berthod
1972 Geschichte der Maya. Stuttgart.

Rüstow. Alexander
1950-57 Ortsbestimmung der Gegenwart. Erlenbach-Zürich.

Sabloff, Jeremy and E. Wyllys Andrews V (Eds.)
1985 Late Lowland Maya Civilization. Albuquerque.

Sáenz, César A.
1975 Xochicalco, Morelos. Piña Chan (ed.) 1975-76,I:55-102.

Sanders, William T. and Barbara J. Price
1968 Mesoamerica: The Evolution of a Civilization. New York.

Sanders, William T., Jeffrey R. Parsons and Robert S. Santley
1979 The Basin of Mexico: Ecological Processes in the Evolution of a Civilization. New York.

Santley, Robert S.
1983 Obsidian Trade and Teotihuacan Influence in Mesoamerica. Miller (Ed.) 1983:69-124.

Schmidt, Wilhelm und Wilhelm Koppers
1924 Völker und Kulturen. Regensburg.

Schultze Jena, Leonhard (Hg.)
1944 Popol Vuh: Das heilige Buch der Quiché-Indianer von Guatemala. Quellenwerke zur Alten Geschichte Amerikas 2. Stuttgart.

Seler, Eduard
1902-23 Gesammelte Abhandlungen zur Amerikanischen Sprach- und Altertumskunde. Bd. I-V. Berlin.

Service, Elman R.
1975 Origins of the State and Civilization. The Process of Cultural Evolution. New York.

Smith, C. Earle Jr.
1987 Primeras adaptaciones a las diferencias ambientales en México. Anales de Antropología 24:19-93. México.

Spranz, Bodo
1984 Seßhafte Wildbeuter in Mesoamerika. Paideuma 30:331-337.
1986 Der Kulturraum. Prem u. Dyckerhoff (Hg.) 1986:29-36.
1988 Gravierte Knochen aus Südost-Puebla. Ein weiterer archäologischer Beleg für den Maya-Einfluß im Hochland von Mexiko. Baessler-Archiv 36:61-97.

Stark, Barbara L.
1981 The Rise of Sedentary Life. Supplement to the Handbook of Middle American Indians 1:345-372.

Supplement to the Handbook of Middle American Indians.
1981ff. Bislang 3 Bände erschienen. Austin.

Tozzer, Alfred M.
1957 Chichen Itza and its cenote of sacrifice: a comparison of contemporaneous Maya and Toltec. Vols I,II. Cambridge, Mass.

Turner II, B.L.
1983 Comparison of Agrotechnologies in the Basin of Mexico and Central Maya Lowlands: Formative to the Classic Maya Collapse. Miller (Ed.) 1983:13-47.

Vivó, Jorge A., Paul Kirchhoff, Gordon R. Williey (sic.), Jaime Litvak K.
1982 Una definición de Mesoamérica. México.

Wilhelmy, Herbert
1981 Welt und Umwelt der Maya. München.

Willey, Gordon R.
1966 An Introduction to American Archeology. Vol. 1: North and Middle America. Englewood Cliffs, N.J.

Wittfogel, Karl
1957 Oriental Despotism. New Haven.

Wolf, Eric R.
1959 Sons of the Shaking Earth. Chicago.

Wolf, Eric R. (Ed.)
1976 The Valley of Mexico. Studies in Pre-Hispanic Ecology and Society. Albuquerque.

b. Archäologische Quellen und Methoden

Jürgen K. Brüggemann

Grundlegendes

Wenn von Methoden der Archäologie die Rede sein soll, so muß zunächst auf das Selbstverständnis dieser Disziplin eingegangen werden, und hier besonders auf jene Aspekte, die für Mesoamerika relevant sind.

Wie jede wissenschaftliche Disziplin wird auch die Archäologie in ihrer Methodik und Theorienbildung hauptsächlich von ihrem Forschungsgegenstand her bestimmt. Im Gegensatz zu anderen anthropologischen Fächern kann sie menschliches Verhalten nicht unmittelbar erfassen, ihr Ausgangsmaterial sind vielmehr materielle Objekte, die jedoch ihrerseits Ergebnisse menschlichen Handelns im Sozialverband sind. Deshalb lassen sich von diesen Objekten indirekt auch Rückschlüsse auf die jeweiligen Handlungsmaximen oder die gegebene soziale Organisation ziehen.

Ob die angesprochenen Gesellschaften erloschen sind oder nicht, ist für die archäologische Methodik nicht entscheidend. Je mehr der Forschungsgegenstand in eine Gegenwartsproblematik verwickelt ist, um so mehr wird die Archäologie es mit vorwiegend synchron arbeitenden Fächern zu tun haben, wie der Soziologie, Wirtschaftswissenschaft oder Zeitgeschichte, bis zu dem Grad, wo sie zur Hilfswissenschaft wird. Das ist in keiner Weise abwertend gemeint. Je mehr sie aber in die zeitliche Tiefe geht, desto mehr identifiziert sie sich mit sich selbst. Dann bedient sie sich ihrerseits vor allem der Naturwissenschaften als Hilfswissenschaften, ohne die präzisere Aussagen oft gar nicht möglich sind.

Die Art und Weise, wie sich die Archäologie mit der Geschichte beschäftigt, unterscheidet sie grundlegend von anderen Disziplinen, besonders aber von der konventionellen Geschichtsschreibung. Während die Archäologie Artefakte und deren Assoziationen, also Komplexe, beschreibt, untersucht und auswertet, ist die Historik traditionell auf schriftliche Dokumente ausgerichtet, die ein Ereignis zwar ausführlich, aber subjektiv beschreiben. Letztere konzentriert sich also auf vergangene Handlungen, die als Aktionen ihrem Wesen nach subjektiv sind und durch das Beschreibende, implizit interpretierende Subjekt doppelt subjektiv werden (vgl. Gadamer 1967). Demgegenüber kann der Prozeß der Dingbarmachung als ein Prozeß der Objektivierung angesehen werden. Das Gegensatzpaar Objekt-Subjekt darf hier allerdings nicht moralisch verstanden werden, so als stünde objektiv für positiv und subjektiv für negativ. Es geht keineswegs um Werturteile, sondern ausschließlich um die Natur der Sache, um das Handeln und das Ding, und da ist das Handeln eben seinem Wesen nach subjektiv und das Ding objektiv. Sicherlich gibt es Handlungen, die in ihrer Genese stärkeren objektiven Charakter haben, sowie andererseits Dinge Produkte eines mehr spontaneren Handelns sein können, am Wesen der Sache ändert das aber nichts.

Diese Dinglichkeit schlägt sich in der archäologischen Methodik nieder: die Artefakte werden nicht nach ästhetischen oder sonstwelchen artfremden Kriterien ausgewählt, wie das bei Sammlern oder Kulturfreunden der Fall ist, Richtmaß sind vielmehr der Fundkontext und der historische Zusammenhang. Deswegen ist jedes Museumsstück, das aus seinem physischen und semantischen Zusammenhang gerissen worden ist, ein einschneidender Informationsverlust für die gegenwärtige und zukünftige Archäologie.

Der Ablauf historischer Prozesse wie Aufstieg und Blüte, Zerstörung und Niedergang, äußert sich in einer Folge von Kulturschichten, die der Ablagerung geologischen Materials ähneln. In gleicher Weise manifestieren sich auch Naturkatastrophen und Klimawechsel sowie deren Folgeerscheinungen für menschliche Gesellschaften. Hinsichtlich der Quantität und Qualität archäologischer Funde muß allerdings darauf hingewiesen werden, daß zumeist nur anorganisches Sedimentationsmaterial erhalten ist, und weite Teile der materiellen Hinterlassenschaft somit verloren sind. Deshalb ist es um so problematischer herauszufinden, welcher Faktor nun der entscheidende war, der z.B. zum Verlassen antiker Städte geführt hat, wie etwa am Ende des Klassikums im Maya-Gebiet.

Eine verlassene Stadt ist par excellence eine archäologische Stadt. Sie bietet auch den Vorteil, daß relativ wenig am Material verändert worden ist. Der Archäologe muß ein Prä-Momentum von einem Post-Momentum, eine ursprüngliche Situation von einer willkührlich veränderten unterscheiden können, um dann die ursprüngliche Situation zu rekonstruieren. Die Agenten des Post-Momentum sind vor allem die verschiedenen Arten von chemischer und physikalischer Erosion, aber auch anthropogen bedingte Zerstörung oder nachträgliche Überbauung. In vielen Gegenden hat die Landwirtschaft Ruinenplätze zerstört, aber gerade durch sie sind uns so manche Fundorte bekannt geworden. Säuren im Boden und im Regenwasser greifen die Oberfläche von fast allen archäologischen Objekten an und Baumwurzeln sprengen die von ihnen durchdrungenen Bauten. Hinzu kommen physische Veränderungen der Artefakte, wie z.B. durch die Flußerosion. Der Grad der Veränderung hängt von Dauer und Intensität der Erosion sowie der Widerstandsfähigkeit des Materials ab. Dieser Vorgang kann bis zur völligen Auflösung eines archäologischen Objektes führen.

Bis jetzt ist von der Archäologie als solcher und ihrem Gegenstand die Rede gewesen, nun soll ihr Forschungsfeld kurz umrissen werden. Im weitesten Sinne besteht es aus der Ergründung der Formen menschlicher Daseinsgestaltung in allen ihren Aspekten. Dieses Forschungsfeld teilt die Archäologie mit vielen anderen Kultur- und Geschichtswissenschaften und einigen mehr naturwissenschaftlich orientierten, wie der Paläontologie und der Paläoanthropologie. In diesem Rahmen grenzt sich die Archäologie nach unten mit der Menschwerdung und nach oben mit der Gegenwart ab, wobei der untere Abschnitt weitgehend von einer paläoanthropologischen, der obere überwiegend von einer historischen oder ethnologischen Thematik bestimmt wird. (Vgl. auch Eggers 1986; Narr 1961; Vita-Finzi 1978).

Grundzüge der mesoamerikanischen Archäologie

Die Zielsetzung der mesoamerikanischen Gegenwartsarchäologie, wie sie vor allem in Mexiko, den USA und Kanada betrieben wird, läuft nach wie vor auf das Postulat von Childe (1944) hinaus, nämlich die Rekonstruktion der Vergangenheit und den Nachvollzug des historischen Entwicklungsprozesses. Vor allem im methodisch-technischen Bereich hat es dabei im Laufe der Zeit Akzentverschiebungen gegeben.

Lange bemühte man sich um gewisse "Momenta" in der spezifischen Entwicklungsgeschichte einer Region, wie im bekannten Fall von Tehuacán (McNeish 1964), und dementsprechend wurden die Ergebnisse dann in Stadien, Horizonte oder Kulturphasen gegliedert (vgl. auch Willey and Philips 1958, Coe 1970, Grove 1970, Niederberger 1976). Eine neuere Richtung legt den Schwerpunkt dagegen mehr auf den Kulturprozeß als solchen und besonders auf Fragen der Kontinuität und Diskontinuität. Methodisch ist sie beeinflußt durch Arbeiten von Binford (1964), Clarke (1968), Renfrew (1969), Longacre (1970), Klejn (1973), Watson (1973), Le Blanc (1975) und Brüggemann (1977) – um nur einige zu nennen. Konkrete Beispiele für die Anwendung dieses Ansatzes in Mesoamerika finden sich etwa in den Arbeiten von Blanton (1978), Brüggemann et al. (1986) oder Millon (1973).

Die Entwicklungsgeschichte der mesoamerikanischen Archäologie läßt im großen und ganzen eine Tendenz zur Objektivierung ihrer Methoden und Techniken erkennen. Der Anfang lag bei den Romantikern, den abenteuerlichen Reisen eines Stephens und Catherwood oder eines ästhetisierenden Grafen von Waldeck, nicht zu vergessen die mühevollen Expeditionen eines Teobert Maler, dem wir so viele Aufzeichnungen und Fotos verdanken. Zweifellos ist die Reife der Archäologie auf Kosten der Romantik gegangen, was vor allem große Teile des weiteren Publikums bedauern mögen. Dennoch war es notwendig, eine eigene Sprache zu finden, um sich in Methodik und Technik sicher artikulieren zu können und sich so von anderen Disziplinen zu emanzipieren.

Je mehr die Archäologie sich auf sich selbst besann, ihren Gegenstand direkt sprechen ließ ohne Übersetzer aus Historik, Religionswissenschaft, Ökonomie, Ethnologie, Architektur oder Kunst, ist sie unbestreitbar besser geworden. Seit nunmehr 40 Jahren gibt es eben Spezialisten für archäologische Fragen in der Amerikanistik. Natürlich bleibt die große Frage offen, bis zu welchem Grad Spezialisierung sinnvoll ist, denn die genauen Grenzen kennt keiner, und jeder spricht praktisch für sich selbst. Dennoch sollte eines feststehen: Eine schlechte Datenaufnahme und Verarbeitung ist nicht nur schlecht für die Archäologie, sondern auch für alle anderen, die sich ihrer Resultate bedienen.

In Amerika, wie auch in Europa, hatte die auf Mesoamerika bezogene archäologische Forschung am Ende des 19. und zu Beginn des 20. Jahrhunderts einen klar erkennbaren historischen Ansatz (Chavero, Batres, Spindeln, Morley, Seler, Lehmann, Caso und Krickeberg), der nur durch die anthropologische Sicht eines Gamio (1914) unterbrochen wurde (Internationale Ethnologische Schule um Franz Boas). Diese integralanthropologische Sicht hatte in Mexiko zwar organisatorische Folgen – ein Beweis dafür ist das Nationale Institut für Anthropologie und Geschichte – inhaltliche Konsequenzen hatte sie nicht. Es wurde mehr proklamiert als realisiert, und der Konservatismus eines Caso war am Ende doch tragender (Piña Chan 1970, Medellín 1960, García Payón 1949) als der "revolutionäre" Ansatz eines Gamio. Die archäologische Forschung der dreißiger, vierziger und teils auch noch der fünfziger Jahre wurde in Mexiko also weiterhin im Schatten der Historiker betrieben. In dieser Zeit prägen historische Quellen, Codices und die Frage nach Kulturbeziehungen im wesentlichen die Archäologie. Pyramiden werden im großen Stil nicht rekonstruiert, sondern – besser gesagt – wiederaufgebaut. Im Vordergrund steht das Interesse für Monumentalbauten und Inschriften, während die Keramik vergleichsweise wenig untersucht und gewürdigt wird.

Unter nordamerikanischem Einfluß, der letztlich auf europäische Impulse zurückging, gewannen dann seit dem Ende der fünfziger Jahre vorgeschichtliche Methoden zunehmend an Stellenwert. Das Augenmerk wendet sich jetzt ab von Monumentalbauten und Stelen, und richtet sich auf das Ökosystem, die Subsistenzgrundlage, und Probleme der materiellen Produktion. Man untersucht Paläo-Fauna, Flora, Klima und Böden unter Verwendung einer Palette von Hilfsmitteln aus den Naturwissenschaften. Es findet eine Akzentverschiebung vom besonderen, dem historischen Ereignis, der Persönlichkeit, der Gruppe, zum Allgemeinen, der gesellschafltichen Umwälzung, Entwicklung oder Phase statt. Man beschäftigt sich zwar immer noch mit chronologischen Problemen, weil diese in der Vergangenheit unzulänglich gelöst wurden, ist aber mehr daran interessiert, Begriffe wie Präklassikum, Klassikum und Postklassikum mit gesellschaftlichem und kulturellem Inhalt zu füllen, und zwar im Hinblick auf einen Gesamtentwicklungsprozeß, sei es in Mesoamerika oder im Andengebiet (Willey and Philips 1958, Wolf 1959).

Leider kommt es wieder über die berühmte Dreiteilung nicht weit hinaus. Es wird von einer formativen, einer theokratischen und einer militärischen Epoche gesprochen, die dann wiederum in untere mittlere und obere unterteilt werden. Dies alles klingt stark nach den Entwicklungsschemata des 19. Jahrhunderts, an Wildheit, Barbarei und Hochkultur. In der Tat, mit der anthropologischen Akzentverschiebung kommen wieder stärkere evolutionistische Vorstellungen (White 1949, Steward 1955) ins Spiel. Nicht einzusehen ist, warum mit dieser Idee auch das Einzwängen in unendlich viele Phasen und Subphasen übernommen werden mußte, handelt es sich doch von der Theorie her um einen graduellen Entwicklungsprozeß. Anstatt Tendenzen oder Entwicklungen zu beschreiben, werden Zustände beschrieben, die für ein archäologisches Momentum stehen. Das erinnert an Modelle von Talcott Parsons (1963): an eine Aneinanderreihung von Zuständen, hinter denen der Prozeß verschwindet. Aber gerade dieser sollte doch erkennbar werden. Dennoch beginnt hier meines Erachtens die moderne mesoamerikanische Archäologie hinsichtlich ihrer Methodik und Technik.

Mitte der sechziger, Anfang der siebziger Jahre gerät die Archäologie Amerikas, wie vorher schon die Soziologie, in eine Krise. Es beginnt auf allen Ebenen eine methodische Diskussion, derer viele längst überdrüssig geworden sind, die aber trotzdem noch nicht abgeschlossen ist. Schon in den fünziger Jahren hatte Ford (1954) damit begonnen, quantitative Analysen statistischer und graphischer Art in den archäologischen Forschungsprozeß einzubauen. Dieser Trend kam jedoch erst richtig zum tragen, als die Gruppe um Binford (1964) Theorie und Praxis der Archäologie in Frage stellte und sich selbst als "New Archaeology" darstellte. Die Schwachstellen, dieser als "Revolution" deklarierten Richtung (Martin 1971), lagen vor allem im theoretisch-methodischen Bereich, und wegen der Sturheit und Starrheit, mit der neopositivisitische Thesen vertreten wurden, diskreditierte sich die gesamte Richtung, und die Diskussion verlief am Ende wegen Erschöpfungserscheinungen im Sande (Hempel 1973, Fritz and Plog 1970).

Im anthropologischen Erklärungsansatz sicherte man sich beim Evolutionismus Whitescher Prägung ab (Binford 1964). Daraus ist klar erkennbar, daß sich diese Richtung weder ideologisch, noch wissenschaftstheoretisch bei Revolutionären angesiedelt hatte. Ich vermute eher das Gegenteil. Dennoch muß festgestellt werden, daß die "New Archaeology" die Diskussion um eine Neuorientierung in Gang gebracht hat, die längst fällig war, deren Früchte aber noch abzuwarten sind. Vor allem die Datenverarbeitung und Modellentwicklung werden bei vorsichtigem Tasten neue Perspektiven für die Archäologie öffnen.

Auch in Europa, England, Holland, Deuschland, Frankreich, UdSSR vollzog sich dieser Prozeß, aber mehr im Stillen, ohne den erheblichen "konfessionellen" Eifer der "New Archaeology", und ohne sich in unnötige Widersprüche zu verwickeln (Mills 1970), die nur Anlaß dazu geben, die Fronten zwischen der traditionellen und progressiven Archäologie noch weiter aufzureißen. Im übrigen haben auch Clarkes mathematische Planspiele (1968) auf die meisten Kollegen eher blutarm gewirkt, weil diese eine Eigendynamik zu entwickeln scheinen, hinter der man den spezifischen archäologischen Bezugspunkt vermißt.

In Mexiko steht in den siebziger Jahren die Theoriediskussion marxistischer Prägung überragend im Vordergrund, hinter der die für die Archäologie so wichtigen methodischen und technischen Fragen zu kurz kommen. Daher hat diese Diskussion für die archäologische Praxis eigentlich wenig gebracht, vielleicht nur, daß unter den gegenwärtigen Archäologen eine genauere Kenntnis des historischen Materialismus vermutet werden kann. Sicher gab es auch Ansätze, theoretische Folgerungen in die Praxis umzusetzen, aber meistens blieb wenig übrig. In dieser Zeit wurden ehrwürdige, alteingefahrene Positionen kritisch untersucht und zum Teil auch zerstört. Leider wurde dann versucht, daß so entstandene Vakuum durch einen unkritischen und für die Archäologie unreflektierten Marxismus auszufüllen.

In letzter Zeit läuft die Tendenz in Mexiko dahin, sich wieder stärker mit Detailfragen der Archäologie zu beschäftigen, die es ermöglichen, die bestmögliche Information aus dem Material selbst zu gewinnen. Hier werden unterschiedliche Wege eingeschlagen (strukturell, empirisch, mathematisch, experimental, semiotisch), die sich alle noch in der experimentellen Phase befinden und deren Ergebnisse in der nächsten Zukunft erwartet werden dürfen.

Als Ergebnis dieser sehr allgemein gehaltenen Skizzierung der wissenschaftstheoretischen Fragen in der amerikanischen Archäologie möchte ich zusammenfassend feststellen, daß sich die Tendenz zu einer quantitativen Archäologie abzeichnet, die sich sowohl sozialistisch wie kapitalistisch nennen kann, die aber eines gemeinsam hat: je mehr direkte Informationen, desto mehr Archäologie. – Zur Vertiefung des theoretischen Panoramas in der modernen Archäologie empfehle ich die herausragende Arbeit von Klejn (1977), zur neueren Geschichte der Archäologie in Mexiko den Aufsatz von Litvak King (1985).

Das Material

In der mesoamerikanischen Archäologie haben wir es vorwiegend mit Stein und Keramik zu tun, dazu kommen aber auch Knochen, Metalle, Farben (organische und anorganische), Holz und vereinzelt Textilien.

Die Keramik Altamerikas ist sehr manigfaltig an Gestalt, Dekoration und Gebrauchszweck. Viele Keramiktypen haben sich als diagnostisch für bestimmte Gebiete und Perioden erwiesen, so etwa "thin orange" für das Klassikum in Zentralmexiko oder "plumbate" für die Zeit der toltekischen Expansion.

Wir unterscheiden Gebrauchskeramik von Luxus, Ritual- und Grabkeramik. Daneben gibt es seit dem unteren Präklassikum viele Keramikfiguren, die unterschiedlich hergestellt wurden und eine große

Variationsbreite aufweisen. Im Klassikum wird die Produktion stereotyper, wie z.B. bei den kahlschädligen Tonfigürchen aus Teotihuacan. Häufig werden nun auch Model verwendet.

Abgesehen von seiner Rolle als Werkstoff für die vielen Reliefs und Skulpturen, diente der Stein bis hin zur Conquista als Rohmaterial zur Herstellung von Werkzeugen. Im ergologischen Sinn, d.h. bezüglich der Entwicklung der Werkzeuge, hat es in der mesoamerikanischen Kulturgeschichte kaum Veränderungen gegeben. Von den ersten Bodenbauersiedlungen bis hin zum großen Tenochtitlan sind die Werkzeuge im wesentlichen dieselben geblieben und aus demselben Material hergestellt worden: Obsidian und Feuerstein. Seit eh und je wurden auch die beiden Fertigungstechniken verwandt: Abschlag und Polieren. Die Altamerikaner waren sehr geschickt im Umgang mit Stein, wovon die Steinfigürchen aus Cerro de Las Mesas, die Ohrringe aus hauchdünnem Obsidian, die Figuren und Gefäße aus Onyx ein für sich selbst sprechendes Zeugnis ablegen. Dasselbe gilt für die mesoamerikanischen Steinmetzarbeiten in Reliefs und Skulpturen aus den bekanntesten Ruinenplätzen, insbesondere dem Maya-Gebiet.

Metalle wie Kupfer, Silber und Gold wurden in Mesoamerika erst während der letzten Entwicklungsphase bekannt. Es ist strittig, ob die wenigen Bronzefunde auf eine beabsichtigte Legierung von Kupfer und Zinn hinweisen, oder ob die Verbindung auf natürlichem Wege zustandegekommen ist. Mehrere Schmelz- und Löttechniken waren allerdings bekannt, so konnte man z.B. Silber mit Gold löten. Die beilförmigen Kupferstücke, die vorwiegend im Westen Mexikos gefunden worden sind, werden von manchen als Gewichte oder Zahlungsmittel gedeutet, da sie keine Gebrauchsspuren aufweisen, und das Material für den Gebrauch als Axt auch viel zu weich ist. Aus Kupferblech wurden die Glöckchen und Schellen gemacht, die bei den Ritualveranstaltungen angelegt wurden.

Holz diente als Material für den Hausbau, die Seitenbefestigungen der Kanäle – z.B. in Tenochtitlan –, für Boote, Messergriffe sowie verschiedene Waffen und Musikinstrumente. Aus Knochen wurde allerlei Handwerkszeug gemacht, aber auch Musikinstrumente wie "Raspas", die nicht selten mit Schnitzereien von symbolischen oder allegorischen Darstellungen versehen sind. Muscheln, Fischzähne und Seetiere dienten als Schmuck, das Gehäuse der Tritonschnecke als Blasinstrument.

Die Einwohner Altamerikas hatten eine große Auswahl an Farben zur Verfügung, mit denen sie ihre Häuser, Tempel und deren stufenförmigen Sockel bemalten. Mit ihnen färbten sie auch ihre Maguey- oder Baumwolltextilien, und mit ihnen schrieben sie ihre vielfarbigen Codices auf Leder der Amatepapier. Das häufig verwendete Rot konnte sowohl aus Zinnober, als auch aus der Cochinille-Laus gewonnen werden. Für andere Farben gab es ebenfalls organische wie anorganische Varianten, wobei das berühmte Maya-Blau organischer Herkunft ist.

Archiv, Kartographie und Prospektion

Das für den Archäologen alles überragende Problem besteht darin, sich in Raum und Zeit zurechtzufinden. Die entscheidende Frage ist immer: wo ist was gefunden worden, und aus welcher Zeit stammt es?

Bevor ein spezifisches Problem im Feld angegangen wird, ist es notwendig, das Archivmaterial und die Literatur soweit aufzuarbeiten, daß das Kartographieren der Information möglich ist. Die Übersicht bekannter Funde ist der erste Schritt in Richtung auf die zu erwartenden Funde, denn nur selten fängt eine archäologische Feldstudie bei Null an. Zumeist gibt es Anhaltspunkte aus den verschiedensten Quellen: Geschichte, Botanik, Zoologie, Geologie, Geographie, Ethographie usw., die zum Verständnis eines Gebiets beitragen und auf eine spezifische Problematik hinweisen. So sind diese oft lückenhaften Informationen doch der Ausgangspunkt für das wo und wie der archäologischen Prospektion und das Formulieren von Arbeitshypothesen.

Die meist benutzten Prospektionstechniken sind optischer und physikalischer Art, dazu gehörte vor allem die Luftfotographie (schräg und senkrecht, Normalfilm oder Infrarot), Magnometrie und Seismographie. In allen Fällen ist eine gute Kenntnis der geographischen und geologischen Verhältnisse eine Voraussetzung für erfolgreiches Arbeiten (Brüggemann u. Harris 1970). Die übliche Fotointerpretation mit Luftbildpaaren (Stephani 1978) ist für die Archäologie eine Kostenfrage. Da spezielle Flüge meist zu teuer sind, muß man sich auf das Material beschränken, das auf dem Markt vorhanden ist. In trockenen Klimazonen sind Luftbilder in bezug auf Böden, Bewässerungssysteme, Straßen, Kanäle, Siedlungen und Zeremonialzentren sehr nützlich, in Zonen mit dichter Vegetation kann eigentlich nur Infrarot weiterhelfen. Die auf den Fotos ausgemachten archäologischen Spuren müssen dann natürlich an Ort und Stelle geprüft, beschrieben und registriert werden. Die Summe eines solchen Programms ist ein archäologischer Fundkatalog eines geographisch umrissenen Gebiets. Im großen und ganzen ist diese Prospektionstechnik für archäologische Makrophänomene angebracht, wie z.B. ein regionales Bewässerungssystem, das man im Mayagebiet entdeckt zu haben glaubte, dessen Verifizierung aber noch aussteht.

Für eine differenzierte Prospektion an einem Ruinenplatz eignet sich die im Vietnamkrieg entwickelte Magnetometrie (Becker 1978a). Der Magnetometer mißt die magnetische Emission von Steinen und Böden anhand von Laserstrahlen, die dann in akkustische Wellen umgesetzt werden, deren Intensität leicht meßbar ist. Die differenzierte magnetische Emission ermöglicht es z.B. nach bestimmten Steinen, Hohlräumen oder verschütteten Grundrissen zu suchen, die in günstigen Fällen das Graben ersparen, qualitativ aber nicht ersetzen können. Bei Überbauungen ist es häufig unmöglich, an den ursprünglichen Grundriß heranzukommen. In diesen Fällen ist eine präzis angelegte magnetometrische Studie angebracht. Trotzdem ist es immer sinnvoll, soweit das möglich ist, Stichgrabungen anzulegen, die die Diagnostik erhärten, denn dieses System – wie alle anderen – hat auch seine Schwachstellen und Grenzen. Zunächst ist es wichtig zu wissen, daß die magnetische Emission bei Steinen sehr verschieden sein kann, dann kommt es darauf an, welchen Winkel der remanente Nordpol mit den heutigen beschreibt, und zum Schluß in welcher Tiefe der Fund liegt, denn der tatsächliche Lageplatz hat normalerweise eine 45 Grad Nordabweichung zur höchsten Messung. Aus diesem Grund ist das Kartographieren problematisch, wenn nicht wenigstens zwei Messungen in verschiedener Höhe vorgenommen werden. Wir haben deshalb empfohlen, Messungen, geologischen Survey, Kartographieren und Stichgrabungen gleichzeitig vorzunehmen (Brüggemann u. Harris 1970).

Neben dieser Prospektion, die sich in ihrer Interpretation vornehmlich auf die vorherrschenden Umweltsbedingungen stützt, gibt es eine andere, mathematische, die von einer bekannten (historischen) Serie ausgeht und anhand der Annäherungsrechnung mögliche unbekannte archäologische Fundplätze ermittelt, berechente Fehlerquellen mit eingeschlossen (Brüggemann 1984). Eine bekannte Variable Y berechnet die unbekannte Variable X (und Z), z.B. wird für eine angenommene Breite die dazugehörige Länge und Höhe berechnet. Die Zuverläßigkeit dieser Art von Prospektion hängt von der historischen Serie ab. Je repräsentativer diese ist, desto genauer ist die Prospektion.

Oberflächenbegehung und Grabung

Nach der Dokumentation, Kartographie und Prospektion, also dem Abstecken des in hohem Grad Wahrscheinlichen, fängt die spezifische archäologische Forschung an. In diesem Stadium sollten sich konkrete Arbeitshypothesen herauskristallisiert haben, die zur Formulierung einer Forschungsstrategie führen. Die erste Phase ist die Oberflächenbestandsaufnahme eines festumrissenen Gebietes mit einer klar definierten Fragestellung. Von letzterer hängt auch das methodische Vorgehen bei Phasen ab. Es kommt darauf an, was im Vordergrund stehen soll: die Kultur allgemein, die Gesellschaft, der Staat, die Wirtschaft, die Religion, die Kunst, die Architektur oder ganz allgemein der Kulturwandel oder historische Prozeß.

Unabhängig vom spezifischen Thema und den dafür adäquaten Methoden sind das Abstecken des zu untersuchenden "Universums" und die systematische Bestandsaufnahme in jedem Fall Voraussetzung für alles weitere. In der archäologischen Praxis wird das Universum gewöhnlich nach Planquadraten unterteilt, innerhalb eines Koordinatennetzes, das konventionell nach Norden ausgerichtet wird (Y-Norden, X-Osten). Die Größe der Planquadrate hängt wiederum vom Thema und den geographischen und kulturspezifischen Eigenschaften des Universums ab. Genausogut könnte man einen "Superficial Survey" nach den geographischen Bedingungen durchführen, doch würde dadurch das Kartographieren komplizierter und ungenauer. Ein Koordinatennetz ist zwar willkürlich, aber in seiner Willkürlichkeit repräsentativ für einen bestimmten Raum, und wir können sicher sein, daß bei hinreichender Datenaufnahme das Spezifische des Raums im Befund zum Ausdruck kommt.

Bei der Regionalforschung größerer Gebiete sind natürlich auch die Planquadrate größer und es läuft auf das Kartographieren von Ruinenplätzen hinaus, von denen eine Probe der Materialien nach der Zufallsauswahl genommen wird. Sollen allerdings ein Ruinenplatz und seine Umgebung untersucht werden, dann müssen alle Mobilien und Immobilien genau kartographiert werden. Im zuerst genannten Fall ist das archäologische Material nur für qualitative Untersuchungen verwertbar, im zweiten für beides, qualitative und quantitative Analysen.

Bei der Datenaufnahme eines bestimmten Ruinenplatzes oder Fundortes (vgl. auch Gersbach 1989) sollte man eine Liste aufstellen, die etwa so aussehen könnte:

- Ob-Einheit: VR/85
- Name des Projektes: Siedlungsforschung im zentralen Golfküstenbereich des Staates Veracruz, Mexiko
- Name des Ruinenplatzes: Villa Rica
- Kreis: Actopan
- Eigentümer: Ejido de Tinajitas
- Geograph. Koordinaten: Breite 19° 39' 13'', Länge 96° 26' 19''
- Geograph. Bedingungen:
  - Lage: 200 m vom Strand entfernt, auf einer ehemaligen Düne, zwischen 15 und 18,5 m über dem Meeresspiegel, auf der Höhe von Punta Bernal, gegenüber vom "Turron de la Villa Rica", ca. 70 km nördlich der Stadt Veracruz
  - Böden: höchst wasserdurchlässig, wegen des hohen Sandgehaltes aber auch kompakt, durch feinere Materialien wie Löß und Lehm leicht zementiert
  - Umliegende Gesteinsarten: verschiedene marine und vulkanische Sedimente, daneben Vulkangestein, wie das von Quiahuistlan
  - Grundwasser: ca. bei 12 m Tiefe
  - Klima: nach Köppen tropisch heiß mit Niederschlägen im Sommer und vereinzelt in der übrigen Jahreszeit, Jahresdurchschnittstemperatur 25-27° C
  - Besiedlung: Fischerdorf, direkt am Strand, nicht älter als 15 Jahre, ca. 45 Familien
  - Wirtschaft: Hauptbeschäftigung Küstenfischfang, in umliegenden Orten Viejón und Tinajitas Viehzucht und Landwirtschaft
  - Infrastruktur: Bundesstraße 180, Abzweig 1,5 km Schotterstraße – es fehlen Elektrizität, Trinkwasser und Telephon
- Größe des Universums: 600 x 500 m = 300.000 m² oder 30 ha
- Koordinatensystem: Y Norden (Nummern alle 5 m), X Osten (Buchstaben alle 5 m)
- Bearbeitete Planquadrate: 100
- Register:
  - Beutel: Nr. 90-190
  - Zeichnungen: Nr. 50-75
  - Fotos: Nr. 80-150
  - Elemente: Nr. 7-17
  - Immobilien: Nr. 15-19
- Archäologische Evidenz:

- Konstruktionen: Bruchsteinmauern einer Festung, Lehmböden von Wohnhäusern, Brunnen mit Steinmauern
- Materialien: Eisen, Kupfer, Glas, Mahlsteine, Pfeilspitzen, spanische und vorspanische Keramik
- Kartographie: Topographische Karte (Transit) 1:500
  Landkarte "Defensa Nacional" 1:100.000
  Seekarte: 1:500.000
  Luftbild Aerofoto Flug Nr. 139
- Archiv: Dirección de Monumentos Prehispánicos INAH/SEP
- Verantwortl. f. Datenaufnahme: A. Preyra Quinto
- Datum: Villa Rica, 10.12.85

Die Rubrik Register hat wiederum interne Formulare, die über Provenienz und Gegenstand Auskunft geben. Sehr wichtig sind die Etiketten, mit denen die Beutel versehen werden, in denen sich das Oberflächenmaterial befindet. Jeder Beutel sollte zwei Etiketten haben, eine außen und die andere im Beutel, falls die Außenetikette verloren gehen sollte. Die Etikette eines Beutels sollte folgende Minimalangaben enthalten: Fundort, Planquadrat, Datum, Name des Auflesers.

Es ist unbedingt notwendig, daß wir uns beim Auflesen von Scherben oder sonstigem archäologischen Material von Kriterien wie schön oder interessant freimachen und unvoreingenommen alles auflesen, da wir nur so zu einer repräsentativen Materialserie kommen, die dann quantitativ untersucht werden kann. Die Auswertung der Funde der Oberflächenaufnahme gehört mit zur Datenverarbeitung und wird deswegen im entsprechenden Abschnitt behandelt. Die Auswertung des Fundes einer Oberflächenbegehung führt nicht selten zu einer großangelegten Grabung. Vom Technischen her ist die Systematik bei ihr ganz ähnlich. Ein Grabungsort wird in Planquadrate (Koordinaten X und Y) eingeteilt. Dazu kommt dann eine dritte Koordinate Z, die die Tiefe der Grabung mißt; denn jedes archäologische Element muß dreidimensional lokalisiert werden (Laplace u. Meroc 1966). Die Z-Koordinate hat in jedem Grabungsplan einen relativen Fixpunkt, der gewöhnlich mit Punkt 00 bezeichnet wird, solange die absolute Höhe noch nicht bekannt ist. Es ist ratsam, den Punkt 00 so hoch auszuwählen, daß alle Messungen negativ sind.

Es gibt verschiedene Grabungstechniken, die entsprechend der jeweiligen Zielsetzung angewandt werden können. Handelt es sich z.B. um die Freilegung eines Wohnhauses oder Siedlungskomplexes, dann emphielt sich die Flächengrabung, da besonderer Wert auf die horizontale Verteilung des archäologischen Materials gelegt wird

(Synchronie). Bei stratigraphischen Grabungen steht demgegenüber die Diachronie im Vordergrund, da der Blickwinkel vor allem darauf gerichtet ist, wie sich das archäologische Material in bezug auf das Alter unterscheidet. Bei der Anlage von Schnitten, die die chronologische Abfolge archäologischen Materials demonstrieren, bieten sich verschiedene Methoden an: die Ausgrabung nach natürlichen oder kulturellen Straten, nach willkürlichem metrischem Niveau, oder eine Mischung aus ihnen. Jede Methode hat ihre Vor- und Nachteile, und es kommt in erster Linie auf den konkreten Fall an. Ist eine natürliche Stratigraphie nach Sondierungsschnitten klar zu erkennen, dann ist sie die Grundlage für alles weitere. Ist die stratigraphische Lage völlig undurchsichtig oder überschreitet sie die geologischen Kenntnisse des Archäologen, ist es auf jeden Fall besser, metrisch zu arbeiten, als Schichten zu erfinden, die am Ende für nichts repräsentativ sind. Also, im Zweifelsfall stratigraphisch mit metrischer Kontrolle oder umgekehrt.

Der Begriff "Straten" oder "Schichten" ist in der Archäologie widersprüchlich, weil häufig nicht klar zu erkennen ist, was die Straten als solche definiert, das geologische oder kulturelle Material. Außerdem sieht es manchmal so aus, als ob geologische Straten archäologischen äquivalent seien, was sie in Wirklichkeit jedoch nicht sind, da es sich bei ihnen um unterschiedliche Phänomene handelt. Schnell aufeinanderfolgende Naturkatastrophen (z.B Überschwemmung, Vulkanausbrüche) können unterschiedliches geologisches Material ablagern, das ein und derselben archäologischen Zeit entspricht, wie andererseits unterschiedliche archäologische Perioden ein und demselben geologischen Stratum zu finden sind. Bei den anthropogenen Schichten, also denen, die durch menschliche Einwirkungen geformt wurden, ist es wesentlich leichter ein Stratum von einem anderen zu unterscheiden, weil diese meist "versiegelt" sind, z.B. durch Schutt oder neue Böden über alten Bauten.

Erst nach der Grabung, der Aufnahme aller Elemente der Schnitte und des gesamten Fundmaterials ist es möglich, eine Stratigraphie aus der Schichtenfolge herauszulesen. Erst dann stellt sich heraus, welche Schicht oder Schichten archäologische Straten bilden, die sich ihrem kulturellen Inhalt nach von anderen unterscheiden.

Die praktische Datenaufnahme bei Grabungen ähnelt derjenigen bei Oberflächenbegehung. Jetzt sind die Planquadrate allerdings viel kleiner, und außerdem kommen die grabungsspezifischen Daten dazu, wie Schicht oder Niveau, Register der Schnitte, Topographie der einzelnen Schichten nach konventionellem Maßstab und Legende (vgl.

Wheeler 1960). Die Etiketten eines Beutels, die aus Grabungen stammen, sollten die folgende Information enthalten: Nr. des Beutels, Fundort, Planquadrat, Schicht, Ausgräber, Datum.

Datierung

Wie schon erwähnt, sind Raum und Zeit die maßgeblichen Variablen für den Archäologen. Zur Bestimmung der zeitlichen Zuordnung lassen sich zwei große Gruppen von Methoden unterscheiden: die absolute und die relative Datierung. Die absolute Datierung greift zumeist auf naturwissenschaftliche Hilfsmittel aus der Physik und der Chemie zurück, die relative auf kulturwissenschaftliche wie den Vergleich, die Assoziation und Analogie.

Die am weitesten verbreitete absolute Datierung ist die C^{14}-Methode (Rauert 1978), die die Halbwertzeit eines radioaktiven Isotops des Kohlenstoffs berechnet, der sich in der Luft befindet und von allen Organismen absorbiert wird. Sie kann deshalb auch nur auf organisches Material angewendet werden. Kalium-Argon ist ein ähnliches Verfahren, aber für Zeiträume, die für den in der Neuen Welt arbeitenden Archäologen uninteressant sind. Für die Altersbestimmung von Keramik bietet sich das Thermolumineszenzverfahren an (Weiner 1978a), und für den Obsidian die Hydratation (Weiner 1978b). Obwohl im System sehr simpel, ist die Altersbestimmung anhand des Archäomagnetismus (Becker 1978b) in der Praxis auf erhebliche Schwierigkeiten gestoßen, und mir sind ernstzunehmende Datierungen mit diesem System aus der mesoamerikanischen Literatur nicht bekannt. Leider kann aus Raumgründen nicht auf jedes einzelne Verfahren näher eingegangen werden. Allen denjenigen, die Interesse an diesem sehr wichtigen Aspekt der archäologischen Forschung haben, empfehle ich die von Brothwell und Higgs (1963) sowie Hrouda (1978) herausgegebenen Lehrbücher (vgl. auch Geyh 1980).

Die relative Datierung koppelt eine neue Sequenz meist mit Hilfe diagnostischer Keramiktypen an eine bekannte kulturelle Sequenz. Dabei besteht jedoch die Gefahr – und hier liegt der große Nachteil –, daß die bekannte Sequenz nicht kritisch beleuchtet wird. Dann entwickeln sich ein immer größer werdendes Netz von Abhängigkeiten, und für den Fall, daß eine Leitsequenz zweifelhaft wird, muß die gesamte Datierung großer Gebiete in Frage gestellt werden. Derartiges geschieht im Moment mit der Sequenz von Chiapa de

Corzo und auch diejenige von San Lorenzo Tenochtitlan scheint auf immer wackeligeren Füßen zu stehen. Abgesehen von solchen Gefahren läßt das unreflektierte Anhängen an Leitsequenzen die ortstypische Eigenentwicklung unberücksichtigt. In dieser Hinsicht arbeitet die statistische Seriation sicherlich genauer und feiner, weil sie das interne Assoziationsmodell archäologsicher Materialien an jedem Grabungsort separat untersucht, auch wenn die Einstufung in die absolute Datierung über Leitkeramiken führt. Letztere können ihrerseits erhärtet werden, wenn die Keramikseriation – wie jüngst im Tajínprojekt – zur selben aboluten Datierung führt wie mit dem C^{14}-Test (Brüggemann 1984a).

Datenverarbeitung und Interpretation

Eine der problematischsten Phasen der archäologischen Forschung ist die Datenverarbeitung und ihre Interpretation in einem weiter gesteckten Rahmen. Hier muß der Forscher seine Wissenschaftlichkeit und Allgmeinbildung unter Beweis stellen. Bis zu diesem Punkt war die Forschung weitgehend mechanisch, nun wird sie virtuos, und der Archäologe muß zeigen, daß er mit Daten, Theorien und Methoden umgehen kann.

Der erste Schritt in der Datenverarbeitung ist, wie in jeder anderen wissenschaftlichen Disziplin, die Verkleinerung des Universums zu einer Größe, die sich mit den gegebenen Hilfsmitteln handhaben läßt. 50.000 Tonscherben lassen sich nicht jede für sich behandeln, so eine Matrix könnte auch ein hochleistungsfähiger Computer nicht verarbeiten. Unter den 50.000 Tonscherben finden wir viele, die sich sehr ähnlich sind und andere, die sehr verschieden sind. Dies ist der Ansatzpunkt jeder Art von systematischer Klassifikation, denn erst durch sie wird aus der Masse der Bäume der Wald endlich sichtbar.

Archäologische Klassifikationen können im wesentlichen taxonomischer oder typologischer Art sein. Über Typen und Typologien, über Taxon und Taxonomien ist in den letzten zwanzig Jahren in der archäologischen Literatur viel geschrieben worden (Krieger 1944, Rouse 1966, Sabloff and Smith 1969, Bartra 1964, Garcia Cook 1967, Kroeber 1909, Sokal und Sneath 1963, Thomas 1971 und Swadesh 1951). Letztlich läuft die Diskussion um die richtige Klassifikation auf das Gegensatzpaar Typ und Taxon hinaus. Der Typ wird nach qualitativen, deswegen für die einen "subjektiven", der Taxon, nach quantitativen, für die anderen "objektiven" Kriterien bestimmt. Eine Mischung aus beiden ist das in der Klassifikation mesoamerikanischer Keramik verbreitete "Typ-Variety-System" (Sabloff and Smith 1969).

Im Falle der Keramik werden die Tonscherben nach ihren physikalischen und kulturellen Eigenschaften klassifiziert, wobei auch modale (typologische) Kriterien verwandt werden, die unter anderem auch einen bestimmten Typ bzw. eine Varietät bestimmen können. In professionellen Kreisen wird häufig viel darum gestritten, ob diese oder jene Tonscherbe zu diesem oder jenem Typ gehört, oder gar, ob der Typ als solcher richtig definiert ist. Dabei kann man manchmal den Eindruck gewinnen, die Typologien würden zu ihrem Selbstzweck aufgestellt und seien nicht ein Hilfsmittel, um zu gesellschaftlich und kulturell relevanten Aussagen zu kommen. Deswegen neige ich persönlich dazu, die Klassifikation nicht zu übertheoretisieren, und sehe diesen Schritt unter pragmatischem Aspekt als einen Vorgang, der das Universum verkleinern hilft, so daß es für uns handhabbar wird.

Das Ergebnis jeder Klassifikation sind deswegen Typen, Taxone oder Arbeitseinheiten, die wir im nächsten Schritt untereinander ins Verhältnis setzen können, indem wir entweder die Zeitvariable oder die Raumvariable verändern. Das kann man leicht anhand verschiedener Graphiken (linear, log-linear, Kreis- und Bandschaubild darstellen). Auch die dreidimensionale Graphik ist möglich (Raum und Zeit) allerdings in der Darstellung viel komplizierter. Für die Keramikseriation eignen sich am besten die Linear-Graphiken, die z.B. darstellen, wie die Frequenz eines Typs innerhalb verschiedener Schichten verläuft. Die Ab- oder Zunahme in Richtung Oberfläche kann bei normaler Schichtenfolge eine zeitliche Relevanz haben. Deshalb ist es wichtig, daß bei Seriationen, die die Chronologie eines Ruinenplatzes erhellen sollen, zunächst die Standardstratifikation aufgestellt wird, die durch eine Kontrollkarte validisiert werden kann. Es ist in jedem Fall wichtig, eine größere Anzahl von Schnitten durchzuführen, da schon der Nachbarschnitt eine andere Abfolge aufweisen kann.

Für Assoziationen und Ähnlichkeitsverhältnisse haben wir mit der nicht-parametrischen Statistik gute Erfahrungen gemacht. Da die Verteilungskurven gesellschaftlicher Phänomene im Gegensatz zu den natürlichen niemals normal verlaufen, kann und darf der absolute Wert nicht von Bedeutung sein. Wichtig ist, welchen Stellenwert eine Variable intern, das heißt also relativ einnimmt, eben im Vergleich zu anderen. Die üblichen Untersuchungen dieser Art gehen auf Spearman und Kendall zurück (Montemayor 1973). Spearman's Korrelationskoeffizient schafft unter den verschiedenen Keramiktypen eine Schichtenfolge, die das Material zeitlich strukturiert. Graphisch wird die symmetrische Matrix dann nach der "Double Link-Methode" aufgelöst. Diese Art Seriation ist der manuellen, vergleichenden Seriationsmethode überlegen; erstens weil sie sichtbar macht, was sonst nicht zu sehen wäre; zweitens weil sie die gesamte Information berücksichtigt und sich nicht nur auf einen Faktor stützt, sei er nun typologischer oder stratigraphischer Art; drittens ist die Methode viel schneller. Am Ende kommt es aber sehr darauf an, die statistischen Ergebnisse zu verstehen und die Signifikanz in archäologische Begriffe zu übersetzen.

Weit verbreitet ist auch die Approximationsrechnung nach der Methode kleinster Quadrate. Die Ähnlichkeit einer Materialgruppe zu einer anderen wird dabei in Distanz umgerechnet. Das erlaubt uns die graphische Darstellung der Ähnlichkeitsbeziehungen zwischen Ruinenplätzen innerhalb eines größeren Gebietes. Genauso könnten die Approximationswerte, wenn sie graphisch mit isometrischen Kurven dargestellt werden, eine sogenannte Topographie der Ähnlichkeitsbeziehungen in einem geographisch umrissenen Raum ergeben. Alle Rechnungen, die bei der Anwendung der geschilderten Methoden anfallen, können in den meisten Fällen mit einem Mikroprozessor gelöst werden. Sollte das Gedächtnis überfordert sein, gibt es viele Möglichkeiten, die Datenverarbeitung aufzusplittern und dann Schritt für Schritt vorzugehen.

Mit den Ergebnissen der manuellen oder mechanischen Datenverarbeitung schließt die spezifisch archäologische Forschung ab. Bis zu diesem Punkt sollte die Archäologie auf sich selbst vertrauen, ohne methodische Hilfestellungen aus anderen Fächern. Die Konstruktion von Erklärungsmodellen, die Verallgemeinerung konkreter Fälle, das Sichtbarmachen historischer und kultureller Tendenzen sprengt aber den technisch-methodischen Rahmen und reiht die Archäologie in die allgemeine Humanwissenschaft ein. Auf dieser Ebene sollten sich Archäologen, Ethnologen, Soziologen, Psychologen, Historiker, Religionswissenschaftler, Kunsthistoriker, Linguisten, physische Anthropologen treffen, eben alle diejenigen, die sich in irgendeiner Weise mit dem Menschen und seinem Werk auseinandersetzen, ebenso wie mit den Entwicklungen, die zur Gegenwart geführt haben.

Die Kunst des Interpretierens ist auf verschiedenen Wegen möglich. Allen ist gemein, daß das archäologische Material zu anderen Phänomenen in Beziehung gesetzt wird, seien dies nun empirische Daten oder theoretische Modelle. Ein besonderes Problem besteht darin, daß statistische Resultate in der Regel mehrdeutig sind. Gerade bei solchen Daten hat es sich deshalb bewährt, vor abstrakten Erörterungen zunächst eine Deutung des Materials im Kontext des gegebenen Kulturareals vorzunehmen. Als Methoden bieten sich hier die Hermeneutik (Watson-Franke and Watson 1975) und verschiedene Formen der komparativen Analyse an. Die wichtigsten Interpretationshilfen sind dabei benachbarte archäologische Stätten sowie historische Quellen und ethnographische Berichte. Beim Versuch, auf der Basis des archäologischen Materials die Lebensweise der betreffenden Menschen zu rekonstruieren, steht außerdem die weite Palette theoretischer Ansätze zur Verfügung, nicht zuletzt solche aus den anthropologischen, historischen und Gesellschaftswissenschaften. Dabei sollten aber auch naturwissenschaftliche Prämissen nicht übersehen werden. Auf diese Weise gelingt es dem Archäologen, wirtschaftliche, soziale oder religiöse Gegebenheiten zu erhellen, die aus dem archäologischen Befund als solchem nicht direkt ablesbar sind.

Dieser letzte Schritt ist unbedingt notwendig, es sei denn, die Archäologie verstünde sich im Sinne von "l'art pour l'art". Mit der Interpretation im Kontext vorhandener Theorien sind auch die Voraussetzungen für deren Verfeinerung oder Neugestaltung gegeben. Dabei geht es vor allem um diejenigen Theorien, die aus der Vergangenheit heraus die Gegenwart bewußt machen und so zu ihrem besseren Verständnis beitragen (vgl. Brüggemann 1982).

Literatur

Batra, R.

1964 La tipología y la periodificación en el metodo arqueológico. SAENAH 5. México.

Becker, H.

1978a Geophysikalische Prospektionsmethoden in der Archäologie. Hrouda (Hg.) 1978:48-60.

1978b Archäomagnetismus und magnetische Datierung. Hrouda (Hg.) 1978:139-149.

Binford, L.R.

1964 A Condsideration of Archaeological Research Design. American Antiquity 29:425-441.

Blanton, R.E.

1978 Monte Albán: Settlement patterns at the ancient Zapotec capital. New York.

Brothwell, D. and E. Higgs (Eds.)

1963 Science in Archaeology. London.

Brüggemann, J.K.

1977 Statistische Auswertung der Keramik aus der späteisenzeitlichen Siedlung Sünninghausen, Kr. Bekum. Archäographie 6.

1982 Aspectos fundamentales de la investigación arqueológica. INAH/SEP, Colección Científica 107. México.

1984a Seriación del material ceramico del Tajín 84. Informe Tajín 84, Archivo de la Dirección de Monumentos Prehispánicos, INAH. México. Ms.

1984b Los sitios arqueológicos de la cuenca inferior del Río Actopan, Ver. Informe del Proyecto: Historia del Asentamiento Humano en la Costa Central de Veracruz. Archivo de la Dirección de Monumentos Prehispánicos, INAH. México. Ms.

Brüggemann, J.K. y M. Harris
1970 La aplicación del magnetometro en San Lorenzo Tenochtitlan, Ver. INAH Boletín 39:26-29.

Clark, G.
1955 Excavations at Star Carr: An Early Neolithic Site at Seamur Near Scarborough, Yorkshire. London.
1960 Archaeology and Society. London.

Clarke, D.
1968 Analitical Archaeology. London.

Coe, M.D.
1970 The Archeological Sequence at San Lorenzo Tenochtitlan, Veracruz, Mexico. Berkeley.

Childe, G.V.
1944 Archeological Ages as Technological Stages. The Journal of the Royal Anthropological Institute of Great Britain and Ireland 74:7-24.

Eggers, H.J.
1986 Einführung in die Vorgeschichte. München.

Ford, J.A.
1954 On the Concept of Types. American Anthropologist 56:42-57.

Fritz, J. and F. Plog
1970 The Nature of Archaeological Explanation. American Antiquity 35:405-412.

Gadamer, H.G.
1967 Die Universalität des hermeneutischen Problems. Kleine Schriften I: Philosophie. Tübingen.

Gamio, M.
1914 Metodología para las investigaciones arqueológicas en México. México.

García Cook, A.
1967 Analisis tipológico de artefactos. INAH, Investigaciones Num. 12. México.

García Payón, J.
1949 Zempoala, compendio de su estudio arqueológico. Archivo de la Dirección de Monumentos Prehispánicos, INAH. México.

Gersbach, E.
1989 Ausgrabung Heute. Methoden und Techniken der Feldgrabung. Darmstadt.

Geyh, M.A.
1980 Einführung in die Methoden der physikalischen und chemischen Altersbestimmung. Darmstadt.

Grove, D.H.
1970 The San Pablo Pantheon Mound: A Middle Preclassic Site. American Antiquity 35:62-74.

Heizer, R.F. and S.F. Cook
1960 The Application of Quantitative Methods in Archeology. Chicago.

Hempel, C.
1973 Filosofía de la ciencia natural. Madrid.

Hrouda, B.
1978 Methoden der Archäologie. Eine Einführung in ihre naturwissenschaftlichen Techniken. München.

Klejn, L.S.
1973 Marxism, the Systemic Approach, and Archaeology. In: C. Renfrew (Ed.): The Explanation of Cultural Change. Duckworth.
1977 A Panorama of Theoretical Archaeology. Current Anthropology 18:1-42.

Kieger, A.D.
1944 The Typological Concept. American Antiquity 9:271-287.

Kroeber, A.L.
1909 Classificatory Systems of Relationships. The Journal of the Royal Anthropological Institute of Great Britain and Ireland 39:77-84.
Laplace, G. y L. Meroc
1966 Técnica de exploración arqueológica. SAENAH, México.
Le Blanc, S.A.
1975 Micro-Seriation: A Method for Fine Chronological Differentiation. American Antiquity 40:22-39.
Litvak King, J.
1985 Mesoamerica: Events and Processes, the last Fifty Years. American Antiquity 50:374-382.
Lomgacre, W.
1970 Archeology as Anthropology. Tucson.
Martin, P.S.
1971 The Revolution in Archeology. American Antiquity 36:1-9.
McNeish, R.
1964 El origen de la civilización mesoamericana visto desde Tehuacán. INAH. Prehistoria 16. México.
Medellín Zenil, A.
1960 Ceramicas del Totonicapan. Xalapa.
Melgarejo Vivanco, J.L.
1949 Historia de Veracruz. México.
Millon, R.
1973 Urbanization at Teotihuacan. Vol 1.: The Teotihuacan Map. Austin.
Mills, C.W.
1975 La imaginación sociológica. México.
Montemyor, F.
1973 Formulas de estadística para investigadores. INAH, Colección Científica 5. México.
Narr, K.J.
1961 Urgeschichte der Kultur. Stuttgart.
Niederberger, Ch.
1976 Zahopilco: Cinco milenios de ocupación humana en un sitio lacustre de la cuenca de México. INAH, Colección Científica 30. México.
Parsons, T.
1963 Essays ion Sociological Theory. Glencoe.
Piña Chan, R.
1970 Arqueología y tradición histórica. Tesis doctoral, UNAM. México.
Rauert, W.
1978 Die Kohlenstoff-14-Datierungsmethode. Hrouda (Hg.) 1978:111-124.
Redman, Ch. L.
1973 Multistage Fieldwork and Analitical Techniques. American Antiquity 38:61-80.
Redman, Ch. L. and P.J. Watson
1970 Systematic Intensive Surface Collection. American Antiquity 35:279-292.
Renfrew, C.
1969 Trade and Cultural Process in European Prehistory. Current Anthropology 10:151-170.
Renfrew, C. and G. Sterud
1969 Close Proximity Analisis: A Rapid Method for the Ordering of Archeological Materials. American Antiquity 34:265-277.
Rouse, J.
1966 Una técnica concepcional para el análisis arqueológico. SAENAH, México.
Rowe, J.H.
1961 Stratigraphy and Seriation. American Antiquity 26:342-330.
Sabloff, J.A. and R.E. Smith
1969 The Importance of both Analitic and Taxonomic Classification in the Type-Varity System. American Antiquity 34:278-285.

Sokal, R.R. and A.A. Sneath
1963 Principles of Numerical Taxonomy. San Francisco.

Stephani, M.
1978 Der Beitrag der Photogrammetrie zur Archäometrie. Hrouda (Hg.) 1978:63-81.

Steward, J.H.
1955 The Concept and Method of Cultural Ecology. Theory of Culture Change, Chapt. 1. Urbana, Ill.

Swadesh, M.
1951 Differential Cummulation and Archaic Residues as Historical Explanation. Southwestern Journal of Anthropology 7:1-21.

Thomas, D.H.
1971 On the Use of Cummulative Curves and Numerical Taxonomy. American Antiquity 36:206-210.

Vita-Finzi, C.
1978 Archeological Sites in their Setting. London.

Watson, P.J.
1973 Explanations and Models: The Prehistorian as a Philosopher of Science and the Prehistorian as Excavater of the Past. In: C. Renfrew (Ed.): The Explanation of Cultural Change. Duckworth.

Watson-Franke, M.B. and L.C. Watson
1975 Understanding in Archeology: A Philosophical Reminder. Current Anthopology 16:247-262.

Weiner, K.L.
1978a Thermolumineszenz. Hrouda (Hg.) 1978:151-161.
1978b Obsidian-Datierung. Hrouda (Hg.) 1978:162-174.

Wheeler, M.
1960 Moderne Archäologie: Methoden und Technik der Ausgrabung. Hamburg.

White, L.
1949 The Science of Culture. New York.

Willey, G.R. and Ph. Philips
1958 Method and Theory in American Archaeology. Chicago.

Wolf, E.
1959 Sons of the Shaking Earth. Chicago.

c. Ausgewählte Beispiele

1. Olmeken

Ulrich Köhler

Die Olmeken waren die Träger der bedeutendsten präklassischen Kultur Mesoamerikas. Sie haben mit den schon länger bekannten historischen Olmeken, einem Nahua-Volk, das zur Zeit der Conquista im nördlichen Isthmus-Gebiet siedelte, nur den Namen gemein. Dieser Aufsatz befaßt sich allein mit den erstgenannten Olmeken, deren Lebensweise nur durch archäologisches Material dokumentiert ist.

Zeugnisse dieser Kultur wurden Ende des 19. Jahrhunderts erstmals bekannt, und es dauerte bis zur Mitte unseres Jahrhunderts, ehe man ihre Bedeutung für die Kulturgeschichte Mesoamerikas genauer würdigte. Einige Errungenschaften, die man lange Zeit den Maya zugeschrieben hatte, waren nun als solche der Olmeken erkannt worden. Nützliche Abrisse der Forschungsgeschichte finden sich etwa in Publikationen von Wicke (1971) und Benson (1968, 1981). Wie der rezente Fund von Monumentalplastiken in Teopantecuanitlan, Guerrrero, unterstreicht (Martínez Donjuán 1982, 1985), ist die Erforschung der Olmeken weiterhin im Fluß, so daß noch manche Überraschung erwartet werden kann.

Ziel dieses Aufsatzes ist es, die charakteristischen Züge der olmekischen Kultur zu umreißen und dabei auch Kontroversen in der gegenwärtigen Forschung offenzulegen. In manchen Fällen erlaubt die Datenlage es bereits, vorgeschlagene Deutungen zu akzeptieren oder zurückzuweisen, in anderen muß zunächst auf die Ergebnisse zukünftiger Grabung gewartet werden.

Unsere Kenntnis der olmekischen Kultur stützt sich vorwiegend auf ihre Zeremonialzentren, Monumentalplastiken wie die berühmten Kolossal-Köpfe, Kleinplastiken aus Jade und anderen Steinen, Keramikobjekte und Felsbilder. Das ganze Spektrum dieser Belege wurde nur im nördlichen Isthmusgebiet gefunden. Diese Region, in der mit Tres Zapotes, La Venta und San Lorenzo die wichtigsten Zentren liegen, wird deshalb oft als olmekisches Kernland bezeichnet. In ihrer weitesten Verbreitung sind olmekische Objeke von Jalisco im Nordwesten bis Costa Rica im Südosten belegt, so daß sich das Verbreitungsgebiet fast mit dem Areal Mesoamerikas deckt. Dabei muß allerdings einschränkend berücksichtigt werden, daß an der Peripherie nur leicht tragbare Objekte, also wohl Handelswaren, gefunden worden sind. Stärkerer Einfluß ist vor allem im ganzen Isthmus und angrenzenden Regionen, entlang der Golfküste sowie jenseits der Gebirge in Guerrero festzustellen, außerdem in einem Gürtel durch Morelos und Teilen von Puebla und Oaxaca, der die Schwerpunkte nahe den beiden Meeren miteinander verbindet. Dort finden sich nicht nur Kleinplastiken in relativ großer Zahl, sondern vereinzelt auch Felsbilder und Großplastiken, die auf einen längeren und stärkeren Einfluß vor Ort schließen lassen.

Wichtigstes Kriterium für die Bestimmung der Verbreitung ist ein spezifischer Kunststil, der besonders in der Darstellung von Menschen, von Mischwesen aus Mensch und Tier sowie einer Palette ikonographischer Details charakteristische Formen aufweist. Ausführliche Versuche, diesen Stil zu definieren, sind z.B. von Covarrubias (1942), Coe (1965a) oder Joralemon (1971) unternommen worden. Die hier gezeigten Skizzen einer stehenden Figur mit einem kleinen Mischwesen (Abb. 2) sowie einer Zeremonialaxt in der Form eines Mischwesens (Abb. 3) erscheinen als geeignet, einen Eindruck der typischen Form zu vermitteln.

Von den größeren olmekischen Zentren sind bisher nur La Venta (Drucker et al. 1959, Heizer 1968) und San Lorenzo (Coe 1968a, Coe and Diehl 1980) genauer untersucht und beschrieben worden, während es etwa für Tres Zapotes (Stirling 1943) oder Laguna de los Cerros (Medellín Zenil 1960), abgesehen von thematisch begrenzten Spezialstudien, nur allmeine Übersichten gibt. Eindrucksvoll sind die massiven Erdarbeiten, bei denen das Material wahrscheinlich in Körben zusammengetragen wurde. In Tres Zapotes ist es eine 130 m lange, 17 m breite und 7,5 m hohe Struktur, in La Venta die 32 m hohe Pyramide und in San Lorenzo das 1,2 km lange und etwa halb so breite Plateau, das insgesamt aufgeschüttet zu sein scheint.

Abb. 2

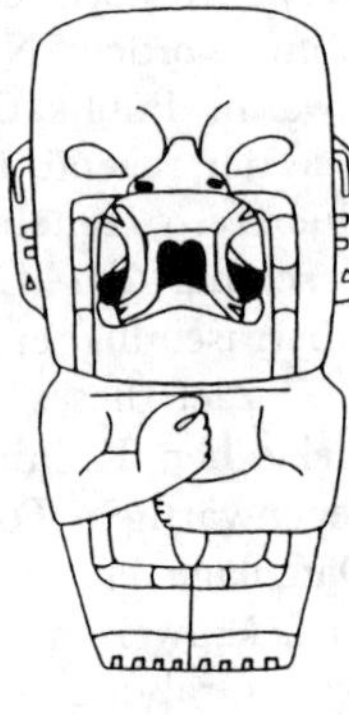

Abb. 3

Besonderes Interesse hat die Pyramide von La Venta geweckt, nicht nur als erste größere Anlage dieser Art in der Neuen Welt, sondern auch wegen ihrer Form. Während ihr Grundriß zunächst als rechteckig aufgefaßt worden war, zeigte eine Nachuntersuchung, daß sie mit ihrer eher rundlichen Form und eingekerbten Rillen an den Seiten einem Gugelhupf gleicht oder – um ein Bild aus der Umwelt der Olmeken zu verwenden – einem Vulkan (Heizer 1968). Der nächste Vulkan mit derartiger Gestalt ist der etwa 50 km entfernte

Abb. 4

San Martín Pajapan. Auf seinem Gipfel befand sich eine große Steinfigur in olmekischem Stil, die wohl den Herrn dieses Berges darstellen sollte (Abb. 4). Zur großen Überraschung wurde bei der neueren Grabung in La Venta der Kopf einer nahezu identischen Figur gefunden (vgl. Clewlow 1968), was die Hypothese erhärtet, die Pyramide habe in der Tat einen Vulkankegel darstellen sollen, und der angenommene Herr dieses Berges sei auch in La Venta verehrt worden. Eine derartige ideelle Beziehung zu den Tuxtla-Bergen wird um so plausibler, wenn man auch den materiellen Tatbestand berücksichtigt, daß die Leute von La Venta den größten Teil des Rohmaterials für ihre Großplastiken aus jenem Gebiet herbeischafften (Heizer 1968:19).

Wenn diese Deutung der Pyramide von La Venta beim gegenwärtigen Informationsstand auch einleuchtet, muß sie doch nicht endgültig sein. Magnetometrische Untersuchungen haben ergeben, daß in

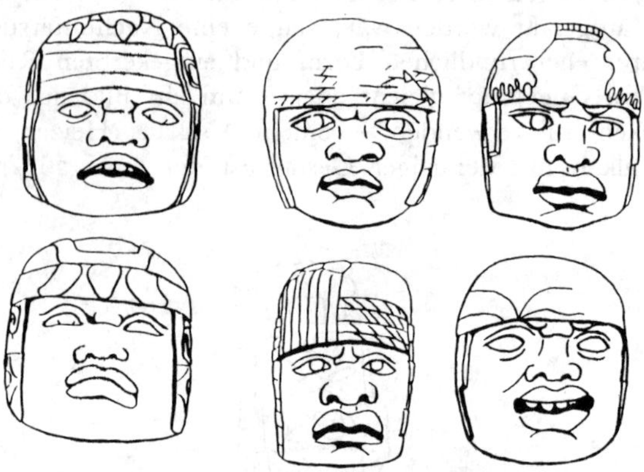

Abb. 5

der Pyramide eine größere Struktur verborgen ist (Morrison et al. 1969). Im Falle ihrer Freilegung könnten wir mit ganz unverhofften Daten konfroniert werden, die uns dann zwingen würden, neue Erklärungen zu suchen. – Nach längerer Unterbrechung wird seit 1985 wieder in La Venta gegraben (González Lauck 1988).

Unter den Großplastiken (vgl. Stirling 1965, Fuente 1973, 1977) sind besonders die bis zu 30 t schweren Kolossalköpfe ein charakteristisches Merkmal des olmekischen Kernlandes. Von ihnen hat man bisher 16 Exemplare gefunden. Die Gesichtszüge sind zumeist individuell gestaltet (Abb. 5), und die Forscher sind sich deshalb weitestgehend einig, daß hier nicht abstrakte Numina, sondern ganz bestimmte Einzelpersonen abgebildet sind. Angesichts der großen Mühe, die die Herbeischaffung und Bearbeitung des Materials erforderte, drängt sich der Schluß auf, daß sie nicht beliebige Individuen, sondern die jeweiligen Herrscher darstellen. Wegen des lebendigen Gesichtsausdruckes auf mehreren Exemplaren läßt sich auch noch vermuten, daß sie zu Lebzeiten aufgestellt wurden. Über die tieferen Gründe dafür sowie auch den Anlaß dazu werden wir aber wohl nie genauere Anhaltspunkte gewinnen können.

Von den übrigen Großplastiken, wie steinernen Darstellungen von Menschen oder Tieren sowie verzierten Stelen, seien hier nur die bis zu 50 t schweren Steinblöcke kurz angesprochen, die an einer oder mehreren Seiten künstlerisch gestaltet sind und aus denen in einigen Fällen eine menschliche Figur herausragt (Abb. 6). Sie werden in der Literatur üblicherweise als Altäre bezeichnet, obschon die meisten von ihnen wegen ihrer Höhe kaum dafür geeignet zu sein scheinen. Der Vorschlag von Grove, sie als Throne zu deuten (1973), ist einleuchtender.

Abb. 6

Unter den Kleinplastiken aus Stein und Keramik ist eine große Zahl mit künstlerischer Verzierung gefunden worden, etwa auf Beilen, Pektoralen, Masken oder Einzelfiguren in menschlicher Gestalt. Nicht selten sind die als "baby face" bekannten Darstellungen, noch häufiger aber Mischwesen aus Mensch und Tier, darunter besonders dem Jaguar. In der Literatur werden sie oft als Werjaguare – analog zum europäischen Konzept des Werwolfes – bezeichnet, obgleich bei einigen Figuren auch Elemente anderer Tiere, wie Vögel oder Reptilien, erkennbar sind. Die Deutung der Mischwesen ist umstritten, sowohl bezüglich der Identifizierung der Tiere als auch der Idee, die sie zum Ausdruck bringen sollten. Die These, nach der sie als Ausdruck eines Urzeitmythos zu sehen sind, demzufolge ein Jaguar mit einer Frau kopulierte, hat zwar eifrige Verfechter gefunden (Stirling 1955, Coe 1965b), läßt sich aber durch keinerlei stichhaltige Daten belegen. Ein neuerer Ansatz, die Mischwesen auf der Basis des in Mesoamerika verbreiteten Nagualismus zu deuten, d.h. der Fähigkeit, in der Gestalt von zumeist tierischen Alter Ego praktisch zu handeln, wird besonders durch die Art der archäologischen Objekte gestützt, die Mischwesen zeigen: es sind überwiegend Prunkgegenstände des persönlichen Ornats. Mit den Mischwesen darauf waren sie also besonders geeignet als Machtsymbole olmekischer Herrscher, denn sie führten damit auch deren aus dem Tierreich bezogene Kräfte unmittelbar vor Augen (Köhler 1985).

Am Beispiel der olmekischen Kleinplastiken zeigen sich besonders deutlich die verheerenden Folgen des gemeinschaftlich begangenen Verbrechens von Sammlern, Händlern und Raubgräbern. Die bisher bekannten Objekte stammen fast ausnahmslos aus illegalen Grabungen, und sie liefern deshalb zumeist keine Angaben über den genauen Fundort, geschweige denn den Fundkontext. Noch schlimmer für die Wissenschaft ist aber der Umstand, daß bei solchen Grabungen weniger schöne und damit pekuniär uninteressante Materialien zerstört oder achtlos weggeworfen werden. Zum Verständnis einer vergangenen Kultur sind sie aber nicht minder wichtig als Spitzenleistungen künstlerischen Schaffens.

Die genaue zeitliche Einordnung der Blütezeit der Olmeken ist noch umstritten, und es sollen deshalb hier nur die groben Dimensionen umrissen werden. Aus der olmekischen Spätphase, die bereits stilistisch abweichende Formen zeigt, sind mit der als Statuette von Tuxtla bekannten Grünsteinfigur und der Stele C von Tres Zapotes chronologische Inschriften erhalten, die bei Lesung in der Art der klassischen Maya (GMT-Korrelation), Jahresangaben von 162 bzw. 31 v.Chr. ergeben. In Tres Zapotes gibt es für die davorliegende Zeit nur Chronologien auf der Basis von Keramik (Drucker 1943, Weiant 1943). Die C^{14}-Methode war zu jener Zeit noch nicht erfunden, und man maß deshalb etwaigen Holzkohleresten nicht die Bedeutung bei, die sie heute haben. Stirling ordnete den bis dato bekannten Kolossalkopf, der anscheinend noch in situ stand, um den herum aber das Erdreich entfernt war, einer frühen Phase zu (1943: 31), zur absoluten Datierung sagt das aber kaum etwas. Für La Venta und San Lorenzo besitzen wir immerhin einige absolute Datierungen mit der Radiokarbon-Methode. Nach Heizer liegt die Blütezeit von La Venta zwischen 1000 und 600 v.Chr. (1968:19), während diejenige von San Lorenzo durch Coe mit 1200-900 v.Chr. sogar noch früher angesetzt wurde (1968:60f.). Vor allem die letztgenannte Datierung ist in der Fachwelt skeptisch aufgenommen worden. Mit einiger Wahrscheinlichkeit läßt sich deshalb zum gegenwärtigen Zeitpunkt festhalten, daß die Blütezeit olmekischer Kultur in der ersten Hälfte des Jahrtausends vor unserer Zeitrechnung lag, wobei zukünftige Forschung ermitteln muß, ob näher an seinem Beginn oder aber erst in seiner Mitte.

Nach dieser knappen Darstellung und Diskussion archäologischer Zeugnisse der Olmeken soll nun kurz auf einige davon abgeleitete Interpretationen eingegangen werden. Wie bei einem zeitlichen Abstand von fast dreitausend Jahren kaum anders zu erwarten, gehen die Meinungen oft weit auseinander.

Der Bereich der Wirtschaft ist wenig kontrovers, jedenfalls was die Produktion anbetrifft. Man ist sich weitgehend einig, daß der Bodenbau die wichtigste Grundlage bildetete. Eine besonders ausführliche Studie zu diesem Thema, einschließlich der gegebenen ökologischen Bedingungen, liegt jetzt für San Lorenzo vor (Coe and Diehl 1980). Von diesen Daten ausgehend darf allerdings nicht verallgemeinert werden, da die Flüsse bei La Venta und Tres Zapotes keine so weitreichenden Funktionen erfüllen konnten, wie der Coatzacoalcos für San Lorenzo.

Meinungen über die politische Organisation der Olmeken im Kernland sind in einem neueren Artikel von Drucker zusammenfassend gewürdig worden (1981). Man kann ihm darin zustimmen, daß die einzelnen größeren Zentren voneinander unabhängige politische Einheiten bildeteten und daß sie bei der Größe der von ihnen kontrollierten Bevölkerung und dem Grad des Zentralismus als Frühformen des Staates anzusehen sind.

Bezüglich der Art der Ausbreitung olmekischer Kultur über den größten Teil Mesoamerikas gehen die Meinungen weit auseinander. Sie reichen von der Idee eines olmekischen Imperiums über das Wirken von Missionaren bis zu einer Diffusion über Handelskontakte. Die verschiedenen Ansätze hat Hinz in einer kritischen Studie gegeneinander abgewogen (1978).

Besonders kontrovers ist der Bereich der Religion diskutiert worden. Seit einer frühen Arbeit von Covarrubias (1942) findet sich in der Literatur ein Jaguargott, der im übrigen eine enge Beziehung zu Regengöttern gehabt haben soll. Die Existenz dieses wenig plausiblen Numen ist bereits andernorts in Frage gestellt worden (Köhler 1985: 43). Zu einer Proliferation der olmekischen Götterwelt kam es durch Arbeiten von Joralemon, der aus dem vielfältigen ikonographischen Material verschiedene Typen zusammenstellte (1971, 1976). Ein Beweis dafür, daß es diese am Schreibtisch entworfenen Numina in der olmekischen Vorstellungswelt wirklich gab, wird allerdings nicht einmal in Ansätzen erbracht. Die Schwierigkeit zu entscheiden, ob ein gottesartiges Wesen dargestellt ist, zeigt sich besonders bei einigen olmekischen Großplastiken (vgl. Köhler 1985:38ff.). Es ist wahrscheinlich, daß sich in dieser formativen Phase einige Konzepte mesoamerikanischer Religion herausbildeteten; ein Versuch von Coe (1968b: 114), gar aztekische Götter in jene frühe Zeit zu projizieren, ist aber zurecht kritisiert worden (Fuente 1977:306ff., Soustelle 1979:178ff.). Bei der Frage nach dem Stellenwert von Göttern im Denken der Olmeken scheint es nützlich, erneut einen Blick auf das archäologische Material zu werfen. Dabei drängt sich dann aber der Eindruck auf, daß nicht bestimmte Götter im Vordergrund des Interesses standen, sondern die eigenen Herrscher.

Daß das Verhältnis zu diesen nicht immer ungetrübt war, veranschaulicht der Niedergang von San Lorenzo. Dort kam es offenbar zu einer Erhebung, und alle Zeugnisse der bisherigen Herrschaft wurden unter großem Kraftaufwand vergraben (Coe 1968a:59). Demgegenüber wurde La Venta um die Mitte des ersten Jahrtausends v. Chr. ohne Zerstörung verlassen; und Tres Zapotes entwickelte noch in späteren Jahrhunderten neue Formen, die dann zu nachfolgenden Kulturen überleiten.

Zum Abschluß soll der Blick auf die Frage nach der Herkunft der Olmeken gelenkt werden. Innerhalb Mexikos drehte sich die Diskussion um das nördliche Isthmusgebiet, Guerrero und – weniger überzeugend – das westliche Oaxaca (vgl. Wicke 1971). Heute spricht man sich überwiegend für die erstgenannte Region aus, Guerrero könnte aber durch neue Funde wieder ins Gespräch kommen. Das würde aber sehr wahrscheinlich nichts an dem Befund ändern, daß die olmekische Kultur um Umfeld des Tuxtla-Gebirges ihre größte Blüte erreichte.

An außeramerikanischen Anstößen wurden nach dem Auffinden des ersten Kolossalkopfes solche aus Afrika vermutet; es zeigte sich aber bald, daß derartige Gesichtszüge bei keineswegs negroiden Indianern dieses Gebietes anzutreffen sind. Kleine Tonfigürchen auf Rädern aus dem späteren Tres Zapotes nährten Spekulationen über mögliche Einflüsse aus Indien (Heine-Geldern 1966:289), wobei aber verdrängt wurde, daß sich zu dieser Zeit indischer Einfluß noch nicht einmal in Indonesien ausgebreitet hatte. Nach verschiedenen Vorläufern unternahm Meggers (1975) noch einmal einen verkrampften Versuch, die olmekische Kultur von der chinesischen der Shang-Zeit herzuleiten. Jedes ihrer Argumente läßt sich aber bereits mit dem elementarsten Instrumentarium des Kulturhistorikers, nämlich dem Qualitäts- und Quantitätskriterium, leicht widerlegen.

Nach gegenwärtigem Forschungsstand ist der von den Olmeken vollzogene Durchbruch zur Hochkultur also eine eigenständige neuweltliche Entwicklung. Mit ihrem spezifischen Kunststil und eigenwilligen Formen in der Monumentalplastik haben sie Marksteine gesetzt, für die es nirgendwo auf der Welt Parallelen gibt. Es ist deshalb kaum zu erwarten, daß künftige Forschung diese Schlußfolgerung ernsthaft in Frage stellen wird.

Literatur

Benson, Elizabeth P. (Ed.)
1968 Dumbarton Oaks Conference on the Olmec. Washington, D.C.
1981 The Olmec and Their Neighbors. Essays in Memory of Matthew W. Stirling. Washington, D.C.
Bernal, Ignacio
1968 El mundo olmeca. México.
Brüggemann, Jürgen
1972 Die Entwicklungsgeschichte der Golfküstenkulturen Mexikos. Anthropos 67:873-899.
Brüggemann, Jürgen y Marie-Areti Hers
1970 Exploraciones arqueológicas en San Lorenzo Tenochtitlan. Boletín INAH 39:18-23. México.
Clewlow, William
1968 Comparación de dos extraordinarios monumentos olmecas. Boletín INAH 34:37-41.
Coe, Michael D.
1965a The Olmec Style and its Distributions. Handbook of Middle American Indians 3:739-775. Austin.
1965b The Jaguar's Children: Pre-Classic Central Mexico. New York.
1968a San Lorenzo and the Olmec Civilization. Benson (Ed.) 1968:41-78.
1968b Americas First Civilization: Discovering the Olmec. New York.
Coe, Michael and Richard A. Diehl
1980 In the Land of the Olmec. Vol.I,II. Austin.
Covarrubias, Miguel
1942 Orígen y desarrollo del estilo artístico "olmeca". Mayas y Olmecas. Sociedad Mexicana de Antropología: Segunda reunión de mesa redonda sobre problemas antropológicos de México y Guatemala, pp.51-54. Tuxtla Gutiérrez.
Drucker, Philip
1943 Ceramic Sequences at Tres Zapotes, Veracruz, Mexico. Smithsonian Institution, Bureau of American Ethnology, Bulletin 153. Washington, D.C.
1952 La Venta, Tabasco. A Study of Olmec Ceramics and Art. Smithsonian Institution, Bureau of American Ethnology, Bulletin 153. Washington, D.C.
1981 On the Nature of Olmec Polity. Benson (Ed.) 1981:29-48.
Drucker, Philip, Robert F. Heizer and Robert J. Squier
1959 Excavations at La Venta, Tabasco, 1955. Smithsonian Institution, Bureau of American Ethnology, Bulletin 170. Washington, D.C.
Fuente, Beatriz de la
1973 Escultura monumental olmeca: Catálogo. Instituto de Investigaciones Estéticas, Cuaderbos de história del arte 1. México.
1977 Los hombres de piedra. Escultura olmeca. México.
González Lauck, Rebecca
1988 Proyecto arqueológico La Venta. Arqueología 4:121-165. México.

Grove, Daniel C.
1973 Olmec Altars and Olmec Myths. Archaeology 26,2:128-35.
Gutiérrez Solana, Nelly y Daniel G. Schavelzon
1980 Corpus bilbiográfico de la cultura Olmeca. México.
Heine-Geldern, Robert
1968 The Problem of Transpacific Influences in Mesoamerica. Handbook of Middle American Indians 4:277-295. Austin.
Heizer, Robert F.
1968 New Observations on La Venta. Benson (Ed.) 1968:9-40.
Hinz, Eike
1978 Theorien über die Verbreitung "früholmekischer" Kulturmerkmale. R. Hartmann — U. Oberem (Hg.): Amerikanistische Studien, Festschrift für Hermann Trimborn I:239-248. Collectanea Instituti Anthropos 20. St. Augustin.
Joralemon, Peter David
1971 A Study of Olmec Iconography. Studies in Pre-Columbian Art and Archaeology 7. Washington, D.C.
1976 The Olmec Dragon: A Study in Pre-Columbian Iconography. Nicholson (Ed.) 1976:27-71.
Köhler, Ulrich
1985 Olmeken und Jaguare. Zur Deutung von Mischwesen in der präklassischen Kunst Mesoamerikas. Anthropos 80:15-52.
Martínez Donjuán, Guadalupe
1982 Teopantecuanitlan, Guerrero: un sitio olmeca. Revista Mexicana de Estudios Antropológicos 28:123-132.
1985 El sitio olmeca de Teopantecuanitlan en Guerrero. Anales de Antropología 22:215-226. México.
Medellín Zenil, Alfonso
1960 Exploraciones arqueológicas en Laguna de los Cerros, Acayucan, Veracruz. Xalapa.
Meggers, Betty J.
1975 The Transpacific Origin of Mesoamerican Civilization. American Anthropologist 77:1-27.
Morrison, Frank, José Benavente, C.W. Clewlow y R.F.Heizer
1969 Exploración magnetométrica de la pirámide de La Venta, 1969. Boletín INAH 38:25-31. México.
Nicholson, Henry B. (Ed.)
1976 Origins of Religious Art and Iconography in Preclassic Mesoamerica. UCLA Latin American Studies Series 31. Los Angeles.
Stirling, Matthew W.
1943 Stone Monuments of Southern Mexico. Smithsonian Institution, Bureau of American Ethnology, Bulletin 138. Washington, D.C.
1955 Stone Monuments of the Río Chiquito, Veracruz, Mexico. Anthropological Papers 43, Smithsonian Institution, Bureau of American Ethnology, Bulletin 157:1-23, Washington, D.C.
1965 Monumental Sculpture of Southern Veracruz and Tabasco. Handbook of Middle American Indians 3:716-738. Austin.
Soustelle, Jacques
1979 Les Olmèques. La plus ancienne civilisation du Mexique. Paris.
Weiant, C.W.
1943 An Introduction to the Ceramics of Tres Zapotes, Veracruz, Mexico. Smithsonian Institution, Bureau of American Ethnology, Bulletin 139. Washington, D.C.
Wicke, Charles R.
1971 Olmec: An Early Art Style of Precolumbian Mexico. Tucson, Arizona.

2. *Teotihuacan*

Hanns J. Prem

Teotihuacan ist in Mesoamerika in jeder Hinsicht einzigartig. Die Stadt, deren Ruinen die meistbesuchte archäologische Stätte Mexikos bilden, hat seit ihrem Ende vor mehr als einem Jahrtausend nicht aufgehört, Aufmerksamkeit zu erregen. Schon die Azteken maßen der Ruinenstadt so große Bedeutung bei, daß sie dort wesentliche Teile ihrer mythischen Geschichte spielen ließen (z.B. Sahagún 1950-82,7:3-8; Anales de Cuauhtitlan § 1453-1491).

Das Tal, in dem Teotihuacan liegt, ist eine rund 500 km² große Ausbuchtung des Hochbeckens von Mexiko nach Nordosten. Seine Umgrenzung nach Süden, Osten und Norden wird von vulkanischen Erhebungen bis knapp 3000m gebildet, die Talsohle liegt über 2200m. Das Klima ist kühl und trocken (mittlere Temperatur 14,4°, mit häufigem Frost in den Monaten November bis Februar, mittlere jährliche Regenmenge 547mm, fast ausschließlich in den Monaten April bis Oktober).

Knapp unterhalb der Mitte des Tales dringt ein alter Lavastrom von Norden in das Tal, der offensichtlich, vielleicht wegen der vielen Höhlen, als günstiger Siedlungsplatz betrachtet wurde, auch wenn die einzigen Quellen des Tales in einiger Entfernung talabwärts lagen. Die an dieser Stelle gelegene Siedlung, die sich bis dahin nicht von den anderen des Tales unterschieden hatte, begann im ersten Jahrhundert nach Christus (Phase Tzacualli) einen plötzlichen Aufstieg. Die Bevölkerung wuchs schnell an und zeigt eine Spezialisierung auf die Verarbeitung des am Ostrand des Tales anstehenden vulkanischen Glases Obsidian (Millon 1973:53).

Schon im folgenden Jahrhundert (Phase Miccaotli) nahm die locker bebaute Siedlung eine Fläche von rund 20 km² ein und begann mit der Errichtung ihres zunächst überproportional erscheinenden Zeremonialzentrums. Es enstanden fast gleichzeitig die erst später so genannten Sonnen- (Fläche 222 x 225m, Höhe ca. 65m) und die etwas kleinere Mondpyramide, die breite Achsenstraße – spätere Bezeichnung *miccaotli* – (Abb. 7) und zahlreiche andere der charakteristischen Tempelkomplexe (Tempel an drei Seiten eines quadratischen Hofes). Während der Kern der Stadt so ins Monumentale wuchs, gibt es auch Anzeichen weiterreichender politischer Macht. Obwohl die Obsidianvorkommen im Tal erschöpft waren, nahm die Verarbeitung dieses Materials weiter zu, wobei der Rohstoff von den rund 70 km nördlich gelegenen Vorkommen von Pachuca bezogen wurde. Die Stadt verlagerte sich nach dem Süden und gruppierte sich um den neu entstehenden Achsenschnittpunkt und die dort errichtete gewaltige Hofanlage der "ciudadela" (400 x 400m). Diese Verlagerung ermöglichte die Einführung eines an den Hauptachsen orientierten rechtwinkeligen Planungskonzeptes. Durch kompakte Wohnblocks konnte die Stadt trotz kaum ausgeweiteter Fläche eine ständig anwachsende Bevölkerung fassen (Millon 1973:54-56).

In der Zeit von ca. 200 bis 450 n.Chr. (Phase Tlamimilolpa) dürfte die Bevölkerung der Stadt auf eine Zahl zwischen 100.000 und 200.000 Einwohner angewachsen sein. Im Zeremonialbereich wurden Bauten ausgestaltet, erweitert, aber auch niedergerissen und neu errichtet. Die großen Pyramiden erhielten schon in dieser Zeit ihr endgültiges Aussehen. Allein rund 400 Werkstattbezirke für Obsidianverarbeitung sind nachgewiesen. Zuwanderer aus fernen Gebieten (beispielsweise aus Oaxaca) sammelten sich in eigenen Stadtvierteln und bewahrten dort Traditionen ihrer Heimatgebiete. Hierin, aber auch an den Funden von Exportgegenständen aus Teotihuacan, die sich bis nach Costa Rica nachweisen lassen, zeigen sich die weitreichenden Verbindungen dieser Stadt und ihr ganz Mesoamerika erfassender kultureller Einfluß (Millon 1973:56-59).

In der Zeit zwischen 450 und 600 n.Chr. (Phase Xolalpan) erreichte die Stadtentwicklung von Teotihuacan ihren Höhepunkt. Sie konzentrierte sich jedoch offensichtlich stärker auf den zivilen Sektor; die großen Pyramiden wurden nicht mehr verändert. Was heute durch Ausgrabungen wieder ans Licht gebracht wird, ist das Bild dieser Zeit. Die Bevölkerung rückte etwas dichter zusammen, die besiedelte Fläche verringerte sich an den Rändern leicht (Millon 1973:59).

Um 650 n.Chr. setzte eine Phase (Metepec) ein, in der Teotihuacan deutlicher zu schrumpfen begann, während sich das umgebende Tal schnell entvölkerte. Aber noch war die Stadt im Vollbesitz ihrer Kräfte, ungehemmte Bauaktivität belegt dies. Aber anscheinend plötzlich und ohne erkennbare Ursache brach die Stadt um 750 n. Chr. in sich zusammen. Im zeremonialen Zentrum wurden viele Gebäude niedergebrannt, vermutlich bewußt verwüstet und niemals wieder aufgebaut. Später (Phase Oxtoticpac) bestanden auf dem Areal der Stadt mehrere isolierte dörfliche Siedlungen, die aber weder das politische noch das kulturelle Erbe Teotihuacans fortführen konnten (Millon 1973:59-63).

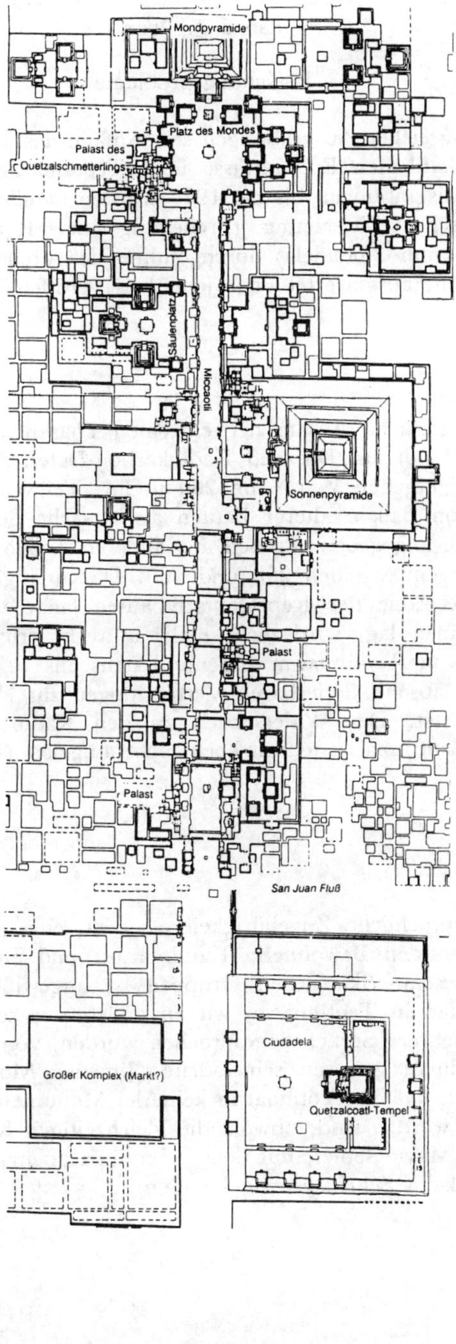
Mondpyramide
Platz des Mondes
Palast des
Quetzalschmetterlings
Säulenplatz
Miccaotli
Sonnenpyramide
Palast
Palast
San Juan Fluß
Ciudadela
Großer Komplex (Markt?)
Quetzalcoatl-Tempel

Abb. 7

Forschungsprobleme

Trotz umfangreicher Ausgrabungen seit Anfang des Jahrhunderts sind die wissenschaftlichen Erkenntnisse über Teotihuacan eher begrenzt. Zahlreiche Ausgrabungen bis ca. 1970 wurden nämlich so weitgehend mit touristischer Zielsetzung (Freilegung und Rekonstruktion im Bereich Miccaotli-Ciudadela) durchgeführt, daß archäologische Daten kaum erhoben, ausgewertet oder jedenfalls veröffentlicht wurden.

Datierung

Der genaue zeitliche Ansatz der einzelnen Phasen von Teotihuacan ist schwierig. Gut ein Dutzend Radiokarbon-Daten aus dem Bereich des Miccaotli ergeben Werte um 200 n.Chr. Teilweise wird Wiederbenutzung von Balken älterer Bauten als Ursache der sehr früh liegenden Werte angegeben. Proben aus anderen Teilen der Stadt ergeben Datierungen zwischen 290 und 700. Die anfängliche Interpretation, daß die Zone der Repräsentativbauten lange vor der übrigen Stadt in Ruinen lag, wird nicht mehr aufrecht erhalten. Die Weiterrexistenz von Teotihuacan bis mindestens ins 6. Jh. wird auch aus den dort absolut datierbaren Verbindungen zur klassichen Mayakultur abgeleitet. Der Widerspruch zu den Radiocarbondaten aus Bauten des Zentrums ist jedoch noch nicht aufgelöst (Millon 1973:60-61).

Bevölkerung

Sowohl die sprachliche Zugehörigkeit als auch eine ethnische Beziehung zwischen den Bewohnern Teotihuacans und aus späterer Zeit bekannten mesoamerikanischen Gruppen ist ungewiß. Vieles deutet darauf hin, daß in Teotihuacan wie in anderen mesoamerikanischen Siedlungen mehrere Sprachen gesprochen wurden, von denen vermutlich eine Nahuatl gewesen sein dürfte (Jiménez Moreno 1974:11). Erstaunlich ist, daß in Teotihuacan keinerlei Monumente mit Inschriften gefunden worden sind, obwohl die gleichzeitigen Kulturen in Oaxaca und im Maya-Gebiet, mit denen Teotihuacan in engem Kontakt stand, entwickelte Schriftsysteme besaßen.

Stadtanlage

Der Raster, an dem sich alle Bauten der Stadt orientieren, weicht um ca. 15 1/2 Grad nach Ost von Nord ab. Dies ist vermutlich keine astronomische Orientierung, sondern ergibt sich aus der Verbindungslinie des das Tal dominierenden Cerro Gordo im Norden und eines weniger prominenten Vulkans, Cerro Chiconquiaco, im Süden, die genau über die Sonnenpyramide verläuft. Der Raster wird von der Nord-Süd-verlaufenden Achsenstraße und einer sie rechtwinkelig schneidenden Schneise beherrscht (Abb. 7). Die nördliche Hälfte der Achsenstraße, die teilweise als Folge von eingesenkten Höfen, die durch Treppendämme abgetrennt sind, ausgebildet ist, wird von einer breiten Zone administrativer und repräsentativer Bauten begleitet (ca. 0,8 x 1,8km). In ihr sind zahlreiche Hof-Pyramiden-Komplexe enthalten, sowie Baugruppen, die entsprechend dem baulichen Aufwand als Paläste bezeichnet werden und vermutlich als Wohnstätten der Elite dienten. Diese Zone ist durch Mauerzüge von der übrigen Stadt abgetrennt.

Außerhalb der genannten Zone herrschen die Wohnkomplexe vor, von Mauern begrenzte Rechtecke von 50 bis 70m Seitenlänge, mit wenigen Eingängen. Die Eingänge führten durch Korridore zu eingesenkten Höfen mit oft symmetrischen Bauten an den vier Seiten, die zum Hof hin einen Portikus aufwiesen, auf niedrigen Plattformen standen und wohl repräsentativen Charakter hatten. Von den Ecken der Höfe führte der Zugang zu weniger formell angeordneten Räumen, die den eigentlichen Wohnzwecken dienten. Die Räume waren vielfach mit gemauerten Banketten ausgestattet, die die Wände entlang liefen. Die Wände waren zumeist bemalt, in einfachen, repetitiven Mustern oder aufwendigen figürlichen Motiven (Abb. 8).

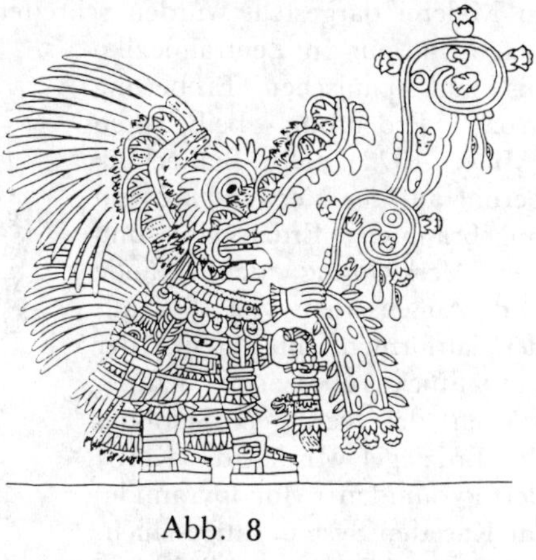

Abb. 8

Architektur

Charakteristisches, möglicherweise aber überbewertetes Kennzeichen der Architektur Teotihuacans ist die Fassadengestaltung im sogenannten "tablero-talud", einer kastenartig vorkragenden senkrechten Fläche mit eingesenktem Innenfeld über einer nach oben-innen geböschten Schräge (Abb. 9). Das Innenfeld des die Horizontale betonenden "tablero" wurde häufig mit figürlichen Motiven bemalt. Der "tablero-talud", der sich, allerdings in verschiedenen Abwandlungen, im mesoamerikanischen Klassikum weithin durchsetzte, braucht nicht überall notwendigerweise eine Beeinflussung aus Teotihuacan anzuzeigen; er ist offenbar anderswo entwickelt worden (frühere Befunde in Tlalancaleca/Puebla, García Cook 1981:252).

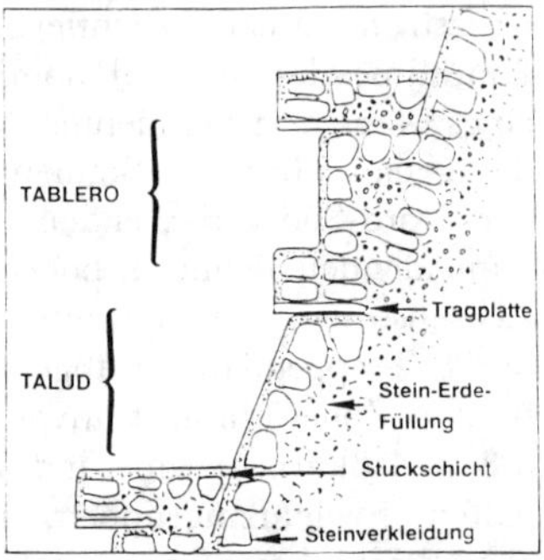

Abb. 9

Häufiges Motiv der Fassadengestaltung sind vollplastische Schlangenköpfe, die am unteren Ende von Treppenwangen ansetzen. Nur in Malerei dargestellt wurden schreitende Jaguare. Beide Motive haben nicht nur in Zentralmexiko bis zur spanischen Eroberung große Bedeutung beibehalten (Miller 1973). Die Bautechnik beruht auf der Verwendung von ungebrannten Erdziegeln und der Verkleidung der Wände und Außenseiten von Pyramidenplattformen mit Stein, der mit Stuck überzogen wurde. Wegen der geringen Stabilität der Erdziegel wurden die Kerne der Pyramiden (Mondpyramide) im Kasetten-System aufgeschichtet, zur weiteren Stabilisierung dienten dicke Holzpfosten, die auch die tragende Funktion der Wände von Innenräumen und der gemauerten Pfeiler übernahmen. Räume wurden durch flache Decken aus Holzbalken, querliegenden Stäben und einer dicken Stein-Mörtel-

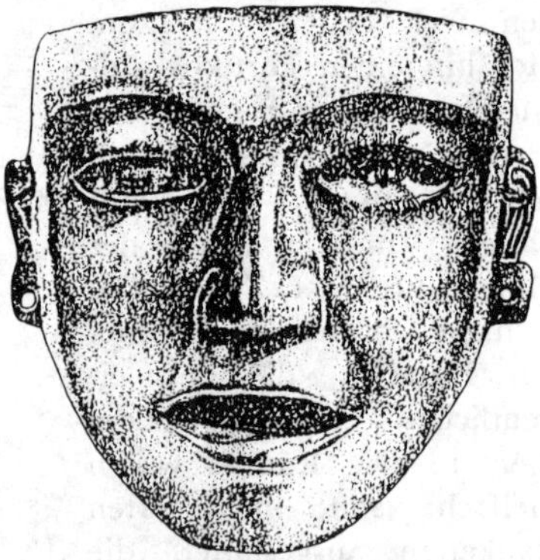

Abb. 10

Schüttung überspannt. Alle Fußböden bestanden aus dicken Schichten von Kalkmörtel (Margain 1971:51-67).

Die streng durchgehaltene Rasterteilung der Stadt setzte eine präzise Vermessung voraus. Ihr dürften die zahlreichen Markierungskreise gedient haben, die in den Stuckfußböden von Gebäuden und Plätzen eingeritzt waren. Manche der Markierungskreise liegen allerdings auch in Innenräumen und waren deshalb nicht zu Visierzwecken verwendbar (Aveni 1980.222-226).

Bevölkerungsgliederung

Nur auf Grund indirekter Evidenz läßt sich das Vorhandensein folgender sozialer Gruppen erschließen:

1. Administrative Schicht, vielleicht personengleich mit höheren Priesterrängen (vielfach wird eine theokratische Ordnung angenommen), mit Aufgaben in der Verwaltung und Organisation eines großen, von außen zu versorgenden Gemeinwesens, Planung und Überwachung von Baumaßnahmen und städtebaulicher Konzeption.
2. Handwerkliche Spezialisten für Bearbeitung von Obsidian, Herstellung von Keramik, für Bauhandwerk, Wandmalerei, Steinskulpturen (Abb. 10).
3. Landwirtschaftlich tätige Bevölkerung, die während der Trockenzeit zu anderen Tätigkeiten (Hilfsdienste bei Baumaßnahmen) herangezogen werden konnte.
4. Träger als einziges Transportmedium für Massengüter (Nahrungsmittelimport, Fertigwarenexport).

Bevölkerungszahl und Versorgungslage

Wesentlich für die Bewertung der Erklärungsmodelle zur Entstehung und zum Funktionieren von Teotihuacan (siehe unten) ist erstens die absolute Bevölkerungszahl und zweitens die Leistungsfähigkeit der während des Klassikums anzunehmenden Landwirtschaftsformen in Teotihuacan. Für seine Schätzung der Einwohnerzahl zur Zeit der höchsten Blüte geht William T. Sanders (1971:37-38) von einer bebauten Fläche von 11km² aus, von der er rund 2/3 als Wohngebiete ansieht. Dort habe mindestens eine Bevölkerungsdichte wie in engbesiedelten modernen Chinampa-Dörfern (8.000 bis 10.000 Einwohner pro km²) geherrscht. Er kommt also zu 56.000 bis 80.000 Einwohnern. Millon (1973:45) schätzt die Anzahl der Schlafräume als einen pro 120m² umbauten Raumes. Bei Annahme einer größeren bebauten Fläche kommt er zu mindestens 75.000 und wahrscheinlich 125.000 Bewohnern, erhöht seine Schätzung aber frei auf 200.000. Eine realistischere Annahme dürfte in der Mitte zwischen den beiden Höchstwerten liegen (Prem 1977). Verstreut über das Tal lebte eine zusätzliche Bevölkerung von vielleicht 10% der Bewohner der Stadt.

Das Tal von Teotihuacan hatte selbst bei Annahme von Flächenerträgen wie in der Gegenwart nicht die Kapazität, eine städtische Ansiedlung dieser Größe zu versorgen. Schätzungsweise für 30 bis 50% der Bewohner mußten die Nahrungsmittel aus benachbarten Tälern (Becken von Mexiko, südliches Tal von Pachuca) herangeschafft werden. Künstliche Bewässerung in einem Teil des Tales konnte keine erhebliche Ertragssteigerung bewirken. Die klimatischen Bedingungen bargen ständig die Gefahr von Frösten und Dürrejahren, wodurch die Ernährungssicherheit zusätzlich verringert wurde.

Wasserversorgung

Die bereits erwähnte Quellzone mit einer durchschnittlichen Schüttung von weniger als $1m^3$/sec wird modern zur künstlichen Bewässerung von ca. 3650 ha genutzt. Sie erlaubt nur eine einmalige Überflutung der Felder vor der Aussaat (Charlton in Sanders 1970:263,269). Die Annahme einer viel stärkeren Schüttung zu klassischer Zeit ist unbeweisbar; die durch den Bau Teotihuacans herbeigeführte Entwaldung der nahen Berghänge macht sie aber unwahrscheinlich. Außerdem mußte in klassischer Zeit das Quellwasser auch teilweise zur Versorgung der Bevölkerung herangezogen worden sein. Andere Maßnahmen zur Wasserversorgung dürften nur eine untergeordnete Rolle gespielt haben[1].

[1] Durch die Grabungen 1980-82 ist nördlich der Ciudadela nachgewiesen, daß zumindest einzelne der Wasserableitungskanäle das Regenwasser von den stucküberzogenen Höfen in seichte, in den verhärteten Boden eingetiefte Speicherseen führten, die später allerdings zugeschüttet und überbaut wurden. Es ist unbekannt, in welchem Umfang solche Anlagen bestanden und welche Rolle sie bei der Versorgung der Bevölkerung spielten. Dasselbe gilt auch für die in größerer Zahl nachgewiesenen Brunnenschächte, die das Grundwasserniveau erreichten, sowie die auf Grund von Oberflächenuntersuchungen im nördlichen Teil der Stadt angenommenen "Reservoirs". Andererseits ist eine Ableitung des Regenwassers aus einem großen Komplex westlich des Miccaotli in das Trockental des "Rio San Juan" nachgewiesen; es wurde also nicht genutzt.

Wirtschaft

Die über längere Zeit als dominierend angesehene Verarbeitung von Obsidian (Spence 1981, Charlton 1984) wurde in jüngster Zeit in ihrer Bedeutung vehement in Frage gestellt (Clark 1986). Dies würde auch die Bedeutung des Exportes von Obsidianprodukten (Santley 1984) betreffen. Die Handelsverbindungen Teotihuacans funktionierten keineswegs nur in einer Richtung. Während Keramik aus Teotihuacan (besonders charakteristisch die zylindrischen Dreifußgefäße mit in verschiedenen Techniken dekorierter Wand, zum Teil in Model hergestellte Figurinen, oft mit beweglichen Gliedmaßen) bis ins Maya-Gebiet gelangte, sind mehrere der in der Stadt häufig vorkommenden Keramiktypen aus dem Gebiet der modernen Staaten Guerrero, Morelos, Puebla ("Anaranjado delgado") und Veracruz eingeführt worden.

Erklärungsmodelle

Entstehung von Stadt und Staat Teotihuacan

Als früheste großstädtische Agglomeration in Mesoamerika spielt Teotihuacan in der theoretischen Diskussion über Entstehung staatlicher Strukturen eine wichtige Rolle. Für die Entwicklung der charakteristischen Mechanismen der politischen Organisation einer Stadt und eines Staates, beides war Teotihuacan ohne Zweifel, müssen Voraussetzungen und Notwendigkeiten gegeben gewesen sein. Insbesondere die These Karl Wittfogels (1962) von der Entstehung einer "agrar-managerialen Organisation" auf Grund der Anforderungen zur Administrierung der für die Versorgung der Bevölkerung ausschlaggebenden künstlichen Bewässerung wurde von William T. Sanders und Barbara Price (1968:149-51, 175-80) auf Teotihuacan angewandt. Nach diesem Modell hätte sich der organisatorische Apparat, der sich an der überörtlichen Aufgabe der Bewässerungsorganisation entwickelte, verselbständigt und die erworbene Macht über den ursprünglichen Zweck hinaus ausgeübt und ausgenutzt. – Teotihuacan liegt tatsächlich nicht weit von einer allerdings nicht sehr schüttungsreichen Quellzone, von der aus spätestens seit klassischer Zeit die untere Hälfte des Tales mit allerdings unbekannter Intensität bewässert wurde. Aber, wie der Archäologe René Millon, der in Teotihuacan mehr als ein Jahrzehnt forschte, betont, ist es fast schon absurd, in den Management-Erfordernissen eines so kleinen Bewässerungssystems einen entscheidenden Faktor für das erstaunliche Wachstum der Stadt, ihre soziale, wirtschaftliche oder politische Organisation oder das Entstehen des Staates von Teotihuacan zu sehen (Millon 1973:48).

Andere Faktoren müssen vielmehr die entscheidende Rolle gespielt haben (siehe auch Kurtz 1987). Die zwar bald erschöpften Obsidianvorkommen, die überaus günstige strategische Lage an dem am wenigsten gebirgigen Verbindungsweg zwischen dem Becken von Mexiko und dem Land an der Golfküste, und vielleicht nicht zuletzt transzendente Gründe, die zur Entstehung eines Wallfahrtszentrums mit überregionaler Bedeutung führten (Kulthöhle: Heyden 1975). Denn es ist eigenartig, daß die monumentalen Bauten der großen Pyramiden sehr früh ausgeführt wurden, als die Macht und Bedeutung von Teotihuacan noch nicht das spätere Ausmaß angenommen hatte. Gerade die Durchführung derartiger Baumaßnahmen wie die der großen Pyramiden und die Stadteinteilung erforderten aber den Aufbau oder das Vorhandensein einer beträchtlichen administrativen Organisation, die anschließend für andere Aufgaben zur Verfügung stand. Offenbar fand nach der Fertigstellung der Pyramiden (zwischen 150 und 200 n.Chr.) eine Gewichtsverlagerung vom Pilgerzentrum zur politisch-wirtschaftlichen Macht hin statt. Dafür spricht auch, daß später zwar die Stadt weiter an Größe zunahm, aber keine vergleichbaren Kultbauten mehr geschaffen wurden.

Die freigewordene administrative Kapazität konnte die Versorgung einer Stadt auch aus größeren Entfernungen wirksam durchsetzen und ihr verläßliches Funktionieren organisieren[2]. Daß es hierzu einer beträchtlichen Machtfülle bedurfte, ist offenkundig. Welches ihre Grundlagen waren, ob religiöse Durchsetzungskraft, Schlüsselfunktion im Güteraustausch (Fernhandel und Luxusgüter), militärische Suprematie (hierfür fehlen Anzeichen) ist jedoch noch ungeklärt.

Es fällt auch auf, daß ungefähr mit dem Wechsel von der Phase Tlamimilopa zu Xolalpan um 500 n.Chr. die weitreichende Ausstrahlung Teotihuacans in andere, weit entfernte Gebiete Mesoamerikas aufhört. Dies löst dort, zunächst, eine kulturelle Krise aus, die bei der Mayakultur von ca. 540 bis 590 dauerte und die Bezeichnung "Hiatus" erhielt. Erst danach kommt es zu einer jeweils eigen-

---

2 Es standen nur menschliche Träger zur Verfügung, die bei wachsender Entfernung ihre eigene Traglast während des Transports immer mehr aufzehren müssen, sodaß die Effizienz eines weiträumigen Nahrungsmittelimportes sehr schnell abnimmt.

ständigen Hochblüte, sowohl der Mayakultur, wie der von Monte Albán in Oaxaca, der von El Tajín in Veracruz oder der von Cotzumalhuapa im südwestlichen Guatemala, in der sich das von Teotihuacan übernommene mit heimischen Traditionen verbunden hat. Andere Regionalkulturen haben das Abbrechen der Beziehungen zu Teotihuacan offensichtlich nicht überlebt, wie Cerro de las Mesas im zentralen Veracruz.

Als Ursache für den Niedergang der Stadt Teotihuacan ist an eine Schwächung der zentralisierten Macht zu denken, die Versorgung und Kohäsion der Stadt nicht mehr sichern konnte, so daß diese in kurzer Zeit von ihren Bewohnern verlassen werden mußte.

Literatur

Acosta, Jorge R.
1964 El Palacio del Quetzalpapalotl. Memorias del Instituto Nacional de Antropología e Historia 10. México. (Einziger ausführlicher Grabungsbericht der Kampagnen um 1960).

Anales de Cuauhtitlan
1938 Die Geschichte der Königreiche von Colhuacan und Mexico. Übers. Walter Lehmann. Stuttgart. (In dem auch "Leyenda de los Soles" genannten Teil in Teotihuacan spielende Mythen).

Aveni, Anthony F.
1980 Skywatchers of ancient Mexico. Austin.

Cabrera Castro, Rubén et al. (Coord.)
1982 Teotihuacan 80-82, primeros resultados. México: Instituto Nacional de Antropología e Historia. (Vorläufige Berichte über Grabungskampagne).
1982 Memoria del Proyecto arqueológico Teotihuacan 80-82. Instituto Nacional de Antropología e Historia, Colección Científica 132. México. (Detaillierte Grabungsberichte über Grabungen nördl. u. westl. der Ciudadela).

Charlton, Thomas H.
1984 Production and exchange: Variables in the evolution of a civilization. Kenneth G. Hirth (Ed.): Trade and exchange in early Mesoamerica, pp. 17-42. Albuquerque.

Clark, J. E.
1986 From mountains to molehills: a critical review of Teotihuacan's obsidian industry. Research in Economic Anthropology, Supplement 2:23-74.

Gamio, Manuel et al.
1922 La población del Valle de Teotihuacan. Dirección de Antropología, México. (Erste multidisziplinäre Untersuchung im Anschluß an Grabungen). Neudruck 1979.

García Cook, Angel
1981 The historical importance of Tlaxcala in the cultural development of the Central Highlands. Handbook of Middle American Indians - Supplement 1: Archaeology, pp. 244-276. Austin.

Heyden, Doris
1975 An interpretation of the cave underneath the Pyramid of the Sun in Teotihuacan, Mexico. American Antiquity 40:131-47.

Jiménez Moreno, Wigberto
1974 Los portadores de la cultura teotihuacana. Historia Mexicana 24:1-12. (Versuch einer ethnischen Identifizierung der Bevölkerung von Teotihuacan und Tula auf Grund verstreuter Quellenaussagen).

Kubler, George
1967 The Iconography of the art of Teotihuacan. Studies in Pre-Columbian Art and Archaeology 4. Washington.

Kurtz, Donald V.
1987 The economics of urbanization and state formation at Teotihuacan. Current Anthropology 28:329-353.

Linné, Sigvald
1942 Mexican Highland Cultures. Ethnographic Museum of Sweden, New Series Publ. 7. Lund. (Part III:91-181, und Part IV, beschäftigen sich mit einer Grabung in Teotihuacan und der Stellung der Teotihuacan-Kultur).

Lorenzo, Jos (ed.)
1968 Materiales para la arqueología de Teotihuacan. Instituto Nacional de Antropología e Historia, Serie Investigaciones 17. México. (5 Beiträge über Klima, Ackerbau, Geologie und Steinmaterial sowie Menschenfunde).

Margain, Carlos R.
1967 Sobre sistemas y materiales de construcción en Teotihuacan. Teotihuacan. XI Mesa Redonda. Sociedad Mexicana de Antropología, pp. 157-184. México.
1971 Pre-Columbian architecture of Central Mexico. Handbook of Middle American Indians 10:45-91. Austin.

Miller, Arthur G.
1973 The mural painting of Teotihuacan. Washington.
1986 Teotihuacan. Hanns J. Prem und Ursula Dyckerhoff (Hg.): Das Alte Mexiko, S. 135-153. München.

Millon, René
1973 The Teotihuacan Map. Urbanization at Teotihuacan, Mexico, Volume 1. Austin. (Keine weiteren Bände erschienen. Bd. 1 enthält Beschreibung des Oberflächensurveys, Illustrationen und detailliertes Kartenmaterial, sowie erste Interpretationen).
1981 Teotihuacan: City, state and civilization. Handbook of Middle American Indians - Supplement 1, Archaeology, pp. 198-243. Austin.

Müller, Florencia
1978 La cerámica del centro ceremonial de Teotihuacan. México.

Prem, Hanns J.
1977 Was hielt Teotihuacan am Leben? Folgerungen aus der ökonomischen Situation der ältesten Metropole Mesoamerikas. Lateinamerika-Studien 3:100-19. München-Erlangen.

Sahagún, Bernardino de
1950-82 Florentine Codex, General history of the things of New Spain. Übers. Arthur J. O. Anderson u. Charles E. Dibble. Santa Fé.

Sanders, William T.
1971 Settlement Patterns in Central Mexico. Handbook of Middle American Indians 10:3-44. Austin.

Sanders, William T. et al.
1970 The natural environment, contemporary occupation and 16th century population of the Valley. The Teotihuacan Valley Project, Final Report, Volume 1. University Park. (Keine weiteren Bände erschienen. Behandelt nicht die Ergebnisse des archäologischen Surveys, sondern Rahmenthemen).

Sanders, William T. and Barbara J. Price
1968 Mesoamerica: The Evolution of a Civilization. New York.

Santley, Robert S.
1984 Obsidian exchange, economic stratification, and the evolution of a complex society in the Basin of Mexico. Kenneth G. Hirth (Ed.): Trade and exchange in early Mesoamerica, pp. 43-86. Albuquerque.

Spence, Michael W.
1981 Obsidian production and the state in Teotihuacan. American Antiquity 46:769-87.

Teotihuacan and After
1966 Four Essays. Mesoamerican Notes 7-8. México. (Mit Beiträgen von R.E.L. Chadwick, Will T. Levy, Frank W. Moore und Evelyn C. Rattray).

Teotihuacan
1967 XI Mesa Redonda, Sociedad Mexicana de Antropología. México.

Winning, Hasso von
1987 La iconografía de Teotihuacan. 2 Bde. México.

Wittfogel, Karl A.
1962 Die orientalische Despotie. Eine vergleichende Untersuchung totaler Macht. Köln.

3. Kultur und Gesellschaft im Maya-Gebiet

Berthold Riese

Das Früh- und Mittelformativum

An den Küsten des Pazifik und der Karibik wurden zwischen 2500 und 2000 v.Chr. die ersten dörflichen Ansiedlungen im späteren Maya-Gebiet gegründet (Coe & Flannery 1967). Sie hatten bescheidene Ausmaße und vereinigten vielleicht nicht mehr als zwanzig Familien in jedem Dorf. Woher die Bewohner kamen und welche Sprachen sie sprachen, wissen wir nicht.

Die früheste Töpferei wird am Fundort Cuello in Belice in die Swasey-Phase datiert (Pring 1979; Hammond u.a. 1981). Dort weist auch das Vorkommen von Jadeperlen auf Fernhandel schon in dieser frühen Zeit, denn die nächsten Jadevorkommen befinden sich im 200 Kilometer entfernten Motagua-Tal. Die frühste Keramik der Fundorte La Victoria und Ocós an der Pazifikküste wird in die Ocós-Phase datiert (Coe 1961). Sie hat mit der karibischen Küste nichts gemein, so daß man vorerst unabhängige Übergänge zur Seßhaftigkeit an zwei weit auseinander liegenden Punkten im späteren Maya-Gebiet annehmen muß. Pauschal geht man jedoch davon aus, daß die Kenntnis der Töpferei und wenig später des Maisanbaus, diese Siedler aus Zentral- und Südwest-Mexiko erreichte, wo es noch frühere Funde gibt. Der Prozeß der Seßhaftwerdung und Neolithisierung (Einführung von Töpferei und Feldbau) im Maya-Gebiet scheint insgesamt noch keineswegs befriedigend geklärt zu sein. Nach Befunden in der Niederlassung La Victoria zu urteilen, ernährten sich die Menschen damals von Muscheln, Krebsen, Schildkröten, Fischen und Leguanen und führten so ein auskömmliches Dasein. Im Laufe der Zeit gewann der Mais zunehmende Bedeutung in der Ernährung.

Viele hundert Jahre entwickelte sich an den Küsten, im Innern Yukatans, aber auch in den großen Flußtälern und in benachbarten Regionen ein einfaches bodenständiges Leben. Einen qualitativen Sprung zu höherer gesellschaftlicher Komplexität und wirtschaftlicher Leistungskraft ist im Maya-Gebiet, später als an der benachbarten Golfküste, erst um 800 v.Chr. zu beobachten, als ganz Mesoamerika von der olmekischen Kultur erfaßt wird. Jetzt kommen erstmals Obsidianklingen in Gebrauch, was abermalige Ausweitung der Handelsbeziehungen voraussetzt, da sich dieses vulkanische Glas nur an wenigen Stellen in Ost-Guatemala und in Zentralmexiko findet.

Wie erklärt sich dieser kulturelle Aufschwung? Die Archäologen vermuten, daß ein weitgespanntes Netz olmekischer Handelsposten den Anstoß gab. Im Tausch gegen einheimische Rohstoffe und landwirtschaftliche Produkte wurde olmekisches Kunsthandwerk erworben, nach dessen Vorbild sich dann die eigenen technischen, intellektuellen und künstlerischen Fähigkeiten entwickelten. Das Abnahmeangebot für lokale landwirtschaftliche Erzeugnisse seitens der olmekischen Händler trug vielleicht dazu bei, die Produktivität der Anbaumethoden zu steigern.

Nach dem Niedergang der Olmeken um die Mitte des Jahrtausends entfaltete sich zunächst im Hochland Kaminaljuyú zu einem ansehnlichen zivilen und religiösen Zentrum (Kidder u.a. 1946). In Kaminaljuyú sind aus dieser, Miraflores genannten, Zeit, 200 Pyramiden nachgewiesen, deren krönende Tempel vermutlich aus Holz waren und daher spurlos verschwunden sind. Auch die Skulpturfunde sind bedeutend, aber leider nie in situ ausgegraben und aufgenommen worden.

Kaminaljuyú ist nur ein Repräsentant einer großen, in verschiedenen örtlichen Ausprägungen vorhandenen Kultur, die olmekische Traditionen fortführte und mit eigenen Neuerungen bereicherte. Sie wird daher passend epiolmekische Kultur genannt. Andere wichtige Zentren der Epiolmeken sind Chalchuapa in El Salvador (Sharer 1979), El Portón (Sharer & Sedat 1973) und La Lagunita (Ichon u.a. 1984) im guatemaltekischen Hochland, Abaj Takalik (Graham 1977, 1981; Graham u.a. 1978) und Izapa (Parsons 1981) nahe der Pazifikküste und Chiapa de Corzo in der zentralen Senke von Chiapas (Lee 1974). Allerdings hat die Archäologie bisher nur punktuelle Einblicke in die epiolmekischen Kulturen. Eine einigermaßen flächendeckende Erfassung, die zur Definition unterschiedlicher regionaler Ausprägungen nötig ist, fehlt noch.

Das für uns Interessante an den epiolmekischen Kulturen im Hochland und an der Pazifikküste ist ihre deutliche künstlerische Anbindung an die vorangegangene olmekische Kultur. Oft kann sogar eine räumliche Kontinuität nachgewiesen werden, wie zum Beispiel in Abaj Takalik und La Lagunita, wo sich am selben Ort olmekische und epiolmekische Kulturreste gefunden haben. Allerdings haben seit der Zeit der Olmeken wesentliche Änderungen stattgefunden. Die monumentale, vollrundige olmekische Skulptur wird durch flache und vermehrt szenisch komponierte Reliefs abgelöst und erlebt nur noch in den sogenannten "Potbelly"-Skulpturen eine bescheidene Fortsetzung (Demarest u.a.1982). Die zaghaften Ansätze einer Hieroglyphenschrift entwickeln sich, vielleicht unter dem Einfluß der zapotekischen Schrift in Oaxaca, zu einem regelrechten Schriftsystem, in das nun der Long Count und längere nicht-kalendarische Texte gehören (→ 1-Ic4).

Schließlich erfinden die Epiolmeken von Izapa oder Abaj Takalik das Ensemble von aufrecht stehender Stele mit davor gesetztem gedrungenem, oft als Reptil ausgeformtem Altar.

Für Olmeken oder Epi-Olmeken wird aufgrund sprachhistorischer Studien angenommen, daß sie eine Vorform des Mixe-Zoque sprachen; und in der Tat ist das heutige Siedlungsgebiet der Mixe-Zoque im geographischen Zentrum dieser Kulturen gelegen.

Vom Formativum zur Frühklassik

Eine Serie gewaltiger, explosionsartiger Ausbrüche des Vulkans Ilopango im Osten Salvadors zerstörte mit Aschen- und Bimssteinregen um 250 n.Chr. weite Landstriche im heutigen Salvador und dem östlichen Guatemala. Die Rekonstruktion des Geschehens und die zeitliche Fixierung gelang deutschen Geologen und nordamerikanischen Archäologen in den 70er Jahren (Sheets 1971, 1983). Auf 20 bis 40 Kubikkilometer wird der Ausstoß geschätzt, der das Land im Umkreis von 75 Kilometern tief unter Asche begrub. Die weniger direkten Folgen und klimatischen Auswirkungen dürften darüber hinaus beträchtlich gewesen sein. Die Bevölkerung der näheren Umgebung mußte, soweit sic überlebt hatte, auswandern, da ihre Felder von Asche und Bimsstein bedeckt waren und sich diese Schicht erst nach Jahrzehnten chemisch in fruchtbaren Ackerboden zersetzt. Blühende spätformativ- frühklassische Zentren, vor allem Chalchuapa, dicht am Ausbruchsherd gelegen, aber auch Kaminaljuyú im guatemaltekischen Hochland, wurden so sehr in Mitleidenschaft gezogen, daß sie zu Bedeutungslosigkeit hinabsanken.

Im zentralen Tiefland wurden in dieser, Chicanel genannten, Phase die im benachbarten Hochland vorhandenen Errungenschaften übernommen und schnell weiterentwickelt. Als stimulierende Elemente nimmt man den Zustrom von Flüchtlingen des Ilopango-Ausbruches an. Insgesamt mögen etwa 30.000 Menschen geflohen sein, von denen sicher einige Tausend bis ins Tiefland vordrangen.

Was waren nun diese Errungenschaften? Die Konzeption der tetraederförmigen Ziegel- und Lehmpyramide mit abgeflachter Spitze und darauf errichtetem Holz- und Palmdach-Tempel setzten die Tiefland-Maya in steinerne Stufenpyramiden mit krönendem, ebenfalls meist aus Stein errichteten Tempel um. Das flache, aus Holzbalken und Zement gefügte Dach genügte jedoch nicht den statischen Ansprüchen steinerner Monumentalarchitektur. Die Baumeister des Tieflandes erfanden das Kraggewölbe oder machten sich diese wenig genutzte zapotekische Erfindung zu eigen. Wie bei den Zapoteken zuerst für Grabkammern verwendet, setzten sie es bald dazu ein, in Tempeln und Palästen schwere Lasten in Form von mehreren Stockwerken und massiven Dachkämmen zu tragen.

Schließlich fanden die Maya-Städteplaner zu einer in ihrer Konzeption zeitlosen Anlage: Auf einer niedrigen, rechteckigen Plattform aus Bruchsteinschüttung und Zementdecke wurden an drei oder vier Seiten Pyramiden der geschilderten Art oder langestreckte Plattformen mit krönenden Häusern (sogenannten Palästen) errichtet. Die Gebäude umschrieben somit einen erhabenen, nach einer Seite oder an den Ecken offenen Platz, der Konzentration und Ruhe durch seine Geschlossenheit vermittelt, aber doch auch durch Zugänge nach Außen geöffnet ist. Diese Grundkonzeption blieb im Tiefland fortan allgemeingültiges Schema vom bescheidenen Gehöft auf dem Lande, bis hin zur hochaufragenden Akropolis in den Zentren der großen Städte mit Höfen auf mehreren Ebenen. Als Beispiel sei auf die Anlage von Tikal verwiesen, die dieses Grundmuster sowohl für Wohn- wie Zeremonialbauten erkennen läßt (Abb. 11).

Der flächige, in seiner Ornamentik barock anmutende Kunststil der epiolmekischen Kulturen wurde nicht nur in monumentale Steinskulpturen und Stuckverzierungen von Gebäuden, sondern auch in feine polychrome Vasen- und Wandmalerei umgesetzt, die uns zumeist aus Gräbern bekannt geworden sind.

Im Bereich der Kalenderwissenschaft und Wahrsagerei ergänzten die Tieflandbewohner den epiolmekischen Long Count um astronomische, den Mond betreffende, Berechnungen. Schließlich führten sie das Schriftsystem zu solcher Perfektion, daß fortan grundsätzlich alle sprachlichen Äußerungen schriftlich festgehalten werden konnten. Um das zu erreichen, führten sie eigene, kaum mehr an epiolmekische Vorbilder erinnernde Zeichen und genaue Schreibregeln ein (→ 1-Ic4).

Es ist daher sicherlich kennzeichnend, daß wir mit dem Übergang zum Klassikum auch die ersten Dynastiegründungen im

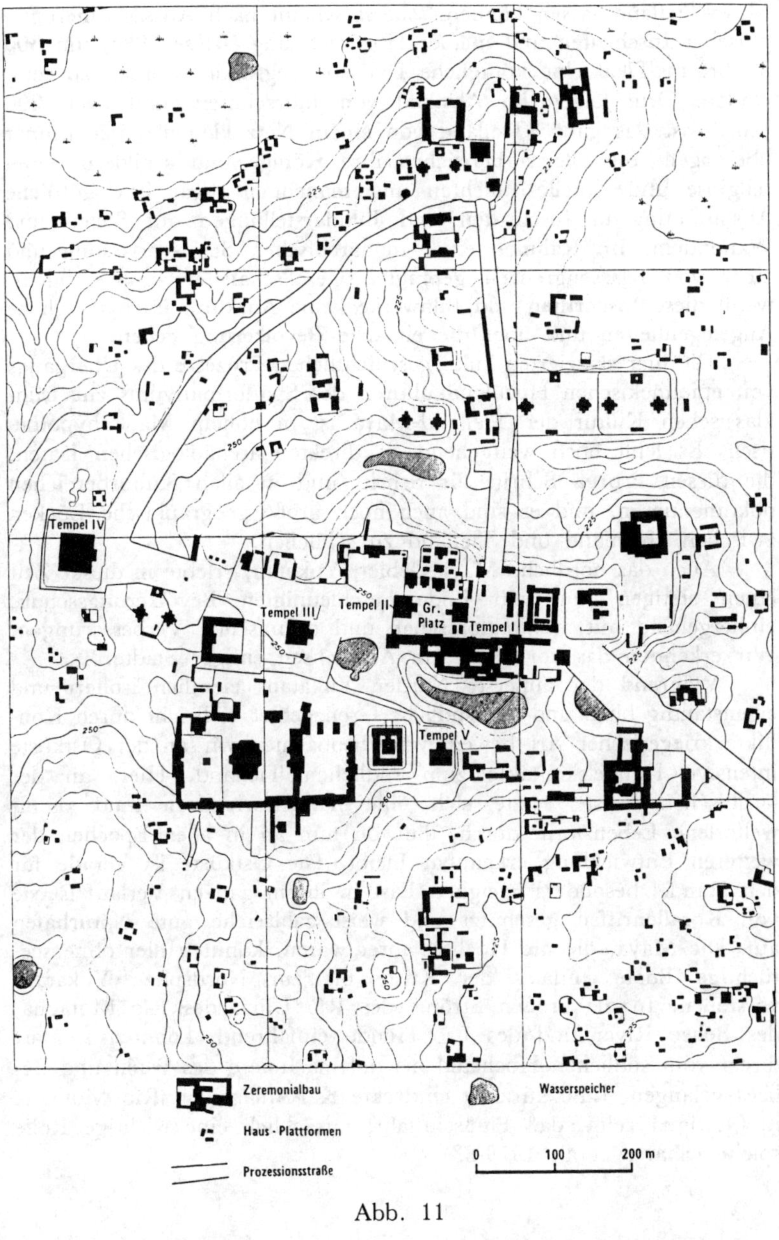
Tempel IV
Tempel III
Tempel II
Gr. Platz
Tempel I
Tempel V
225
250
Zeremonialbau
Wasserspeicher
Haus-Plattformen
Prozessionsstraße
0
100
200 m

Abb. 11

Maya-Tiefland fassen können. Zuerst scheint nach Aussage hieroglyphischer Inschriften und meiner Hochrechnung (Riese 1986) um 300 n.Chr. in Tikal eine königliche Dynastie begründet worden zu sein. Andere Orte folgen im Abstand von Jahrzehnten, und nach 200 Jahren ist das ganze Tiefland von einem Netz kleiner Fürstentümer überzogen. Sie alle verherrlichen ihre Könige und schildern deren religiöse und rituelle Pflichten und manchmal sogar ihre göttliche Abstammung in Inschriften und Bilddarstellungen auf Stelen und Wandtafeln. Im Rahmen einer monarchischen Staatsverfassung und einer von Klassengrenzen geprägten Gesellschaft erstaunt es nicht, wenn diese Inschriften und Bildwerke keine Auskunft über alltägliche Angelegenheiten und über die einfache Bevölkerung geben.

Die hier skizzierten kulturgeschichtlichen Prozesse des Übergangs von epiolmekischen Hochlandkulturen des Spätformativums zur frühklassischen Kultur der Tiefland-Maya ist in hohem Maße hypothetisch. Es fehlt noch weitgehend an direkten archäologischen Daten, die diesen Prozeß Schritt für Schritt und in allen Kulturbereichen dokumentieren, und es sind auch noch große geographische Lücken zwischen Hochland und Tiefland zu schließen.

Auch das nördliche Maya-Gebiet, Yukatan, erlebte in dieser Zeit einen stetigen, nur am Ende beschleunigten Bevölkerungsschub, einhergehend mit architektonischen und technischen Verbesserungen. Wir erkennen das vor allem am Anwachsen einiger Städte.

Während der äußerste Norden Yukatans ziemlich isoliert und eigenständig blieb und das südliche Grenzgebiet vielleicht durch Konflikte kriegerischer Art bewegt war, beobachten wir an der Ostküste intensive Handelskontakte zum südlichen Tiefland. Hier, an der karibischen Küste setzte sich eine handelsorientierte und damit weltoffene Lebensform durch, die von nun an in allen Epochen der weiteren Entwicklung erkennbar bleibt. Die Ostküste ist gerade für den Handel besonders geeignet. Fast in ihrem ganzen Verlauf ist sie von Korallenriffen geschützt und weist zahlreiche gute Naturhäfen auf. Die Maya, die nie Hochseefahrer waren, konnten hier ohne seetüchtige Boote entlang der Küste bis zur Nordspitze Yukatans vorstoßen. In die großen Ströme des Río Ulua, des Río Motagua, des Belize River und des Río Hondo einfahrend, konnten sie fast direkt vom südlichen Hochland bis tief ins Innere des Petén und Belizes gelangen. Eine kürzlich entdeckte Kai-Anlage am Río Motagua in Quiriguá zeigt, daß Flußschiffahrt tatsächlich eine wichtige Rolle spielte (Sharer et al. 1979-83).

Es ist wichtig, den Übergang von den epiolmekischen Kulturen zu den frühklassischen Maya auch im Bereich der Sprachen zu verfolgen. Denn jetzt scheinen verschiedene Maya-Sprachen, Vorformen der Chol-Sprachen und des Yukatekischen involviert zu sein. Die einstigen Mixe-Zoque Kulturbringer waren inzwischen sprachlich assimiliert oder aus dem Maya-Gebiet zurückgewichen, wenn sie es überhaupt je durchdrungen hatten.

Das Mittelklassikum: Die Zeit der Fremdbestimmung durch Teotihuacan

Die Zeit von 400 bis 600 n. Chr. nennen wir das Mittelklassikum und definieren sie als eine Zeit des übermächtigen Einflusses der Wirtschaftsgroßmacht Teotihuacan im nördlichen Hochbecken von Mexiko (Pazstory 1978).

Kaminaljuyú erreicht unter Teotihuacans Einfluß seine zweite kulturelle Blüte, fachterminologisch als Esperanza-Phase bekannt (Cheek 1977). Die Umformung der nicht mehr bedeutenden frühklassischen Maya-Stadt unter diesem Einfluß ist so direkt und stark, daß man eine politische oder militärische Präsenz von Teotihuakanern annimmt. Für benachbarte Orte im Hochland und an der Pazifikküste, z.B. Tiquisate, rechnet man eher mit indirektem Einfluß, also wirtschaftlicher und/oder kultureller Durchdringung (Hellmuth 1975).

Auch für die immer noch rätselhafte Kultur von Cotzumalhuapa nimmt man im Gefolge der teotihuakanischen Präsenz Eindringlinge von Norden als Träger an (Parsons 1969). Vielleicht waren dies die ersten sogenannten Pipiles, also nahua-sprechende Indianer, die sich bis zur Ankunft der Spanier in verschiedenen Wellen über das südliche Mesoamerika bis tief nach Zentralamerika ergossen haben und Stammesverwandte der späteren Tolteken und Azteken waren. Die Kultur von Cotzumalhuapa beschränkt sich auf eine Region von knapp 8000 Quadratkilometern an der pazifischen Abdachung Guatemalas um den gleichnamigen Ort.

Die teotihuakanischen Zentren im Hochland, allen voran Kaminaljuyú, unternahmen vermutlich wirtschaftliche, diplomatische, ja vielleicht sogar militärische Vorstöße ins zentrale Tiefland. Besonders stark ist der Einfluß in Tikal. Aber auch in den benachbarten Städten Yaxhá, Uaxactún und dem weiter nördlich gelegenen Becán ist solcher Einfluß nachzuweisen. Selbst noch in der weit im

Norden Yukatans gelegenen alten Stadt Acanceh zeigt ein Stuckfries an einer der großen Pyramiden deutlich teotihuakanische Inspiration. Ähnliches ist auch noch im äußersten Osten des Maya-Gebietes, in Copán, zu beobachten.

Auch in sprachlicher Hinsicht macht sich der Einfluß Teotihuacans im Maya-Gebiet geltend. Viele kultur- und herrschaftsrelevanten Wörter werden in dieser Zeit von den Maya aus dem Totonakischen, das vermutlich die Sprache Teotihuacans war, entlehnt. (Justeson et al. 1985).

Das Ende teotihuakanischer Vorherrschaft

Das Maya-Gebiet war schließlich in so große wirtschaftliche und, in einigen Regionen, wohl auch politische Abhängigkeit von Teotihuacan geraten, daß mit dem Rückzug Teotihuacans aus den südlichen Vorposten wegen Schwierigkeiten in seinem Kerngebiet, die führenden Maya-Städte eine schwere Krise durchmachten. Man nennt diese Krise den Hiatus, denn man konnte sie ursprünglich vor allem durch den Rückgang oder das fast gänzliche Fehlen von Inschriften während der etwa 75 Jahre von 535 bis 610 n.Chr. fassen. Erst später wurde ein ursächlicher Zusammenhang mit dem Niedergang Teotihuacans vermutet. Er stellt heute den Kern der vorherrschenden Hypothesen zur Erklärung des Hiatus dar. Wenn die Fürstenhäuser im Tiefland ihre Entstehung dem Vorbild oder sogar dem direkten Einsetzen teotihuakanischer Herrscher verdanken, ist einsichtig, daß der Zusammenbruch dieser Großmacht auch die Maya-Fürstentümer erschütterte.

Dies mag also der Grund für das plötzliche Verstummen des öffentlichen Herrscherkultes in der Form von Stelen sein. Gleichzeitig mögen teotihuakanisch dominierte Überlandfernhandelsrouten zwischen Zentralmexiko, dem Maya-Hochland und von dort zum Tiefland nur allmählich und mit Mühe durch nördlichere Seerouten ersetzt worden sein. Daß der Zusammenbruch des Fernhandels so massive Folgen hatte, wird verständlich, wenn wir bedenken, daß die Tieflandbewohner von eingeführten Rohstoffen oder Fertigwaren abhängig waren: Reibsteine aus Basalt zum Maismahlen, Jadeperlen für den Körperschmuck und Quetzalfedern für Fest- und Kriegstrachten mußten aus dem Hochland eingeführt werden.

Aber bis heute ist noch nicht endgültig geklärt, warum eine so große und wirtschaftlich so prosperierende Region wie das Maya-

Gebiet von den fernen Ereignissen in Zentralmexiko so nachhaltig erschüttert wurde. Ansätze zur Erklärung dieser Vorgänge bietet der erwähnte Zusammenbruch von Fernhandelswegen, auf den an späterer Stelle noch einmal eingegangen werden soll. Andere Faktoren können jedoch nicht ausgeschlossen werden.

Das Spätklassikum

Als sich die Maya-Städte um 600 n.Chr. aus der Krise wieder hochgearbeitet hatten, war der ehemals starke Teotihuacan-Einfluß völlig verschwunden, und die Maya strebten, nun wieder auf sich alleine gestellt, einer neuen Blüte und Entfaltung ihrer Kultur entgegen. Diese Epoche heißt das Spätklassikum. Aus ihr stammen die meisten Monumentalbauten – wie Pyramiden (Abb. 12) – in ihrer überkommenen Form, die die letzte bauliche Gestaltung wiedergibt.

Die spätklassische Gesellschaft und Kultur stelle ich hier im Rahmen des Modells einer geschichteten Gesellschaft dar, die von politischen und wirtschaftlichen Faktoren gesteuert wird, das aber auch bedeutende Aspekte der Ideologie (Weltbild, Religion) integriert. Früher verwendete Modelle einer Theokratie oder Demokratie sind in ihrem Totalanspruch und wegen ihrer geringen Differenziertheit durch die Daten nicht belegbar, oder widersprechen ihnen sogar.

Stadt und Land im Spätklassikum

Das Wechselspiel und Spannungsgefüge von Stadt und Land ist in Umrissen folgendermaßen zu sehen: Extensive Landwirtschaft tendierte dazu, die bäuerliche Bevölkerung gleichmäßig über das Land zu verteilen. Hingegen versuchte die Herrschaft und Staatsbürokratie den Handel, vor allem den Fernhandel, durch Märkte in den Städten zu konzentrieren und zu kontrollieren. Ein weiteres Mittel der Integration städtischer und ländlicher Bevölkerung sowie der verschiedenen Gesellschaftsschichten waren Feste, Dienst am Hof, sowie die umfangreiche Bautätigkeit, wozu man sicherlich die Bauernbevölkerung heranzog. Ob es außerdem einen ideologisch und im zivilisatorischen Niveau begründeten unbeabsichtigten Sog der Metropolen auf die Landbevölkerung gab, ist ungeklärt. Immerhin machten die sorfältig angelegten Wasserreservoirs, die gepflasterten Straßen und die Schutzbauten gegen Überraschungsangriffe die Städte für manchen

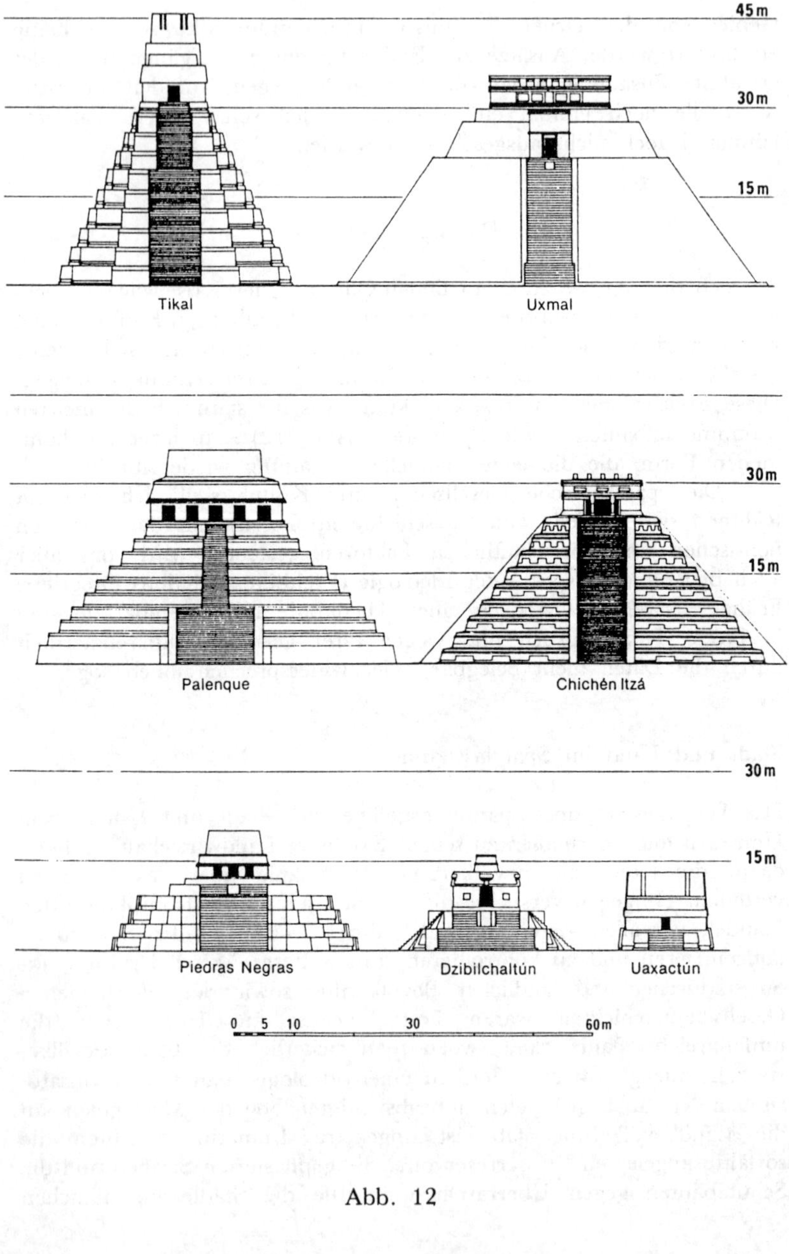
45m
30m
15m
Tikal
Uxmal
30m
15m
Palenque
Chichén Itzá
30m
15m
Piedras Negras
Dzibilchaltún
Uaxactún
0 5 10 30 60m

Abb. 12

Landbewohner unter besonderen Bedingungen, wie Dürre oder in Kriegszeiten, vermutlich attraktiv. Man spricht daher, und auch wegen ihrer räumlichen Verteilung, von zentralörtlicher Struktur und Funktion (Christaller 1933).

Sicher ist, daß zum Ende des Klassikums die Wohnbevölkerung auch, oder gerade, in den Zentren so zunahm, daß man von voll ausgebildeten Städten, also nicht von (fast) bevölkerungsleeren Zeremonialzentren sprechen kann, wie es lange Zeit in Retrodiktion von modernen ethnographischen Befunden geschah (Vogt 1964).

Bauern und Handwerker

Das wirtschaftliche Fundament der Gesellschaft bildeten die Bauern. Bisher nahm man an, daß allein der Brandrodungsfeldbau auf der Grundlage von Mais, Bohnen und Kürbis mit langer regenerativer Brache die Ernährung sicherte. Diese "Milpa" genannte Agrarform ist in ihrer Einförmigkeit allerdings den unterschiedlichen Umweltbedingungen nicht überall optimal angepaßt. So ist es nicht erstaunlich, daß neuere agrargeographische Forschungen ergeben haben, daß einerseits die Palette der angebauten Früchte nicht auf Mais, Bohnen und Kürbis beschränkt war, sondern auch Süßkartoffel, Yucca, Kakao, Zapote, Aguacate, Ramón-Nuß, Tomate und vieles andere umfaßte (Lundell 1938). Andererseits konnten sogar vom Milpa-System sehr verschiedene Anbauverfahren, vor allem Formen künstlicher Be- und Entwässerung, archäologisch nachgewiesen oder ethnographisch hypostasiert werden (Wilken 1971). Ob diese landwirtschaftlichen Produktionsmethoden als Antwort auf zunehmenden Bevölkerungsdruck oder auf den politisch und ideologisch verursachten Konzentrationsprozeß zur Siedlungsverdichtung in Städten zurückzuführen ist, ist bisher ungeklärt, sollte aber eine zentrale Frage zukünftiger agrargeschichtlicher Forschung im Maya-Gebiet sein.

Neben dem heute im Tiefland überwiegenden Milpa-System, spielten Fischteiche, durch Kanäle bewässerte Felder, erhabene Feldfluren in Überschwemmungsgebieten, Terrassen und Staudämme in Hanglagen und tropische Gartenwirtschaft jeweils in den für sie geeigneten Gegenden eine wichtige Rolle. Dadurch konnte das Land intensiver genutzt und das Bevölkerungswachstum teilweise aufgefangen werden. Hier kommen in einer unvermuteten Form Aspekte der "hydraulischen" Grundlage von Zivilisation wieder ins Spiel, die allerdings faktisch kaum mehr mit den Modellkonstruktionen und theoretischen Postulaten der orientalischen (= hydraulischen) Despotie Wittfogels (1957) in Einklang zu bringen sind.

Die Bauern lebten in kleinen, gehöftartigen Anwesen, bestehend aus einfachen Holz- und Blätterdachhäusern, die man zum Schutz vor Überschwemmungen während der Regenzeit auf niedrigen Hauswarften errichtete, über das ganze Land verstreut in der Nähe der Felder. Jedes Gehöft bestand aus mehreren Wohnhäusern und schloß das eine oder andere Wirtschaftsgebäude ein. In Anlehnung an die kolonialzeitliche und moderne Sozial- und Siedlungsstruktur nimmt man an, daß die einfache bäuerliche Bevölkerung patrilinear erweiterte Familien kannte und diese auch die Wohnverbände der vorgefundenen Gehöfte waren (Haviland 1968).

Vielleicht mit den Bauern am unteren Ende der gesellschaftlichen Rangskala anzusiedeln sind Teile der Handwerkerschaft, wie unspezialisierte Töpfer und Bauarbeiter, während vermutlich die qualifizierten Kunsthandwerker, also Maler, Stuckateure, Steinmetze, Schmuck- und Kleidermacher der Haute Couture einen höheren Rang einnahmen. Die Existenz dieser Berufsgruppen oder Teilzeitspezialisten ist allerdings noch weitgehend hypothetisch, da sie archäologisch nur durch Flächengrabungen, quantifizierte Daten und deren statistische Auswertung nachzuweisen sind. Dies ist bisher nur in Ansätzen, z.B. für Obsidianwerkstätten an einigen Grabungsorten, versucht worden, so daß wir für gesicherte Verallgemeinerungen noch über zu wenig Daten verfügen.

Die Mittelschicht

Eine gehobene Mittelschicht bildeten die Angehörigen der weltlichen und religiösen Verwaltung, die wir uns im Tempeldienst, als Wahrsagepriester, Buchhalter und Steuereinnehmer vorstellen können. Sie wohnten, wenn es ihre Dienstpflichten nicht anders verlangten, im näheren Umkreis der Stadtzentren in palastähnlichen, aus massivem Stein gemauerten Häusern. Auch ihre Existenz ist archäologisch noch weitgehend hypothetisch. Sie resultiert aus dem zugrundegelegten Gesellschaftsmodell, verbunden mit einigen Indizien über die Form, Verteilung und Nutzung von Palastbauten (Adams 1970).

Als Paläste bezeichnen die Archäologen langgestreckte, meist einstöckig auf einer niedrigen Plattform errichtete Steinbauwerke. Sie sind über eine breite Treppenflucht leicht zu erreichen. Diese Paläste haben zum Treppenaufgang hin geöffnete Räume, von denen aus man den davorliegenden großen Hof überblickt. Die Räume waren mit Vorhängen verschließbar, wie aus Seilhaltevorrichtungen an den Türlaibungen ersichtlich ist. In den Räumen befanden sich im spitzen Giebel Querbalken zum Aufhängen von allerlei Habseligkeiten. Sonst waren meist an Rück- und Seitenwänden gemauerte und mit einem Estrich überzogene breite Schlaf- und Sitzbänke angebracht. Fenster hatten die Räume nicht, allenfalls kleine Mauernischen. Die Mauern waren jedoch sehr sorgfältig verputzt und gelegentlich polychrom ausgemalt. In der Mehrzahl werden diese Räume Schlafkammern gewesen sein.

Das tägliche Leben spielte sich nicht dort, sondern vor dem Haus auf der Plattform und im darunterliegenden Hof ab. Auch gekocht wurde meist im Freien oder unter einfachen und luftigen Strohschutzdächern. Spezialisierte Räume oder Bauteile, wie man sie in einer Hochkultur für die wohlhabenderen Schichten, aber vor allem für verschiedene Berufssparten, erwartet, gab es kaum. Schwitzbäder mit Kanalisation für den Wasserzu- und Abfluß und Ballspielplätze sind die einzigen deutlich erkennbaren Spezialbauten, die sich in den größeren Zentren finden. Andere sind in ihrer Funktion noch umstritten. So vermutet man zum Teil für weite offene Plätze, daß sie als Märkte gedient haben könnten, für einige Palastbauten, daß sie Lagerhallen waren. Lediglich für die "Chultunes" genannten unteridischen Kammern, ist die Funktion geklärt: Im südlichen Tiefland dienten sie als Nahrungsmittelspeicher, im nördlichen Gebiet hingegen als Trinkwasserzisternen.

Der Adel

Die zahlenmäßig kleinste, politisch aber maßgebende Schicht war der untereinander versippte, patrilinear organisierte Hochadel. Auf Stelen sind vor allem herausragende Personen aus dieser Schicht abgebildet, wie etwa Stele B aus Copán (Abb. 13). Polygynie war möglich, aber wohl nicht häufig. Dies geht aus Inschriftentexten klar hervor. Zum Hochadel konnte man wohl nur durch Geburt oder Einheirat gehören. Ihm entstammten die Könige der Stadtstaaten, die Statthalter untergeordneter Städte und vermutlich der höhere Klerus. In Bezug auf den höheren Klerus hat die Forschung aber noch nicht das letzte Wort gesprochen. Denn es ist keineswegs klar, ob politische und religiöse Führung getrennte Gesellschaftsbereiche waren, oder

Abb. 13

ob nicht doch das als überholt angesehene Modell einer Theokratie wiederaufzugreifen ist.

Wenig können wir bisher über eine zweifellos wichtige Gruppe, nämlich den Landadel, sagen. Die Streusiedlungsweise bringt es mit sich, daß auch Mitglieder des Adels zum Teil weitab von den städtischen Machtzentren wohnten. Wie ihre Verflechtungen mit der städtischen Führungsschicht aussahen, und was ihre Aufgaben oder Rechte in der territorialen Verwaltung waren, wissen wir nicht. Dieser Aspekt ist von der Siedlungsarchäologie noch nicht untersucht worden: Nur für die oberste Stufe des Landadels, die Herren nachgeordneter Städtchen, wissen wir aus Inschriften, daß sie zum Teil verwandtschaftlich mit den Herrscherhäusern der Stadtstaaten verflochten waren.

Die Stadtstaaten des Tieflandes

Die Maya-Stadtstaaten können wir uns ähnlich der Polis des klassischen Griechenlandes vorstellen: Ein großer Ort mit seinem unmittelbaren Umland, worin auch einige zweitrangige Landstädte, im übrigen aber kleine bäuerliche Zentren und Streusiedlungen enthalten waren. Nur wenige führende Staaten konnten ihr Territorium über mehrere Zentren von Bedeutung ausdehnen. Palenques Herrschaftsgebiet, zum Beispiel, umfaßte zur Zeit seiner beiden größten Herrscher, Pacal und Chan Bahlum, eine Fläche von vielleicht 10.000 Quadratkilometern mit insgesamt vier Städten darin: Palenque selbst, Tortuguero, Jonuta und Miraflores (Riese 1972). Im zentralen Tiefland war zweifellos Tikal die führende Macht (Coe, W. 1967). Wenn auch das unmittelbare Territorium Tikals nur etwa 2000 Quadratkilometer umfaßte, hatte dieser Staat doch intensiven Einfluß auf einige kleinere benachbarte Fürstentümer wie Naranjo im Osten, und die südlich gelegene Petexbatun-Region (Abb. 14). Im politischen Bereich scheint erbliches Königtum mit sakralem Anstrich das vorherrschende Muster gewesen zu sein.

Die politische Vierteilung des Maya-Tieflandes

Auf der Grundlage der Territorialstaaten scheint sich in spätklassischer Zeit das Bedürfnis einer übergreifenden, das ganze Tiefland umfassenden politischen Ordnung herausgebildet zu haben. Wenn

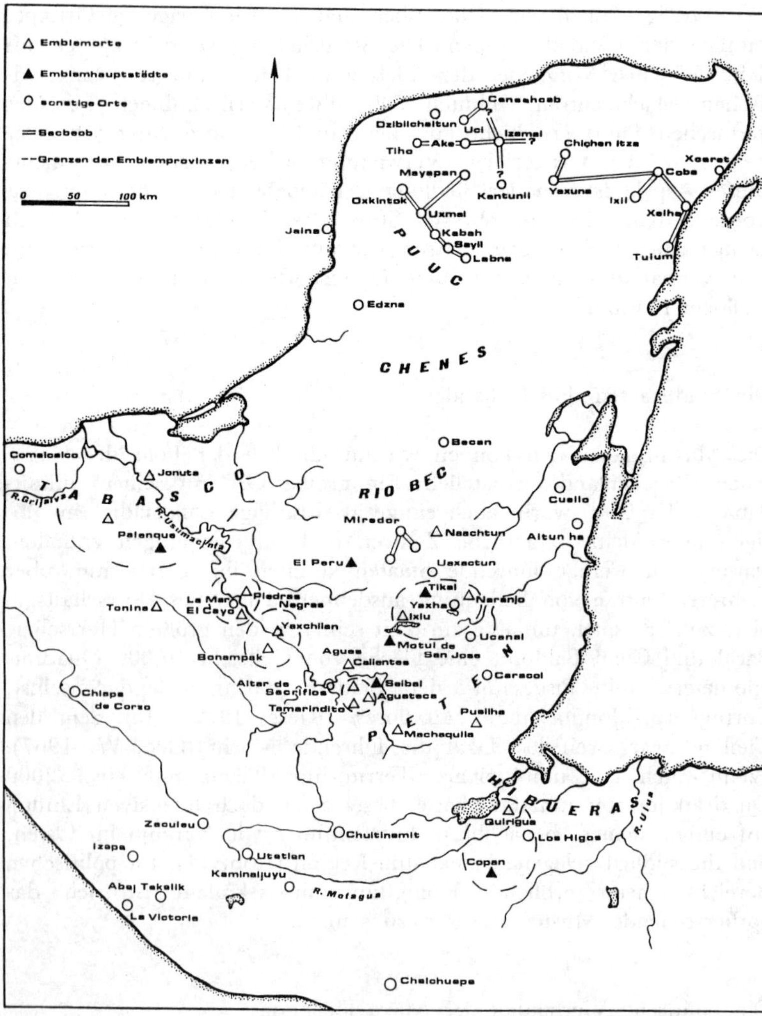

△ Emblemorte
▲ Emblemhauptstädte
○ sonstige Orte
═ Sacbeob
-- Grenzen der Emblemprovinzen
0 50 100 km
Canaahcab
Dzibilchaltun
Ucl
Izamal
Tiho
Ake
Chichen Itza
Xcaret
Mayapan
Kantunil
Yaxuna
Coba
Oxkintok
Ixil
Uxmal
Xelha
Jaina
P U U C
Kabah
Sayil
Labna
Tulum
Edzna
CHENES
Becan
Comalcalco
Jonuta
RIO BEC
Cuello
R. Grijalva
T A B A S C O
R. Usumacinta
Palenque
Mirador
Naachtun
Altun ha
El Peru
Uaxactun
Tikal
La Mar
Piedras Negras
Naranjo
Tonina
El Cayo
Yaxha
Ixlu
Yaxchilan
Ucanal
Motul de San Jose
Bonampak
Aguas Calientes
Caracol
Altar de Sacrificios
Seibal
Chiapa de Corzo
Aguateca
Tamarindito
Pusilha
P E T E N
Machaquila
H I B U E R A S
R. Ulua
Quirigua
Zaculeu
Chutixtiox
Chuitinamit
Los Higos
Izapa
Utatlan
Copan
Kaminaljuyu
Abaj Takalik
R. Motagua
La Victoria
Chalchuapa

Abb. 14

dafür auch ideelle Gründe ausschlaggebend gewesen sein mögen, und das Ergebnis unter Umständen eher fiktiv als im politischen Alltag wirksam war, so hat es wahrscheinlich doch den intensiven Handelsbeziehungen, der intellektuellen Zusammenarbeit der Kalenderpriester und Astronomen, und den Heiratsallianzen der Herrscherhäuser einen ideologischen Überbau geliefert. Vor allem die Heiratsallianzen werden wenigstens eine Zeit lang für Frieden und Zusammenarbeit im Maya-Tiefland gesorgt haben. Die Einheirat einer palenkanischen Prinzessin in das Herrscherhaus von Copán zeigt schlaglichtartig, daß auf diesem Weg auch weit entfernte Stadtstaaten miteinander in enge Beziehungen traten. Einzeluntersuchungen haben gezeigt, daß dabei auch intellektuelle und künstlerische Einflüsse wirksam wurden (Riese 1986).

Das Ergebnis dieser Entwicklungen war eine politische Entente, in Folge derer das ganze südliche Maya-Tiefland in vier Großprovinzen aufgeteilt wurde. Der westlichsten stand Palenque vor; die beiden zentralen wurden von den, ihrerseits in engen Beziehungen stehenden, Städten Tikal und El Perú geleitet; und die östlichste hatte ihr Zentrum in Copán. Trotz gelegentlicher interner Auseinandersetzungen und zweimaliger Umgruppierungen hatte diese Entente bis zum Verfall der Staaten im Tiefland, insgesamt also über 200 Jahre, von etwa 650 bis 850 n.Chr., Bestand (Barthel 1969).

Religion und Gesellschaft

Die Religion der spätklassischen Maya des Tieflandes erfassen wir unmittelbar aus hieroglyphischen Texten und repräsentativen Skulpturen, polychrom bemalten Keramiken (Abb. 15) und aus Gräbern und Bauopfern. In diesen werden allerdings vornehmlich die Bereiche religiöser Herrschaftslegitimation, Totenkult und Jenseitsglauben thematisiert, und es ist fast unmöglich, diese Quellen direkt zu interpretieren. Um andere Bereiche, zum Beispiel den diesweltlichen Kultus, die Priesterschaft, die Wahrsagerei und die Volksreligiosität zu fassen und die direkten Quellen verstehbar zu machen, müssen wir zusätzlich postklassische Bilderhandschriften (Zimmermann 1956, Rätsch 1986), ethnohistorische Dokumente (Barrera Vázquez u.a. 1948; Schultze Jena 1944; Landa 1984) und ethnographische Quellen (Schultze Jena 1933; Tedlock 1984) inhaltlich erschließen und retrodiktiv auf die klassische Zeit anwenden (→ 1-IIIb).

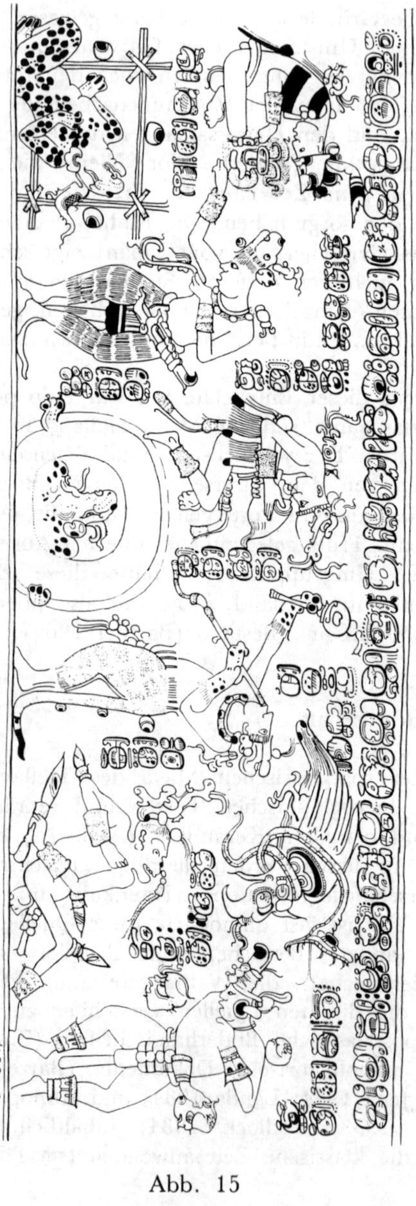

Abb. 15

Die Hauptmerkmale der klassischen Religion dürften ein reiches Pantheon theriomorpher und anthropomorpher Götter oder personifizierter Naturgewalten (Erde, Sonne, Regen) in undurchschaubarer Verflechtung gewesen sein. Sie sind in eine üppige Mythologie, die Unterweltsreisen, Kämpfe verschiedener Götterparteien und ähnliches wiedergibt, eingebettet.

Ein stark formalisiertes, viergeteiltes Weltbild mit Farben-, Richtungs- und Zahlensymbolik, und einer vertikale Schichtung der Welt erlaubt die Durchstrukturierung aller Darstellungsformen des Religiösen: Der Himmel, als Aufenthaltsort der Sonne am Tag; die Erde als Wohnort der Menschen und die, durch einen oberflächlichen Ozean abgegrenzte, Unterwelt, als Aufenthaltsort der Sonne des nachts und der Todesgötter, sind die Hauptregionen. Der offizielle Kult kreist um Sonne, Erde, Fruchtbarkeit und Regen, wobei die drei letztgenannten verschiedene Aspekte eines Konzepts sind. Riten und Feste berücksichtigen den jahreszeitlichen Rhytmus, sind aber auch als Darstellungen des Weltbildes an anderen Stationen des Kalenders fällig und finden dann oft als Prozessionen statt.

Immer scheint das Blutopfer, sei es durch Opferung gefangener Menschen, oder durch Selbstkasteiung, Hauptinhalt der Riten zu sein, und die Darreichung von Speisen und Weihrauch ist verbreitet. Wahrsagerei, die den Charakter und das Lebensschicksal des Individuums zu fassen versucht, durchgreift die gesamte Bevölkerung vom einfachen Bauern bis zum Herrscher eines Stadtstaates. Die Herrscher umgibt ein Sonderkult mit entsprechend entwickelten Ritualen zu den bedeutenden Passageriten und zur Inthronisation. Anläßlich seiner Grablegung wird der Herrscher deifiziert und mit der Sonne gleichgesetzt. (Baudez 1985).

Spätklassische Städte und Staatsstraßen im Norden

Der Norden setzt in spätklassischer Zeit seine stetige Entwicklung fort. Die Siedlungen nehmen an Bevölkerung weiter zu. Manche erreichen jetzt eine beträchtliche Bevölkerungsdichte, so daß Städte nach unserem Verständnis entstehen, mit abgegrenzten, ummauerten Grundstücken und zwischen diesen hindurchführende Straßen. Auch die Zahl der bedeutenden Orte vermehrt sich um neu emporstrebende, ohne daß die alten ganz an Bedeutung verlieren.

Für den ganzen Norden entbehren wir leider guterhaltener und ausführlicher Inschriftentexte und reicher Grabfunde. Unsere Kenntnis von der politischen und gesellschaftlichen Verfassung muß daher indirekt gewonnen werden. Einen Aspekt können wir archäologisch recht gut greifen: Die Verkehrswege und damit auch die Handelsrouten, relativen Friedensgebiete und die Zentren größter wirtschaftlicher und politischer Bedeutung. Einmalig in ganz Mesoamerika ist das umfangreiche Netzwerk von Fernstraßen, den sogenannten Sacbeoob (Villa Rojas 1934).

Der Wegebau an sich ist eine alte und verbreitete Maya-Praxis. Wir kennen Dammwege aus Steinschüttung mit kompaktierter Kiesauflage und Zementdecke aus allen größeren Städten vom Mittelklassikum an. Doch wurden solche Straßen zunächst nur für den innerstädtischen Verkehr und die Anbindung nahe gelegener Vororte gebaut (Benavides 1975). Keine dieser innerstädtischen Straßen war länger als fünf Kilometer, die meisten sogar beträchtlich kürzer. Überlandverkehr geschah meist einfach auf Fußpfaden und, wo immer möglich, mit Einbäumen auf den Flüssen, Seen und entlang der Küste.

Eindrucksvolle große Regionalstraßensysteme finden sich nur im Norden Yukatans. Das größte von ihnen hat sein Zentrum in Cobá. Es hat eine Ost-West-Ausdehnung von über 120 Kilometern, reicht aber auch weit in alle anderen Himmelsrichtungen. Kleinere Systeme sind um die Städte Izamal (45 Kilometer Durchmesser), Ucí (25 Kilometer Durchmesser) und Uxmal (20 Kilometer Durchmesser) gefunden worden. Sicherlich gab es noch viele mehr, aber die alten Straßennetze sind noch kaum flächendeckend erforscht, und an den Knotenpunkten sind sie oft durch heutige Dörfer oder Städte zerstört.

Die Archäologen deuten diese Straßensysteme als Staaten, denen jeweils der zentrale Ort als Hauptstadt vorstand. Die Fläche dieser Staaten in Yukatan übertrifft die der südlichen Stadtstaaten um einiges. Vielleicht ist also hier im Norden die Integration zu größeren politischen Einheiten weiter fortgeschritten gewesen, oder die Besiedlungsdichte war aus klimatischen und geologischen Gründen geringer, so daß die optimale Bevölkerungszahl nur durch größere Fläche erreicht wurde.

Das Nachklassikum

Das ausgehende neunte Jahrhundert ist im südlichen Mesoamerika eine unruhige Zeit. Wellen mexikanischer Gruppen strömen zu verschiedenen Zeiten und auf verschiedenen Wegen nach Süden und

Südosten. Je nachdem, wie lange und wo sie zwischendurch Station gemacht haben, treffen sie auf die klassischen Maya im südlichen Tiefland, in Yukatan und im Hochland, entweder als veracruzanisch (totonakisch) getönte Eindringlinge, oder als schon mayaniserte Putún und, in der letzten Welle dann, als unverfälschte zentralmexikanische Tolteken, bzw. im Hochland als Quiché toltekischer Abstammung. Hier setzen schriftliche Berichte aus der Kolonialzeit als Hauptquellen für die Rekonstruktion der Lebensverhältnisse ein und verdrängen die Archäologie auf einen minderrangigen Platz. Der zentralmexikanische Einfluß läßt sich jetzt auch im ganzen Maya-Gebiet durch Lehnwörter aus den Nahua-Sprachen gut belegen.

Eindringlinge von der Golfküste am Río Usumacinta

Vor allem scheinen diese Eindringlinge von der Golfküste, den heutigen mexikanischen Bundesstaaten Tabasco und dem südlichen Veracruz, ins Maya-Gebiet eingedrungen zu sein. Dort waren sie durch enge Kontakte mit den küstenbewohnenden Chontal-Maya (Putún) geprägt worden und setzten ihre Wanderung als Putún-Maya fort. Im Verlauf von vielleicht nur 50 Jahren wanderten sie von der Golfküste langsam den Río Usumacinta aufwärts.

Die letzten Inschriftendenkmäler und klassischen Skulpturen markieren vermutlich ihr allmähliches Vordringen. In Palenque hört die einheimische Königsherrschaft um 780 n.Chr. auf. Piedras Negras errichtet bis 795 n. Chr. Monumente. Der letzte Herrscher von Yaxchilán, der im übrigen, ebenso wie der letzte verbürgte König von Piedras Negras, in seinen Inschriften von besonders vielen Kriegstaten berichtet, stirbt am 7. April 808. Zu dieser Zeit, als die Städte des unteren und mittleren Usumacinta erobert werden, endet im ferneren Osten ebenso abrupt die Herrschaft und Monumentalarchitektur der einheimischen Dynastien von Copán und Quiriguá.

Mit dem Erreichen von Yaxchilán zeichnet sich ein Umschwung in der Politik der Putún ab. Die nächsten Orte, die unter ihren Einfluß geraten, Altar de Sacrificios um 850 und Seibal zwanzig Jahre später, erleben noch eine kurze Nachblüte, in der deutlich Elemente der Putún-Kultur und der klassischen Maya-Kultur im Stelenkult verschmelzen oder nebeneinander auftreten (Graham 1971, 1973). Das kann man wohl als Zeichen friedlicher Durchdringung deuten. Als letzte Region, vielleicht wegen ihrer Abgelegenheit von den Hauptwasserstraßen, fällt der zentrale Petén dem kulturellen und politischen Niedergang anheim. Der kleine Ort Jimbal zum Beispiel, in der Nähe von Tikal gelegen, errichtet seine letzte Stele am 28. April 889 n.Chr.

Auch sonst wandelte sich fast alles, was von den Kulturerzeugnissen dem Archäologen zugänglich ist: Die bunt mit Szenen bemalte Keramik tritt zugunsten kerbverzierter, oft in Formen gepreßter Ware zurück. Fürstengräber an hervorgehobenen Orten, wie unter Pyramiden, fehlen ganz. Es werden keine großen Bauvorhaben mehr durchgeführt. Kurz, alle Spitzenbereiche kultureller Leistungen verschwinden.

Die Mexikanisierung im Norden

Der Norden bleibt anfangs unberührt von den Umwälzungen im Süden. Zwar nimmt die Forschung aufgrund zahlreicher spätklassischer Stadtmauern an, daß auch dort die Kleinstaaten sich bekriegten, doch ist keine dramatische Entvölkerung, Überlagerung oder ein Ende baulicher Aktivitäten, also zunächst keine greifbare Anzeichen mexikanischer Durchdringung, nachgewiesen.

Lediglich an der Ostküste kann man verstärkten Einfluß aus Mexiko feststellen, der aber wohl auf friedlichen Handels- und Kulturbeziehungen beruht. Vor allem in der, leider nur durch wenige erhaltene Beispiele dokumentierten, Wandmalerei (Tulum, Tancah, Santa Rita Corozal u.a.) wird dies deutlich: Nicht kriegerische, sondern rituelle Themen herrschen vor, und diese erinnern stärker an mixtekische Maltraditionen aus Oaxaca, als an klassische Maya-Wandmalereien (Miller 1982; Fettweis 1988). Im übrigen entwickelte die Ostküste eine merkwürdige Kleinarchitektur und man kehrte hier, sicher auch unter mexikanischem Einfluß, zu ungewölbten Steinbauten mit Flachdach aus Balken und Zementdecke zurück. Freilich ist der Prozeß der Übertragung architektonischer und künstlerischer Einflüsse weder für diese Region und diese Epoche, noch für die ebenso problematischen mittelklassischen und spätklassischen Außenbeziehungen geklärt. Die grundlegende Frage ist, ob diese Bereiche im Gefolge von wirtschaftlichen und politischen Verbindungen florierten, oder ob sie eigene Wege gegangen sind, die dann aufzuspüren wären, wobei auch die Ursprungskulturen und Regionen präziser zu fassen sind.

Schließlich aber dringen die Putún oder Itzá, wie sie in indianischen Quellen auch genannt werden, auf dem Seeweg entlang der

Küste auch in den Norden der Halbinsel Yukatan vor. Sie gründen ihre Hauptstadt zeitweilig in Chichén Itzá, von wo sie aber wieder vertrieben werden. In einer letzten Invasionswelle erreichen dann Tolteken Yukatan und lassen sich ebenfalls in Chichén Itzá nieder. Sie bauen es in grandioser Weise nach ihren Architektur- und Städtebauvorstellungen um. Mit der Chacmool-Skulptur, den Schädelplattformen und den Kriegerfriesen führen sie viele typisch zentralmexikanische Elemente ein. Man nimmt hier wohl zu Recht an, daß damit auch zugleich die blutigen Menschenopfer und die Institutionen der Kriegerorden ihren Einzug hielten (Sabloff 1975, Sabloff u.a. 1975). Von einigen Forschern wird allerdings eine radikal entgegengesetzte Rekonstruktion der Ereignisgeschichte vorgeschlagen. Als Ursprungsort der Tolteken wird Chichén Itzá angenommen, von wo aus sie sich in die anderen Regionen, einschließlich Zentralmexiko, ergossen (Kubler 1961). Dieser Rekonstruktion widersprechen aber alle ethnohistorischen Berichte.

Die Eroberungen der Putún und Tolteken im Norden haben jedoch nicht den verheerenden Effekt wie ähnliche Ereignisse im Süden. Im Gegenteil, Chichén Itzá erblüht zu neuem Glanz und die Insel Cozumel entwickelt sich erst jetzt zu einem richtigen Handels- und Pilgerzentrum. Der wirkliche Niedergang geschieht hier erst um 1240 n.Chr. mit dem Zerfall des Nordens in 13 sich bekriegende Kleinstaaten und der weiteren Aufgabe ererbter künstlerischer und zivilisatorischer Errungenschaften (Roys 1957).

Ursachen des Niedergangs

Bisher war im Zusammenhang mit dem Ende der klassischen Epoche von Einwanderungen und Eroberungen die Rede. Man könnte also geneigt sein, diese Ereignisse als alleinige Faktoren für den Untergang der klassischen Kultur zu betrachten. Das ist jedoch wirklichkeitsfremd in Anbetracht der großen Region, der flächig um sich greifenden Aufgabe der Städte im südlichen Tiefland und des gesamten Endes jahrhundertelanger gesellschaftlicher, kultureller und intellektueller Traditionen, wie sie durch die königlichen Dynastien, den Long Count Kalender, den Stelen-Altar Komplex und die Tempelbauten repräsentiert wurden. Wenn die einwandernden Mexikaner in relativ kleinen Gruppen kamen und sich an wenigen strategisch wichtigen Orten niederließen, wie zum Beispiel in Chichén Itzá, können ihnen direkt solche räumlich umfassenden und in ihren gesellschaftlichen Auswirkungen (Beseitigung der Herrschaftsstruktur) kontraproduktiven Wirkungen kaum zugeschrieben werden.

Schließlich paßt auch der dramatische Rückgang der Bevölkerung nicht ins Bild, das wir zur Zeit von diesen Ereignissen haben (Culbert 1973). Es ist zwar durchaus möglich, daß wir den Einfluß dieser Kriegergruppen unterschätzen, weil sie noch nie im großräumigen Zusammenhang dargestellt worden sind, doch müssen wir vorerst das Bild, wie es sich heute der Forschung darstellt, zu deuten suchen. Danach müssen also noch andere Faktoren im Zusammenhang mit Eroberung und Einwanderung eine wesentliche Rolle gespielt haben.

Einer dieser möglichen Faktoren im Rahmen des hier angenommenen Primats der Wirtschaft über andere Bereiche ist der Zusammenbruch internationaler Handelsnetze. Auf internationalen Handel war besonders die Herrscherschicht in den Tiefländern angewiesen, die ja viele Rohstoffe für ihre Luxusprodukte im eigenen Machtbereich nicht besaß. Sie konnten sich aber in ihren dicht besiedelten Ländern durch Ausbeutung der Produktivkräfte ihrer Bauern und Handwerker und durch den Handel mit ihren Produkten (z.B. Baumwolle, Honig, Salinensalz, Keramik u.a.) die Mittel beschaffen, um durch Fernhandel an die gewünschten Güter zu kommen. Wenn nun kriegerische Ereignisse den Fernhandel erschwerten oder teilweise sogar zum Erliegen brachten, hat die Verteuerung der Einfuhren vielleicht zu erhöhter Ausbeutung der Arbeitskräfte und, in direkter Folge dessen, schließlich zu massiver Arbeitsverweigerung oder gar zu Aufständen geführt, wodurch dann erst recht der Handel zum Erliegen kam. Solche Revolten und das Ausbleiben wichtiger Handelsgüter für die Elite mag dazu geführt haben, daß diese zwischen Mangel, aufsässiger Bevölkerung und kriegerischen Einfällen von Außen aufgerieben wurden.

Auf alle Fälle muß man den Prozeß des Niedergangs der klassischen Epoche wohl als ein komplexes Netzwerk von Beziehungen verschiedener Elemente und Entwicklungen aus den wichtigsten Lebensbereichen sehen und dabei beachten, daß rückgekoppelte Beziehungen zur Verstärkung von Tendenzen führen können, so daß sich schädliche Wirkungen, die alleine betrachtet und unter anderen Begleitumständen von der Gesellschaft ohne großen Schaden überstanden worden wären, fatale Ausmaße erreichten (Hosler u.a. 1977). Hierzu zählen zum Beispiel epidemische Krankheiten, Proteinmangel infolge einseitiger Ernährung, und dadurch verursacht zunehmende Kindersterblichkeit.

Einige vermeintliche Ursachen allerdings, die bis heute oft vorgebracht werden, und die man unter der Sammelkategorie Natur- und Umweltkatastrophen zusammenfassen kann, scheiden aus der Diskussion endgültig aus. Das haben geologische, klimageschichtliche, agrargeographische und chemische Untersuchungen ergeben. Das Maya-Gebiet ist in seiner Gesamtheit nämlich weder erdbebengefährdet, noch hat sich in den vergangenen Tausend Jahren das Klima wesentlich verändert, wie oft behauptet wird. Auch eine Auslaugung oder Erosion der landwirtschaftlich nutzbaren Böden ist großflächig nicht vorgekommen. Ebensowenig kann man Versteppung weiter Flächen infolge von Rodung nachweisen und für den Untergang der klassischen Maya verantwortlich machen.

So bleibt das Ende dieser faszinierendsten und vielgestaltigsten Epoche der Maya-Geschichte weiterhin mit vielen Rätseln behaftet und stellt immer noch eine Herausforderung an die Forschung dar.

Literaturangaben am Ende des nachfolgenden Aufsatzes (1-Ic4) auf S. 127

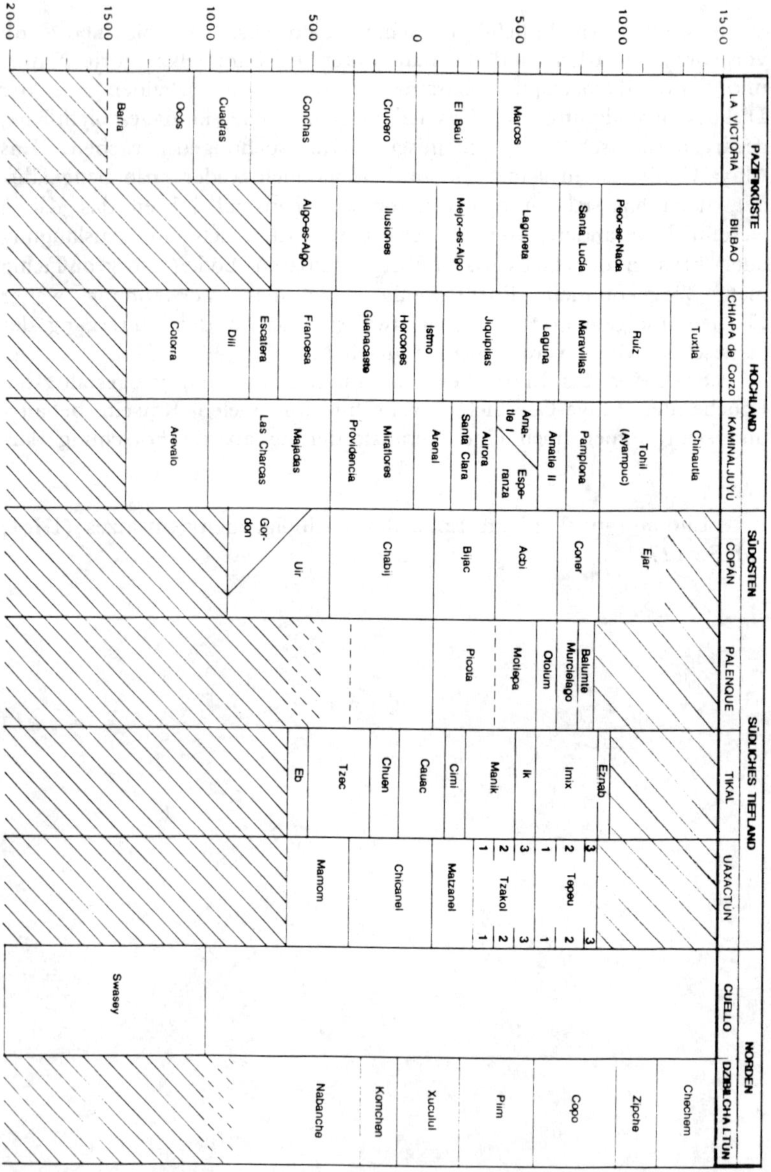
1500
1000
500
0
500
1000
1500
2000
PAZIFIKKÜSTE
LA VICTORIA
Marcos
El Baúl
Crucero
Conchas
Cuadras
Ocós
Barra
BILBAO
Peor-es-Nada
Santa Lucía
Laguneta
Mejor-es-Algo
Ilusiones
Algo-es-Algo
HOCHLAND
CHIAPA de Corzo
Tuxtla
Ruíz
Maravillas
Laguna
Jiquipilas
Istmo
Horcones
Guanacaste
Francesa
Escalera
Dili
Cotorra
KAMINALJUYÚ
Chinautla
Tohil (Ayampuc)
Pamplona
Amatle II
Amatle I
Esperanza
Aurora
Santa Clara
Arenal
Miraflores
Providencia
Majadas
Las Charcas
Arevalo
SÜDOSTEN
COPÁN
Ejar
Coner
Acbi
Bijac
Chabij
Uir
Gordon
SÜDLICHES TIEFLAND
PALENQUE
Balunte
Murcielago
Otolum
Motiepa
Picota
TIKAL
Eznab
Imix
Ik
Manik
Cimi
Cauac
Chuen
Tzac
Eb
UAXACTÚN
Tepeu 3 2 1
Tzakol 3 2 1
Matzanel
Chicanel
Mamom
NORDEN
CUELLO
Swasey
DZIBILCHALTÚN
Chechem
Zipche
Copo
Pim
Xculul
Komchen
Nabanche

Tab. 3

4. *Schrift, Kalender und Astronomie der Maya*

Berthold Riese

Die Maya-Schrift

Allgemeines

Im ganzen Maya-Tiefland war in vorspanischer Zeit der Gebrauch von Schrift verbreitet. Doch unterscheiden sich die Texte im nördlichen und im südlichen Tiefland in den Formen der Zeichen und in der Syntax voneinander. Das spiegelt vermutlich nicht nur künstlerische, sondern auch sprachliche und historische Unterschiede wider.

Die frühesten Inschriften finden sich im südlichen Tiefland. Stele 29 aus Tikal wird durch ihre Kalenderinschrift auf das Jahr 290 n.Chr. datiert, und die Leydener Grünstein-Platte, deren Herkunft aus derselben Gegend vermutet wird, auf 320 n.Chr. Erhalten hat sich der Gebrauch der Schrift bis zur spanischen Eroberung aber nur im Norden. Aus der frühen Kolonialzeit (um 1566) verfügen wir daher von dort über eine, allerdings lückenhafte und mißverständliche, Beschreibung des Maya-Schriftsystems und des Kalenders in der Abhandlung Diego de Landa's (1959, Kapitel 34-49).

Die Schrift ist in vielfältiger Ausformung auf freistehenden steinernen Denkmälern (Stelen, Altäre), auf Treppenstufen, als Türstürze, Wandtafeln und in al-fresco-Malerei an Gebäuden, meist in deren Innern, und schließlich, ebenfalls gemalt, auf Grabkeramik, und eingeritzt auf Kleingeräten und Schmuck aus Knochen, Muschel oder Jade zu finden. Für die Forschung relevant sind wegen ihrer großen Zahl vor allem die Steindenkmäler; sie zählen in die Tausende und sind oft gut erhalten; ferner sind die vier Buchhandschriften (Codex Dresden, Paris, Madrid und Grolier) wegen der Dichte und Komplexität ihrer Informationen wichtig; und schließlich sind die zahlreichen, vor allem durch moderne Grabplünderungen hervorkommenden polychrom bemalten Keramiken aufschlußreich.

Die Maya-Schrift steht schon äußerlich in deutlichem Kontrast zu anderen mesoamerikanischen Schriften. Maya-Hieroglyphen haben einen hohen Grad von Standardisierung und Abstraktion erreicht. Hieroglyphische Texte der Maya-Schrift sind außerdem sehr kompakt in geraden Zeilen und Spalten geschrieben und oft völlig losgelöst von erläuternder bildlicher Darstellung. Hierin spiegelt sich die Tatsache wider, daß sich die Maya-Schrift nach ihrer Entstehung auf epiolmekischer Grundlage schnell und unabhängig von anderen mesoamerikanischen Schriften entwickelt hat, und daß sie schon um 400 n.Chr. eine voll funktionsfähige Schrift ist, die nicht mehr der Stütze mündlicher Erläuterungen und bildlicher Erklärungen bedarf. Diese Entwicklung spielte sich in einer Zeitspanne von rund 500 Jahren ab. Das will uns, in Anbetracht der langen Tradition und Beständigkeit unserer heutigen Schiftsysteme unwahrscheinlich kurz erscheinen, ist aber ebenso zum Beispiel für die Entwicklung der sumerischen Schrift und der ägyptischen Hieroglyphenschrift belegt und scheint damit in gewissem Grade eine systemimmanente Zeitspanne zu sein.

Inhalt von Maya-Schrifttexten

Obwohl das Schriftsystem der Maya für alle Inhalte sprachlicher Art geeignet ist, wurde es, soweit die erhaltenen Zeugnisse das belegen, nur sehr begrenzt angewendet.

Ein inhaltlicher Bereich, für den vor allem die Schrift in Buchform (Codices) Anwendung fand, ist die Wahrsagerei. Sie oblag spezialisierten Wahrsagepriestern (*Ahk'in*), die sowohl für private Kundschaft als auch im öffentlichen Auftrag tätig wurden. Der Wahrsager benutzt dabei Handbücher, in denen die Kalenderdaten, die einflußnehmenden Götter, die Prognosen für die Klienten und die zur Beschwichtigung der Götter angezeigten Opfergaben enthalten sind. Mit Steinchen und Samen des Tzite'-Baumes zählt er die Tage ab, spricht Gebete und vollzieht rituelle Handlungen. Wahrsagerei lebt in dieser Form im Hochland von Guatemala bis in die Gegenwart fort (Schultze Jena 1933; Tedlock 1982), allerdings ohne die Kenntnis der Hieroglyphenschrift und ohne den Gebrauch hieroglyphischer Wahrsagebücher.

Ebenfalls in Buchmanuskripten niedergelegt und eng mit dem Wahrsagekalender verknüpft sind kalendarische und astronomische Tafelwerke. Sie handeln von den Sichtbarkeitsphasen und Finsternissen von Sonne, Mond, Venus und vielleicht Mars, sowie von Spekulationen über die mythische Zeit und ihre Einflüsse auf die Gegenwart ("contrived numbers" und "long reckonings", Lounsbury 1978).

In erster Linie haben Maya-Inschriften, die sich auf Stelen, Altären und Bauwerken finden, biographischen Inhalt. In ihrem

Mittelpunkt steht der Herrscher des Ortes mit seinen Namen, Titeln und den wichtigsten Ereignissen aus seinem Leben (Geburt, Thronbesteigung, gewonnene Kriege) und mit seinen religiösen Pflichten (Selbstkasteiung, Opfer an die Götter). Außerdem wird oft seine Abstammung von berühmten Vorgängern oder sogar von den Göttern erwähnt, was sicherlich zur Legitimation der Herrschaft wichtig war (Berlin 1977).

Bemalte Grabkeramik mit ihren lebhaften bunten Szenen und begleitenden kurzen Hieroglyphentexten enthält oft mythologische Berichte über die Unterwelt (Coe 1973). Es wird vermutet, daß sie vom Tod und der Wiedergeburt von Gestalten aus dem reichen Pantheon der Indianer handeln, wie sie im Popol Vuh der Quiché-Indianer überliefert sind (Schultze Jena 1944). Die meist am oberen Rand horizontal umlaufende Inschrift ("Primary Standard Sequence", PSS) ist gelegentlich ein kompositer Text, der zur Grablegung der Person, für deren Grab das Gefäß angefertigt wurde, Aussagen enthält und eventuell auch den ausführenden Künstler nennt. Die in die Szenen eingestreuten kürzeren Inschriften sind wohl meist Bildbeschreibungen und namentliche Identifizierungen der beteiligten Gestalten. Hier steht die Forschung allerdings noch am Anfang.

Charakteristika der Maya-Schrift

Hauptcharakteristikum und Ansatz für die erfolgreiche Entzifferung (die noch nicht abgeschlossen ist) ist die Tatsache, daß es für die meisten Silben von Maya-Wörtern hieroglyphische Zeichen gibt, so daß ein Wort vollständig und eindeutig mit solchen Zeichen geschrieben werden kann. Die Maya-Schrift bezieht sich also direkt auf die zugrundeliegende Sprache und kann Texte in dieser Sprache vollständig wiedergeben.

Neben der Silbenschreibung, und meist mit ihr kombiniert, verfügt die Maya-Schrift über eine große Zahl von Bildzeichen, die als Begriffe, weitgehend unabhängig von einer bestimmten Sprache, aufzufassen sind. Nach der gängigen Theorie über Charakter und Entwicklung der mesoamerikanischen Schriftsysteme sind die Bildzeichen die älteste Komponente der Maya Schrift. Der enge und direkte Bezug zur Sprache hat sich auf der Grundlage bildlicher Begriffszeichen entwickelt. Daher kann in manchen Silbenzeichen auch noch der ursprüngliche Bildcharakter erkannt werden, selbst wenn er keine oder nur noch eine gelegentliche Funktion im Schriftsystem hat.

Aus ästhetischen Gründen, vielleicht auch, um die Kunst des Schreibens und Lesens nicht jedem leicht zu machen, haben die Schriftgelehrten der Maya zu folgenden Mitteln gegriffen: Wenn nicht genug Platz auf der Schreibfläche vorhanden war, oder wenn es sich um zwei besonders eng verknüpfte Aussageteile handelte, wie es bei zusammengesetzten Namen und Titeln oft der Fall ist, haben sie oft zwei Zeichen ineinander komponiert, so daß auf den ersten Blick ein neues entsteht, das man aber bei genauem Studium wieder in seine ursprünglichen Bestandteile zerlegen kann. Für die am häufigsten gebrauchten Zeichen, also die des Kalenders, haben sie drei oder vier verschiedene Formen entwickelt: Ein abstraktes Zeichen, das von der Forschung wegen seiner häufigen Verwendung als "Normalform" bezeichnet wird, eine "Kopfform", meist der Kopf eines Tieres, eines Menschen oder eines grotesken Mischwesens, und gelegentlich eine "Vollfigur" (d.i. eine ganze menschliche Figur oder ein ganzes Tier: Vogel, Kröte, Jaguar, Affe u.a.). Oft ist von der Kopfform oder der Vollfigur nur ein kleines Detail, wie die Verzierung auf der Backe, der Unterkiefer oder der Kopfschmuck das Merkmal, an dem man erkennt, welches Zeichen gemeint ist.

Da Maya-Hieroglyphen meist Texte bilden, ist auch die Syntax erforscht und mit Maya-Sprachen verglichen worden: Sowohl auf der Ebene ganzer Texte, als auch auf der Ebene einzelner Sätze und Wörter, zeichnen sich die Hieroglyphentexte durch eine strenge Ordnung aus. Die Leserichtung ist auf allen Ebenen vorwiegend paarig von links nach rechts und in Doppelkolumnen von oben nach unten. Ästhetische Erwägungen oder Platzmangel können Abweichungen von diesem Grundschema erzwingen, die man im Einzelfall klären muß. Die Abfolge der Silben- und Wortzeichen innerhalb jeder Hieroglyphe ist analog geregelt. Man beginnt links, liest dann das rechte obere Zeichen, danach das darunter stehende und zuletzt das am weitesten rechts stehende Zeichen. Die Leseabfolge versucht man durch Transkriptionskonventionen möglichst genau abzubilden (s. hierzu Abschnitt 5.2). Thematische Hervorhebungen, das Auslassen von bereits eingeführten Personen und ähnliche Mittel der Textgestaltung innerhalb von Literatur-Genres, scheint auch für die Hieroglyphentexte Gültigkeit zu haben, ist aber noch nicht hinreichend erforscht.

Sprachen

Im Hinblick auf die enge Verflechtung von Schrift und Sprache ist es wichtig zu wissen, welche Sprache oder Sprachen damals in der Region gesprochen wurden und der Schrift wahrscheinlich zugrundeliegen, und welchen Fremdeinflüssen sie im Laufe der Jahrhunderte unterlagen. Die Forschungsmethoden der Sprachgeschichte, allen voran die Glottochronologie, die Sprachgeographie und Kulturvokabularstudien erlauben eine grobe Rekonstruktion, die ich im Folgenden nach Justeson u.a. (1985) skizziere:

Mit der Seßhaftwerdung am Anfang des Formativums bildete sich die Proto-Maya-Sprache (*PM) heraus. Sie zerfiel allmählich in einzelne Sprachen und erreichte im 16. Jahrhundert mit etwa 30 verschiedenen Sprachen ihren höchsten Zersplitterungsgrad. Ihren Ursprung hatte die Proto-Maya-Sprachgemeinschaft in Gebirgstälern an der Grenze von Guatemala und Chiapas. Von dort splitterten sich einzelne Gruppen laufend ab, eine, die Huaxteken, wanderten so weit nach Norden, daß sie den Zusammenhalt mit den übrigen Maya-Gruppen für immer verlor. Die meisten aber nahmen nur ihre unmittelbare Umgebung in Besitz.

Nordwestlich der Maya wurde zur selben Zeit das Proto-Mixe-Zoque (*PMZ) gesprochen. Diese Sprachgruppe hat in Berggebieten des Isthmus von Tehuantepec bis heute überlebt. Mit hoher Wahrscheinlichkeit war dies die Sprache der Olmeken (Kaufman u.a. 1976) oder Epiolmeken. Wir sehen also, daß von den Anfängen der Schrift zu den Maya keine Sprachkontinuität besteht, die Hieroglyphenschrift daher, wenn sie ihren Ursprung bei den Olmeken oder Epiolmeken hatte, sich bei den Maya sprachlich anderen Verhältnissen anpassen mußte. Andererseits sollten sich in den Maya-Sprachen und in ihren Schriftzeugnissen einige Entlehnungen erhalten haben, die die führende Rolle dieser Kulturen des Formativums widerspiegelt.

Schließlich muß man damit rechnen, und das hat die Entzifferung der Maya-Schrift bis heute erschwert, daß verschiedene Regionen in ihren Inschriften unterschiedliche Maya-Sprachen wiedergeben und daß vor allem späte Fremdeinflüsse in der Hieroglyphen-Schrift wirksam geworden sind. So rechnen wir für das Mittelklassikum mit bedeutendem Einfluß des Totonakischen und im Nachklassikum mit noch stärkeren Einflüssen des Nahua von der Golfküste, vor allem im Norden der Halbinsel Yukatans.

Hilfsmittel zum Studium von Maya-Schrifttexten

1. Text-Dokumentationen

Entsprechend den verschiedenen Medien, in denen Texte überliefert sind, stehen verschiedene Dokumentationen zur Verfügung.

Die vier Bilderhandschriften sind in Farbreproduktionen veröffentlicht. Für den Codex Dresden ist die beste die von 1892, für den Codex Madrid (auch Tro-Cortesianus genannt) die von 1967, für den Codex Paris (auch Peresianus genannt) die von 1968 und für den Codex Grolier die von Lee (1985). Die Codices Dresden, Madrid und Paris sind außerdem in einer schwarz-weißen Nachzeichnung in einem Band von Villacorta & Villacorta (1930) zusammengefaßt. Dies ist eine für Studienzwecke handliche Ausgabe, allerdings ist sie für Detailuntersuchungen an Bildern und Hieroglyphen nicht genau genug. Die dort auch enthaltenen Kommentare und Entzifferungen sind wissenschaftlich irrelevant.

Die Monumental-Inschriften sind an Umfang die größte Textgruppe. Auch in der Dokumentation stehen sie an erster Stelle. Es können hier nur die wichtigsten und umfassendsten Arbeiten genannt werden: Maudslay 1889/1902 ist wegen der Qualität der photographischen und zeichnerischen Wiedergabe und seiner systematischen Texterfassung immer noch ein unentbehrliches Standardwerk. Die verschiedenen Expeditionsberichte von Teobert Maler (1901-1911) zeichnen sich vor allem durch die Qualität ihrer Photographien aus. Ihnen haftet jedoch der Mangel an, daß die Inschriftentexte kaum zeichnerisch erfaßt sind. Morley (1937/38) fällt gegenüber seinen beiden Vorgängern in der Qualität der Photographien und Zeichnungen und in der Vollständigkeit der dokumentierten Inschriften ab, ist aber unentbehrlich, da er viele neue Orte dokumentiert. Das jüngste und zugleich ambitiöseste Dokumentationsprojekt ist der Corpus of Maya Hieroglyphic Inscriptions, 1975 von Ian Graham ins Leben gerufen. Er wird, sollte er im nächsten Jahrhundert zu einem planvollen Ende gelangen, alle Maya-Inschriftentexte umfassen. Zur Zeit liegen 12 Hefte vor, in denen die wichtigen Inschriftenorte Naranjo vollständig, Yaxchilán, Toniná, Uaxactún zum Teil und einige weniger bedeutende veröffentlicht sind. Jedes Heft dokumentiert circa 20 Inschriften photographisch und vor allem in zuverlässigen Zeichnungen. Schließlich dürfen die verschleppten und zum Teil in Privatsammlungen befindlichen Inschriften nicht vergessen werden. Sie zu dokumentieren hat sich Karl Herbert Mayer zur Aufgabe gemacht, da sie im Corpus-Projekt keine hohe Priorität genießen. Seine Dokumentation von Inschriften unbekannter Herkunft umfaßt bisher fünf Bände, in denen etwa 500 Skulpturen, davon die meisten mit hieroglyphischen Inschriften, dokumentiert sind. Hier sind es vor allem die ausführlichen Beschreibungen mit Angabe derzeitiger Standorte, aber auch die Photographien und gelegentlichen Zeichnungen, die nützlich für den Forscher sind.

Für Texte und Bilder auf Vasen bedarf es zur angemessenen Dokumentation bei zylindrischen Oberflächen einer photographischen oder zeichnerischen Abrollung bzw. bei anderen Formen einer Entzerrung und daher oft einer zeichnerischen Wiedergabe, um den Dekor der Keramik vollständig zu dokumentieren. Ferner sollten sie farbig reproduziert werden. Dies sind Bedingungen, die von wenigen Veröffentlichungen erfüllt werden. Von dem umfangreichen Corpus an bekanntgewordenen Maya-Vasen ist daher erst ein kleiner Teil angemessen dokumentiert. Die wichtigsten Dokumentationen sind: Gordon & Mason (1925/43, zuverlässige farbige zeichnerische Wiedergabe), Coe (1973, zuverlässige schwarz-weiße zeichnerische Wiedergabe), Coe (1975, zuverlässige farbige zeichnerische Wiedergabe), Coe (1978, sehr gute farbige photographische Wiedergabe), Coe (1982, sehr gute farbige photographische Wiedergabe), Robicsek & Hales (1981, mäßige schwarz-weiße photographische Wiedergabe). Diese Veröffentlichungen zusammen dokumentieren etwa 200 Vasen angemessen.

Für Kleingerätetexte und Texte auf Schmuckstücken ist eine umfangreiche Dokumentation von Karl Herbert Mayer in Vorbereitung.

2. *Hieroglyphen-Kataloge und -Transkriptionssysteme*

Es sind seit den 30er Jahren etwa fünf verschiedene Transkriptionssysteme für Maya-Hieroglyphen entwickelt und veröffentlicht worden. Nur zwei haben sich bewährt. Auf ihre Kenntnis kann sich der Student also beschränken. Das System von Günter Zimmermann (1956) wurde für die Handschriften entwickelt und umfaßt den Formenschatz dieser Textgruppe vollständig und genau. Es stellte sich später heraus, daß die für den Einschluß von Inschriften freigelassenen Zahlen des Systems nicht ausreichten, so daß John Eric S. Thompson (1962) ein eigenes, analoges System entwickelte. Dies ist das umfassendere und daher gebräuchlichere Transkriptionssystem, wie auch sein Katalog durch Abdeckung von Handschriften und Inschriften der umfassendste bisher veröffentlichte ist. Beide Systeme beruhen auf den gleichen Konventionen zur Kennzeichnung der Hieroglyphensyntax: Zeichen, die nebeneinander stehen, trennt man durch einfachen Punkt, Zeichen, die übereinander stehen, durch Doppelpunkt. Hieroglyphen trennt man durch Leerraum. Die beiden Systeme unterscheiden sich also lediglich in der Zuweisung der Zahlen zu den hieroglyphischen Zeichen. Thompson (1962: 399-403) gibt dafür eine Konkordanz.

3. Wörterbücher und Grammatiken von Maya-Sprachen

Maya-Schrifttexte sind vermutlich in den Sprachen der Chol-Familie (Chol, Cholti, Chontal, Chorti) bzw. dem *Proto-Chol oder in Yukatekisch abgefaßt. Die Forschung benutzt daher sinnvollerweise überwiegend diese Sprachen, um Lesungen von Hieroglyphen und Texten zu erzeugen. Für beide Sprachbereiche gibt es partiell gute Grammatiken: Für das Yukatekische Tozzer (1921); für das Chontal Smailus (1973) und für das Chol Helfrich (1972) und Warkentin & Scott (1980). Jedoch ist keine dieser Grammatiken in den Bereichen Syntax und Textlinguistik vollständig. Der Student der Hieroglyphen-Schrift kann sich also nicht einfach und erschöpfend über diese Sprachen informieren. Dieser Mangel ist eines der Haupthindernisse bei der schnellen vollständigen sprachlichen Entzifferung der Hieroglyphen.

Bei Wörterbüchern ist die Lage etwas besser. Für das Yukatekische verfügen wir mit dem Diccionario Maya Cordemex (1980) über ein umfassendes und gründliches Wörterbuch Yukatekisch-Spanisch und Spanisch-Yukatekisch, das vor allem kolonialzeitliche Wörterbücher erschöpfend verarbeitet und somit als alleinige Arbeitshilfe ausreicht. Für den Mopan-Dialekt des Yukatekischen gibt es außerdem ein modernes Wörterbuch (Ulrich & Ulrich 1976). Für Chol-Sprachen gibt es nur zwei dürftige moderne Wörterbücher (Schumann 1973 und Aulie & Aulie 1978).

Ein für die Schriftentzifferung benötigtes rekonstruktives *Proto-Chol-Wörterbuch und eine entsprechende Grammatik sind in einem knappen Abriß verfügbar (Kaufman & Norman 1984). Eine umfassende und erschöpfende Rekonstruktion, die den Wortschatz und Sprachstand des Maya-Klassikums besser widerspiegelt als die modernen Sprachen und mit der man zugleich die unzulängliche lexikalische

Abdeckung der modernen einzelsprachlichen Wörterbücher kompensieren könnte, steht noch aus.

4. *Entzifferungsvorschläge*

Im Laufe der Forschung haben mehrmals Versuche stattgefunden, Entzifferungshypothesen zusammenzustellen und zu veröffentlichen, so daß es Möglichkeiten gibt, diese nachzuschlagen, ohne die gesamte Forschungsliteratur durchsehen zu müssen. Am verbreitetsten sind eine allgemeine, aber weitgehend überholte Zusammenstellung von Barthel (1969), die mehrmals revidierten Verzeichnisse der Tübinger Schule (Barthel 1977), und ein allgemeines von Justeson (in Justeson & Campbell, Eds. 1984) und dessen Revision durch Kurbjuhn (1989).

Die gegenwärtige Forschung konvergiert auf die in Justeson und Kurbjuhn gegebenen Lesungen, die allerdings laufend ergänzt und modifiziert werden müssen. Ferner ist ein Mangel aller Verzeichnisse, daß sie keine Begründungen für die Lesungsvorschläge geben.

5. *Wichtige Quellen zur Kultur der Maya*

Zur inhaltlichen Hypothesenbildung, zur Überprüfung von Entzifferungen und zur Interpretation bildlicher Quellen sind breite und gute Kenntnisse der Maya-Kultur unabdingbar. Welche Quellen hierüber Aufschluß geben, kann im Kapitel "Kultur und Gesellschaft im Maya-Gebiet" (→ 1-Ic3) nachgelesen werden.

Einige Beispiele

Einige Beispiele sollen wesentliche Charakteristika der Maya- Schrift und die Verwendung der Hilfsmittel erläutern.

Zunächst das Prinzip der Silbenschreibung: Kakao, ein einheimisches Produkt des voreuropäischen Amerika, heißt auf *Proto-Chol (nach Kaufman & Norman 1984) KÄKÄW und wird hieroglyphisch durch die Aneinanderreihung der Silbenzeichen T25 + T25 + T130 (T für Thompson 1962) geschrieben (Abb. 16, Hieroglyphenblock 3, dort als T 25:25.130 geschrieben). Diese werden (nach Justeson 1984) als ka - ka - w(a) gelesen, wobei die Silbenwerte nicht in

*Proto-Chol, sondern in Chol oder Yukatekisch angegeben sind, was zu kleinen phonologischen Abweichungen führt. Der wortabschließende Vokal eines Silbenzeichens, also in diesem Beispiel das a von wa, muß nicht gelesen werden und ist daher eingeklammert. Die abgebildete Hieroglyphe gibt das Wort KÄKÄW also korrekt wieder.

Jetzt zwei Beispiele zur bildlichen Schreibung und ihrer Kombination mit der syllabischen Schreibung: Der bedeutendste Herrscher von Palenque hieß "Schild". Sein Name konnte demnach mittels des Bildes eines Schildes (T624) wiedergegeben werden. Das ist im linken Teil der Hieroglyphe in Abb. 17 geschehen. Da es im Chol-Maya vermutlich jedoch die beiden Worte *chimal* und *pakal* für Schild gab (sie sind allerdings lexikalisch nur aus dem Yukatekischen überliefert, s. Diccionario Maya Cordemex 1980, sub voce), und der Name des Herrschers als Eigenname eine festgelegte sprachliche Form hatte, fügte man gelegentlich zur Verdeutlichung noch einen rein in Silbenschrift geschriebenen Teil (T586:25:178 = pa + ka + l(a)) zum Bildzeichen hinzu. Das ist der rechte Teil der Hieroglyphe in Abb. 17. Die Ergänzung der Bild- durch die Silbenschreibweise nennt man phonetische (oder korrekter phonemische) Indikation. Auch hier gilt wieder die Regel, daß der wortauslautende Vokal nicht gelesen wird.

Ein gutes Beispiel für die Verschmelzung von zwei Zeichen ist die Namenshieroglyphe des Nachfolgers von König Pakal, *Chan Bahlum* ("Schlange Jaguar") in Abb. 18. Das Bildzeichen für Schlange (ein Schlangenkopf) und das für Jaguar (ein Jaguarkopf) sind so ineinanderkomponiert, daß dem Schlangenkopf die schwarzen Flecken des Jaguars (als dessen distinktivem Merkmal) eingefügt sind.

Bildliche Hieroglyphen können aber auch im Einzelnen relativ abstrakt anmuten und ihren Bildgehalt durch die Anordnung der Zeichen mitteilen: Ein besonders klares derartiges Bild ist eine Sonderhieroglyphe für den Begriff "Tag" (Abb. 19). Dort ist zwischen den abstrakten Zeichen für Himmel (T561) und Erde (T526) das ebenfalls abstrakte Zeichen für Sonne (T544) eingefügt, so daß gewissermaßen ein Bild der untergehenden oder aufgehenden Sonne, also des Hauptcharakteristikums eines jeden Tages, dargestellt wird.

Ein Beispiel für die Vielfalt der Formen stellt die in Abb. 20 wiedergegebene Hieroglyphe für den Gedenkstein bzw. die Zeiteinheit Tun dar. Sie ist als abstrakte Form (a), als Kopfform (b) und als Vollfigurenform (c) belegt.

Zur Illustrierung der Syntax und des Zusammenhangs von Text und Bild dient uns der Abschnitt Codex Dresden, Seite 35c, links

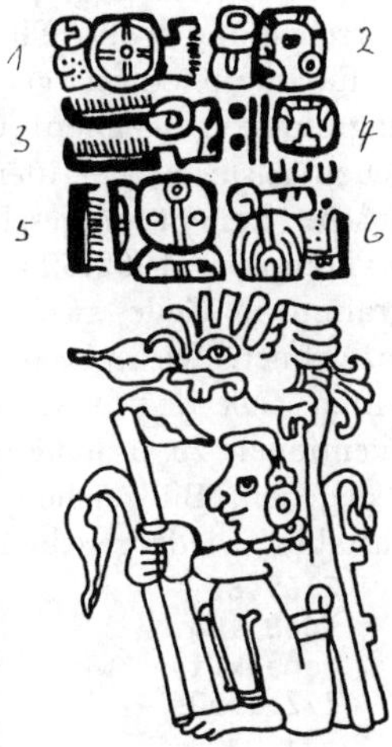

Abb. 16

Abb. 17

Abb. 18

Abb. 19

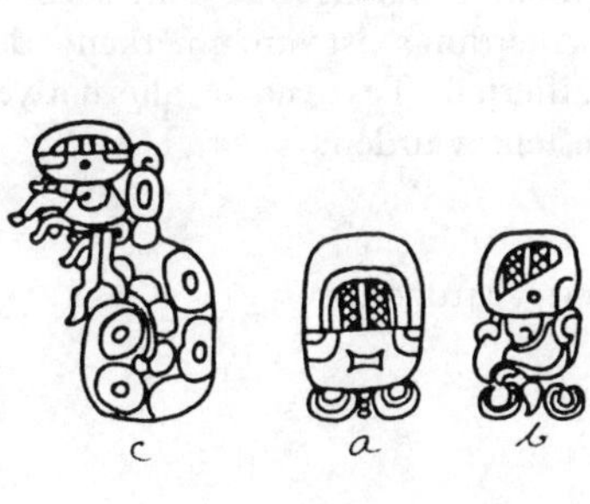

Abb. 20

Abb. 21

(Abb. 21). Zunächst wird der Text aus vier Hieroglyphen ins Zimmermannsche System (Z zur Unterscheidung vom Thompsonschen System) transkribiert, da dies das für die Codices geeignetere ist. Das ist in der ersten Zeile des Diagramms geschehen. Um die einzelnen Zeichen nach der Justesonschen Liste zu entziffern, muß die Transkription jedoch ins Thompsonsche System umgeschrieben werden. Das geschieht anhand der bei Thompson (1962:399-403) gegebenen Konkordanz und ist im Diagramm in Zeile zwei durchgeführt und mit T (für Thompson) gekennzeichnet. Die mit Justesons Liste ermittelten Lesungen sind in der dritten Zeile des Diagramms wiedergegeben. Hier gilt es folgende Konventionen zu beachten: Syllabische Lesungen sind in Kleinbuchstaben gegeben; Bildzeichen (ideographische Zeichen) sind durch Großbuchstaben wiedergegeben.

Z1.164:76	Z169.61
T1.221:130	T668.104
u+YAN+wa	cha+k(i)
Z6.1306a/1363	Z72.1350s
T115:192	T59.552s
tu+OTOCH+cho	ta+tan

Die sprachliche Gesamtlesung geschieht mit Hilfe der erwähnten Grammatiken des Yukatekischen. Der Text beginnt demnach mit einem Verb, gefolgt vom Subjekt dieses Verbes und zwei lokativen Ergänzungen. Dies entspricht der Abfolge von Satzteilen in erzählenden Texten der yukatekischen Maya-Sprache. Unter Befolgung dieser Regel erhalten wir den Text:

uyanwa chak yotoch tan.

Die Übersetzung dieses Textes lautet:

Chak (der Regengott) befindet sich mitten in seinem Haus.

Das darunter gemalte Bild zeigt den Regengott Chak in einem Haus sitzend. Das steht also in gutem Einklang mit dem soeben entzifferten und übersetzten Text. Allerdings ist anzumerken, daß es auch für diesen relativ gut entzifferten Text noch alternative Lesungen gibt, die hier nicht vorgestellt wurden.

Kalender und Astronomie

Der Kalender

Eine der charakteristischen Gemeinsamkeiten der mesoamerikanischen Kulturen ist das zyklische Kalendersystem, das sich aus mehreren nebeneinanderher laufenden Einzelzyklen zusammensetzt, deren Verbindung Großzyklen bilden. Der wesentliche Unterschied des Kalenders verschiedener mesoamerikanischer Kulturen besteht in dem Gebrauch solcher Großzyklen und in den Formen (und Bezeichnungen) für die Elemente. Die klassischen Maya haben dieses Kalendersystem besonders reichhaltig ausgestaltet.

1. *Der Jahreskalender "Haab"*

Der erste Zyklus ist das Jahr von 365 Tagen, d.h. ohne die Verwendung von Schalttagen. Entsprechend dem in Mesoamerika üblichen Zahlensystem auf der Basis 20 (Vigesimalsystem) war dieses Jahr in 18 Abschnitte zu je 20 Tagen eingeteilt, die restlichen 5 Tage wurden am Ende des Jahres angefügt. Jeder Abschnitt hat einen, auch hieroglyphisch ausgedrückten Namen (s. Abb. 24). Die einzelnen Tage jedes Monats werden von 0 bis 19, beziehungsweise bei dem letzten nur 5 Tage umfassenden Monat, mit den Zahlen 0 bis 4 durchgezählt. Die hieroglyphischen Zeichen für die Zahlen sind auf Abb. 23 zusammengestellt. Diese Zahlzeichen werden auch in allen anderen Kalenderzyklen und arithmetischen Angaben verwendet. Wenn wir zum Beiuspiel mit 0 Pop beginnen, folgt 1 Pop, 2 Pop und so fort bis 19 Pop. Auf diesen letzten Tag des Monats Pop folgt der erste Tag des Monats Uo, nämlich 0 Uo und so weiter, bis wir 19 Cumku erreichen. Dann schließt sich 0 Uayeb an; und der Monat Uayeb endet mit dem Tag 4 Uayeb, denn dieser letzte Monat hat nur 5 Tage. Hiernach beginnt ein neues Jahr mit 0 Pop. Die Zyklen von 365 Tagen folgen ohne Unterbrechung und ohne Schalttage aufeinander.

2. *Der Wahrsagekalender "Tzolkin"*

Der Wahrsagekalender ("Tzolkin") von 260 Tagen Länge hat seinen natürlichen Ursprung wahrscheinlich in der menschlichen Schwangerschaftsperiode. Rechnerisch wurde er durch die Kombination zweier kürzerer Zyklen von 13 Zahlen und 20 benannten Tagen gebildet. Die 13 Tage des einen Zyklus ("Koeffizienten") wurden mit den Zahlen von 1 bis 13 benannt, die 20 Tage des anderen Zyklus ("Tageszeichen") waren nach Tieren, Pflanzen, Naturerscheinungen und abstrakten Begriffen benannt; zum Teil drückt sich das noch bildhaft in den verwendeten Hieroglyphen aus (Abb. 25). Alle möglichen Permutationen der 13 Zahlen und der 20 Tagesnamen ergeben 260 unterschiedlich benannte Tage.

3. Die Kalenderrunde

Wenn man den Zyklus von 260 Tagen mit dem 365tägigen Jahr permutiert, erhält man 52 aufeinanderfolgende Jahre, in denen die jeweils gleichen Tage des Jahres mit einem anderen Tag des Wahrsagekalenders zusammenfallen. Der dadurch gebildete Zyklus von 52 Jahren ("Kalenderrunde") war die höchste Einheit der Zeitrechnung bei den meisten mesoamerikanischen Völkern, nicht jedoch bei den klassischen Maya, die noch weitere Systeme kannten, von denen das wichtigste im folgenden Abschnitt eingeführt wird.

4. Die Tageszählung oder der "Long Count"

Schon früh, spätestens im epi-olmekischen Horizont der mesoamerikanischen Kulturentwicklung war eine weitere Zeitrechnung erfunden worden, die Tageszahl (auch "Long Count" genannt). Zusätzlich zu den erwähnten Zyklen bedient man sich dort eines Verfahrens der Tageszählung, indem man von einem fiktiven Nullpunkt aus, der weit in die Vergangenheit verlegt worden war, die Tage einzeln durchzählt. Dieses Verfahren findet sich in klassischer Zeit nur noch bei den Maya. Dort wurde es weiter ausgebaut und vervollkommnet. Die üblicherweise in Tageszahlen (Long Count Daten) der Maya vorkommenden Zeitperioden haben folgende Namen und Längen:

```
Baktun = 144.000 Tage
Katun  =   7.200 Tage
Tun    =     360 Tage
Uinal  =      20 Tage
kin    =       1 Tag.
```

Die hieroglyphischen Formen dieser und einiger seltener höherer Zeitperioden sind auf Abb. 26 zu finden.

Für die Schreibung solcher Daten mit den uns geläufigen Zahlen hat sich die Konvention eingebürgert, von links nach rechts absteigend die Stellenwerte zu schreiben und durch Punkte voneinander zu trennen. Das Maya Long Count Datum 9.16.0.0.0 beträgt also

9 * 144.000 Tage + 16 * 7.200 Tage + 0 * 360 Tage + 0 * 20 Tage + 0 * 1 Tag = 1.411.200 Tage. Dies ist zugleich sein Abstand vom Maya- Null-Datum.

5. *Weitere kalendarische Zyklen*

Die klassischen Maya entwickelten und verwendeten eine ganze Anzahl weiterer Zyklen. So sind ein Zyklus von neun Tages- (oder Nacht-)Göttern als Hieroglyphe G_{1-9} bekannt; ferner ein Zyklus von 819 Tagen, der, zusammen mit den Zyklen der vier Himmelsrichtungen und Farben zu einem wahrsagerischen Großzyklus verbunden wird. Genaueres hierzu findet man in Thompson (1950), Kelley (1976) und Berlin (1977).

Astronomie

Die Astronomie der Maya konzentrierte sich vor allem auf Sonne und Mond. Das Sonnenjahr wurde mit verschiedenen Längen angenommen und einzelnen Rechnungen zugrundegelegt. Für den Kalender maßgeblich war das "Haab"-Jahr zu 365 Tagen (s. Abschnitt 1). Doch finden sich auch Jahreslängen von 364 Tagen (Codex Dresden, Inschriften von Copán und Machaquilá) und das unserem Julianischen Jahr entsprechende Jahr zu 365,25 Tagen (Inschriften von Palenque). Schießlich spielt der Mond eine wichtige Rolle in den Inschriften (Mondphasen, Mondhalbjahre) und den Handschriften (Finsternistafeln des Codex Dresden).

Auch der synodische Umlauf des Planeten Venus wurde berechnet (Codex Dresden und Codex Grolier), und seine verschiedenen Sichtbarkeitsphasen wurden wahrsagerisch gedeutet. Vielleicht erstreckte sich das Interesse auch auf den Planeten Mars (Codex Dresden) und andere Planeten.

Fixsternbeobachtungen und die scheinbare Wanderung von Planeten und der Sonne am Fixsternhimmel wurden vermutlich in sogenannten Tierkreisen oder Himmelsschildern (Codex Paris, Wandmalereien von Bonampak) festgehalten.

Schließlich scheint auch die Architektur klassischer Maya-Städte zum Teil nach astronomischen Gesichtspunkten ausgerichtet zu sein. Dies wird in der Literatur allerdings noch kontrovers diskutiert.

Zweck und Integration der Systeme

Alle genannten kalendarischen und astronomischen Zyklen und Systeme haben letztlich wahrsagerisch-spekulativen Zweck. Es war daher das ständige Bestreben der Maya-Kalenderspezialisten, sie durch Permutation (kleinstes gemeinsames Vielfaches und andere Methoden) untereinander und mit historischen Daten zu verknüpfen. Solche Verknüpfungen sind oft eher spekulativ weit in die Vergangenheit hinein projiziert und mögen dann fabriziert sein, also keinem tatsächlichem historischen Datum entsprechen. Solche spekulativen und pseudo-historischen Daten werden in der Forschung "contrived dates" genannt. Daten aus der historischen Zeit der klassischen und nachklassischen Maya-Kultur, die sich vor allem in den steinernen Monumentalinschriften finden, beziehen sich oft auf wichtige Ereignisse aus dem Leben der Herrscher der klassischen Stadtstaaten, vor allem auf ihre Geburt, ihre Thronbesteigung, ihre Eroberungen und ihren Tod, etc.

Die Korrelation des Maya-Kalenders mit dem christlichen Kalender

1. Das Prinzip der Korrelation

Die Korrelation der Maya-Tageszählung (Long Count) mit der christlichen Zeitrechnung ist nicht direkt möglich, da zur Zeit der Einführung des christlichen Kalenders durch die Spanier, der Long Count nicht mehr in Gebrauch war und somit das Funktionieren beider Kalender nebeneinanderher nicht beobachtet werden konnte. Es mußten daher von der Forschung Argumente aus verschiedenen Indizienbereichen, nämlich kolonialzeitliche Texte mit abgekürzten Maya-Kalenderangaben, astronomischen Phänomenen (Finsternisse, Venusumläufe) und ihre Erwähnung in Maya-Hieroglyphentexten, C^{14}-Datierungen von hölzernen Inschriften (Türstürze aus Tikal), u.a. verknüpft werden, um zu einer Lösung zu kommen. Diese Lösung wird in einer Korrelationskonstanten ausgedrückt, der gelegentlich ein Kürzel für den Erfinder der Korrelation vorangestellt wird.

Die heute von fast allen Forschern akzeptierte Korrelation L 584 285 wurde zunächst von John Eric S. Thompson vorgeschlagen, dann wieder zugunsten einer um wenige Tage abweichenden verworfen und schließlich von Floyd G. Lounsbury (1983) erneut vorgeschlagen. Manche Autoren benutzen auch die um zwei Tage abweichende Korrelation T 584 283 von Thompson. Beide gehören wegen ihrer zeitlichen Nähe und wegen gemeinsamer Argumentationsteile zur Gruppe der Goodman-Martinez-Thompson-Lounsbury-Korrelationen und werden daher auch gelegentlich als GMTL- oder GMT-Korrelationen bezeichnet (Kelley 1976:31). Die Korrelationskonstante (L 584 285 bzw. T 584 283) drückt aus, um wieviel Tage ein Maya Long Count Datum sich von einem christlichen Datum, ausgedrückt in der von Astronomen benutzten julianischen Tageszahl, unterscheidet.

2. Das Errechnen der Korrelation

Das Umrechnen einer Maya-Tageszahl (Long Count Datum) in ein christliches Datum des julianischen Kalenders, der bis zum 4. Oktober 1582 galt, geschieht in folgenden drei Hauptschritten:

1.) Die Maya-Tageszahl (Long Count Datum, LC) wird in eine Dezimalzahl umgerechnet. Ergebnis: Maya-Tag dezimal (MT).

2.) Zum MT wird die Korrelationskonstante addiert. Ergebnis: Julianischer Tag (JT) der Maya-Tageszahl.

3.) Der julianische Tag, der der Maya-Tageszahl entspricht, wird mittels der Tafeln 1 und 2 in ein christliches Datum nach dem julianischen Kalender, bestehend aus Tag, Monat und Jahr, umgerechnet. Ergebnis: Das gewünschte christliche Datum (im julianischen Kalender), das der Maya-Tageszahl (Long Count) entspricht.

3. Hilfsmittel zu Kalender und Astronomie der Maya

Es gibt kein umfassendes, für das Selbststudium oder zur Unterrichtsbegleitung geeignetes Werk, das alle Aspekte des Maya-Kalenders und der Maya-Astronomie behandelt. Morley (1915) beschränkt sich auf Kalenderrunde und Long Count, ist aber didaktisch vorzüglich aufgebaut und mit vielen Beispielen versehen. Spinden (1924, Teile I und II) gibt eine klare und etwas umfassendere Darstellung des Kalenders. Thompson (1950, Kapitel 4 bis 11) ist unentbehrlich wegen der umfassenden und sorgfältigen formenkundlichen Einführung chronolgischer Hieroglyphen. Thompson (1974) ist die klarste knappe Gesamtdarstellung des Kalenders. Schließlich gibt Lounsbury (1978) einen Gesamtüberblick auf einem neueren Wissensstand, der jedoch nicht ohne Vorkenntnisse gelesen werden kann.

Unentbehrlich für die eigene Arbeit sind die Tabellenwerke und Rechenhilfen von Zimmermann (1935), Dittrich (1939) und Ahnert (1971), von denen die beiden wichtigsten hier als Tabellen 4 und 5 wiedergegeben sind. Für komplexere astronomische Fragestellungen sind außerdem die Tabellenwerke von Tuckermann (1964) und Oppolzer (1887) zu benutzen.

Schließlich gibt es seit einigen Jahren EDV-Programme für Großrechner (Sidrys u.a. 1975; Krowne u.a. 1979; Ghandhi 1984), für Personal Computer und für programmierbare Taschenrechner (Rössler 1984; Biese & Iannuccillo 1979,1988[2]; Kocher 1989), die das Rechnen mit Tabellen und Formeln erübrigen.

Zur Einarbeitung in die Korrelation vorzüglich geeignet ist Kelley (1976:30-33). Die umfangreiche Spezialliteratur wird der Student nur zu Rate ziehen, wenn er die hier als zutreffend behauptete Korrelationsfamilie in ihrem Argumentationsgang nachvollziehen oder kritisch überprüfen will. Auch zu dieser Literatur findet man über Kelley (1976) Zugang.

Ein Beispiel

Die Maya-Tageszahl (Long Count Datum) der Initialserie von Piedras Negras Stele 3 findet sich in den Hieroglyphenblocks B1-A2-B2-A3-B3 von Abb. 22. Sie lautet 9.12.2.0.16. Diese Maya-Tageszahl (Long Count Datum) wird durch Multiplikation der Zahlen mit ihrem Stellenwert und Addition der Einzelergebnisse in eine Dezimalzahl umgerechnet (Schritt 1):

```
 9 x 144.000 = 12.96000
12 x   7.200 =    86400
 2 x     360 =      720
 0 x      20 =        0
16 x       1 =       16
-----------------------
               13.83136
```

Zu dem Ergebnis (13.83136) wird die Korrelationskonstante addiert (Schritt 2):

```
  13.83136
+ 5.84285
----------
  19.67421
```

Das Ergebnis (19.67421) ist der Julianische Tag des Maya-Datums. Um ihn in Jahre und Monatsdatum des christlichen Kalenders umzurechnen, sucht man in Tafel 1 die nächstniederere Zahl (19.62122), liest dort das Jahr ab (660), notiert sich dieses und subtrahiert die angegebene Zahl vom Julianischen Tag (Schritt 3a):

```
 19.67421
-19.62122
---------
     5299
```

Vom Ergebnis dieser Subtraktion (5299) zieht man die nächstniederere Zahl in Tafel 2 (5295) ab (Schritt 3b)

```
 5299
-5295
-----
    4
```

und addiert die dort angegebene Jahreszahl (14) zur zuvor in Schritt 3a ermittelten 660 (Schritt 3c):

```
 660
+ 14
----
 674
```

und addiert zu dem dort ebenfalls gegebenen Monatstag (Juli O) den bei der Subtraktion in Schritt 3b erhaltenen Rest (Schritt 3d).

```
 0 Juli
+4
-------
 4 Juli
```

Die Maya-Tageszahl (Long Count Datum) 9.12.2.0.16 entspricht also dem julianischen Datum 4. Juli 674.

Abb. 22

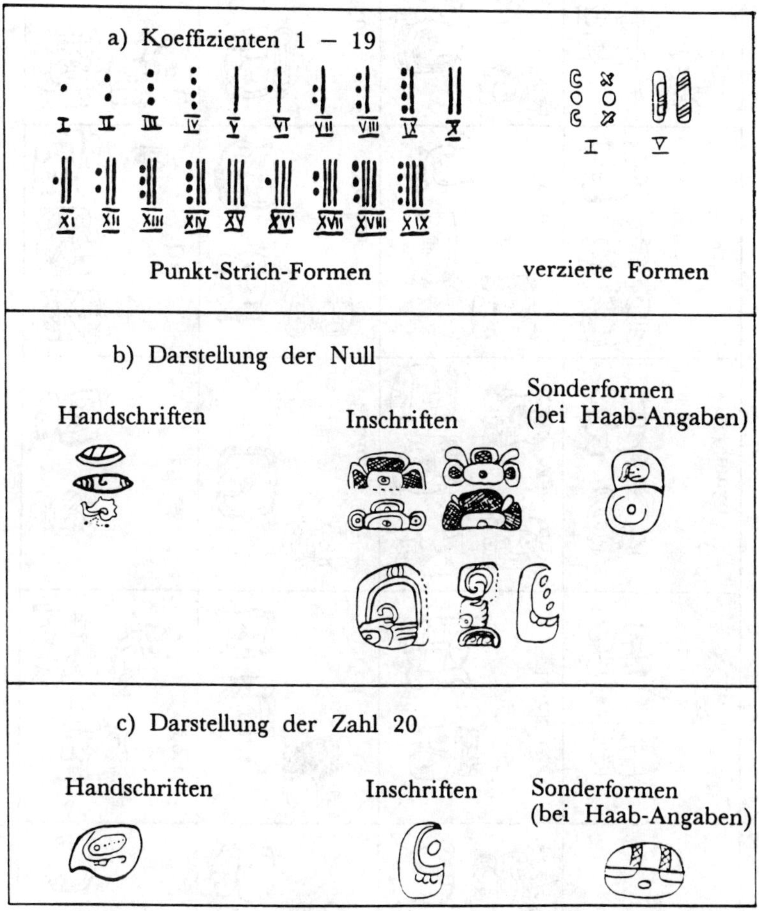

Hieroglyphische Zeichen für die Maya-Zahlen

Abb. 23

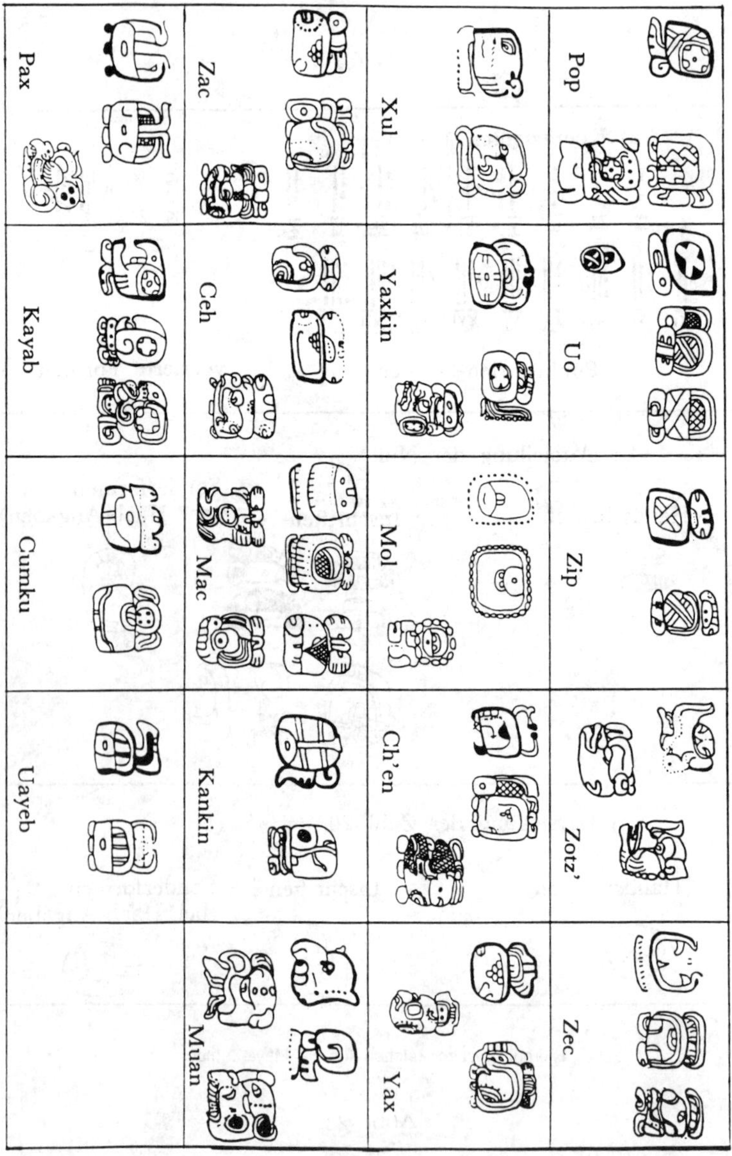

Hieroglyphisch ausgedrückte Maya-Namen der 18 Abschnitte von 20 Tagen, und des zusätzlichen von 5 Tagen.

Abb. 24

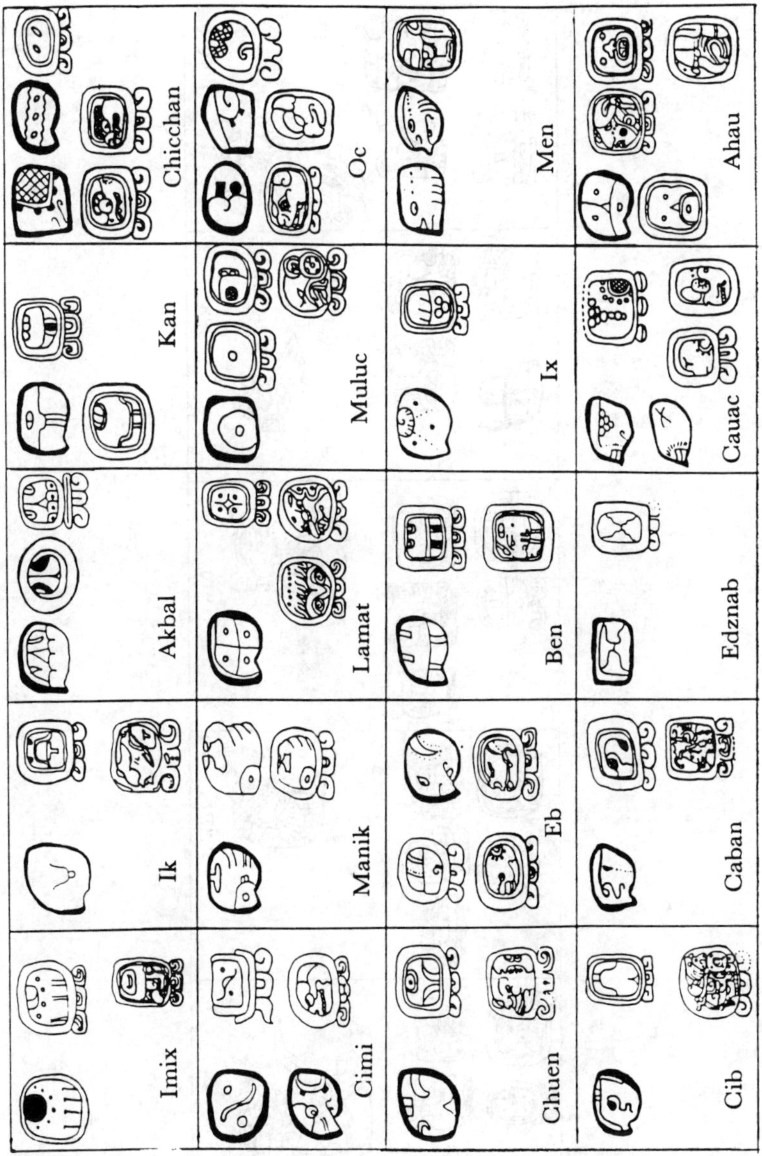

Hieroglyphisch ausgedrückte Maya-Namen der 20 Tageszeichen

Abb. 25

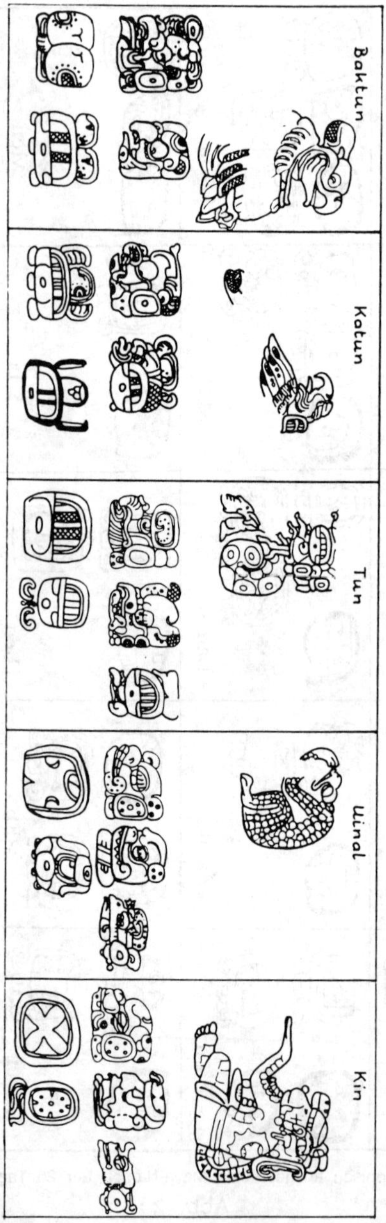

Hieroglyphische Formen höherer Zeitperioden der Maya

Abb. 26

Julianisches Datum für den 0. Januar der hier gegebenen Jahre

Jahr	Julian. Datum	Jahr	Julian. Datum	Jahr	Julian. Datum	Jahr	Julian. Datum
-1520	1165 877	-1380	1217 012	-1240	1268 147	-1100	1319 282
-1500	73 182	-1360	24 317	-1220	75 452	-1080	26 587
-1480	80 487	-1340	31 622	-1200	82 757	-1060	33 892
-1460	87 792	-1320	38 927	-1180	90 062	-1040	41 197
-1440	1195 097	-1300	1246 232	-1160	1297 367	-1020	1348 502
-1420	1202 402	-1280	53 537	-1140	1304 672	-1000	55 807
-1400	09 707	-1260	60 842	-1120	11 977		

-1000	13 55 807	-100	16 84 532	800	20 13 257	1700	23 41 971
-980	63 112	-80	91 837	820	20 562	1720	49 276
-960	70 417	-60	99 142	840	27 867	1740	56 581
-940	77 722	-40	17 06 447	860	35 172	1760	63 886
-920	85 027	-20	13 752	880	42 477	1780	71 191
-900	13 92 332	0	17 21 057	900	20 49 782	1800	23 78 495
-880	99 637	20	28 362	920	57 087	1820	85 800
-860	14 06 942	40	35 667	940	64 392	1840	93 105
-840	14 247	60	42 972	960	71 697	1860	24 00 410
-820	21 552	80	50 277	980	79 002	1880	07 715
-800	14 28 857	100	17 57 582	1000	20 86 307	1900	24 15 019
-780	36 162	120	64 887	1020	93 612	1920	22 324
-760	43 467	140	72 192	1040	21 00 917	1940	29 629
-740	50 772	160	79 497	1060	08 222	1960	36 934
-720	58 077	180	86 802	1080	15 527	1980	44 239
-700	14 65 382	200	17 94 107	1100	21 22 832	2000	24 51 544
-680	72 687	220	18 01 412	1120	30 137	2020	58 849
-660	79 992	240	08 717	1140	37 442	2040	66 154
-640	87 297	260	16 022	1160	44 747	2060	73 459
-620	94 602	280	23 327	1180	52 052	2080	80 764
-600	15 01 907	300	18 30 632	1200	21 59 357	2100	24 88 068
-580	09 212	320	37 937	1220	66 662	2120	95 373
-560	16 517	340	45 242	1240	73 967	2140	25 02 678
-540	23 822	360	52 547	1260	81 272	2160	09 983
-520	31 127	380	59 852	1280	88 577	2180	17 288
-500	15 38 432	400	18 67 157	1300	21 95 882	2200	25 24 592
-480	45 737	420	74 462	1320	22 03 187	2220	31 897
-460	53 042	440	81 767	1340	10 492	2240	39 202
-440	60 347	460	89 072	1360	17 797	2260	46 507
-420	67 652	480	96 377	1380	25 102	2280	53 812
-400	15 74 957	500	19 03 682	1400	22 32 407	2300	25 61 116
-380	82 262	520	10 987	1420	39 712	2320	68 421
-360	89 567	540	18 292	1440	47 017	2340	75 726
-340	96 872	560	25 597	1460	54 322	2360	83 031
-320	16 04 177	580	32 902	1480	61 627	2380	90 336
-300	16 11 482	600	19 40 207	1500	22 68 932	2400	25 97 641
-280	18 787	620	47 512	1520	76 237		
-260	26 092	640	54 817	1540	83 542		
-240	33 397	660	62 122	1560	90 847		
-220	40 702	680	69 427	1580	98 152		
-200	16 48 007	700	19 76 732	1600	23 05 447		
-180	55 312	720	84 037	1620	12 752		
-160	62 617	740	91 342	1640	20 057		
-140	69 922	760	98 647	1660	27 362		
-120	77 227	780	20 05 952	1680	34 667		

Vor dem Jahre 1600 gilt Julianischer Kalender
Jahr = $365^d.25$

1600 bis 2400 gilt Gregorianischer Kalender
Jahr = $365^d.2425$

Tab. 4

Anzahl der am O. jedes Monats in den 20 Jahren nach jedem der in nachfolgender Übersicht gegebenen Julianischen Daten verflossenen Tage

Jahr	Jan. 0	Feb. 0	März 0	Apr. 0	Mai 0	Juni 0	Juli 0	Aug. 0	Sep. 0	Okt. 0	Nov. 0	Dez. 0
00[1]	1	32										
00	0	31	60	91	121	152	182	213	244	274	305	335
01	366	397	425	456	486	517	547	578	609	639	670	700
02	731	762	790	821	851	882	912	943	974	1004	1035	1065
03	1096	1127	1155	1186	1216	1247	1277	1308	1339	1369	1400	1430
04	1461	1492	1521	1552	1582	1613	1643	1674	1705	1735	1766	1796
05	1827	1858	1886	1917	1947	1978	2008	2039	2070	2100	2131	2161
06	2192	2223	2251	2282	2312	2343	2373	2404	2435	2465	2496	2526
07	2557	2588	2616	2647	2677	2708	2738	2769	2800	2830	2861	2891
08	2922	2953	2982	3013	3043	3074	3104	3135	3166	3196	3227	3257
09	3288	3319	3347	3378	3408	3439	3469	3500	3531	3561	3592	3622
10	3653	3684	3712	3743	3773	3804	3834	3865	3896	3926	3957	3987
11	4018	4049	4077	4108	4138	4169	4199	4230	4261	4291	4322	4352
12	4383	4414	4443	4474	4504	4535	4565	4596	4627	4657	4688	4718
13	4749	4780	4808	4839	4869	4900	4930	4961	4992	5022	5053	5083
14	5114	5145	5173	5204	5234	5265	5295	5326	5357	5387	5418	5448
15	5479	5510	5538	5569	5599	5630	5660	5691	5722	5752	5783	5813
16	5844	5875	5904	5935	5965	5996	6026	6057	6088	6118	6149	6179
17	6210	6241	6269	6300	6330	6361	6391	6422	6453	6483	6514	6544
18	6575	6606	6634	6665	6695	6726	6756	6787	6818	6848	6879	6909
19	6940	6971	6999	7030	7060	7091	7121	7152	7183	7213	7244	7274

[1]) Gilt für die Jahre 1700, 1800, 1900, 2100, 2200, 2300

Tab. 5

Literatur zu beiden Maya-Aufsätzen

Adams, Richard E.W.

1970 Suggested Classic Period Occupational Specialization. William R. Bullard (Ed.): Maya Archaeology. Papers of the Peabody Museum 61:489-498. Cambridge, Mass.

Ahnert, Paul

1971 Astronomisch-chronologische Tafeln. Leipzig.

Aulie, Evelyn W. de & Aulie, Wilbur H.

1978 Diccionario Chol-Español, Español-Chol. México.

Barrera Vásquez & Silvia Rendón

1948 El libro de los libros de Chilam Balam. México.

Barthel, Thomas Sylvester

1969 Intentos de lectura de los afijos de los jeroglíficos en los códices mayas. México.

1977 A Tübingen Key to Maya Glyphs. Tribus 26:97-102. Stuttgart.

Benavides, Antonio & Robles, Fernando

1975 Cobá: sus *sacbeob* y *Dzib Mul*. Boletín INAH 15:55-58. México.

Berlin, Heinrich

1977 Signos y Significados en las inscripciones mayas. Guatemala. [Überabeitete 2. Auflage 1986].

Biese, Leo P. & E. Iannuccillo

1979 The Reduction of Maya Long Count Dates and Calendar Round Positions to Their Gregorian Equivalents. American Antiquity 44:784-791. [Jetzt auch auf Diskette für Personalcomputer erhältlich, letzte Version 2.1 von 1988].

Bricker, Victoria Reifler

1986 A Grammar of Mayan Hieroglyphs. Middle American Research Institute, Tulane University, Publication 56. New Orleans.

Cheek, Charles D.

1977 Teotihuacan Influence at Kaminaljuyu. In: William Timothy Sanders & Joseph W. Michels (Eds.): Teotihuacan and Kaminaljuyu. University Park.

Christaller, Walter

1933 Die zentralen Orte in Süddeutschland. Jena.

Codex Dresden

1975 Codex Dresdensis. (Leipzig 1892). Codices Selecti 54, Graz. [Studienausgabe Graz 1989].

Codex Grolier

s. Coe 1973 & Lee 1985

Codex Madrid

1967 Codex Tro-Cortesianus. Codices Selecti 8, Graz.

Codex Paris

1968 Codex Peresianus. Codices Selecti 9. Graz.

Coe, Michael D.

1960 Archaeological Linkages with North America and South America at La Victoria, Guatemala. American Anthropologist 62:362-393.

1961 La Victoria: An Early Site on the Pacific Coast of Guatemala. Papers of the Peabody Museum of Archaeology and Ethnology 53. Cambridge, Mass.

1973 The Maya Scribe and His World. New York.

1975 Classic Maya Pottery at Dumbarton Oaks. Washington, D.C.

1976 Early Steps in the Evolution of Maya Writing. Henry Bigger Nicholson (Ed.): Origins of Religious Art and Iconography in Preclassic Mesoamerica, pp. 101-122. Los Angeles.

1978 Lords of the Underworld. Princeton.

1982 Old Gods and Young Heroes. Jerusalem.

Coe, Michael D. & Kent V. Flannery

1967 Early Cultures and Human Ecology in South Coastal Guatemala. Smithsonian Contributions to Anthropology 3. Washington, D.C.

Coe, William R.
1967 Tikal. A Handbook of the Ancient Maya Ruins. Philadelphia. (Spanisch: Guatemala).
Corpus of Maya Hieroglyphic Inscriptions
1975ff. Cambridge, Mass.
Culbert, T. Patrick
1973 The Classic Maya Collapse. Albuquerque.
1974 The Lost Civilization: The Story of the Classic Maya. New York.
Demarest, Arthur, Roy Scritsur & Rainer Berger
1982 The Dating and Cultural Associations of the "Potbellied" Sculptural Style: New Evidence From Western El Salvador. American Antiquity 47:557-571.
Diccionario Maya Cordemex
1980 Maya-Español, Español-Maya. México.
Dittrich, Arnost
1939 Die Elemente des Mayakalenders mit chronologischen und astronomischen Tafeln. Acta Facultatis Rerum Naturalium Universitatis Carolinae 168. Praha.
Ghandhi, Sorab K.
1984 Maya-7: A Diagnostic Program for the Calendar Round. American Antiquity 49:806-808.
Gordon, George Byron & J. Alden T. Mason
1925-43 Examples of Maya Pottery in the Museum and Other Collections. 2 Teile. Philadelphia.
Graham, John A.
1971 Non-Classic Inscriptions and Sculptures at Seibal. Contributions of the University of California Archaeological Research Facility 13:143-154. Berkeley.
1973 Aspects of Non-Classic Presences in the Inscriptions and Sculptural art of Seibal. Culbert, Patrick T. (Ed.): The Classic Maya Collapse, pp. 207-220. Albuquerque.
1977 Discoveries at Abaj Takalik, Guatemala. Archaeology 30:169-197.
1981 Abaj Takalik: The Olmec Style and its Antecedents in Pacific Guatemala. Graham (Ed.) 1981:163-176.
Graham, John A. (Ed.)
1981[2] Ancient Mesoamerica. Palo Alto.
Graham, John A., Robert F. Heizer & Edwin M. Shook
1978 Abaj Takalik 1976: Exploratory Investigations. Contributions of the University of California. Archaeological Research Facility 36:85-109. Berkeley.
Hammond, Norman et al.
1981 The Earliest Lowland Maya: Definition of the Swasey Phase. Graham (Ed.) 1981:141-162.
Haviland, William
1968 Ancient Lowland Maya Social Organization. Middle American Research Institute, Publication 26:93-117. New Orleans.
Helfrich, Klaus
1972 Kurzgrammatik des Chol. Baessler Archiv, N.F. 20:109-137. Berlin.
Hellmuth, Nicholas M.
1975 The Escuintla Hoards; Teotihuacan Art in Guatemala. Guatemala.
Hosler, Dorothy, Jermy Sabloff and Dale Runge
1977 Simulation Model Development: A Case Study of the Classic Maya Collapse. Norman Hammond (Ed.): Social Process in Maya Prehistory, pp. 553-576. Austin.
Ichon, Alain & René Viel
1984 La période formative a La Lagunita, et dans le Quiché meridionel, Guatemala. Guatemala.
Justeson, John S. & Lyle Campbell (Eds.)
1984 Phoneticism in Mayan Hieroglyphic Writing. Albany: Institute for Mesoamerican Studies.
Justeson, John S., William M. Norman, Lyle Campbell & Terrence Scott Kaufman
1985 The Foreign Impact on Lowland Mayan Language and Script. New Orleans.

Kaufman, Terrence Scott
1974 Idiomas de Mesoamérica. Guatemala.
Kaufman, Terrence Scott & Lyle Campbell
1976 A Linguistic Look at the Olmecs. American Antiquity 41:80-89.
Kaufman, Terrence Scott & William M. Norman
1984 An Outline of Proto-Cholan Phonology, Morphology and Vocabulary. John S. Justeson & Lyle Campbell (Hg.): Phoneticism in Mayan Hieroglyphic Writing, pp. 77-166. Albany: Institute for Mesoamerican Studies.
Kelley, David Humiston
1976 Deciphering the Maya Script. Austin.
Kidder, Alfred Vincent, Jesse D. Jennings & Edwin M. Shook
1946 Excavations at Kaminaljuyu, Guatemala. Carnegie Institution of Washington, Publication 561. Washington, D.C.
Kocher, Ludwig
1989 Maya Computation, Version 1. Hamburg. [Personalcomputer Programm, zu beziehen als Diskette über B. Riese].
Kubler, George
1961 Chichen-Itza and Tula. Estudios de Cultura Maya 1:47-80. México.
Kurbjuhn, Kornelia
1989 Maya. The Complete Catalogue of Glyph Readings. Kassel.
Krowne, Clifford. M., Rymond V. Sidrys & S. K. Cooperman
1979 A Lowland Maya Calendar Round - Long Count conversion Computer Program. American Antiquity 44:775-780.
Landa, Diego de
1984 Relación de las Cosas de Yucatán. Madrid: historia 16. (auch: México 1959).
Lee Jr., Thomas A.
1974 The Middle Grijalva Regional Chronology and Ceramic Relationships: A Preliminary Report. Hammond, Norman (Ed.): Mesoamerican Archaeology, New Approaches, pp. 1-20. Austin.
1985 Los Codices Mayas. Tuxtla Gutiérrez.
Lounsbury, Floyd G.
1978 Maya Numeration, Computation and Calendrical Astronomy. C. C. Gillispie (Ed.): Dictionary of Scientific Biography 15, Supplement 1:759-818. New York.
1983 The Base of the Venus Table of the Dresden Codex, and its Significance for the Calendar-Correlation Problem. Anthony F. Aveni & Gordon Brotherston (Eds.): Calendars in Mesoamerica and Peru, pp. 1-26. Oxford.
Lundell, Cyrus Longworth
1938 Plants Probably Utilized by the Old Empire Maya of Peten and Adjacent Lowlands. Michigan Academy of Science, Arts and Letters, Papers 24:37-56.
Maler, Teobert
1901/1911 [Researches and Explorations]. Memoirs of the Peabody Museum of Archaeology and Ethnology, Harvard University, Bde. II, Teile 1, 2; IV, Teile 1, 2, 3; V, Teil 1. Cambridge, Mass.
Mathews, Peter & Schele, Linda
1974 Lords of Palenque. The Glyphic Evidence. Greene Robertson, Merle (Ed.): Primera Mesa Redonda de Palenque, Part 1:63-76. Pebble Beach.
Maudslay, Alfred Percival
1889/1902 Archaeology. 5 Bde. Text u. 5 Bde. Tafeln. London.
Mayer, Karl Herbert
1978-1989 Maya Sculpture of Unknown Provenance. Bd. 1: Europe, Bd. 2: USA, Bd. 3: Latin America, Bände 4 und 5: Supplement I u. II. Ramona und Berlin.
Morley, Sylvanus Griswold
1915 An Introduction to the Study of the Maya Hieroglyphs. Smithsonian Institution, Bureau of American Ethnology, Bulletin 57. Washington, D.C.
1937-38 The Inscriptions of Petén. 5 Bde. Washington, D.C.

Morley, Sylvanus Griswold & Alfredo Barrera Vásquez

1949 The Maya Chronicles. Contributions to American Anthropology and History, 48. Washington, D.C.: Carnegie Institution.

Oppolzer, Theodor

1887 Canon der Finsternisse. Denkschriften der kaiserlichen Akademie der Wissenschaften, mathematisch-naturwissenschaftliche Classe, 52. Wien.

Parsons, Lee Allen

1969 Bilbao, Guatemala. An Archaeological Study of the Pacific Coast Cotzumalhuapa Region. 2 Bde. Publications in Anthropology 12. Milwaukee.

Pazstory, Esther (Ed.)

1978 Middle Classic Mesoamerica: A.D. 400-700. New York.

Paulsen, Allison C.

1977 Patterns of Maritime Trade Between South Coastal Ecuador and Western Mesoamerica. 1500 B.C. — A.D. 600. Benson, Elizabeth Pickering (Ed.): The Sea in the Pre-Columbian World, pp. 141-165. Washington, D.C.

Pollock, Harry Evelyn Dorr, Ralph Loveland Roys, Tatiana A. Proskouriakoff & A. Ledyard Smith

1962 Mayapan, Yucatan, Mexico. Carnegie Institution of Washington, Publication 619. Washington, D.C.

Pring, Duncan C.

1979 The Swasey Complex of Northern Belize: A Definition and Discussion. Contributions of the University of California Archaeological Research Facility, 41:215-230. Berkeley.

Proskouriakoff, Tatiana A.

1946 An Album of Maya Architecture. Washington, D.C.: Carnegie Institution. (Nachdruck: Norman).

Rätsch, Christian (Hg.)

1986 Chactun. Die Götter der Maya. Köln.

Recinos, Adrián

1957 Crónicas Indígenas de Guatemala. Guatemala.

Riese, Berthold

1972 Geschichte der Maya. Urban Taschenbücher 148. Stuttgart.

1986 Die Maya. Hanns J. Prem und Ursula Dyckerhoff (Hg.): Das Alte Mexiko, pp. 155-190. München.

1987 Epigraphy of the South-Eastern Zone in Relation to Other Parts of the Maya Realm. Washington, D.C.: Dumbarton Oaks.

1988 Epigraphy of the Southeastern Zone in Relation to other Parts of Mesoamerica. Elizabeth H. Boone and Gordon R. Willey (Eds.): The Southeast Classic Maya Zone, pp. 67-94. Washington, D.C.

Robicsek, Francis & Donald Hales

1981 The Maya Book of the Dead. The Ceramic Codex. Norman.

Rössler, Eberhard

1984 Umrechnung von Angaben des Maya-Kalenders mit Hilfe eines programmierbaren Taschenrechners. Indiana 9:249-253. Berlin.

Roys, Ralph Loveland (Ed.)

1933 The Book of Chilam Balam of Chumayel. Carnegie Institution of Washington, Publication 438, Washington, D.C. Norman 1967[2].

1957 The Political Geography of the Yucatan Maya. Carnegie Institution of Washington, Publication 613. Washington, D.C.

Sabloff, Jeremy A.

1975 A Model of a Pre-Columbian Trading Center. Sabloff, Jeremy A. & C.C. Lamberg-Karlovsky (Eds.): Ancient Civilisation and Trade, pp. 369-408. Albuquerque.

Sabloff, Jeremy A. & William L. Rathje

1975 The Rise of a Maya Merchant Class. Scientific American, vol. 233, no. 4:72-82. New York.

Scholes, France & Ralph Loveland Roys

1948 The Maya Chontal Indians of Acalan Tixchel. Washington, D.C.: Carnegie Institution (2. Auflage: Norman 1968).

Schultze Jena, Leonhard
1933 Indiana I. Leben, Glaube und Sprache der Quiché von Guatemala. Jena.
1944 Popol Vuh. Quellenwerke zur alten Geschichte Amerikas, aufgezeichnet in den Sprachen der Eingeborenen 2. Stuttgart.
Schumann, Otto G.
1973 La lengua Chol de Tila (Chiapas). México.
Sharer, Robert J.
1979 The Prehistory of Chalchuapa. 3 Bde. Philadelphia.
Sharer, Robert J. & David W. Sedat
1973 Monument 1, El Porton, Guatemala and the Development of Maya Calendrical and Writing Systems. Contributions of the University of California Archaeological Research Facility 18:177-194. Berkeley.
Sheets, Payson D.
1971 An Ancient Natural Disaster. Expedition 14:24-31. Philadelphia.
1983 Archaeology and Volcanism in Central America. The Zapotitlan Valley of El Salvador. Austin.
Shook, Edwin M. & Alfred Vincent Kidder
1952 Mound E-III-3, Kaminaljuyu, Guatemala. Contributions to American Anthropology and History 53. Washington, D.C.: Carnegie Institution.
Sidrys, Raymond, Clifford Korwne & Henry B. Nicholson
1975 A Lowland Maya Long Count Gregorian Conversion Computer Program. American Antiquity 40:337-344.
Smailus, Ortwin
1973 Das Maya-Chontal von Acalan. Hamburg. (Spanisch: México 1975).
Spinden, Herbert Joseph
1924 The Reduction of Mayan Dates. Papers of the Peabody Museum of American Archaeology and Ethnology VI/4. Cambridge, Mass.
Tedlock, Barbara
1982 Time and the Highland Maya. Albuquerque.
Tedlock, Dennis
1985 Popol Vuh. New York.
Thompson, John Eric Sidney
1950 Maya Hieroglyphic Writing. Washington, D.C.: Carnegie Institution. (Norman: Oklahoma 1960², 1971³).
1962 A Catalog of Maya Hieroglyphs. Norman.
1974 Maya Astronomy. Philosophical Transactions of the Royal Society of London A276:83-98.
Tozzer, Alfred Marston
1921 A Maya Grammar. Papers of the Peabody Museum of American Archaeology and Ethnology, Harvard University 9. Cambridge, Mass. (1974²).
Tuckermann, Bryant
1964 Planetary, Lunar, and Solar Positions: A.D. 2 to A.D. 1649 at Five-day and Ten-day intervals. Philadelphia: American Philosophical Society.
Ulrich, Matthew & Rosemary de Ulrich
1976 Diccionario bilinge: maya mopán y español, español y maya mopán. Guatemala.
Villacorta, Juan Antonio & Carlos Antonio
1930 Codices Mayas. Guatemala. (1977²).
Villa Rojas, Alfonso
1934 The Yaxuna-Coba Causeway. Contributions to American Anthropology and History 9. Washington, D.C.: Carnegie Institution.
Vogt, Evon Z.
1964 The Genetic Model and Maya Cultural Development. Evon Z. Vogt y Alberto Ruz L. (eds.): Desarrollo cultural de loy mayas, pp. 9-48. México.
Warkentin, Viola & Ruby Scott
1980 Gramatica Ch'ol. México.

Wauchope, Robert
1938 Modern Maya Houses; A Study of Their Archaeological Significance. Carnegie Institution of Washington, Publication 502. Washington, D.C.

Wilhelmy, Herbert
1981 Welt und Umwelt der Maya. München.

Wilken, Gene C.
1971 Food-Producing Systems Available to the Ancient Maya. American Antiquity 36:432-448.

Willey, Gordon R.
1974 The Classic Maya Hiatus: A 'Rehearsal' for the Collapse? Hammond, Norman (Ed.): Mesoamerican Archaeology, New Approaches, pp. 417-430. Austin.

Willey, Gordon Randolph & Peter Mathews. (Eds.)
1985 A Consideration of The Early Classic Period in the Maya Lowlands. Institute for Mesoamerican Studies, State University of New York at Albany, Publication No. 10. Albany.

Wittfogel, Karl A.
1957 Oriental Despotism; A Comparative Study of Total Power. New Haven. (Deutsch: Köln).

Woodbury, Richard B.
1953 The Ruins of Zaculeu, Guatemala. 2 Bde. New York.

Zimmermann, Günter
1935 Einige Erleichterungen beim Berechnen von Maya-Daten. Anthropos 30:707-715. St. Gabriel-Mödling.
1956 Die Hieroglyphen der Maya-Handschriften. Hamburg.

II. Ethnohistorie

a. Quellen und Methoden ihrer Auswertung

1. Bilderhandschriften

Ulrich Köhler und Viola König

Übersicht

Die Bilderhandschriften nehmen unter den Quellen eine herausragende Rolle ein, da sie – soweit präkolumbischen Ursprungs – zu einer Vielzahl von Themen nicht nur reiche, sondern auch unbestritten authentische Informationen vermitteln. Dieser Vorteil der Unverfälschtheit der Aussagen findet allerdings dort seine Grenzen, wo die Bilder nicht mehr eindeutig aus sich selbst heraus sprechen und es außerdem keine überzeugend erschlossenen Parallelquellen gibt. Dann besteht die Gefahr, daß sich subjektive Interpretationen breit machen, da eben Zusatzinformationen fehlen, die aufkommende Spekulationen energisch in die Schranken weisen könnten.

Ausgangsmaterial für die Herstellung von Büchern oder Einzelblättern waren Hirschleder, aus Baumbast gewonnenes Papier oder Gewebe aus Baumwolle oder Agavenfasern. Diese Flächen wurden meist mit einer dünnen Stuckschicht versehen, die als Grundlage für die Bemalung diente. Genauere Hinweise auf die Herstellungsverfahren liefern Schwede (1912), von Hagen (1944) sowie die kodikologischen Beschreibungen der Grazer Faksimile-Editionen.

Hier sollen nur die Bilderhandschriften und nah verwandte Quellen genauer behandelt werden, es sei aber darauf verwiesen, daß sich ähnliche Darstellungen auch auf Wandgemälden, Felsbildern, Keramiken oder in Holz oder Stein geschnitzt finden. Der Beitrag kann nur einen kleinen Einblick in die mesoamerikanische Buchmalerei zur Zeit der Conquista und während der frühen Kolonialzeit vermitteln. Weitere Informationen zur Bilderschrift enthalten die beiden Kapitel über Kalender und Schrift (→ 1-Ic4; 1-IIc2). Grundlegende Literatur sind Glass (1975), Glass and Robertson (1975), Nowotny (1961) und Robertson (1959).

Für die Zeit nach der Eroberung lassen sich zwei Grundtypen von Bilderhandschriften unterscheiden: einerseits Dokumente, die Indianer aus eigenem Interesse erstellten, andererseits solche, die von Spaniern angefertigt wurden oder zumindest von ihnen in Auftrag gegeben worden waren. Vor allem im Rahmen der Mission dienten letztere dazu, die Patres über indianische Bräuche zu informieren, um diese besser bekämpfen zu können. Als Material wurde nun zunehmend auch europäisches Papier verwendet, und es finden sich zumeist Erläuterungen in lateinischer Schrift, sei es in indianischer oder spanischer Sprache. Diese Kommentare sind manchmal sehr nützlich – nicht zuletzt im Hinblick auf die Deutung präkolumbischer Handschriften – oft aber auch unsinnigen Inhalts. Das Material muß deshalb jeweils umsichtiger Quellenkritik unterzogen werden (→ 1-IIa3).

Die erhaltenen Codices behandeln ein weites Feld von Themata, decken aber mit Sicherheit nicht den Gesamtbereich ab, zu dem Bilderhandschriften in voreuropäischer Zeit erstellt worden sind. Ein besonders wichtiger Themenkomplex ist der Wahrsagekalender (→ 1-Ic4; 1-IIc2) mit seinen vielfältigen Gliederungen und Anwendungsmöglichkeiten, ein weiterer die detaillierten Anleitungen zu Festen und anderen Ritualen im öffentlichen und privaten Bereich. Von keinesfalls geringerer Bedeutung sind ferner Chroniken von mythologischen Anfängen bis zu immer genauer faßbaren historischen Ereignissen, Genealogien von Herrscherhäusern, Grundbesitzpläne oder Dokumente der Buchhaltung, darunter vor allem Tributlisten.

Manche Handschriften sind thematisch spezialisiert, andere haben eine weite Palette der genannten Inhalte und darüber hinaus auch noch verschiedene ethnographische Angaben. Nicht mehr aus überkommenen Belegstücken dokumentierbar ist ein weiterer Verwendungszweck der Buchmalerei, über den der Eroberer Bernal Díaz berichtet: die aktuelle Nachrichtenübermittlung und Kriegsberichterstattung (1968,I:127f.).

In der nachstehenden Abhandlung sind die Handschriften grob in die drei Kategorien rituell-kalendarisch, historisch und wirtschaftlich gegliedert. Von den 434 Exemplaren im kommentierten Katalog von Glass und Robertson (1975) können nur vierzehn als gesichert präkolumbisch gelten, sie sind aber in der Mehrzahl besonders umfang- und informationsreich. Der bedeutende Quellenwert der übrigen wird dadurch unterstrichen, daß es sich auch bei ihnen größtenteils um indianische Dokumente handelt. Erfreulicherweise sind die vorspanischen sowie mehrere der wichtigeren postkolumbischen Codices als Faksimiles der Forschung zugänglich.

Rituell-kalendarische Handschriften

Bei dieser Gruppe von Dokumenten sind Datierung und Lokalisierung besonders schwierig, da sie – im Gegensatz zu denjenigen historischen Inhalts – keine Ortshieroglyphen und zumeist auch keine Jahresangaben enthalten. Kriterien zur geographischen Zuordnung sind vor allem stilistische Parallelen zu Abbildungen auf Keramik, Wandmalerei oder sicher lokalisierten Bilderhandschriften. Als ergänzende Anhaltspunkte dienen aber auch die Form abgebildeter Geräte und Gebäude oder die Präsenz bzw. Absenz bestimmter Götter, die nur in einem engeren geographischen Bereich verehrt wurden.

Aus dem Maya-Gebiet sind drei sicher als präkolumbisch identifizierte Handschriften erhalten, die entsprechend ihrem gegenwärtigen Aufbewahrungsort als Codex Dresdensis, Codex Paris (C. Peresianus) und Codex Madrid (C. Tro-Cortesianus) bekannt sind. Sie enthalten reiche Information über die verschiedenen Arten von Kalendern, astronomische Beobachtungen und Berechnungen, die Götterwelt und ein heterogenes Ritualwesen. Damit sind sie eine äußerst wichtige ethnographische Quelle für die Zeit vor der Kontaktnahme, und sie haben sich außerdem als nützliche Interpretationshilfe bei der Deutung von Zeugnissen der klassischen Maya-Kultur erwiesen. Die genaue Herkunft sowie auch das Alter der drei Handschriften sind umstritten. Codex Dresdensis reicht möglicherweise ins 12. Jahrhundert zurück und enthält außerdem Informationen aus noch früherer Zeit, Codex Madrid ist wohl erst im 15. Jahrhundert entstanden, und Codex Paris liegt wahrscheinlich zeitlich zwischen ihnen (vgl. Thompson 1950:23ff.). Die frühe Datierung von Codex Dresdensis basiert allein auf chronologischen Angaben in ihm; das erhaltene Exemplar könnte deshalb auch eine Kopie aus dem 16. Jahrhundert sein.

Codex Dresdensis hat in besonderem Maße das Interesse der Forscher gefunden. Er enthält den Wahrsagekalender in vielfältigen Kontexten, astronomische Berechnungen, insbesondere zum Umlauf der Venus sowie Sonnen- und Mondfinsternissen, außerdem Darstellungen von verschiedenen Ritualen und Zeremonien (Förstemann 1901, Thompson 1972). Zu den Tafeln über die Phasen des Venusumlaufes gibt es bildliche Parallelen in den zentralmexikanischen Codices Cospi und Vaticanus B. Durch die genauen Berechnungen in der Maya-Handschrift konnten diese Bilderfolgen erst sicher gedeutet werden. Codex Paris ist der kürzeste und in schlechtem Erhaltungszustand. Sein noch wenig verstandener Inhalt umfaßt u.a. Abfolgen von katun (→ 1-Ic4) mit den jeweils über sie präsidierenden Gottheiten, Zeremonien sowie divinatorische Almanache (Förstemann 1903, Gates 1910). Codex Madrid ist künstlerisch unbeholfener und enthält im kalendarischen Bereich häufig Fehler, er liefert jedoch besonders reiche ethnographische Information. Das betrifft vor allem die Wahrsagerei und die Anleitung zu Ritualen, die sich auf eine Vielzahl von Bereichen des täglichen Lebens beziehen, wie Landwirtschaft, Jagd, Bienenzucht, Weberei oder Krankenbehandlung (Förstemann 1902, Thompson 1950:25f.). Zu Beginn der siebziger Jahre tauchte mit dem "Grolier-Codex" eine weitere Maya-Handschrift auf (Coe 1972), die einen Venus-Zyklus enthält; ihre Echtheit ist aber noch umstritten.

Unter den rituell-kalendarischen Bilderhandschriften Zentralmexikos ist die sog. Borgia-Gruppe die bedeutendste. Es handelt sich dabei um fünf präkolumbische Codices, die inhaltlich teils ähnliche Folgen zeigen, stilistisch aber voneinander abweichen. Codex Borgia, das Prunkstück unter ihnen, stammt von der Hochebene von Puebla oder angrenzenden Gebieten, Codices Cospi und Vaticanus B kommen aus dem Bereich der Mixteca, während für Codices Laud und Fejérváry-Mayer noch keine wirklich überzeugende Lokalisierung vorgeschlagen worden ist. Der thematische Schwerpunkt liegt bei ihnen auf dem Wahrsagekalender in vielfältigen Anordnungen und praktischen Anwendungsbereichen sowie Anleitungen zu Ritualen. Wo eine Beziehung zum Kalender gegeben ist, zeigt dieser wie ein durchlaufender roter Faden leicht erkennbar die Reihenfolge der Bilder an. Aufgrund des umfangreichen Vergleichsmaterials aus prä- und postkolumbischer Zeit ist hier auch meist die Bedeutung der Szenen nachvollziehbar. Schwieriger wird das im Falle der großen Tempelrituale des Codex Borgia, denen anscheinend sehr komplexe Ideen priesterlicher Spekulation zugrunde lagen, die jedoch nicht überliefert sind.

Die Handschriften der Borgia-Gruppe vermitteln vielfältige Informationen über die Götterwelt, die horizontale und vertikale Anordnung der kosmischen Regionen, die spezifischen Symbole der vier Weltgegenden oder Einzelheiten von Ritualen. Die wissenschaftliche Interpretation fußt auf den Kommentaren, die Seler zu Beginn dieses Jahrhunderts erstellte (1900 bis 1904-09). Im kalendarischen Bereich haben seine Deutungen größtenteils Bestand, bei den Ritualen waren seine Erklärungen aber oft spekulativ. Den gesicherten Wissensstand hat Nowotny (1961) übersichtlich zusammengestellt; sein thematisch gegliederter Katalog berücksichtigt auch andere Handschriften ähnlichen Inhalts. Über die komplexe Ikonographie der Göttergestalten der Borgia-Gruppe informiert eine Untersuchung von Spranz (1964).

Für das Hochbecken von Mexiko bietet der Codex Borbonicus, eine gute frühkoloniale Kopie, reiche Information. Genau wie das inhaltlich verwandte Tonalamatl Aubin enthält er eine sehr differenzierte Darstellung des in zwanzig dreizehntägige Wochen gegliederten Wahrsagekalenders, bei dem den einzelnen Tagen auch die Götter der 9-er und 13-er Serie sowie 13 Vögel als Patrone zugeordnet sind. Codex Borbonicus ist die einzige Quelle, die die Positionen der Götter der 9-er Serie über einen ganzen Zyklus von 52 Jahren aufzeigt, und er enthält auch die ausführlichste bildliche Darstellung der Jahresfeste.

Zur Deutung der Bilderhandschriften rituell-kalendarischen Inhaltes haben nicht zuletzt einige mit Erklärungen versehene Codices der frühen Kolonialzeit beigetragen, wie die miteinander verwandten Codices Vaticanus A und Telleriano-Remensis oder die Handschriften der Magliabechi-Gruppe. Die rezente Untersuchung von B. Riese (1986) über die letztgenannten Codices zeigt exemplarisch die Anwendung der Dokumentenanalyse auf den Bereich der Bilderhandschriften.

Historische Handschriften

Unter den vorspanischen Codices historischen Inhalts zeichnen sich die mixtekischen Faltbücher durch einen typischen, auch künstlerisch beeindruckenden Stil aus, außerdem durch eine Fülle von Details und zum Teil beträchtlichen Umfang. Im Falle des Codex Vindobonensis sind es sogar 52 beidseitig bemalte Blätter. Weitere wichtige mixtekische Bilderhandschriften sind die Codices Colombino, Nuttall, Selden, Bodley, Egerton, Becker I und II.

Besonders während der letzten Jahre konnten bei der Entzifferung ihrer Inhalte erhebliche Fortschritte erzielt werden. Begünstigt wurden die Untersuchungen durch zwei Faktoren:

- Die genannten Codices stammen sämtlich aus benachbarten Regionen Oaxacas (Mixtecas Alta, Baja und de la Costa). Infolgedessen stimmen sie teilweise inhaltlich überein; d.h. bestimmte Orte, Personen und Handlungen können in verschiedenen Codices identifiziert werden.
- In einigen Fällen wurden nach der spanischen Eroberung Personen- und Ortszeichen mit Beischriften in europäischem Alphabet, aber in mixtekischer, seltener aztekischer oder spanischer Sprache

versehen. Einige abgebildete Orte sind durch solche Glossen namentlich bekannt.

Der entscheidende Durchbruch bei der Identifizierung und Einordnung der in den mixtekischen Codices abgebildeten Herrschergenealogien gelang dem mexikanischen Forscher Alfonso Caso (1949). Er stellte bei der Untersuchung eines kolonialzeitlichen Manuskriptes, der Mapa von Teozacoalco, fest, daß die in drei Säulen abgebildeten Fürstenpaare teilweise mit Personen identisch sind, die auch in den vorspanischen mixtekischen Codices vorkommen. Durch diese Entdekkung konnte Caso die dynastischen Beziehungen in den Codices weiter in die Vergangenheit zurückverfolgen und eine lange Reihe zusammenhängender mixtekischer Herrschergenealogien aufstellen. Bei den seinerzeit noch nicht identifizierten Ortszeichen war er dagegen auf eine umständliche Beschreibung ihrer piktographischen Attribute angewiesen. Posthum erschien das umfangreiche Werk "Reyes y Reinos de la Mixteca" von Alfonso Caso (1977-79), in dem die Ergebnisse seiner jahrelangen Untersuchungen über die mixtekischen Dynastien zusammengefaßt sind.

Der nächste Durchbruch gelang Mary Elizabeth Smith (1966), die mit Hilfe der Beischriften des Codex Colombino Ortszeichen heute noch existierender Orte in der Mixteca de la Costa identifizieren konnte. Einige Zeit später erschien ihr grundlegendes Werk über die Entzifferung und Lokalisierung mixtekischer Ortszeichen (Smith 1973). Eine Fortsetzung dieser Untersuchungen bildet die Arbeit von König (1979) über Codex Egerton. Zu den besonders intensiv bearbeiteten Codices gehört der bereits erwähnte Codex Vindobonensis, dessen historischem Teil einer über den mythischen Ursprung der mixtekischen Herrschergeschlechter vorangestellt ist. Detaillierte neuere Untersuchungen stammen von Furst (1978) und Jansen (1982). Jansen kommt zu aufschlußreichen Interpretationen nicht nur aufgrund von Quellenstudien, sondern vor allem durch ergänzende Feldforschungen in der Mixteca.

Während neuere Ergebnisse bei der Identifizierung von Personen- und Ortszeichen und dadurch mögliche Interpretationen der Codexinhalte kontinuierlich veröffentlicht werden, bereitet die Korrelation der mixtekischen Daten mit unserer Zeitrechnung nach wie vor Probleme. Zwar ist es möglich, eine exakte relative Chronologie aufzustellen, so daß die Lebensdaten einzelner Personen und die Abfolge der Dynastien genau zu bestimmen sind, die von Caso vorgeschlagene absolute Chronologie ist jedoch nach wie vor umstritten. Auch wenn amerikanische Wissenschaftler wie z.B. Rabin (1974) bereits seit vielen Jahren an einer Korrektur der Casoschen Korrelation des mixtekischen Kalenders arbeiten, bieten sich auf diesem Feld noch reichlich Forschungsmöglichkeiten.

Die historischen Handschriften aus dem Hochbecken von Mexiko sowie anderer Nahua wurden sämtlich erst nach der Eroberung angefertigt; in ihnen sind aber auch vorspanische Inhalte aufgezeichnet. Zu den wichtigsten gehören die Codices Boturini (Tira de la Peregrinación), Mendoza, Telleriano-Remensis, Vaticanus A (Rios) Aubin, Mexicanus, Anales de Tula und die Historia Tolteca Chichimeca. Die meisten enthalten kommentierende Texte in spanischer oder aztekischer Sprache, wodurch ihr Studium erheblich erleichtert ist. Diese Bilderhandschriften bestätigen und ergänzen die Berichte der spanischen und indianischen Chronisten über die Azteken in vorspanischer Zeit. In fast allen genannten Codices spielen die Wanderungen der Azteken und ihrer Vorläufer (z.B. Chichimeken) eine herausragende Rolle. Wiederholt werden Chicomoztoc und Aztlan als mythische Ausgangspunkte genannt. Der behandelte Zeitraum stimmt in den genannten Handschriften ebenfalls überein: beginnend im 12. Jahrhundert sind historische Ereignisse und Herrscher bis zur spanischen Eroberung, teilweise noch bis in die frühe Kolonialzeit, aufgezeichnet.

Für das Studium der historischen Handschriften aus Zentralmexiko empfehlen sich als Einstieg die in der einleitenden Übersicht genannten Arbeiten. Beispiele für neuere kommentierte Editionen sind diejenigen der Historia Tolteca Chichimeca (1976) durch Kirchhoff, Reyes García und Odena Güemes oder der Anales de Tula (1979) durch van Zantwijk. Unerläßlich als Begleit- und Vergleichslektüre sind die Berichte der spanischen Chronisten und frühen indianischen Autoren, die das nachfolgende Kapitel behandelt (→ 1-IIa2).

Zur Gruppe der bilderschriftlichen Dokumente gehören schließlich die Lienzos (spanisch: Leinwand, Tuch). Wie der Name sagt, handelt es sich dabei um – meist großformatige – Baumwolltücher, die nach der spanischen Eroberung in vielen indianischen Gemeinden angefertigt wurden. Die Eintragungen der Lienzos – Orte, Grenzen, Berge, Flüsse, Wege und Grenzorte – wurden in Form einer Landkarte angeordnet. Darüberhinaus enthalten diese "Karten" historische Szenen und ganze Stammbäume (vgl. Smith 1973). Lienzos und Pläne (auch die o. erwähnte "Mapa de Teozacoalco" gehört dazu), stammen in größerer Anzahl aus Oaxaca und Zentralmexiko, teils aber auch aus dem Maya-Gebiet. Ein Beispiel für die intensive Untersuchung eines solchen Dokuments aus Yukatan ist die Arbeit von F. Riese (1981).

Noch Anfang dieses Jahrhunderts wurden die Lienzos jeweils kurz vor ihrem Verfall neu kopiert, da die indianischen Autoritäten sie in den zahlreichen Landstreitigkeiten als Beweismaterial beibrachten. Ein Beispiel für die Darstellung einer kolonialzeitlichen Landstreitigkeit im Gebiet der Mixe-Indianer in Oaxaca ist die heute im Völkerkundemuseum in Hamburg befindliche Kopie der "Mapa antigua de Tiltepec Mixes" (vgl. König 1989). Heute werden die Lienzos vor den Augen Fremder geheimgehalten; denn viele sind im Laufe der Zeit auf illegale Weise verschwunden, wurden entweder gestohlen oder durch korrupte Gemeindemitglieder verkauft oder auch durch das Instituto Nacional de Antropología e Historia (INAH) auf Nimmerwiedersehen nach Mexiko-Stadt geschafft. Bereits im letzten Jahrhundert gelangte durch Eduard Seler ein besonders großformatiger und inhaltlich interessanter mixtekischer Lienzo ins Berliner Völkerkundemuseum: Der Lienzo Seler II befindet sich heute, jedermann zugänglich, im Schausaal der Altamerika-Abteilung (vgl. Parmenter 1982, König 1984).

Ökonomische Handschriften

Bernal Díaz berichtet über einen aztekischen Oberhofmeister, der über die Einnahmen seines Herrschers Bücher aus Papier führte, die ein ganzes Haus füllten (1968,I:273). Von diesen ist leider keines erhalten. Recht gute Informationen über das aztekische Tributwesen liefert aber ein längerer Abschnitt des im Auftrag des ersten Vizekönigs angefertigten Codex Mendoza sowie sein Vorläufer, die Matrícula de Tributos. Aus ihnen sind nicht nur die jeweiligen Abgaben der einzelnen Orte ersichtlich, sondern auch die betreffenden Mengen und außerdem in einigen Fällen die Zinstermine (Cooper Clark 1938, Nowotny 1969).

Aus postkolumbischer Zeit sind mehrere Tributlisten indianischer Gemeinwesen in der Form von Bilderhandschriften erhalten, wie etwa Códice de Otlazpan (Leander 1967), Codex Azcatitlan oder Teile der Matrícula de Huexotzinco (Prem 1974). Sie veranschaulichen, in welcher Weise eine indianische Tradition von der europäischen Kolonialmacht für ihre eigenen Interessen genutzt worden ist.

Literatur

Anales de Tula

1979 Museo Nacional de Antropología (Cod.35-9). Comentario de Rudolf A.M. van Zantwijk. Graz.

Caso, Alfonso

1949 El Mapa de Teozacualco. Cuadernos Americanos VIII, 5:145-181. México.

1960 Interpretación del Códice Bodley 2858. Sociedad Mexicana de Antropología. México.

1964 Interpretación del Códice Selden 3135. Sociedad Mexicana de Anthropología. México.

1966 Interpretación del Códice Colombino. Sociedad Mexicana de Antropología. México.

1977-79 Reyes y Reinos de la Mixteca (2 Bde.). México.

Codex Aubin

1981 Geschichte der Azteken. Der Codex Aubin und verwandte Dokumente. Aztekischer Text, übersetzt und erläutert von Walter Lehmann und Gerdt Kutscher, abgeschlossen und eingeleitet von Günter Vollmer. Quellenwerke zur Alten Geschichte Amerikas XIII. Berlin.

Codex Azcatitlan

1949 Journal de la Société des Américanistes. N.S. 38:101-135, pl. I-XXIX. Paris.

Codex Bodley

s. Caso 1960

Codex Borgia

1976 Codices Selecti 58. Graz.

Codex Borbonicus

1974 Codices Selecti 4. Graz.

Codex Boturini

s. Tira de la Peregrinación.

Codex Colombino

s. Caso 1966 und Codex Becker I (Kommentar Nowotny).

Codex Cospi

1968 Codices Selecti 18. Graz.

Codex Dresdensis

1975 Sächsische Landesbibliothek Dresden (Mscr. Dresd. R 310). Codices Selecti 54. Graz.

Codex Egerton 2895

1965 Faksimile mit einer Einführung von C.A. Burland. Graz.

Codex Fejérváry-Mayer

1971 Codices Selecti 26. Graz.

Codex Laud

1966 Codices Selecti 11. Graz.

Codex Magliabechiano

1970 Codices Selecti 23. Graz.

Codex Mendoza

1979 El códice Mendoza. Colección de Mendoza o Códice Mendocino. Faksimile fototípico. México. — Vgl. auch Cooper Clark 1938.

Codex Mexicanus

1952 Bibliothèque Nationale de Paris, Nos 23-24. Journal de la Société des Américanistes, N.S., Tome 41, Pl. I-XLI. Paris.

Codex Nuttall

1975 The Codex Nuttall, edited by Zelia Nuttall. Mit einer Einführung von Arthur G. Miller. New York.

Codex Peresianus

1968 Codices Selecti 9. Graz.

Codex Selden

s. Caso 1964

Codex Telleriano-Remensis
1899 Manuscrit mexicain du cabinet de Ch. M. Le Tellier, archevêque de Reims à la Bibliothèque Nationale (Ms. mexicain no. 385). Transcription et commentaire de E.T. Hamy. Paris.
Codex Tro-Cortesianus
1967 Codices Selecti 8. Graz.
Codex Vaticanus A
1979 Codex Vaticanus 3738 (Cod. Vat. A, Cod. Ríos) der Bibliotheca Apostolica Vaticana. Codices Selecti 65. Graz.
Codex Vaticanus B. (3773)
1972 Codices Selecti 36. Graz.
Codex Vindobonensis Mexicanus 1
1974 Codices Selecti 5. Graz.
Codices Becker I/II
1961 Faksimile mit Kommentar von K.A. Nowotny. Codices Selecti 4. Graz.
Coe, Michael D.
1972 The Maya Scribe and His World. New York.
Cooper Clark, J.
1938 The Mexican Manuscript Known as the Collection of Mendoza and Preserved in the Bodleian Library, Oxford. Vol. I-III. London.
Díaz del Castillo, Bernal
1968 Historia verdadera de la conquista de la Nueva España. Tomos I, II. Biblioteca Porrúa 6-7. México.
Förstemann, Ernst
1901 Commentar zur Mayahandschrift der königlichen öffentlichen Bibliothek zu Dresden. Dresden.
1902 Commentar zur Madrider Maya-Handschrift. (Codex Tro-Cortesianus). Danzig.
1903 Commentar zur Pariser Maya-Handschrift. Leipzig.
Furst, Jill
1978 Codex Vindobonensis Mexicanus I: A Commentary. Institute for Mesoamerican Studies, SUNY, Publ. 4. Albany.
Gates, William E.
1910 A Commentary upon the Maya-Tzental Perez Codex. Point Loma, Calif.
Glass, John B.
1975 A Survey of Native Middle American Pictorial Manuscripts. Handbook of Middle American Indians 14:3-80. Austin.
Glass, John B. and Donald Robertson
1975 A Census of Native Middle American Pictorial Manuscripts. Handbook of Middle American Indians 14:81-252. Austin.
Hagen, Victor W. von
1944 The Aztec and Maya Papermakers. New York.
Historia Tolteca-Chichimeca
1976 Edición de Paul Kirchhoff, Lina Odena Güemes y Luis Reyes García. México.
Jansen, Maarten E.R.G.N.
1982 Huisi Tacu. 2 Bde. CEDLA Incidentele Publicaties 24. Amsterdam.
König, Viola
1979 Inhaltliche Analyse und Interpretation von Codex Egerton. Beiträge zur mittelamerikanischen Völkerkunde 15. Hamburg.
1984 Der Lienzo Seler II und seine Stellung innerhalb der Coixtlahuaca-Gruppe. Baessler Archiv 32:229-320.
1989 Zwei Lienzos aus Oaxaca, Mexiko im Hamburgischen Museum für Völkerkunde (Teil 1). Mitteilungen aus dem Museum für Völkerkunde Hamburg. Neue Folge, Band 19. Hamburg.
Leander, Birgitta
1967 Códice de Otlazpan (accompanado de un facsímile del códice). Instituto Nacional de Antropología e Historia, Serie Investigaciones 13. México.

Matrícula de Tributos
1980 (Códice de Moctezuma). Codices Selecti 68. Graz.
Nowotny, Karl A.
1959 Die Hieroglyphen des Codex Mendoza. Der Bau einer mittelamerikanischen Wortschrift. Amerikanistische Miszellen (Termer-Festschrift). Mitteilungen aus dem Museum für Völkerkunde in Hamburg 25:97-113. Hamburg.
1961 Tlacuilolli. Die Mexikanischen Bilderhandschriften, Stil und Inhalt. Monumenta Americana 3. Berlin.
Parmenter, Ross
1982 Four Lienzos of the Coixtlahuaca Valley. Studies in Pre-Columbian Art & Archaeology 26. Washington, D.C.
Prem, Hanns J.
1974 Matrícula de Huexotzinco (Ms. mex. 387 der Biblithèque Nationale Paris). Graz.
Rabin, Emily
1974 Some Problems of Chronology in the Mixtec Historical Manuscripts, Part I. Internationaler Amerikanistenkongreß, Mexiko. Ms.
1981 Chronology of the Mixtec Historical Codices: An Overview. Annual Meeting of the American Society for Ethnohistory. Colorado Springs. Ms.
Riese, Berthold Chr.
1986 Ethnographische Dokumente aus Neuspanien im Umfeld der Codex Magliabeci-Gruppe. Acta Humboldtiana 10. Wiesbaden.
Riese, Frauke J.
1981 Indianische Landrechte in Yukatan um die Mitte des 16. Jahrhunderts. Dokumentenanalyse und Konstruktion von Wirklichkeitsmodellen am Fall des Landvertrages von Mani. Beiträge zur mittelamerikanischen Völkerkunde 16. Hamburg.
Robertson, Donald
1959 Mexican manuscript painting of the early colonial period: the metropolitan schools. New Haven.
Schwede, Rudolf
1912 Über das Papier der Maya-Codices und einiger altmexikanischer Bilderhandschriften. Dresden.
Seler, Eduard
1900 Das Tonalamatl der Aubinschen Sammlung. Berlin.
1901 Codex Fejérváry-Mayer. Eine altmexikanische Bilderhandschrift des Free Public Museums in Liverpool. Berlin.
1902 Codex Vaticanus No. 3773 (Codex Vaticanus B). Eine altmexikanische Bilderhandschrift der Vatikanischen Bibliothek. Berlin.
1904-09 Codex Borgia. Eine altmexikanische Bilderschrift derBibliothek der Congregatio de Propaganda Fide. Bd. I-III. Berlin.
Smith, Mary Elizabeth
1966 Las glosas del códice Colombino. — s. Caso 1966.
1973 Picture Writing from Ancient Southern Mexico. Mixtec Place Signs and Maps. Norman.
Spranz, Bodo
1964 Göttergestalten in den mexikanischen Bilderhandschriften der Borgia-Gruppe. Acta Humboldtiana 4. Wiesbaden.
Thompson, J. Eric S.
1950 Maya Hieroglyphic Writing. Carnegie Institution of Washington, Publication 589. Washington, D.C.
1972 A Commentary on the Dresden Codex. Philadelphia.
Tira de la Peregrinación Mexica
1944 Bibliografía, Descripción, Interpretación. México.
Tonalamatl Aubin
1981 El tonalamatl de Aubin. Tlaxcala, Codices y Manuscritos 1. México.

2. *Die wortschriftlichen Quellen zum Aztekenreich*

Peter Tschohl

Unsere Wortschrift ist von aztekischer Bilderschrift optisch grundverschieden, viele Quellen zum Aztekenreich aber enthalten beide. Die Wortschrift gehört zur spanischen Kontaktkultur, doch viele Textquellen wurden aus Bildquellen der aztekischen Original- oder Themakultur durch Lesung, Kommentierung oder ausführliche Erzählung übertragen. Und auch die erinnernden oder erläuternden Materialien sind lange Zeit und vielfältig vom Überlieferungshintergrund fixierter Quellen und geschulter Memorierung geprägt.

Die Kontaktkultur zerstörte die aztekische Kultur und ihre Quellen derart gewalttätig, daß wir überhaupt kein aztekisches Originalexemplar besitzen, und der erhaltene Bestand sehr stark in Richtung Textquellen verschoben ist.

Später kam dann sekundäre Bewahrung und Verwertung hinzu, wodurch die wenigen überkommenen Zeugnisse in vielerlei Dokumenten reproduziert und in die verschiedensten Werke verarbeitet wurden, was sie immer auch abwandelte und verzweigte, zerteilte, mischte oder zusammenfügte. Die Vorlagen aber gingen laufend verloren. Der erhaltene Bestand wurde immer indirekter und umgedeuteter.

Unsere Textquellen fassen wir also nur durch das Labyrinth übermittelter Dokumente und wir verstehen sie nur in ihrer komplexen Genese aus dem Fundus der Bildquellen.

Dazu kommt die Doppelnatur von Quellen als Exemplar und Inhalt, Dokument und Werk. Für eine angemessene Übersicht über unsere wortschriftlichen Quellen muß ich also die verschiedenen Schichten von den heutigen Dokumenten bis zu den ursprünglichen Abfassungen entfalten und durchlaufen. Die dabei verwendeten Einteilungen und Konzepte sind in meinem Artikel "Dokumentarische Ethnohistorik" (→ 1-IIa3) entwikelt.

SCHICHT I: Die erhaltenen Dokumente

Die aztekischen Dokumente sind, neben anderen mesoamerikanischen, recht vollständig in "A Checklist of Institutional Holdings" in Band 15:401-462 des "Handbook of Middle American Indians" (HMAI) erfaßt. Nach Europa und Amerika, Ländern, Städten und bewahrenden

Institutionen gegliedert, finden sich Angaben wie Inventarnummern, enthaltene Werke, Umfänge, teils auch Entstehung. Die wichtigen unter ihnen werden dann im Census der Werke näher behandelt.

SCHICHT II: Die erhaltenen Werke

Die einschlägigen Werke sind weitgehend in den diversen Censen der Bände 12, 13 und 15 des HMAI erfaßt (→ Vorbemerkung zur Bibliographie) und nach Verfassern, Manuskripten, Inhalt, Quellen, Editionen und Bearbeitungen charakterisiert.

SCHICHT III: Die Abfassungsgruppen der Werke

Ihrer Entstehung nach bilden die Werke Gruppen, hinter denen wichtige Merkmale faßbar werden. Davon gibt es noch keinen Census, deshalb führe ich diesen Überblick hier aus. Wichtig sind Mitglieder, Anlässe, Autoren, Aufbau und Inhalt, Materialherkunft, Zeugniswert, Beziehung zu den Bildquellen und Besonderheiten der Bearbeitung. Zeitlich geordnet unterscheide ich:

Abfassungsgruppe 1. Die Berichte der Konquistadoren (1520-68)

(1) Schlüsselquelle sind die vier erhaltenen Berichte des Cortés an den König aus den Jahren 1520-26 (W41). Augenzeugenschaft, Entscheidungskompetenz, synchrone Abfassung und Informationsdichte machen sie einmalig; Adresssat, Rechtfertigungsdruck und politische Zwecke geben ihnen ein extremes Profil.
(2) López de Gómaras Cortésbiographie "Historia de la Conquista de México" ergänzt Cortés stellenweise aus persönlichem Umgang mit ihm (W54). Vorspanisches ist vor allem aus Motolinía (→ 6.2) kopiert. Schon 1552 gedruckt, beeinflußte sie die gesamte kolonialzeitliche Literatur.
(3) Gegen sie verfaßte Bernal Díaz del Castillo seine "Historia Verdadera de la Conquista" im wesentlichen bis 1568 (W44) aus der Sicht der Truppe. Konkretheit und Erlebniswert sind hoch, manches ergänzt und korrigiert das Vorherige oder wirft noch ungelöste Widersprüche auf.

(4) Hinzu kommen einige kurze Berichte weiterer Teilnehmer unter Cortés und solche über eigene Eroberungszüge in alle Richtungen (W39-45, 100, 121, 135) sowie Hunderte von "Probanças de méritos y servicios" (W46-53) und die großen "Procesos de residencia" gegen die Haupttäter (z.B. Ramírez 1847).

Wir erfahren etwas aus vielen Sektoren des öffentlichen Lebens. Die Stärke liegt in der unmittelbaren Erfahrung, die Schwäche im mangelnden Verständnis für diese fremde Kulturwelt.

Abfassungsgruppe 2. Reliktquellen der ersten Verwaltungsphase (-1540)

Quellen der zwanziger und dreißiger Jahre über Gebietsordnungen (Gerhard 1972), Belehnungen, Cabildositzungen, Umsiedlungen, Tributabgaben und Verkehrswege beziehen sich vielfach auf vorspanische Zustände oder enthalten diese noch (Gibson 1964a). Die Aufschlüsse sind weit verstreut, doch reichhaltig, unmittelbar, zuverlässig, aber auch beeinflußt durch Praxisnähe. Radikale Verschiedenheit des europäischen Ansatzes und zunehmende Mischlösungen lassen die Aufschlüsse schnell implizit werden, z.B. im Census aus Morelos von 1540 (Hinz et. al. 1983). Die überregionale Ebene der Reichsorganisation schwindet zuerst.

Abfassungsgruppe 3. Spanische Enquêten und Übersichtswerke (1531-54)

Die neue Politik brauchte Kenntnisse des Indianischen. So gab man Übersichtswerke, Kopien indianischer Bilderhandschriften, Sammelwerke indianischer Überlieferungen und eigene Abhandlungen in Auftrag. Praktische Probleme mit der indianischen Andersartigkeit förderten ehrliche Bemühungen um Realitätsnähe, ließen Indianer und ihre Quellen sprechen, die zeitliche Nähe erlaubte noch authentische Aufschlüsse.

(1) Ramírez de Fuenleal war als Präsident der 2. Audiencia de México ein wichtiger Initiator (León-Portilla 1969). Eine in kleinem Bruchstück erhaltene erste Beschreibung Neuspaniens (Gerhard 1970) bietet Provinzdaten zum Aztekenreich. Die "Relación de las quatro provincias" (Faksimile in León-Portilla opp. 31) ist ein Pendimento vorspanischer Einteilungen und Grenzen. Seine eigenen Briefe liefern generalisierte Beschreibungen des Reiches von "Muntizuma".

(2) Juan Cano ließ, als Mann einer Tochter Moctezumas, von Franziskanern die Dynastie von Tenochtitlan darstellen. So entstand 1532 nach bildlichen und mündlichen Indianerquellen der "Origen de los Mexicanos" (C1061) und anschließend als variante Kopie die "Relacíon de la genealogía" (C1038) (Wagner 1971) mit Taten und Nachfolge Moctezumas I in unüblicher Version.

(3) Der erste Vizekönig Antonio de Mendoza (1535-50) sollte die "tributos que éstos dan a sus caciques" klären (RMEH 2, 1928:44, nr. 118). Es resultierte der Códice Mendoza (C196), eine dreiteilige Bilderhandschrift aus der Schule von Tenochtitlan. Im 1. Teil sind auch Textseiten vom spanischen Glossographen mit Biographien der jeweiligen Herrscher Tenochtitlans, sichtlich nach Auskünften jener Indianer, die ihm die Lesungen der Bildseiten lieferten (C1053). Mendoza übersandte ferner 1537 "La orden que los yndios tenian en su tiempo para hacere teuctles" und "La orden ... en suceder en las tierras y baldíos" (C1081-82).

(4) Typisch für Mendozas Amtszeit sind außerdem historische und ethnographische Dokumentationen, die – wo erkennbar – von spanischen Geistlichen zwischen 1535 und 1543 aus Übertragungen indianischer Bilderhandschriften zusammengestellt wurden: Geschichtsabrisse (C1049 und 1060) mit Reichsannalen aus Tenochtitlan, "Leyes que tenían ..." (C1046) mit Kapiteln über Kriegs- und Reichsrecht, eine Kurzbeschreibung einer bilderschriftlichen Tributmatrikel (C1039) etc.

(5) Ein königlicher Erlaß fragte 1553 für Reformen in 17 Punkten nach alter und neuer Tributpraxis. Sechs Antworten mit überwiegend vorspanischem Material nach indianischen Informanten sind bekannt (C1132-36, 1140). Drei sind regional ausgerichtet, C1136 gibt zur ersten Frage die kommentierte Lesung einer Tributmatrikel aus Tenochtitlan, wie sie bildlich u.a. im 2. Teil des Codex Mendoza (→ 3.3) erhalten ist. Briefe der Zeit ergänzen das Thema (Carrasco P. 1967a).

Abfassungsgruppe 4. Die ersten aztekischen Historien (1528-70)

Es gibt sie aus Teilen addiert wie die spanischen in 3(4) oder integriert. Ihr Zweck ist jetzt nur historiographisch. Sie basieren auf gelesenen oder erläuterten Bildvorlagen, auf Gesängen, alten Überlieferungen, freien Erzählungen. Ihre Themen sind reichsoffiziell oder lokal, ihre Formen sind Annalen, Genealogien, Herrscher- und Eroberungslisten, Gebietsübersichten oder integrierte Kompositionen. Ihre Fassungen reichen von kommentierter Bilderhandschrift bis zu reinem Text. Konzept und Umfang einer zentralmexikanischen Weltgeschichte seit den Zyklen der Weltentstehung macht manche von ihnen zu einem indianischen Ploetz. Es ragen heraus:

(1) Die "Anales de Tlatelolco" (C230 + 1075) von 1528-31 aus 5 Teilen, darin zwei Königs- und Eroberungslisten und die eigentlichen Annalen mit der Sicht Tlatelolcos, der von Tenochtitlan unterjochten Schwesterstadt.

(2) Die "Historia Tolteca-Chichimeca" (C359 + 1129) von ca. 1550 mit alten Bildquellen und jahresweisen Berichten aus der Warte Cuauhtinchans.

(3) Die "Leyenda de los Soles" (C1111) von 1558-61, eine aneinandergereihte Geschichte der Götter und Menschen bis hin zu den Mexica mit einer anderen Lesung der Königs- und Eroberungsliste von Tenochtitlan als in (1) (Tschohl 1989).

(4) Die "Anales de Cuauhtitlan" (C1033) von 1563-1570, in derselben Kopie (C1028) wie (3) erhalten. Aus vielen Bild-, Schrift- und Wortvorlagen des Ortes sowie Spezialmaterial aus Tetzcoco, Cuitlahuac, Chalco etc. wurde die Geschichte von Cuauhtitlan und Zentralmexiko zusammengetragen, in eine Jahresfolge geordnet und mit komplexen Exkursen durchsetzt. Ich habe Verwandtschaft mit vielen anderen Quellen gefunden, von denen manche sogar mehrfach in anderen Werken erhalten sind, z.B. eine 4. Lesung der Königs- und Eroberungsliste von Tenochtitlan von (1), (3) und 3(3):1. Teil (Tschohl 1964, Kap. 4) oder Dreibundsannalen wie in (2) (Tschohl o.J.-a).

Abfassungsgruppe 5. Nichtaztekische Annalen mit Angaben zum Reich

Auch manche Gegner hinterließen Annalen, in denen die Azteken vorkommen, so die Otomí in Bild und ihrer Sprache den "Códice de Huichapan" (C142 + 1042; Alvarado Guinchard 1976), oder die Hochlandmaya Quiché und Cakchiquel, die in je einem Geschichtswerk ihrer Sprache (C1176 und 1172) eine aztekische Gesandtschaft vom Hofe Moctezumas im Jahr 1510 melden (Tschohl 1963: 9.6.2.2.4).

Abfassungsgruppe 6. Die ersten spanischen Kulturbeschreibungen (1533-85)

Sie sind ethnographisch angelegt, schlecht erhalten, unvollständig ediert und noch wenig auf ihre indianischen Quellen zurückgeführt.

(1) Fray Andrés de Olmos verfaßte schon ab 1533 ein großes Werk (C1078-79), von dem wir aber nur das kennen, was Zorita (→ 6.3) und Mendieta (→ 12.1) wiedergeben.

(2) Fray Motolinía verfaßte ca. 1536-52 ein nur in 2 Versionen und indirekt erhaltenes missionsgeschichtliches Werk (C1069-71; O'Gorman 1971; 1982) mit europäischen Generalisierungen. Eingeschoben sind indianische Quellen, etwa über Cuauhquechollan (Barlow 1963), oder eine Tributmatrikel aus Tetzcoco wie in 4(4) nach einer Bildvorlage ähnlich Blatt 2 der Mapa Quinatzin (C263). Viele Briefe und seine Antwort zu 3(5) ergänzen sein Aztekenbild.

(3) Der Jurist Alonso de Zorita schrieb, nach einer späten Antwort zu 3(5), 1585 eine Historia (C1141), die durch ihre theoretische Genauigkeit und die Wiedergabe der Werke von Olmos und Motolinía (vgl. O'Gorman 1971, s.v.) wichtig, aber noch zu drei Vierteln unediert ist. Reyes (1980) weist Archivvorlagen nach.

Abfassungsgruppe 7. Bittbriefe indianischer Nobler und königliche Belehnungen

Nachkommen indianischer Herrscherhäuser beantragten Reparationen und koloniale Privilegien. Dazu dokumentierten sie Abstammung, Bodenbesitz, Herrschaft (Zimmermann 1970). Das Aztekenreich bildet die Bezugsgröße, z.B. in einer Variante der Matrícula de Tetzcoco im Memorial zu einem Brief aus Tlacopan (C1119), bei der Wiedergabe der Königs- und Eroberungsliste von 4(4) (Tschohl 1964, Kap. 4) und des Bodenbesitzes der Tenochcaherrscher im 3. Brief des Don Pablo Nazareo von Xaltocan (C1075) oder in der Probança des unabhängigen Kaziken von Chiapa. – Die königlichen Belehnungen zitieren passim solche dynastischen und mitiltärischen Angaben (Fernández de Recas 1961, z.B. 44-45). Erlassen im 16. Jahrhundert, wiedergegeben in Dokumenten des 17. und 18. Jahrhunderts, geben sie in Text und Inhalt Probleme auf.

Abfassungsgruppe 8. Dokumente des lokalen und regionalen Lebens

Die koloniale Bürokratie und die endlosen Prozesse produzierten Dokumente in Text und Bild, die vorspanische Ränge, Privilegien, Familienbande, Landbesitz, Abgaben, Herrschaft, Verwaltung, Ortszugehörigkeit, Grenzen, Kriege, Sprachen etc. behandeln oder erwähnen. Sie sind in Staats- und Ortsarchiven unterschiedlich und unausgeschöpft reich erhalten. Einen Eindruck für das Gebiet von Tepeaca ermöglichen Celestino etc. 1979; Martínez 1984; Olivera 1978 und der Catálogo de ilustraciones. In den so entstandenen aztekischen "Xochimilco-Papers" stieß Zimmermann auf die Nachkommen des Tlacaelel (→ 10.2), wie sie auch im Diario des Chimalpahin (→ 13.1) figurieren, was er in den Fußnoten seiner Edition des Diario (1965: 183-203) verschiedentlich hervorhebt.

Abfassungsgruppe 9. Ethnographische Quellen (1547 – Anfang des 17. Jhs.)

(1) Sammlungen von Texten aus dem aztekischen Eigengebrauch. Zwei Gruppen ragen heraus:

Die *Huehuetlatolli* – das sind Mahnreden der Alten, die in drei wichtigen Sammlungen von 1547 bis Anfang des 17. Jhs (C + + + 1041) überliefert sind. Sie sprechen sowohl die Aufgaben im Reich als auch die Auffassungen von ihm direkt an. Eine Sonderstellung nehmen die Discursos en Mexicano (C?) aus der Mitte des 16. Jhs. ein, in denen neben Reden zu verschiedenen höfischen Anlässen eine Frau über ihr vorspanisches und gegenwärtiges Leben am Hof von Tetzcoco spricht (Hinz 1987).

Die *Cantares* – das sind Gedichte und Gesänge, die ebenfalls in drei Hauptsammlungen vorliegen, alle aus der zweiten Hälfte des 16. Jhs. (C + + + 1019), ferner in Rezitationen und Erwähnungen der aztekischen Historien. Manche Cantares nennen den Dichter, auffällig oft ein Herrscher. Historische Themen nehmen einen großen Raum ein, und darin Personen, Eigenarten und Ereignisse des Aztekenreichs. Diese unmittelbaren Quellen bieten uns Zugang zu besonderen Details und zur Emotionalität des damaligen Lebens. Bierhorsts (1985) von seiner Auslegung betroffene Edierung und Übersetzung rückt Lockhart (o.J.) zurecht. Dem Ethnohistoriker des Aztekenreichs bieten sie nützliche Belege und Aufschlüsse (Tschohl 1964, z.B. Kap. 3).

(2) Sahagúns Enzyklopädie der aztekischen Sprache und Kultur (Zimmermann 1975)
Zuerst in Tepepulco ca. 1559-61 (C1098), dann viel umfangreicher in Tlatelolco 1561-65 (C1099) erhob Sahagún eine umfassende, sprachlich möglichst erschöpfende Beschreibung der aztekischen Kultur in Berichten alter Indianer, die er mit Hilfe angelernter junger Indianer niederschrieb und in ungeklärtem Ausmaß integrierte und redigierte. Diesem Amanuenses schreibt man auch die Hunderte von Illustrationen in vielerlei Stilen und Europäisierungsgraden zu (C271-74). Es folgten bis ca. 1585 zahlreiche Manuskript- und Werkstufen (C1097-1108), bis hin zur Endfassung von 12 Büchern, die nur wenige Informationen aus Tenochtitlan hinzufügt. Die Forschung hat sich vorwiegend mit dieser Werkstufe beschäftigt und sie nach der zweisprachigen, illustrierten Reinschrift des Códice Florentino benutzt (C274 + 1104). Abgesehen von den Bildern aber sind ethnohistorisch entscheidend die Ersttexte und -fassungen aus Tepepulco (C271 + 1098) mit den "noch ungehobenen Schätzen der Primeros Memoriales" (E. Hinz, mündlich) und diejenigen aus Tlatelolco (C272-3 + 1099-1100). Diese Quellen liefern über weite Strecken das Ausführlichste und Einheimischste, worüber wir verfügen, die Einflüsse der Erhebung und Christianisierung sind jedoch noch wenig geklärt. Der Inhalt ist vor allem kultursystemisch und sprachlich, Ereignisgeschichtliches und Diachronisches interessierte diesen frühen Philologen und Ethnographen wenig. Bislang schrieb man noch immer gern alles der ganzen Themakultur zu, obwohl manches nur aus der lokalen Sicht der Informanten gesprochen ist, wie z.B. im großen Bericht aus Tlatelolco über die Fernkaufleute von Tlatelolco (Tschohl o.J.-b).
(3) Die beiden Werke der Crónica X (→ 10.2) liefern innerhalb ihrer Ereignisgeschichte ein ausführliches Bild des Reichslebens mit einheimischer Terminologie. Die ethnographischen Szenen und Abläufe kehren stereotyp wieder und wirken anachronistisch. Dyckerhoff (1970) klärte für mehrere Sachgebiete die Vereinbarkeit und den Wissensgewinn gegenüber unseren anderen Quellen.
(4) Systematische Quellen, Lexika, vor allem das 1571 in Mexico gedruckte Vocabulario von Alonso de Molina enthalten eine Reihe von Eintragungen, die uns Sachverhalte, Konzepte und Bezeichnungen im Aztekenreich vermitteln. Mit ihnen können wir die Angaben der thematischen Quellen vielfach reinigen und aztekisieren. Über die dahinter stehenden Systeme, wie Schrift, Maße oder Quellenarten,

fehlen selbständige Abhandlungen, doch kurze Darstellungen und Einzelbelege kommen im ganzen kolonial beeinflußten Schrifttum vor.

Abfassungsgruppe 10. Spätere aztekische Geschichtswerke (1570 – Anfang des 17. Jhs.)

(1) Aus dieser Phase besitzen wir eine ganze Reihe standardisierter aztekischer Annalen mit oder ohne Bildresten. Ich nenne die verwandten Kompilationen um den Códice Aubin (Tschohl 1963:5.1.4; Lehmann etc. 1981) und in den Texten der Ixhuatepec-Gruppe (C + + + 168). Vernetzung und Hierarchie unserer Quellen wird hier besonders deutlich; neben der Varianz, Rekombination und Ergänzung des Datenfundus in den beiden Gruppen gibt es wichtige Übereinstimmungen zwischen ihnen und mit dem Crónica X-Kreis (→ 10.2), Torquemada (→ 12.2) und Chimalpahin (→ 13.1).

(2) Ausführliche Chroniken aus Tenochtitlan: der Crónica X-Kreis

Den Kern bilden 2 spanische Versionen einer verschollenen aztekischen "Crónica X" (C + + + 398) mit der Ereignisgeschichte des Aztekenreichs aus der Warte Tenochtitlans und einer Interessengruppe "Tlacaelel"; Duráns "Historia de las Indias de Nueva España ..." von 1579-81 (C1036) mit den Teilen Geschichte, Religion und Bildatlas und Alvarado Tezozomocs "Crónica Mexicana" von ca. 1598 (C1012), die in einer ethnographisch ausführlichen Version (→ 9.3) nur den Teil Geschichte enthält und den Abschnitt Conquista am Ende ankündigt. Durán beruft sich 80 mal auf die Vorlage (Colston 1973), verarbeitete aber auch andere Quellen (z.B.1967,II:122,§31; 293,§37). Zu beiden tritt die genealogisch reiche "Crónica Mexicayotl" in aztekischer Sprache vom Anfang des 17. Jh. (C1062), die von verschiedenen Autoren, darunter Alvarado Tezozomoc und Chimalpahin kompiliert wurde. Zimmermann (o.J.-a) hinterließ eine Kopie des ganzen Textes, in der er die vielen, teils langen Parallelen in Durán, Tezozomoc, der C.Aubin-Gruppe (→ 10.1), Chimalpahin (→ 13.1) u.a. angemerkt hat.

In der – stark dubiosen – Betonung des Amtes eines Cihuacoatl und der Gestalt des Tlacaelel und seiner Nachkommen nehmen seit dem C.Cozcatzin (C129) als frühestem Beleg diese Werke und deren Benutzer wie Tovar, Acosta, Martínez etc. eine Sonderstellung in der aztekischen Überlieferung ein (Tschohl 1963, Kap. 2). Aber dennoch werden sie weiter alle unabhängig, ad hoc und in einem Zug mit den unvereinbaren restlichen Quellen benutzt – und dies, obwohl sogar innerhalb des Cr. X-Kreises eine fortschreitende Aufbauschung der Bedeutung und der Lebensdauer des Tlacaelel unverkennbar ist. Die Trennung und Rekonstruktion der ursprünglichen intentionalen Wirklichkeitsbilder der verschiedenen Zeugen und Versionen aber unterbleibt weiter und wird mit Kurzschlüssen auf die ehemalige Wirklichkeit übersprungen (Tschohl 1987).

Abfassungsgruppe 11. Die Relaciones Geográficas von 1579-86

Die Antworten auf die Umfrage unter Philipp II in 50 Punkten bilden einen Höhepunkt an neuen, mündlich erhobenen Daten zur Ethnohistorie. Die Punkte 14 und 15 betreffen vorspanische Herrschaft, Tribute, Religion, Regierungsform und Kriegsführung und enthalten reiche Aufschlüsse zum administrativen, räumlichen und zeitlichen Aufbau des Aztekenreichs und seiner Substrate mit ihren vielfältigen ethnischen und politischen Einheiten und Fronten. Auch die zahlreichen Ortspläne sind im Stil und Inhalt oft hierfür bedeutsam. Band 12 des HMAI enthält bis ca. 1970 fast alles, was der Bearbeiter braucht. Seitdem ist die weitaus umfangreichste der Relaciones, die von Diego Muñoz Camargo für Tlaxcala (1981, 1984), sensationell komplett im Original für Philipp II in Glasgow aufgefunden worden und ihr Herausgeber René Acuña hat eine neue, kritische Edition der neuspanischen "Relaciones geográficas del siglo XVI" (1984ff.), geordnet nach Bistümern, bei der UNAM mit bereits 8 vorliegenden Bänden in die Nähe des Abschlusses gebracht.

Abfassungsgruppe 12. Späte europäische Synthesen mit Primärmaterial (1596-1616)

(1) Der Franziskaner Jerónimo de Mendieta beendete 1596 ein großes missionsgeschichtliches Werk "Historia eclesiástica indiana" (C1052), in das er einen Abriß der vorspanischen "ritos y costumbres" aufnahm, der verlorenes Material der Gruppe 6 bewahrt.
(2) Sein Mitbruder und vieldiskutierter Benutzer Juan de Torquemada leistet in seiner 1616 erschienenen, monumentalen "Monarquía indiana" (C1130 und HMAI 13, art.16) die größte ethnohistorische Synthese der alten Autoren. Er verarbeitete und zitierte eine Reihe indianischer Quellen, die uns bislang nicht anderweitig bekannt sind, speziell Annalen verschiedener Städte des Hochlandes und Wirtschafts-

übersichten des Hofes von Tetzcoco nach Dokumenten der vierziger Jahre. León-Portillas "Seminario para el estudio de fuentes" (1983) stellte kapitelweise die bislang erfaßten Quellen Torquemadas zusammen. Es gilt nun, diese Reduktion zu komplettieren und bei jeglicher Benutzung der Monarquía zu beherzigen!

Abfassungsgruppe 13. Die Großprojekte indianischer Historiker (1600-40)

Sie bestehen aus vielen Werken, die einerseits aus unterschiedlichen Vorlagen synthetisiert wurden, andererseits immer wieder gleichlautend aus denselben Vorlagen schöpfen.

(1) Der Chalca Domingo de San Antón Muñón Chimalpahin Quauhtlehuanitzin verfaßte zwischen 1606 und 1631 auf aztekisch eine Reihe von Relationen (C1023-27, 1115; Durand-Forest 1984) mit sehr ausführlichen, sonst unbekannten Ereignisberichten über den Großraum von Chalco nach alten einheimischen Unterlagen, über Colhuancan, das Aztekenreich und die (europäische) Weltgeschichte seit der Sintflut. Beziehungen bestehen zur C. Aubin-Gruppe (→ 10.1), zum Crónica X-Kreis (→ 10.2) und für Europa einschließlich Kurland zum "Repertorio de los tiempos" von 1606 des Hamburgers Henrico Martínez (W80). Chimalpahins "Diario" von ca. 1615 (C1026) liefert Hintergründe zu Personen und Quellen, z.B. Nachfahren des Tlacaelel. Zimmermann (1960) hat diese Beziehungen behandelt und (1963, 1965) die bis dahin identifizierten Texte mexikanischer Thematik synchron umgruppiert herausgegeben.

(2) Der tetzcocanische Mestize Fernando de Alva Ixtlilxochitl schrieb zwischen 1600 und 1640 auf Spanisch viele Entwürfe, Pinturakommentare und Geschichtsabrisse bis hin zu einer Gesamtdarstellung in der "Historia Chichimeca" (C1043-44) nach ganz ungleich guten und richtig interpretierten Quellen, die ihm als Nachfahren des Tetzcocanischen Herrscherhauses damals noch zugänglich waren. Die vielen Wiederholungen und Varianten in seinen Entwürfen verschleiern seine Auffassung und seine Quellen, zu denen auch Torquemada zählt. Für unsere wichtigsten Codices der Schule von Tetzcoco liefert er die grundlegenden Kommentare, die aber, wie meine Untersuchungen ergaben, kritisch noch nicht hinreichend zurechtgerückt sind. Seine "Pintura de México" (C1063), deren Ortsreihen an verschiedenen Stellen seiner Werke wiederkehren, ist vielleicht nur ein Gemenge von Exzerpten. Probleme bereitet auch, daß er zeitlich aneinanderreihte, was in verschiedenen Vorlagen zu einem Ereignis stand. Ein Unikum ist das Zertifikat von 1608 von über 20 Amtspersonen aus Otumba über die Authentizität seines Werkes (Alva Ixtlilxochitl 1975-77, I:517-21).

Abfassungsgruppe 14. Kolonialzeitliche Spätwerke

Damit enden die Werksgruppen mit für uns primären Quellen. Von nun an dominieren Bearbeitungen nach uns bekannten Werken. Die wenigen Ausnahmen mit primärem Quellenmaterial stammen aus der Peripherie, z.B. wenn Zapata (C1139) um 1689 aztekische Standardannalen – übrigens verwandt mit denen der Anales de Tula (C369 + 1137) und einer Quelle der A. de Cuauhtitlan (→ 4.4) – wiedergibt (Tschohl o.J.-a) oder wenn Fr. Francisco de Burgoa (B156-7) weitläufig in seinen barocken Werken verstreut einen integrierbaren Abriß der aztekischen Unterjochung Oaxacas, der mixtekischen Expansion nach Osten und der zapotekischen Verlegung der Herrschaft von Zapotlan nach Tehuantepec, das die Azteken vergeblich bekämpften, nach einheimischen, sonst nicht bekannten Quellen bietet (Tschohl 1963, Kap. 10.1.2 + 3).

Abfassungsgruppe 15. Heimathistorien des 19. Jahrhunderts

Werke mexikanischer Heimathistoriker mit vielen neuen Angaben, wie sie z.B. von 1850-88 in Oaxaca von J.B. Carriedo, J.A. Gay und M. Martínez Gracida verfaßt wurden, sind unübersehbar romanhaft bis hin zur Witterung, von Tageszeiten oder inneren Stimmungen und ohne neue Quellenbasis. Dennoch verwendet die Fachliteratur mit höchstem Anspruch seit Seler bis heute (z.B. Flannery / Marcus 1985, Topic 89) die von ihnen eingeführten Personen, Jahreszahlen und Ereignisse. (Tschohl 1963, Kap. 10.2).

Abfassungsgruppe 16. Orale Geschichtslegenden des 20. Jahrhunderts

In unserem Jahrhundert zeichneten Feldforscher gelegentlich Erzählungen vorspanischer Thematik auf. Markant ist die von P. Radin 1911 in Zaachila-Zapotlan auf zapotekisch angetroffene "Historical Legend", die er für authentisch hielt, da sie von den aztekischen Annalen abweicht und typisch oral ist (1935). Doch sie leitet sich restlos von den Werken der Gruppe 15 her, die Radins Informanten in ihrer Kindheit in der Schule kennengelernt hatten (Tschohl 1963, Kap. 10.1.6).

Zeitgenössische Hilfsquellen

Neben den direkten Quellen über die vorspanische aztekische Kultur möchte ich wenigstens kurz hinweisen auf die vielen Quellen über kolonialzeitliche Zustände, die noch etwas Vorspanisches enthalten, sowie auf jene Quellen, welche die Realbedeutung von Namen, Titeln, Gebieten, Waren und Maßen usw. erfassen helfen. Sie bilden eine unentbehrliche Brücke zwischen Forscher- und Themakultur. Ihre begonnene Systematisierung ist eine wichtige Aufgabe. (Gerhard 1972; Gibson 1964).

SCHICHT IV ff: Zeugnisse usw.

Welche weiteren Quellenschichten auf dem Weg zur Kenntnis der ehemaligen aztekischen Wirklichkeit von Bedeutung sind, zeige ich im nächsten Kapitel (→ 1-IIa3 "Dokumentarische Ethnohistorik). Mit den Zeugnissen beginnt das Ödland der Forschung und entsprechend sind hier noch alle Bearbeitungsmöglichkeiten offen. Nunmehr endet der Wert einer Trennung nach bild- und wortschriftlichen Quellen, Abstammung und Thematik bestimmen die weiteren Gruppen.

Literatur

Alle hier nicht aufgeführten Literaturangaben enthält HMAI vol. 15:540ff. Die Angaben '(W1 ff)' beziehen sich auf den Census in HMAI 13:42-137, 'B:138ff' auf den ibid., S.138-185, '(C1 ff)' auf den Census in HMAI 14:85ff und '(C1001 ff)' auf denjenigen in HMAI 15:324ff.

Alva Ixtlilxochitl, Fernando de
1975-7 Obras históricas. Edmundo O'Gorman (ed.). 2 Bände. México.
Alvarado Guinchard, Manuel
1976 El Códice de Huichapan. I. Relato otomí del México prehispánico y colonial. INAH, Colección Científica 48. México.

Barlow, Robert H.
1963 Tres pueblos del valle de Atlixco. Tlalocan 4:274-6.
Bierhorst, John
1985 Cantares mexicanos. 2 Bände. Stanford.
Catálogo de ilustraciones
1979-82 del Archivo General de la Nación. 14 Bände. México.
Celestino, E., M. Martínez, D. Nieto, L. Reyes, A. Valencia, K. Yoneda
1979 Guía del archivo municipal de Cuauhtinchan, Puebla. Años 1546-1900. CIS-INAH, Cuadernos de la Casa Chata 27. México.
Colston, Stephen A.
1973 The »Historia Mexicana« and Duran's Historia. Journal de la Société des Americanistes 62:35-42.
Durán, Diego
1967 Historia de las Indias de Nueva España e islas de la Tierra Firme. Angel Ma. Garibay (ed.). 2 Bände. México.
Durand-Forest, Jacqueline
1984 De l'attribution du Manuscrit nº 342 de la Bibliothèque Nationale de Paris. Eadem (Ed.): The Native Sources and the History of the Valley of Mexico, pp. 215-25. ICA 44.
Flannery, Kent and Joyce Marcus (Eds.)
1983 The Cloud People. Divergent Evolution of the Zapotec and Mixtec Civilizations. New York.
Gerhard, Peter
1970 El señorío de Ocuituco. Tlalocan 6:97-114.
1972 A Guide to the Historical Geography of New Spain. Cambridge.
Gibson, Charles
1964 The Aztecs under Spanish Rule. Stanford.
Hinz Eike
1987 Discursos en Mexicano. Alltagsleben am Hof von Tetzcoco in vorspanischer und frühkolonialer Zeit. Acta Mesoamericana 1. Berlin.
Hinz, Eike et al.
1984 Aztekischer Zensus. Zur indianischen Wirtschaft und Gesellschaft im Marquesado um 1540. 2 Bände. Hannover.
Lehmann, Walter, Gerdt Kutscher, Günter Vollmer (Hg.)
1981 Geschichte der Azteken. Der Codex Aubin und verwandte Dokumente. Berlin.
León-Portilla, Miguel
1969 Ramírez de Fuenleal y las antigüedades mexicanas. Estudios de Cultura Náhuatl 8:9-49.
Lockhart, James
o.J. Care, Ingenuity, and Irresponsibility: The Bierhorst Edition of the *Cantares Mexicanos*. Ms. 1987.
Martínez, Hildeberto
1984 Colección de documentos coloniales de Tepeaca. INAH, Colección Científica 134. México.
Muñoz Camargo, Diego
1981 Descripción de la ciudad y provincia de Tlaxcala de las Indias y del Mar Océano para el buen gobierno y ennoblecimiento dellas. Ed. facsímil ... de René Acuña. México.
1984 Relaciones Geográficas del siglo XVI: 4. Tlaxcala, Tomo primero. (= Transkription von 1981) Edición de René Acuña. México.
Offner, Jerome K.
1983 Law and Politics in Aztec Texcoco. Cambridge.
O'Gorman, Edmundo (ed.)
1971 Fray Toribio de Benavente o Motolinía. Memoriales o libro de las cosas de la Nueva España y de los naturales de ella. México.

1982 La incógnita de la llamada "Historia de los Indios de la Nueva España" atribuida a Fray Toribio Motolinía. México .

Olivera, Mercedes
1978 Pillis y macehuallis. México.

Radin, Paul
1935 A Historical Legend of the Zapotecs. Ibero-Americana 9. Berkeley.

Relaciones Geográficas del Siglo XVI
1984ff. 2. Antequera. Tomo primero ... 9. Michoacán (1987). Edición de René Acuña. México.

Reyes García, Luis
1980 Documentos de Toluca en la obra de Zorita. Estudios de Cultura Náhuatl 14:345-54.

Riese, Berthold Ch.
1986 Ethnographische Dokumente aus Neuspanien im Umfeld der Codex Magliabechi-Gruppe. Stuttgart.

Seminario para el estudio de fuentes
1883 Tablas de análisis de las fuentes de todos los capítulos de los veintiún libros. Fray Juan de Torquemada, Monarquía indiana. México. Vol.7:129-266.

Tschohl, Peter
1963 Vorspanische Geschichte Südost-Mexikos. Ms.
1964 Kritische Untersuchungen zur spätindianischen Geschichte Südost-Mexikos. Hamburg.
1987 Tlacaelel als aztekischer Übergangskönig bei J. Rounds: über das falsche und richtige Anwenden von Theorien. Sabine Künsting, Andreas Bruck, Peter Tschohl (Hg.): Mit Theorien arbeiten. Untersuchen in der Kulturanthropologie. Kulturanthropologische Schriften der Akademie '85, Bd. 1:205-220. Münster.
1989 Das Ende der Leyenda de los Soles und die Übermittlungsprobleme des Códice Chimalpopoca. Baessler-Archiv Band 37, Heft 1 (im Druck).
o.J.-a Die Quellen der Anales de Cuauhtitlan. Rückführung und Katalog (in Vorbereitung).
o.J.-b Der Pochtekenbericht in Sahagúns Buch IX im Koordinatennetz aus altaztekischer Wirklichkeit, Mitteilung in Tlatelolco, Sahagúnscher Redaktion und ethnohistorischer Auslegung. (Vortrag auf dem Symposion des Ibero-Amerikan. Instituts, Berlin, Dez. 1988, in Vorbereitung für Indiana, Berlin).

Wagner, Hermann
1971 Quellenkritische Untersuchungen am *Origen de los mexicanos*. Baessler-Archiv 19:321-41.

Zimmermann, Günter
1970 Briefe der indianischen Nobilität aus Neuspanien an Karl V und Philipp II um die Mitte des 16. Jahrhunderts. Hamburg.
1975 Fray Bernardino de Sahagúns Enzyklopädie der aztekischen Kultur. Hg. von Peter Tschohl. Baessler-Archiv 23:347-64.
o.J.-a (Die Parallelen zur Crónica Mexicayotl). Arbeitsexemplar im Nachlaß.
o.J.-b (Rekonstruktion eines aztekischen Kriegsgesangs). Im Nachlaß.

3. *Dokumentarische Ethnohistorik: Eine allgemeine Anleitung*

Peter Tschohl

Das Thema des folgenden Beitrages ist die ethnologische Erforschung vergangener Einzelkulturen aus dokumentarischen Quellen mit dem Ziel, empirisch und gedanklich nachvollziehbar zu klären, was einst wirklich war, wie und wofür es dazu kam und warum.

Die Anleitung richtet sich nach der Reihenfolge der Tätigkeiten, so wie sie lösungssystematisch – nicht nur heuristisch – nacheinander durchgeführt werden können bis zur beweishaften Klärung der jeweiligen Aufgabe.

Innerhalb des darin verbleibenden Anordnungsspielraums führe ich die methodischen Arbeitsformen inhaltlich jeweils nur soweit durch, wie für die gerade anstehende Frage erforderlich ist. Damit will ich alle Arbeit ersparen, die durch spätere Ergebnisse und den weiteren Verlauf der Erforschung überflüssig wird.

Ihre Abschnitte sind sachlich und methodisch markiert durch laufende Kataloge der erreichten Ergebnisse. Es geht insgesamt darum, einen möglichst direkten und ökonomischen Weg zu weisen, neue Beiträge und akkumuliertes Gesamtwissen geordnet zu gewinnen. Daß reale Forschungsbeiträge und der Publikationsstand von ihnen abweichen, unterbindet nicht, sie ständig im Sinne der Anleitung umzubauen, auszuwerten und zu katalogisieren.

Auch daß die praktische Arbeit nicht für eine ganze in der Untersuchung zum Thema gewählten Einzelkultur jeweils einen Arbeitsschritt erschöpft, ehe sie den nächsten beginnt, sondern für einzelne Materialausschnitte eine Reihe von Etappen bearbeitet, verhindert nicht, die Beweise nachzuliefern, umzuordnen und laufend die Kataloge mit den Ergebnissen zu ergänzen. Dasselbe machen wir ja ganz selbstverständlich bei Fortschritten in der Kenntnis der Darstellungsmittel, z.B. im Lexikon, in der Grammatik, bei der Lesung neuer Glyphen etc.

Wo hingegen vorhandene Untersuchungen ganze Schritte, Etappen oder gar Blöcke übersprungen haben und somit große Auswertungslöcher enthalten, muß an die Stelle der Umarbeitung eine eigene Nachuntersuchung treten. Diese Situation herrscht in den Studien zum Aztekenreich vor und zwar wieder zunehmend, seit sie so aktuell geworden sind und einen honorierenden öffentlichen Markt schnell und angepaßt versorgen.

Die Arbeit an dokumentarischen Quellen über eine Themakultur verläuft auf zwei Ebenen: auf der konkreten Ebene der Quellen, materiell und inhaltlich, und auf der unausgesprochenen Ebene der zu ihrer Herstellung verwendeten Systeme und Gepflogenheiten, von Schrift über Genres bis Darstellung. Diese Erzeugungsmittel muß ich kennen, um von den Quellen zur Themakultur vorzudringen. Ich muß sie aber erst rekonstruieren, wo sie nicht bereits in ihrer jeweiligen Kultur hinreichend beschrieben oder von meinen darauf spezialisierten Kollegen erschlosssen worden sind. Dann aber erarbeite ich als Ethnohistoriker sie nur soweit, wie ich sie für meine Arbeit an der Themakultur brauche bzw. sie zu ihr gehören.

So kommt es, daß ich in meiner Anleitung einen Ort für die Heranziehung, Klärung und Systematisierung dieser Erzeugungsmittel einrichte. Ihre Stellung als Werkzeug macht ihn zu einem Vorspann (→ 0).

Dokumentarische Quellen können eine zum Thema gewählte vergangene Einzelkultur in dreierlei Zuständen und Ausschnitten bewahren:
- als erwähnte Themakultur, worin sie von ihr sprechen,
- als erhaltene Themakultur, worin sie aus ihr stammen,
- als verwendete Themakultur, worin sie von ihr hergestellt wurden.

Die Wege zu diesen drei Überlebensweisen einer Themakultur sind so verschieden, daß ich sie in der Anleitung getrennt behandle (→ I-III).

0. Die Erzeugungsmittel der dokumentarischen Quellen über die Themakultur

Hierunter fallen Lexika, Grammatiken und Regelbücher über Schrift und Schreibungen wie "La escritura del Náhuatl clásico", über Sprache und Sprechweisen wie "Nahuatl in the Middle Years", Formen der Sachdarstellung und ihre Realisierungen wie "Mexican Manuscript Painting in the Sixteenth Century. The Metropolitan Schools" oder "Historia de la literatura Náhuatl" usw.

Der Spezialist kennt und versteht das meiste automatisch. Man verwendet sie einfach, und da liegen auch die Fehlerquellen und Gefahren. Für die Einarbeitung wie für die Kontrolle braucht man sie letztlich genauso katalogisiert wie die gesuchte Themakultur und man muß, solange ihre Erforschung im Fluß ist, immer auch an ihnen klären, präzisieren, ergänzen und ordnen. Bei den Beweisen und im Neuland muß man explizit mit ihnen argumentieren.

Als Forschungsthemen werden sie teils von den allgemeinen und regionalen Wissenschaften der Produktions- und Darstellungssysteme bearbeitet, die man gern "Hilfswissenschaften" nennt, wie etwa im Fall des Schreibens oder der Zeitrechnung, teils von den Wissenschaften benachbarter Themakulturen oder Quellenarten, die man entsprechend "Nachbarwissenschaften" nennt, wie etwa im Falle kolonialer Mittler- und Mischkulturen. In der Anlage beziehe ich mich gedanklich immer und textlich manchmal auf diese Wissensstände und Kataloge der Arbeitsmittel. Ich folge aber nicht ihren methodischen Schritten (z.B. transkribieren, übersetzen, themakulturell interpretieren etc.), sondern verwende sie immer wieder inhaltlich nur soweit, wie es für meinen Arbeitsschritt erforderlich und seine Beweislage ausreichend ist. Darin aber befolge ich ihre methodischen Erfordernisse. Die Beziehung zwischen den Arbeitsmitteln und der Erarbeitung der Themakultur ist, allgemein ausgedrückt, die zweier Schichten wie Form und Fall, Regel und Ausführung, Gestalt und Exemplar, die ich parallel durchlaufe und zwischen denen ich einen ständigen Klärungsdialog durchführe.

I. Die erwähnte Themakultur

Block A: Die Arbeit an den Quellen	Block B: Die Arbeit an den Themen	Block C: Die Arbeit an der Themakultur

Block A: Die Arbeit an den Quellen

Etappe 1: Von den Bänden zu den Werksdokumenten über die Themakultur.

Folgender Aufbau ist für uns wichtig:

B a n d	Adresse
Träger: T1,T2,...	Stellen
Manuskript: M1,M2,...	im
Werk: W1,W2,...	Band

Schritt 1.1: Ich suche in den Bänden diejenigen Abschnitte, die die Themakultur erwähnen.

Schritt 1.2: Ich lese und übersetze die Mitteilungen kursorisch soweit, bis ich die Werke, die diese Abschnitte enthalten, abgegrenzt, identifiziert und – falls noch nicht vorhanden – mit einem kennzeichnenden Namen versehen habe. Im Fall des verwirrungsträchtigen Códice Chimalpopoca sind das ein Kern- und ein Rahmenmanuskript, ersteres mit drei Werken in einer Handschrift, letzteres mit einem Fortsetzungsverzeichnis verschiedener Verfasser (und Handschriften) und einer Reihe späterer Notizen.

Schritt 1.3: Ich fülle für jedes interessierende Werk die entsprechenden Einheiten des obigen Bandschemas aus, versehe die gewonnenen Einheiten mit kennzeichnenden Form- und Eigennamen und gebe die genaue Adresse der Bände und die Stellen der in ihnen bestimmten Einheiten an.

>> KATALOG 1: Die Dokumente mit Werken der Themakultur nach Aufbewahrungsorten (vgl. "Wortschriftliche Quellen", 1-IIa2, Schicht I)

Etappe 2: Von den Werken zu den von ihnen erhaltenen Dokumenten

Schritt 2.1: Ich fertige mir aus Katalog 1 ein Verzeichnis aller erfaßten Werke.

Schritt 2.2: Ich suche zu jedem dieser Werke alle im Katalog 1 erfaßten Dokumente.

>> KATALOG 2: Die Werke alphabetisch mit allen ihren Dokumenten. (vgl. "Wortschriftliche Quellen", Schicht II)

Etappe 3: Von den erhaltenen Dokumenten eines Werkes zu seinem primären Erhaltungszustand.

Schritt 3.1: Ich sammle alle Angaben und Merkmale, die ich benötige, um die primären Dokumente, seien es Originale oder Kopien, zu identifizieren und setze sie zu Beweisen zusammen. Ich gruppiere sie gegebenenfalls in verschiedene Versionen des Werkes. Für eventuelle Lücken in den primären Dokumenten bestimme ich ferner die sekundären. Die übrigen verfolge ich nur, bis ich sie sicher aussondern kann.

Schritt 3.2: Aus den primären Dokumenten und Passagen setze ich eine möglichst komplette Übersicht des primären Werkzustandes zusammen, ohne ihn zu rekonstruieren.

>> KATALOG 1: (Forts.) Die genetische Stellung der Werksdokumente pro Version als original oder primär; sekundär mit primären Einschlüssen; sonstig.

>> KATALOG 2: (Forts.) Die primäre Dokumentenbasis pro Werk.

>> EDITION 1: Die Werke in ihrer primären Dokumentenbasis.

Etappe 4: Von den vorhandenen Quellenwerken über die Themakultur zu den nicht sekundären Werken und Werksteilen.

Schritt 4.1: Ich wähle diejenigen Werksteile aus, die von der Themakultur handeln.

Schritt 4.2: Ich sammle alle Angaben und Merkmale, die etwas zu Zeugnis- und Quellenmaterial, zu den Entstehungsumständen und ihrer Stellung im Stammbaum der Werke aussagen.

Schritt 4.3: Ich gliedere den Gesamtbestand an Werken zur Themakultur in genetische Abfassungsgruppen und -familien. Dies erreiche ich durch Quellenangaben, Familienähnlichkeiten und Zeitstellungen.

Schritt 4.4: Ich schließe alle klar sekundären Werke und Werksteile aus. Diese erkenne ich an Text- und Inhaltsübereinstimmungen bei linearer Verwandtschaft.

>> KATALOG 2: (Forts.) Die genetische Stellung der Werke und Werksteile.

> > KATALOG 3: Die Abfassungsgruppen der Werke zur Themakultur (vgl. "Wortschriftliche Quellen", Schicht III).

Etappe 5: Von den als primär verbliebenen Werken und Werksteilen zu den Zeugnisfassungen.

Hier brauche ich intensiv die Mittelkataloge über die verwendeten Erzeugungssysteme für Abfassung, Überarbeitung, Werkstypen und Zeugnistypen. In jedem Schritt bestimme ich die gefundenen Zeugnisse nach Typ und Eigenart und bilde dafür treffende Doppelnamen, z.B. Matrícula de Tetzcoco oder Leyenda de los Tzompanteuctin. Alle Korrekturen und Fortschritte in der Kenntnis der verwendeten Erzeugungssysteme füge ich laufend in die Mittelkataloge ein, vor allem in den Katalog der Werks- und Zeugnistypen, dessen akkumulierte Erfahrungen ich von Schritt zu Schritt mehr brauche.

Schritt 5.1: Ich suche alle Werke, die offensichtlich Zeugnisse sind wie der ethnographische Abriß aztekischen Lebens in Teil III des Códice Mendoza oder solche in einem zusammenhängenden Stück wiedergeben wie etwa die Historia de los mexicanos por sus pinturas. Das erkenne ich daran, daß ein Dokument ursprünglich und einheitlich ist, daß eine Darlegung in sich geschlossen ist, oder daß ihre Angaben gleiche Herkunft haben.

Schritt 5.2: Nun suche ich alle Einheiten, die im Werk oder zwischen Werken mehrfach erhalten sind, egal ob sie in Schrift, Sprache, Formulierung oder Komposition gleich oder verschieden sind. Die überarbeiteten löse ich mit Hilfe der ursprünglicheren aus ihrem Werksverband. Ein aztekisches Beispiel sind hier die Dreibundsannalen *1 acatl ff. in den Anales de Tula, den Anales de Cuauhtitlan und der Historia Cronológica de Tlaxcala.

Schritt 5.3: Im Rest suche ich Exemplare thematischer und kompositorischer Zeugnistypen und löse sie aus dem Werksverband.

Schritt 5.4: Schließlich bleibt der Weg über Angaben und Merkmale, insbesondere thematische, stilistische und kompositorische, in den Werksresten und innerhalb abgegrenzter Werksteile. Sind die aufgenommenen Zeugnisse im Stück erhalten und haben wir gute Angaben über sie, so ist dieser Schritt leicht, wurden sie stark überarbeitet und untereinander verquickt, ist dieser Schritt umständlich und vielleicht gar nicht restlos möglich.

↑ FORMENKATALOG: Zeugnistypen

> > KATALOG 4: Die in Typen gruppierten Zeugnisse mit allen Fassungen in den Dokumenten

oder Werksteilen (vgl. "Wortschriftliche Quellen", Schicht IVff.).

Etappe 6: Von den erhaltenen Fassungen eines Zeugnisses zu seinem primären Erhaltungszustand (analog Etappe 3).

Schritt 6.1: Ich bestimme die primären Zeugnisfassungen, wobei hier zusätzlich darauf zu achten ist, daß die Fassungen hinsichtlich Bilder- oder Wortschrift, hinsichtlich aztekischer oder spanischer Sprache, hinsichtlich Wortlaut oder Paraphrasierung voneinander abweichen und trotzdem genetisch parallelgestellt sein können.

Schritt 6.2: Die primären Zeugnisfassungen setze ich zum primären Erhaltungszustand zusammen.

>> KATALOG 5: Die primären Zeugnisfassungen.

>> EDITION 2: Die Zeugnisse in ihrer primären Gestalt.

Block B: Die Arbeit an den Themen

Etappe 7: Von den Typengruppen der Zeugnisse zu den Versionen pro Thema.

Schritt 7.1: Nunmehr kläre ich mittels meiner Erschließungssysteme, wovon die Zeugnisse eines Typs aufeinander bezogen berichten.

Schritt 7.2: Ich zertrenne die Zeugnisse eines jeden Typs in möglichst kongruente Themen und gruppiere die themengleichen Zeugnis(teile) zusammen. Damit erhalte ich die Themenversionen des Typs. Ein doppeltes Beispiel bilden die Wanderberichte der Azteken mit ihren verschiedenen Routen innerhalb ihrer verschiedenen Streckenabschnitte.

Schritt 7.3: Nunmehr gruppiere ich zwischen den Typen in möglichst kongruente Themen. Ich kläre dann, was sie aufeinander bezogen sagen wollen, vergleiche dann die Darstellungen der verschiedenen Typen auf ihre Verträglichkeit und bilde daraus Gruppen gleicher Versionen. Die abweichenden Versionen ordne ich nach dem Grad ihrer Verschiedenheit an und erhalte so einen hierarchischen Baum. Ein vielgestaltiges Beispiel bilden die Nachrichtengruppen der verschiedensten Quellenarten und Abfassungsgruppen von aztekischer und zapotekischer Seite mit ihren zwischen Sieg und Niederlage variierenden Versionen von der Auseinandersetzung um Tehuantepec gegen Ende der Regierungszeit Ahuitzotzins von Tenochtitlan kurz vor 1500.

>> KATALOG 6: Die Themen mit der Hierarchie ihrer Versionen und deren Vertretern aus den verschiedenen Zeugnistypen.

Etappe 8: Von den vorhandenen Versionen zu den nicht widerlegbaren Versionen.

Schritt 8.1: Ich kläre die intentionalen Mitteilungen der Versionen in ihrem Gegensatz zueinander und gliedere und vergleiche sie, soweit nötig, mittels ethnologischer Kategorien und Parameter.

Schritt 8.2: Ich sammle alle Angaben und Merkmale über die Relation der Versionen und ihrer Urheber zur Themakultur (wie Kenntnis, Zweck, Ideologie, Stellung).

Schritt 8.3: Ich reduziere die Vielfalt der Versionen durch Widerlegung, Korrektur, Differenzierung, Transformation, Rekonstruktion, Analogisierung und Einengung der Unterschiede an jeder Gabelung der Hierarchie. Hierfür verfüge ich über viele verschiedene Ansätze und Operationen im Einzelnen, die sich vor allem auf chronologische Eigenarten, verschiedenen Sachbezug und Umwandlung qualitativer Gegensätze zu quantitativen Details richten.

Schritt 8.4: Aus den faktisch falschen Zeugnissen und Versionen sammle ich die aus der Themakultur stammenden als intentional wahre Zeugnisse von ihr. So erfahre ich etwas über z.B. politische Versionen und Interessen, themakulturelle Verwendung von Zeugnissen, Propaganda, Selbstauffassungen, Ideologie, Sichtweisen, die unterschiedliche Darstellung in administrativen und historischen Quellen etc., wie es sich am Beispiel der Berichterstattung über die "Eroberung" von Tehuantepec für die Tributmatrikeln im Gegensatz zu den Kriegsannalen und Eroberungslisten der Herrscher herausschälen läßt bis hin zur Bedeutung und Rolle gewisser typischer Formeln der verwendeten Kultur.

>> KATALOG 7: Die Themen der Quellen in ihren faktisch nicht falschen Belegen und ihren themakulturell intentional wahren Belegen.

>> EDITION 3: Die themenweise geordneten positiven Belege über die Themakultur.

Schritt 8.5: Je nach Bedarf kann ich daraus die authentischen Zeugnisse in ihrer erreichbaren Originalgestalt rekonstruieren.

>> EDITION 3a: Die authentischen Zeugnisse in ihrer rekonstruierten Originalgestalt.

Block C: Die Arbeit an der Themakultur

Etappe 9: Von den nicht widerlegten Versionen zur Kultur, wie sie aus den Zeugnissen integrierbar gewonnen werden kann.

Schritt 9.1: Nunmehr versuche ich, alle Informationen aus meinen Nachrichten herauszuholen, die ich überhaupt für mein Interesse an der Themakultur gewinnen kann.

Schritt 9.2: Ich integriere alle Belege der verschiedenen Zeugnisse zu einem Thema zur – im Rahmen der Interessengrenzen – maximal vollständigen, explizierten und widerspruchsfreien Kenntnis des Kulturausschnitts. Hierfür gliedere ich mittels ethnologischer Kategorien und Parameter in kultursystematische Themen und bereite die Daten mittels passender Form und Theoreme auf. Dies kann ich sowohl in der Sprechweise und Sicht der Themakultur, als auch in der der Ethnologie.

Schritt 9.3: Die so geklärten Kenntnisse in Sicht und Sprechweise der Thema- und Kontaktkulturen expliziere ich nun mittels ethnologischer Modelle und Kategorien in Sprechweise und Sicht der Ethnologie.

Schritt 9.4: Ich fertige erschöpfend integrierte und interpretierte Beschreibungen an, die das belegte Wissen zur Themakultur umfassen.

>> KATALOG 8: Die Themakultur in den belegten Beschreibungen und Ordnungen.

Etappe 10: Von der in den Zeugnissen belegten Kultur zu der noch rückerschließbaren Kultur.

Schritt 10.1: Ich stelle die Kenntnislücken fest und versuche, sie über allgemeine, homologe und analoge Kenntnisse der jeweiligen Sachverhalte zu verringern.

Schritt 10.2: Diese unterschiedlich allgemeinen, konkreten und sicheren Ergänzungen verbinde ich mit den belegten Sachverhalten zum kompletten erreichbaren Tatsachenwissen über die Themakultur nach den Schritten 9.3 und 9.4.

>> KATALOG 8: (Forts.) Die Themakultur in Beschreibungen und Ordnungen aus Belegen und Rückschlüssen.

Etappe 11: Von der insgesamt erreichten Kultur zu der systematisierten und erklärten Kultur.

Schritt 11.1: An diesem Kenntnisstadium führe ich nun alle diejenigen Systematisierungen, Auslegungen mittels Theorien und Erklärungen durch, die auf die Themakultur zutreffen und über sie aufschlußreich sind. Dazu gehört alles, was die Wissenschaften vom Menschen an Repertoire bieten, um das Material besser auf das gesteckte Erkenntnisziel hin zu durchdringen. Dieser Schritt läßt sich derzeit am wenigsten geschlossen methodisieren, da dieses Repertoire noch nicht systematisch überschaubar vorliegt, ganz abgesehen von den Gegensätzen und Schwankungen bei seiner Verwendung.

II. Die erhaltene Themakultur

Sie besteht in der materiellen Existenz originaler Dokumente oder Komponenten. Dazu kommt jener große Bestand an zeichentragenden Objekten, der archäologisch gewonnen worden ist.

Ihre ethnohistorische Bearbeitung beschränkt sich auf folgende Schritte:

Schritt 1: Ich sammle alle dokumentarischen Quellen, die im gerade bestimmten Sinn die Themakultur ganz oder teilweise – sei es komponentiell, räumlich oder zeitlich – enthalten. Das ist im Falle der Azteken anscheinend nicht einmal der Códice Borbónico, also überhaupt kein Blatt- oder Buchdokument; und es sind die ungezählten Dokumente in Ton, Stein und Holz etc., von denen manche sogar historische Angaben enthalten wie das neuentdeckte Cuauhxicalli des Ersten Moctezuma.

Schritt 2: Ich bestimme an ihnen, was qualitativ oder quantitativ aus der Themakultur stammt oder für Rückschlüsse auf sie geeignet ist.

Schritt 3: Ich gliedere das Material in Themen und ordne es pro Thema räumlich, zeitlich und inhaltlich.

Schritt 4: Ich schließe von den kulturverwandten Materialgruppen auf die themakulturellen Entsprechungen und Zustände.

Schritt 5: Ich fertige integrierte Beschreibungen und komplette Dokumentationen an.

Schritt 6: Ich verbinde das Material mit Katalog 8 aus Kategorie I.

III. Die verwendete Themakultur

Hierunter fallen alle Erzeugungssysteme (für Zeichen, Quellen und Kulturdarstellungen etc.) in ihren Ordnungen (wie Inventare, Syntax, Regeln), die die Themakultur für die Produktion der dokumentarischen Quellen eingesetzt hat. Dies gilt auch für alle jene Zeugnisse, die nicht über die Themakultur berichten, sondern in denen sie über eine andere Ethnie oder die Dinge der Natur wie Steine, Blumen, Tiere, Gestirne etc. berichtet. Denn in Sicht- und Darstellungsweise sind sie ein Bestandteil von ihr. Ihre Gewinnung geht genauso wie die der Arbeitsmittel; der praktische Unterschied liegt aber darin, daß ich diese nur soweit wie jeweils benötigt selber bearbeitet habe, wogegen die Erzeugungssysteme der Themakultur zu meinem Forschungsgegenstand gehören. Dokumentarisch fallen sie meist mit jenen ethnographischen Metadarstellungen zusammen, die diese Dinge direkt als Kenntnisse und Auffassungen, Bestandteile und Eigenart einer Themakultur beschreiben, wie dies z.B. vor allem Sahagún in seiner "Enzyklopädie der altaztekischen Sprache und Kultur" (Zimmermann) gemacht hat.

Schritt 1: Ich sammle alle einschlägigen Quellen der Themakultur.

Schritt 2: Ich zerlege sie nach den Produktionssystemen.

Schritt 3: Ich kläre die Systemanteile pro Quelle und führe sie den entsprechenden Ordnungen zu.

Schritt 4: Ich differenziere sie räumlich, zeitlich und inhaltlich.

Schritt 5: Ich fertige integrierte Beschreibungen und komplette Dokumentationen an.

Schritt 6: Ich verbinde das Material mit Katalog 8 aus Kategorie I.

4. *Probleme der Chronologie*

Hanns J. Prem

Fragen der Chronologie (der Begriff umfaßt sowohl die Verfahren der Zeitrechnung als auch die zeitliche Abfolge von Ereignissen) werden auch in anderen Abschnitten näher behandelt (→ 1-Ib; 1-Ic4; 1-IIc2). In dieser Darstellung wird das Thema mit besonderer Blickrichtung auf Zentralmexiko aufgegriffen, da dort trotz der Existenz von autochthonen historischen Texten mit chronologischen Angaben oft keine eindeutigen Datierungen erzielt werden konnten. Die Probleme bestehen bei der Konversion (Umwandlung) der indianischen Angaben in die europäische Jahresrechnung einerseits auf der systemischen Ebene (d.h. in der Funktionsweise der indianischen Zeitrechnung liegend), als auch auf der Ebene der Korrelation oder Konkordanz (der tatsächlichen Umrechnungsformel).

Fehlerquellen in der annalistischen Tradition

Wie an anderer Stelle dargestellt, wurden bei den Bewohnern des Hochlandes von Zentralmexiko und Oaxaca die Jahre in einem 52-jährigen Zyklus (aztekisch: *xiuhmolpilli*) durch eine entsprechende Anzahl verschiedener Jahresnamen unterschieden (→ 1-IIc2). Da die Reihenfolge der Jahresnamen aus der Mechanik des Kalenders eindeutig ableitbar war, bestand damit ein für kürzere Zeiträume grundsätzlich funktionssicheres Datierungsverfahren.

Die Folge der Jahresnamen war das bevorzugte Gliederungsprinzip für die historischen Berichte der autochthonen Tradition, die deswegen auch die annalistische Tradition genannt werden kann. In den annalistischen Quellen ist die fortlaufende Reihe der Jahresnamen als Gerüst angegeben. Die gemeldeten Ereignisse sind den einzelnen Jahren direkt zugeordnet. Dies erweckt zunächst den Eindruck einer Chronik, in der ein Autor die Geschehnisse seiner Gegenwart unmittelbar aufzeichnete.

Die erhaltenen Quellen sind in ihrer überkommenen Gestalt aber keine derartigen Berichte aus erster Hand, sondern das Ergebnis späterer Kompilationen aus verschiedenen, teilweise mündlich weitergegebenen Traditionslinien. Dabei waren die anzunehmenden älteren Vorlagen vermutlich selbst bereits das Ergebnis mehrfacher Kompilationen und Bearbeitungen. Bei jeder dieser Bearbeitungsstufen war es nahezu unvermeidlich, daß einzelne Aussageeinheiten, bestehend aus Jahresangabe und Ereignisinhalt, umgruppiert wurden.

Da sich die Jahresnamen nach einem Xiuhmolpilli in derselben Reihenfolge völlig identisch wiederholten und da in Zentralmexiko keine förmliche Unterscheidung zwischen Daten aus verschiedenen Xiuhmolpilli vorgenommen wurde, waren die indianischen Chronisten gar nicht in der Lage, isolierte Daten und die assoziierten Ereignisse eindeutig einem bestimmten der sich ständig wiederholenden Xiuhmolpilli-Zyklen von 52 Jahren und damit einem absoluten Datum zuzuweisen. Wenn Daten nicht durch zusätzliche Informationen, die sie zueinander in eindeutige Beziehung setzen, wie beispielsweise durch bekannte Herrscherfolgen oder Genealogien, in eine klare Abfolge gebracht waren, konnten die Kompilatoren, sogar ohne sich dessen bewußt zu werden, ihr zeitliches Verhältnis verzerren oder gar umkehren.

Sequenzen von Meldungen, die Geschehnisse mitteilen, welche untereinander in einem sinnvollen Zusammenhang stehen (beispielsweise: Geburt, Inthronisierung, Taten und schließlich Tod eines Herrschers) können natürlich nicht so leicht in Unordnung gebracht werden. Aber der Kompilator, der sie ja einem bestimmten Xiuhmolpilli-Zyklus zuordnen muß, kann sie zusammen (als Block, dessen interne chronologische Ordnung unangetastet bleibt) leicht versehentlich zu weit in die Vergangenheit verschieben, wie dies bei den frühesten Abschnitten der Herrscherfolge von Tollan festzustellen ist (dazu Davies 1977, besonders pp. 441-451, Prem 1984b). Es ist sogar denkbar, daß der Kompilator (besonders eklatant: Alva Ixtlilxochitl), vielleicht um einer Stadt oder ihrer Herrscherfamilie besonderes Gewicht zu verleihen, Meldungen bewußt früher angesiedelt hat. Alle derartigen Verzerrungen dürften in größerer Anzahl erfolgt sein, sie lassen sich aber nur selten exakt nachweisen, nämlich nur wenn andere Quellen ein sicheres Korrektiv bieten.

Konkurrierende Kalenderstile

Die Quellen bieten noch zahlreiche weitere Anzeichen von Verzerrungen der Datenstruktur, die sich auf die geschilderte Weise nicht hinreichend erklären lassen. Für bestimmte Ereignisse, die häufig in den Quellen erwähnt werden, finden sich Angaben von verschiedenen Jahresnamen. Es sind dies sowohl Jahresangaben, die eng benachbart liegen, als auch solche, deren Distanz Jahrzehnte beträgt. Es liegt auf der Hand, daß unterschiedliche Daten für dasselbe Ereignis nicht gleichermaßen zutreffend sein können.

Eine Erklärung der Datendivergenzen kann von zwei Gesichtspunkten ausgehen: entweder sind die Daten zutreffend, beziehen sich aber tatsächlich nicht auf dasselbe Ereignis. Bei den oft sehr lapidaren Aussagen der annalistischen Quellen lassen sich vielleicht zwei Kriege gegen denselben Ort nicht klar auseinanderhalten oder wurden sogar schon von den Kompilatoren unzutreffenderweise so angereichert, daß sie als identisch erscheinen. Oder Personen gleichen Namens wurden nicht unterschieden und zu einer zusammengezogen - wodurch Konflikte beim Todesdatum entstehen müssen. Es ist aber auch vorstellbar, daß ein Geschehen, das als punktuelles Ereignis mit einem präzisen Datum gemeldet wird, sich tatsächlich über längere Zeit hingezogen hat.

Dies ist sicherlich bei dem in den Quellen sehr kontrovers angegebenen Gründungsdatum von Mexico-Tenochtitlan (Kirchhoff 1950) der Fall: dieser Ort bestand längst vor den Zeitpunkten seiner "Gründung", hinter der sich sehr verschiedene wichtige Momente der Frühzeit der Azteken verbergen können, die uns nicht mehr klar erkennbar sind. Die lang diskutierte Frage (zusammenfassend: Davies 1973:198-199) nach dem richtigen Gründungsdatum von Tenochtitlan gilt daher einem durch eine falsche Fragestellung provozierten Scheinproblem, die Datendivergenzen sind sicherlich zum Teil nur vordergründig existent (zusätzliche Erklärungen siehe weiter unten).

Für andere Ereignisse mit Datenkonflikten scheint diese Erklärung nicht anwendbar zu sein. Ein sehr deutliches Beispiel für eigentlich unverwechselbare historische Momente sollte der Tod eines aztekischen Herrschers nicht mehr als rund 100 Jahre vor der Eroberung durch die Spanier sein. Und dennoch wird der Tod Huitzilihuitl's für (umgerechnet) die Jahre 1409, 1413, 1414, 1415, 1416, 1417 und 1418 angegeben, sowie für weitere, nicht auf diese Weise umrechenbare Daten.

Wenn, so wurde argumentiert, für so bedeutende Ereignisse, die tatsächlich nur in einem Jahr erfolgt sein können, in den Quellen unterschiedliche Jahresnamen angegeben werden, so müssen diese trotzdem für dasselbe Jahr stehen. Mit anderen Worten, die Distanz zwischen den Jahren, die sich aus der Folge der Jahresnamen ergibt, kann nur eine scheinbare sein. In Wirklichkeit hätte es verschiedene Stile der Jahresbenennung gegeben, die so gegeneinander versetzt waren, daß ein und derselbe Zeitpunkt mit von Ort zu Ort verschiedenen Jahresnamen belegt wurde. Diese Erklärung wirkt auf den ersten Blick absurd: wie sollte es denn möglich sein, daß benachbarte Gebiete die Jahre zwar nach demselben System aber unterschiedlich benennen. Daß dies gar nicht so völlig undenkbar ist, zeigt das Nebeneinander von julianischem und gregorianischem Kalender in Europa während vieler Jahrhunderte ebenso wie die modernen Zonenzeiten (Uhrzeitangaben sind tatsächlich nur innerhalb einer Zeitzone miteinander vergleichbar, aber nicht zwischen verschiedenen Zonenzeiten).

In Mesoamerika ist das Differieren einzelner Jahresstile nachweisbar. So war der mixtekische Stil der Jahresbenennung gegenüber dem aztekischen um einen Zahlenkoeffizienten im Jahresnamen verschoben. Die Existenz weiterer abweichender Jahresstile in Zentralmexiko ist allerdings noch umstritten. Von Jiménez Moreno (1958) und Kirchhoff (1954) wurden rund 10 verschieden Jahresstile für Zentralmexiko postuliert, die sich in den Koeffizienten der Jahresnamen unterscheiden. Das System wurde von Davies (1973:194-196; 1977: 441-466) erweitert. Die Zuweisung der einzelnen Jahresstile zu bestimmten Herrschaftsgebieten oder Ethnien ist jedoch auch unter den Vertretern dieser Theorie nicht einheitlich.

Als Ursache der verschiedenen, hypothetischen Jahresstile werden unterschiedliche Zeitpunkte für den Jahresbeginn angenommen, die eine Verschiebung des für das Jahr namengebenden Zeitpunktes bewirkt haben sollen (Caso 1967). Allerdings sind die kolonialzeitlichen Belege für abweichende Jahresanfänge nicht eindeutig (Kubler & Gibson 1951), weshalb dieser Erklärungsansatz mit Vorsicht betrachtet werden muß.

Eine weitere Erklärungsmöglichkeit sind lokal unterschiedliche Versuche, das durch das Fehlen einer regelmäßigen Schaltung zu kurze Jahr mit seinem auf den Vegetationszyklus bezogenen Festen mit dem Ablauf der Jahreszeiten zu synchronisieren.

Korrelation mit der europäischen Chronologie

Für die von den Azteken zur Zeit der Eroberung durch die Spanier verwendete Jahresbenennung ist die Konkordanz mit der europäischen Jahresrechnung inzwischen zweifelsfrei etabliert: das indianische Jahr 1 *acatl* entspricht (von einer mehrwöchigen Verschiebung durch unterschiedliche Jahresanfänge abgesehen) dem europäischen Jahr 1519.

Die zahlreichen Angaben von indianischer wie europäischer Seite für die Eroberung Tenochtitlans erlauben auch, eine Tageskorrelation festzulegen: Der indianische Tag 1 *coatl*, zugleich der 2. Tag des Festabschnittes *Xocotlhuetzi*, entspricht dem 13. August (julianisch) 1521.

Da das indianische Jahr keine Schaltung verwendete, gilt diese Tagesgleichung (indianischer Festabschnitt – europäischer Monatstag) nur für die Jahre 1520 bis 1523; sie verschiebt sich davor und danach entsprechend der Zahl der europäischen Schaltjahre um jeweils einen Tag (eingehende Diskussion: Caso 1967; Prem 1983:147-159).

Literatur

Caso, Alfonso
1967 Los calendarios prehispánicos. México.
Davies, Nigel
1973 Los Méxica; primeros pasos hacia el imperio. México.
1977 The Toltecs; until the fall of Tula. Norman.
Ginzel, Friedrich Karl
1906-14 Handbuch der mathematischen und technischen Chronologie. Leipzig.
Jiménez Moreno, Wigberto
1958 Diferente principio del año entre diversos pueblos y sus consecuencias para la cronología prehispánica. El México antiguo 9:137-52.
Kirchhoff, Paul
1950 The Mexican calendar and the founding of Tenochtitlan-Tlatelolco. Transactions of the New York Academy of Science, Ser. I, No. 12:126-132.
1954 Calendarios Tenochca, Tlatelolca y otros. Revista Méxicana de Estudios Antropológicos 14,2:257-67.
Kubler, George und Charles Gibson
1951 The Toval Calendar. Connecticut Academy of Arts and Sciences 11. New Haven.
Prem, Hanns J.
1983 Das Chronologieproblem in der autochthonen Tradition Zentralmexikos. Zeitschrift für Ethnologie 108,1:133-61.
1984a The chronological dilemma. Proceedings the 44th Int. Congress of Americanists - Symposium: The native sources and the history of the Valley of Mexico (Ed. Jacqueline de Durand-Forest), BAR International Series 204:5-25. London.
1984b Die Herrscherfolge von Colhuacan. Mexicon 6,6:86-89.

b. Mesoamerika bei der Ankunft der Spanier

1. Politische Gliederung am Vorabend der Conquista

Rudolf A.M. van Zantwijk

Wegen der überragenden Rolle, die das Aztekenreich zur Zeit der Ankunft der Spanier im politischen und militärischen Bereich innehatte, besteht die Hauptaufgabe dieses Artikels darin, seine Ausdehnung und Gliederung zu umreißen. Die unabhängigen oder nur begrenzt dominierten politischen Einheiten inmitten oder am Rande des aztekischen Herrschaftsgebietes werden größtenteils in Relation zu dieser zentralen politischen Macht abgehandelt. Nur für die Maya der Halbinsel Yukatan und südlich angrenzender Zonen wird am Ende eine getrennte Übersicht gegeben, da sie sich außerhalb der aztekischen Einflußsphäre befanden.

Zur politischen Gliederung und Ausdehnung des Aztekenreiches liegt eine umfangreiche Literatur vor, und es ist hier nicht möglich, einen chronologischen Überblick der Meinungsbildung zu diesem Thema zu liefern. Wir knüpfen deshalb gleich an die einflußreichsten ethnohistorischen Arbeiten der letzten vier Jahrzehnte an, nämlich die Studien von Barlow, Davies und Hassig.

Die oft zitierte Arbeit Barlows wirkt sich noch immer aus; sie ist aber meines Erachtens nicht vorbehaltlos annehmbar, weil sie sich nur auf Daten stützt, die lediglich eine Art von Tributleistungen betreffen. Es sind diejenigen, die von den Azteken als *tlacalaquilli* bezeichnet wurden und deren Einzugsbereiche in der berühmten Bilderhandschrift 'Codex Mendoza' beschrieben sind (Barlow 1949; Codex Mendoza 1936). *Tlacalaquilli* bedeutet 'Steuer in Tauschmitteln oder Gütern', und obwohl diese Form der Abgabe, die meist achtzigtägig erhoben wurde, eine wichtige Tätigkeit der aztekischen Verwaltung war, ist sie als Grundlage für die Feststellung der Art oder des Umfangs der aztekischen Regierungsaktivitäten unzulänglich. Denn die Azteken waren es gewohnt, ihren Untergebenen je nach Erfordernis noch verschiedene ganz andere Verpflichtungen aufzuerlegen, wie z.B. die periodische Dienstpflicht im Bauamt und in der Hofhaltung (*tequitl*), die gelegentliche Dienstpflicht im Rahmen der größeren Bauprojekte (*coatequitl*) sowie den ständigen Wehrdienst (*yaoquizcayotl*) in abgelegenen Grenzbezirken oder rings um die Blumenkriegprovinzen Chollullan, Huexotzinco, Tlaxcallan und Tliliuhquitepec. Infolgedessen gab es Gebiete, in denen die aztekische Obrigkeit keine *tlacalaquilli* einforderte, wohl aber eine oder mehrere andere Verpflichtungen auferlegte, und es ist klar, daß es sich dabei sehr wohl um Teile des aztekischen Reiches handeln konnte, obwohl diese Gebiete von Barlow außer Betracht gelassen worden sind.

Selbstverständlich ist es für die Beschreibung des aztekischen Reiches sehr wichtig, wie die Begriffe Reich und Staat gebraucht werden. Schon mit Bezug auf Europa gilt, daß die Staaten der Vergangenheit sich wesentlich anders kennzeichneten als die heutigen. Man braucht nur an das mittelalterliche deutsche Reich oder an die Republik der Sieben Vereinigten Niederlande zu denken. Wir dürfen hinsichtlich der geschichtlichen Reiche in fremden Kulturgebieten also noch größere Unterschiede erwarten. Eine breit darstellende Definition soll darum in diesem Falle den Vorzug haben, und zwar diejenige, daß ein Reich auch mehrere Staaten umfassen kann. Das bedeutet allerdings, daß man bestimmte politische Verhältnisse der Vergangenheit als innerstaatliche betrachtet, während ihnen entsprechende moderne Verhältnisse üblicherweise als zwischenstaatliche verstanden werden.

Hassig hat bemerkt, daß Art und Wesen des aztekischen Reiches oft falsch gedeutet worden sind, weil die Mexikanisten sich allzusehr an der von Clausewitz formulierten Begriffsbestimmung des Staates orientiert haben (Hassig 1985:90-103). Gemessen an den Kriterien dieser Definition, wie ein stehendes Heer, ein starker militärischer Apparat an den Grenzen und nur verhältnismäßig schwache Heerestätigkeit im Zentrum des Reiches sowie eine weitgehende behördliche Organisation mit Zentrum in einer Hauptstadt oder einem Regierungssitz, ist das aztekische Reich oft als unzulänglich organisiert oder als ein altertümlicher Raubstaat betrachtet worden. Hassig meint, es sei viel besser, hier den von Edward Luttwak für das julianisch-claudianische römische Reich entwickelten Begriff des 'hegemonic empire' ('Oberherrschaftsreich') anzuwenden.

Ein derartiges Reich besteht aus drei Zonen:

1. einer zentralen Zone unter unmittelbarer behördlicher Kontrolle (im Falle der Azteken umfaßt sie das Gebiet der drei zentralen Teilstaaten von Mexîco oder Colhuâcan, Acolhuâcan und Tepanoayan mit den Hauptstädten Tenochtitlan, Tetzcoco und Tlacopan);
2. einer Zone von abhängigen Staaten unter aztekischer Oberherrschaft;

3. einer Zone, die von verbündeten Stämmen bewohnt ist. In einem solchen Reich gibt es keine befestigten Grenzen und ebensowenig ein großes stehendes Heer. Mit minimaler Machtentfaltung wird so ein größtmögliches Gebiet beherrscht. Dabei werden örtliche Angelegenheiten meistens den traditionellen Lokalbehörden überlassen.

Die Anwendung des Begriffs 'Oberherrschaftsreich' auf die aztekischen Verhältnisse ist eher angemessen, obwohl er in mancher Hinsicht auch nicht auf die gegebene Situation zutrifft. So hatten die Azteken ein System von strategisch gelegenen Garnisonen und Befestigungen aufgebaut, das die für Kaufleute und Heer wichtigen Verbindungswege und die taraskische Grenze schützte (van Zantwijk 1967b). Manchmal wurden diese Garnisonen von zentralaztekischen Ansiedlern verstärkt, um ein vom Nachschub unabhängiges, selbständiges Weiterfunktionieren über längere Zeit zu ermöglichen. Es scheint, daß nicht so sehr der oberherrschaftliche Charakter in diesen Angelegenheiten entscheidend war, sondern vielmehr die besonderen örtlichen Gegebenheiten. Wo das Reich an gut organisierte Gebiete mit einer starken Obrigkeit grenzte, gab es ständig gesicherte Verstärkungen. Wo es an wenig bevölkerte Stammesgebiete oder an in militärischer Hinsicht unbedeutende Stadtstaaten grenzte, fehlten sie. Auch die relative Verletzbarkeit eines Gebietes war maßgebend für den militärischen Aufwand. Wo ein feindlicher Einfall sofort großen Schaden verursacht hätte, wurden mehr Befestigungen unterhalten als in Gebieten, wo es weniger zu plündern gab. Demgemäß gab es keine ständig gesicherten Festungen an der Anahuac-Xicalanco-Grenze im Osten, wohl aber in der an der äußersten Peripherie gelegenen Provinz Xoconochco im Südosten des Reiches.

Man muß sich der Tatsache bewußt sein, daß es sich meistens nicht um genau markierte und überwachte Grenzen handelte, sondern vielmehr um Grenzzonen, die ein mehr oder weniger breites Niemandsland umfaßten. Oft hatten die Azteken mit ihren örtlichen Untertanen Vereinbarungen hinsichtlich der Verteidigung gegen Nachbarvölker getroffen. In manchen Gegenden wurde diese ganz den trationellen örtlichen Behörden überlassen, in anderen, wie z.B. an der Grenze Yopicos, gab es dagegen ständige Unterstützung durch aztekische Offiziere und Kerntruppabteilungen (Galarza 1972:47; Lienzo I). In wieder anderen strategisch oder wirtschaftlich wichtigen Gebieten gab es schließlich die schon erwähnten permanenten Garnisonen und Dörfer mit Siedlern aus Zentralmexiko.

Im allgemeinen haben die Ethnohistoriker die vier Gegner der Azteken im rituell-zeremoniellen sogenannten 'Blumenkrieg' (*Xochiyaoyotl*) als unabhängige Staaten beschrieben. Von Tliliuhquitepec ist recht wenig bekannt, es scheint im besonderen der zeremonielle Gegner Tetzcocos gewesen zu sein. In den alten Chroniken und Archiven von Chalullan, Huexotzinco und Tlaxcallan finden sich nun aber viele Hinweise, die diese postulierte politische Unabhängigkeit in Frage stellen. So hatten die Adeligen von Tenochtitlan und Tetzcoco ihre eigenen 'zweiten Häuser' in Chalullan, wo sie während der dort gefeierten Quetzalcoatl-Rituale regelmäßig verweilten oder auch, wenn es dort sogenannte Gesangsfeste gab (Motolinia 1971:70-71; Schultze-Jena 1957:47-59). Pomar berichtet über sehr enge Verbindungen zwischen den Oberschichten von Tetzcoco und Tlaxcallan, und erwähnt die gegenseitige Hilfsverpflichtung im Falle eines bedrohlichen feindlichen Angriffs (Pomar 1941:42, 1964:195f.). Die frühkolonialen 'Padrones de Tlaxcallan' lehren uns, daß z.B. ungefähr 12% der Bevölkerung im wichtigen Landesteil Tizatlan von aztekischer Herkunft waren (van Zantwijk 1981). Diese aztekische Minorität lebte organisiert in ihren Einzelcalpollis (= örtliche sozio-ökonomische und rituell-zeremonielle Nachbarschaften), die jedoch zusammen mit tlaxcaltekischen örtlichen Gruppen größere Einheiten bildeten, was darauf hinweist, daß die Ansiedlung der Azteken dort schon in vorspanischer Zeit stattgefunden hat. Von Huexotzinco berichten auch die bekannteren geschichtlichen Quellen, daß die Azteken dort ständig intervenierten und daß auch dort Ansiedlungen aztekischer Bevölkerungsgruppen mit der Absicht gegründet worden waren, das durch die andauernd wütenden Blumenkriege geschwächte Huexotzinco wieder in die Lage zu versetzen, seine Verpflichtungen zu erfüllen (Pomar 1941:43, 1964:197).

Chalullan ist ein Sonderfall, denn an den Blumenkriegen scheint dieser Stadtstaat sich kaum beteiligt zu haben. Die Bewohner Atlixcos lieferten meistens den Anteil, der von Chalullan gefordert wurde. Aber Chalullan hatte noch eine ganz andere, wichtigere Funktion. Es war Mittelpunkt eines rituellen und zeremoniellen Netzwerks, dessen Existenz mit dem alten Quetzalcoatl-Kult verknüpft war und das von den Mesoamerikanern als *Coapancayotl* ('Was mit der Vereinigung zu tun hat') bezeichnet wurde (Chimalpahin 1963:84-85, 99-100). Man kann also Chalullan als eine Art kultische Hauptstadt Mesoamerikas am Vorabend der Conquista betrachten, und als solche spielte es eine wichtige Rolle in der aztekischen Politik, wie sich während der spanischen Eroberung klar herausstellte. Im übrigen hatte die *Coapancayotl*-Beziehung für die Azteken auch noch ganz bestimmte politische Konsequenzen. Sie betrachteten diese Art Teilgenossenschaft als eine Reichsangelegenheit und die betreffenden Gebiete als Provinzen, die vom Tribut freigestellt waren, in denen die aztekischen Behörden jedoch wenigstens eine beschränkte Autorität ausübten. – Wahrscheinlich ist die Idee von der politischen Unabhängigkeit der Blumenkriegprovinzen erst während der spanischen Eroberungszeit hervorgetreten, weil sie sowohl den spanischen Interessen als auch den Bestrebungen der mit den Spaniern verbündeten Fraktionen in Tlaxcallan und Huexotzinco diente.

Über die unabhängigen Staaten an den Grenzen des Reiches wird ausführlich von Davies berichtet (Davies 1968). Abgesehen von den schon erwähnten unabhängigen Staaten Michhuâcan (Taraskisches Reich) im Westen und Yopico (Tlapanekisches Reich) im Süden gab es noch einige mehr oder weniger bedeutende Rand- und Reststaaten im Norden, Süden und Osten. Im äußersten Westen grenzte die aztekische Provinz Cihuatlan oder Zacatollan an den ethnisch verwandten Staat Coliman, in den nur aztekische Kaufleute vordrangen, wo aber kriegerische Auseinandersetzungen offenbar nicht stattgefunden haben (van Zantwijk 1967:34; Litvak King 1971). Nördlich der zentralen Teilstaaten des aztekischen Reiches, aber noch innerhalb der eroberten Zone, bewahrten zwei andere kleine ethnisch verwandte Nahua-Staaten, Metztitlan und Tototepec, nach langen Zeiten sich immer wiederholender aztekischer Angriffe und darauffolgender Gebietsabtretungen eine unsichere politische Unabhängigkeit.

Weiter nordwärts lebten Völker und Stämme, die abwechselnd ganz oder teilweise innerhalb oder außerhalb des Reiches verweilten. Es waren zum größten Teil Otomi- oder sogenannte chichimekische Gruppen, die fast immer in verwandtschaftlichen Beziehungen mit schon länger im Reich angesiedelten ähnlichen Bevölkerungsgruppen standen. Von einer (fluktuierenden) Grenze kann man in diesem Fall kaum sprechen, höchstens von einer ständig sich bewegenden Grenzzone. Im Süden befand sich das mixtekische Tututepec in fast derselben Lage wie sein nördlicher Namensgenosse. Nördlich der Mixteca lag das Gemeinwesen von Teotitlan (del Camino), das sich freiwillig dem aztekischen Reich anschloß. Die Mixteken des Hochlands wehrten sich zwar längere Zeit, wurden aber fast alle schließlich unterworfen. Die Zapoteken vom Isthmus von Tehuantepec ließen sich auch ins Reich aufnehmen, aber erst nach einem langwierigen Verteidigungskrieg. Xoconochco wurde daraufhin mit Hilfe der seit kurzem verbündeten Zapoteken erobert.

Im äußersten Osten schloß sich ohne Schwertstreich das Quiché-Reich von Utatlan den Azteken an (Carmack 1981:142-143). In den Gebieten, die jetzt als Tabasco und Hochland von Chiapas bezeichnet werden, ist die Lage nicht ganz klar. Köhler hat mit Bezug auf Chiapas die Situation ganz deutlich dargelegt (Köhler 1978:67-73). Was Tabasco anbelangt, ist alles noch ziemlich ungewiß.

Bekannt ist, daß aztekische Kaufleute, insbesondere die sogenannten "Tarnkaufleute" (*Nahualoztomecâ*) häufig in dieses Gebiet vordrangen, aber sonst herrscht über die Lage des ganzen Gebiets zwischen Coatzacoalco und Xicalanco Ungewißheit. Wahrscheinlich haben die Azteken hier eine Interessensphäre geschaffen, ohne aber dieses Gebiet tatsächlich in ihr Reich aufzunehmen. Die Landkarte zeigt deshalb in dieser Richtung keine Grenze, sondern nur eine Übergangszone. Sichere Aussagen über den Verlauf der Grenzen oder Grenzzonen des Reiches können vielleicht nur noch folgen, nachdem die örtlichen Archive weiter untersucht worden sind.

Schließlich ist es sehr wichtig, in Betracht zu ziehen, wie die Azteken selbst über das Phänomen 'Staat' dachten. In dieser Hinsicht gibt uns der indianische Geschichtsschreiber Chimalpahin Auskunft, wenn er anläßlich des Jahres XIII Acatl (= 1427) beschreibt, wie die Mexikaner am Anfang ihres Unabhängigkeitskrieges gegen die Tepaneken als erste eigenständige Tat einen eigenen Gerichtshof gründeten (Chimalpahin 1963:91). Noch etwas ausführlicher beschreibt er das Wesen der nahuatoltekischen, und damit ebenfalls aztekischen Staatsidee in seiner Darstellung des dreiteiligen jung-toltekischen Reiches von Colhuâcan:

> "Zum zweiten Mal gründete man in Colhuâcan den Regierungssitz der dreiteiligen Oberherrschaft. Darum sprachen die Fürsten Recht, entweder um in Zivilverfahren und Strafverfahren zu vernehmen und zu richten, oder vielleicht um über Kriegsfragen zu entscheiden oder auch, um in Sonderfällen nach altem Herkommen zu richten." (Chimalpahin 1963:4).

Über den ersten unabhängig regierenden aztekischen Fürsten Itzcoatl bemerken die 'Anales de Cuauhtitlan':

> "In diesem Jahre (1432) konnte der Fürst von Tenochtitlan, Itzcoatzin, dadurch in Erscheinung treten, daß er überall über die Herrscher der von Bürgern bewohnten Städte gebot." (vgl. Lehmann 1938:239).

Die aztekische Staatsidee gründete sich also auf Rechtsverbindlichkeit und Obergewalt. Das aztekische Reich war somit gewissermaßen ein früher Rechtsstaat.

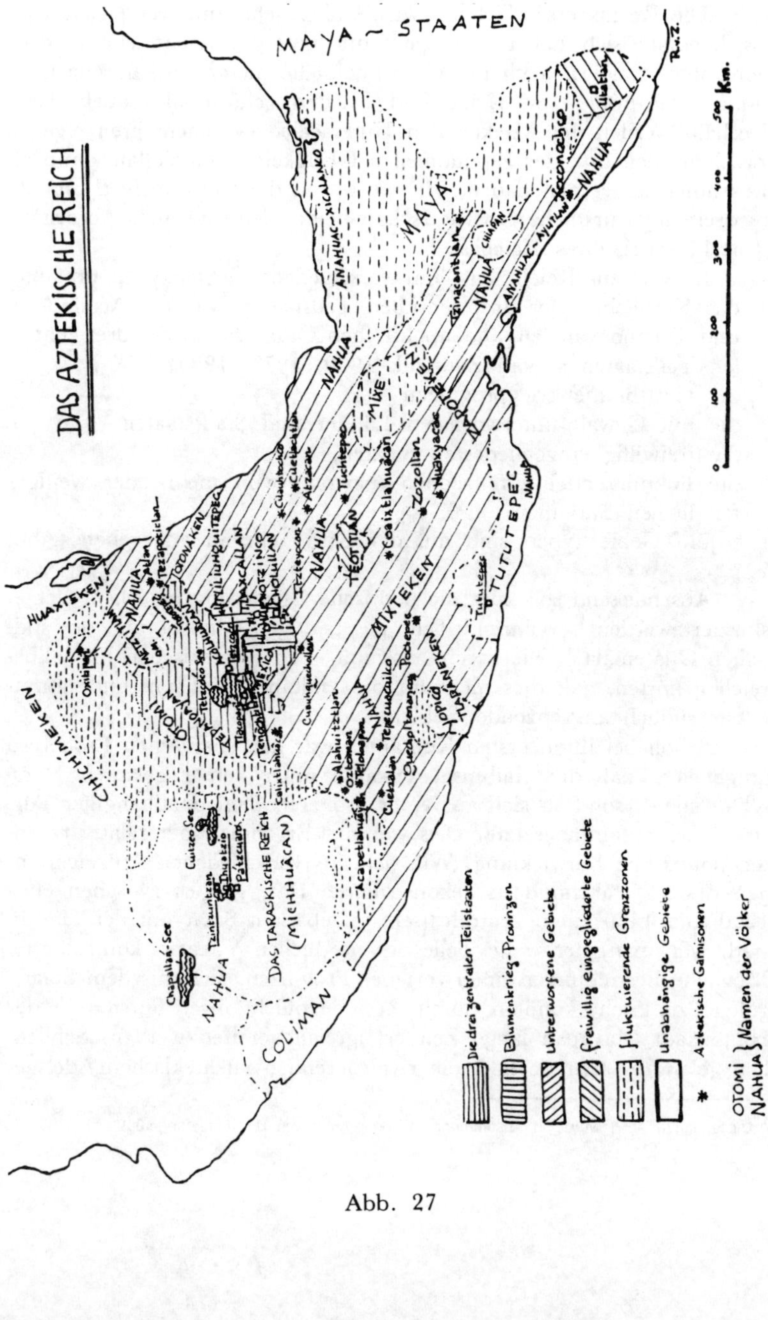
DAS AZTEKISCHE REICH
MAYA ~ STAATEN
CHICHIMEKEN
HUAXTEKEN
TOTONAKEN
TLAXCALLAN
MIXTEKEN
TUTUTEPEC
MAYA
ANAHUAC-XICALANKO
COLIMAN
DAS TARASKISCHE REICH
(MICHHUÁCAN)
Chapallan-See
Cuitzeo See
Pátzcuaro
Tzintzuntzan
0 100 200 300 400 500 Km.
R.v.Z.
Die drei zentralen Teilstaaten
Blumenkrieg-Provinzen
Unterworfene Gebiete
Freiwillig eingegliederte Gebiete
Fluktuierende Grenzzonen
Unabhängige Gebiete
Aztekische Garnisonen
OTOMI NAHUA } Namen der Völker

Abb. 27

Die Rechtsverbindlichkeit wurde aber sehr umfassend ausgelegt. Es handelte sich dabei nicht nur um innergesellschaftliche Angelegenheiten, sondern auch um die einheitliche mesoamerikanische Ordnung. Die Frage von Krieg und Frieden gehörte also auch dazu. Deshalb werden die Azteken den Unterschied zwischen ihren eigenen Zivilbehörden und der zeremoniellen Obrigkeit in Cholullan kaum als wesentlich angesehen haben. Für sie waren die *Coapancayotl* und ihre dreiteilige fürstliche Oberherrschaft beide Elemente ihres Autoritätsgeflechts oder ihres Reiches.

Es war ein Reich, das fünf verschiedene Gebietstypen umfaßte:
1. das Kerngebiet der drei zentralen Teilstaaten Mexîco, Acolhuâcan und Tepanoayan (zur innenpolitischen Organisation der drei zentralen Teilstaaten s. van Zantwijk 1969, 1973, 1985),
2. die vier Blumenkriegprovinzen,
3. die mit Gewalt unterworfenen Länder und Stadtstaaten,
4. die freiwillig eingegliederten Staaten,
5. die fluktuierenden Grenzzonen, bewohnt von mehr oder weniger feindlichen Stämmen.

Die fünf Gebietstypen sind auf der Karte einzeln angegeben (Abb. 27).

Abschließend soll kurz die politische Gliederung im Maya-Gebiet skizziert werden[1]. Während Teile des heutigen Chiapas und des südlichen Guatemala – wie bereits erwähnt – zum aztekischen Einflußbereich gehörten, galt dies nicht für die Halbinsel Yukatan und unmittelbar südlich angrenzende Gebiete.

Schon bei ihren ersten Kontakten war den spanischen Eroberern aufgefallen, daß die Halbinsel Yukatan unter keiner geeinten Herrschaft stand, sondern sich aus einer größeren Zahl unabhängiger Fürstentümer zusammensetzte. Dies war das Ergebnis einer relativ rezenten politischen Entwicklung. Wie sich aus verschiedenen Aufzeichnungen des 16. Jahrhunderts rekonstruieren läßt, gab es zwischen etwa 1200 und 1450 einen zentralistisch aufgebauten Staat mit der Hauptstadt Mayapan, der weite Teile des nördlichen Yukatan kontrollierte. Mögliche Bestrebungen unterworfener Provinzen, sich aus dem Staatsgefüge zu lösen, konnten durch Residenzpflicht ihrer Fürsten in der Hauptstadt Mayapan lange Zeit erfolgreich vereitelt werden. Schließlich gelang es aber doch einem rivalisierenden yukatekischen Adelsge-

1 Dieser kurze Abriß wurde in Abstimmung mit dem Autor von U. Köhler angefügt.

schlecht, Mayapan zu erobern und seine Vormachtstellung zu brechen (Thompson 1966:139ff.).

Bei der Ankunft der Spanier gab es allein im nördlichen Teil der Halbinsel Yukatan 16 unabhängige Provinzen. Diese waren teils angestammte Einflußbereiche dort ansäßiger Fürsten, teils dagegen das Ergebnis politischer Neuordnung in der Folge des Falles von Mayapan. Die Beziehungen zwischen diesen Staaten waren zumeist nicht friedlich, wobei es aber auch temporäre oder gar länger dauernde Allianzen gab. In ihrer inneren Struktur wiesen diese politischen Gebilde unterschiedliche Grade von Zentralisierung, wie auch formalisierter politischer Institutionen auf. Die Skala reichte vom unkoordinierten Nebeneinander der *batab* (Ortsvorsteher) bis zu ihrer zentralen Lenkung durch einen *halach winik*, den von der Hauptstadt aus regierenden Fürsten (Riese 1972:40ff.; Roys 1957, 1965).

Südlich und südwestlich daran schloß sich eine ebenfalls politisch differenzierte Zone an, die von den Quejache, Itzá und Chontal bewohnt war. Die beiden Erstgenannten siedelten im Inland des südlichen Campeche und angrenzenden Regionen des Petén, die Chontal dagegen im westlichen Campeche und angrenzenden Tabasco (vgl. Scholes and Roys 1968). Sie lebten also in einem Bereich, in dem sich mit Xicalanco ein Außenposten des anfangs umrissenen aztekischen Interessengebietes befand. Es verwundert deshalb auch nicht, daß die Spanier gerade dort im Mündungsgebiet der Flüsse Usumacinta und Grijálva erste Nachrichten über die Azteken und ihre reiche Hauptstadt erhielten (Díaz del Castillo 1968,I:67).

Literatur

Barlow, Robert H.

1949 The Extent of the Empire of the Culhua Mexica. Ibero-Americana, No. 28, Berkeley.

Carmack, Robert M.

1981 The Quiché Mayas of Utatlán. Evolution of a Highland Guatemala Kingdom. Norman.

Chimalpahin Quauhtlehuanitzin, Domingo de San Anton Muñon.

1963-65 Die Relationen Chimalpahin's zur Geschichte Mexikos. Aztekischer Text. Günter Zimmermann (Hg.). Universität Hamburg, Abhandlungen aus dem Gebiet der Auslandskunde, Bd.68-69. Hamburg.

Codex Mendoza

1938 Mexican Document of the 16th century in the Bodleian Library, Oxford, England. James Cooper Clark (Ed.). London.

Davies, Nigel

1968 Los Señoríos Independientes del Imperio Azteca. México.

Díaz del Castillo, Bernal

1968 Historia verdadera de la conquista de la Nueva Expaña. Biblioteca Porrúa 6-7. México.

Galarza, Joaquín
1972 Lienzos de Chiepetlan. México.

Hassig, Ross
1985 Trade, Tribute, and Transportation. The sixteenth-century political economy of the Valley of Mexico. Norman.

Köhler, Ulrich
1978 Reflections on Zinacantan's Role in Aztec Trade with Soconusco. Lee and Navarrete (Eds.) 1978:67-72.

Lee, Thomas A. and Carlos Navarrete (Eds.)
1978 Mesoamerican Communication Routes and Cultural Contacts. Papers of the New World Archaeological Foundation 40. Provo, Utah.

Lehmann, Walter (Hg.)
1938 Die Geschichte der Königreiche von Colhuacan und Mexico ('Anales de Cuauhtitlan' und 'Leyenda de los Soles'). Quellenwerke zur alten Geschichte Amerikas 1, Stuttgart.

Litvak King, Jaime
1971 Cihuatlan y Tepecoacuilco, provincias tributarias de México en el Siglo XVI. México.

Motolinía, Fray Toribio de Benavente o
1971 Memoriales o Libro de las Cosas de la Nueva España y de los Naturales de ella. México.

Pomar, Juan Bautista de
1941 Relación de Texcoco. In: Relaciones de Texcoco y de la Nueva España (Pomar y Zurita). México. — Auch in: A.M. Garibay (ed.): Poesía Náhuatl I:149-214. México 1964.

Riese, Berthold
1972 Geschichte der Maya. Stuttgart.

Roys, Ralph L.
1957 The Political Geography of the Yucatan Maya. Carnegie Institution of Washington Publication 613. Washington, D.C.
1965 Lowland Maya Native Society at Spanish Contact. Handbook of Middle American Indians 3:659-678. Austin.

Schultze Jena, Leonhard (Hg.)
1957 Alt-Aztekische Gesänge. Quellenwerke zur alten Geschichte Amerikas 6. Stuttgart.

Scholes, France V. and Ralph L.Roys
1968 The Maya Chontal Indians of Acalan-Tixchel. A Contribution to the History and Ethnography of the Yucatan Peninsula. Norman, Okla.

Thompson, J. Eric S.
1966 The Rise and Fall of the Maya Civilization. Norman, Okla.

Zantwijk, Rudolf A.M. van
1967a Servants of the Saints: The Social and Cultural Identity of a Tarascan Community in Mexico. Assen.
1967b La Organización de Once Guarniciones Aztecas, una nueva interpretación de los Folios 17v y 18r del Códice Mendocino. Journal de la Société des Américanistes de Paris 56:149-160. Paris.
1969 La Estructura Gubernamental del Estado de Tlacupan (1430-1520). Estudios de Cultura Náhuatl 8:123-55. México.
1973 Politics and Ethnicity in a Pre-Hispanic Mexican State Between the 13th and 15th Centuries. Plural Societies 4:23-52. Den Haag.
1981 Capita Selecta, Voor-Spaanse Geschiedenis. Universiteit van Amsterdam. Garderen.
1985 The Aztec Arrangement. The Social History of Pre-Spanish Mexico. Norman.

2. Das Aztekenreich: Soziale Gliederung und institutioneller Aufbau

Eike Hinz

Unter Aztekenreich wird der Dreibund der Herrschaftszentren Tenochtitlan, Tetzcoco und Tlacopan verstanden, der sich als Folge des Tepanenkenkrieges gebildet hatte und in den folgenden Jahrzehnten bis zur spanischen Invasion und Besetzung eine gemeinsame Machtpolitik betrieb. Während der vorangehende Artikel (1-IIb1) die etwaigen Grenzen des Aztekenreiches auslotet und die abgestuften Grade der Machtausübung innerhalb des Einflußgebietes umreißt, liegt hier der Schwerpunkt auf der Gesellschaftsstruktur der Metropole.

Teilung der Bevölkerung und Gesellschaftsentwicklung

Die aztekische Gesellschaft war geschichtet und staatlich organisiert; ihre Bevölkerung läßt sich nach folgenden Merkmalen einteilen: soziale Klassenzugehörigkeit, Geschlecht, lebenszyklischer Status (Alter, Familienstand u.ä.), Ausbildung, "Leistung", Privilegien und sozialer Status (z.B. Zugang zu "Luxusgütern", Amtspositionen, Empfang von Abgaben und Dienstleistungen, Landnutzungsrechte), Verpflichtungen (Tributabgaben und Dienstleistungen). Die Merkmale beeinflussen bzw. modifizieren einander z.T. (Tab. 6):

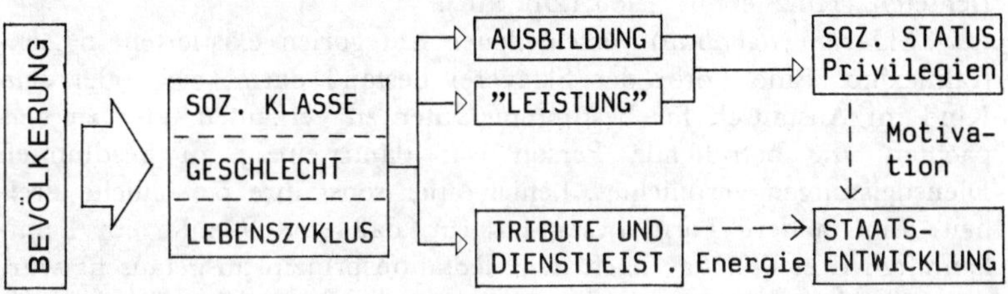

Tab. 6

Welche institutionellen Prozesse bewirkten nun aber, daß die aztekische Bevölkerung die eindrucksvolle Staats- und Reichsentwicklung trug? Ein Großteil der Bevölkerung war in der Nahrungsmittelproduktion tätig, teils als Bauern, teils als Landarbeiter. Insbesondere die städtischen Zentren wiesen jedoch spezialisierte Bevölkerungssegmente auf (Verwaltungsbeamte, Krieger, Priester, Kaufleute), die für die Reichsentwicklung konstituierend waren (s.u.). Prozesse, die die gesamte Bevölkerung zumindest des Kerngebiets erfaßten, betrafen insbesondere das Erziehungswesen (s.u.), das Weltbild betreffende Vorstellungen (Daseinsdeutung, Leistungsideologie) und die Erfahrung staatlicher Machtausübung (s.u.).

Soziale Klassen

Eine grundlegende Teilung bestand zwischen Adligen und Gemeinfreien. Die Ursprünge der Adelsschicht waren in den einzelnen Orten verschieden. In Mexico-Tenochtitlan z.B. galten die Nachkommen des ersten mexikanischen Herrschers (sg. *tlahtoani*) Acamapichtli als Adlige (sg. *pilli*; pl. *pipiltin*). Die Gemeinfreien (sg. *macehualli*; pl. *macehualtin*) machten die Masse der Bevölkerung aus. Unterschiede innerhalb dieser Bevölkerungsgruppe beruhten auf der Verfügung über unterschiedliche Landmengen, unterschiedlicher Tributpflicht und Arbeitsbelastung sowie auf weiteren haushaltsinternen Abhängigkeitsverhältnissen bei Waisen, Witwen, zugezogenen Verwandten oder sonstigen Aufgenommenen (Nichtverwandten). Eine wichtige Teilung innerhalb der Gemeinfreien betraf die Landgeber und Tributempfänger: *huel tequitqueh* (i.e.S. Tributpflichtige), die Land vom Siedlungsbezirk zur Verfügung gestellt bekamen (s.u.) und Tribut an den Herrscher (*tlahtoani*) entrichteten, und *itechpouhqueh* ("zu ihm Gehörende"), die das Land von Adligen bestellten und dafür ein Stück Land von diesen zugewiesen bekamen und keinen Tribut an den Herrscher entrichteten (Hinz et al. 1983,I:5ff.,9ff.).

Sklaven (*tlacohtin*) verschiedener Kategorien existierten in Zentralmexiko. Eine Form der Sklaverei bestand darin, sich oder sein Kind im Austausch für bestimmte Güter zu verkaufen oder zu verpachten; die betreffende Person war dann einzig zu bestimmten Dienstleistungen verpflichtet, behielt aber sonst ihre persönliche Freiheit. Eine andere Form bestand darin, daß eine Familie ein Familienmitglied stellte, das nach dem Rotationsprinzip ausgetauscht wurde. Eine dritte Form von Sklaverei war die Bestrafung für ein Verbrechen. Diese Sklaven trugen ein Halsjoch; sie waren unter bestimmten Bedingungen als Opfersklaven verkäuflich.

Über die Größe der Adelsschicht in den Dreibund-Städten gibt es keine Angaben (Tlaxcala um 1560: 7% Adlige; Huexotzinco um

1560: 14% Adlige – cf. Carrasco u. Broda 1976). Von der Größe der Sklavenschicht haben wir keine Vorstellung; sie scheint sich vor allem aus Kriegsgefangenen rekrutiert zu haben, die früher oder später geopfert wurden (Die Zahl der Sklaven, die der Zensus von Yauhtepec um 1540 verzeichnet, ist äußerst gering: > 0,5 %).

Soziale Mobilität

Auszeichnung im Krieg war innerhalb der Adelsschicht für den Aufstieg in politische und militärische Ämter und für den Zugang zu bestimmten Gütern und Privilegien von Bedeutung. Ähnliches galt für Angehörige aus der Schicht der Gemeinfreien (*macehualtin*), denen ebenfalls bestimmte militärische Ämter offenstanden. Zahl und Herkunftsort der Gefangenen, die ein Krieger gemacht hatte, waren für Art und Umfang der Auszeichnung entscheidend. Für den Aufstieg innerhalb der Priesterschaft galten bestimmte schulische und charakterliche Qualifikationen.

Die Priesterschule (*calmecac*) wurde vorzugsweise von Adligen besucht; deshalb stand auch der Aufstieg innerhalb der Priesterschaft vorzugsweise Adligen offen. Eine dritte Form sozialen Aufstiegs bestand für die Kaufleute (*pochtecah*), die durch die Anhäufung von Reichtümern Ansehen und Einfluß vergrößern konnten. Allerdings war der Zugang zu dieser Gruppe streng reglementiert; in Tenochtitlan scheint er auf Bewohner der *calpoltin* Pochtlan und Acxotlan beschränkt gewesen zu sein. Sozialer Abstieg wurde als Konsequenz von Normenbrüchen bzw. Verfehlungen berichtet: Flucht im Krieg, Dienstverfehlungen bei Richtern und Tributbeamten (im Fall adliger Richter und Tributbeamter wurde die gesamte Kernfamilie zu *macehualtin* gemacht, der Besitz wurde konfisziert). Darüber hinaus war bei Verwitwung und Verwaisung eine Minderung des sozialen Status (im Sinne einer größeren Abhängigkeit von anderen Personen) feststellbar.

Ausbildungssystem

Zumindest in den Dreibund-Städten bestand eine Art allgemeiner Schulpflicht. Die gesamte männliche und weibliche Bevölkerung eines bestimmten Alters (zwischen ca. 12-15 und dem Zeitpunkt der Heirat) wurde von den zwei staatlich kontrollierten Erziehungsinstitutionstypen erfaßt: von der Priesterschule (*calmecac*) und von der Kriegerschule (*telpochcalli*) bzw. der Mädchenschule (*ichpochpan*). Sie sind in Tab. 7 näher beschrieben.

Die besondere Bedeutung dieser Erziehungsinstitutionen für die Entwicklung des aztekischen Reiches und seiner Gesellschaft liegt in den folgenden Funktionen: 1. allgemeine Sozialisation der Bevölkerung ins kulturelle Normensystem; 2. standardisierte Ausbildung für bestimmte Berufe und Ämter; 3. Kriegsdienstleistung und Organisation des Kriegsdienstes; 4. Arbeitsdienstleistung und Organisation öffentlicher Arbeiten (Bauvorhaben wie Tempel, Dämme, Palastanlagen u.ä.).

	CALMECAC	*TELPOCHCALLI* bzw. *ICHPOCHPAN*
Herkunft der Schüler	soziale Oberschicht (auch Unterschicht)	soziale Unterschicht (auch Oberschicht)
Ausbildungsziel	Priester/Hohe Staatspositionen (weibl. Priesterinnen/ hausfraul. Tätigkeiten)	Krieger/militärische Positionen (weiblich: hausfrauliche Tätigkeiten)
Geschlecht	Jungen/Mädchen	Jungen/Mädchen
Zuordnung	Tempelbezirk (*teocalli*)	Wohnbezirk (*calpolli*) *tlaxilacalli*
Lehrer	Priester	Militär. Anführer (*telpochtlahtohqueh*); Mädchen-Anführer (*ichpochtlahtohqueh*)

Tab. 7

Für Tetzcoco ist eine spezielle Ausbildungsstätte für die Ausbildung der Nachkommen aus der königlichen Linie überliefert (Disc. Mex. 10r,11r). Der Lehrplan umfaßte demnach für die männlichen Nachkommen des Adels von Tetzcoco die folgenden Lehrinhalte: 1. Lebensregeln und Ethik; 2. Ausbildung an Kampf- und Jagdwaffen; 3. Ausbildung in Kunsthandwerken; 4. Unterweisung im Komponieren von Gesängen, in der Redekunst, in der Aufführung religiöser Tänze; 5. Unterweisung in Kosmologie, Himmelskunde und Götterlehre; 6. Ausbildung in Feld- und Gartenbau. Unter ökonomischen Gesichtspunkten sind 3. und 6. (Systematisierung landwirtschaftlichen Wissens!) besonders interessant.

Haushalt

In einigen Gebieten (z.B. dem heutigen Morelos) scheint der Haushalt die tribut-zahlende Einheit gewesen zu sein; in anderen Gebieten scheint das *calpolli* (s.u.) diese Funktion gehabt zu haben (cf. Dyckerhoff u. Prem 1978; Zorita 1941).

Über die urbanen Haushalte in Mexico-Tenochtitlan, Tetzcoco usw. wissen wir fast nichts. Nach den statistischen Daten für Morelos um 1540 (cf. Hinz et al. 1983) hatte ein verheiratetes Paar idealerweise auch einen eigenen Haushalt und entrichtete eigenen Tribut auf der Grundlage geschlechtlicher Arbeitsteilung. Die Abweichungen scheinen sich aus der Aufgabe zu ergeben, die Variablen Landgröße, Haushaltsgröße und Arbeitsbelastung zu optimieren. Die quantitativen Daten für Tepoztlan lauten : 12.062 Personen; 3.200 verheiratete Paare; 552 Witwer; 860 Witwen; 4.248 Kinder; 2.200 Haushalte; im Durchschnitt: 5,4 Personen/Haushalt; 1,4 Paare/Haushalt (Carrasco 1964:337).

Die Funktionen des Haushalts (und von Verwandten-Haushalten) sind: Kindererziehung (cf. Cod. Mendoza III:58r.ff.), Berufsausbildung (ebd.:70r), Fortpflanzung, Ernährung und Feldarbeit, soziale Sicherung, Tributproduktion u. -abgabe (cf. Hinz et al. 1983).

Calpolli (Siedlungsbezirk)

Die aztekische Bevölkerung war in *calpoltin* organisiert. Die Diskussion dieser Organisation in der Fachliteratur ist z.T. sehr verworren, läßt sich u.E. aber weitgehend entwirren (cf. Carrasco 1971). *Calpolli* bedeutet: 1. Siedlung oder Siedlungsbezirk als territoriale Einheit; 2. die darin zusammen siedelnde Bevölkerung: 3. religiöse Schreine oder Häuser im Tempel- bzw. Siedlungsbezirk (cf. Sahagún 1950-69,II);

4. der Siedlungsbezirk als Verwaltungseinheit mit politischen Funktionen. Die aztekischen Ausdrücke *calpolli*, *tlaxilacalli*, *chinancalli* und *chinamitl* wurden offenbar synonym verwendet; sie scheinen – zumindest in einigen Quellen – untereinander austauschbar zu sein. Der Ausdruck *calpolli* kann siedlungshierarchisch auf verschiedenen Ebenen verwendet werden.

Mit den verschiedenen Signifikaten von *calpolli* überkreuzen sich verschiedene Funktionen und organisatorische Merkmale der Siedlungsbezirke sowie bestimmte soziale und wirtschaftliche Merkmale der Bevölkerung in diesen Siedlungsbezirken.

Das *calpolli* war die landbesitzende und Land zur Verfügung stellende Einheit von der Zeit her, da die Besiedlung durch die Bevölkerung des *calpolli* erfolgte. Die Haushalte hatten Landnutzungsrecht über ein eigenes Feld (dieses Land konnte an das *calpolli* zurückfallen, wenn es zwei Jahre lang nicht bearbeitet wurde bzw. wenn keine Erben oder Nachfolger vorhanden waren (Zorita 1941:88; Hinz et al. 1983,I:35). Nach Zorita wurde für den Vorsteher eines *calpolli* ein Feld kollektiv bestellt. Der Vorsteher eines *calpolli* stellte über dieses und seine Bewohner bilderschriftliche Informationen zusammen.

Zu den administrativen Amtsträgern eines *calpolli* scheinen gehört zu haben: Exekutivbeamte (sg. *achcauhtli*), Tributsammelbeamte (sg. *calpixqui* und *tequitlahtoh*), Anführer beim Arbeitsdienst (sg. *tlayacanqui*). Den *calpoltin* zugeordnet waren Erziehungeinstitutionen wie die Kriegerschule (*telpochcalli*); besonders wichtig erscheint ihre Funktion, die jugendliche Bevölkerung bis zur Heirat für den Kriegs- und Arbeitsdienst zu organisieren. Den *calpoltin* scheinen auch die Tempelbezirke zugeorndet gewesen zu sein; jedoch bleibt deren Organisation unklar.

Mit diesen Funktionen überschneiden sich korrelierende Bevölkerungsmerkmale, wie z.B. handwerkliche Spezialisierung (cf. Tetzcoco: Ixtlilxochitl 1975-77,I:444,II:10); für Tenochtitlan werden z.B. die Bezirke Pochtlan und Acxotlan für die Kaufleute, Amantlan für die Federkunsthandwerker genannt (cf. Sahagún 1950-69,IV,IX). Eine Korrelation zwischen Wohnbezirk und sozialer Schichtung ist möglich, wenn in bestimmten *calpoltin* z.B. mehr Adlige als in anderen siedelten.

Für eine ganze Reihe von *calpoltin* sind ethnische Besonderheiten faßbar, etwa daß in ihnen z.T. Personen gleichen ethnischen Ursprungs siedelten (für Tetzcoco: Hicks 1982:236; für Chalco: Chimalpahin; für Yauhtepec: Hinz et al.1983,I:46ff.,70ff.; II:106ff.). Ungewiß ist das Ausmaß verwandtschaftlicher Beziehungen innerhalb eines *calpolli* (cf. Hinz et al. 1983). Die Auffassung vom *calpolli* als Deszendenzgruppe ist für Zentralmexiko schwer zu begründen.

Staat, Stadt und Verwaltungszentrum (Palast)

Das aztekische Reich bestand aus den politischen Herrschaftszentren Mexiko-Tenochtitlan, Tlacopan und Tetzcoco, die den Dreibund bilden, den unmittelbaren Einflußzonen (dem sog. "Kerngebiet"), die jeweils einem der drei Herrschaftszentren direkt zugeordnet waren, sowie den tributpflichtigen peripheren Gebieten. Kerngebiet und Peripherie waren intern in lokale Herrschertümer mit zentralen Orten (Städten) und davon abhängigen Orten gegliedert. Die Orte selbst waren in Siedlungsbezirke (*calpoltin*) gegliedert.

Herrscherposition und Regierung

Die Herrscherposition (*tlahotoani*) wurde in Mexiko-Tenochtitlan mit den Nachkommen der Hauptlinie (pl. *tlazohpipiltin*) Acamapichtlis besetzt, wobei die Herrscherwürde manchmal auf die Brüder des toten Herrschers überging (Carrasco 1971). Sahagún beschreibt, daß bei der Wahl des Herrschers fast die gesamte Verwaltungsspitze und bestimmte militärische und religiöse Funktionsträger beteiligt gewesen seien (1950-69,VIII:61). Somit war wohl eine breite Absicherung der Wahl des Herrschers gegeben. Zusammen mit dem Herrscher wurden vier "Helfer" (*tecutlahtohqueh*; Richter) gewählt; die genauen Amtsbezeichnungen dieser vier variieren (ebd.:6,62; ders. 1905:118f.). Es scheint sich dabei um die Rechts- und Militärberater des aztekischen Herrschers gehandelt zu haben. In diesem Zusammenhang wird in den Quellen der Crónica-X-Grupppe die Position des *cihuacoatl* hervorgehoben, in anderen Quellen nicht (cf. Tschohl 1987). Zwei Listen bei Sahagún (1905:119f.; 1950-69,VII:51ff.) geben Einblick in Aufgabenkreis und Tätigkeiten des Herrschers (*tlahtoani*). Die berichteten Tätigkeiten lassen Rückschlüsse auf die funktionale Differenzierung des politischen Systems zu (vgl. Tab. 8).

Funktionen	Strukturen/Handlungen
Existenzsicherung (Außenaspekt)	öffentliche Sicherheit, Bewachung; territoriale Integrität
Existenzsicherung (Innenaspekt)	Riten
Integration	Erziehungswesen; soziale Kontrolle (Rechtsprechung); öffentliche Ansprachen (z.B. Gerichtstage; Tänze, Gesänge, Riten (Kalenderfeste); Spiele (Ballspiel)
Verteilung von Gütern, Werten, Ämtern	bei Riten (Maisknappheit); bei Kriegsbeginn; als Kriegsauszeichnung; bei Spielen; Einsetzung in Ämter
Konfliktlösung (Innenasp.)	Rechtssprechung
Konfliktlösung (Außenasp.) Vorherrschaftserweiterung	Militär, Kriegswesen; internat. Beziehungen
Planung	Informationsbeschaffung u. -speicherung; Konzentration von Ressourcen u. Arbeitskräften; Kriegsplanung

Tab. 8

Die politischen Entscheidungen waren teils Routine-Entscheidungen (z.B. Rechtssprechung, wiederkehrende Riten), teils Krisen-Entscheidungen (Natur-, Hungerkatastrophen; Kriegskrisen).

Aufbau des Verwaltungszentrums (Palast)

Detaillierte Angaben über den Aufbau der staatlichen Verwaltung sind in Sahagúns Beschreibung der königlichen Palastanlage in Tenochtitlan (1950-68, VIII:41ff.) und in Ixtlilxochitls Bericht über Tetzcoco (1975:77,II:92ff.) enthalten.

Neben den Wohnräumen der königlichen Lineage befanden sich im Palast zahlreiche weitere Gebäude, über deren jeweilige Funktion Tab. 9 Auskunft gibt.

Ökonomisch sind die folgenden Einheiten von Belang: Das Tributwesen wurde anscheinend zentral im Königspalast verwaltet (cf. die Liste der Vorsteher der einzelnen Tribut-Provinzen des aztekischen Reiches bei Sahagún (1950-69,VIII:51). Zu den Funktionen der *calpixqueh* zählte die Verköstigung der Menschen im Palast, offenbar auf der Grundlage der Lebensmitteltribute. Kunsthandwerker (pl. *toltecah*) und Federarbeiter (pl. *amantecah*) arbeiteten z.T. (ebd. IX:91) zentral in den Tributmagazinen bzw. im Palast. Dies zeigt die staatlich geförderte – und z.T. auch kontrollierte – Herrstellung von "Luxusgütern". Darüberhinaus ist die Zentralisierung öffentlicher Arbeit über die Erziehungsinstitution(en) hervorzuheben. In diesem Zusammenhang ist die Frage von Bedeutung, ob die zentral untergebrachten Kriegsgefangenen als Arbeitskräftereservoir oder als Menschenopfer (oder beides) aufzufassen sind.

Bei der Rechtssprechung, die wahrscheinlich in Mexiko für das städtische Herrschaftszentrum und das dazugehörige Kerngebiet wie in Tetzcoco (cf. Ixtlilxochitl 1975-77,II:93ff. u. Offner 1983) zentralisiert gewesen ist, ist die Gliederung in zwei Kammern hervorzuheben (Untersuchung und Entscheidung). Sahagún beschreibt ausführlich die richterlichen Untersuchungen: Vernehmung der Rechtsparteien, Ermittlung von Zeugen, bilderschriftliche Fixierung des Sachverhalts. Die Angehörigen dieser Richterkammer wurden als "nichtadlig", als "*mexihcah pipiltin*" (mexikanische Abkömmlinge) bezeichnet. In der oberen Richterkammer, die ausschließlich aus Angehörigen der königlichen Linie (*tlazohpipiltin*) bestand, wurden die Entscheidungen gefällt; außerdem wurden vor dieser Kammer die Vergehen von Adligen untersucht und gerichtet.

Aufschlußreich ist die zentrale Einbindung der Erziehungsinstitutionen, insbesondere der Priesterschaft. Dies zeigt die staatliche Kontrolle der Religion. Religion und Militär trugen den Staat – vertreten durch den Herrscher – mit. Als einzige relevante Gruppe waren möglicherweise die Kaufleute (pl. *pochtecah*) nicht im Palast repräsentiert.

Die zwischenstaatlichen Beziehungen scheinen vielfältige Formen gehabt zu haben: Kriege und "Blumenkriege" (s.u.), Heiratsallianzen und politische Allianzen, Konsultationsbeziehungen, Staatsbesuche be-

Funktionen	Azt. Bezeichnung	Funktionsträger
1. Tributwesen a) Versammlungshaus der Vorsteher der Tributbezirke	*calpixcalli*	*calpixqueh* (Vorsteher der Tributbezirke)
b) Vorratshaus, Magazin für Tribute	*petlacalco*	
2. Rechtsprechung a) Obere Richterkammer Adelsgericht; Todesurteile	*tlacxitlan*	*tecutlahtohqueh* (*tlahtohqueh tlahzopipiltin*) (Richter; Herrscher, Nachkommen aus der königl. Hauptlinie)
b) Untere Richterkammer (Untersuchungsrichter)	*teccalli*	*tecutlahtohqueh*; *tetecutin* (Richter; Herr)
c) Amt der Vollstreckungsbeamten	*achcauhcalli*	*achcacauhtin* (Vollstreckungsbeamte, Henker)
	tiacahuan	(militärische Anführer)
3. Kriegswesen a) Versammlungshaus der militär. Führung	*tequihuacacalli/ quauhcalli*	*tlacochcalcatl* u. *tlacatecatl* (*tiacahuan*) (Generalität)
b) Gesangshaus	*mixcoacalli*	*mahcehualcuicanimeh* (Tänzer und Sänger)
4. Öffentliche Arbeit/ Erziehung a) Versammlungshaus der Vorsteher	*cuicacalli* (Gesangshaus) der *telpochcalli*	*telpochtlahtohqueh* (*tiachcahuan*)
5. Zwischenstaatliche Beziehungen	*coacalli* (Gästehaus)	andere Herrscher (*novian tlahtohqueh*, befreundete und feindliche)
6. Religion/ Priesterschaft	*Mexihco calmecac* (Priesterschule)	*mexihco teohuah* (Oberpriester)

Tab. 9

freundeter und feindlicher Herrscher, für die es in Tenochtitlan und in Tetzcoco ein Gästehaus im königlichen Palast gab. Es gab anscheinend Anlässe (z.B. bestimmte Feste), zu denen befreundete und feindliche Herrscher regelmäßig nach Mexiko oder Tetzcoco kamen. Hierbei handelte es sich um eine Art von Staatsbesuchen, für die möglicherweise die Demonstration der Macht des einladenden Staates ein Motiv war.

Von besonderem Interesse ist die Episode der Hinrichtung Chalchiuhnenetzins, der Tochter des mexikanischen Königs Axayacatl, die mit dem König von Tetzcoco, Nezahualpilli, verheiratet war und des Ehebruchs angeklagt wurde: ein Versuch, Mexiko-Tenochtitlan zu demütigen, zumal auch feindliche Herrscher eingeladen waren ("sehr schämten sich die Mexikaner", Disc. Mex. 11r)?

Zwischen den Herrschern der Dreibund-Städte gab es regelmäßige Konsultationsbeziehungen (cf. Zorita 1941:74f.; Pomar 1941:34), z.B. bei Kriegsentscheidungen (Sahagún 1950-69,VIII:52) und in Krisenfällen, z.B. bei der Ankunft der Spanier (ebd. XII:43). Diese Konsultationsbeziehungen sind im Detail schwer rekonstruierbar. Alle drei Herrschaftszentren lagen jedoch sehr nahe beieinander, insbesondere auf dem Wasserweg. Von ganz zentraler Bedeutung waren anscheinend die Heiratsallianzen. Durch Heiratsallianzen waren z.B. Tenochtitlan und Tetzcoco verbunden, aber auch Tetzcoco und die Herrschertümer (*tlahtohcayotl*) des tetzcocanischen Kerngebietes. Die Bildung und Aufrechterhaltung von Heiratsallianzen scheint ein Mittel gewesen zu sein, politische Loyalität zu stiften und zu sichern. Die Blumenkriege (*xochiyaoyotl*), die z.B. zwischen dem Dreibund und Tlaxcala und Huexotzinco bestanden, scheinen nach einigen Chronisten (Pomar 1941:41f.) dem ständigen Training der Krieger und der Beschaffung von Opfergefangenen gedient zu haben.

Politische Sozialisation

Besondere Beachtung verdienen die Formen politischer Sozialisation der Bevölkerung eines Herrschaftsgebietes, z.B. einer Stadt; in regelmäßigen Abständen (z.B. alle 80 Tage in Tetzcoco) wurden die Amtsträger, z.T. aber auch die gesamte Bevölkerung des betreffenden Ortes versammelt, und ihnen wurden vom *tlahtoani* oder von den *tecutlahtohqueh* soziale Normen, Aufgaben und weltbildhafte Vorstellungen und Zusammenhänge vergegenwärtigt (cf. Sahagún 1905:134-40; 1950-69,VI:47-85).

Staatlich kontrollierte Organisationen

Militärorganisationen

Die aztekische Gesellschaft – insbesondere Mexico Tenochtitlan – war eine Kriegergesellschaft; so wurde z.B. eine gebärende Frau mit einem Krieger verglichen und als "junger Mann" (!) bzw. "Krieger" bezeichnet (Sahagún 1950-69,VI:167). Ein ausgeprägtes militärisches Leistungs- und Aufstiegssystem ist uns überliefert; es wurde bestimmt durch die Schichtzugehörigkeit des Kriegers (ebd. VIII:53) und durch die Zahl und Herkunft der Gefangenen, die er gemacht hatte (ebd. 76f.,87f.; C. Mendoza III:63r-65r,66r-67r). Die männliche "wehrpflichtige" Bevölkerung war nach Wohnbezirken in den Erziehungsinstitutionen erfaßt und wurde laufend kriegerisch geschult. Sie hatte vermutlich Funktionen eines stehenden Heeres.

In den Chroniken wird verschiedentlich behauptet, daß es Militärgesellschaften gegeben habe (z.B. Durán 1967; Katz 1956). Es ist jedoch fraglich, ob hier nicht eine Verwechslung mit dem ausgeprägten System militärischer Ränge und Privilegien vorliegt. Zumindest sind jedoch mit dem *tequihuacacalli* und dem *cuicacalli* Gebäudekomplexe im Königs-Palast vorhanden, in denen sich bestimmte militärische Ränge regelmäßig versammelten und aufhielten.

Religiöse Organisation

Die Verknüpfungen von Staat – repräsentiert durch den Herrscher – und religiöser Organisation waren vielfältig. Die staatliche Aufsicht (Sahagún 1950-69,VIII:81) ist bereits erwähnt worden. Aufschlußreich sind die Funktionen der Priesterschaft: a. Bewältigung kritischer Situationen, z.B. Hunger und Krieg (ebd. VI:1ff.,11ff.); b. Ausführung von Zeremonien zur Aufrechterhaltung der Weltordnung (ebd. II, VII:27); c. Ausformung des Weltbilds und Daseinsdeutung (C. Mendoza III:62r-63r; Disc. Mex. 10; Sahagún 1950-69,III:11-12; II:68); d. Mitwirkung an der Legitimation politischer Herrschaft (ebd. VI:

17ff.,54); e. Mitwirkung bei der Wahl politischer Funktionsträger (ebd. VIII:61); f. Mitwirkung in der Erziehung, besonders der Priesterschule (*calmecac*) (ebd. III:59ff.,VI:209ff.); g. Militärdienst und Arbeitsdienst (C. Mendoza III:61r-64r; Sahagún 1950-69,VIII:72, Hinz 1983:107, Z 104).

Die Staatsideologie räumte der Priesterschaft eine prominente Rolle ein: Das Blut der Gefallenen bzw. der geopferten Kriegsgefangenen ist für die Ernährung der Erde und der Sonne lebensnotwendig; Krieg und Opfer erhalten die Welt aufrecht (vgl. 1-IIc1). In diesem Sinne diente aztekische Kriegspolitik der Welt-Erhaltung. Kriege wurden im Auftrag der Gottheit Huitzilopochtli geführt. Opfer und Riten dienten der Sicherstellung der Ernten und damit menschlicher Existenz (cf. Sahagún 1905:120,142).

Die Priesterschaft war hierarchisch gegliedert (ders. 1950-69, III:67); hochrangige Priester übten Aufsichtsfunktionen über Priesterschulen und über andere Priester aus (ebd. II:193). Die Priester waren differenzierten Lebensregeln unterworfen (ebd. III:63ff.).

Kaufmannschaft, Markt und Fernhandel

Eine äußerst wichtige soziale Gruppe neben den Adligen und den Gemeinfreien bildeten in den Dreibund-Zentren die Fernkaufleute (pl. *pochtecah*), die in Mexiko aus bestimmten Wohnvierteln hervorgingen (ebd. IV:12). Innerhalb dieser Kaufmannsschicht konnten aztekische Fernkaufleute durch Erfolg und Leistung sozial und wirtschafltich hoch aufsteigen. Die Fernkaufleute organisierten Handelsexpeditionen in fremde Gebiete, traten dabei als Kommanditisten des aztekischen Königs auf und übernahmen als seine Bevollmächtigten zentrale Aufgaben im Rahmen aztekischer Eroberungspolitik (Spionage, formelle Verhandlungen). Die Kaufleute hatten ihre eigene Organisation mit eigenen Zeremonien und "potlatch"-ähnlichen Banketten (ebd. IX, IV:121ff.). Trotz ihrer engen Beziehung zum aztekischen Staat (cf. Ernennung des *pochtecatlailotlac*, ebd. VIII:61) und ihrer wichtigen Funktion im Rahmen aztekischer Eroberungspolitik war die Rolle der Fernkaufleute ambibalent; Sahagún berichtet von Rivalität mit Kriegern und gelegentlichen Übergriffen des Herrschers (ebd. IX:31-32). Die Kaufleute scheinen in ihrer Stellung als "Neureiche" Legitimationszwängen ausgesetzt gewesen zu sein (cf. Hinz 1980). Die eigene Organisation der Kaufleute bezog sich nicht nur auf die berufliche

Schulung, auf die Organisierung der Handelsexpeditionen und auf eine eigene Gerichtsbarkeit (Sahagún 1950-69,IX:23), sondern auch auf das Zusammenwirken mit den Kaufmannschaften aus anderen Städten (ebd.:24) und auf die Einrichtung von Lagern, wie in Tochtepec (ebd.:48-49). An die Kaufmannschaft war vom Herrscher die Aufgabe delegiert, die Ordnung auf dem Markt aufrechtzuerhalten (ebd.:24; ebd. VIII:67f.): Aufsicht über Preise, über Stände der Händler, Ahnung von Unregelmäßigkeiten. Die Aufsichtsbeamten des Marktes wurden anscheinend vom Herrscher ernannt; sie unterstanden seiner Rechtsaufsicht.

Es scheint im Kerngebiet eine Reihe spezialisierter Märkte gegeben zu haben (Hassig 1985). Der Markt war staatlich kontrolliert; auf ihm konnten auch Leute aus der Unterschicht Handel treiben und kaufen. Auf den Märkten wurden lokale Waren und Fernhandelswaren angeboten. Als Tauschäquivalente dienten u.a. Kakaobohnen und Decken. (vgl. auch 1-IIc5).

Redistribution und "Luxusgüter"

Die Dynamik der aztekischen Gesellschaft beruhte zu einem großen Teil auf einem staatlich kontrollierten System von Auszeichnungen und Prestigegütern; hierzu gehörten Ämter und Titel, bestimmte Kleidungsstücke und Luxusgüter, soziale Anerkennung in Form von Einladungen zu Banketten am Königshof, Teilnahme an Versammlungen z.B. im *quauhcalli*, dem Haus der Krieger (Sahagún 1950-69, VIII:88). Der motivierende Mechanismus war die strikte Bindung an Verdienste im Krieg und das exklusive Recht des Herrschers (*tlahtoani*), die Güter zuzuweisen. Der Zugang zu diesen Gütern über Leistungen im Krieg war zweifellos eine der Triebkräfte beim Aufbau des aztekischen Reiches. Einen Katalog dieser Luxusgüter überliefert uns Sahagún (1905:131-33): verschiedene kostbare Federn, verschiedene Edelsteine, Kakao und Baumwolle, die auf besonderen Feldern des Herrschers angebaut wurden (einfache Leute durften nur Kleidung aus Agavefasern tragen), kostbare Mäntel, u.a. gemusterte Federmäntel, "kostbare" Häuser und "kostbares" Holzmaterial für den Bau von Schlitz- und Standtrommeln, Edelmetalle wie Gold und Silber, Bauholz, bestimmte Gesteine (z.B. Obsidian), bestimmte Sorten von Matten, Kleidung für adlige Frauen, Tabak, bestimmte Ledersorten und Sandalen, bestimmte Speisen. Zu den Vorrechten des Herrschers werden auch das Ballspiel und das Patolli-Spiel gerechnet. Widerrechtliche Aneignung dieser Güter – ohne Autorisierung durch den Herrscher – wurde mit dem Tod geahndet. "Niemand konnte es sich aneignen (das Vorrecht des Herrschers); obgleich er ein Adliger ist, wenn er kein tapferer Krieger ist, konnte er es sich nicht aneigenen (bekam er es nicht), nur wie ein Gemeinfreier (*macehualli*) lebte er dann, wenn er kein tapferer Krieger war" (Sahagún 1905:133).

Der Reichstribut brachte die Luxusgüter in die Dreibund-Städte und die Herrscher verteilten einen großen Teil dieser Güter. Diese Redistribution ist für das Verständnis des Wirtschafts- und Motivationsmechanismus gleichermaßen wichtig. Die Anlässe für Güterverteilungen waren vielfältig: vor Kriegsbeginn Verteilung von kostbaren Devisen und Schildern an die verdienten Krieger und im Krieg ausgezeichneten Adligen. Mäntel, Schambinden, Lippenpflöcke, Nahrungsmittel wurden an diejenigen verteilt, die sich im Kampf ausgezeichnet hatten (Sahagún 1950-69,VIII:53); an solche aus der königlichen Linie wurden u.U. auch Aufsichtsposten über Tributbezirke (*calpixcantli*) vergeben (ebd.:53). Bei öffentlichen Tanz- und Gesangsanlässen (ebd.:56) wurden an die Funktionsträger und verdienten Krieger, Leiter der Kriegsschulen und an die Sänger Speise und Trank verteilt (ebd.:56). Im Palast wurden aus den Nahrungsmitteltributen anscheinend alle staatlichen Funktionsträger, Gesandte, Bedienstete des Palastes, Kunsthandwerker, Priester und Sänger verköstigt (ebd.:39). Hervorzuheben sind die Redistributionen beim Fest *Tecuilhuitl* (ebd. II:92-93), wenn der Mais knapp war, Hunger herrschte und der Herrscher Nahrungsmittel verteilen ließ. Güterverteilungen fanden auch an anderen Festen statt, z.B. *ochpaniztli*. Diese Feste hatten anscheinend das Ziel, bestimmte Bevölkerungsteile, vor allem Krieger und Funktionsträger, enger an den Herrscher zu binden und Loyalität zu vergegenwärtigen und aufrechtzuerhalten. Eine wichtige Form der Redistribution waren Ballspiel und Patolli-Spiel. Hier spielte jeweils eine Mannschaft gegen Repräsentanten des Herrschers; die Unterschicht spielte zusammen mit dem Herrscher und bekam im Fall des Gewinns die Güter, die der Herrscher als Spieleinsatz hatte herbeitragen lassen.

Wertsystem

Ein entscheidender Motor der aztekischen Gesellschaft in Zusammenhang mit der Reichsentwicklung war ein Wertesystem, wie wir es besonders deutlich für die Kaufmannschaft, aber bis zu einem gewissen Grad auch für die Krieger rekonstruieren können: die Orientierung an Leistung unter hohem Risiko, Prestige und Besitz an Statusgütern (cf. Hinz 1980).

Literatur

Carrasco, Pedro
1964 Tres libros de tributos del Museo de México y su importancia para los estudios demográficos. Actas y Memorias del XXXV Congreso Internacional de Americanistas 3:373-378. México.
1971 Social Organization of Ancient Mexico. Handbook of Middle American Indians 10:349-375. Austin.
Carrasco, Pedro y Johanna Broda et al.
1976 Estratificación social en la Mesoamérica prehispánica. Economía política e ideología en el Mexico prehispánico. México.
Codex Mendoza (Ms. 16. Jh.)
1925 Colección de Mendoza o Códice Mendocino. Francisco del Paso y Troncoso (ed.). México. (Nachdruck 1980).
Discursos en Mexicano (Ms. 17. Jh.)
1986 Discursos en Mexicano. Eike Hinz (Hg.). Acta Mesoamericana 1. Berlin.
Durán, Diego de (Ms. 16. Jh.)
1967 Historia de las Indias de Nueva España e islas de tierra firme. Biblioteca Porrúa 36-37. México.
Dyckerhoff, Ursula u. Hanns J. Prem
1978 Der vorspanische Landbesitz in Zentralmexiko. Zeitschrift für Ethnologie 103:186-238.
Hassig, Ross
1985 Trade, Tribute and Transportation. Norman, Okla.
Hicks, Frederic
1982 Tetzcoco in the Early 16th Century: The State, the City, and the *Calpolli*. American Ethnologist 9:230-249.
Hinz, Eike
1980 Aspectos sociales del calendario de 260 días en Mesoamérica. Estudios de Cultura Náhuatl 14:203-224. México.
1983 Eine aztekische Kriegsrede: Persuasio ad bellum modo antiquo. Indiana 8:103-119. Berlin.
Hinz, Eike, Claudine Hartau und Marie-Luise Heimann-Köhnen
1983 Aztekischer Zensus. Zur indianischen Wirtschaft und Gesellschaft im Marquesado um 1540. 2 Bde. Hannover.
Ixtlilxochitl, Fernando de Alva (Ms. 17. Jh.)
1975-77 Obras Históricas. Edmundo O'Gorman (ed.). 2 tomos. México.
Katz, Friedrich
1956 Die sozialökonomischen Verhältnisse bei den Azteken im 15. und 16. Jahrhundert. Ethnographisch-Archäologische Forschungen 3,2. Berlin.
Offner, Jerome
1983 Law and Politics in Ancient Texcoco. Cambridge, Engl.

Pomar, Juan Bautista (Ms. 16. Jh.)
1941 Relación de Texcoco. J. García Icazbalceta (ed.). Nueva Colección de Documentos para la Historia de México 3:1-64. México.

Sahagún, Bernardino de (Ms. 16. Jh.)
1905 Primeros Memoriales. Historia general de las cosas de Nueva España VI/2 (Faksimile). Francisco del Paso y Troncoso (ed.). Madrid.
1950-69 The Florentine Codex, Book I-XII. Arthur J.O. Anderson and Charles Dibble (Eds.). Santa Fé and Salt Lake City.

Tschohl, Peter
1987 Tlacaelel als aztekischer Übergangskönig bei J. Rounds. Über das falsche und richtige Anwenden von Theorien. Sabine Küsting, Andreas Bruck, Peter Tschohl (Hg.): Mit Theorien arbeiten. Kulturanthropologische Schriften der Akademie '85, Bd. 1:205-220. Mümster.

Zorita, Alonso de (Ms. 16. Jh.)
1941 Breve relación de los señores de la Nueva España. Nueva Colección de Documentos para la Historia de México 3:65-205. J. García Icazbalceta (ed.). México.

3. Die Conquista und Indianer unter spanischer Herrschaft

Viola König

Die Conquista

Vergleicht man die umfangreichen Bibliographien neuerer Werke über die spanische Eroberung Mexikos, so fällt auf, daß sie in nur wenigen Titeln miteinander übereinstimmen. Über die Conquista wird indes weiter geforscht, geschrieben und immer neue Aspekte werden durchleuchtet (s. z.B. Todorov 1985). Mit Erstaunen nimmt der Europäer zur Kenntnis, daß sich die offizielle mexikanische Interpretation der Conquista mit jedem Regierungswechsel ändert, wobei die Regierungsmitglieder trotz überwiegend spanischen Aussehens für sich in Anspruch nehmen, Nachfahren der Azteken zu sein. Besonders die Gestalt des letzten Aztekenherrschers, Motecuhzoma, wird gegensätzlich beurteilt: War er ein Zögerer und Zauderer, ein scharfsinniger Intellektueller, ein "Schuft", der sein Volk an die Spanier verraten hat, oder ein bemitleidenswerter Herrscher, der, von den fremdartigen Ereignissen überrascht, in seiner religiösen Weltanschauung gefangen und geplagt von bösen Vorahnungen, in seinem Tatendrang wie gelähmt war?

So interessant die umfangreiche Sekundärliteratur auch sein mag – um sich ein möglichst authentisches Bild der Ereignisse um die Eroberung zu machen, ist die Lektüre der Quellenwerke unerläßlich: Díaz del Castillo (1968, 1982), Las Casas (1967), Cortés (1960, 1963)[1]. Brauchbare Werke der Sekundärliteratur nennt das Literaturverzeichnis.

Im folgenden werden nur die wichtigsten Stationen von Cortés' Eroberungszug aufgelistet.

18. Februar 1519: Cortés verläßt mit einer aus 11 Schiffen bestehenden Flotte Kuba.

Ende März 1519: An der Küste Yukatans. Ein Kazike aus Tabasco schenkt Cortés eine indianische Sklavin, die sowohl Maya als

[1] Deutschsprachige Übersetzungen sind nur beschränkt verwendbar, da sie nicht nur willkürliche Kürzungen enthalten, sondern teils auch Zusätze (!), die die Aussagen der Quellen verfälschen. Zu Díaz del Castillo ist die Madrider Ausgabe von 1982 zu empfehlen, da sie auch bislang unveröffentlichtes Quellenmaterial enthält. Zu den Berichten von Cortés steht für Zweifelsfälle die Faksimile-Ausgabe (1960) zur Verfügung.

auch Nahua beherrscht. Unter dem Namen Doña Marina leistet sie den Spaniern später wichtige Dienste als Dolmetscherin.

Ostern 1519: Cortés landet auf der Insel San Juan Ulua. Er setzt mit 508 Soldaten, 110 Matrosen und 16 Pferden zum Festland (Veracruz) über. Dort trifft er auf eine Abordnung des Aztekenherrschers Motecuhzoma.

16. August 1519: Cortés verläßt das totonakische Zentrum Cempoala mit 300 Soldaten, 15 Reitern und einer totonakischen Hilfstruppe von 400 Mann in Richtung Tlaxcala. Von dort aus zieht er über Cholula in die aztekische Hauptstadt Tenochtitlan.

8. November 1519: Erste Begegnung zwischen Motecuhzoma und Cortés.

14. November 1519: Cortés nimmt Motecuhzoma als Geisel.

30. Juni 1520: Rückzug der Spanier aus Tenochtitlan unter großen Verlusten ("Noche Triste"). Zuvor ist Cuitlahuac als Nachfolger des (von Spaniern oder Indianern?) umgebrachten Motecuhzoma als neuer Herrscher eingesetzt worden.

Ende 1520/Beginn 1521: Cortés hat eine Truppe von 1.000 Spaniern und 20.000 Indianern für einen erneuten Angriff auf Tenochtitlan zusammengestellt.

13. August 1521: Die Spanier und ihre indianischen Hilfstruppen erobern Tenochtitlan und nehmen Cuauhtemoc fest, den Nachfolger des an den Pocken gestorbenen Cuitlahuac.

Daß die Eroberung des Aztekenreiches gleichzeitig das Ende aller mexikanischen Indianerkulturen bedeutete, wurde den von den Azteken unterworfenen Stämmen, die Cortés zu seinem Sieg mit verholfen hatten, nach dem Fall Tenochtitlans schnell bewußt. Die Zerstörung Tenochtitlans und der endgültige Sieg der Spanier über die Azteken kann jedoch nicht allein mit der Unterstützung durch indianische Hilfstruppen begründet werden. Historiker, Ethnologen, Soziologen, aber auch Literaten, wie z.B. der Mexikaner Octavio Paz, stimmen in ihren Werken über die Eroberung Mexikos in einer zentralen Fragestellung überein:

"Wie konnte es der im Vergleich zur einheimischen Bevölkerung zahlenmäßig verschwindend kleinen Gruppe von Spaniern gelingen, Millionen von Indios zu unterwerfen?" (Beck 1986:59)

Man hat viele mögliche Antworten auf diese Frage gefunden, beginnend bei indianischen Quellen, aus denen hervorgeht, daß Motecuhzoma bereits seit dem Jahre 1517, d.h. zwei Jahre vor Ankunft der Spanier, von düsteren Vorahnungen geplagt wurde. Von Feuerstreifen am Himmel, die nächtelang nicht verschwanden, ist die Rede; der Tempel des Huitzilopochtli habe in Flammen gestanden, in Xiuhtecuhtlis Tempel sei ein Blitz ohne Donner eingeschlagen, das Wasser des Sees habe gebrodelt, ein Komet habe die Nacht zum Tag gemacht (León Portilla 1972: 1ff.). Motecuhzoma fiel darüber ins Grübeln, zog sich völlig zurück, um zu beten und zu meditieren (Für den Wortlaut der aztekischen Quelle s. León Portilla 1972:42-43).

Die unentschlossene Haltung des Aztekenherrschers, das Sich-Fügen in ein vorherbestimmtes Schicksal, das sich nach aztekischer Vorstellung ohnehin nicht beeinflussen ließ, wird als ein Grund dafür gesehen, daß Cortés Sieger blieb[2]. Die Europäer profitierten außerdem vom allgemeinen Unmut im Lande über Tributzahlungen und die Pflicht, den aztekischen Priestern Opfergefangene zu stellen. In dem angriffslustigen spanischen Trupp mit seinem fremdartigen Aussehen und den furchterregenden unbekannten Waffen sah man eine Chance, sich vom aztekischen Joch zu befreien. Die Spanier durchschauten die politische Lage schnell und nutzten sie für ihre Zwecke. Inwieweit die Übersetzungskünste und das diplomatische Geschick der indianischen Dolmetscherin Doña Marina, auch Malinche genannt, dabei eine Rolle spielten, wird unterschiedlich eingeschätzt, häufig überbewertet. Daß sie wesentlichen Einfluß auf Cortés' Verhandlungen mit indianischen Fürsten genommen hat, bezweifelt indes niemand.

Mehrere andere Faktoren trugen dazu bei, daß der Eroberungszug der Spanier gelang. Die oft zitierten Greueltaten an Indianern rechtfertigten sie zweifach:

1. Die Conquista efolgte im Namen der spanischen Krone, deren Herrschaftsbereich auszudehnen man ausgezogen war.

2. Die Eroberer sahen es als ihre Pflicht an, die Indianer zum katholischen Glauben zu bekehren. Sie führten die Kriegszüge auch im Namen des Christentums durch.

Cortés hat die beiden Bereiche allerdings nie voneinander getrennt (Liss 1984:23f.).

Neben den offiziellen Auftrag traten private Gründe: die häufig beschriebene Goldgier der Spanier und der Wunsch nach sozialem Aufstieg, z.B. in Form von Adelstiteln oder Landbesitz. Der Todesmut, mit dem die zahlenmäßig unterlegenen Spanier gegen das aztekische Heer vorgingen, wurde durch einen Trick des Cortés ver-

---

2 Die Authentizität des bekannten Mythos von der Rückkehr des Quetzalcoatl ist allerdings durch Stenzel (1980) ernsthaft in Zweifel gezogen worden.

stärkt: er hatte nach der Landung in Veracruz die Schiffe zerstören lassen und eine kurzfristige Umkehr unmöglich gemacht.

Die Kolonialzeit

Die fast 300 Jahre dauernde Epoche der spanischen Kolonialherrschaft (→ 3-I) in Mexiko und ihre Auswirkungen auf die indianische Bevölkerung des Landes ist ebenfalls Gegenstand zahlreicher Untersuchungen. Unsere Kenntnis dieser Epoche wird durch Berücksichtigung bisher vernachlässigter Quellen ständig erweitert (→ 1-IIa2). Ihre Auswertung führt zu neuen Fragestellungen, neuen Interpretationen und Ergebnissen. Für Altamerikanisten stellt sich beispielsweise die Frage, in welchem Ausmaß und in welcher Form präspanische kulturelle Elemente und Strukturen während der Kolonialzeit erhalten blieben (Broda 1985:305; Collier et al. 1982:10). Historiker gehen der Frage nach, ob die Trennung der kolonialzeitlichen Sozialordnung in eine spanische Gesellschaft und von ihr abgesetzte "Indianerrepubliken" als Scheitern der spanischen Kolonialpolitik (Beck 1986:92) oder als gewollte Maßnahme der Spanier zur Beherrschung der Indianer zu werten ist (Broda 1985:305).

Tatsache ist, daß mit dem Untergang des aztekischen Reiches die Eliminierung der obersten Adelsschicht, ihrer administrativen Einheiten, Wissenschaft, Kunst und Religion absehbar und unvermeidlich war. Nur für einen kurzen Zeitraum direkt nach der Eroberung gab es in Zentralmexiko Kollegien, an denen spanische Kleriker und indianische Adelige gemeinsam studierten und ihre wissenschaftlichen Kenntnisse austauschten (Liss 1984:90ff.). Immerhin konnte der niedere indianische Adel seine Privilegien auf lokaler Ebene noch teilweise bis ins 18. und 19. Jahrundert wahren, denn die spanische Kolonialverwaltung setzte alteingesessene "caziques" und "principales" bei der Verwaltung indianischer Gemeinden und Distrikte auf zwischengeschalteter Ebene ein. Daß präspanische Elemente dort, lokal beschränkt, erhalten blieben, ist unumstritten (→ 1-IIIb).

Die vergleichenden Untersuchungen von Altamerikanisten, Ethnologen und Archäologen über mögliche Übereinstimmungen der kolonialen Verhältnisse mit vorspanischen Strukturen werden ergänzt von historisch-soziologischen Fragestellungen: Blieben vorspanische Elemente erhalten, eben weil sich das indianische Leben auf die lokale Einheit beschränken mußte, wo es aber, nebst einigen Neueinrichtungen wie z.B. dem katholischen Heiligenkult, relativ unangetastet blieb, oder bewirkte der Rückzug auf den bäuerlichen Sektor eine allgemeine Verarmung kultureller Eigenart und die Absonderung in die unterste, ärmste Schicht der mexikanischen Gesellschaft? Auf diese und andere Kontroversen können wir hier nicht ausführlicher eingehen und verweisen auf die einschlägige Literatur (Gibson 1964; Collier et al. 1982; Broda 1985; Beck 1986 u.a.; alle enthalten Angaben über weitergehende Literatur).

Die Kolonie Neuspanien

Die wesentlichen Veränderungen und Neuerungen, die durch die Spanier in Neuspanien, wie Mexiko in der Kolonialzeit genannt wurde, eingeführt wurden, werden im folgenden aufgeführt. Die Lektüre der Kapitel 1-IIb1 und 2 wird vorausgesetzt, die von 3-I empfohlen.

Die Kolonie Neuspanien hatte nicht nur mit den internen Problemen zu kämpfen, die sich aus dem Zusammenstoß der beiden verschiedenen Welten – des im Umbruch zwischen Mittelalter und Renaissance befindlichen Spanien und der altmexikanischen Kulturen – ergaben. Sie bekam zunehmend auch den fortschreitenden Niedergang der einstigen Weltmacht Spanien zu spüren. Das Mutterland erließ Gesetze für die Kolonie, sorgte aber nicht für deren konsequente Ausführung. Besonders die zum Schutz der Indianer erlassenen Gesetze wurden von den spanischen Siedlern, aber auch den Verwaltungsbeamten der Krone, umgangen. Widersprüche in der Gesetzgebung erleichterten dies. Die Einwanderung der Europäer nach Neuspanien hatte eine radikale Bevölkerungsabnahme unter den Indianern zur Folge, die den durch die weißen Eroberer hervorgerufenen physischen und psychischen Belastungen nicht gewachsen waren. Zu Beginn des 17. Jahrhunderts war die indiansche Bevölkerung Mexikos dem Aussterben nah.

Der Rückgang der indianischen Bevölkerung im 16. Jahrhundert

Unmittelbar vor der spanischen Eroberung sollen in Mexiko ca. 25,2 Millionen Menschen gelebt haben (Borah and Cook 1963: 157). Im Jahre 1532, d.h. nur elf Jahre nach der Eroberung, sollen es nur noch 16,8 Millionen gewesen sein, und 1605, also nicht einmal 100

Jahre später, hatten gerade noch 1,075 Millionen Indianer die von den Europäern eingeschleppten Krankheiten (Grippe, Masern, Pocken, Typhus) sowie die Grausamkeiten der Eroberung wie Mißhandlungen, Hunger, Zwangsarbeit überlebt. Im Verlauf des gesamten 16. Jahrhunderts traten in regelmäßigen Abständen Epidemien auf, die für den Bevölkerungsrückgang hauptsächlich verantwortlich sind. Hungersnöte kamen hinzu, entstanden nicht etwa wegen des Ausfalls von ackerbauenden Arbeitskräften infolge der Epidemien, sondern vielmehr durch die von den Spaniern eingeführten neuen Anbauprodukte wie z.B. Weizen und Zucker, die die traditionellen Nahrungsmittel Mais und Bohne ersetzen sollten. Schaden richtete auch das aus Europa importierte Vieh an. Es zerstörte die Felder der Indianer, und die Viehwirtschaft führte im Verlauf der folgenden Jahrhunderte zur Erosion ursprünglich fruchtbarer Gebiete (Linhard 1978:30).

Damit ist die zweite große Problematik angeschnitten, mit der die Indianer während der Kolonialzeit konfrontiert wurden: die Veränderung der agrarischen Produktion und die Landumverteilung.

Die Landverteilung in Neuspanien

Nach der Eroberung wurde in Neuspanien die "encomienda" eingeführt. Das Land mit den darauf liegenden indianischen Dörfern wurde an die Eroberer verteilt. Der "encomendero" durfte von den auf seiner "encomienda" ansässigen Indianern Tribut fordern und sie als Arbeitskräfte einsetzen, wobei oft die lokalen indianischen "caciques" und "principales" mit dem Einzug der Tributzahlungen betraut wurden (vgl. Závala 1973). Die indianischen Fürsten ihrerseits durften die gewöhnlichen "macehuales" ebenfalls zu persönlichen Dienstleistungen verpflichten. Ihren Landbesitz konnten sie zunächst behalten und bekamen sogar die Erlaubnis, Ländereien der ausgelöschten indianischen Führungs- und Priesterschicht einzubeziehen. Das machte die "caciques" geneigt, mit den Spaniern zusammenzuarbeiten; andererseits vergrößerte sich dadurch die Kluft zwischen lokalen indianischen Fürsten und "macehuales".

Beunruhigt über den Rückgang der indianischen Bevölkerung, der ja nicht nur auf die Epidemien, sondern auch auf Versklavung und Zwangsarbeit zurückzuführen war, schaffte die spanische Krone 1542 das "encomienda"-System ab. Alle Indianer konnten fortan – zumindest theoretisch – selbst Land besitzen und waren rechtlich den weißen Siedlern gleichgestellt. Doch individueller Landbesitz wie nach römischem Recht war den Indianern vor der Eroberung unbekannt gewesen. Die Konsequenzen eines Verkaufs ihrer Ländereien an die Spanier waren ihnen nicht bewußt. Zum Verkauf von Land wurden sie aber häufig gezwungen, beispielsweise, um Schulden begleichen zu können, denn die Dezimierung der indianischen Bevölkerung lastete den Überlebenden noch höhere Tributleistungen auf. Nur langsam paßten sich die Forderungen der Kolonialherren den neuen demographischen Zahlen an. Wenn die Regierung die Höhe der Tribute dann endlich herabsetzte, wurde die Preissenkung häufig nicht an die "macehuales" weitergegeben, sondern die Diffe-renzbeträge wurden von indianischen "caciques" und mestizischen "corregidores" einbehalten.

Der Bevölkerungsrückgang hatte aber auch zur Folge, daß Ländereien der indianischen Gemeinden brach lagen. Da die Krone alle nicht bewohnten oder bearbeiteten Ländereien grundsätzlich freigegeben hatte, wurden sie schnell von spanischen Siedlern in Besitz genommen. Als in den nachfolgenden Jahrhunderten die indianische Bevölkerung wieder zunahm, waren die ursprünglich zu Indianerdörfern gehörigen Ländereien längst verteilt und für die Dörfer unwiederbringlich verloren. Die Krone reagierte darauf 1573 mit der Einführung des "ejido", d.h. Land, das jeder indianischen Dorfgemeinschaft als unveräußerbares Gemeindeeigentum zugeteilt werden sollte. Da in unmittelbarer Nähe der Dörfer meist kein Land mehr zur Verfügung stand, wurden die Dörfer kurzerhand verlegt. Noch heute erinnern Namenszusätze wie "nuevo" bzw. "viejo" an die Umsiedlungsaktionen der Kolonialzeit.

Diese Beschreibung der Entwicklung der Landverteilung in Neuspanien fällt zwangsläufig sehr pauschal aus, und jede genauere Untersuchung über das Thema muß regional differenzieren, wie z.B. bei Taylor (1972), Spores (1967, 1984), Anderson (1976) geschehen. Unausgewertetes Material in den Archiven Spaniens und Mexikos, z.B. über die Prozesse, die um Landbesitz oder wegen Erbstreitigkeiten geführt wurden, Testamente und schriftlich formulierte Beschwerden der Indianer u.a.m. bieten noch ein weites Feld für künftige Untersuchungen.

Die Landstreitigkeiten vor Gericht häuften sich gegen Ende der Kolonialzeit, als die wieder angewachsene indianische Bevölkerung alte Ländereien verteidigen und um neue kämpfen mußte. Alte Bilderhandschriften und Dokumente über Landtitel gewannen als Beweismaterial an Bedeutung. Waren die Bilderhandschriften in schlechtem Zustand, wurden sie kopiert, oft auch gefälscht.

An die Stelle der "encomienda" trat ab der 2. Hälfte des 16. Jahrhunderts die "hacienda". Die "haciendas", die es auch schon zuvor gegeben hatte, dehnten sich nun immer weiter aus und nahmen teilweise derartige Ausmaße an, daß sie als "Staat im Staate "bezeichnet wurden.

Trotz des gesetzlichen Verbots, Indianer als Zwangsarbeiter zu beschäftigen, gelang es den "hacenderos", Indianer zur Arbeit auf ihren "haciendas" zu verpflichten, indem sie ihnen Vorauszahlungen für die Steuern an die Krone oder Kredite für Sachgüter gewährten. Die geliehenen Beträge waren absichtlich hoch bemessen, um zu gewährleisten, daß ihre Abzahlung den verschuldeten Indianer zwang, als "peón" auf der "hacienda" zu arbeiten und sich anschließend zur Begleichung seiner laufenden Unkosten neu zu verschulden (zur Schuldknechtschaft s. Beck 1986:85ff.).

Die Gesetze zum Schutz indianischen Grundeigentums konnten nicht verhindern, daß "hacenderos" ihrem Besitz indianische Dörfer einverleibten – auf legale Weise, wenn das Land brach gelegen hatte oder aber illegal durch Betrug und Gewaltanwendung. Die Art des Landerwerbs spielte keine Rolle, als die Krone Ende des 16. Jahrhunderts die "composición" einführte, eine Steuer, mit der man sich Ländereien im Nachhinein als legalen Besitz bestätigen lassen konnte. Die "composición" trug mit dazu bei, daß sich viel Land in kurzer Zeit in den Händen weniger "hacenderos" konzentrierte.

Die sich daraus ergebende Entwicklung, die schließlich in der mexikanischen Revolution gipfelte, kann hier nicht weiter verfolgt werden; mestizische und indianische Geschichte sind ab dem 18. Jahrhundert zum Teil identisch. Es wäre falsch anzunehmen, daß alle Indianer zwangsweise Dienst auf den "haciendas" geleistet hätten. Viele traten freiwillig in den Dienst der "hacenderos", die ihnen die Tributzahlungen an die Krone abnahmen und für Unterkunft und Verpflegung sorgten. Nicht jeder "hacendero" war ein Ausbeuter; je nach individueller Einstellung gab man sich als "patrón" und fühlte sich für das Wohlergehen seiner indianischen Schützlinge eben mehr oder auch weniger verantwortlich (Gibson 1964:297).

Indianische Aufstände

Auch nach 1521 kam es noch zu indianischen Aufständen gegen die neuen spanischen Herren. Häufig wurden sie von Abkömmlingen der besiegten Nobilität initiiert und geleitet, beispielsweise von Cuauhtémoc, einem Neffen des Motecuhzoma II oder von Coanacochtzin (Pedro de Alvarado), Sohn des Nezahualpili von Tetzcoco. Daneben gab es zahlreiche regionale Aufstände, z.B. noch bis 1550 in Oaxaca. Sie waren nicht nur politisch, sondern auch religiös motiviert; denn viele Indianer hingen weiterhin ihren alten vorspanischen religiösen Vorstellungen an. In den 20er Jahren des 16. Jahrhunderts ließ die Inquisition indianische Führer, die des Götzenkults angeklagt worden waren, öffentlich verbrennen. 1539 wurde Don Carlos, ebenfalls ein Sproß des alten Herrschergeschlechts von Tetzcoco, hingerichtet, angeklagt des Götzenkults, der Gotteslästerung, der Polygamie und des Inzests (Liss 1975:122).

Die katholische Kirche in Neuspanien

Im Kampf gegen die indianischen Götter verbrannten katholische Priester noch Jahrzehnte nach der Eroberung Bilderhandschriften, zerstörten Tempel und Idole. Zur selben Zeit wurden andererseits vorspanische Traditionen, Sitten, Gebräuche, Chroniken, heilkundliches Wissen u.a.m. von Klerikern gesammelt und aufgeschrieben (→ 1-IIa2). In den meisten Fällen versuchte man, die Indianer auf "sanfte" Weise in das christliche Leben zu integrieren. Indianer bekamen Aufgaben bei den Meßdiensten in der Kirche zugewiesen, nahmen an den Prozessionen teil, es gab für sie kirchlichen Unterricht, und jeder indianischen Dorfgemeinschaft wurde ein katholischer Heiliger zugeteilt. Wo heimlich noch vorspanische Kulte ausgeübt wurden, gelangten neue christliche Elemente hinzu, auf die der heutige mexikanische Synkretismus zurückgeht.

Es muß jedoch für die "padres" ein harter Kampf gewesen sein. Umfangreiche Wörterbücher, Grammatiken, Bibelübersetzungen und Katechismen, abgefaßt in Indianersprachen, belegen die Anstrengungen zur Missionierung der Indianer. Die Indianer ihrerseits machten häufig die Erfahrung, daß es erfolgversprechender war, Klagen vor den ortsansässigen Ordensangehörigen vorzutragen als vor der "audiencia". Der persönliche Einsatz der "padres", die sich der Nöte von

Indianern annahmen und ihnen Beistand gegenüber "encomenderos "und "hacenderos" leisteten, war unmittelbar effektiver als alle zum Schutz der Indianer erlassenen Gesetze. Gebildete und vermögende Indianer wandten sich demgegenüber auch direkt an den spanischen König (Zimmermann 1970).

Das Interesse der Indianer, an den Aktivitäten der dorfeigenen Kirche teilzunehmen, wuchs, als die offiziellen Ämter der dörflichen Selbstverwaltung immer häufiger von Mestizen eingenommen wurden, wobei letztere oft gemeinsame Sache mit den "hacenderos" machten und gemeindeeigene Ländereien verschoben.

Der Einfluß spanischer Tradition auf die heutigen Indianer

Eine umstrittene Frage ist, inwieweit die noch heute in indianischen Gemeinden praktizierten Volksbräuche wie religiöse Kulthandlungen, Volksmedizin, Wahrsagerei u.a.m. auf vorspanische Traditionen zurückgehen oder als kolonialzeitliche Übernahme und Modifizierung altweltlicher Bräuche des Mittelalters und der nachfolgenden Jahrhunderte zu erklären sind. Die Bestimmung der spanischen Herkunft von Teilen der Männertracht oder Figuren der Tänze (z.B. "moros y cristianos") ist beispielsweise unproblematisch, im kognitiven Bereich ist es dagegen schwieriger, Zuordnungen vorzunehmen. Ethnologen ohne genauere Kenntnis der spanischen Kultur des 16. Jahrhunderts und ihrer Veränderungen während der Kolonialzeit neigen zu einer voreiligen Interpretation als typisch indianisch, d.h. vorspanischen Ursprungs, wenn sie auf ihnen unbekannte Phänomene stoßen.

Zu bedenken ist aber, daß viele Dörfer nach ihrer Eroberung wieder in Vergessenheit gerieten, besonders wenn sie sich in unzugänglichen Gebieten befanden. Hier wurden alte indianische Elemente und mittelalterliche Einflüsse verschmolzen und über die Jahrhunderte tradiert. Der in rein indianischen Dörfern entstandene Synkretismus unterscheidet sich noch von den Volksbräuchen der Mestizen. Aber sogar in letztere wird gern ein hoher Anteil vorspanischen Erbes hineininterpretiert. Er wird beispielsweise in vielen Untersuchungen über die mexikanischen Totenfeierlichkeiten an Allerseelen überbewertet. – Für den Studenten der Altamerikanistik oder der Ethnologie Lateinamerikas sollte das Studium des europäischen, besonders spanischen Mittelalters und der beginnenden Neuzeit Pflicht sein.

Hier konnte vieles nur angeschnitten oder allgemein behandelt werden. Thematische Ergänzungen finden sich aber in anderen Abschnitten dieses Buches, vor allem zu den Institutionen der Kolonialzeit (→ 3-I; 2-IIb2) und der Situation heutiger Indianer (→ 1-IIIa; 2-IIIa). Darüber hinaus steht ausreichend Literatur über die Kolonialzeit zur Verfügung. Das anschließende Glossar soll die Lektüre erleichtern.

Glossar

Alcalde	Richter, Ratsmitglied
Alcalde mayor	spanischer Beamter, Verwalter eines Bezirks
Alguacil	Polizist
Altepetlalli (azt.)	gemeinschaftlicher Landbesitz eines Dorfes
Audiencia	(Gerichts-)Hof des Vizekönigs
Auto (de fe)	Urteilsverkündung der Kirche über Ketzer/Ketzerverbrennung
Cabecera	Hauptort, dem kleinere Gemeinden unterstehen
Cabildo	der Rat eines Ortes, bestehend aus einem gobernador oder cacique, alcaldes und regidores
Cacicazgo (arawak/span.)	Herrschaft(-sbereich) des cacique
Cacique (arawak)	indianischer Führer, lokaler Fürst
Cofradía	Laienbruderschaft
Composición	Steuer zur Legalisierung von Landbesitz
Corregidor	spanischer Beamter, für einen Bezirk zuständig
Cuatequil (azt.)	Kollektive Arbeitsverpflichtung für alle Bewohner eines Ortes
Ejido	Landbesitz einer indianischen Dorfgemeinschaft, der nicht veräußert werden darf
Encomienda	Ländereien, die den spanischen Eroberern von der Krone zugeteilt ("anvertraut") wurden. Die auf diesen Ländereien ansässigen Indianer waren dem "Encomendero", d.h. Besitzer der "Encomienda", zu Tribut- und Arbeitsleistungen verpflichtet
Ganán	(freier) Landarbeiter
Hacienda	großes Landgut oder Plantage
Latifundia	Großgrundbesitz
Macehual (azt.)	gewöhnlicher Indianer
Matrícula	(Tribut-)Liste
Mayorazgo	Erblehen
Merced	königliche Landschenkung
Mestizaje	Vermischung spanischer und indianischer Elemente
Principal	Angehöriger der indianischen Oberschicht
Peón	(Schuld-)Knecht (im Gegensatz zu "Ganán", s. dort)
Proprios	öffentlicher Landbesitz oder öffentliches Eigentum
Repartimiento	Zwangsarbeit der Indianer während der Kolonialzeit (s. auch "Encomienda")
Señor Natural	einheimischer Herrscher, entsprechend einem *tlatoani* (s. dort)
Señorío	Herrschaft eines indianischen Fürsten
Sujeto	einem größeren Ort unterstelltes Dorf (s. "cabecera")
Tlatoani (azt.)	indianischer Herrscher einer Stadt
Visita	Inspektionsreise

Literatur

Anderson, Arthur J.O., F. Berdan and J. Lockhard (Eds.)
1976 Beyond the Codices. Berkeley.

Beck, Barbara
1986 Mais und Zucker. Zur Geschichte eines mexikanischen Konflikts. Berlin.

Borah, Woodrow and Sherborne Cook
1963 The aboriginal Population of Central Mexico on the Eve of the Spanish Conquest. Los Angeles.

Broda, Johanna
1985 Historische Ethnologie in Mexiko. Karl L. Wernhard (Hg.): Historische Ethnologie heute, S. 29-312. Wien.

Clavijero, Francisco Javier
1945 Historia de México. 4 vols. México.

Cline, Howard F. (Ed.)
1972-74 Guide to Ethnohistorical Sources. Handbook of Middle American Indians XII-XIV. Austin.

Collier, George A., R.J. Rosaldo and J.D. Wirth (Eds.)
1982 The Inca and the Aztec States 1400-1800. New York.

Cortés, Hernán
1960 Cartas de Relación de la Conquista de la Nueva España. Graz. — Faksimile-Ausgabe.
1963 Cartas y Dokumentos. Biblioteca Porrúa 2. México.

Díaz del Castillo, Bernal
1968 Historia verdadera de la conquista de la Nueva España. Biblioteca Porrúa. México.
1982 Historia verdadera de la conquista de la Nueva España. Edición crítica por Carmelo Sáenz de Santa María. Monumenta Hispano-Indiana y Centenario del Descubrimiento de América I. Madrid.

Durán, Fray Diego
1965 Historia de las Indias de Nueva España e Islas de la Tierra Firme, 2 vols. México.

Edmonson, Munro S. (Ed.)
1974 Sixteenth century Mexico, the work of Sahagún. Albuquerque.

Gibson, Charles
1964 The Aztecs under Spanish Rule. Stanford.
1966 Spain and America. New York.

Greenleaf, Richard E.
1969 The Mexican Inquisition in the Sixteenth Century. Albuquerque.

Guzman, Eulalia (ed.)
1958 Relaciones de Hernán Cortés a Carlo V sobre la invasión de Anahuac. México.

Heikamp, Dieter und Ferdinand Anders
1972 Mexico and the Medici. Florenz.

Huerta, M.T. y P. Palacios
1976 Rebeliones indígenas de la época. México.

Katz, Friedrich
1956 Die sozialökonomischen Verhältnisse bei den Azteken im 15. und 16. Jahrhundert. Berlin.

Kohl, Karl-Heinz
1982 Mythen der Neuen Welt. Zur Entdeckungsgeschichte Lateinamerikas. Berlin.

Konetzke, Richard
1963 Entdecker und Eroberer Amerikas. Frankfurt.

Las Casas, Bartolomé
1974 Brevísima relación de la destrucción de las Indias [occidentales]. Barcelona.

Léon-Portilla, Miguel (ed.)
1972 Visión de los vencidos. Relaciones indígenas de la conquista. México.

Linhard, José
1978 Bevölkerungspolitik in Mexiko. Berlin.
Liss, Peggy
1984 Mexico under Spain, 1521-1556. Society and the Origins of Nationality. Chicago.
Madariaga, Salvador de
1964 Die Erben der Conquistadoren. Das spanische Reich in Amerika. Stuttgart.
Mendieta, Gerónimo
1973 Historia eclesiástica indiana. 2 Bde. Madrid.
Motolinía, Fray Toribio de Benavente
1971 Memoriales o libro de las cosas de la Nueva España y de los naturales de ella. Edmundo O'Gorman (ed.). México.
Paz, Octavio
1974 Das Labyrinth der Einsamkeit. Frankfurt.
Prescott, William H.
1873 Conquest of Mexico. 3 vols. Philadelphia.
Robertson, Donald
1969 Mexican Manuscript Painting of the Early Colonial Period. New Haven.
Sahagún, Fray Bernadino
1981 Historia General de las Cosas de Nueva España, 4 Bde. México.
Spores, Ronald E.
1967 The Mixtec kings and their people. Norman.
1984 The Mixtecs in Ancient and Colonial Times. Norman.
Stein, Stanley and Barbara H.
1970 The Colonial Heritage of Latin America. New York.
Stenzel, Werner
1980 Quetzalcoatl von Tula. Die Mythogenese einer postkortesianischen Legende. Zeitschrift für Lateinamerika 18:1-91. Wien.
Taylor, William B.
1972 Landlord and Peasant in Colonial Oaxaca. Stanford.
Tezozomoc, Alvarado
1975 Crónica Mexicayotl. México.
Todorov, Tzvetan
1985 Die Eroberung Amerikas — Das Problem des Anderen. Frankfurt.
Torquemada, Juan de
1975- Los veintiun libros rituales i monarquía indiana. ca.813. edición., 7 vols. México.
Wolf, Eric
1959 Sons of the Shaking Earth. Chicago.
Zavala, Silvio A.
1973 La encomienda Indiana. Biblioteca Porrúa 53. México.
Zimmermann, Günter
1970 Briefe der indianischen Nobilität aus Neuspanien an Karl V und Philipp II um die Mitte des 16. Jahrhunderts. Hamburg.

c. Einzelaspekte mesoamerikanischer Kulturen

1. Kosmologie und Religion

Ulrich Köhler

Der Aufsatz behandelt den Aufbau des Universums, die Götterwelt, eschatologische Vorstellungen sowie die Kommunikation zwischen Menschen und Göttern. Entsprechend der Quellenlage liegt der Akzent auf dem zentralen Mexiko am Vorabend der Conquista. Es handelt sich dabei um eine Region, die neben dem Hochbecken von Mexiko, mit den Azteken und ihren Nachbarn, auch die Hochebene von Puebla und das angrenzende mixtekische Gebiet einschließt. Trotz gewisser Varianten herrschten innerhalb dieser Region sehr ähnliche religiöse Vorstellungen und Praktiken. Bei der Abhandlung der einzelnen Themen wird zumeist auch ein Seitenblick auf das Maya-Gebiet geworfen, für das die Quellenlage allerdings erheblich schlechter ist.[1]

Die wichtigsten Quellen sind die Bilderhandschriften (→ 1-IIa1), frühe indianische Aufzeichnungen in lateinischer Schrift und Berichte spanischer Autoren aus dem 16. Jahrhundert (→ 1-IIa2) sowie archäologische Zeugnisse. Für einige Themen hat sich auch die Konsultierung rezenter ethnographischer Daten als nützlich erwiesen (→ 1-IIIb). Diese haben vor allem dazu beigetragen, voreilige und von europäischem Denkansatz geprägte Lehrmeinungen zur Gestalt des Kosmos zu überwinden.

Kosmovision

Bei den Vorstellungen von der Form und Beschaffenheit des Universums lassen sich zwei Grundtendenzen unterscheiden: einerseits das Konzept eines Weltgebäudes mit bestimmten architektonischen Bauprinzipien, andererseits die Hervorhebung seiner als belebt aufgefaßten Elemente. Der Unterschied der beiden Sichtweisen läßt sich gut am

---

1 Die meisten Informationen stammen aus dem Norden der Halbinsel Yukatan und den letzten Jahrhunderten vor der Conquista. Zumal diese Region in postklassischer Zeit starken Einflüssen aus Zentralmexiko ausgesetzt war, ist der Zugang zu den Vorstellungen während des Klassikums besonders erschwert.

Beispiel der Erde aufzeigen. Als belebtes Wesen stellte man sie sich als ein auf dem Wasser schwimmendes krokodilartiges Ungeheuer oder als Kröte mit anthropomorphen Merkmalen vor. Demgegenüber erscheint sie unter architektonischem Aspekt üblicherweise als Rechteck oder Quadrat.

Als solches ist sie auf Seite 1 des Codex Fejérváry-Mayer (Abb. 28) zu sehen, der berühmtesten erhaltenen Darstellung dieser Art. Die obere Seite ist durch die Scheibe der aufgehenden Sonne klar als Osten ausgewiesen, die untere durch den jungen Mond als diejenige des Westens.[2] Jede der vier Weltgegenden ist durch eine bestimmte Farbe sowie einen für sie charakteristischen Baum mit einem Vogel darauf gekennzeichnet. Diese Merkmale in Verbindung mit den vier Himmelsrichtungen finden sich – diesmal in linearer Anordnung – erneut in Codex Borgia (p. 49ff.) und Codex Vaticanus B (p. 17f.). Für die Maya von Yukatan ist die Erde durch den Codex Tro-Cortesianus (75f.) ebenfalls als Quadrat belegt, wobei die Darstellung in vielen Punkten derjenigen des Codex Fejérváry-Mayer ähnelt.[3] In beiden Fällen ist die bildliche Wiedergabe umrankt von den Zeichen des 260-tägigen Wahrsagekalenders (*tonalpohualli*/*tzolkin*). Das unterstreicht die Bedeutung solcher Darstellungen und der Symbolik der einzelnen Himmelsrichtungen bei der praktischen Daseinsgestaltung, zu der auch Informationen über die Unwägbarkeiten der Zukunft gehörten.

Das Himmelsdach wurde von vier Göttern getragen, die in den Codices Borgia (p. 49ff.) und Vaticanus B (p. 19ff.) auch bildlich dargestellt sind. Dem entspricht das Konzept der vier *bacab* in Yukatan (Landa 1966:62). Dort wie in Zentralmexiko standen die Himmelsträger in enger Beziehung zum Kalender, denn sie wurden mit den Jahresträgern (→ 1-IIc2) assoziiert. Entgegen einer lange gehegten Annahme hatten sie ihre Position nicht in den Kardinalpunkten, sondern im interkardinalen Bereich, wo die Eckpunkte der Erdscheibe wahrscheinlich Solstitienpunkte symbolisierten. Nach diesem Konzept begrenzt die Bahn der Sonne im Jahreslauf die Erdscheibe und gibt ihr ihre Form. Als Symbol dieser engen Wechselbeziehung von Sonne

2 Zur räumlichen Einbettung des Mondzyklus vgl. Köhler (1982a).

3 Die Version aus Yukatan (Abb. u.a. in Seler 1902-23,I:524) enthält nicht die Bäume und Vögel der Haupthimmelsrichtungen; solche Assoziationen sind jedoch aus Texten der Bücher von Chilam Balam (vgl. Roys 1967:100ff.) belegt.

und Erde kann das aztekische Tageszeichen Olin gedeutet werden, wobei die Grundidee anscheinend bis zu den Olmeken zurückreicht.[4]

Abb. 28

Die Sphäre des Himmels war in neun oder dreizehn Schichten untergliedert. Die beiden Konzepte existierten nebeneinander und re-

[4] Zur genaueren Argumentation vgl. Köhler (1977:93ff., 1982b); eine vergleichende Abhandlung über Himmelsträger liefert Thompson (1934).

flektierten wahrscheinlich die Ideen unterschiedlicher Tempelschulen. Wichtige Quellen sind Histoyre du Mechique (1905:24f.), Historia de los mexicanos por sus pinturas (1891:228,230) oder Lehmann, Hg. (1938:77), für Yukatan Roys, Hg. (1965:100). Für die Unterwelt sind nur bis zu neun Untergliederungen belegt (Sahagún 1927:298).[5] Die einzelnen Schichten waren horizontal übereinander angeordnet. Für die Himmel zeigt dies anschaulich Blatt 1 der Selden Roll (1955), wo über dem aufgerissenen Erdrachen und einer Sphäre mit Sonne und Mond acht übereinander gelagerte Himmel mit Sternen zu sehen sind (Abb. 29). Sowohl die Anordnung der Untergliederungen des Himmels als auch der Unterwelt veranschaulicht Codex Vaticanus A (1v-2r). Die dort abgebildeten zwölf bzw. acht Schichten sind wahrscheinlich eine ungenaue Wiedergabe des Konzeptes von dreizehn Sphären des Himmels und neun der Unterwelt. Eine stufenförmige Anordnung der Untergliederungen von Himmel und Unterwelt, bei der die einzelnen Teile für Stunden von Tag und Nacht stehen sollen, ist erst von Eduard Seler erfunden worden (1902-23, IV:30ff.). Sie hat weitestgehende Akzeptanz gefunden, obwohl sie laut Aussage der Quellen kein altamerikanisches Konzept ist.[6]

Götterwelt

Zentralmexiko bietet das verwirrende Bild einer nahezu unübersehbaren Zahl von Göttern und Göttinnen, die zumeist auch noch unter mehreren Namen bekannt sind. Eine Systematisierung wird durch den Umstand erschwert, daß viele von ihnen mehrere und sehr unterschiedliche Funktionen ausübten, wodurch eine Zuordnung zu bestimmten Kategorien nur einen Teil der Wahrheit zum Ausdruck bringen kann und in jedem Fall von subjektiver Beurteilung geprägt ist.

Unter den verschiedenen Versuchen, diese Götterwelt systematisch zu gliedern, sei auf diejenigen von Spence (1932), Nicholson (1971) und Nowotny (1976) verwiesen. Während bei Spence das Hauptkriterium die jeweilige Funktion ist, versucht Nicholson besonders, auch einzelne Göttervölker- oder familien herauszuarbeiten. Hin-

---

5 Zu den meisten Aussagen in dieser Edition finden sich Parallelen in zusätzlichen hier zitierten Ausgaben des Werks von Sahagún, die z.T. auf anderen überkommenen Handschriften beruhen.

6 Zur Begründung vgl. Köhler (1977:103ff.).

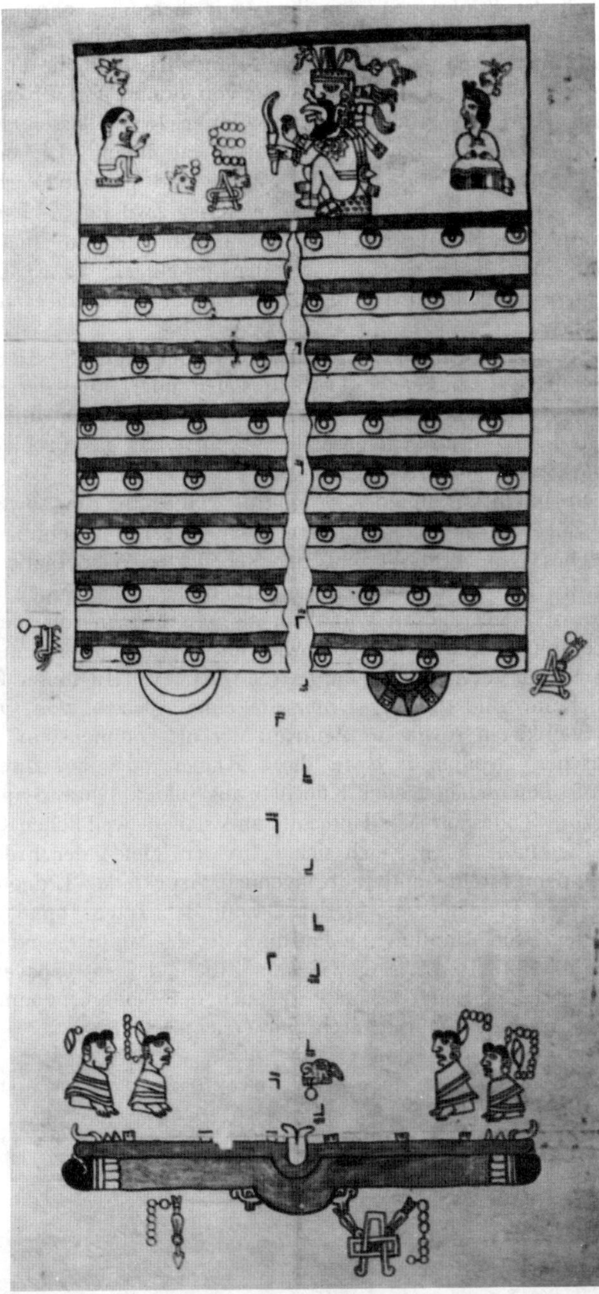

Abb. 29

sichtlich der Funktionen, von ihm "cult themes" genannt, subsumiert er sie unter drei Kategorien: himmlische Kreativität – göttlicher Paternalismus; Regen – Feuchtigkeit – landwirtschaftliche Fruchtbarkeit; Krieg – Opfer – blutige Ernährung von Sonne und Erde. Nach Nowotny gehört ein großer Teil der Götter zwei Klassen an, die den beiden letztgenannten von Nicholson etwas ähneln. Die erste umfaßt die Bereiche Wasser-Regen-Mais-Pulque und steht in Verbindung zu Bergen, die zweite ist durch Feuer-Krieg-Zwillinge[7] charakterisiert. Nowotny hebt hervor, daß sich die Zugehörigkeit zu einer dieser gegensätzlichen Klassen oft durch den jeweiligen Tanzstab erkennen läßt, den die Gottheit auf den Abbildungen der Codices trägt (1976: 35ff.).

Hier ist es nicht möglich, eine umfassende Gesamtdarstellung der Götterwelt zu liefern. Deshalb sollen nur einige der wichtigeren Numina vorgestellt und ihre Beziehungen zu anderen aufgezeigt werden. Dabei wird in einigen Fällen explizit auf das Problem der Zuordnung zu bestimmten Kategorien eingegangen.

Beginnen wir mit der Erdgöttin, Tlaltecutli, die, soweit menschliche Züge in ihrem furchterregenden Äußeren erkennbar sind, als weibliches Numen dargestellt ist. Neben der Wiedergabe als Ungeheuer in der Art des *cipactli*, mit dominierenden Zügen eines Krokodils, ist die Erdgöttin vor allem als Mischwesen mit menschlichem Gesicht und Feuersteinzunge sowie mit überdimensionalen, an Adlerfänge erinnernden Klauen dargestellt (Abb. 30). In dieser Gestalt findet sich ihr Bild auf der Unterseite einer Vielzehl von Opferbecken oder Steinkisten sowie im Zentrum der als "Sonnenstein" bekannten aztekischen Großplastik.[8] In ihren Klauen oder auf ihrem Körper sind oft Totenschädel oder Knochen abgebildet. Diese Symbolik leitet über zum Todesgott Mictlantecutli und seinem weiblichen Gegenstück Mictecacihuatl, deren Reich sich ja in den Tiefen der Erde befindet. Neben dem furcht- und todbringenden Aspekt der Erdgöttin gab es auch einen benevolenten in der Gestalt der Teteo Innan, der "Göttermutter". Sie war u.a. die Patronin der Hebammen und der Heiler (Sahagún 1927:5). Es ist gewiß kein Zufall, daß in Tepeyacac, ihrem Hauptverehrungsplatz, schon kurz nach der Conquista ein bedeutendes Zentrum der Marienverehrung errichtet wurde.

---

7 Damit sind mythische Zwillingspaare gemeint, wie diejenigen des Popol Vuh, von denen es mehrere auch in Zentralmexiko gab.

8 Zur Identifizierung der Gottheit im Zentrum vgl. Navarrete y Heyden (1974) und Köhler (1979).

Abb. 30

Trotz dieses den Menschen wohlgesonnenen Aspektes der Erde dominierte in ihrem Charakterbild die gefahrbringende Komponente. Dies kommt besonders deutlich in der Auffassung der Erdfläche als aufgerissenem Krokodilrachen zum Ausdruck (Abb. 29). Alles Leben der Menschen spielt sich zwischen den Zähnen dieses weit geöffneten Raubtiermaules ab, das jederzeit zuklappen kann. Der gefahr- und unheilvolle Ausdruck der Erde zeigt sich auch in der Gestalt der Coatlicue, "Schlange ihr Rock", bei der es sich um eine Erscheinungsform der Erdgöttin oder ein mit ihr eng verwandtes Numen handelte. Mit dem Schlangenkopf und den an ihrem Leib hängenden Schlangen und Schädeln wirkt sie ebenfalls sehr bedrohlich, die Schlange hat jedoch nach altmexikanischer Auffassung einen positiven Bezug zu Regen und Wachstum, so daß gerade in der Gestalt der Coatlicue neben dem Tod auch das Symbol der Regeneration zum Ausdruck kommt. Durch die bekannte Monumentalplastik dieser Göttin[9] wird diese Verbindung besonders deutlich unterstrichen, denn auf ihrer Unterseite ist ein Numen abgebildet, das ikonographisch große Ähnlichkeit mit dem Regengott Tlaloc aufweist.[10] Üblicherweise wird diese von Totenschädeln umrankte Gottheit als männliches Pendant zur Erdgöttin gedeutet (Abb. 31).

Die enge Verbindung zu Tlaloc verwundert nicht, wenn man berücksichtigt, daß die Regengötter Berggötter waren und damit Teile der Erdoberfläche repräsentierten. Ikonographisch läßt sich der zentral-

9 Abb. u.a. in Seler (1902-23,II:787), Nicholson (1971:423), Léon-Portilla (1978:52).

10 Abb. in Seler (1902-23,II:792), Parallelen dazu in Seler (ebd.:841) und Broda (1987, Fig. 32,33).

Abb. 31

a

b

Abb. 32

mexikanische Regengott mit seinen ringförmigen Augen und seinen langen Zähnen (Abb. 32) bis in die Frühzeit von Teotihuacan zurückverfolgen (vgl. Pasztory 1974). In aztekischer Zeit war der ranghöchste der Regengötter derjenige des Berges Tlaloc,[11] aber auch andere Berge wie Iztaccihuatl und Popocatepetl sind namentlich erwähnt (Durán 1967,I:81ff.,159ff.). Außerdem gab es mit den Tlaloquê eine Schar kleinwüchsiger Regengötter identischen Aussehens, die die umliegenden Berge bewohnten. Daß Berggötter die Regengötter waren, ist einleuchtend, denn gerade an den Bergen sammeln sich im Hochland von Mexiko üblicherweise die Wolken, ehe es zu Gewittern und Niederschlägen kommt. In enger Beziehung zu Tlaloc stand die Wassergöttin Chalchiuhtlicue, "Edelstein ihr Rock", die man sich als seine Schwester oder Gattin vorstellte. Eng verwandt mit diesen Numina waren Opochtli, der Gott der Fischer, der im südlichen Bereich des Tetzcoco-Sees zu Hause war, und die große Zahl der mit den Nutzpflanzen in Beziehung stehenden Gottheiten. Das betrifft vor allem Cinteotl und Chicome Coatl bezüglich des Maises[12] und Mayahuel in Verbindung mit der Pulque-Agave. Bei ihnen ist im Gegensatz zu den vorgenannten keine klare Beziehung zu bestimmten topographischen Erscheinungen erkennbar, sie gehörten aber, ähnlich wie die Regengötter, zur unmittelbar erlebten näheren Umwelt. In seiner Eigenschaft als Windgott zählte auch Quetzalcoatl – auf den später noch eingegangen wird – zu dieser Gruppe von Göttern.

Zur Kategorie der mit dem Thema Feuer und Krieg eng assoziierten Götter gehören nicht zuletzt solche mit astralem Bezug. Hervorzuheben sind unter ihnen der Sonnengott und der Venus-Gott, die typischerweise auch als Krieger mit Speer und Speerschleuder dargestellt sind. Über das kampfbetonte Wirken des Venus-Gottes geben die Codices Dresdensis (p. 46ff.), Cospi (p. 9ff.) und Vaticanus B (p. 80ff.) Auskunft. Das Bild des Sonnengottes als das eines jungen Kriegers (Abb. 33) war besonders unter den Azteken verbreitet, und in enger Beziehung zu ihm stand ihr Stammesgott Huitzilopochtli, der auch ihr Kriegsgott war. Der Feuergott Xiuhtecutli ist schon seit dem Präklassikum im Hochland von Mexiko bekannt. Die aus jener Zeit und auch aus Teotihuacan überkommenen Zeugnisse zeigen ihn als einen alten Mann mit einem Kohlebecken auf dem Kopf. In

---

11 Dieser befindet sich auf demselben Gebirgszug wie die beiden schneebedeckten Vulkane, etwa genau östlich von Tenochtitlan.

12 Die enge Verbindung dieser Götter im Kult dokumentiert anschaulich Codex Borbonicus.

dieser Charakterisierung war er als Huehueteotl, "Alter Gott", auch noch bis zur Conquista bekannt; daneben gab es aber auch den Xiuhtecutli als kampfbetonten Krieger, wie auf S. 1 des Codex Fejérváry-Mayer, wo er ein Abbild des Tezcatlipoca zerstückelt (Abb. 28).

Abb. 33

Dieser Gott Tezcatlipoca hat auch Aspekte des Kriegers, kann aber nicht allein der Kategorie Feuer-Krieg zugeordnet werden. Er galt insbesondere als Herr der Nacht und wurde gelegentlich mit dem Sternbild des Großen Bären identifiziert (Historia 1891:233). Sein Name wird mit "Rauchender Schild" übersetzt und mit einem solchen ist er üblicherweise auch in Bilderhandschriften abgebildet, die ihn charakteristischerweise mit nur einem Fuß zeigen. Er wird einerseits als großer, listiger Zauberer geschildert, andererseits als allwissender und nahezu allmächtiger Gott, der aber recht launisch sein konnte. Vor allem bei Sahagún erscheint er fast wie ein Hochgott, der über den anderen Numina steht (1927: 264).

Noch erheblich mehr Facetten weist das Bild des Gottes Quetzalcoatl auf, der häufig als Gegenspieler von Tezcatlipoca genannt ist. Zur Zeit der Conquista war er vor allem in der Funktion als Windgott bekannt, und er ist zumeist auch mit einer "Windmaske" dargestellt. Den Überlieferungen nach war er aber auch an der Schöpfung der Welt beteiligt, Sonnengott eines früheren Weltalters, Venus-Gott oder ein toltekischer Priester-Fürst, der nach seiner Vergöttlichung zum Patron der Priester und des Kultes wurde. Die verwirrende Vielfalt der Assoziationen, die mit dem Namen Quetzalcoatl, "Federschlange", in Verbindung stehen, wird etwas übersichtlicher, wenn man nach Phänomenen und zeitlichen Ebenen untergliedert. Da gibt es zunächst Federschlangen als Teile der Fauna, wie sie jedes geschulte Auge[13] am Himmel sehen kann, speziell in Gewitterzeiten. Aus diesen Tieren, die auch noch in aztekischer Zeit zur erlebten Umwelt gehörten, haben sich schon kurz nach Beginn unserer Zeitrechnung in Teotihuacan Drachen herausgebildet, die in enger Verbindung zum Regengott wie allgemein Phänomenen des Wassers standen.[14] Im Anschluß an das Klassikum setzten die Federschlangen dann zu einem spektakulären Höhenflug an, der besonders eindrucksvoll durch Reliefs in Xochicalco, Tollan (Tula), Chichen Itzá, Cacaxtla und El Tajín dokumentiert ist. Jetzt geht es allerdings nicht nur um diese bemerkenswerten Tiere, im Zentrum der Aufmerksamkeit steht vielmehr ein Gott, der mit ihnen in enger Beziehung steht und dessen Gesicht manchmal aus einem Schlangenmaul herausragt. Reste der Tradition, die sich um diesen Gott Quetzalcoatl rankten, haben sich möglicherweise in bestimmten Mythen über das Schöpfungsgeschehen erhalten (z.B. Histoyre du Mechique, Historia de los mexicanos por sus pinturas). In Tollan, einem der Orte, an denen dieser Quetzalcoatl verehrt wurde, trat nun der Priester-Fürst Ce Acatl Topiltzin auf den Plan, der zusätzlich auch den Namen Quetzalcoatl trug.[15] Auf diese historische Persönlichkeit, ihren Charakter und ihr Wirken bezieht sich der größte Teil der erhaltenen Informationen zum Thema Quetzalcoatl.[16] In mythischer Verklärung wird der Fürst dabei selbst zum Gott und übernimmt auch Züge des Gottes Federschlange, dessen Priester er wahrscheinlich zu Lebzeiten war. Das Zusammenfließen dieser verschiedenen Traditionen erklärt einen Teil der scheinbaren Widersprüche im Zusammenhang mit Quetzalcoatl. Weitere Varianten gab es an den Orten, an denen Quetzalcoatl – wie in Cholula – Schutzpatron war. Dort wurde sein Charakterbild zusätzlich durch Züge bestimmt, die in lokaler Tradition gewachsen waren.

---

13 Mit geschult ist hier enkulturiert gemeint.

14 Die bekanntesten Darstellungen sind im sog. Quetzalcoatl-Tempel im Bereich der Ciudadela zu sehen.

15 Möglicherweise handelt es sich dabei eher um einen Titel, etwa in der Art wie bei den beiden aztekischen Oberpriestern.

16 Aus der Vielzahl der Berichte sei nur auf Sahagún (1927:268ff.) und Lehmann (1938:75ff.) verwiesen.

Von den Orts- oder Stammesgöttern[17]) soll hier nur kurz Huitzilopochtli[18]) behandelt werden. Bei ihm läßt sich relativ gut nachvollziehen, wie ein Numen sein Charakterbild im Laufe der Geschichte änderte und sich den neuen räumlichen und sozialen Bedingungen anpaßte. Huitzilopochtli hatte die Azteken bereits auf ihrer Wanderung aus Aztlan als sprechendes Idol begleitet. Nach Seßhaftwerdung und politischem Aufstieg im Hochbecken wird seine Geburt als Sohn von Coatlicue in der Nähe von Tollan geschildert (Sahagún 1927: 253ff.), wobei er hier anscheinend die Hauptrolle in einer Mythe übernommen hat, die bis in die Toltekenzeit zurückreicht. Im Kalenderwesen hatte er bis zur Conquista noch kaum Fuß gefaßt, aber immerhin Tezcatlipoca als Patron der Jahre des Nordens verdrängt (Sahagún 1969,I:347). Das bemerkenswerteste Ergebnis seiner steilen Karriere war die enge Beziehung zum Sonnengott. Es ist umstritten, ob er selbst als Sonnengott aufgefaßt wurde oder die Nähe zu diesem nicht eher symbolischer Natur war. Was die praktische Seite anbetrifft, so erfolgte jedenfalls der größte Teil des Kultes für den Sonnengott auf dem Tempel des Huitzilopochtli, der somit zumindest der wichtigste Mittler zu ihm war.

Als Schöpfungsgottheiten sind vor allem alte Götterpaare genannt, unter ihnen besonders Ometeotl und Omecihuatl sowie Tonacatecutli und Tonacacihuatl. Sie erledigten den Prozeß der Schöpfung jedoch nicht in seiner Gesamtheit, sondern überließen den größten Teil davon anderen Göttern (Historia 1981:228ff.). Wenn auch das Thema der Ursprünge in einigen Mythen behandelt ist, stand es – zumindest in Zentralmexiko – doch im Schatten der Weltalterlehre. Das leitet über zur Eschatologie. Vorher soll jedoch noch ein kurzer Exkurs die Götterwelt der Maya behandeln.

Die Vorstellung von der Erde als Erdungeheuer mit Zügen des Krokodils (*ain*) war auch im Maya-Gebiet verbreitet. Eine Abbildung von ihm ist wahrscheinlich das zweiköpfige krokodilartige Wesen auf den Seiten 4-5 des Codex Dresdensis wie auch ähnlich gestaltete archäologische Zeugnisse aus dem Klassikum. Für jene Periode ist es schwierig, genaue Aussagen über die Götterwelt und ihren Stellenwert zu treffen, da nach Aussagen von Stelen und Reliefs offenbar nicht

---

17 López Austin (1973:49f.) listet für das zentrale Mexiko eine größere Anzahl solcher Schutzpatrone auf.

18 Sein Name bedeutet "Kolibri links" oder "linkshändiger Kolibri". Die verbreitete Deutung als "Kolibri des Südens" ist nicht haltbar (vgl. Köhler 1974).

Götter, sondern die eigenen Herrscher im Mittelpunkt der Verehrung standen. Für die Zeit nahe der Conquista geben vor allem die Codices wichtige Auskunft. Nach ihnen lassen sich etwa zwei Dutzend Numina voneinander unterscheiden. Seit der bahnbrechenden Arbeit von Schellhas (1897) werden sie entsprechend ihren Merkmalen mit Buchstaben des Alphabets bezeichnet, für einen Großteil von ihnen ist aber aus anderen Quellen inzwischen ihre Identität bekannt. Am häufigsten ist Gott B, der Regengott Chac abgebildet, der mit seiner Rüsselnase (Abb. 34) schon aus dem Klassikum bekannt ist. Ihm folgen in der Häufigkeit Gott D, der Schöpfergott Itzamna, Gott E, der Maisgott, Gott A, der Todesgott (Abb. 35) und Gott I, die junge Mondgöttin (Grube 1968: 61ff.). Der Mond als Göttin steht im

Abb. 34

Abb. 35

Gegensatz zum Konzept der Azteken, die ihn überwiegend als männliches Numen verstanden, findet aber seine Entsprechung bei der Mehrzahl der Völker Mesoamerikas (vgl. Thompson 1939). Der Sonnengott ist in den überlieferten Codices zwar relativ selten abgebildet, aber ebenfalls ein wichtiges Numen bei den Maya-Völkern. Wenn auch wegen seiner sengenden Strahlen gefährlich, unterschied sich sein Charakterbild von demjenigen Zentralmexikos, da die kriegerische Komponente zurückstand.

Eschatologie

In Zentralmexiko gab es sowohl ausgeprägte Vorstellungen über das letztliche Schicksal des Einzelnen als auch dasjenige der Welt. Sie werden hier nacheinander kurz umrissen.

Für den einzelnen Menschen gab es drei verschiedene Nachwelten, in die er je nach den Umständen des Todeseintrittes gelangte (vgl. Sahagún 1927:293ff.). Krieger, die im Kampf oder auf dem Opferplatz des Gegners ums Leben kamen, Frauen, die im Kindbett starben, und Fernkaufleute, die bei einer Reise in Feindesland umkamen, wurden zu Begleitern des Sonnengottes. Personen, die im Wasser ertranken, vom Blitz erschlagen wurden oder aufgrund von Hautkrankheiten starben, kamen in das paradiesähnliche Reich des Regengottes. Alle übrigen – und das war die Mehrzahl – mußten den langen und beschwerlichen Weg ins Innere der Erde zum keineswegs attraktiven Totenland antreten. Die Art der Nachwelt hing nicht von der gezeigten Lebensführung oder von moralischen Gesichtspunkten ab.

Das Verbleiben im jeweiligen Totenland war anscheinend nicht von Dauer. Von den Begleitern des Sonnengottes wird berichtet, daß sie nach vier Jahren als Vögel oder Schmetterlinge zur Erde zurückkehrten (Sahagún 1927:302). Mit deren Tod endete offenbar jede Form des Daseins. Für die anderen Verstorbenen gibt es vergleichbare Aussagen; denn nach Ablauf von vier Jahren wurden allgemein keine Totengedenkfeiern mehr abgehalten (Motolinía 1971: 39; Sahagún 1927:299). Außer für neugeborene Kinder gab es nach aztekischer Vorstellung keine Reinkarnation oder sonstige Form der Wiederkehr auf die Erde in menschlicher Form (vgl. León-Portilla 1966: 207f.). In dieser strikten Aussage waren sie wahrscheinlich innerhalb Mesoamerikas eine Ausnahme. Die reichen Grabbeigaben, die bei Mixteken, an der Golfküste, im Maya-Gebiet oder auch in früheren Phasen der Kulturgeschichte Zentralmexikos gefunden worden sind, deuten auf sehr differenzierte Vorstellungen über ein Nachleben hin, die möglicherweise auch Ideen über eine Rückkehr nicht ausschlossen.

Bezüglich der Welt als Ganzem und ihrem Schicksal gibt in verschiedenen Varianten die Weltalterlehre Auskunft, die besonders in Zentralmexiko ausgeprägt war (vgl. Moreno de los Arcos 1967).[19] Auch aus dem Maya-Gebiet gibt es Hinweise auf sie (Thompson 1965/67), die aber vergleichsweise recht fragmentarisch wirken. Nach zentralmexikanischer Tradition gab es vier vorangegangene Welten mit jeweils einer bestimmten Sonne. Am Ende der einzelnen Phasen kam das betreffende Menschengeschlecht entweder um oder wurde in

---

19 Besonders ausführliche Versionen finden sich in Lehmann, Hg. (1938:58ff.,322ff.); Codex Vaticanus A (4vff.); Historia (1891:231ff.).

Tiere verwandelt. Als Agenten der Zerstörung wirkten dabei Jaguare, Feuerregen, Wasser oder Wind.[20] In einigen der Quellen ist auch bereits das Ende des jetzigen Weltalters vorausgesagt, das in der Form von Erdbeben, Hungersnöten und Krieg erwartet wurde. Nach bestimmten Überlieferungen war die Weltalterlehre in den kalendarischen Zyklus von 52 Jahren (→ 1-IIc2) eingebettet, da die Dauer der einzelnen Phasen jeweils diese Zeitspanne oder ein Vielfaches von ihr ausmachte. Dadurch gewann die nächtliche Neufeuerzeremonie (vgl. Sahagún 1950:73ff.; Codex Borbonicus, p. 34), die nach Ablauf der 52 Jahre abgehalten wurde, zusätzliche Dramatik, denn gerade zu diesem Zeitpunkt war eine neue Katastrophe wahrscheinlich. Erst nach dem gelungenen Erbohren des Neuen Feuers bestand wieder Hoffnung, daß die Sonne am nächsten Tag erneut aufgehen und die Welt weiterbestehen würde – zumindest für die nächsten 52 Jahre.

Religiöse Handlungen

Die herausragenden Orte für religiöse Handlungen waren in den größeren Kulturzentren Mesoamerikas die Tempelpyramiden. Daneben gab es aber andere Tempel sowie Altäre vor Abbildern von Göttern oder Fürsten. Außer im engeren Zeremonialdistrikt gab es solche Orte auch in einzelnen Stadtvierteln und zusätzlich im privaten Wohnbereich. Außerhalb der Ansiedlungen waren Berge, Höhlen und Wasserstellen bevorzugte Orte für die Kommunikation mit Göttern, wobei auch dort üblicherweise kleine Altäre errichtet wurden.

Angeregt durch die rezenten Grabungen am Templo Mayor von Tenochtitlan sind in den letzten Jahren gerade über diesen zentralen Opferplatz mehrere Studien durchgeführt worden. Dabei wurde ein besonderes Augenmerk auf die Rekonstruktion der symbolischen Bedeutung dieses Tempels in der Organisation der Stadt, des Reiches und der allgemeinen Kosmovision gelegt. Arbeiten von León-Portilla (1978), van Zantwijk (1981) und Boone, Ed. (1987) vermitteln einen Zugang zur neueren Diskussion.

Sowohl in Zentralmexiko als auch im Maya-Gebiet gab es eine hierarchisch gegliederte Priesterschaft, der in erster Linie die Kommunikation mit den Göttern oblag. Daneben hatten aber auch die politi-

---

20 Bezüglich der Reihenfolge enthalten die einzelnen Quellen ganz unterschiedliche Schilderungen. Dieser Aspekt spielte offenbar für die Aussagekraft der Mythe keine Rolle.

schen Führer Funktionen bei der Ausübung religiöser Rituale (vgl. Thompson 1970:167ff.; Lanczkowski 1984:113ff.). Im privaten Bereich erfolgte die Anrufung von Göttern je nach Anlaß durch den Haushaltsvorstand oder das einzelne Individuum. Zu den religiösen Spezialisten zählten auch die Wahrsager, die in dieser Funktion nicht unmittelbar die Kommunikation mit den Numina aufnahmen, sondern vor allem Auskunft über ihre voraussichtliche positive oder negative Haltung geben wollten.

Die bedeutendsten regelmäßigen Anlässe für öffentliche Zeremonien waren die sog. Jahresfeste, die am Ende der zwanzigtägigen Untergliederungen des Jahres abgehalten wurden. Die wichtigsten Quellen dazu sind für Zentralmexiko Sahagún (1927:54ff.) und Durán (1967,I:239ff.) sowie Landa (1966:70ff.) für Yukatan. In diesen Zyklus waren weitere Feste eingestreut, die auch an anderen Tagen innerhalb der einzelnen Abschnitte abgehalten wurden, so etwa in Zentralmexiko, vor allem im Verlaufe des Frühjahrs, Zeremonien für die Regengötter (vgl. Broda 1971). Weitere herausragende Veranstaltungen waren Neujahreszeremonien,[21] die Neufeuerzeremonie (alle 52 Jahre), Einweihungszeremonien oder Bittzeremonien in Notzeiten, wie etwa anhaltender Dürre (vgl. Sahagún 1969,II:81ff.; 1950-69,VI:35ff.). Zu den größeren Zentren gab es außerdem Wallfahrten, selbst aus entfernteren Gegenden. Aus dem privaten Bereich sind vergleichsweise weniger Berichte erhalten, Sahagún vermittelt jedoch einen guten Einblick in Rituale innerhalb der Kaufmannschaft (Sahagún 1969,III: 21ff.; 1950-69,IX:9ff.).

Auch der Kalender von 260 Tagen (*tonalpohualli*/*tzolkin*) bot Anlaß für regelmäßige Kommunikation mit den Göttern; denn sie traten darin als Patrone bestimmter Tageszeichen oder Untergliederungen des Zyklus auf, z.B. der Viertel, der Fünftel oder vor allem der zwanzig dreizehntägigen Wochen (vgl. Nowotny 1976:53ff.). Parallel zu diesem Kalender liefen wiederkehrende Serien von neun bzw. dreizehn Göttern und eine Abfolge von dreizehn Vögeln ab, über die Codex Borbonicus besonders anschaulich informiert. Da eine größere Anzahl von Gottheiten sowohl in der 9er Serie als auch in der 13er Serie[22] und außerdem als Patrone von Tageszeichen und

21 Von Landa (1966:63ff.) für Yukatan ausführlich beschrieben.

22 Mit Absicht wird diese neutrale Bezeichnung gewählt. Für die erstgenannte Serie ist in frühen Schriften der Ausdruck "señores de la noche" erwähnt. Die Bezeichnung der Folge von dreizehn Numina als "Herren des Tages" ist dagegen rezenten Datums und nicht unumstritten.

verschiedenen Abschnitten dieses Kalenders auftraten, ergaben sich komplexe und nicht selten widersprüchliche Konstellationen, die nur ein geschulter Wahrsager sicher deuten konnte.[23] Hinsichtlich der Arten der Kommunikation mit den Göttern und der Formen, ihre Aufmerksamkeit und Gunst zu erreichen, gab es eine weite Palette von Handlungen. Das direkte Ansprechen erfolgte durch Gebete, von denen Sahagún in seinem 6. Buch einige ausführliche Versionen überliefert hat (1969,II:53ff.; 1950-69,VI: 1ff.).[24] Weit verbreitet waren Selbstkasteiungen in Form von Fasten und sexueller Enthaltsamkeit oder aber auch als Brand- bzw. Blutopfer. Letzteres wurde vornehmlich mit spitzen Gegenständen den Ohrläppchen oder der Zunge entnommen. Die wichtigste Form der Kommunikation bestand in der Darbringung von Opfergaben, die wegen der Vielzahl der Arten nur in ihren Hauptgruppen umrissen werden können. Bei fast allen Zeremonien spielten Rauchopfer eine Rolle, für die neben Räucherharzen und Gummi auch Blut verwendet wurde. Vor allem archäologisch bezeugt sind Depotopfer, darunter auch Abbilder der verehrten Numina, am Fuße von Tempeln. Die schriftlichen Quellen des 16. Jahrhunderts schildern zumeist eine Vielzahl von Speisen und Getränken, die jeweils festspezifisch vorbereitet und dargereicht wurden, außerdem Opfer von lebenden Tieren oder Menschen. Beim Menschenopfer war das Herausschneiden des Herzens die verbreitetste Tötungsform, es gab aber auch Köpfen, Töten mit Pfeilen oder Ertränken. Zu den Gaben an die Götter zählten auch die Tänze, die Musik und die gesamten rituellen Darbietungen während der Feste. Besonders reiche Rituale sind im Codex Borgia überliefert (p. 29-46), wegen fehlender erschlossener Parallelen ist der verständnismäßige Zugang zu ihnen jedoch sehr erschwert.

Zum Abschluß soll auf die Gründe für die vielfältigen Opfer eingegangen werden. Ein Hauptmotiv liegt klar auf der Hand: man wollte durch die Gaben die Gunst der Numina erwerben, die man sich als vergleichsweise stärker oder reicher vorstellte. Das galt gleichermaßen für private Zeremonien wie für solche zum Wohl der

---

23 Ausführliche Informationen zur Wahrsagerei der Azteken vermittelt Sahagún (1950), eine Analyse der kognitiven Strukturen findet sich in Hinz (1978).

24 Die Gebetstexte im 6. Buch von Sahagún sind einzigartige literarische Dokumente und können in dieser Hinsicht auch als authentisch gewertet werden. Die Beschränkung der angerufenen Numina auf Tezcatlipoca — bzw. in einem Fall auf Tlaloc — ist dagegen wohl eine spätere Korrektur. Die klaren Hinweise auf nachträgliche Eliminierung "heidnischer" Götternamen in einem anderen Dokument (Hinz 1983:112) erhärten diesen Verdacht.

Allgemeinheit. Mit diesem Grundmodell der Gabe und Gegenleistung ist jedoch nur ein Teil der Motivation erfaßt. Gerade beim Menschenopfer tritt eine andere, nicht minder bedeutende Triebkraft zu Tage: der unmittelbare menschliche Beitrag zur Erhaltung der Welt. Das gilt besonders im Hinblick auf den Sonnengott. Vor seinem Aufstieg hatten ja die Götter selbst das Beispiel gegeben, wie man ihn in Bewegung setzt bzw. auch hält. Sie förderten dies damals durch ihr Selbstopfer (Sahagún 1950:40f.). Inzwischen ist die Verantwortung für die Gewährleistung des Sonnenlaufes auf die Menschen übergegangen, und sie folgen mit den Menschenopfern für den Sonnengott dem göttlichen Exempel.

Diese Mitverantwortung für die Erhaltung der Welt verlieh den Menschen in ihrer Beziehung zu den Göttern einen hohen Grad von Selbstwertgefühl. Wenn es auch in Einzelfällen Anzeichen für das Empfinden einer "schlechthinnigen Abhängigkeit" von Göttern gab (Lanczkowski 1984:57), so gilt diese unterwürfige Haltung mit Sicherheit nicht für die Gesamtheit der Beziehungen zwischen Menschen und Göttern im Alten Mexiko.

Literatur

Anders, Ferdinand
1963 Das Pantheon der Maya. Graz.

Benson, Elizabeth P. (Ed.)
1981 Mesoamerican Sites and World-Views. Washington, D.C.

Boone, Elizabeth Hill (Ed.)
1987 The Aztec Templo Mayor. Washington, D.C.

Broda, Johanna
1971 Las fiestas aztecas de los dioses de la lluvia. Revista Española de Antropología Americana 6:245-327. Madrid.
1987 The Provenience of the Offerings: Tribute and Cosmovision. Boone, Ed. 1987:211-256.

Caso, Alfonso
1936 La Religión de los Aztecas. México.

Codex Borbonicus
1974 Codices Selecti 4. Graz.

Codex Borgia
1976 Codices Selecti 58. Graz.

Codex Cospi
1968 Codices Selecti 18. Graz.

Codex Dresdensis
1975 Sächsische Landesbibliothek Dresden (Mscr. Dresd. R 310). Codices Selecti 54. Graz.

Codex Fejérváry-Mayer
1971 Codices Selecti 26. Graz.

Codex Tro-Cortesianus
1967 Codices Selecti 8. Graz.

Codex Vaticanus A
1979 Codex Vaticanus 3738 (Cod. Vat. A, Cod. Ríos) der Biblioteca Apostolica Vaticana. Codices Selecti 65. Graz.

Codex Vaticanus B (3773)
1972 Codices Selecti 36. Graz.

Covarrubias, Miguel
1957 Indian Art of Mexico and Central America. New York.

Durán, Fray Diego
1967 Historia de las Indias de Nueva España e islas de la tierra firme. Tomo I, II. Biblioteca Porrúa 36, 37. México.

Grube, Nicolai
1986 Die Göttergestalten der Handschriften und ihre Hieroglyphen. Rätsch, Hg. 1986:29-106.

Hinz, Eike
1978 Analyse aztekischer Gedankensysteme. Acta Humboldtiana. Series Geographica et Ethnologica 6. Wiesbaden.
1983 Eine aztekische Kriegsrede: Persuasio ad bellum modo antiquo. Indiana 8:103-119. Berlin.

Historia de los mexicanos por sus pinturas
1891 Nueva colección de documentos para la historia de México. J. García Icazbalceta, Ed., III:228-63. México.

Histoyre du Mechique
1905 Manuscrit français inédit du XVIe siècle. Publié par Eduard de Jonghe. Journal de la Société des Américanistes de Paris, N.S. 2:1-46. Paris.

Köhler, Ulrich
1974 Huitzilopochtli und die präkolumbische Einteilung des Kosmos in links und rechts. Atti del XL Congresso Internazionale degli Americanisti II:321-328. Genova.
1977 Čonbilal Č'ulelal. Grundformen mesoamerikanischer Kosmologie und Religion in einem Gebetstext auf Maya-Tzotzil. Acta Humboldtiana, Series Geographica et Ethnographica 5. Wiesbaden.
1979 "Sonnenstein" ohne Sonnengott. — Zur Korrektur einer überkommenen Fehldeutung der bekanntesten aztekischen Steinplastik. Ethnologia Americana 91:906-908. Düsseldorf.
1982a Räumliche und zeitliche Bezugspunkte in mesoamerikanischen Konzepten vom Mondzyklus. Indiana 7:23-42. Berlin.
1982b On the Significance of the Aztec Day Sign "Olin". Tichy, Ed. 1982:111-127.

Lanczkowski, Günter
1984 Götter und Menschen im alten Mexiko. Olten und Freiburg.

Landa, Diego de
1966 Relación de las cosas de Yucatán. Novena edición. Biblioteca Porrúa 13. México.

Lehmann, Walter (Hg.)
1938 Die Geschichte der Königreiche von Colhuacan und Mexiko. Quellenwerke zur Alten Geschichte Amerikas I. Stuttgart — Berlin.

León-Portilla, Miguel
1966 La filosofía náhuatl. Estudiada en sus fuentas. Tercera edición. México.
1978 México-Tenochtitlan: su espacio y tiempo sagrados. México.

López Austin, Alfredo
1973 Hombre-dios. Religión y política en el mundo náhuatl. México.

Moreno en los Arcos, Roberto
1967 Los cinco soles cosmogónicos. Estudios de Cultura Náhuatl 7:183:210. México.

Motolinía, Fray Toribio de Benavente
1971 Memoriales o libro de las cosas de la Nueva España y de los naturales de ella. Edicíon preparada por Edmundo O'Gorman. México.

Navarrete, Carlos y Doris Heyden
1974 La cara central de la Piedra del Sol. Una hipótesis. Estudios de Cultura Náhuatl 11:355-376. México.

Nicholson, Henry B.
1971 Religion in Pre-Hispanic Central Mexico. Handbook of Middle American Indians 10:395-446. Austin.
Nowotny, Karl A.
1976 Der indianische Ritualismus. Dokumente der Geistesgeschichte 4. Köln.
Pasztory, Ester
1974 The Iconography of the Teotihuacan Tlaloc. Studies in Pre-Columbian Art and Archaeology 15. Washington, D.C.
Popol Vuh
1944 Das heilige Buch der Quiché-Indianer von Guatemala. Übersetzt und erläutert von Leonard Schultze Jena. Quellenwerke zur Alten Geschichte Amerikas II. Stuttgart.
Rätsch, Christian (Hg.)
1986 Chactun. Die Götter der Maya. Köln.
Roys, Ralph L. (Ed.)
1965 Ritual of the Bacabs. A Book of Maya Incantations. Norman, Okla.
1967 The Book of Chilam Balam of Chumayel. 2nd edition. Norman, Okla.
Sahagún, Fray Bernardino de
1927 Einige Kapitel aus dem Geschichtswerk des Fray Bernardino de Sahagún, aus dem Aztekischen übersetzt von Eduard Seler. Stuttgart.
1950 Wahrsagerei, Himmelskunde und Kalender der Alten Azteken. Aus dem aztekischen Urtext Bernardino de Sahagún's übersetzt und erläutert von Leonard Schultze Jena. Quellenwerke zur Alten Geschichte Amerikas IV. Stuttgart.
1950-69 Florentine Codex. General History of the Things of New Spain. Book I-XII. Translated and edited by Arthur J.O. Anderson and Charles E. Dibble. Santa Fé, New Mexico.
1969 Historia General de las Cosas de Nueva España. Tomos I-IV. Segunda edición, Biblioteca Porrúa 8-11. México.
Schellhas, Paul
1897 Die Göttergestalten der Mayahandschriften. Dresden.
Selden Roll
1955 The Selden Roll. An ancient Mexican picture manuscript in the Bodleian Library at Oxford. Descriptive commentary by Cottie A. Burland. Monumenta Americana 2. Berlin.
Seler, Eduard
1902-23 Gesammelte Abhandlungen zur Amerikanischen Sprach- und Altertumskunde. Bd. I-V. Berlin. (Nachdruck Graz 1960).
Spence, Lewis
1923 The Gods of Mexico. London.
Thompson, J. Eric S.
1934 Sky Bearers, Colours and Directions in Maya and Mexican Religion. Contributions to American Archaeology 2:209-42. Carnegie Institution of Washington, Publ. 436. Washington.
1939 The Moon Goddess in Middle America: with Notes on Related Deities. Contributions to American Anthropology and History 5:121-173. Carnegie Institution of Washington, Publ. 509. Washington, D.C.
1965/67 Maya Creation Myths. Estudios de Cultura Maya V:13-32, VI:15-43. México.
1970 Maya History and Religion. Norman, Okla.
Tichy, Franz (Ed.)
1982 Space and Time in the Cosmovision of Mesoamerica. Lateinamerika-Studien 10. München.
Zantwijk, Rudolf van
1981 The Great Temple of Tenochtitlan: A Model of Aztec Cosmovision. Benson, Ed. 1981:71-86.

2. *Kalender und Schrift*

Hanns J. Prem

Der Kalender

Der zyklische Kalender ist eine der bedeutendsten intellektuellen Leistungen des voreuropäischen Mesoamerika. Da seine Grundprinzipien in allen mesoamerikanischen Kulturen gleich waren, dürfte seine Entstehung in weit zurückliegender Vergangenheit an einem noch unbekannten, vermutlich zentral gelegenen Ort erfolgt sein und sich von dort aus verbreitet haben.

Der Kalender diente in Mesoamerika nicht nur dazu, die ablaufende Zeit zu messen, zu gliedern und benennbar zu machen sowie Orientierungspunkte für die Tätigkeiten des täglichen Lebens einer agrarischen Gesellschaft zu liefern. Von mindestens gleicher Bedeutung war seine Funktion bei der Ausdeutung und wohl auch beim Versuch der Beeinflussung übernatürlicher Mächte.

Für die Maya-Kulturen ist das kalendarische Wissen bereits abgehandelt worden (→ 1-Ic4), in diesem Kapitel liegt deshalb der Schwerpunkt auf Zentralmexiko und besonders auf den Azteken (Darstellungen u. a. bei Broda 1969:13-57, Caso 1971:333-48, Caso 1967 enthält Detailstudien zu spezifischen Problemen).

Das Jahr

Der mesoamerikanische Kalender beruht auf zwei verschieden langen Zyklen mit unterschiedlichen Anwendungsbereichen. Der erste, längere Zyklus wurde als Jahr bezeichnet (Nahuatl: *xihuitl*). Seine Dauer wurde nur in ganzen Tagen ausgedrückt und war dadurch mit 365 Tagen ungefähr um 1/4 Tag kürzer als das astronomische Sonnenjahr. Ein Ausgleich dieser Differenz durch eine regelmäßige Verlängerung des Kalenderjahres etwa in der Form des altweltlichen Schaltjahres mit seinen 366 Tagen hat nicht stattgefunden. Die in der Literatur immer wieder vertretene gegenteilige Meinung beruht auf ungerechtfertiger Interpretation kolonialer Quellen (so: Castillo F. 1971). Entsprechend dem in Mesoamerika üblichen Zahlensystem auf der Basis 20 (Vigesimalsystem) war das Jahr in 18 Abschnitte zu je 20 Tagen eingeteilt; die restlichen 5 Tage wurden als besonderer, gefährlich eingeschätzter Abschnitt (Nahuatl: *nemontemi*) am Ende des Jahres angefügt. Jeder der Abschnitte wurde eigentlich als ein Fest verstanden, dessen Vorbereitung und Durchführung mindestens alle 20 Tage in Anspruch nahm und das seinen Höhepunkt am letzten Tag erreichte.

Die einzelnen Tage der Festabschnitte wurden bei den Kulturen des westlichen Mesoamerika nicht gezählt und konnten folglich auch nicht zur Zeiteinteilung herangezogen werden (Tabellen 12-14 bei Caso 1967, nach S. 84, systemisch fehlerhaft). Für die Tageszählung diente vielmehr in erster Linie der zweite Zyklus.

Der Wahrsagezyklus

Der zweite Zyklus (Nahuatl: *tonalpohualli*) hat keine astronomische Grundlage. Er wird durch die Kombination von zwei Kurzzyklen gebildet, die 13 und 20 Tage umfaßten, beides Zahlenwerte, denen in Mesoamerika eine große Bedeutung zugemessen wurde. Die resultierende Dauer des Wahrsagezyklus von 260 Tagen scheint demnach nicht primär, die ungefähre Entsprechung zur etwas längeren Dauer der Schwangerschaft dürfte eher zufällig zu sein.

Eigenartig ist die Zählweise der Tage in den beiden Kurzzyklen: Im ersten Kurzzyklus wurden die 13 Tage einfach mit den Zahlen von 1 bis 13 beziffert, die 20 Tage des anderen Kurzzyklus waren einzeln nach bestimmten Tieren und Pflanzen, Naturerscheinungen und abstrakten Begriffen benannt (moderner Fachbegriff: Tageszeichen). Die Bedeutung dieser Namen war in den verschiedenen mesoamerikanischen Sprachen nicht immer dieselbe, aber oft bestand dennoch inhaltliche Nähe. Es scheint, daß dieser zweite Kurzzyklus der im täglichen Gebrauch wesentlichere war und er vielleicht auch das größte Alter hat. Die beiden Kurzzyklen liefen parallel zueinander endlos wiederkehrend ab. Weil die Länge beider Zyklen unterschiedlich ist und keinen gemeinsamen Teiler aufweist, ergeben sich 13 x 20 gleich 260 verschiedene Kombinationen von Ziffer aus dem einen und Name aus dem anderen Zyklus (beispielsweise: 1 Kaninchen oder 8 Haus). Erst nach Ablauf von 260 Tagen wiederholen sich die Kombinationen. Innerhalb des Wahrsagezyklus war die Folge der Kombinationsnamen (Nahuatl: *tonalli*) unveränderlich und eindeutig. Es ist einfach, aus der Kenntnis der Zahlen von 1 bis 13 und der Folge der 20 Tageszeichen die Abfolge der 260 Kombinationsnamen abzuleiten. Dadurch wurde die Anwendung auch durch weniger gebildete Bevölkerungsschichten erleichtert.

Der Zyklus der Jahresbindung

Die beiden großen Zyklen, der Festzyklus des Jahres mit 365 Tagen und der Wahrsagezyklus von 260 Tagen Dauer sind durch mathematische Gesetzmäßigkeiten miteinander verknüpft. Sie liefen parallel zueinander ab. Erst nach 52 Jahren gleich 73 Wahrsagezyklen (18980 Tagen = 365 x 260 : 5 [gemeinsamer Teiler]) trafen erstmalig wieder dieselben Tage beider Zyklen aufeinander. In Zentralmexiko machte man sich diese Eigenschaft zunutze und benannte die Jahre nach den 52 verschiedenen Tagesnamen aus dem Wahrsagezyklus. An der Bildung dieser Jahresnamen waren alle 13 Ziffern, aber nur 4 der 20 Tageszeichen des Wahrsagezyklus beteiligt, die gebietsweise als "Jahresträger" bezeichnet werden.

Der Zyklus von 52 Jahren (dessen Endpunkt im Nahuatl *xiuhmolpilli*, Jahresverknüpfung, hieß) war die höchste Einheit der Zeitrechnung bei den meisten mesoamerikanischen Völkern, so auch bei den Azteken. Während auf diese Weise 52 Jahre eindeutig unterschieden werden konnten, gab es bei der Benennung der Tage innerhalb des Jahres, die mittels der Tage des Wahrsagezyklus erfolgte, 105 (365 minus 260) Tagesnamen, die doppelt vorkamen. Es ist erstaunlich, daß dieser Nachteil offenbar nicht als problematisch empfunden wurde und der naheliegende Ausweg, die Tage nach den Festabschnitten zu bezeichnen, hier (im Gegensatz zu den Maya) nicht beschritten wurde. Eine Korrelierung mit dem christlichen Kalender (→ 1-IIa4) muß diese systembedingten Ungenauigkeiten berücksichtigen.

Andere Zyklen

Der Wahrsagekalender wurde in vielfältiger Weise untergliedert. Von besonderer Bedeutung war offensichtlich seine Gliederung in 20 Abschnitte zu 13 Tagen. Jeder dieser oft mißverständlich als "Wochen" bezeichneten Abschnitte wurde nach demjenigen der 20 Tageszeichen benannt, das auf seinen Anfangstag fiel. Jeder der 13 Tage dieser Abschnitte korreliert mit einer bestimmten Gottheit und einem augurischen Vogel. Die einzelnen Abschnitte sind außerdem jeweils mit einer Gottheit als "Regenten" verbunden (Nowotny 1961:216-18).

In Zentralmexiko bestand ähnlich wie bei den Maya auch ein neuntägiger Zyklus von Gottheiten, den "señores de la noche" oder (Nahuatl) *quecholli*. Er war jedoch im Gegensatz zu dem der Maya mit dem Wahrsagezyklus fest gekoppelt und begann mit diesem jeweils neu (Nowotny 1961:219, Caso 1967:112-29).

Daneben existierten noch andere Zyklen, die nur spärlich belegt oder unzureichend verstanden sind. Zu letzeren gehört die Einteilung des Wahrsagezyklus in eine Folge von 9 Abschnitten zu 9 Tagen und anschließend 7 Abschnitten zu 7 Tagen, die einmal wiederholt wird und somit 260 Tage ergibt (Nowotny 1961:220). Für die Darstellung und Diskussion der Verknüpfung des Kalenders mit den Einteilungen der Welt, tierischen und menschlichen Körperteilen usw. muß auf die weiterführende Literatur verwiesen werden (z.B. Nowotny 1961).

Quellenlage

Nahezu alle vorspanischen und frühkolonialen bilderschriftlichen Dokumente aus Zentralmexiko (→ 1-IIa1) enthalten chronologische Angaben (Daten im historischen Zeitablauf) oder kalendarische Informationen (Tabellen zu kalendarischen Kalkulationen und augurischer Verwendung), die teilweise Kommentare in lateinischer Schrift tragen und vielfach auch selbsterklärend sind. Die von spanischen Autoren verfaßten Beschreibungen und Tabellen zum indianischen Kalender sind hingegen fast durchweg von schwerwiegenden Mißverständnissen geprägt oder stellen Versuche zur Anpassung des heidnischen Kalenders an den christlichen dar (Prem 1988).

Anfänge der Schrift

Unter den amerikanischen Hochkulturen ist es nur in Mesoamerika zur Entwicklung einer wirklichen Schrift gekommen. Schrift läßt sich als ein graphischer, d.h. auf einem geeigneten Medium sichtbar dargestellter Code bezeichnen, der der bewußten Übermittlung von Nachrichten zwischen Menschen dient. Als Nachrichten kommen Inhalte des menschlichen Denkens in Frage, die in sprachlicher Form gefaßt sein können, aber keineswegs sein müssen. Schrift kann durchaus so ausgebildet sein, daß sie Inhalte übermittelt, die nicht sprachlich codiert sind. Von einer echten Schrift, die zusammenhängende Inhalte übermittelt, sind Notationen (oder Partialschriften) zu unterscheiden, die entweder auf einen kleinen, speziellen Anwendungsbereich beschränkt sind oder deren Aufbau der Übermittlung längerer, zusammenhängender Nachrichten nicht gewachsen ist (Barthel 1968: 275). Die Entscheidung, ob es sich im Einzelfall um beabsichtigte Spezialisierung des Systems oder defizienten Ausbau handelt, ist schwer zu treffen.

Die Entwicklung einer Schrift wurde von den frühen Kulturtheoretikern als so wesentlicher Einschnitt in der kulturellen Entwicklung betrachtet, daß sie zum Kennzeichnen schlechthin der "Hochkulturen" gemacht wurde. Das Beispiel der andinen Hochkulturen, in denen es nur ein sehr defizientes Notationssystem gab, sollte hier aber zur Vorsicht mahnen.

Schriften des Olmekischen Horizonts

In Mesoamerika reichen die frühesten Belege von Schriftsystemen in die letzten Jahrhunderte vor der Zeitenwende zurück. Aus dieser Zeit stammen Bruchstücke von Steinmonumenten (das früheste kalendarisch datierte ist die Stela 2 von Chiapa de Corzo aus dem Jahr 36 v. Chr), aber auch andere Kleinobjekte, die Zeichen von eng verwandten Schriftsystemen tragen. Sie finden sich über einen weiten Raum verteilt, der durch Chalchuapa an der Pazifikküste nahe der Westgrenze des heutigen El Salvador, das Tal von Oaxaca, Vulkangruppe und Küstenebene von Tuxtla am Golf von Mexiko begrenzt ist. Die Mehrzahl dieser Inschriften ist zumindest teilweise kalendarischen Inhalts. Sie zeigen damit, daß spätestens zu dieser Zeit die wesentlichen Elemente des mesoamerikanischen Kalenders voll entwickelt waren. Die Schrift besteht aus zumeist nicht zusammengesetzten Einzelzeichen, deren hoher Abstraktionsgrad kaum Hinweise auf den Inhalt erkennen läßt. Die Zeichen sind unverbunden in senkrechten Kolumnen angeordnet. Länge und Komplexität mehrerer dieser Inschriften (Tuxtla-Statuette: 66 Zeichen, Méluzin 1987; La Mojarra Stela: 428 erhaltene Zeichen, Winfield Capitaine 1988) lassen auf eine gut entwickelte Fähigkeit zur Wiedergabe von Texten schließen.

Schriften des frühen und mittleren Klassikums

Die Ähnlichkeiten der frühesten Schriften weisen auf eine gemeinsame Wurzel hin, die im Olmekischen Horizont liegen dürfte, für die aber bisher Belege fehlen. In den folgenden Jahrhunderten haben sich daraus mindestens drei getrennte Schriftsysteme entwickelt: 1. Die Monte Albán-Schrift in Oaxaca, 2. die offenbar nur auf einen kleinen Raum begrenzte Schrift von Cerro de las Mesas im südlichen Veracruz und 3. die Mayaschrift. Es ist bemerkenswert, daß davon die beiden westlichen Schriften nur bis zum Mittel-Klassikum fortlebten, dann aber von viel einfacheren Schriftformen abgelöst wurden. Damit ist eine scharfe Trennung entstanden zwischen den verarmten Notationen im Westen Mesoamerikas und der Mayaschrift im Osten, die sich im Verlauf des Klassikums stetig vervollkommnete (→ 1-Ic4).

Aus der Schrift von Monte Albán entstand die zapotekische Schrift, die in einer großen Anzahl von Inschriftenmonumenten erhalten geblieben ist. Obwohl hier die zugrundeliegende Sprache bekannt ist, bleibt auch für diese Schrift die Lesung auf die kalendarischen Angaben beschränkt. Unerklärlich ist bis heute, daß Teotihuacan (→ 1-Ic2), das mächtigste kulturelle Zentrum Mesoamerikas überhaupt, offenbar keine Schrift besaß – jedenfalls fehlen eindeutige Befunde.

Früh-Postklassische Schriften

Nach dem Ende von Teotihuacan finden sich spärliche Schriftzeichen in nahezu allen großen end-klassischen Zentren (Tula, Teotenango, Cacaxtla, Tajín), vor allem aber in dem deutlich nach dem Osten orientierten Xochicalco. Dort wie an vielen anderen Orten sind Übergänge zu den spät-postklassischen Schriften des Westlichen Mesoamerika erkennbar. In diesen ist die Schriftfunktion auf zwei unterschiedliche Verfahren aufgeteilt. Die Hauptmenge der Nachricht ist in einer erzählenden Bilderschrift gleichsam szenenartig, aber unter Beachtung einer strengen Darstellungskonvention abgebildet worden. Nur jene Teile der Nachricht, die durch bildliche Darstellung nicht eindeutig zu übermitteln waren (Namen von Orten und Personen, Zahlen, Daten, usw.) wurden durch Schriftzeichen ausgedrückt. Dabei bediente man sich, um die Übermittlung des Aussageninhaltes möglichst eindeutig zu gestalten, eines allerdings nur relativ kleinen Repertoirs von Darstellungsformen, die durch Schreibregeln (Konventionen) festgelegt und in unterschiedlichem Grad normiert waren. Hierzu gehörten regelmäßig die "Tageszeichen", Zeichen für Ort, Haus, Wasser, Berg, Stein, Weg, und ähnliches, Kennzeichnen für Beschaffenheit und Oberfläche. Diese und weitere eher ad hoc entworfene Zeichen waren nach dem Grundsatz der Abbildung der charakteristischsten Ansicht aufgebaut, die keineswegs naturalistisch zu sein brauchte. Besonders häufig wurde hierbei Aufsicht, Profil oder Querschnitt kombiniert (wodurch oftmals der eigentümliche Eindruck des "Aufgeklapptseins" entsteht).

Das Verfahren der Abbildung von Sachverhalten (und die Beschränkung einer sprachgebundenen Schreibung auf wenige Einzelheiten) war nur möglich, weil bei dem überwiegenden Teil der Informationen eine inhaltliche Aussage zu übermitteln war, deren genauer Wortlaut als nicht wesentlich betrachtet wurde. Das Verfahren hat jedoch gegenüber der auf der sprachlichen Formulierung und deren phonetischer Gestalt beruhenden Schrift den großen Vorteil, nicht an das Verständnis einer bestimmten Sprache gebunden zu sein. Und da die normierten Formen über Sprachgrenzen hinaus weitgehend einheitlich waren, bildete dieses Darstellungsverfahren eine Verständigungsmöglichkeit, wo eine verbale Kommunikation nicht möglich war.

Die aztekische Schrift

Wie die anderen postklassischen Schriften des Westlichen Mesoamerikas kombiniert auch die aztekische Schrift die Abbildung von Sachverhalten mit der Schreibung von einzelnen Worten in Form von ideographischen Zeichen (die oft irreführend Hieroglyphen genannt werden). Letztere (die Schrift im engeren Sinn) sollen hier eingehender erläutert werden.

Funktionsweise und Aufbau der aztekischen Wortzeichen sind verhältnismäßig gut bekannt, weil einerseits die aztekische Sprache (Nahuatl) nach der Eroberung Mexikos durch die Spanier zur Schriftsprache (unter Verwendung europäischer Buchstaben) wurde und ausführlich dokumentiert ist, und andererseits die Anzahl und der Umfang der erhaltenen aztekischen Schriftdokumente (die unter Wahrung der alten Tradition zum größten Teil erst nach der spanischen Eroberung angefertigt wurden) bei weitem am größten ist.

Die aztekische Schrift war im wesentlichen eine Inhaltsschrift. Mit ihren Zeichen konnte kein durchgehender Text wörtlich getreu wiedergegeben, sondern nur einzelne Worte, vor allem Namen von Personen und Orten, kalendarische Angaben, aber auch Bezeichnungen von Waren und Mengenangaben festgelegt werden. Die Schreibung aztekischer Personen- und Ortsnamen machte sich zunutze, daß diese Namen grundsätzlich "verständlich" waren ("sprechende Namen"). Auch wenn man sich beim Gebrauch der Namen normalerweise kaum ihre Bedeutung bewußt machte, eröffnete diese vielfältige Wege zu ihrer schriftlichen Fixierung durch Abbildung des Inhaltes. Hierbei ist es unerheblich, ob diese Namen tatsächlich die von den Sprechern des Aztekischen angenommene Bedeutung hatten (Beispiel: Azcapotzalco = Ameisenhaufenort) oder diese vermutlich nur auf dem Weg einer volksetymologischen Deutung fremder oder altertümlicher Namen (Beispiel: Tamoanchan, nach Sahagún = "Ort des Herabsteigens" oder "Wir suchen unser Heim", eher aber ein ursprünglich huaxtekischer Ortsname) zu erklären sind.

Bei der aztekischen Schrift kann man nicht von einem geschlossenen System im strikten Sinn des Wortes sprechen. Der Zeichenschatz war, auch wenn in Grundzügen durch historisch gewachsene Konvention bestimmt, weder in Umfang noch Struktur genauer festgelegt, auch fehlten eindeutige Regeln für die Schreibung (Komposition der Zeichen). Nur für die häufig benutzten kalendarischen Angaben und eine Reihe von besonders geläufigen Namen von Personen und Orten waren durch häufigen Gebrauch Standardformen entstanden. Darüber hinaus hatte der Schreiber im Rahmen seiner eigenen Erfahrungen die erforderlichen Schreibungen jeweils neu zu entwickeln.

Bei der Schreibung sind drei Ebenen der Codierung (systematischen Verschlüsselung) zu unterscheiden: 1. Bedeutungen (begriffliche Codierung), 2. Worte (sprachliche Codierung), 3. Zeichen (graphische Codierung). Alle gewachsenen Codesysteme weisen in mehr oder weniger großem Ausmaß mehrdeutige Codes auf. Dies gilt auch für Sprachen (Homonyme = Worte mit mehreren Bedeutungen, Synonyme = mehrere Worte für dieselbe Bedeutung) wie für Schriften (Homographen = Zeichen mit mehreren Bedeutungen). Mehrdeutigkeiten verringern einerseits die Präzision eines Codes, geben aber andererseits auch die Möglichkeit zu einer "Codierung auf Umwegen".

Für eine Schreibung ist am einfachsten, wenn einem Wort (mit einer einzigen Bedeutung) ein einziges, durch Konvention eindeutig festgelegtes Zeichen entsprach (Abb. 36 B). In diesem Fall einer durchgehend eindeutigen Entsprechung kann das Zeichen als Logogramm (Wortzeichen) bezeichnet werden. Mehrdeutigkeit entsteht, wenn einer Einheit auf einer Codierungsebene mehrere auf einer anderen entsprechen: mehrere Worte haben eine gemeinsame Bedeutung und werden entsprechend mit demselben (ideographischen, d.h. den Inhalt darstellenden) Zeichen geschrieben (Abb. 36 A), oder ein Wort wird durch verschiedene Zeichen dargestellt, die unterschiedliche Aspekte des Bedeutungsinhaltes wiedergeben (Abb. 36 E). Wenn mehrere Begriffe durch dasselbe Wort ausgedrückt werden, bietet sich an, die ideographische Schreibung für einen dieser Begriffe auch für die anderen anzuwenden - insbesondere wenn es sich bei den letzteren um Inhalte handelt, die nicht so leicht klar und unverkennbar abzubilden sind. Durch dieses Verfahren wird aber genaugenommen nicht mehr der Inhalt, sondern die Wortgestalt geschrieben, die Aufzeichnung kommt also in die Nähe einer phonetischen (d.h. die Lautgestalt festlegenden) Schreibung (Abb. 36 C). Umgekehrt kann das gleichlautende Wort für mehrere Begriffe auch durch die jeweils entsprechenden ideographischen Zeichen repräsentiert sein (Abb. 36 F).

Die geschilderten Mehrdeutigkeiten gelten bei Worten, die nur aus einem zu schreibenden Element bestehen. Wenn der zu schreibende Name aus mehreren Bestandteilen zusammengesetzt war, kommt das Problem der Schreibabfolge hinzu. Bei der aztekischen Schrift war (von wenigen kolonialzeitlichen Weiterentwicklungen abgesehen) nicht festgelegt, in welcher Reihenfolge die in einer bildlichen Komposition verbundenen Zeichen zu lesen waren.

Weiter kompliziert wurde die Schreibung, wenn sich ein Inhalt ideographisch nicht vollständig oder sicher erkennbar darstellen ließ. In diesem Fall verwendete man zusammengesetzte Schreibungen unter Einbeziehung der Wortgestalt (phonetische Schreibung). Allerdings war es nicht zur Entwicklung eines Repertoirs festliegender phonetischer Zeichen für Laute oder Silben gekommen, außerdem lag die Länge der durch ein Zeichen angegebenen phonetischen Information zwischen einem Laut (Vokal) und mehreren Silben.

Die Varianten der phonetischen Schreibung sind sehr zahlreich. In Abb. 37 können nur einige charakteristische Fälle dargestellt werden. Im ersten war die Schreibung konstituierend aufzubauen – sie unterscheidet sich von einer zusammengesetzten ideographischen Schreibung dadurch, daß die Glieder des Schriftzeichens nicht bedeutungsmäßig den Gliedern des zusammengestzten Wortes oder Namens entsprechen. Im zweiten ist die phonetische Natur noch deutlicher. Im dritten Fall ist (intensiv erst in kolonialer Zeit) die Bezeichnung eines Lokativsuffixes (*tlan*) durch den homonymen Stamm eines Nomens (*tlantli*, Zahn) angegeben. Ein besonders gravierendes Problem der ideographischen Schreibung ist die Unsicherheit des Lesers, wel-

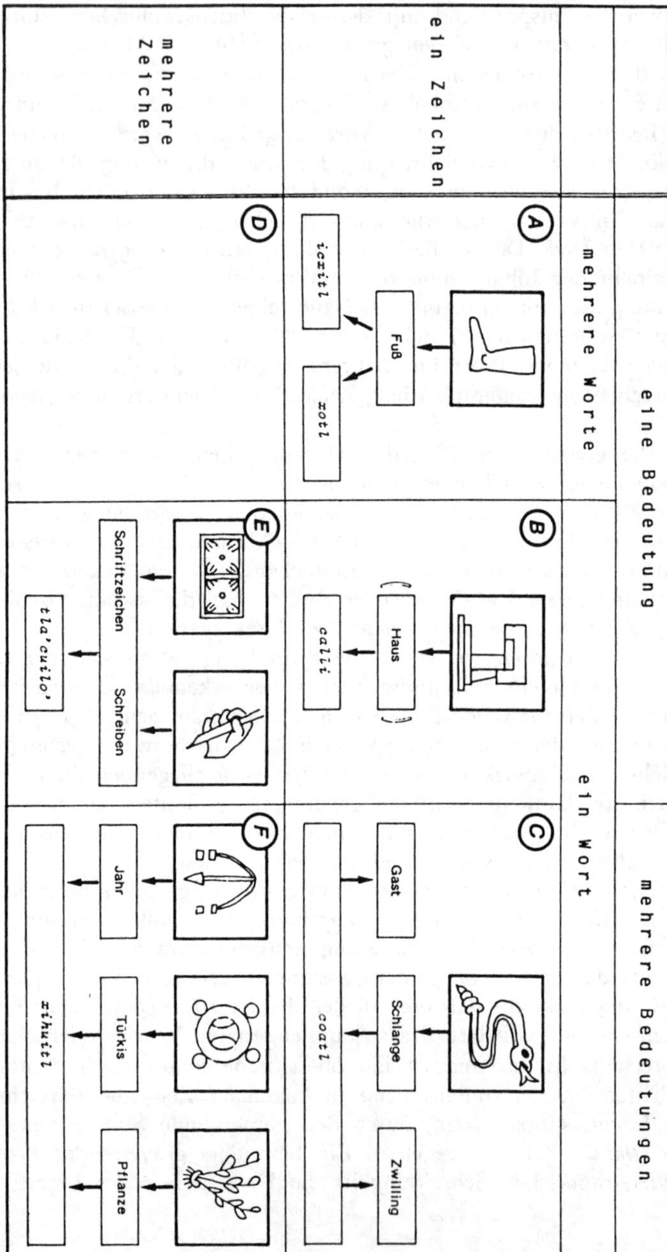
Kombinationsformen von Zeichen, Worten und Bedeutungen
eine Bedeutung
mehrere Bedeutungen
mehrere Worte
ein Wort
ein Zeichen
mehrere Zeichen
A
Fuß
icxitl
xotl
B
Haus
calli
C
Gast
Schlange
Zwilling
coatl
D
E
Schriftzeichen
Schreiben
tla'cuilo'
F
Jahr
Türkis
Pflanze
xihuitl

Abb. 36

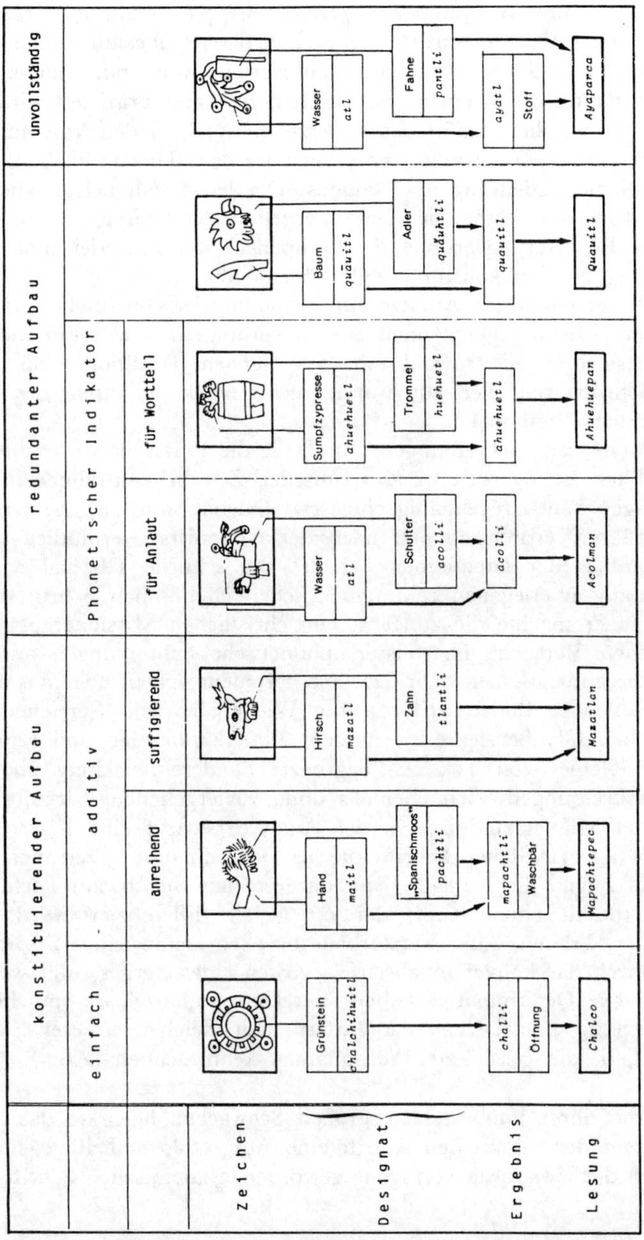
Varianten phonetischer Schreibung
konstituierender Aufbau
redundanter Aufbau
einfach
additiv
Phonetischer Indikator
unvollständig
anreihend
suffigierend
für Anlaut
für Wortteil
Zeichen
Designat
Ergebnis
Lesung
Grünstein
chalchihuitl
challi
Öffnung
Chalco
Hand
maitl
„Spanischmoos"
pachtli
mapachtli
Waschbär
Mapachtepec
Hirsch
mazatl
Zahn
tlantli
Mazatlan
Wasser
atl
Schulter
acolli
acolli
Acolman
Sumpfzypresse
ahuehuetl
Trommel
huehuetl
ahuehuetl
Ahuehuepan
Baum
quāuitl
Adler
quāuhtli
quauitl
Quauitl
Wasser
atl
Fahne
pantli
ayatl
Stoff
Ayaparca

Abb. 37

ches von mehreren Synonymen gemeint ist. Hier hilft ein "phonetischer Indikator", der zumeist den Anlaut des zu übermittelnden Wortes zusätzlich festlegt. Ähnlich ist zu werten, wenn ein anderer Teil des Wortlautes durch einen phonetischen Indikator präzisiert wird. Zu den seltenen Fällen gehört das vorletzte Beispiel, in dem (bis auf Vokallänge) identische Homonyme gesetzt werden. Unklar bleibt in diesem Fall die Bedeutung des Namens. Der letzte Fall belegt eine voll phonetische Schreibung: das Gesamtergebnis der Schreibung (der Name der Bevölkerungsgruppe der Ayapanca) hat keinerlei inhaltliche Beziehung zu den konstituierenden Elementen.

Die geschilderten Ansätze zur Erhöhung der Genauigkeit der aztekischen Schrift reichten nicht aus zu verhindern, daß selbst indianische Historiker, die sowohl mit den eigenen Traditionen als auch dem Schriftsystem vertraut waren, gelegentlich in ihren Lesungen schwankten (Prem o.J.).

Phonetische Schreibungen, durch die die Präzision am leichtesten zu erhöhen ist, wurden in vorspanischer Zeit in Zentralmexiko nur in wenigen Fällen regelmäßig eingesetzt (Nicholson 1973), sie erreichten größere Verbreitung erst nach der Conquista, vermutlich unter dem Einfluß der lateinischen Schrift. Die schnelle Übernahme der offenkundig überlegenen rein phonetischen lateinischen Schrift durch die Indianer machte die zunächst von christlichen Missionaren unternommenen Versuche überflüssig, phonetische Schreibungen auf der Basis der autochthonen Schriftzeichen fortzuentwickeln oder das Prinzip erzählender Bilderschrift für die Wiedergabe von Bereichen der christlichen Glaubenslehre zu nutzen. Eine kurzfristige und regional auf das Gebiet von Tetzcoco begrenzte Sonderentwicklung phonetischer Schreibungen blieb ebenfalls ohne weitergehende Wirkung.

Viel Mißverständnisse in der Analyse bewirkt eine Klasse von Zeichen der aztekischen Schrift, die als Determinative bezeichnet werden. Sie zeigen die Kategorie der dargestellten Inhalte an: Personennamen (durch einen Kopf, der oft weiter differenziert wird, um Herrscher, Frauen, Alte, Verstorbene usw. zu kennzeichnen), Ortsnamen (durch das konventionalisierte Zeichen eines Berges) und wenige weitere. Die Determinative haben aber keine unmittelbare sprachliche Entsprechung und lassen sich entfernt mit Zeichen unserer Schrift vergleichen, die geschützte Warennamen kennzeichnen (z.B. ® Aspirin).

Trotz ihrer unübersehbar großen Schwächen bewirkte das Vorhandensein der aztekischen Schrift eine Aufgeschlossenheit gegenüber der nach der Conquista verfügbar gewordenen lateinischen Schrift, die mit bemerkenswerter Geschwindigkeit angenommen und genutzt wurde und zu einer bedeutenden Literatur in aztekischer Sprache und lateinischer Schrift führte.

Literatur

Barthel, Thomas S.
1968 Writing systems. Current trends in linguistics, 275-301. The Hague.

Benson, Elizabeth P. (Ed.)
1973 Mesoamerican writing systems. Washington.

Broda, Johanna
1969 The Mexican calendar as compared to other Mesoamerican systems. Wien.

Caso, Alfonso
1967 Los Calendarios prehispánicos. México.
1971 Calendrical systems in Central Mexico. Handbook of Middle American Indians 10:333-348. Austin.

Castillo F., Victor M.
1971 El bisiesto náhuatl. Estudios de Cultura Náhuatl 9:75-104. México.

Dibble, Charles E.
1971 Writing in Central Mexico. Handbook of Middle American Indians 10:322-332. Austin.

Galarza, Joaquín
1967 Prénoms et noms de lieux exprimés par les glyphes et des attributs chrétiens dans les manuscripts pictographiques Mexicains. Journal de la Société des Américanistes 56:533-561. Paris.
1980 Estudios de escritura indígena tradicional (AztecaNahuatl). México.

Klor de Alva, J. Jorge, et al. (Eds.)
1988 The work of Bernardino de Sahangún, Pioneer ethnographer of sixteenth-century Aztec Mexico. Albany.

Méluzin, Sylvia
1987 The Tuxtla Statuette: An internal analysis of its writing system, Gary W. Pahl (Ed.) 1987:68-113.

Nicholson, Henry B.
1973 Phoneticism in Late Pre-Hispanic Central Mexican Writing System. Benson (Ed.) 1973:1-46.

Nowotny, Karl Anton
1961 Tlacuilolli. Die mexikanischen Bilderhandschriften. Berlin.

Pahl, Gary W. (Ed.)
1987 The periphery of the southeastern Classic Maya realm. Los Angeles.

Prem, Hanns J.
1974 Matrícula de Huexotzinco. Edition, Kommentar, Hieroglyphenglossar. Graz.
1988 Calendrical traditions in the writings of Sahagún. Klor de Alva, J. Jorge, et al. (Eds.) 1988:135-150.
o.J. Aztec Writing. Handbook of Middle American Indians, Supplement 5. Austin (ca. 1990).

Winfield Capitaine, Fernando
1988 La Estela 1 de La Mojarra, Veracruz, México. Research Reports on Ancient Maya Writing 16. Washington.

3. *Sprachen*

Ortwin Smailus

Übersichtsarbeiten

Neben einer Flut von Materialdokumentationen und Arbeiten zu Detailfragen existiert seit einigen Jahren eine Fülle von Zusammenfassungen zur Linguistik Mesoamerikas, die als Einstieg in die Materie nützlich sind, sich leider aber stark auf einzelne Teilkomplexe der Linguistik wie Historische Linguistik oder Systematik beschränken. Insgesamt bieten die wichtigsten Übersichtsarbeiten der 70er und 80er Jahre Informationen zu folgenden Themen:

1. Überblick über die Forschungsgeschichte
2. Bibliographien zur Beschreibung der Sprachen
3. Bibliographien zur Klassifikation und Geschichte der Sprachen
4. Texte
5. Informationen zur Lokalisierung der Sprachen
6. Typologische Studien
7. Abrisse einzelner Sprachen
8. Einzelne Teilbereiche wie Schrift, Glottochronologie, Dialektologie u.s.w.
9. Soziolinguistik und Sprachpolitik

Handbook of Middle American Indians
- Vol. 5 (1967): Punkte 1-9
- Suppl. 2 (1984): Punkt 7
- Suppl. 3 (1985): Punkt 4

Sebeok (1973): Punkte 1, 5-6
Sebeok (1977): Punkte 1, 8-9
Kaufman (1974): Punkte 1, 3
Arana de Swadesh et al. (1975): Punkte 1, 3, 6, 9
McQuown (1976): Punkt 1
Campbell (1979): Punkte 1-3, 6
Parodi (1981): Punkte 1-2
Mayers (1966): Punkte 1, 7
Suarez (1983a): Punkte 1, 5, 8-9

Einige Zeitschriften sind auf mesoamerikanische Sprachen spezialisiert oder bieten viel zu diesem Thema: International Journal of American Linguistics (IJAL), Chicago; Journal of Mayan Linguistics (JML), Baton Rouge; Tlalocan, México; Journal de la Société des Américanistes (SAP-J), Paris; Latin American Indian Literatures Journal, Beaver Falls.

Forschungsgeschichte

Die Kolonialzeit

Die wissenschaftliche Dokumentation und Analyse der Sprachen Mesoamerikas setzte unmittelbar nach Eintreffen der Spanier zu Beginn des 16. Jh. ein. Sie wurde getragen vor allem von Missionaren des Franziskaner- und des Dominikanerordens, und ihnen verdanken wir eine Fülle von Grammatiken, Vokabularien und Textmaterialien in einheimischen Sprachen. Das Forschungsinteresse dieser frühen Linguisten (wie Fray Pedro de Gante [1553], Jacobo de Testera, Alonso de Molina [1944] und Domingo de Vico [1555]) beruhte zum einen auf der Notwendigkeit einer Kommunikation mit den zu Bekehrenden, zum anderen aber auch auf dem Neugierverhalten des beginnenden Humanismus.

Die ersten Arbeiten sind noch stark vom Vorbild der lateinischen Grammatik geprägt (Carochi 1645); einzelne Autoren haben sich aber schon in unterschiedlichem Maße von diesem Vorbild freimachen können (Ximénez 1701). Etwa hundert Jahre nach der Entdeckung ließ der Forschereifer spürbar nach. Die wenigen noch entstehenden Arbeiten sind meist Überarbeitungen älterer Vorlagen.

Das 19. Jahrhundert

Im 19. Jahrhundert nahm das Interesse der Forschung an den Sprachen Mesoamerikas wieder zu. Es entstanden analytische Überarbeitungen älterer Sprachdarstellungen mit dem Ziel der Einordnung der mesoamerikanischen Sprachen im Rahmen einer sich entwickelnden allgemeinen Sprachtypologie (Adelung und Vater 1816, Humboldt 1836). Forschungs"reisende" wie Hermann Berendt und Karl Sapper (1897, 1912) machten in entlegenen Indianerdörfern Sprachaufzeichnungen, andere, wie Hyacinthe de Charencey (1883) und Charles Etienne Brasseur de Bourbourg, sammelten in Archiven vergessene Dokumente. Methodisch sind die in diesem Zeitraum entstandenen Arbeiten meist von geringerer Qualität, da die linguistische Grundbildung der Autoren häufig allein durch Forscherdrang ersetzt wurde.

Das 20. Jahrhundert

Das beginnende 20. Jahrhundert war in Europa geprägt von Vertretern der historisch-philologischen Richtung wie Walter Lehmann und Leonhard Schultze Jena, die Texte des "klassischen" Aztekisch und Quiché übersetzten, aber auch Feldforschung betrieben (Lehmann 1920, Schultze Jena 1933-38). In den USA betrieben einige Wissenschaftler strukturalistische Sprachforschung (Mason 1917), das Schwergewicht der Arbeiten lag aber vor allem im Bereich der historischen Linguistik. Die von Sapir (1929) vorgeschlagene Gliederung der Sprachgeschichte Meso- und Nordamerikas in "phylae" genannte Superfamilien wurde in einer Reihe von Einzelarbeiten (u.a. Kroeber 1934, Halpern 1942, McQuown 1942) überprüft, präzisiert oder verworfen.

Ab Mitte des Jahrhunderts werden zahlreiche Beschreibungen von Einzelsprachen vorgelegt, die durchgehend auf soliden Kenntnissen der modernen Linguistik basieren und auf der Grundlage spät- oder poststrukturalistischer Grammatiktheorien stehen. Beispielhaft seien genannt: Waterhouse 1962, Hopkins 1967, Handbook of Middle American Indians, Vol. 5 (1967), Canger 1969, Foster 1969, Robinson 1969-70, Blair 1971, Hollenbach 1975, van Haitsma 1976, Alexander 1980, Swadesh 1983b, Knowles 1984, Handbook of Middle American Indians, Suppl. 2 (1984). Neben den Vertretern der akademisch verankerten Wissenschaft treten seit den 30er Jahren die "Missionarslinguisten" des "Summer Institute of Linguistics" auf (Pike 1967), die eine Fülle von Sprachbeschreibungen sowie von Wörterbüchern moderner mesoamerikanischer Sprachen publizierten. Beispiele moderner Wörterbücher sind u.a. McLaughlin 1975, Aulie 1978, Velásquez Gallardo 1978, Barrera Vásquez 1980 Stairs Kreger and Scharfe de Stairs 1981, Laughlin with Haviland 1988.

Seit Ende des 19. Jahrhunderts finden wir zunehmend auch Linguisten aus Mexiko und Guatemala. Die mexikanische Linguistik wird durch namhafte Wissenschaftler des INAH, verschiedener Institute der UNAM (Centro de Estudios Mayas, Departamento de Lingüística) und regionalen Universitäten gepflegt (Leonardo Manrique Castañeda [1973], Moisés Romero [1975]). In Guatemala läßt die Entwicklung noch zu wünschen übrig. In Projekten wie dem von amerikanischen Wisenschaftlern (u.a. Terrence Kaufman) geförderten "Proyecto Lingüístico Francisco Marroquín", in dessen Rahmen vier neue Mayasprachen bestimmt wurden und man eine exakte Dialektgliederung vornahm, begann man jedoch auch in diesem Land, qualifizierte einheimische Linguisten auszubilden.

Klassifikation der Sprachen, Historische Linguistik

Allgemeines

Wie in der Forschungsgeschichte angedeutet, wurden bereits zu Beginn des 19.Jh. verwandtschaftliche Beziehungen zwischen einzelnen Sprachen Mesoamerikas festgestellt; einige Höhepunkte der Entwicklung waren Buschmanns Identifikation der Utoaztekischen Familie (1859), die von Charencey (1883) und Sapir (1915) verbessert wurde, die schrittweise Identifikation der Otomangue-Familie von Brinton (1891), Mechlin (1912) und Angulo (1926), sowie die Identifikation und Gliederung der Maya-Sprachfamilie durch Stoll (1884), Kroeber (1939) und McQuown (1942). Die meisten der im ersten Kapitel genannten Übersichtsarbeiten bieten eine detaillierte Darstellung des neueren Standes der Klassifizierung. Heute kann davon ausgegangen werden, daß die Identifizierung der Familien im großen und ganzen gesichert ist.

Methodisches Vorgehen

Die Rekonstruktion von Verwandtschaftsgruppen erfolgt in mehreren Stufen: Nach der Feststellung und Systematisierung von phonologischen Entsprechungen zwischen gleichbedeutenden (oder ähnlich bedeutenden) Wörtern in verschiedenen Sprachen, den sog. "Kognaten", folgt die Identifizierung von Lautwandel- oder Lautentsprechungsgesetzen. Deren Rückführung führt zur Rekonstruktion des Phonembestandes der Protosprache(n). Sind mehr als zwei Sprachen betroffen, kann dann die stufenweise Abfolge der Aufgliederungen in Unterfamilien untersucht und ein Baumdiagramm angelegt werden; als letzter Schritt gilt die Rekonstruktion grammatischer Regeln der Protosprache(n) bis hin zur Erstellung einer Grammatik.

Wissensstand

Bei den meisten Sprachfamilien Mesoamerikas ist die Rekonstruktion von Verwandtschaftsgruppen mit Erfolg vollzogen worden; unklare Beziehungen sind in den Diagrammen durch gepunktete Linien gekennzeichnet. Die Existenz der Otomangue-Familie als Ganzes wird von einigen Autoren als nicht gesichert angesehen (Kaufman 1974); Calvin Rensch (1976) hat allerdings eine umfangreiche Kognatensammlung vorgelegt und die Grundlagen für die Rekonstruktion der Phonologie des Proto-Otomangue geschaffen. Auch der Zusammenhang der Hoka-Gruppe und eventuelle Beziehungen zur Otomangue-Familie sind nicht geklärt. Im Falle der utoaztekischen Familie gibt es zur inneren Aufgliederung der mexikanischen Unterfamilie divergierende Meinungen. Bei der Maya-Sprachfamilie existieren noch Zweifel bei der Einordnung des yukatekischen und des huastekischen Zweiges; die interne Struktur des westlichen und des östlichen Zweiges sind jedoch unumstritten. Während bei den meisten Sprachfamilien die Rekonstruktion der Vorformen bei den Kognaten, den Baumdiagrammen und eventuell der Phonologie der Protosprachen stehengeblieben ist, gibt es auf dem Gebiet der Maya-Sprachen bereits erste Arbeiten zur Rekonstruktion der Grammatik des Proto-Maya (Norman and Campbell 1978).

Zeittiefe

Den im Anhang dargestellten vier Diagrammen sind jeweils links "Zeittiefen" in Form von "siglos mínimos" nach Art der Glottochronologie zugeordnet. So bedeutet die "35s" auf der Höhe der nordamerikanischen Abteilung der utoaztekischen Sprachen, daß sich nach Ansicht der Vertreter der Glottochronologie vor 3500 Jahren die Protosprache dieses Baumabschnittes in die jeweiligen Tochtersprachen bzw. in die Protosprachen der jeweiligen Unterabschnitte teilte; gleiches gilt analog für alle Verzweigungen der Baumdiagramme. Als relative Zeitangaben haben die "siglos mínimos" ihren Wert, da sie z.B. zeigen, daß einzelne Sprachfamilien sehr unterschiedliche Zeittiefe haben. So ist der Grad der Verwandtschaft aller Mayasprachen untereinander ungleich größer als der Grad der Verwandtschaft aller Otomangue-Sprachen, wiedergegeben hier durch 40 bzw. 65 "siglos mínimos".

Prähistorische Linguistik

Allgemeines

Während sich die historische Linguistik mit der Geschichte einer Sprache bzw. einer Sprachfamilie beschäftigt, sucht die prähistorische Linguistik über die älteren Formen einer Sprache Informationen zur Geschichte einer Sprachgemeinschaft zu gewinnen. In Mesoamerika bedeutet dies den Versuch einer Zuordnung von Sprachen oder Sprachfamilien zu lange zurückliegenden archäologischen Kulturen. Im allgemeinen ist die ethnische und linguistische Identifizierung bis zum Beginn der protohistorischen Periode überzeugend durchführbar; man kann bei den aztekischen und chichimekischen Kulturen im Hochbekken von Anahuac, den mixtekischen und zapotekischen Kulturen in Oaxaca, der taraskischen Kultur in Michoacán und den Mayakulturen im Hochland von Guatemala sowie im nördlichen Teil der Halbinsel Yukatan von einer historisch nachgewiesenen Identität von archäologischer Kultur und Sprechergruppe einer spezifischen Sprache ausgehen. Bei archäologischen Kulturen, die lange vor Beginn der historisch belegten Zeit bestanden und keine eindeutigen Verbindungslinien dorthin aufweisen, kann die Identifizierung nur mit Mitteln der prähistorischen Linguistik durchgeführt werden.

Methoden

Zu den Methoden dieser speziellen Anwendung der Linguistik gibt es zahlreiche Einführungen (z.B. Diebold 1966).

Eine Möglichkeit besteht in der Rekonstruktion früherer Siedlungsgebiete und Wanderwege von Sprachgemeinschaften über eine Analyse der räumlichen Verteilung heutiger Tochtersprachen. Danach zu urteilen bewohnten Sprecher des Otopame-Zweiges der Otomangue-Sprachen das Hochbecken von Anahuac, bevor sie von aztekisch sprechenden Neueinwanderern zurückgedrängt wurden.

Eine andere Methode ist die Analyse des Grundwortschatzes zur räumlichen Umwelt in der Protosprache mit dem Ziel, Hinweise auf die räumliche Ansiedlung der Sprecher zu finden. Auf diese Weise glaubt man, die "Urheimat" der Maya-Familie in den Cuchumatanes im nordwestlichen Guatemala finden zu können (Kaufman 1969).

Ebenfalls auf einer Analyse des Grundwortschatzes der Protosprache basiert eine weitere Vorgehensweise, die sich hierbei aber auf Bezeichnungen von Kulturgütern bezieht, um das typische Kulturinventar einer archäologischen Kultur im Wortschatz einer bestimmten Stufe der Sprachentwicklung wiederzufinden. Das ganze Vokabular zur Organisation des Lebens in einer Großstadt, die als überregionales Handelszentrum fungiert, müßte sich z.B. bei den Bewohnern Teotihuacans (→ 1-Ic2) heausgebildet haben und läßt sich möglicherweise aus dem Wortbestand der Sprache ihrer heutigen Nachkommen (wer immer sie sind) herausfinden. Einstweilen ist jedoch die Zuordnung Teotihuacans zu einer Sprachfamilie oder gar Sprache noch nicht gelungen.

Gerade in der Mesoamerikaforschung als fruchtbar erwiesen hat sich die Analyse des überregionalen Fremdwortbestandes. Hierbei geht man von der Überlegung aus, daß eine Kultur wie beispielsweise die olmekische nicht nur für die Erfindung und Verbreitung einiger panmesoamerikanischer Kulturgüter wie Kakao, intensiver Feldbau, städtische Kultur, Kalender und spezieller Aspekte der Religion wie Alter-Ego-Glaube und Jaguarkult verantwortlich ist, sondern daß sie auch dafür gesorgt hat, die dazugehörigen Bezeichnungen zu verbreiten. Tatsächlich sind Benennungen für eine Reihe von Kulturerscheinungen der beschriebenen Art als Fremdwörter in vielen Sprachfamilien Mesoamerikas verbreitet, und nach neueren Erkenntnissen stammen viele dieser Wörter aus dem Grundvokabular der Mixe-Zoque-Sprachfamilie, einige auch aus dem Zapotekischen.

Da die Mixe-Zoque-Familie noch heute im Raum der ehemaligen archäologischen Olmekenkultur (→ 1-Ic1) angesiedelt ist und diese sehr früh Einflüsse auf Monte Albán hatte, das für die späteren Zeiten den Zapoteken zugesprochen wird, so liegt es nahe, anzunehmen, daß die Träger der olmekischen Kultur eine frühe Form der Mixe-Zoque-Sprachen gesprochen haben. Zu den "identifizierenden" Wörtern gehört die pan-mesoamerikanische Bezeichnung "kakawa" = "Kakao" (Campbell & Kaufman 1976).

Insgesamt gesehen bietet die prähistorische Linguistik noch sehr viel Raum für Überlegungen und Forschungen. Morris Swadesh (1960), der Erfinder der Glottochronologie, sowie eine große Zahl seiner Schüler beschäftigen sich intensiv mit dieser speziellen Anwendung der Linguistik in Mesoamerika.

Sprache und Dialekt

Die Frage, ob es sich bei zwei einander nahestehenden Sprachformen um Tochtersprachen derselben Sprachfamilie oder um Dialekte derselben Sprache handelt, ist nicht eindeutig beantwortbar. Für die historische Linguistik ist diese Frage irrelevant, da es sich hierbei nur um Bezeichnungen für Verzweigungen des Verwandtschaftsdiagramms handelt, ebenso wie die Frage, ob man einzelne Untergliederungen einer Familie "Zweig", "Komplex" oder "Gruppe" nennt. Alle Tochtersprachen haben einmal als Dialekte begonnen. Für die soziokulturelle Anwendung der Linguistik ist die Frage "Dialekt oder Sprache?" jedoch von Bedeutung.

Man geht hierbei von der Definition aus, daß Dialekte untereinander verständlich sind, Sprachen jedoch nicht; doch liegt ein methodisches Problem in der Tatsache, daß "Verständlichkeit" schlecht quantifizierbar ist. Eine Reihe von Linguisten des Summer Institute of Linguistics hat zu diesem Problem Untersuchungen durchgeführt, motiviert durch die Frage, in wie vielen "Dialekten" einer Sprache Bibelübersetzungen durchgeführt werden müßten (Egland & Bartholomew 1978). Sprechern verschiedener Sprachvarianten legte man standardisierte Texte der jeweils anderen Art vor und überprüfte durch Testfragen die Verständlichkeit; bei einem Verständlichkeitsgrad von mehr als 80% ging man davon aus, daß es sich um Dialekte derselben Sprache handelt. Zwei vorläufige Ergebnisse sind bemerkenswert:

1. Es gibt in vielen Fällen ein Ungleichgewicht der Verständlichkeit – Sprecher der Variante A verstehen die Variante B ausgezeichnet, umgekehrt verstehen Sprecher der Variante B die Variante A nur ungenügend. Auch wenn man die Frage der Mehrsprachigkeit einzelner Sprachgemeinschaften ausklammert (was sicherlich auch eine Rolle spielt, denn es gibt überregional dominierende Sprachen), bleibt doch in vielen Fällen die Situation, daß von zwei einander nahestehenden Sprachvarianten die eine ein einfaches, die andere ein sehr komplexes Phonemsystem besitzt; ein Beispiel dafür sind auch die europäischen Sprachen Portugiesisch und Spanisch. Auf unsere Grundfrage bezogen bedeutet dies, daß eine Sprachvariante mal als Dialekt, mal als Sprache bezeichnet werden kann.

2. Hinter den traditionellen Bezeichnungen "Zapotekisch" und "Mixtekisch" sind Dutzende von Varianten verborgen, die untereinander nicht verständlich sind; nimmt man einen Verständlichkeitsgrad von 80% als Maßstab, so sind "Zapotekisch" und "Mixtekisch" keine Sprachen, sondern Sprachfamilien. Analog dazu verbergen sich hinter "Nahuatl" 19, unter "Chinantekisch" 14 und unter "Mixe" 11 Einzelsprachen. Die in den Verwandtschaftsdiagrammen aufgeführten Sprachen Mi1...Mi3, Ch1...Ch3 usw. können nur als eine Auswahl betrachtet werden, die durch den Stand der Dokumentation zustandegekommen ist. Solch große Differenzierungen sind offenbar typisch für geographisch stark gegliederte Räume. Von Campeche bis Chetumal wird im wesentlichen dieselbe Sprache, "yukatekisches Maya", gesprochen, ein Beispiel für eine Sprache, die in recht einheitlicher Form weit verbreitet ist.

Klassische Sprachen

Definition

Bei Sprachen wie dem Aztekischen, dem Maya und dem Quiché ist gelegentlich die Bezeichnung "klassisch" (HMAI, Vol.5) zu lesen, für die es jedoch keine sprachspezifische Definition gibt. Gemeint sind bei Verwendung dieser Bezeichnung immer solche Varianten der betreffenden Sprachen, die in der frühen Kolonialzeit in Texten dokumentiert sind. Definiens ist also zum einen der Zeitpunkt "frühe Kolonialzeit", zum anderen die Tatsache, daß es sich um Schriftsprachen handelt. Da es jedoch für viele (zehn bis fünfzehn) Sprachen Mesoamerikas Schriftdokumente aus der frühen Kolonialzeit gibt (wenn auch nicht so viele und historisch bedeutende wie im Falle der drei großen Sprachen), müßte man für fast alle Sprachen eine "klassische" Variante annehmen. Suárez beschreibt in seinem Aufsatz "Classical Languages" (1977) frühkoloniale Dokumentationen indianischer Sprachen.

Soziale Dialekte

Eine Besonderheit der drei Sprachen Aztekisch, Maya und Quiché (einschließlich Cakchiquel) ist, daß die jeweils dokumentierten Formen die Sprachvarianten der Oberschicht der Gesellschaft waren, die sich mehr oder weniger stark von den Dialekten der unteren Schichten unterschieden. Dies ist für die historische Linguistik, insoweit sie sich auf die letzten vierhundert Jahre bezieht, von großer Bedeutung, ebenso für Versuche, Metaphern und andere Stilelemente alter aztekischer oder mayasprachlicher Texte mit Hilfe der heutigen Sprachvarianten zu erklären.

Dokumentation

Über Texte in den "klassischen" Sprachen der Kolonialzeit wird an anderer Stelle berichtet (→ 1-IIa2; 1-IIc4). Hier soll daher nur ein Hinweis auf die Archive folgen, in denen frühkoloniale Dokumente auch aus verschiedenen kleineren Sprachen zu finden sind:

Bibliothèque Nationale, Paris
Newberry Library, Chicago: Ayer Collection
Library of the Philadelphia University, Philadelphia
Institute for Advanced Studies, Princeton, NJ
Bureau of American Ethnology, Washington
Tulane University, New Orleans: Middle American Research Institute
Iberoamerikanisches Institut, Berlin: Lehmann-Bibliothek

Bei diesen Texten handelt es sich meist um Hinterlassenschaften von Missionaren, Grammatiken, Wörterbücher und zahlreiche Texte religiösen oder dokumentarischen Inhalts. Texte dokumentarischen Inhalts finden sich auch in den Cabildos vieler indigener Gemeinden vor allem Oaxacas und Guatemalas, doch ist der Zugang zu ihnen vom Vertrauen der Amtsinhaber in den Forscher abhängig.

Soziolinguistik

Indianersprachen Mesoamerikas standen immer in Kontakt zueinander und beeinflußten sich gegenseitig. Die sog. "Areal Linguistics" zeigt, daß bestimmte sprachliche Erscheinungen in bestimmten Regionen, über die Grenzen von Sprachfamilien hinweg, räumlich verteilt sind (Kaufman 1973). Diese Erscheinungen müssen bei der Rekonstruktion sog. "Superfamilien" (z.B. Azteko-Tanoisch oder Makro-Maya) beachtet werden. Die Zuordnung des Tlapanekischen zu den Otomangue-

Sprachen aufgrund heterogener Übereinstimmungen ist möglicherweise so zu erklären.

Zur Zeit der Eroberung existierte in einigen Bereichen Mesoamerikas eine Hierarchie von Sprachen. Aztekisch war schon zu dieser Zeit eine überregionale Verkehrssprache. Besonders im westlichen Hochland von Guatemala beherrschte die einheimische Elite neben ihren eigenen Sprachen (Quiché, Cakchiquel) das Aztekische (welche Form des Aztekischen, das soll hier offen bleiben), und auch von den Chontal in Tabasco und im südlichen Campeche, aus deren Gegend auch Malintzin oder Doña Marina, die Dolmetscherin von Hernán Cortés, stammte, sind ihre Aztekisch-Kenntnisse bekannt.

Unmittelbar nach der Eroberung begann die Auseinandersetzung der mesoamerikanischen Sprachen mit dem Spanischen. Shirley Heath (1972) beschreibt die spanische Sprachenpolitik, die zu Beginn der Kolonialzeit noch die größeren Sprachen (Aztekisch, Mayasprachen) förderte, im Laufe des 17. und 18. Jh. jedoch Spanisch als alleinige und offizielle Sprache durchsetzte. Seitdem können Indianersprachen nicht mehr vor Gericht und in offiziellen Dokumenten verwendet werden, und in diesem Zeitraum begann auch der Assimilationsverlust, da das Spanischsprechen zum Prestigezeichen wurde.

Die allmähliche Überlagerung und Zurückdrängung der regionalen Sprachen intensivierte sich ab 1850 durch die Verbesserung der Infrastruktur. Nach der mexikanischen Revolution und der Einführung der allgemeinen Schulpflicht vergrößerte sich der Druck zur Kastilisierung noch. Zahlenmäßig wurde der Assimilationsverlust allerdings durch das Bevölkerungswachstum ausgeglichen. Heute ist die Fähigkeit, eine Indianersprache zu sprechen, das wichtigste statistische Kennzeichen zur Identifizierung der Indianer. Seit in Mexiko ein offizieller Zensus durchgeführt wird, existieren auch spezielle Auswertungen zur Verteilung der Sprecher von Indianersprachen (Horcasitas y Crespo 1979). Nach diesen Daten werden heute von ca. 9% der mexikanischen Bevölkerung (d.h. etwa 6 Millionen)[1] Indianersprachen gesprochen, wobei die alten Staatssprachen Aztekisch, Maya, Mixtekisch und Zapotekisch immer noch an erster Stelle stehen.

---

[1] Inzwischen sind es wohl mindestens 7-8 Millionen (→ 1-IIIa).

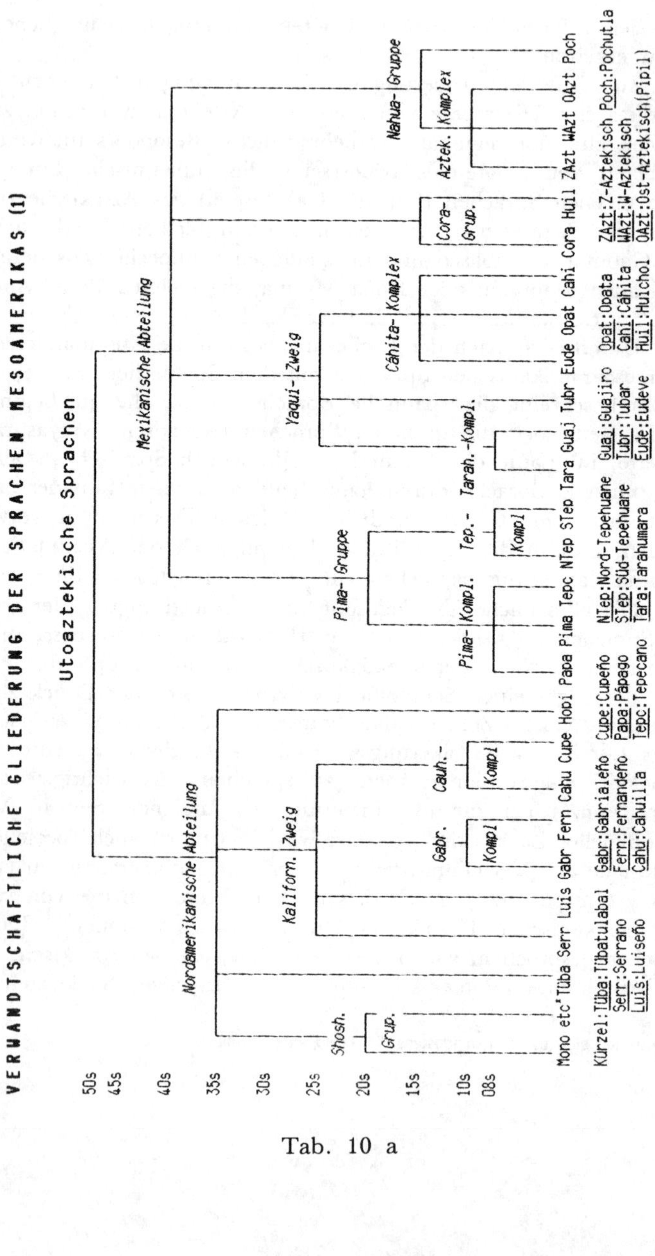
VERWANDTSCHAFTLICHE GLIEDERUNG DER SPRACHEN MESOAMERIKAS (1)
Utoaztekische Sprachen
50s
45s
40s
35s
30s
25s
20s
15s
10s
08s
Nordamerikanische Abteilung
Mexikanische Abteilung
Shosh. Grup.
Kaliforn. Zweig
Gabr. Kompl
Cauh.- Kompl
Pima-Gruppe
Pima-Kompl.
Tep.- Kompl
Tarah.-Kompl.
Yaqui-Zweig
Cáhita-Komplex
Cora-Grup.
Nahua-Gruppe
Aztek. Komplex
Mono etc' Tüba Serr Luis Gabr Fern Cahu Cupe Hopi Papa Pima Tepc NTep STep Tara Guaj Tubr Eude Opat Cahi Cora Huil ZAzt WAzt OAzt Poch
Kürzel: Tüba:Tübatulabal
Serr:Serrano
Luis:Luiseño
Gabr:Gabrialeño
Fern:Fernandeño
Cahu:Cahuilla
Cupe:Cupeño
Papa:Pápago
Tepc:Tepecano
NTep:Nord-Tepehuane
STep:Süd-Tepehuane
Tara:Tarahumara
Guaj:Guajiro
Tubr:Tubar
Eude:Eudeve
Opat:Opata
Cahi:Cáhita
Huil:Huichol
ZAzt:Z-Aztekisch
WAzt:W-Aztekisch
OAzt:Ost-Aztekisch(Pipil)
Poch:Pochutla

Tab. 10 a

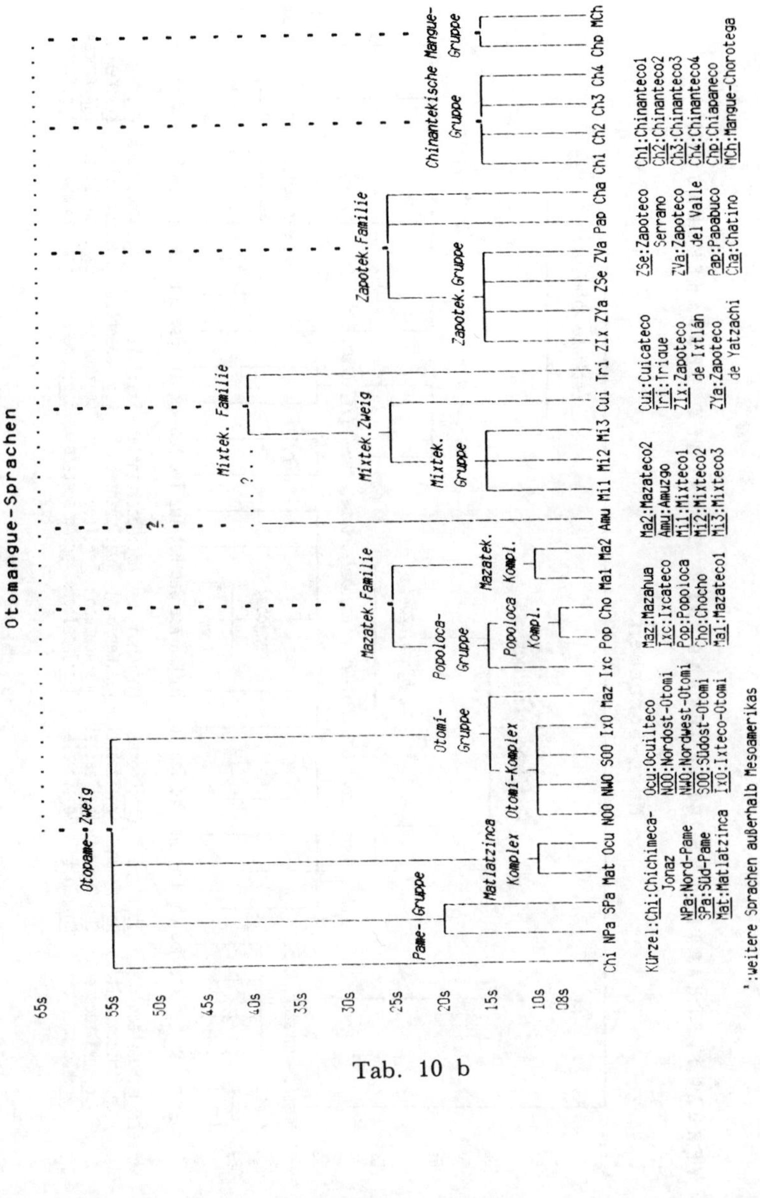
Otomangue-Sprachen
65s
55s
50s
45s
40s
35s
30s
25s
20s
15s
10s
08s
Otopame-Zweig
Pame-Gruppe
Matlatzinca
Komplex
Otomí-Gruppe
Otomí-Komplex
Popoloca-Gruppe
Popoloca Kompl.
Mazatek. Familie
Mazatek. Kompl.
?
Mixtek. Familie
Mixtek. Zweig
Mixtek. Gruppe
Zapotek. Familie
Zapotek. Gruppe
Chinantekische Gruppe
Mangue-Gruppe
Chi NPa SPa Mat Ocu NOO NWO SOO IxO Maz Ixc Pop Cho Ma1 Ma2 Amu Mi1 Mi2 Mi3 Cui Tri ZIx ZYa ZSe ZVa Pap Cha Ch1 Ch2 Ch3 Ch4 Chp MCh
Kürzel: Chi:Chichimeca-Jonaz
NPa:Nord-Pame
SPa:Süd-Pame
Mat:Matlatzinca
Ocu:Ocuilteco
NOO:Nordost-Otomi
NWO:Nordwest-Otomi
SOO:Südost-Otomi
IxO:Ixteco-Otomi
Maz:Mazahua
Ixc:Ixcateco
Pop:Popoloca
Cho:Chocho
Ma1:Mazateco1
Ma2:Mazateco2
Amu:Amuzgo
Mi1:Mixteco1
Mi2:Mixteco2
Mi3:Mixteco3
Cui:Cuicateco
Tri:Trique
ZIx:Zapoteco de Ixtlán
ZYa:Zapoteco de Yatzachi
ZSe:Zapoteco Serrano
ZVa:Zapoteco del Valle
Pap:Papabuco
Cha:Chatino
Ch1:Chinanteco1
Ch2:Chinanteco2
Ch3:Chinanteco3
Ch4:Chinanteco4
Chp:Chiapaneco
MCh:Mangue-Chorotega
*:weitere Sprachen außerhalb Mesoamerikas

Tab. 10 b

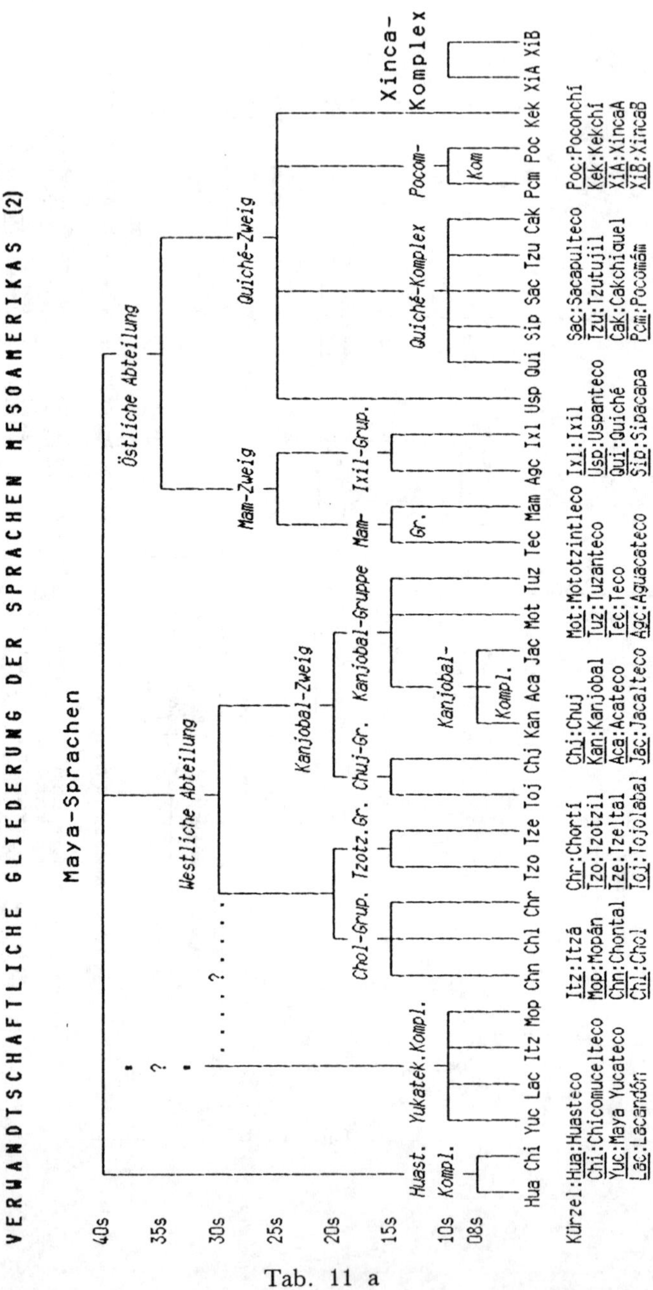
VERWANDTSCHAFTLICHE GLIEDERUNG DER SPRACHEN MESOAMERIKAS (2)
Maya-Sprachen
40s 35s 30s 25s 20s 15s 10s 08s
Östliche Abteilung
Westliche Abteilung
Quiché-Zweig
Mam-Zweig
Kanjobal-Zweig
Xinca-Komplex
Pocom-Kom
Quiché-Komplex
Ixil-Grup.
Mam-Gr.
Kanjobal-Gruppe
Kanjobal-Kompl.
Chuj-Gr.
Tzotz.Gr.
Chol-Grup.
Yukatek.Kompl.
Huast. Kompl.
Hua Chi Yuc Lac Itz Mop Chn Chl Chr Tzo Tze Toj Chj Kan Aca Jac Mot Tuz Tec Mam Agc Ixl Usp Qui Sip Sac Tzu Cak Pcm Poc Kek XiA XiB
Kürzel: Hua:Huasteco Chi:Chicomucelteco Yuc:Maya Yucateco Lac:Lacandón
Itz:Itzá Mop:Mopán Chn:Chontal Chl:Chol
Chr:Chortí Tzo:Tzotzil Tze:Tzeltal Toj:Tojolabal
Chj:Chuj Kan:Kanjobal Aca:Acateco Jac:Jacalteco
Mot:Mototzintleco Tuz:Tuzanteco Tec:Teco Agc:Aguacateco
Ixl:Ixil Usp:Uspanteco Qui:Quiché Sip:Sipacapa
Sac:Sacapulteco Tzu:Tzutujil Cak:Cakchiquel Pcm:Pocomám
Poc:Poconchí Kek:Kekchí XiA:XincaA XiB:XincaB

Tab. 11 a

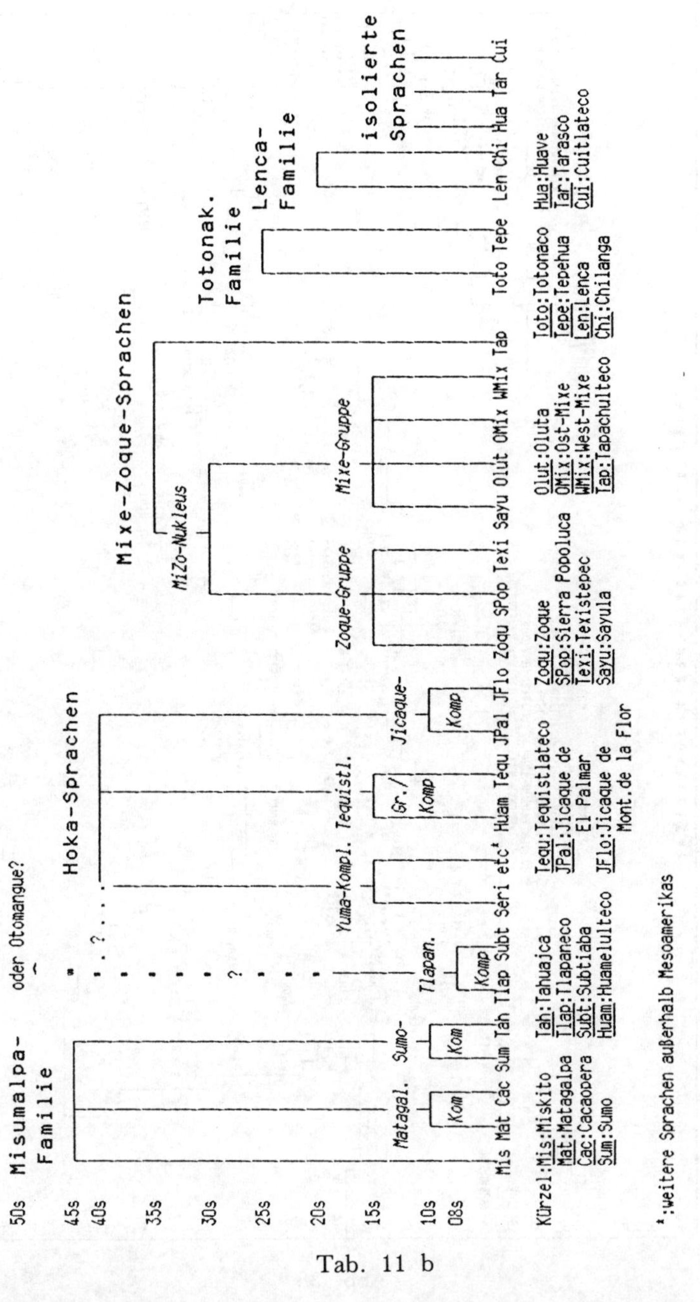
50s
45s
40s
35s
30s
25s
20s
15s
10s
08s
Misumalpa-Familie
oder Otomangue?
Hoka-Sprachen
Mixe-Zoque-Sprachen
Totonak. Familie
Lenca-Familie
isolierte Sprachen
MiZo-Nukleus
Zoque-Gruppe
Mixe-Gruppe
Matagal.
Sumo-
Tlapan.
Yuma-Kompl.
Tequistl.
Jicaque-
Kom
Kom
Komp
Gr./ Komp
Komp
Mis Mat Cac Sum Tah Tlap Subt Seri etc* Huam Tequ JPal JFlo Zoqu SPop Texi Sayu Olut OMix WMix Tap Toto Tepe Len Chi Hua Tar Cui
Kürzel: Mis:Miskito Mat:Matagalpa Cac:Cacaopera Sum:Sumo
Tah:Tahuajca Tlap:Tlapaneco Subt:Subtiaba Huam:Huamelulteco
Tequ:Tequistlateco JPal:Jicaque de El Palmar JFlo:Jicaque de Mont.de la Flor
Zoqu:Zoque SPop:Sierra Popoluca Texi:Texistepec Sayu:Sayula
Olut:Oluta OMix:Ost-Mixe WMix:West-Mixe Tap:Tapachulteco
Toto:Totonaco Tepe:Tepehua Len:Lenca Chi:Chilanga
Hua:Huave Tar:Tarasco Cui:Cuitlateco
*:weitere Sprachen außerhalb Mesoamerikas

Tab. 11 b

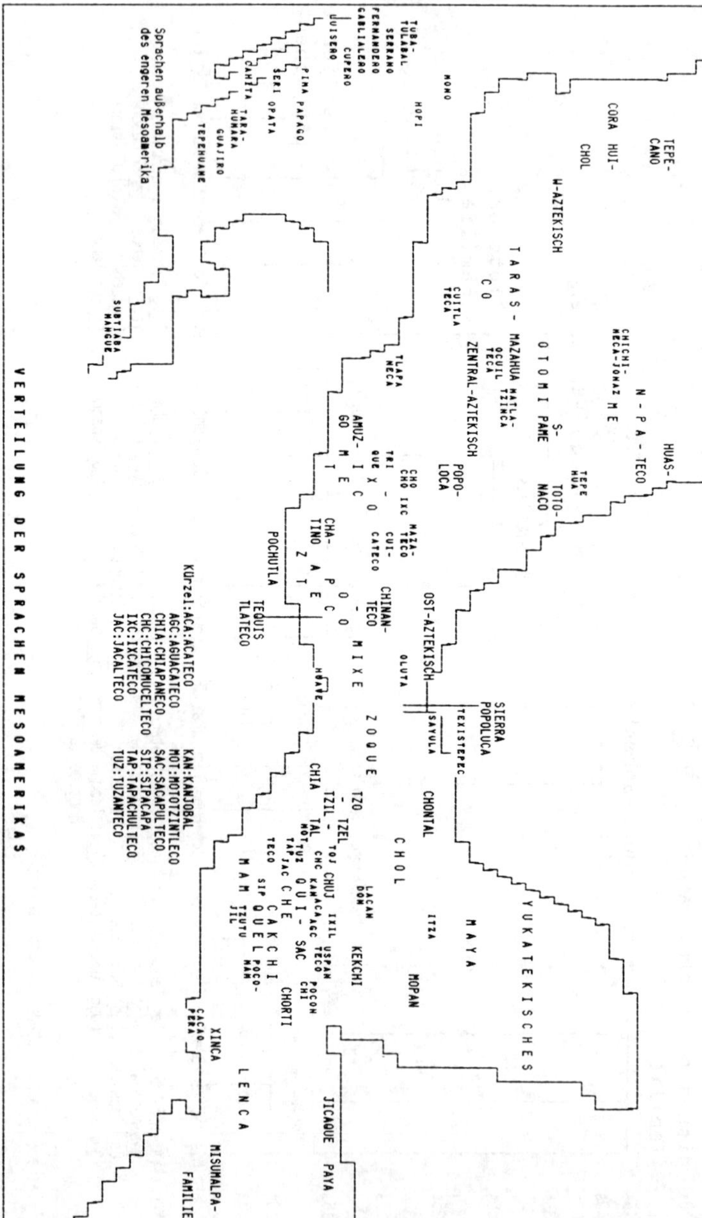
VERTEILUNG DER SPRACHEN MESOAMERIKAS
Sprachen außerhalb des engeren Mesoamerika
TUBA-TULABAL
SERRANO
FERNANDERO
GABLIALERO
LUISERO
CUPERO
MONO
HOPI
PIMA PAPAGO
SERI OPATA
CAHITA TARA-HUMARA
GUAJIRO
TEPEHUANE
SUBTIABA MANGUE
TEPE-CANO
CORA HUI-CHOL
W-AZTEKISCH
T A R A S - C O
CUITLA-TECA
CHICHI-MECA-JONAZ
M E
O T O M I PAME
MAZAHUA MATLA-TZINCA
OCUIL-TECA
ZENTRAL-AZTEKISCH
TLAPA-NECA
N - P A - TECO
S-
HUAS-
TEPE-HUA
TOTO-NACO
POPO-LOCA
AMUZ-GO
M I X T E C O
TRI-QUE
CHO CHO
IXC
MAZA-TECO
CUI-CATECO
CHA-TINO
Z A P O T E C O
CHINAN-TECO
OST-AZTEKISCH
POCHUTLA
TEQUIS-TLATECO
M I X E
OLUTA
HUAVE
SIERRA POPOLUCA
SAYULA
TEXISTEPEC
Z O Q U E
CHIA
TZO
TZIL - TZEL
CHONTAL
C H O L
TAL
TOJ
CHUJ
IXIL
MOT
TUZ
CHC
KAN
ACA
AGC
TAP
JAC
Q U I - C H E
SAC
USPAN-TECO
LACAN-DON
KEKCHI
POCON-CHI
TECO
M A M
SIP
Q U E L
TZUTU-JIL
C A K C H I
POCO-MAN
CHORTI
ITZA
M A Y A
MOPAN
Y U K A T E K I S C H E S
XINCA
CACAO-PERA
L E N C A
JICAQUE PAYA
MISUMALPA-FAMILIE
Kürzel:ACA:ACATECO
AGC:AGUACATECO
CHIA:CHIAPANECO
CHC:CHICOMUCELTECO
IXC:IXCATECO
JAC:JACALTECO
KAN:KANJOBAL
MOT:MOTOTZINTLECO
SAC:SACAPULTECO
SIP:SIPACAPA
TAP:TAPACHULTECO
TUZ:TUZANTECO

Abb. 38

Literatur

Adelung, Johann Christoph und Johann Severin Vater

1816 Mithridates oder allgemeine Sprachenkunde mit dem Vater unser als Sprachprobe in bey nahe fünf hundert Sprachen und Mundarten. Dritter Theil, Dritte Abteilung. Berlin

Alexander, Ruth M.

1980 Gramática mixteca. Instituto Lingüístico de Verano. México.

Angulo, Jaime de

1926 The development of affixes in a group of monosyllabic languages of Oaxaca. Language 2:46-61,119-133.

Arana de Swadesh, Evangelina et al.

1975 Las lenguas de México, vols. I, II. México.

Aulie, Wilbur y Evelyn W.

1978 Diccionario chol-español, español-chol. Instituto Lingüístico de Verano, Serie de Vocabularios y Diccionarios Indígenas "Mariano Silva y Aceves" 21. México.

Barrera Vasquez, Alfredo (ed.)

1980 Diccionario maya Cordemex. México.

Blair, Robert

1971 Yucatec Maya Noun and Verb Morphology. Ph.D. dissertation, University of Indiana. Bloomington.

Brinton, Daniel G.

1891 The American Race. New York.

Buschmann, J. Karl

1859 Die Spuren der aztekischen Sprache im nördlichen Mexiko und höheren amerikanischen Norden. Königliche Akademie der Wissenschaften Berlin 12:819. Berlin.

Campbell, Lyle

1979 Middle American Languages. Lyle Campbell and Marianne Mithun (Eds.): The Languages of Native America - Historical and Comparative Assessment. Austin.

Campbell, Lyle and Terrence Kaufman

1976 A Linguistic Look at the Olmecs. American Antiquity 41:80-89.

Canger, Una

1969 Analysis in Outline of Mam, a Mayan Language. Ph.D. dissertation, University of California. Berkeley.

Carochi, Horacio

1645 Arte de la lengua Mexicana con la declaración de los adverbios della. México.

Charencey, Hyacinthe de

1883 Mélanges de philologie et paléographie Américaines. Paris.

Diebold, A. Richard Jr.

1966 ¿Por qué estudiar el contacto de idiomas en Mesoamérica? Summa Anthropologica en homenaje a Robert J. Weitlaner, pp. 561-572. México.

Egland, S. y Doris Bartholomew

1978 La inteligibilidad interdialectal en México: Resultados de algunos sondeos. Instituto Lingüístico de Verano. México.

Foster, Mary L.

1969 The Tarascan Language. University of California Publications in Linguistics 56. Berkeley.

Gante, Pedro de

1553 Doctrina cristiana. México.

Halpern, Abraham N.

1942 A Theory of Maya ts-sounds. Carnegie Institution of Washington. Notes on Middle American Archaeology and Ethnology 13:51-62. Washington, D.C.

Handbook of Middle American Indians

1967 Volume 5: Linguistics. Robert Wauchope and Norman A. McQuown (Eds.). Austin.

1984 Supplement 2: Linguistics. Victoria Reifler Bricker and Munro S. Edmonson (Eds.). Austin.

1985 Supplement 3: Literatures. Victoria Reifler Bricker and Munro S. Edmonson (Eds.). Austin.

Heath, Shirley

1972 Telling Tongues: Language Policy in Mexico, Colony to Nation. New York.

Hollenbach, Fernando y Elena E. de

1975 Trique de San Juan Copala, Oaxaca. México.

Hopkins, Nicholas

1967 The Chuj Language. Ph.D. dissertation, University of Chicago. Chicago.

Horcasitas de Barros, Manuel L. y Ana María Crespo

1979 Hablantes de lengua indígena en México. INAH, Colección Científica 81. México.

Humboldt, Wilhelm von

1836 Über die Verschiedenheit des menschlichen Sprachbaues und ihr Einfluß auf die geistige Entwicklung des Menschengeschlechtes. Berlin.

Kaufman, Terrence

1969 Teco - A New Mayan Language. International Journal of American Linguistics 35:154-174.

1973 Areal Linguistics in Middle America. Thomas Sebeok (Ed.): Native Languages of the Americas II:63-87. New York.

1974 Idiomas de Mesoamérica. Seminario de Integración Social Guatemalteca, Publ. No. 33. Guatemala.

Knowles, Susan M.

1984 A Descriptive Grammar of Chontal (San Carlos Dialect). Ph.D. dissertation, Tulane University. New Orleans.

Kroeber, Alfred L.

1934 Uto-Aztecan Languages of Mesoamerica. Ibero-Americana 8. Berkeley, California.

1939 Cultural and Natural Areas of Native North America. University of California Publications in American Archaeology and Ethnology 38.

Laughlin, Robert M.

1975 The Great Tzotzil Dictionary of San Lorenzo Zinacantán. Smithsonian Contributions to Anthropology 19. Washington, D.C.

Laughlin, Robert M. with John B. Haviland

1988 The Great Tzotzil Dictionary of Santo Domingo Zinacantán. Smithsonian Contributions to Anthropology 31. Washington, D.C.

Lehmann, Walter

1920 Zentral-Amerika, Erster Teil: Die Sprachen ZentralAmerikas in ihren Beziehungen zueinander sowie zu Süd-Amerika und Mexiko. 2 Bde. Berlin.

Manrique Castañeda, Leonardo

1973 La lingüística antropológica actual. América Indígena 33:967-999.

Mason, John Alden

1917 Tepecano, a Piman Language of Western Mexico. Annals of the New York Academy of Sciences 25:309-416. New York.

Mayers, Marvin

1966 Languages of Guatemala. Janua Linguarum, series practica 23. The Hague.

McQuown, Norman A.

1942 Una posible síntesis lingüística Macro-Mayance. Mayas y Olmecas. Sociedad Mexicana de Antropología, Reunión de Mesa Redonda sobre Problemas Antropológicos de México y Centro América 2:37-38. México.

1976 American Indian Linguistics in New Spain. Wallace L. Chafe (Ed.): American Indian Languages and American Linguistics, pp. 105-127. Lisse.

Mechlin, W.H.

1912 Indian Linguistic Stocks of Oaxaca. American Anthropologist 14:643-682.

Molina, Alonso de

1944 Vocabulario en lengua Castellana y Mexicana (1571). Faksimile. Madrid.

Norman, William M. and Lyle Campbell

1978 Toward a Proto-Mayan Syntax — A Comparative Perspective of Grammar. Nora England (Ed.): Papers in Mayan Linguistics, pp. 136-156. Columbia.

Parodi, Claudia
1981 La investigación lingüística en México 1970-80. México.
Pike, Kenneth L.
1967 Language in Relation to a Unified Theory of the Structure of Human Behavior. The Hague.
Rensch, Calvin R.
1976 Comparative Otomanguean Phonology. Indiana University Publications, Language Science Monographs No. 14. Bloomington.
Robinson, D.F.
1969-70 Aztec Studies I-II. Summer Institute of Linguistics Publ. 22. Norman, Oklahoma.
Romero Castillo, Moisés
1975 Lenguas mayas de México. Arana de Swadesh, Evangelina et al. (eds.): Las lenguas de México II:9-86. México.
Sapir, Edward
1915 Southern Paiute and Nahuatl — A Study in Uto-Aztecan. Journal de la Société des Américanistes 10:379-425.
1929 Central and North American Languages. Encyclopaedia Britanica 5:138-141. London.
Sapper, Karl
1897 Das nördliche Mittel-Amerika Nebst einem Ausflug nach dem Hochland von Anahuac — Reisen und Studien aus den Jahren 1888-1895. Braunschweig.
1912 Ueber einige Sprachen von Südchiapas. Actas del XVII Congreso Internacional de Americanistas, Segunda Sesión, pp. 295-320. México.
Schultze-Jena, Leonhard
1933-38 Indiana, Band I-III. Jena.
Sebeok, Thomas (Ed.)
1973 Current Trends in Linguistics, Vol. IV: Ibero-American and Caribbean Linguistics. The Hague.
1977 Native Languages of the Americas. 2 Vols. New York.
Stairs Kreger, G.A. y E.F. Scharfe de Stairs
1981 Diccionario huave de San Mateo del Mar. Instituto Lingüístico de Verano, Vocabularios y Diccionarios Indígenas "Mariano Silva y Aceves" 24. México.
Stoll, Otto
1884 Zur Ethnographie der Republik Guatemala. Zürich.
Suárez, Jorge A.
1977 Classical Languages. Thomas Sebeok (Ed.): Native Languages of the Americas II:3-25. New York.
1983a The Mesoamerican Indian Languages. Cambridge Language Surveys. Cambridge.
1983b La lengua tlapaneca de Malinaltepec. UNAM, Instituto de Investigaciones Filológicas. México.
Swadesh, Morris
1960 La lingüística como instrumento de la prehistoria. INAH, Directorio de Prehistoria, Publicación 9. México.
Velasquez Gallardo, Pablo
1978 Diccionario de la lengua phorhépecha. México.
Van Haitsma, Julia D. and Willard
1976 A Hierarchical Sketch of Mixe as Spoken in San José del Paraíso. Summer Institute of Linguistics. Norman.
Vico, Domingo de
1555 Vocabulario de la lengua cakchiquel con advertencias de las lenguas quiché y tzutuhil. MS, Bibliothèque Nationale de Paris, Fond Amér. No. 46.
Waterhouse, Viola G.
1962 The Grammatical Structure of Oaxaca Chontal. Indiana University Research Center in Anthropology, Folklore, and Linguistics, Publ. 19. Bloomington.
Ximénez, Francisco
1701 Arte de las tres lenguas Cakchiquel, Quiché, y Tzutuhil. Ms. in Newberry Library, Chicago.

4. Indianische Literatur

Eike Hinz

Als Literatur lassen sich einerseits alle schriftlich (auch bilderschriftlich) fixierten Texte und dazu gehörigen mündlichen Traditionen ansprechen, andererseits nur solche, die bestimmte ästhetisch-poetische Prinzipien (prosodische, semantisch-stilistische Merkmale) aufweisen. Für die Untersuchung indianischer Literatur in Mesoamerika sind zwei Tatsachen von Belang:

1. In Mesoamerika gab es in vorspanischer Zeit z.T. rudimentäre Schriftsysteme, z.B. Azteken, Mixteken (→ 1-IIc2), z.T. voll entwickelte sprachdesignierende wie die Mayaschrift (→ 1-Ic4). Aus verschiedenen Sprach- und Kulturgebieten (Maya, Azteken, Mixteken usw.) sind uns (bilder-)schriftliche Kodifizierungen traditionellen Wissens überliefert.

2. Zumindest für das Hochbecken von Mexiko ist die differenzierte Benutzung dieser Kodifizierungen in den Erziehungsinstitutionen belegt. So heißt es über die Erziehung am Königshof von Tetzcoco in vorspanischer Zeit (Disc. Mex. 1Ov; Hinz 1987:235,237):

> "Andere wurden unterrichtet im Komponieren von Gesängen, in der Wahl der Worte (Redekunst), in der Kunst die da "Trommel und Rassel" (d.h. religiöse Tänze und ihre musikalische Begleitung) heißt, sich nennt. ... Außerdem (wurden sie in) dem sogenannten Gottesbuch (unterrichtet), das von dem sprach, der der *Tloque Nahuaque* (der Allgegenwärtige), der Schöpfer ist, und aber auch von denen, die falsche Götter waren, mit denen man (im Geist) verwirrt war."

Aztekische Literatur

Zusammenfassend informiert Garibay (1953/54) über aztekisch-sprachige Texte. Die reichhaltige aztekisch-sprachige Dokumentation umfaßt u.a. mythologisch-kosmologische Texte wie die Leyenda de los Soles (Lehmann 1938:322ff.), Reden und Gebete (Sahagún VI), Götterhymnen, Gesänge verschiedener Genres. Von den historischen Texten sind insbesondere die Eroberung von Mexiko (Sahagún XII), die Annalen von Tlatelolco und die Historia Tolteca-Chichimeca zu nennen (→ 1-IIa2).

Aztekische Gesänge

Die Aufführung von Gesängen spielt in der höfischen Kultur, aber auch allgemeiner im Leben der Krieger und im Alltag der übrigen Bevölkerung eine wichtige Rolle: Freizeitgestaltung, Unterhaltung und metaphysische Daseinsdeutung scheinen mit der Aufführung verbunden zu sein. Neben den literarisch eigenständigen Götterhymnen sind Gesänge in zwei traditionsgenetisch zusammenhängenden Handschriften überliefert:

a) Cantares Mexicanos (Biblioteca Nacional, México), Ende des 16. Jahrhunderts. Eine vorzügliche Ausgabe, mit umfänglichem Wörterbuch und Kommentar, ist diejenige von Bierhorst (1985, I/II). Die Ausgaben von Garibay (1965, 1967) und Schultze Jena sind sehr fehlerhaft.

   Die Cantares Mexicanos enthalten eine Fülle von Gesängen unterschiedlicher Genres (cf. die aztekische Klassifikation bei Bierhorst 1985,I:95).

b) Romances de los Señores de la Nueva España (Latin American Library Austin, Texas), Ende des 16. Jahrhunderts. Eine diskutable Ausgabe, aztekisch-spanisch, dieser schwer lesbaren Handschrift liefert Garibay (1964).

Die Gesänge werden von Schlitztrommel oder Felltrommel begleitet vorgetragen. Die Liederhandschriften enthalten Notationen für diese Trommeln (Bierhorst 1985,I:70ff.). In den Gesängen wird z.T. ein hochgradig standardisiertes metaphorisches Vokabular und ein hochgradig standardisiertes Inventar an Szenarios verwendet: sie sind bislang nicht hinreichend analysiert worden. Bierhorst hat eine provokative These aufgestellt (Bierhorst 1985,I:18):

> "In addition to noting that songs may be persons – more correctly, deceased persons, or spirits – we learn from the above phraseology (i.e. Olmos' Metapherninventar, E.H.) that songs are revenant kings, such as Montezuma and Axayacatl. They descend from the sky world, moreover, and are brought to life on earth through the joint efforts of the singer and his god."

Es ist diese reifizierende Deutung Bierhorsts (die z.T. durch Hinweise auf Vorstellungen nordamerikanischer Indianer gestützt wird), die m.E. zumindest fragwürdig ist und weiterer Stützungsargumente bedarf: Merkmale in den Gesängen, die die Gesangsaufführung als Erinnerung deutbar machen würden, werden von Bierhorst ohne weitere Analyse als "unauthentisch" wegetikettiert. Wie ist die folgende von Bierhorst (I:352/53) als Beleg zitierte Äußerung zu verstehen?

cuicatl ye tiyol	as a song you are born,
ti Moteucçomatzin	O Montezuma:
xochitl ticueponico	as a flower you come to
in tl(altic)p(a)cqui	bloom the earth.

Wie ein Gesang (als ein Gesang, in Gestalt eines Gesanges?) bist Du zum Leben gekommen?
Wie eine Blume (als eine Blume, in Form einer Blume?) bist Du aufgebrochen? (cf. Andrews 1975:282, Xochitl ancueponqueh).

Von der ontologisch-pragmatischen Interpretation dieses Vergleiches hängt Bierhorsts These ab.

Ein interpretatorischer Schlüssel scheint im 6. Buch Sahagúns, cap. 21 gegeben zu sein. In dieser Erziehungsrede wird über den Tod als Krieger gesprochen:

> "Und so verhält es sich, so steht es mit denen, die im Kampf sterben: hochgeehrt werden sie, hochgeschätzt werden sie auf der Erde; und auch sind sie hochbegehrt, auch werden sie sehr beneidet, so daß jedermann diesen Tod wünscht, sucht, begehrt, der sehr gepriesen wird."

So heißt es von einem gefallenen Jüngling, der als Krieger in Mexiko zu sterben kam: es war einer aus Huexotzinco namens Mixcoatl. Für ihn erhebt man, stimmt man an einen Gesang:

1 "Du bist Mixcoatl, Du verdienst ein Lied:
2 Geboren werden wirst Du auf der Erde, *aayahue*
3 Zwischen den Trommeln wirst Du in Huexotzinco leben:
4 Erfreuen wirst Du die adligen Nachkommen.
5 Sehen werden Dich Deine Freunde, *aohuaya*."

Hier ist der Refrain, mit dem sie den jungen Krieger Mixcoatl sehr preisen, der im Kampf starb. Er lautet:

6 "Rein wie Edeltürkis ist Dein Herz,
7 Das Du der Sonne hingibst.
8 Noch wirst Du hervorsprießen.
9 Noch einmal wirst Du aufbrechen (wie eine Knospe) auf der Erde, *ayahue*.
10 Zwischen den Trommeln wirst Du in Huexotzinco leben.
11 Erfreuen wirst Du die adligen Nachkommen,
12 sehen werden Dich Deine Freunde, *aohuaya*, *ohuaya*." (Sahagún 1979:95r/v; 1950ff.,6:114f.).

Die Erinnerung an die im Kampf gefallenen Helden wachzuhalten, das scheint eine der Funktionen derartiger Gesangsaufführungen gewesen zu sein. Bierhorsts plädoyerhafte Bemerkungen (1985,I: 84) sind unbegründet: es gibt weitere Belege, in den Huehuetlatolli von Olmos, für die Verwendung von Wortschatz aus den Gesängen; das Zitat erschüttert seine "Ghost-Song"-Hypothese (1985,I:15ff.).

Das Zitat illustriert einige Problemkreise, denen sich Übersetzer und Analytiker der Gesänge gegenübersehen:

1. Vorstellungszusammenhänge, in denen der Gesang steht (z.B. 6, 7).
2. Metaphorische Ausdrucksformen: hervorsprießen, aufbrechen (8, 9), geboren werden, leben (2, 3).
3. Sozialer Kontext der Gesangsaufführung: eine Gemeinschaft von adligen Kriegern (4, 11), wie sie auch in der Beschreibung der königlichen Palastanlage in Tenochtitlan von Sahagún angedeutet wird (1950ff.,8:45).
4. Ästhetisch-stilistische Besonderheiten (cf. Bierhorst 1985; Karttunen and Lockhart 1980): Parallelisierungen, Wiederholungen im Refrain (10-12), intrusive Silben wie *-ya-* in *tocon-ia-maceoa*, Z.1, und litaneihafte Ausdrücke wie *(a)ayahue* (2, 9), *(a)ohuaya* (5, 12).
5. Die Beziehung zwischen Lied und Trommel und die ungelöste Frage nach der Metrik.

Zwei Beispiele mögen die Reichhaltigkeit an ideologisch-sozialen und philosophischen Komponenten in diesen Gesängen beleuchten (XXXIX, Bierhorst 1985,I:210/211ff. Auszug):

> Es steht da und dröhnt die Trommel aus Edelmetall, sie steht da und tönt im Innern des Mixcoacalli, *ayyahue.*
> Nicht für immer ist man Teuctli hier, *huiya.*
> Nicht für immer sind Herrschaft, Ehre, Herrscherwürde, o Ihr adligen Abkömmlinge.
> Nur kurz, nur für kurze Zeit ist es, daß wir hier leben, *ohuaya ohuaya.*
> Mit Kreide versehen (für das Opfer) ist Eure Trommel, Ihr adligen Abkömmlinge, Ihr Mexikaner, *yeehuaya.*

Ein weiterer Auszug aus einem Gesang lautet (XL, Bierhorst 1985,I:214/215):

> Ich trauere, ich bin bekümmert,
> ich adliger Sproß, ich Nezahualcoyotl, *huiya.*
> Mit Blumen, mit Liedern
> denke ich an die adligen Nachkommen,
> die dahingegangen sind,
> Tezozomoctzin und Quaquauhtzin, *aohuaya, ohuaya.*
> Sicherlich lebt man noch im Irgendwiewo (d.h. im rätselhaften Jenseits).
> Möge ich den adligen Nachkommen folgen,
> möge ich ihnen unsere Blumen bringen,
> möge ich mit rechten Liedern
> bei Tezozomoctzin ankommen etc.
> Niemals wird Dein Ruhm vergehen, mein adliges Kind,

der Du Tezozomoctzin bist.
Deshalb nur ist der Gesang für Dich.
Darum weine ich, bin ich bekümmert.
Wohin bist Du gegangen? *ehua, ohuaya, ohuaya.*
Nur weine ich, bin ich bekümmert:
Nie mehr, niemals mehr
wirst Du auf die Erde kommen, um uns zu sehen.
Wohin bist Du gegangen? *yehua, ohuaya, ohuaya.*

Meine Übersetzung weicht an sinnentscheidender Stelle von Bierhorsts ab. "You'll come to earth and find us nevermore, never again" scheint mir grammatikalisch unmöglich zu sein; der gesamte verbale Ausdruck mit dem Koppelverb ist negiert. Damit entfällt ein weiteres Argument für Bierhorsts "ghost-song"-Hypothese. Der Tod ist unwiderruflich; im Gesang lebt die Erinnerung fort.

Die Gesänge weisen z.T. deutlich kolonialzeitliche Einsprengsel auf. Damit stellt sich die Frage nach der Authentizität der Texte. Hier muß vor der pseudokritischen Attitüde gewarnt werden, Texte als christlich-europäisch beeinflußt und damit verfälscht zu entlarven; den vorspanischen Gehalt herauszuarbeiten, bedarf methodisch subtilen Vorgehens. Das gleiche Problem stellt sich bei den Erziehungsreden von Olmos; vergl. sein Vorgehen bei der Gewinnung der *Huehuetlatolli* (Zorita 1941:112f.).

Aztekische Reden

Reden spielten im aztekischen Alltag eine große Rolle. Es gab regelmäßig öffentliche Ansprachen, in denen z.B. der König oder seine Stellvertreter das Volk ermahnten; aus wichtigen sonstigen öffentlichen Anlässen (Inthronisation, Tod des Königs) wurden Ansprachen gehalten. Im privaten und halbprivaten Bereich sind formelle Reden gleichfalls eine wichtige kulturspezifische Handlungsgewohnheit. So werden z.B. in formellen Erziehungsreden Ethik und kulturelles Wissen vermittelt (cf. Hinz 1978). Sahagúns Buch VI, insbesondere Kap. 17-22, hervorragend ediert und gut übersetzt von Dibble und Anderson (Sahagún 1950ff.,6), Olmos' Huehuetlatolli und die Discursos en Mexicano (Hinz 1987) sind die wichtigsten Sammlungen aztekischer Reden. Insbesondere die Huehuetlatolli ("Reden der alten Leute") von Olmos bieten wegen ihres Metaphernreichtums erhebliche Übersetzungsprobleme.

Das Verständnis aztekischer Reden ist an die Durchdringung der Argumentationsstruktur, der rhetorischen Muster, der Bedeutung der Metaphern und der situativ-motivationellen Komponenten gebunden. Daß z.B. Behauptungen in den Reden nicht isoliert vom jeweiligen Handlungs- und Motivationszusammenhang betrachtet werden sollten, dafür bieten Sahagúns Texte gute Beispiele (cf. Hinz 1978, Abschn. V). Manche semantischen Widersprüche lösen sich auf, wenn man Redeabsichten und Motive des Sprechers in die Betrachtung miteinbezieht.

Die aztekische Rhetorik macht vom parallelen Satzbau und standardisierten Wörter-Kopplungen, die neue lexikalische Einheiten mit eigener Bedeutung bilden, ausgiebig Gebrauch, z.B.

tetl quahuitl (Stein, Holz): Strafe
toptli petlacalli (Behälter, geflochtener Koffer): Geheimnis; Verborgensein
cueitl huipilli (Rock, Bluse): Frau.

Außerdem kommen feste Redewendungen vor, z.B. Begrüßungs- und Entschuldigungsformeln, die oft nicht wörtlich zu verstehen sind (Zimmermann 1955; Hinz, Hg. 1987). Das folgende Beispiel, eine Abschiedsrede an den toten König, ist den "Discursos en Mexicano" entnommen (Hinz, Hg. 1987:126-138):

Gearbeitet,
gedient hast Du (d.h. lange hast Du Dein Amt ausgeübt od. sei gegrüßt),
Gebieter,
Herrscher.
Eingelöst,
erfüllt worden ist die Regentschaft,
die Regierung über Deine Stadt,
die in Deinem Tragetuch,
in Deinem Rucksack lag.
Nicht in Ruhe,
nicht in Frieden hast Du Deine Stadt in die Arme genommen,
regiert (d.h. Du hattest keine ruhige Zeit während Deiner Regentschaft)
Denn ganz bis ans Ende,
bis zum Äußersten gingen die Pein,
der Schmerz,
weil Du Dich abgemüht,
Dich erschöpft hast für sie (die Stadt).

Ruhig,
in Frieden hast Du Deine Stadt verlassen.
Ruhig,
in Frieden hast Du Dich auf der Matte,
auf dem Thron niedergelassen (d.h. Du hast besonnen regiert).
Behutsam hast Du dort alles für Ipalnemoani (Der-durch-den-man-lebt) geregelt,
entschieden.
Und wirklich ist Dein Atem bis ans äußerste Ende gegangen,
wirklich hast Du Dich der Stadt ganz gewidmet.
Gekommen bist Du, Dich vor Unserm Herrn ganz einzusetzen.
Du hast nicht Deine Hände,
Deine Füße bei Dir eingezogen (d.h. Du bist nicht untätig gewesen).
Aber jetzt ist es in Deiner Stadt schon ganz still,
ganz dunkel geworden.
Und vor Tränen und Trauer winden sich der Schwanz,
der Flügel (d.h. Deine Untertanen).
Und die adligen Nachkommen hast Du verwaist zurückgelassen.
Bereits läßt der Gebieter, Unser Herr, den Zeitpunkt eintreten, da sie unglücklich zurückgelassen sind.
Bist Du nicht zu denen fortgegangen,
bist Du nicht denen gefolgt,
bist Du nicht bei denen angelangt,
die Deine Urväter,
Deine Vorfahren sind?
(Doch,) Du bist unserer Mutter,
unserem Vater gefolgt,
Du bist bei ihnen angekommen.
Man geht doch nicht einfach bloß irgendwohin.
Wirst Du da vielleicht noch zurückkehren,
wirst Du da vielleicht noch zurückkommen?
Wird etwa noch in 5, in 10 Tagen (in naher Zukunft)
Deine Stadt Dich erwarten?
Und Deine Fingernägel,
Deine Haare (d.h. Deine Kinder)?
Nein, überhaupt nicht mehr.
Denn vorbei ist es,
denn aus ist es,
denn ein für allemal ist es, daß Du fortgegangen bist.
Denn ausgegangen,
denn erloschen ist die Fackel,
das Licht.
Schon ist still,
schon ist dunkel die Stadt des Tloque Nahuaque (Allgegenwärtigen).

Mögen weinen
und trauern der Schwanz,
der Flügel (d.h. die Untertanen),
und die Haare,
die Fingernägel (d.h. die adligen Kinder)
die adligen Nachkommen.
Mögen vergossen werden,
mögen herabstürzen ihre Tränen,
mögen sie in Trauer Ipalnemoani (Der-durch-den-man-lebt), Tloque
Nahuaque (Allgegenwärtigen) anrufen.
Möge man sagen: Oh weh, unglücklich sind wir,
verwaist sind wir hinterlassen worden.
Möge man weinen,
möge man trauern,
möge man seufzen,
mögen vergossen werden,
mögen herabstürzen die Tränen.
Und mögest Du ausruhen,
mögest Du Dich wohlfühlen bei Deinen Urgroßvätern,
bei Deinen Großvätern,
denen Du gefolgt bist
und bei denen Du angekommen bist,
dort in Ximohuayan ("Wo man verweilt")
in Tocenchan ("In-unser-aller-Heim")
Das ist alles, womit ich Dich grüße,
womit ich mich vor Dir verneige.
Damit trete ich vor die Öffentlichkeit,
o unser Herr,
Gebieter,
Herrscher.

Aztekische Zaubersprüche

In einer einzigartigen Quelle zur indianischen Volksreligion hat uns Ruíz de Alarcón aztekische Zaubersprüche aus mündlicher und partiell schriftlich fixierter Tradition aus dem Raum Morelos/Guerrero im 17. Jahrhundert überliefert (Ruíz de Alarcón 1892; Andrews and Hassig 1985; cf. Hinz 1970). Ruíz de Alarcón sammelte Sprüche, um die altindianische Tradition besser ausrotten zu können. Verständnis und analytische Durchdringung der Sprache hängen von der Klärung mehrerer Problemfelder ab:

1. Wie zuverlässig hat Ruíz de Alarcón den Text überliefert? (cf. Andrews and Hassig 1985:XXff.; Hinz 1970:20ff.)

2. Wie zuverlässig sind Ruíz de Alarcóns Beschreibungen des Situations- und Handlungszusammenhangs der Sprache? (cf. Hinz 1970:58ff.,52f.)
3. Welcher Wert ist Ruíz de Alarcóns Beobachtungen und Angaben zu den Bedeutungen der Spruch-Metaphern ("Ciffren") beizumessen? (cf. Hinz 1970:34-40).
4. Welcher Wert ist Sernas Kommentaren und Deutungen beizumessen? (Hinz 1970:40ff.)
5. Inwieweit ist Ruíz de Alarcón ein Verständnis der Sprüche gelungen, inwieweit hat er sie mißverstanden (cf. Andrews and Hassig 1985 passim)?

Zumindest die Problemfelder 1. bis 4. sind fürs Übersetzen von unmittelbarer Bedeutung.

Es ist schwierig, Ruíz de Alarcón undifferenziert Ignoranz zu unterstellen (um die Notwendigkeit der eigenen Edition zu begründen) und andererseits auf ihm oder gar Serna undifferenziert aufzubauen. Der Text liegt in einer hervorragenden kritischen Ausgabe Aztekisch-Englisch mit umfangreichen Erläuterungen, Anmerkungen und Indices vor (Andrews and Hassig 1985); leider ist der spanische Text fortgelassen worden (er ist allerdings durchweg ins Englische übersetzt).

Der folgende Zauberspruch wird bei der Maisaussaat vom Bauern auf seiner Milpa rezitiert, um erfolgreichen Maiswuchs zu gewährleisten. Angesprochen werden der Mais ("meine Schwester, die Frau der Lebensmittel") und die Erde, die um Hilfe gebeten wird (Ruíz de Alarcón 1892:177; Andrews and Hassig 1985:126f.):

"Ich selbst bin es,
ich, der Priester.
Kommt her, meine Schwester,
Frau der Lebensmittel (*Tonacacihuatl*).
Kommt her, Herr der Erde (*Tlaltecutli*).
Schon lege ich in Deine Hand
meine Schwester,
die Frau der Lebensmittel (*Tonacacihuatl*)
Du wirst Dir keine Schande machen,
Du wirst nicht mit Groll beginnen (störrisch sein).
Du wirst nichts aus Groll schädigen.
Wird es etwa erst morgen,
wird es etwa erst übermorgen sein, daß ich in ihr Angesicht,
auf ihr Haupt blicke,
von meiner Schwester,
der Frau der Lebensmittel (*Tonacacihuatl*)?

Sofort, schnellstens ist es, daß sie aus der Erde herauskommen wird,
daß ich sie ehren (bestaunen) werde,
daß ich sie begrüßen werde,
meine Schwester,
die Frau der Lebensmittel (*Tonacacihuatl*).

Bei der Aussaat anderer Körner wird der Chiffren-Name ausgetauscht, wie Ruíz de Alarcón schreibt.

Yukatekische Literatur

In Yukatan gab es in vorspanischer Zeit hieroglyphisch geschriebene Literatur, z.B. den astrologisch-astronomischen Codex Dresdensis (→ 1-Ic4; 1-IIa1). Aus der Kolonialzeit und aus der Zeit der mexikanischen Unabhängigkeit sind uns yukatekisch geschriebene Texte überliefert, mit vorspanischen Komponenten und mit der Einfügung europäisch-morgenländischer Komponenten (astrologisch-planeten-kundliche Texte; Märchen aus 1001 Nacht). Zu nennen sind insbesondere die Chilam-Balam-Bücher, vor allem das von Chumayel, mit kosmologisch-mythologischen Texten, Katun-Prophezeihungen und Ritualbeschreibungen, der Beschreibung einer "Initiationssprache", der sogenannten Sprache von Zuyua (Roys 1933; Smailus 1985). Die Texte scheinen sich z.T. auf hieroglyphische Vorlagen zu stützen. Chilam-Balam-Bücher werden z.T. bis heute in einigen Orten aufbewahrt und von Zeit zu Zeit kopiert (vgl. die Institution des *ah dzib*, Schreibers, unter den Cruzob-Maya in Quintana Roo). Daneben sind Gesänge, die "Cantares de Dzitbalche", medizinische Texte und Zaubersprüche (Roys 1967; cf Rätsch 1985) überliefert. Die methodischen Probleme sind hier ganz ähnlich wie für die aztekischen Literaturen skizziert: Text- und Quellenkritik; Verständnis der Metaphern, Namen und Situations- und Handlungszusammenhänge sind auch bei der Übersetzung und Analyse yukatekischer Literatur grundlegend. Daß angesichts lebendiger mündlicher Überlieferung im Lakandonen-Gebiet und fortwirkender Schrifttradition in Quintana Roo ethnographische Interpretationsbrücken besonders fruchtbar sein können, dafür seien zwei Beispiele genannt. Für das Verständnis der "Sprache von Zuyua" im Chilam Balam von Chumayel hat Smailus kürzlich auf die Gemeinsamkeit der disparat wirkenden Objekte, nach denen dort gefragt wird, hingewiesen: es handelt sich seines Erachtens, wie der heutige Ritualkomplex in Quintana Roo zeigt, um Opfergaben und rituelles Zubehör (Smailus 1985:122). Ein Auszug (ebd. 121):

"Dies ist die zweite Frage,
die ihnen gestellt wird:
sie sollen gehen
und das Gehirn des Himmels holen.
Der Fürst will sehen,
wieviel es ist:
ich möchte es sehen,
auf daß ich es sehe!
Richtig soll es heißen:
Dieses Gehirn des Himmels,
das ist Räucherharz.
Dies ist die (Sprechweise von) Zuyua"
usw.

Rätsch hat versucht, die Voraussetzungen für die Übersetzung und Deutung der Zaubersprüche im Princeton-Codex ("Bacab-Ritual") zu klären: ihm zufolge läßt sich eine Brücke von der ethnographischen Erforschung der Magie bei den heutigen Lakandonen zu den alten Texten ziehen (Rätsch 1985:139). Insbesondere für die Interpunktion des kolonialzeitlichen Textes ist die Beobachtung Rätschs von Belang, daß Entstehung und Heilung von Krankheiten als "serielle Visualisierung" betrachtet werden können (ebd. 140). Wissen, Begrifflichkeit, Phraseologie und syntaktische Besonderheiten haben z.T. ihre Entsprechungen in den beiden Textwelten. Der folgende Auszug beschreibt einen Aderlaß, der zur Heilung von Besessenheit vorgenommen wird (ebd. 143):

"Dann ist der Wahnsinn in den Menschen gefallen
Dann sind die Spitzen der Agave genommen
        Tief in der Erde sind sie
Dann haben die vier Spitzen gestochen
        In den Mundwinkeln
Wo sitzt es (= das Blut) dort im Rückgrat?
        Es verläßt dort die Hüfte
        Es verläßt dort das Herz
        Es verläßt dort die Nase
       (Es verläßt dort) den Fuß
Dann ist das Stechen beendet."

Literatur der Quiché und Cakchiquel

In Quiché und im relativ eng verwandten Cakchiquel sind historisch-annalistische und mythologische Texte in der Kolonialzeit aufgezeichnet worden. Carmack (1973) bietet eine brauchbare Orientierung über die quiché- und cakchiquel-sprachige Literatur. Zweifellos bildet das quiché-sprachige *Popol Vuh* einen der wichtigsten literarischen Texte aus Mesoamerika überhaupt und eine der wichtigsten Quellen zu mesoamerikanischer Mythologie. Es liegt in vielen Editionen und Übersetzungen vor. Die Übersetzung von A. Recinos (1950) ist wohl nach wie vor vorzuziehen. Der Quiché-Text findet sich in den Editionen von Schultze Jena (1944) und Edmonson (1971).

Eine gründliche Durchdringung des Alt-Quiché in Grammatik und Wortschatz ist Voraussetzung für die Texterschließung; zusätzlich vermag eine Kenntnis heutiger mündlicher Traditionen neue Gesichtspunkte fürs Textverständnis zu liefern (cf. Tedlock 1985).

Die Annalen der Cakchiquel haben historisch-annalistischen (und mythologischen) Inhalt; sie sind die wichtigste cakchiquel-sprachige Quelle aus der Kolonialzeit (Recinos 1953). Daß einzelne Orte in Guatemala immer noch ihre "Títulos" bewahren, hat Carmack kürzlich mit dem wichtigen Fund des Originals des "Título de los Señores de Totonicapan" bekräftigt.

Das einzigartige Tanzdrama vorspanischen Ideengehalts, das "Rabinal Achi", hat Brasseur de Bourbourg im 19. Jahrhundert auf Quiché aufgezeichnet (vgl. Acuña 1975).

Schlußbemerkung

Auch in anderen Indianersprachen sind Texte aus der frühen Kolonialzeit überliefert, insbesondere Missionsliteratur christlicher Prägung. In einzelnen Fällen existiert eine neuindianische Literatur, z.B. im aztekisch- und zapotekisch-sprachigen Gebiet. Die Entstehung indianisch-sprachiger Schriftliteratur und die Aufzeichnung mündlicher Traditionen scheinen in manchen Fällen mit allgemeineren Bewußtseinsprozessen einherzugehen.

Literatur

Vgl. für die azt. Literatur die Bibliographien in Hinz 1978, Bierhorst 1985,I; für die yukat. in Rätsch 1985; für die quiché-cakchiquelspr. in Carmack 1973.

Acuña, René
1975 Introducción al estudio del Rabinal Achi. México.
Andrews, John
1975 Introduction to Classical Nahuatl. 2 vols. Austin.
Andrews, John and Ross Hassig (Eds.)
1984 Treatise on the Heathen Superstitions that Today live among the Indians Native to this New Spain, 1629. Norman.
Bierhorst, John
1985 Cantares Mexicanos. Songs of the Aztecs. 2 vols. Stanford.
Carmack, Robert
1973 Quichean Civilization. Berkeley and Los Angeles.
Discursos en Mexicano (Ms. 17. Jhdt.)
1987 (Hg. Hinz, Eike) Discursos en Mexicano. Berlin.
Edmonson, Munro S. (Ed.)
1971 The Book of Counsel: The Popol Vuh of the Quiche Maya of Guatemala. Middle American Research Institute Publ. 35. New Orleans.
Garibay, Angel M.
1953-54 Historia de la literatura náhuatl. 2 vols. México.
1964-67 Poesía nahuatl. 3 vols. México.
Hinz, Eike
1970 Anthropologische Analyse altaztekischer Texte, Teil I: Die magischen Texte im Tratado Ruiz de Alarcons (1629). München.
1978 Analyse aztekischer Gedankensysteme. Wahrsageglaube und Erziehungsnormen als Alltagstheorie sozialen Handelns. Wiesbaden.
Hinz, Eike (Hg.)
1987 siehe Discursos en Mexicano.
Karttunen, Frances and James Lockhart
1980 La estructura de la poesía náhuatl, vista por sus variantes. Estudios de Cultura Náhuatl 14:15-65. México.
Lehmann, Walter (Hg.)
1938 Die Geschichte der Königreiche von Colhuacan und Mexico. Quellenwerke zur Geschichte Amerikas I. Stuttgart.
Rätsch, Christian
1986 Cunyahthan — Kosmologische Zaubersprüche. Christian Rätsch (Hg.): Chactun, S. 138-173. Köln.
Recinos, Adrian
1947 Popol Vuh. México.
1953 Anales de los Cakchiqueles. México.
Roys, Ralph (Ed.)
1933 The Book of Chilam Balam of Chumayel. Washington: Carnegie Inst. Publ. 436 (Nachdruck: Norman 1967).
1965 Ritual of the Bacabs. Norman.
Ruíz de Alarcón, Hernando
1892 Tratado de las supersticiones y costumbres gentilicas que oy viuen entre los indios naturales desta Nueua España. Anales del Muséo Nacional 6:125-223. México.
Sahagún, Bernardino de (Ms. 16. Jhdt.)
1979 Códice Florentino México (Faksim.).
1950ff. The Florentine Codex. Charles Dibble and Arthur Anderson (Eds.). Santa Fe and Salt Lake City (insbesondere Book 2, 6 8, 12).
Schultze Jena, Leonhard (Hg.)
1944 Popol Vuh. Das Heilige Buch der Quiché-Indianer von Guatemala. Quellenwerke zur Alten Geschichte Amerikas II. Stuttgart.
Serna, Jacinto de la (Ms. 17. Jhdt.)
1892 Manual de ministros de indios para el conocimiento de sus idolatrías y extirpación de ellas. Anales del Museo Nacional 6:264-480. México.

Smailus, Ortwin

1986 Die Bücher des Jaguarpriesters — Darstellung und Texte. Christian Rätsch (Hg.): Chactun, S. 107-136. Köln.

Supplement to the Handbook of Middle American Indians

1985 Vol. 3: Literature. Austin.

Tedlock, Dennis

1985 Popol Vuh. New York.

Zimmermann, Günter

1955 Über einige stereotype Wendungen und Metaphern im Redestil des Aztekischen. Baeßler-Archiv, N.F. 3:149-168.

Zorita, Alonso de

1941 Breve y sumaria relación de los señores de la Nueva España. México.

5. *Wirtschaft und Technologie*

Gerhard Baer und Beate Engelbrecht

Ernährung

Die Art und Weise der Beschaffung von Nahrungsmitteln weist angesichts der zeitlichen und regionalen Unterschiede in Mesoamerika neben wichtigen Gemeinsamkeiten auch eine große Variationsbreite auf. Die Wandelbarkeit der Beschaffungsformen zeigt sich im Verlauf der Geschichte darin, daß der Anteil der produktiven Formen der Nahrungsgewinnung (vor allem Feldbau) gegenüber den aneignenden Formen (Jagd, Sammeln, Fischerei) ständig zunahm.

Im Vorklassikum waren das Sammeln von Wildfrüchten wie auch von kleineren Tieren, die Jagd und der Fischfang von großer Bedeutung; der Anbau von Nahrungs- und Nutzpflanzen, der bereits in der Zeit von 6.000 bis 4.000 v.Chr. betrieben wurde, kam erst in der Vorklassik voll zur Entfaltung. In der späten Nachklassik waren die Verhältnisse im Hochbecken von Mexiko schließlich derart, daß die Jagd auf eßbare Tiere zumindest im Bereich der größeren Städte und Agglomerationen (Tenochtitlan-Tlatelolco, Tlacopan, Tetzcoco) eine eher untergeordnete Rolle spielte, so z.B. im Zusammenhang mit religiösen Riten oder etwa als Sport der Fürsten. Der Anbau von Pflanzen hingegen war für die Ernährung der stark anwachsenden Bevölkerung entscheidend geworden.

Schon in der Vorklassik wurden verschiedene Mais- und Bohnenarten, Amaranth, Kürbis, Avocado, Tomate, Erdnuß, Sapote, Kakao, Guava, Chilli und Paprika kultiviert. Die Agave, die u.a. "aguamiel" (einen süßen Saft) liefert, sowie die diversen Kaktusfrüchte waren überaus geschätzt; ebenso die verschiedenen Nuß-Arten und anderen Baumfrüchte. Es kann nicht mehr festgestellt werden, ob diese z.T. sehr wichtigen Nahrungsmittel in jener Zeit von wilden oder von domestizierten Pflanzen stammten. Inwieweit Maniok schon damals in Zentral-Mexiko (Tehuacan) oder im Maya-Gebiet angebaut wurde, ist noch nicht geklärt. (Mangelsdorf, MacNeish and Galinat 1967; MacNeish 1967).

Für die Versorgung mit Fleisch war die Jagd auf Weißwedelhirsche und Nabelschweine sowie auf zahlreiche Vogelarten zumindest in der vorklassischen und klassischen Periode von großer Bedeutung. Zudem hielt man sich Haustiere, besonders gemästete kleine Hunde und Truthühner. Der Honig verschiedener stachelloser Bienenarten hat schon früh die Nahrung der Bevölkerung bereichert.

Hauptnahrungsmittel war der Mais. Daraus wurden vor allem dünne Maisfladen, *tlaxcalli*, von den Spaniern "tortillas" genannt, hergestellt. Gelegentlich wurden auch Maisklöße "tamales", abgeleitet von dem aztekischen *tamalli*, zubereitet, die mit Fleisch und/oder Gemüse gefüllt waren. Als Gewürz fand vor allem der Chilli Verwendung. Getrunken wurde ein Getränk aus säuerlichem Maisbrei und Wasser. Rituelles Festgetränk war der Agavewein, *octli*, d.h. "pulque", an dem sich im Alltag nur die älteren Leute berauschen durften.

Techniken der Bodenbearbeitung

Lange Zeit war man der Meinung, daß der Anbau von Mais, Bohnen, Kürbissen usw. fast ausschließlich mittels Brandrodung und natürlicher Bewässerung (feuchter Boden und Regen) erfolgt sei: Brandrodungsfeldbau, Schwendwirtschaft oder "milpa"-System genannt (Conklin 1963). Eine Ausnahme schienen die künstlichen Bewässerungsanlagen und die "chinampas" des Hochbeckens von Mexiko darzustellen. Die Forschungen und Studien der 70er Jahre zeigen jedoch, daß Meliorationsverfahren (Verfahren der Bodenverbesserung) wesentlich weiter verbreitet waren, als bis dahin angenommen (Sanders et al. 1979).

Bei den Meliorationsverfahren sind zu unterscheiden:

- "chinampas"
- Trockenterrassen
- Überflutungsbewässerung
- künstliche Bewässerung, dauernd oder periodisch
- Gießbewässerung
- Entwässerung (Drainage)

Bei der Bodenverbesserung wurden technisch vor allem zwei Maßnahmen getroffen: Veränderung der Pflanzflächen ("chinampas", Erhöhung des Pflanzniveaus - "raised fields", Terrassenbau) und Errichtung von Bewässerungssystemen (Bau von Dämmen, Kanälen und Wasserleitungen). Dyckerhoff (1983:30) korreliert die verschiedenen Faktoren miteinander (Tab. 12). Sie unterscheidet dabei die verschiedenen Ausgangsmilieus nach dem vorhandenen Grundwasserspiegel.

Ausgangsmilieu	Konstruktiver Ausbau	lokale Kontrolle der Bodenfeuchtigkeit	Bezeichnung der Anbauform
Flacher See u. verlandende Seeufer	Künstlicher Aufbau der Pflanzfläche	Stabilisierung durch Kanäle (unter Pflanz- niveau)	Chinampa (laguna adentro) Camellones
Grundwasser- spiegel sehr oberflächennah			Chi(y)auhtlalli Tierra de hume- dad de jugo Feuchtland High watertable fields
	Erhöhung des Pflanzniveaus	evtl. zusätzl.: Riego a brazo Gießbewässerung Pot irrigation	Camellones Raised fields
		Wasserableitung durch Kanäle (unter Pflanz- niveau)	Chinampa Camellones Drainiertes Feuchtland Drained fields
Grundwasser- spiegel tiefliegend			Cultivo de temporal Regenfeldbau Dry farming
	Nivellierung der Pflanzfläche durch a) Erosionskon- trolle b) Sedimentrück- haltung	Hemmung des Regenwasser- abflusses	Metepantli u.ä. Bancales Trockenterrassen
		Wasserzuleitung durch Kanäle (über Pflanz- niveau) aus a) periodisch fließenden Gewassern b) ständig fließenden Gewässern	Überflutungs- bewässerung u.a. Floodwater irrigation Atlalli, Amilli Cultivo de riego (potentiell) dauernde Be- wässerung Irrigation

Tab. 12

Im Unterschied dazu hat Turner II (1983a; 1983b) bei seinem Versuch, die Meliorationsverfahren und Methoden der Agrotechnologie Zentral-Mexikos und des Maya-Gebietes zu vergleichen, auch die Geländeform mitberücksichtigt: Er unterscheidet Trockengebiete ("drylands"), steil abfallende Hügel- und Berghänge ("slopelands") und Feuchtgebiete ("wetlands").

Eine Besonderheit der Pflanzflächengestaltung stellen die "chinampas" dar. Frühe "chinampa"-Felder könnten auf die klassische oder vorklassische Periode zurückgehen. Die zeitliche Ausbreitung der "chinampa"-Felder im Seengebiet des Hochbeckens ist jedoch relativ spät anzusetzen. Turner II (1983a) gibt hierfür die Zeit von 1350 n.Chr. an. Armillas (1971) schätzt die Anbaufläche der "chinampas" zur Zeit der Ankunft der Spanier auf rund 12.000 Hektar; in früherer Zeit scheint die Anbaufläche noch ausgedehnter gewesen zu sein (West and Armillas 1950; Armillas 1950; Calnek 1972). Im Hochbekken wurden die künstlichen Felder auf den südlichen, Süßwasser führenden Seen (Xochimilco/Chalco) angelegt: Rechteckige Weidenstangenkonstruktionen wurden an seichten Stellen im Seeboden verankert und dann mit Wasserpflanzen, Schlamm und Erde aufgefüllt. Zur Festigung wurden zusätzlich Weidenzweige hineingesteckt. Nach der Kompostierung der verschiedenen Pflanzen entstand eine tragfähige Pflanzfläche.

Im Bereich der Berg- und Hügelhänge des Hochbeckens von Mexiko wurden die Felder auf verschiedenartigen Terrassen angelegt (Donkin 1979). Die Terrassen vergrößerten die Anbaufläche an den Hanglagen, wirkten der natürlichen Erosion entgegen, ermöglichten tiefere Humusablagerungen und konnten Wasser und Feuchtigkeit besser zurückhalten. Ähnliche Anlagen von Terrassen und zudem von Mauern oder Wehren wurden im zentralen Maya-Tiefland gefunden. Dort hatten sie die Aufgabe, Erosionsgut, das von den Berghängen heruntergespült wurde, in den Flußbetten und Stromrinnen aufzufangen ("channel bottomweirs"). In den Trockenregionen des Maya-Gebietes wurde z.T. Regenfeldbau, verbunden mit Terrassierung der Felder, betrieben. Eine Datierung der Terrassierungen dieses Gebietes ist jedoch kaum möglich. Nach Turner II (1983a:24) scheinen Terrassen zur Melioration der Felder erst in der Zeit der Klassik errichtet worden zu sein.

Überflutungsbewässerung scheint schon in vorklassischer Zeit im Hochbecken von Mexiko bekannt gewesen zu sein. Bei diesem Verfahren wurde am Ende der Regenzeit das Wasser der letzten starken Regenfälle mit Kanälen auf die terrassierten Felder geleitet. Das fruchtbare Erosionsgut, das die Wassermassen mit sich führten, gelangte so auf die Anbauflächen. Dort wurde etwa einen Monat vor Beginn der folgenden Regenzeit Mais ausgesät. Das Wachstum des Maises wurde durch das Wasser der ersten neuen Regenfälle gefördert, das auf die gleiche Weise den Feldern zugeführt wurde. (Prem 1977; Sanders et al. 1979).

Zahlreiche Formen der Wasserkontrolle sind aus dem zentralen Maya-Tiefland bekannt: Kanäle, Wassergräben, Wasser-Reservoirs. Das Maya-Tiefland wird in weiten Teilen von Karst-Formationen bestimmt. Wasser kann sich somit vielfach nur in unterirdischen Höhlen oder Becken ("chultunes") sammeln. Dauernde Bewässerung konnte bisher für Edzna in Campeche nachgewiesen werden. Die Kanal-Systeme von Edzna wie auch die Kanal- und Felder-Systeme von Cerros in Belize haben vermutlich eine Doppelfunktion erfüllt: Sie können sowohl der Be- als auch der Entwässerung gedient haben. Im Maya-Tiefland scheint die Bewässerung der Trockengebiete weniger bedeutsam gewesen zu sein als die Entwässerung der Feuchtgebiete. Es wird angenommen, daß die Technik der Entwässerung dieser Region von den Maya schon am Ende der Vorklassik entwickelt worden war (Turner II 1983a:19-30; Flannery 1982).

Wasserkontrolle spielte auch bei den im Seen-Gebiet des Hochbeckens von Mexiko lebenden Azteken eine große Rolle. Sie errichteten zum Beispiel einen 16 km langen Deich, den Netzahualcoyotl-Deich. Damit wurden die südlichen Seen, die Süßwasser führten, von den nördlichen und östlichen abgetrennt, die versalzt waren. Der westlich des Dammmes gelegene Seeteil, der nur leicht versalzt war, verwandelte sich weitgehend in einen Süßwasser-See. Die "chinampa"-Anlagen konnten sich damit von Süden her in diesem Seeteil ausdehnen. Durch den Damm wurden nicht nur die Seeufer vor immer wiederkehrenden Überschwemmungen geschützt, sondern auch die Stadt Tenochtitlan. Die Leistungskraft der Landwirtschaft des Hochbeckens von Mexiko beruhte jedoch nicht nur auf dem Bau von Dämmen und auf dem Anlegen von "chinampas", nicht nur auf ausgedehnten Be- und Entwässerungssystemen, sondern vor allem auf der Kombination der verschiedenen technischen Mittel, die alle schon in früherer Zeit entwickelt worden waren (Sanders et al. 1979; The Prehistory of the Tehuacan Valley 1,1967; 4,1972).

Der Niedergang der Maya-Kultur, die dominierende Rolle und das Ende Teotihuacans wie auch die Entstehung des Azteken-Reiches gaben wiederholt Anlaß zu Diskussionen über die Bedeutung der Landwirtschaft für die Entstehung differenzierter staatlicher Systeme. Während man hinsichtlich der Maya immer wieder nach ökologischen Gründen für das Entstehen und den Zerfall der Hochkultur sucht, setzt man sich in Bezug auf Teotihuacan und das Azteken-Reich mit der Anwendbarkeit der Theorie der Hydraulischen Kulturen von Wittfogel (1957) und der Theorie der Asiatischen Produktionsweise von Marx auseinander (Prem 1977; Palerm 1980; Barrera R. 1984). Bislang wurden jedoch keine zufriedenstellenden Erklärungen gefunden.

Bodenrecht

Das Bodenrecht ist, mit Ausnahme der Verhältnisse zur Kontaktzeit, relativ unbekannt. Archäologische Ausgrabungen erlauben zwar zuweilen vorsichtige Rückschlüsse auf wirtschaftliche, soziale und politische Strukturen früherer Zeiten; die meisten historischen Nachrichten beziehen sich aber auf Zentral-Mexiko und hier vor allem auf die Verhältnisse in den von den Azteken beherrschten Gebieten. Angesichts der engen Verflechtung von Besitzverhältnis, sozialer und politischer Organisation war das Bodenrecht bzw. die Regelung des Landbesitzes neben der Intensivierung der Landwirtschaft für den Aufbau der sozialen und politischen Ordnung und Hierarchie der späten Zeit entscheidend.

Dyckerhoff und Prem (1978) unterscheiden nach Auswertung verschiedener Quellen bei den Azteken folgende drei Kategorien des Landbesitzes:

1. individuell-personengebundenes Land, d.h. Land der Adligen (*pillalli*);

2. korporativ-personengebundenes Land, d.h. Gemeindeland (*calpulli*[1]);

3. Staatsland; dabei handelt es sich um primär an den Staat gebundenes, unveräußerliches Land. Vom Herrscher konnte es zeitweilig oder dauernd für Dienste oder den Unterhalt einer Institution (Tempel, Güterverwaltung) zur Verfügung gestellt werden.

Die Fragen des vorspanischen Landbesitzes und damit verbunden des Bodenrechts werden noch immer ausführlich diskutiert. Entsprechend den theoretischen Positionen und den verwendeten Quellen ist man zu unterschiedlichen Ergebnissen gelangt (Dyckerhoff und Prem 1978; Hinz et al. 1983). Regionale Unterschiede scheinen dabei eine wesentliche Rolle zu spielen.

---

[1] Zum Problem des *calpulli*: Zantwijk 1985:16; Carrasco in HMAI 10,1971:349-375.

Handwerk

Besonders die Schriften von Bernardino de Sahagún (1952) geben Auskunft über die Vielfalt der handwerklichen und anderen Berufe in aztekischer Zeit. Vermutlich setzte aber die berufliche Spezialisierung viel früher ein, nämlich schon vor der klassischen Epoche. Bei Ausgrabungen in Teotihuacan wurden rund 400 Obsidianwerkstätten gefunden. Diese waren jeweils auf die Herstellung bestimmter Gegenstände spezialisiert (Millon 1973:45; in HMAI 1981:223-243).

Bei den Azteken wurden grob zwei Handwerkergruppen unterschieden: Kunsthandwerker und (einfache) Handwerker. Zu der ersten Gruppe gehörten Federarbeiter, Gold- und Silberschmiede, Kupfergießer und Kupferschmiede, Edelsteinschneider und Maler von Bilderhandschriften. Den einfachen Handwerkern wurden die Steinmetze und Maurer, die Zimmerleute, die Wandverputzer, die Mattenflechter, die Töpfer und die Hersteller von Kalebassenschalen zugerechnet. Einige der erwähnten Berufsgruppen waren in sogenannnten *calpultin* (Sing. *calpulli*) organisiert, d.h. in besonderen Stadtvierteln angesiedelt und in Körperschaften zusammengeschlossen. Die Sonderstellung der Kunsthandwerker, die gewisse Vorrechte genossen, ist im Zusammenhang damit zu sehen, daß ihre Erzeugnisse nur von Angehörigen des Adels verwendet bzw. getragen werden durften (Gold-, Edelstein- und Federschmuck) oder in engster Verbindung mit religiösen Riten standen.

Werkzeuge

Nach dem Stand ihrer Technologie können die mesoamerikanischen Gesellschaften typologisch den neolithischen Kulturen zugeordnet werden. Ihre Werkzeuge und anderen Geräte bestanden aus Holz, Knochen, Stein und Obsidian. Erst in der Zeit der Nachklassik kamen Werkzeuge und Geräte aus Metall hinzu, insbesondere aus Kupfer. Diese scheinen jedoch nur einen geringen Anteil am Werkzeug- und Gerätebestand gehabt zu haben (HMAI 2/3,1965; 10/11,1971; Krickeberg 1966; Rojas R. in Harvey and Prem 1984).

Der Werkstoff Obsidian nahm in Mesoamerika schon früh eine vorherrschende Stellung ein[2]. Der Aufstieg Teotihuacans hing offensichtlich eng mit der Verarbeitung wie auch mit der Vermarktung dieses Werkstoffes zusammen. Aus Obsidian wurden Arbeitsgeräte und Werkzeuge gefertigt (Messer, Schaber, Kratzer, Bohrer), außerdem Geräte für Kulthandlungen (z.B. für Kasteiungen), Waffen (Pfeil- und Speerspitzen, Lamellen für Schwertkeulen) sowie Kult- und Kunstgegenstände (Skulpturen, Masken).

Steingeräte gab es in großer Zahl, z.B. Steinbeile zum Roden des Waldes oder Bastklopfer. Letztere waren mit einem flexiblen Material geschäftet und dienten dazu, aus dem Bast einer Ficus-Art die papierartige Unterlage für die Bilderhandschriften zu fertigen. Steingeräte fanden neben Knochen- und dornartigem Werkzeug auch beim Abspalten der Obsidianabschläge Verwendung. Für die Herstellung von Opfermessern wurde in der Regel Feuerstein verwendet.

Kostbare Gesteine wie Jadeit, Bergkristall und Türkis wurden mit Sand und Wasser geschliffen und poliert. Bohrungen, z.B. bei Gefäßen aus Onyx, wurden z.T. mit Hohlbohrern aus Bambus gemacht; die dabei entstehenden Bohrkerne entfernte man durch Herausbrechen und anschließendes Abschleifen. Gebohrt wurde auch mit Holzbohrern unter Zusatz von Sand oder Obsidiansplittern. Dabei mußte von zwei Seiten her gearbeitet werden; eine große Anzahl von Gegenständen weist deshalb bikonische bzw. Sanduhrbohrungen auf (Digby 1972).

Die Federarbeiter der aztekischen Zeit benutzten verschiedene Geräte, darunter Kupfermesser zum Schneiden der Federn und Kupferschaber wie auch solche aus Knochen (Falzbein). Die Goldschmiede (→ 2-IIc3ß) verwendeten bei der Herstellung gegossener Objekte im Wachsausschmelzverfahren zum Schmelzen des Goldes irdene Tiegel und tönerne Blasrohre. Kupferwerkzeuge waren zum Zeitpunkt der spanischen Eroberung in ganz Mexiko in Gebrauch. Bekannt für ihre Herstellung waren die Purhépecha (Tarasken) in Westmexiko und die Maya (Bray 1977).

---

2 Tolstoy in HMAI 10,1971:270-296; zahlreiche Aufsätze zum Thema Obsidian finden sich in der Zeitschrift 'American Antiquity'.

Ackerbaugeräte

In Mesoamerika wurden im Bereich des Brandrodungsfeldbaus vor allem Pflanz- und Grabstöcke aus Holz verwendet, deren Spitzen im Feuer gehärtet worden waren. Für das Pflanzen bzw. Säen von Mais, aber auch für die Bearbeitung des Ackerbodens wurde das *huictli* oder "coa" genannte Gerät benutzt, das als asymmetrischer hölzener Spaten bzw. als Stock mit Blatt beschrieben wird. Auch eine Art Hacke (*huictli axoquen*), deren Handgriff in einem Tierkopf endete, fand Verwendung. Das Fällen von Bäumen, das Entästen und Bearbeiten von Holz wurde mit Äxten, Beilen und Dechseln ausgeführt (Donkin 1979; Rojas R. in Harvey und Prem 1984).

Hausrat und Haushaltsgerät

Die *macehualtin*, d.h. die einfachen Leute, saßen und schliefen auf dem mit Fellen, Decken oder Binsengras-Matten ausgelegten Fußboden. Mahlsteine für Mais, "metates", vom aztekischen *metlatl* abgeleitet, Mörser zum Mahlen von Gewürzen, sogenannte "molcajetes", verschiedenes Eß- und Kochgeschirr, wie irdene Teller, Schalen, Näpfe sowie Backplatten ("comales") fanden sich in jedem Haushalt. Vermutlich wurden vielfach auch Kalebassenschalen als Gefäße und Holzlöffel, Holzquirle usw. als Küchengeräte verwendet. Deckelkörbe und andere einfache Behälter dienten zur Aufbewahrung des Hausrats. (The Prehistory of the Tehuacan Valley 2,1967).

Das Privileg der aztekischen Fürsten war es, auf sogenannten *icpaltin* zu sitzen, d.h. auf niedrigen, flachen, aus Binsengras geflochtenen Sitzen mit hoher Rückenlehne und ohne Untergestell. Die Stühle und Sessel der Fürsten standen auf kunstvoll gearbeiteten Matten. Der Ausdruck *petlatl icpalli* (Matte und Stuhl) bedeutete in logischer Ableitung Herrschaft.

Gewobene Kleidung

Die Azteken, wie viele andere Völker Mesoamerikas auch, besaßen kunstvolle Webereien. Diese sind, von wenigen Überresten abgesehen, wegen der Klimaeinwirkungen nicht mehr erhalten. Tonfiguren, Steinskulpturen und Bilderhandschriften belegen jedoch eindeutig ihren Gebrauch. Stoffe aus Baumwolle waren in aztekischer Zeit dem Adel vorbehalten; die zum einfachen Volk zählenden Männer und Frauen mußten sich mit Kleidern aus Agavefasern begnügen (Anawalt 1981). Die Agavefasern wurden ähnlich der Baumwolle mit Handspindeln zu Fäden gesponnen. Bis heute weiß man nicht, seit wann Weberei in Mesoamerika existierte (Weitlaner in HMAI 3,1965). Für die Zeit der Azteken belegt der Codex Mendoza (1938) die Arbeit an einem horizontalen Rückengürtelwebgerät mit Litzenstab.

Tonwaren

Gefäße und Figuren aus gebranntem Ton wurden in Mesoamerika seit rund 2000 v.Chr. hergestellt. Die keramischen Funde geben aber nur wenig Aufschluß darüber, wie die Tonwaren hergestellt wurden. Vermehrt versuchen deshalb Archäologen, von rezenten Töpfertechniken in Mesoamerika auf präkolumbische zu schließen. Gesichert ist, daß die Tonwaren frei, u.a. in Wulsttechnik geformt wurden, oder aber mit Hilfe von Modeln. Verziert wurden die Töpfe u.a. durch Einritzen oder durch Auftragen eines feinen Tonschlicks und anschließendes Polieren desselben. Gebrannt wurde in der Regel im offenen Feuer, bei Luxusgefäßen wurde jedoch auch ein einfacher Ofen verwendet.

Waffen

Als Waffen verwendete man Keulen und Schwertkeulen (*macquahuitl*), in deren schmale Kanten Obsidianklingen eingelassen waren; weiter Wurfpfeile und Wurfbretter, Bogen und Pfeil sowie Steinschleudern. Während viele Völker der frühen nachklassischen Periode noch Bogen und Pfeil als Angriffswaffen einsetzten, fanden in aztekischer Zeit vor allem das Wurfbrett (*atlatl*) und die mit Obsidianspitzen versehenen Speere oder Wurfpfeile im Angriff Verwendung. Als Defensivwaffen traten Schilde und wattierte Baumwollwämse auf. Möglicherweise wurden auch lederne Helme (Olmeken) getragen. In den Gräbern der Fürsten und Krieger hohen Ranges hat man Waffen gefunden, die kunstvoll verziert, z.B. mit Goldblech überzogen sind. Opfermesser-Griffe waren mit Mosaiken aus Türkis-, Malachit- und Muschelschalen-Plättchen ausgestattet.

Architektur

Die zahlreichen Völker Mesoamerikas errichteten im Zeitraum vom 1. Jt. v.Chr. bis zum 16. Jh. n.Chr., d.h. während rund 2500 Jahren, Zeremonialzentren und größere Siedlungen bis hin zu ganzen Städten: La Venta, San Lorenzo Tenochtitlan, Monte Albán, Teotihuacan, Tajín, Tikal, Yaxchilán, Piedras Negras, Palenque, Copán, Xochicalco, Teotenango, Tula (Tollan), Cholula, Tenochtitlan u.a.m. Ihre hervorstechendsten Merkmale waren großzügige Anlagen mit gestuften Pyramidensockeln, zusätzlichen Bühnen (Plattformen), Tempeln sowie monumentalen Treppen; die Anlagen waren weiter mit tiefer gelegenen, oft von Pyramiden eingefaßten Plätzen und Höfen ausgestattet (→ 1-Ic2; 1-Ic3).

Bauweise, Grundrisse und Profile der Pyramidensockel wie auch der Tempel variieren je nach dem örtlichen, zeitlichen bzw. kulturellen Ursprung der Bauten. Die Böschungen der Anlagen konnten in einem verhältnismäßig flachen Winkel nach oben verlaufen (Form schräger Pyramidenflächen: "talud") und in regelmäßigen Abständen von horizontalen Baukörpern ("tableros") durchbrochen und somit gegliedert werden, z.B. in Teotihuacan und Kaminaljuyú (→ 1-Ic2 Abb. 9); sie konnten aber auch steil abfallen: mehrere Bauelemente wurden übereinandergebaut und somit die Vertikale der Pyramiden betont. Hohe, steile Treppen durchschnitten wiederum diese Vertikale (Tikal).

Der Kern solcher Bauwerke bestand in der Regel aus Erde und Steinen; außen wurde alles mit zugehauenen Steinen und Steinplatten verkleidet. Vielfach fanden Mörtel aus gebranntem Kalk und Sand sowie Überzüge aus Stuck Verwendung. Verschiedene Bauteile der Tempelanlagen konnten bemalt sein, z.B. Wände, Decken, Pfeiler, Säulen, Dächer aus Holz oder Stein (darunter farbige Gesteinsarten) und Bauteile, die mit Mörtel oder Stuck versehen waren. (Margain in HMAI 10,1971; Kubler 1984).

Sondiergrabungen und Durchtunnelungen der Pyramiden ergaben, daß die Anlagen durch Überbauung bzw. Ummantelung alter Gebäude erweitert und vergrößert worden waren. Die Höhe und der Umfang derartiger Pyramiden und Tempelanlagen lassen Rückschlüsse auf die organisatorischen Fähigkeiten eines Herrschaftssystems zu: Massen von Bauhandwerkern und -arbeitern mußten mobilisiert und koordiniert werden. Während jedoch die Pyramiden im Alten Ägypten von Sklavenheeren erbaut wurden, scheint dies in Mesoamerika nicht der Fall gewesen zu sein. Es wird vielmehr angenommen, daß die z.T. riesigen Pyramidenanlagen Teotihuacans, Cholulas und Tikals von freien Handwerkern und von der freien bäuerlichen Bevölkerung errichtet wurden. (Carrasco y Broda 1976).

Es kann kein Zweifel bestehen, daß die Anlagen religiösen Zwecken dienten, ja die religiöse Gedankenwelt schlechthin repräsentierten. Je nach Beschaffenheit der Gesellschaft überwog bei den Anlagen ein eher theokratischer oder ein eher kriegerischer Charakter (Unterschied von Teotihuacan und Tula). (Armillas 1950; Millon in HMAI, Suppl. 1,1981; Diehl in ebd.).

Markt und Handel

Handel über kürzere oder längere Distanzen scheint schon in vorklassischer Zeit große Bedeutung gehabt zu haben. So ist bekannt, daß sich die Olmeken seit dem ausgehenden 2. vorchristlichen Jahrtausend und in den folgenden Jahrhunderten kostbare Rohstoffe wie Obsidian, Jadeit, Molluskenschalen aus Orten einhandelten, die z.T. weit von den Gebrauchszentren entfernt waren (San Lorenzo Tenochtitlan, La Venta). Der Handel mit diesen begehrten Gütern u.a. zwischen dem Tiefland der Golfküste (Veracruz, Tabasco) und dem zentralen Hochland scheint z.T. über Oaxaca gelaufen zu sein. In der formativen Zeit war Oaxaca ein Zentrum für die Gewinnung von Eisenerzspiegeln gewesen und somit auch ein Handelszentrum für dieses Produkt. So wurden nahezu identische Eisenerzspiegel in Oaxaca und in La Venta gefunden (Flannery 1973-82,3). Auch Muschelschalen, die zu Schmuck verarbeitet wurden oder als Kultobjekte dienten, wurden anscheinend schon früh über weite Strecken zwischen Tiefland und zentralem Hochland gehandelt (Flannery 1976).

Über Nah- und Fernhandel in aztekischer Zeit und in der frühkolonialen Kontaktzeit berichten zahlreiche Quellen. Um den aztekischen Staat mit den notwendigen Konsum- und Luxusgütern zu versorgen, war ein mehrschichtiges System der Warenzirkulation vonnöten (→ 1-IIb2). Der Fernhandel, der von den *pochteca* betrieben wurde, versorgte die Oberschicht mit Luxusgütern. Die *pochteca* besuchten weit entfernte Märkte wie Xicalango an der Golfküste und Xoconusco an der Pazifikküste (Sahagún 1952).

Die lebensnotwendigen Güter, die im zentralen Hochland, dem Stammland der Azteken, Mangelware waren, aber auch Luxusgüter wurden gewöhnlich in Form von Tributen eingehandelt. Betroffen davon waren: Mais, Bohnen, Chilli, Honig, Kakao, Baumwolle, Federn, kostbare Steine, Muscheln, Amaranth, Kupferwaren, Holz, Waffen, Parfüms. Die Oberschicht bezahlte die Dienste der Handwerker usw. mit aus den Tributzahlungen stammenden Gütern, die damit Eingang in das lokale Marktsystem fanden. (Codex Mendoza 1938).

Das Handels- und Tributsystem der Azteken basierte auf besonderen sozio-ökonomischen Institutionen: organisierten Kaufleuten (*pochteca*), handwerklich spezialisierten Körperschaften (*calpultin*), Markt- und Handelsplätzen und in Ausnahmefällen Garnisonen in der Nähe wichtiger Rohstoffvorkommen.

Der Fernhandel wurde durch ein feingliedriges Netz von Wegen und Handelsstraßen, weiter durch die Errichtung von Brücken (Seilbrücken, Balken- und Steinbrücken) ermöglicht. Auf dem Landweg erfolgte der Transport auf dem Rücken der Menschen. Transportmittel wie z.B. Sänften waren schon seit früher Zeit der Oberschicht vorbehalten. (Lee and Navarrete 1978; Hassig 1985). Der Landtransport hatte in Mesoamerika absoluten Vorrang vor dem Transport zu Wasser. Der Binnenschiffahrt mit Einbäumen war jedoch in den Flußsystemen des Maya-Gebietes und im Hochbecken von Mexiko von großer Bedeutung. Flöße, Einbäume und wahrscheinlich auch größere Schiffe (Maya-Gebiet) ermöglichten es auch, die Meere in Küstennähe zu befahren.

Den Marktplätzen kam in ganz Mesoamerika große Bedeutung zu. Markthandel fand auf lokaler, regionaler und überregionaler Ebene statt. Er wurde u.a. auch über politisch neutrale und von Kriegshandlungen verschonte Umschlagsplätze ("ports of trade") abgewickelt (Chapman 1957). Vielfach fand der Markthandel in bestimmten Intervallen, z.B. alle 5, 9, 13 oder 20 Tage, statt. In aztekischer Zeit erlangte der große Markt von Tlatelolco, der Schwesterstadt Tenochtitlans und Sitz der einflußreichen Kaufleute, Berühmtheit. Er soll täglich von 60.000 Leuten besucht worden sein und verblüffte wegen seiner Größe und der Vielfalt der Angebote die spanischen Eroberer. Auch Tenochtitlan selbst besaß einen großen Markt. Als weitere Marktorte werden Tetzcoco, Tlaxcala und Cholula genannt. Die Bevollmächtigten der Kaufleute fungierten als Marktautoritäten und saßen bei Verstößen gegen die Marktgesetze zu Gericht. Einige Märkte waren auf bestimmte Handelswaren, z.B. Sklaven (Azcapotzalco), spezialisiert.

Literatur

Andrews, Anthony P.
1983 Maya Salt Production and Trade. Tucson.

Anawalt, Patricia Rieff
1981 Indian Clothing before Cortes. Norman.

Armillas, Pedro
1950 Teotihuacan, Tula, y los toltecas: Las culturas post-arcáicas y pre-aztecas del centro de México: Excavaciones y estudios 1922-1950. Runa 3:37-70. Buenos Aires.
1971 Gardens in Swamps. Sience 1971:653-661.

Barrera Rubio, Alfredo (ed.)
1984 El Modo de Producción Tributario en Mesoamérica. Escuela de Ciencias Antropológicas, Ediciones de la Universidad de Yucatán, Analté 3.

Bray, Warwick
1971 Ancient American Metal-Smiths. Proceedings of the Royal Anthropological Institute of Great Britain and Ireland for 1971:25-44.
1977 Maya Metalwork and its External Connections. Norman Hammond (Ed.): Social Process in Maya Prehistory, pp. 265-403. London.

Calnek, Edward E.
1972 Settlement Pattern and Chinampa Agriculture at Tenochtitlan. American Antiquity 37:104-115.

Carrasco, Pedro y Johanna Broda (eds.)
1976 Estratificación social en la Mesoamérica prehispánica. México.
1978 Economía política e ideología en el México prehispánico. México.

Chapman, Anne M.
1957 Port of Trade Enclaves in Aztec and Maya Civilization. Karl Polanyi, Conrad M. Arensberg and Harry W. Pearson (Eds.): Trade and Market in Early Empires, pp. 114-153. Glencoe, Ill.

Codex Mendoza
1938 The Mexican Manuscript known as The Collection of Mendoza and preserved in The Bodleian Library Oxford. Ed. by James Cooper Clark. London.

Coe, Michael
1971 The Maya. Harmondsworth.

Conklin, Harold
1963 The study of Shifting Cultivation. Washington D.C.

Digby, Adrian
1972 Maya Jades. London.

Donkin, R.A.
1979 Agricultural Terracing in the Aboriginal New World. Viking Fund Publications in Anthropology 56. Tucson.

Drennan, Robert D.
1984 Long-Distance Movement of Goods in the Mesoamerican Formative and Classic. American Antiquity 49:27-43.

Dyckerhoff, Ursula
1983 Wasserkontrollmassnahmen im vorspanischen Huejotzingo (Puebla, Mexiko). Indiana 8:17-30.

Dyckerhoff, Ursula und Hanns J. Prem
1978 Der vorspanische Landbesitz in Zentralmexiko. Zeitschrift für Ethnologie 103:186-238.

Flannery, Kent V. (Ed.)
1973-82 Prehistory and Human Ecology of the Valley of Oaxaca. Memoirs of the Museum of Anthropology, University of Michigan, Ann Arbor. Vol. 1: The Use of Land and Water Resources in the Past and Present Valley of Oaxaca. Vol. 2: Sociopolitical Aspects of Canal Irrigation in the Valley of Oaxaca. Vol. 3: Formative Mesoamerican Exchange Networks with Special Reference to the Valley of Oaxaca. Vol. 5.1: The Vegetational History of the Oaxaca Valley. Vol. 5.2: Zapotec Plant Knowledge: Classification, Uses, and Communication about Plants in Mitla, Oaxaca, Mexico.
1976 The Early Mesoamerican Village. New York.
1982 Maya Subsistence: Studies in Memory of Dennis E. Pulston. New York.

HMAI (Handbook of Middle American Indians)
1964-76 Ed. by Robert Wauchope. Vol. 2/3: Archaeology of Southern Mesoamerica. Vol. 10/11: Archaeology of Northern Mesoamerica. Austin.
1981 Supplement 1: Archaeology. Jeremy A Sabloff (Ed.).

Harvey, H.R. and Hanns J. Prem (Ed.)
1984 Explorations in Ethnohistory: Indians of Central Mexico in the Sixteenth Century. Albuquerque.

Hassig, Ross
1985 Trade, Tribute and Transportation: The Sixteenth Century Political Economy of the Valley of Mexico. Norman.

Hayden, Brian and Audrey Annon
1984 The Structure of Material Systems: Ethnoarchaeology in the Maya Highlands. Society for American Archaeology Papers III. Washington D.C.

Hinz, Eike, Claudine Hartau und Marie-Luise Heimann-Koenen
1983 Aztekischer Zensus: Zur indianischen Wirtschaft und Gesellschaft im Marquesado um 1540. Band 1: Molotla; Band 2: Tepetenichic. Hannover.

Isaac, Barry L. (Ed.)
1986 Economic Aspects of Prehispanic Highland Mexico. Research in Economic Anthropology, Suplement 2. Greenwich, Conn.

Kubler, George
1984 The Art and Architecture of Ancient America. The Mexican 'Maya' and Andean People. Harmondsworth.

Lee, Thomas A. Jr. and Carlos Navarrete (Eds.)
1978 Mesoamerican Communication Routes and Cultural Contacts. Papers of the New World Archaeological Foundation 40, Provo, Utah.

MacNeish, Richard S.
1967 A Summary of the Subsistence. The Prehistory of the Tehuacan Valley 1:290-310.

Mangelsdorf, Paul C., Richard S. MacNeish and Walton C. Galinat
1967 Prehistoric Wild and Cultivated Maize. The Prehistory of the Tehuacan Valley 1:178-200.

Millon, René
1973 Urbanization at Teotihuacan, Mexico. Vol. 1: The Teotihuacan Map. Austin.

Palerm, Angel
1972 Agricultura y civilización en Mesoamérica. México.
1980 Agricultura y sociedad en Mesoamérica. México.

The Prehistory of the Tehuacan Valley
1967-72 Vol. 1: Environment and Subsistence. Vol. 2: Non-ceramic Artifacts. Vol. 3: Ceramics. Vol. 4: Chronology and Irrigation. Austin.

Prem, Hanns J.
1977 Was hielt Teotihuacan am Leben? Lateinamerika Studien 3:100-119.

Sahagún, Bernardino de
1950-71 Florentine Codex — General History of the Things of New Spain. Translated from the Aztec into English with notes and illustrations by A.J.O. Anderson and C.E. Dibble. 12 Volumes. Santa Fé, NM.

1952 Gliederung des alt-aztekischen Volkes in Familie, Stand und Beruf. Aus dem aztekischen Urtext übersetzt und erläutert von Leonhard Schultze Jena. Quellenwerke zur alten Geschichte Amerikas 5. Stuttgart.

Sanders, William T., Jeffrey R. Parsons and Robert S. Santley

1979 The Basin of Mexico: Ecological Processes in the Evolution of a Civilization. New York.

Tesoros de México

1965 Arte Plumario y de Mosaico. Artes de México, Año XVII, No. 137.

Turner, B.L. II

1983a Once Beneath the Forest: Prehistoric Terracing in the Río Bec Region of Maya Lowlands. Dellplain Latin American Studies 13. Boulder, Colorado.

1983b Comparison of Agrotechnologies in the Basin of Mexico and Central Maya Lowlands: Formative to the Classic Maya Collapse. Arthur G. Miller (Ed.): Highland-Lowland-Interaction in Mesoamerica: Interdisciplinary Approaches, pp. 13-48. Washington D.C.

Weigand, Phil and Gretchen Gwyane (Eds.)

1982 Mining and Mining Techniques in ancient Mesoamerica. Anthropology 6(1+2). Stoney Brook, N.Y.

West, Robert C. y Pedro Armillas

1950 Las chinampas de México. Poesía y realidad de los 'jardines flotantes'. Cuadernos Americanos 50:165-182.

Wittfogel, Karl

1957 Oriental Despotism: A Comparative Study of Total Power. New Haven, Connecticut.

Zantwijk, Rudolf A.M. van

1985 The Aztec Arrangement. The Social History of Pre-Spanish Mexico. Norman.

III. Heutige Indianer

a. Übersicht

Ulrich Köhler

Dieser Abschnitt konzentriert sich auf Mexiko und Guatemala, deren Indianerbevölkerung noch Millionen zählt. Nachfahren der Träger der präkolumbischen Kulturen Mesoamerikas gibt es auch in angrenzenden Ländern, allerdings in sehr viel geringerer Zahl. In El Salvador sind es kleine Restgruppen der Pipil, in Honduras befindet sich nahe der Grenze zu Guatemala ein Teil der Chortí und in Belize gehören etwa 10.000 Indianer dazu, die verschiedene Maya-Idiome sprechen.

Die Abgrenzung der indianischen Bevölkerung erfolgt vor allem nach sprachlichen und kulturellen Merkmalen, während der Phänotyp nur eine untergeordnete Rolle spielt. Es besteht im wesentlichen eine Zweiteilung in Indianer einerseits und in spanisch sprechende Mexikaner oder Guatemalteken andererseits, die je nach Region als "mestizos" oder "ladinos" bezeichnet werden. Aus der Sicht der städtischen Oberschicht gibt es auch noch eine dritte Kategorie, die "blancos", bei der es sich überwiegend um Nachfahren von Europäern und hellhäutige Mestizen handelt. In ihrer Hand liegt der größte Teil der wirtschaftlichen und politischen Macht. Auch in den Großstädten sieht die Mehrzahl der Menschen indianisch aus; diese sind jedoch, da sie nur Spanisch sprechen, vom Selbstverständnis wie auch der Zuordnung her keine Indianer, sondern einfach Guatemalteken oder Mexikaner.

Bei der Erstellung von Zensen ist mehrfach der Versuch unternommen worden, auch kulturelle Merkmale zu berücksichtigen; wegen der einfacheren Handhabung hat sich dann aber immer wieder die Muttersprache als Kriterium für die Zuordnung der Indianer durchgesetzt. Wegen der Unsicherheit der zugänglichen Daten können hier bei den demographischen Angaben nur die etwaigen Größenordnungen angegeben werden.[1)] In Mexiko leben mindestens sieben bis acht Millionen Indianer, die rund zehn Prozent der Bevölkerung des Landes ausmachen. In Guatemala sind sie mit über vier Millionen und einem Anteil von etwa sechzig Prozent sogar deutlich in der Mehrheit.

Diese Zahlen vermitteln den Eindruck, daß die Indianer jeweils auch ein bedeutender politischer Faktor sein könnten. Ihre Untergliederung in eine Vielzahl von Sprachgruppen und innerhalb dieser wiederum in einzelne "municipios" mit weitgehend auf sich selbst bezogener Identität haben dies jedoch bisher vereitelt. In Mexiko verteilt sich die indianische Bevölkerung auf mehr als vierzig Sprachgruppen. An erster Stelle steht das Nahuatl, das von rund eineinhalb Millionen Indianern gesprochen wird.[2)] Ihm folgen das yukatekische Maya mit etwa 800.000 und das Zapotekische mit rund 500.000. Die Zahl von nahezu einer halben Million wird außerdem von Mixteken und Otomí erreicht.[3)] Die gegenwärtigen Indianersprachen Guatemalas gehören durchweg zur Sprachfamilie der Maya, wobei Quiché, Cakchiquel, Mam und Kekchi am weitesten verbreitet sind.

Bezüglich der geographischen Verteilung fällt auf, daß die überwiegende Mehrzahl der Indianer Guatemalas im zentralen und westlichen Hochland lebt, während sich die Indianerbevölkerung Mexikos auf die zentralen und südöstlichen Bundesstaaten konzentriert. Die heutigen Indianer leben also vor allem in den Regionen, die auch schon in präkolumbischer Zeit auf der Basis von Bodenbau die größte Bevölkerungsdichte aufwiesen. Innerhalb dieses Areals hat sich allerdings ein bedeutender Wandel vollzogen, denn die Indianer sind heute hauptsächlich in Rückzugsgebieten im Gebirge und meist abseits größerer städtischer Zentren anzutreffen (Aguirre Beltrán 1967). Die ehemaligen Bewohner der fruchtbaren Ebenen sind zum Teil in der Kolonialzeit von dort vertrieben worden, teils aber auch im Lau-

---

1 Schätzung auf der Basis von Mayer y Masferrer (1979:248) und Estadísticas Históricas de México (1985,I:III). Die erstgenannte Quelle verwendet außer den Zensen andere Daten und kommt schon für 1978 auf acht Millionen Indianer in Mexiko, die zweitgenannte für 1980 erst auf 5,18 Millionen, zu denen aber noch die nicht berücksichtigten Kinder unter fünf Jahren hinzugezählt werden müssen. Schreibt man den sehr starken Anstieg von 1970 auf 1980 fort, gibt es auch auf dieser Datenbasis jetzt mindestens sieben, eher acht Millionen Indianer in Mexiko.

2 Gerade bei ihnen zeigt sich, daß eine durch die große Zahl suggerierte mögliche politische Macht in Wirklichkeit nicht existiert; denn das Nahuatl ist auf eine Vielzahl von Sprachinseln und über mehrere Bundesstaaten des zentralen Mexiko verstreut.

3 Diese Schätzungen der gegenwärtigen Zahlen gehen von Daten für 1980 in Estadísticas Históricas de México (1985,I:111) aus.

fe der Jahrhunderte in der spanisch sprechenden Bevölkerung aufgegangen.

Die Indianer beider Länder leben überwiegend von der Landwirtschaft und verfügen meist über eigenen Grund und Boden. Dieser ist allerdings oft so begrenzt oder von geringer Qualität, daß für den Unterhalt eine zusätzliche mehrmonatige Verdingung auf Plantagen oder Gelegenheitsarbeit in Städten erforderlich ist. Über Märkte nehmen heute alle indianischen Gruppen Mesoamerikas an der Volkswirtschaft des jeweiligen Landes teil. Das gilt selbst für überwiegend Subsistenzwirtschaft betreibende Familien in entlegenen Gebirgsregionen. Plastikgeräte, Taschenlampen oder gußeiserne Maismühlen gehören auch dort zur normalen Ausstattung. Wer es sich leisten kann, verfügt außerdem über einen Radiorecorder – gegenwärtig ein besonders beliebtes Statussymbol.

Obwohl offizielle Staatsbürger des jeweiligen Landes, sind sich viele Indianer dessen nicht bewußt, auch dann nicht, wenn sie periodisch am Ritus von Wahlen teilnehmen. Die Namen Mexiko bzw. Guatemala stehen vorwiegend für die jeweilige Stadt, während das Verständnis für das Territorium gleichen Namens fehlt. In ländlichen Gegenden, in denen sie die Mehrzahl der Bevölkerung ausmachen, haben Indianer im Rahmen der Munizipalverwaltung eine begrenzte politische und juristische Selbständigkeit. Dort, wo die in der Kolonialzeit gewachsenen politisch-religiösen Ämtersysteme noch existieren, haben diese eine wichtige Funktion für den sozialen Zusammenhalt, wie auch für die ethnische Identität. Das gilt gleichermaßen in der Abgrenzung gegenüber der spanisch sprechenden Bevölkerung als auch gegenüber Indianern anderer Gemeinden. Die Institution des Ämtersystems ist allerdings gegenwärtig vielseitigen Pressionen ausgesetzt. Von Regierungsseite wie auch dem katholischen Klerus wird eine "moderne" Gemeinde- bzw. Kirchenverwaltung gefordert, unter dem Einfluß der Schulen verweigern zweisprachige junge Indianer die Mitarbeit, und dasselbe tut die ständig wachsende Zahl der Protestanten.

In Mexiko ist in den siebziger Jahren der Versuch unternommen worden, durch die Gründung von Indianerräten Gremien zu schaffen, die jeweils eine Sprachgruppe oder diejenigen eines bestimmten Siedlungsgebietes vereinigen. Das von Regierungsseite gesteuerte Unternehmen hat allerdings nicht zu einer echten indianischen Interessenvertretung geführt, da als Sprecher der Organisation hauptsächlich Funktionäre indianischer Lehrergewerkschaften auftreten, die in ihrer Lebensweise und ihrem Selbstverständnis kaum noch Beziehungen zu ihrer Herkunftsgemeinde haben (vgl. Aguirre Beltrán 1984).

In Guatemala sind Indianer im Zuge des Bürgerkrieges zunehmend in die Politik der Ladinos verstrickt worden. Ähnlich wie in El Salvador oder Nicaragua handelt es sich auch hier in erster Linie um Kampfhandlungen zwischen verfeindeten politischen Richtungen innerhalb der spanisch sprechenden Bevölkerungsgruppe. Da sich aber Guerrilleros vorzugsweise in Indianerregionen einnisteten und von dort aus operierten, wurden hauptsächlich Indianer Opfer der Strafexpeditionen von Regierungstruppen[4], obwohl sie größtenteils unbeteiligt waren. Es verwundert nicht, daß Indianer, die solche Massaker an ihren nächsten Verwandten überlebten, anschließend die Regierungstruppen nicht gerade als beste Freunde betrachteten. In den Kampfregionen sind Indianer während der letzten beiden Jahrzehnte zunehmend mit nationalen politischen Strömungen in Berührung gekommen und auf lokaler Ebene bisweilen Allianzen mit ihnen eingegangen. Eine politisch einflußreiche und regional übergreifende eigene indianische Interessenvertretung ist jedoch nicht entstanden.

Für beide Länder gilt die Grundtendenz, daß Angehörige der spanisch sprechenden Bevölkerung die Indianer als rückständig verachten und in wirtschaftlichen Beziehungen auf vielfältige Weise zu übervorteilen versuchen (vgl. Fuente 1965). Dieses Verhalten steht im Gegensatz zur Einstellung gegenüber präkolumbischen Kulturen. Während die letztgenannten vor allem in Mexiko verherrlicht werden, schämt man sich eher darüber, daß es heute im Lande noch indianische Sprachen und Lebensformen gibt. Indianer, die Spanisch gelernt haben, können zur Gruppe der Mestizen überwechseln. Die ethnische Abgrenzung ist eben keine rassische, sondern eine kulturelle. Trotz dieser Möglichkeit des Identitätswechsels ist aber festzustellen, daß die Mehrheit der Indianer kein Interesse daran zeigt, sich zu assimilieren, sondern ihre eigene Lebensweise als befriedigender ansieht und deshalb an ihr festhält.

Diese Grundhaltung schließt die selektive Übernahme von Sitten der Ladinos oder Elementen der modernen Industriegesellschaft nicht aus. Im einzelnen sind sehr verschiedene Grade der Akkulturation zu verzeichnen. An einem Ende des Spektrums stehen überwiegend einsprachige Indianer in verkehrsmäßig nur gering erschlossenen Regio-

---

4 Für das Gebiet der Cuchumatanes macht Navarrete (1988) genauere Angaben über die Zahl der Opfer.

nen, die lokale Tracht tragen und ihre überkommene Lebensweise pflegen, die sowohl präkolumbische wie kolonialspanische Züge trägt. Das andere Extrem bilden Indianer, die auf Dauer in größere Städte übergesiedelt sind, wo der Assimilationsdruck spätestens auf die nachfolgende Generation zumeist seine Wirkung zeigt. In einem Zwischenfeld befinden sich Indianer, die, ohne die Heimatgemeinde zu verlassen, in regem wirtschaftlichen Austausch mit größeren Städten oder Industriekomplexen stehen; sei es, daß sie sie mit Produkten beliefern oder zeitweise dort arbeiten. Sie hatten Gelegenheit, beide Lebensformen näher kennenzulernen, ohne dabei in Zugzwang zu geraten. Gerade unter ihnen sind Formen eines neuen indianischen Selbstbewußtseins zu beobachten.

Im Vergleich zu den präkolumbischen Hochkulturen sind die rezenten Indianer von der Forschung lange Zeit recht stiefmütterlich behandelt worden. Trotz Anfängen im letzten Jahrhundert und guten Einzelleistungen in nachfolgenden Jahrzehnten, setzte eine intensivere Erforschung erst nach dem Zweiten Weltkrieg ein.[5] Zu ihren Ergebnissen zählt die Einsicht, daß unter heutigen Indianern erheblich mehr präkolumbische Denk- und Lebensformen erhalten sind, als man vermutet hatte.

Literatur

Adams, Richard N.
1970 Crucifixion by Power. Austin.

Aguirre Beltrán, Gonzalo
1967 Regiones de refugio. México.
1984 La Polémica Indigenista en México en los Años Setenta. Anuario Indigenista 44:7-28. México.

Arizpe S., Lourdes
1975 Indígenas en la ciudad de México. El caso de las "Marias". Sepsetentas 182. México.

Bennholdt-Thomsen, Veronika
1976 Zur Bestimmung des Indio. Indiana-Beiheft 6. Berlin.

Carmack, Robert M.
1988 Harvest of violence: The Maya Indians and the Guatemalan Crisis. Norman.

Estadísticas Históricas de México
1985 Tomo I, II. México.

---

5 Für Mexiko ist ein Großteil dieser Arbeiten — teils in Übersetzung — in den leicht zugänglichen Serien des Instituto Nacional Indigenista erhältlich. Für Guatemala sei besonders auf die Veröffentlichungen des Instituto Indigenista Nacional und des Seminario de Integración Social verwiesen.

Fuente, Julio de la
1965 Relaciones interétnicas. México.
Guzmán-Böckler, Carlos
1988 Guatemala. Essays zur Unterdrückung und Befreiung. Hamburg.
Handbook of Middle American Indians
1967-69 Vol. 6 (Social Anthropology), Vol. 7-8 (Ethnology). Austin.
Instituto Nacional Indigenista
1981/82 Grupos étnicos de México. Tomos I, II. México.
Koechert, Andreas
1984 Die guatemaltekische comunidad indígena: Abhängigkeit, Innovationsfreudigkeit und Eigenständigkeit. Geographische Rundschau 36,1:14-19.
Mayer, Enrique y Elio Masferrer
1979 La población indígena de América en 1978. América Indígena 39:211-337.
Meyers, Albert and D. Hopkins
1988 Manipulating the Saints. Religous Sodalities in Post-conquest Latinamerica. Hamburg.
Navarrete, Carlos
1988 Una investigación fuera de curriculo: las matanzas indígenas en los Altos Cuchumatanes, Huehuetenango. La Etnología: Temas y Tendencias, I Coloquio Paul Kirchhoff, pp. 199-211. México.
Pogrom. Zeitschrift für Bedrohte Völker.
1983 Nr. 104: Indianer in Mittelamerika. Selbstorganisation und Widerstand, Landraub und Massaker. Schwerpunkt Guatemala.

b. Ethnographische Daten als Quellen der Altamerikanistik

Ulrich Köhler

Ganz allgemein betrachtet, besteht der Nutzen ethnographischer Daten für die Altamerikanistik darin, daß sie die Quellenbasis erweitern. Grundsätzlich haben die rezenten Informationen deshalb um so größere Bedeutung, je spärlicher ein bestimmter Fragenkomplex durch Nachrichten aus voreuropäischer Zeit oder dem 16. Jahrhundert erschlossen ist. Gerade bei solcher Quellenlage sind andererseits aber Rückschlüsse auf der Basis heutiger Formen besonders problematisch, da es kaum Kontrolldaten gibt.

Ansätze, einen Brückenschlag zwischen den Kulturen heutiger mesoamerikanischer Indianer und den präkolumbischen Hochkulturen zu vollziehen, stehen nicht gerade in bestem Ruf, da es ihnen oft an methodischer Sorgfalt mangelt. Ein beliebtes Vorgehen besteht darin, Überreste voreuropäischer Kulturerscheinungen bei heutigen Indianern unter Zuhilfenahme von Informationen aus frühen Quellen zu interpretieren, wobei dann der Eindruck vermittelt wird, als habe sich im Prinzip kaum etwas geändert (z.B. van Zantwijk 1967)[1]. Soweit es bei dieser Deutung bleibt, ist für die Altamerikanistik nichts gewonnen oder verloren, da die Daten aus frühen Quellen weder ergänzt noch verfälscht werden. Problematisch wird es aber, wenn in einem zweiten Schritt postuliert wird, auch andere halbwegs exotische Kulturerscheinungen, für die es keine Parallelen aus voreuropäischer Zeit gibt, seien präkolumbischen Ursprungs und könnten ohne weiteres als Erklärungsmuster für Vorstellungen und Institutionen aus jener Zeit dienen. Es ist wahrscheinlich kein Zufall, daß fragwürdige Rekonstruktionen dieser Art vor allem im Hinblick auf die klassischen Maya zu verzeichnen sind (Girard 1949,1969; Holland 1964; Vogt

---

[1] Vgl. auch die kritischen Anmerkungen von Carrasco (1970).

1964a)[2]), über die es relativ wenig gesicherte Informationen gibt. Ähnliche Versuche mit Bezug auf den zentralmexikanischen Raum wären demgegenüber rasch an der breiten Dokumentation aus der Zeit der Eroberung gescheitert.

Der Artikel will zunächst methodische Probleme umreißen und dann anhand konkreter Beispiele aufzeigen, wie ethnographische Daten zur Lösung einer Reihe von Fragestellungen der Altamerikanistik beitragen können. Bezüglich der genaueren Argumentationskette ist dabei jeweils die weiterführende Literatur zu konsultieren.

Methodische Probleme

Die hier angesprochenen Methoden umfassen letztlich all diejenigen, die bei der Ferninterpretation zu berücksichtigen sind. Für diesen Erklärungsansatz, auf den in besonderem Maße die Archäologie angewiesen ist (→ 1-Ib), gilt die Grundregel, daß die verglichenen Erscheinungen möglichst nahe miteinander verwandt sein sollen. Der Grad der Interpretationsfähigkeit wird eben noch erhöht, wenn nicht nur das Postulat räumlicher und zeitlicher Nähe erfüllt ist, sondern auch Zugehörigkeit zur selben Kultureinheit besteht (Graebner 1911: 62).

Wenden wir diese Kriterien auf die heutigen mesoamerikanischen Indianer an, so erscheinen sie als eine problematische Erklärungsbasis, da mindestens 450 Jahre zu überbrücken sind, während derer sich außerdem ihre Lebensweise in mancher Hinsicht geändert hat. Vor einem Vergleich mit präkolumbischen Phänomenen muß deshalb festgestellt werden, was im Laufe der Jahrhunderte entlehnt worden ist. Nicht alles, was auf heutige Europäer oder Nordamerikaner exotisch wirkt, ist indianischen Ursprungs. Nicht selten handelt es sich dabei um Relikte aus dem europäischen Mittelalter oder der beginnenden Neuzeit. Mit der Identifizierung und Eliminierung von

---

2 Zu Girard vgl. den Kommentar von Starr (1951), zu Holland die von Vogt (1964b) und Köhler (1977:117). Der Ansatz von Vogt (1964c) ist vor allem aus folgenden Gründen problematisch: er schließt von **einer** heutigen Gemeinde auf das Klassikum der Maya, dazu von einem dörflichen Rahmen auf eine geschichtete Gesellschaft, wobei auch noch höchst unwahrscheinlich ist, daß die Vorfahren der untersuchten Indianer eine engere Beziehung zu den klassischen Zentren hatten (vgl. Köhler 1976a). Grundsätzliche Kritik erfordert auch sein "genetic model", das einen Rückschritt hinter die spätestens seit Franz Boas verbreitete Erkenntnis darstellt, daß Sprache, Rasse und Kultur größtenteils unabhängige Variable sind. An Detailfehlern Vogts sei nur erwähnt, daß die von ihm postulierten Ahnengötter der Maya auf einer fehlerhaften Übersetzung des Tzotzilwortes *totilme'il* beruhen (vgl. Köhler 1987:205).

Einflüssen aus Spanien oder den modernen Industrieländern ist allerdings noch keine geeignete Ausgangsbasis gefunden, da bei den heutigen Indianern auch zahlreiche Kulturzüge anzutreffen sind, die weder von den präkolumbischen Kulturen noch aus der Alten Welt stammen. Solche eigenständigen Neuschöpfungen in postkolumbischer Zeit gibt es in vielen Bereichen, wie der lokalen politischen Organisation, Mythen und Erzählungen, besonders aber den Formen des religiösen Synkretismus. Diese Neuerungen sind schwerer zu isolieren als Entlehnungen aus Europa, für die es zumindest einige grobe Vergleichsraster gibt.[3] In der Praxis ist das Problem allerdings nicht ganz so groß, wie man annehmen könnte, da es sich – wie der Vergleich zeigt – häufig um lokale oder auf eine engere Region begrenzte Kreationen handelt, die mithin für allgemeinere Rückschlüsse auf präkolumbische Phänomene ohnedies nicht geeignet sind.

Die Möglichkeit, von heutigen Indianern auf Verhältnisse vor der Ankunft der Spanier zu schließen, wird des weiteren dadurch erschwert, daß manche Kulturzüge, die eindeutig altamerikanischen Ursprungs sind, im Laufe der Jahrhunderte degeneriert, reinterpretiert oder aus dem ursprünglichen Zusammenhang gerissen worden sind.

Grundsätzliche Probleme ergeben sich schließlich auch daraus, daß man nicht ohne weiteres von kleinen undifferenzierten sozialen Einheiten auf komplexe schließen kann. Da heutige Indianer üblicherweise in Dörfern leben, sind ihre sozialen Institutionen mithin denkbar ungeeignet zur Erklärung der Stadtkulturen Zentralmexikos oder der Maya-Zentren mit komplexer Aristokratie. Im Zusammenhang mit solchen Rekonstruktionen gilt es im übrigen zunächst zu klären, inwieweit die Vorfahren der indianischen Gruppen, die die Erklärungsmuster liefern sollen, überhaupt zum Einflußgebiet der anvisierten präkolumbischen Zentren zählten. Angesichts der geographischen Lage der meisten heutigen indianischen Gruppen innerhalb Mesoamerikas (→ 1-IIIa) ist das ein besonders wichtiger Aspekt.

Nach diesen grundsätzlichen Kautelen sollen nun aber einige Anwendungsbereiche ethnographischer Daten für die Altamerikanistik skizziert werden. Dabei wird mehrfach erneut auf methodische Fragen eingegangen.

---

3 Z.B. Arbeiten von Foster (1953,1960) oder ganz allgemein zusammenfassende Studien aus der europäischen Volkskunde.

Anwendungsbereiche

1. Aussagen über die Verbreitung bestimmter Kulturerscheinungen

In den meisten Fällen wird es sich hier um Phänomene handeln, die aus den frühen Quellen zwar bekannt sind, deren genauer Verbreitungsgrad jedoch wegen der geringen Zahl der überkommenen Berichte nur lückenhaft dokumentiert ist. Das betrifft gleichermaßen Elemente der materiellen wie der geistigen Kultur. Auf diese Weise lassen sich etwa Subareale innerhalb Mesoamerikas genauer bestimmen.[4] Oder man kann besser abschätzen, inwieweit kulturelle Errungenschaften der präkolumbischen Zentren auch von der von ihnen abhängigen ländlichen Bevölkerung oder gar peripheren unabhängigen Stammesgruppierungen übernommen worden waren.

Als Beispiel sei der mesoamerikanische Kalender genannt. Seine Funktionsweise ist in frühen Quellen hinreichend belegt (→ 1-Ic4; 1-IIc2), seine genauere Verbreitung bis in entlegene Gebiete wie die Mixería oder das Cuchumatan-Gebirge wurde jedoch erst durch rezente ethnographische Aufzeichnungen bekannt.[5] In jedem Einzelfall muß natürlich geprüft werden, ob die Diffusion nicht in postkolumbischer Zeit erfolgt sein kann. Beim hier gewählten Beispiel ist das höchst unwahrscheinlich, da der indianische Kalender (ganz besonders der Wahrsagekalender) von den Patres eher verfolgt als gefördert worden ist und die Ethnien im übrigen für die einzelnen Tage und Jahresabschnitte eigene Termini in ihrer jeweiligen Sprache besitzen. Das spricht mit Nachdruck gegen eine rezente Entlehnung.

2. Gewichtung von Aussagen der frühen Quellen

In diesem Fall sind bestimmte Aussagen zwar in den Quellen aus der Zeit der Kontaktaufnahme vorhanden, jedoch sind sie von den Forschern entweder übersehen oder kaum gewürdigt worden. Hier dienen die ethnographischen Belege einerseits dazu, Aufmerksamkeit auf die frühen Quellen zu lenken, andererseits verleihen sie aber auch der jeweiligen Aussage zusätzliches Gewicht. Ein besonders häu-

---

4 Dabei ist auch von Interesse, inwieweit sich sprachliche Grenzen mit solchen Subarealen decken.

5 Vgl. Caso, Cuadro IX-XI.

figer Grund für das Übersehen von Aussagen ist Befangenheit in europäischen Denkkategorien oder theoretischen Erklärungsmodellen. Die ethnographischen Informationen sind hier hervorragend geeignet, Licht auf die in den frühen Quellen enthaltenen "emischen"[6] Konzepte zu werfen.

Ein Beispiel ist etwa der Mondzyklus, der entgegen dem europäischen Verständnis mit der ersten Sichtbarkeit und nicht der Konjunktion beginnt. Diese unter mehreren gegenwärtigen Ethnien Mesoamerikas belegte Sichtweise ist auch schon in einschlägigen Quellen des 16. Jahrhunderts enthalten (Köhler 1982). Ähnlich ist es mit der Untergliederung von Tag und Nacht. Erst in neuerer Zeit ist es durch parallele Arbeit an frühen Quellen sowie unter heutigen Indianern gelungen, die geradezu axiomatische Vorstellung zu widerlegen, die Indianer Mesoamerikas hätten ein Konzept von Stunden im europäischen Sinne besessen. Nach alten wie rezenten Berichten gibt es dagegen keine Maßeinheit, die den Zyklus von Tag und Nacht in gleich lange Abschnitte unterteilt, außerdem beschreiben die indianischen Termini teils Zeiteinschnitte (Punkte), teils Abschnitte (vgl. Nowotny 1976:47ff.; Köhler 1977:107ff.,120; Alvarez 1980:81ff.; Alcorn 1984:511).

Nicht um Korrektur, sondern nur um eine Akzentverschiebung geht es im Falle des zentralmexikanischen Regengottes. Schon in frühen Quellen (Durán 1967,182ff.; Pomar 1891:11ff.) ist seine enge Beziehung zum gleichnamigen Berg Tlaloc belegt; dieser Aspekt ist jedoch in der Literatur über die Azteken lange Zeit kaum gewürdigt worden. Seit ethnographische Berichte von Zentralmexiko bis El Salvador gezeigt haben, daß Regengötter nach indianischem Konzept üblicherweise Berggötter sind, haben die gleichlautenden frühen Aussagen über Tlaloc an Bedeutung gewonnen.

3. Erhärtung bestimmter Aussagen im Falle von Widersprüchen

Ähnlich wie im vorigen Fall tragen die ethnographischen Daten hier dazu bei, bestimmte Aussagen früher Quellen zu stützen, nun aber im Zusammenhang mit einer offenen Kontroverse. Solche Unstimmig-

---

6 Es handelt sich dabei um einen Terminus aus der kognitiven Anthropologie, der für die Denkmuster aus der Sicht der jeweiligen Ethnie steht.

keiten können zwischen den Aussagen früher Quellen bestehen oder auch zwischen den Quellen und späteren Lehrmeinungen.

Um Widersprüche zwischen Chronisten des 16. Jahrhhunderts handelt es sich etwa bei den Aussagen von Sahagún und Tezozomoc über die aztekischen Sternbilder. Sie wichen in nahezu allen Punkten voneinander ab, sind aber die einzigen detaillierten frühen Berichte zu diesem Thema. Ethnographische Aufzeichnungen, zumal auch unter Indianern, die nicht nahuatl sprechen, können da zwar keinen zwingenden Beweis liefern, sie bieten aber die einzige Möglichkeit, hier noch etwas Licht ins Dunkel zu bringen (Köhler 1985 und o. J.).

Bei der Konfrontation gängiger Lehrmeinungen mit der abweichenden Aussage früher Quellen ging der Anstoß mehrfach von ethnographischer Feldforschung aus. Als Beispiel diene die Polemik von Girard gegen die liebgewonnene Vorstellung, die vier Himmelsträger des mesoamerikanischen Kosmos stünden in den Kardinalpunkten (1949,III:870f.). Sein Widerspruch hatte sich an abweichenden Ideen der von ihm untersuchten Chortí entzündet. Weitere Feldforschung bei anderen Ethnien, insbesondere aber auch Hinweise in frühen Quellen, zwangen nach und nach zu einer Korrektur der gängigen Lehrmeinung: nach indianischer Vorstellung stehen die Himmelsträger im interkardinalen Bereich oder den Solstitialpunkten (vgl. Köhler 1977:93ff.).

4. Schlüssel zum Verständnis rätselhafter Einzelphänomene

Dabei geht es hauptsächlich um die Klärung von Passagen in Bilderhandschriften oder die Interpretation archäologischen Materials. So sind etwa Abschnitte der Codices Laud, Cospi und Féjérvary-Meyer, die Reihen von dicken Strichen zusammen mit Kreisen oder Punkten aufweisen, lange Zeit schlicht als Zahlen im Maya-System gedeutet worden. Darauf aufbauende astronomische Berechnungen konnten allerdings keine plausiblen Aufschlüsse erbringen. Ausgehend von ethnographischen Berichten Schultze Jenas über die Mixteken und Tlapaneken in Guerrero (1933-38,III:65f.,144ff.) gelang es dann aber Nowotny, die betreffenden Bilder als Anleitungen für Opfer mit Reihen von abgezählten Bündeln (z.B. aus Binsenstengeln) sowie runden Gaben zu deuten (1961:272ff.). Diese Interpretation ist um so überzeugender, als nachfolgende Feldforschung ähnliche Opferzeremonien mit

Bündeln auch für die Chontal (Carrasco 1960) und Mixe (Lipp 1982) in Oaxaca aufgedeckt hat.

Ein weiteres Beispiel für die erfolgreiche Anwendung ethnographischer Daten bei der Erschließung des Inhaltes von Bilderhandschriften liefert die Untersuchung von König (1979) über den Codex Egerton. Vorangegangene Studien hatten bereits darauf hingewiesen, daß diese Quelle aus der Mixteca Baja stammt. Durch Befragung heutiger Indianer konnte nun vor allem ein Großteil der zweifelhaften Ortshieroglyphen identifiziert werden.

Aus dem archäologischen Bereich sei das Beispiel der "Pilzsteine" angeführt, da sie zu besonders weitschweifenden Spekulationen angeregt hatten. Diese meist 25-30 cm hohen Objekte, deren kegelförmiges oberes Ende einem Pilz ähnelt, wurden als Phalli, Sitze und schließlich gar als Idole im Rahmen eines Kultes zu Ehren halluzinogener Pilze gedeutet. Zur letztgenannten Interpretation mag vielleicht beigetragen haben, daß diese Gegenstände manchmal Verzierungen in menschlicher oder tierischer Gestalt aufweisen. Aus dem vermeintlichen Kultobjekt wurde dann aber unverhofft ein schlichtes Werkzeug. Nach eher zufälliger Beschäftigung mit indianischen Töpfermethoden konnte der Beweis geführt werden, daß die Pilzsteine aller Wahrscheinlichkeit nach Töpfermodel waren – im Rahmen eines Verfahrens, das zwar in Europa unbekannt, unter mesoamerikanischen Indianern jedoch weit verbreitet ist (Köhler 1976b).[7)]

5. Schließen von Informationslücken

Zu vielen Themenbereichen sind kaum Informationen aus präkolumbischer oder frühkolonialer Zeit überkommen, da ihre materiellen Zeugnisse aus vergänglichen Materialien bestanden oder die Chronisten den betreffenden Sitten keine Beachtung geschenkt hatten. Hier können Aufzeichnungen bei heutigen Indianern manche Anhaltspunkte für die Lebensweise ihrer Vorfahren in voreuropäischer Zeit liefern. Es ist dabei wichtig herauszustellen, daß solche Rekonstruktionen um

7 Die Deutung als Idole zu Ehren halluzinogener Pilze fiel in eine Zeit, als die Herleitung vielfältiger kultureller Errungenschaften aus Rauschvisionen groß in Mode war. Sie ist deshalb ein gutes Beispiel für die Zeitbedingtheit vieler Interpretationen.

so höheren Wahrscheinlichkeitswert besitzen, wenn sie auf die jeweiligen unmittelbaren Vorfahren im selben Wohngebiet abzielen.[8]

In einem weiteren Schritt können aber durch systematischen Vergleich von Daten aus ganz Mesoamerika gemeinsame Grundmuster zu Tage treten, die sich von europäischen Kulturzügen deutlich unterscheiden. Soweit derartige Vorstellungen oder Praktiken die verschiedenen Sprachgrenzen überschreiten und außerdem ausgeschlossen werden kann, daß die Verbreitung erst in postkolumbischer Zeit erfolgte, kann mit einiger Wahrscheinlichkeit angenommen werden, daß es sich bei ihnen um präkolumbische Grundmuster handelt. Hier erhebt sich dann die Frage, ob auch die großen voreuropäischen Zentren daran teilhatten und ob nicht gar der Anstoß von solchen Zentren ausgegangen war. Ein Beispiel für ein "survival", das seinen Ursprung in den großen Zentren hatte, ist etwa der bereits erwähnte Kalender. Ganz anders ist es dann aber bei Vorstellungen wie der vom Herrn der Tiere oder den Waldgeistern (vgl. Haekel 1959; Hasler 1969), die große Ähnlichkeit zu denjenigen zentral- und südamerikanischer Tieflandindianer aufweisen (vgl. Zerries 1954,1959) und wahrscheinlich einer früheren Kulturschicht entstammen. Diese Konzepte sind nur im ländlichen und tribalen Bereich bis in die Gegenwart tradiert worden, und es darf mithin nicht leichtfertig geschlossen werden, die urbanen Zentren des voreuropäischen Mesoamerika hätten sie ebenfalls geteilt.

Nachstehend seien einige Themenbereiche skizziert, für die ethnographische Forschung neue Einsichten in präkolumbische Zustände erbracht hat bzw. noch zu liefern verspricht. Zu manchen davon gibt es bereits vergleichende Untersuchungen, zu anderen dagegen erst punktuelle Einzelstudien.

Auf dem Gebiet der Landwirtschaft können systematische Studien Aufschluß über den Anbauzyklus im Jahresverlauf sowie die Fruchtfolge liefern. Die Dauer des Arbeitseinsatzes ist durch die effizienteren Metallgeräte heute verkürzt, solche Verzerrung betrifft aber kaum die angestrebte Dauer der Brache,[9] die Reihenfolge der Kulturen, die Variationen je nach Höhenlage oder den Grad der Nutzung von Wildpflanzen. Unter Berücksichtigung eines verkürzten Arbeitsauf-

---

8 Deren materielle Hinterlassenschaft, vorwiegend kleinere archäologische Zentren in entlegenen Gebirgsregionen, sind bisher erst in Ausnahmefällen untersucht worden. Angesichts der touristischen Bedeutung der großen Zentren wird sich daran auch so schnell nichts ändern.

9 Das gilt natürlich nur für Situationen, in denen noch genügend Land vorhanden ist.

wandes für die Bodenbestellung kann auch der experimentelle Bau von Steinmonumenten dazu beitragen, genauere Anhaltspunkte für die Bevölkerungsgröße zu erhalten, die zum Bau archäologischer Zentren erforderlich war (Erasmus 1965).

Im Bereich der sozialen Organisation scheinen neue Erkenntnisse vor allem über die Verwandtschaftsethnologie möglich zu sein. Es ist ja nicht verwunderlich, daß die frühen Missionare der Verwandtschaftsterminologie erheblich geringeres Interesse entgegenbrachten als etwa ein heutiger Kinshipist angelsächsischer Prägung. Auch im Bereich der geschlechtlichen Arbeitsteilung oder des Bodenrechts mögen präkolumbische Formen erhalten geblieben sein; problematisch sind jedoch Rückschlüsse von der heutigen Dorf- oder Kirchenorganisation, da hier mit der Etablierung der "municipios" und der religiösen Bruderschaften schon im 16. Jahrhundert indianische Strukturen weitgehend durch spanische substituiert worden sind.

Mit deutlich spanischen Einflüssen sowie vielfältigen Synkretismen ist in vielen Bereichen der Religion heutiger Indianer zu rechnen. Bei Grundmustern in der Durchführung von Ritualen, Ideen über den Aufbau des Universums und den Seelenvorstellungen – also Phänomenen, die vom Kult der Heiligen kaum tangiert werden – haben sich jedoch anscheinend vielerorts voreuropäische Formen erhalten. So haben etwa zum besseren Verständnis des Alter Ego-Glaubens und Nagualismus (Foster 1944) in besonderem Maße die ethnographischen Forschungen der letzten drei Jahrzehnte beigetragen (vgl. Köhler 1977:128-150).

Auf dem Gebiet der Technologie können z.B. Übersichten über die Töpfermethoden heutiger Indianer, die sich zum Teil ganz erheblich von europäischen unterscheiden (Foster 1955), dem Archäologen Anhaltspunkte für die Herstellungsverfahren der von ihm untersuchten Keramik liefern. Ähnliches gilt auch für Web- und Färbtechniken. Schließlich können auch bei einem so komplexen Bereich wie dem Fischfang (Brockmann o.J.) ethnographische Daten dazu beitragen, altüberkommene indianische Grundformen herauszuarbeiten.

Das Schließen von Informationslücken kann auch Phänomene betreffen, die aus voreuropäischer und frühkolonialer Zeit in vielen Details überliefert sind, andererseits heute nur noch als letzte "survivals" existieren. So haben etwa die überlebenden Reste des mesoamerikanischen Ballspiels nichts mehr vom ehemals religiösen Bezug, sie können jedoch über die genauen Formen der Bewegungsabläufe wertvolle Zusatzinformationen liefern (Leyenaar 1978).

Eine vielversprechende Aufgabe ist nicht zuletzt das Erschließen kognitiver Systeme, ausgehend von den Kategorien in der jeweiligen Indianersprache. Soweit zu einem bestimmten Thema schon Daten in frühen Quellen erhalten sind – wie zum bereits genannten Zeitkonzept – ergänzen und vertiefen die rezenten Informationen das Verständnis der Phänomene; in anderen Fällen muß jedoch Neuland beschritten werden. Wichtige Einzelstudien dieser Art, die das Ausgangsmaterial für spätere Vergleiche liefern können, wurden etwa in jüngerer Zeit zur Ethnobotanik (Berlin et al. 1974, Alcorn 1984) zur Ethnozoologie (Hunn 1977) oder zur Methode des Wahrsagens (Hinz 1984) erstellt.

Abschließend sei auf ein Problem hingewiesen, das den Brückenschlag zwischen Archäologie und Ethnologie manchmal erschwert, nämlich die unterschiedlichen Themenpräferenzen. So mußte Kolb etwa feststellen, daß viele Ethnographien kaum brauchbare Daten zur Demographie aufweisen (1985) – gerade diese hätten jedoch den Archäologen interessiert.

Vielleicht könnte die Zusammenarbeit in Zukunft verbessert werden, wenn die in Mesoamerika arbeitenden Archäologen eine Liste von Themen erstellten, zu denen sie immer wieder gern Antworten von Ethnographen hätten. Ein Großteil der erwünschten Informationen ließe sich wahrscheinlich während einer normalen Feldforschung ohne größere Mühe erbringen.

Literatur

Alcorn, Janis B.
1984 Huastec Mayan Ethnobotany. Austin.

Alvarez, Cristina
1980 Diccionario etnolingüístico del idioma maya yucateco colonial. Vol. I: Mundo físico. México.

Berlin, Brent, Dennis E. Breedlove and Peter H. Raven
1975 Principles of Tzeltal Plant Classification. New York.

Brockmann, Andreas
o.J. Pesca indígena en México. México (en prensa).

Carrasco, Pedro
1960 Pagan Rituals and Beliefs among the Chontal Indians of Oaxaca, Mexico. Anthropological Records 20,3. Berkeley and Los Angeles.
1970 Tarascan Folk Religion, Christian or Pagan? The Social Anthropology of Latin America. Essays in Honor of Ralph Leon Beals (Ed. by W. Goldschmidt & H. Hoijer), pp. 3-15. Los Angeles.

Caso, Alfonso
1967 Los calendarios prehispánicos. México.

Durán, Fray Diego

1967 Historia de las Indias de Nueva España e islas de la Tierra Firme. 2 Tomos. Biblioteca Porrúa 36, 37. México.

Erasmus, Charles

1965 Monument Building: Some Field Experiences. Southwestern Journal of Anthropology 21:277-301.

Foster, George M.

1944 Nagualism in Mexico and Guatemala. Acta Americana 2:85-103. México-Los Angeles.

1953 Relationship between Spanish and Spanish-American Folk Medicine. Journal of American Folklore 66:201-17.

1955 Contemporary pottery techniques in southern and central Mexico. Tulane University: Middle American Research Institute, Publ. 22:1-48. New Orleans.

1960 Culture of Conquest: America's Spanish Heritage. Viking Fund Publication in Anthropology 27. Chicago.

Girard, Rafael

1949 Los chortis ante el problema maya. Historia de las culturas indígenas de América, desde su origen hasta hoy. Tomos I-V. México.

1969 Die ewigen Mayas. Zürich.

Graebner, Fritz

1911 Methode der Ethnologie. Heidelberg.

Haekel, Josef

1959 Der "Herr der Tiere" im Glauben der Indianer Mesoamerikas., Amerikanistische Miszellen (Termer-Festschrift), S. 60-69. Hamburg.

Hasler, Juan A.

1969 Chaneques und Tzitzimites. Ein Beitrag zum Problem des mesoamerikanischen Herrn der Berge und der Tiere. Fabula 10:1-68. Berlin.

Hinz, Eike

1984 Kanjobal Maya Divination: An Outline of a Native Psycho-Sociotherapy. Sociologus 34:162-184.

Holland, William R.

1964 Contemporary Tzotzil Cosmological Concepts as a Basis for Interpreting Prehistoric Maya Civilization. American Antiquity 29:301-06.

Hunn, Eugene S.

1977 Tzeltal Folk Zoology. The Classification of Discontinuities in Nature. New York.

Köhler, Ulrich

1976a Nachkommen der klassischen Maya? Kritische Anmerkungen zur Stellung der Tzotzil und ihrer Vorfahren in der Kulturgeschichte Mesoamerikas. Actas del XLI Congreso Internacional de Americanistas III:48-55. México.

1976b Mushrooms, Drugs and Potters: A New Approach to the Function of Precolumbian Mesoamerican Mushroom Stones. American Antiquity 41:145-153.

1977 Čonbilal Č'ulelal. Grundformen mesoamerikanischer Kosmologie und Religion in einem Gebetstext auf Maya-Tzotzil. Acta Humboldtiana, Series Geographica et Ethnographica, No. 5. Wiesbaden.

1982 Räumliche und zeitliche Bezugspunkte in mesoamerikanischen Konzepten vom Mondzyklus. Indiana 7:23-42.

1985 Auf den Spuren des "Feuerbohrers": Neue Ansätze zur Identifizierung aztekischer Sternbilder. Rolf Herzog (Hg.): Gemeinsame Tagung der Deutschen Gesellschaft für Völkerkunde etc., S. 66-72. Freiburg.

1987 La aportación de los estudios etnográficos en los Altos de Chiapas para la comprensión de las culturas precolombinas de Mesoamérica. Anales de Antropología 24:199-214. México.

o.J. Conocimientos astronómicos de indígenas contemporáneos y su contribución para identificar constelaciones aztecas. Johanna Broda et al. (eds.): Arqueoastronomía y Etnoastronomía en Mesoamérica. México. (ca. 1990).

König, Viola

1979 Inhaltliche Analyse und Interpretation von Codex Egerton. Beiträge zur mittelamerikanischen Völkerkunde XV. Hamburg.

Kolb, Charles C.

1985 Demographic Estimates in Archaeology: Contributions from Ethnoarchaeology on Mesoamerican Peasants. Current Anthropology 26:581-599.

Leyenaar, Ted J.J.

1978 Ulama. The Perpetuation in Mexico of the Pre-Spanish Ball Game Ullamaliztli. Mededelingen van het Rijksmuseum voor Volkenkunde 23. Leiden.

Lipp, Frank

1982 The Mije Calendrical System. Concepts and Behavoir. PhD dissertation, New School for Social Research, New York (University Microfilms International).

Nowotny, Karl Anton

1961 Tlacuilolli. Die Mexikanischen Bilderhandschriften, Stil und Inhalt. Monumenta Americana 3. Berlin.

1979 Der indianische Ritualismus. Dokumente der Geistesgeschichte 4. Köln.

Pomar, Juan Bautista

1891 Relación de Tezcoco. Nueva colección de documentos para la historia de México (J. García Icazbalceta, ed.) III:1-69. México.

Schultze Jena, Leonhard

1933-38 Indiana. Bd. I-III. Jena.

Starr, Betty

1951 The Chorti and the Problem of the Survival of Maya Culture. American Anthropologist 53:355-369.

Vogt, Evon Z.

1964a Some Implications of Zinacantan Social Structure for the Study of the Ancient Maya. Actas y Memorias del XXXV Congreso Internacional de Americanistas I:307-319. México.

1964b Ancient Maya and Contemporary Tzotzil Cosmology: A Comment on Some Methodological Problems. American Antiquity 30:192-195.

1964c The Genetic Model and Maya Cultural Development. E.Z. Vogt y A. Ruz L. (eds.): Desarrollo cultural de los mayas, pp. 9-48. México.

Zantwijk, Rudolf A. M. van

1967 Servants of the Saints. The Social and Cultural Identity of a Tarascan Community in Mexico. Assen.

Zerries, Otto

1954 Wild- und Buschgeister in Südamerika. Studien zur Kulturkunde II. Wiesbaden.

1959 Wildgeister und Jagdritual in Zentralamerika. Amerikanistische Miszellen (Termer-Festschrift), S. 144-150. Hamburg.

2. Hauptteil:

ANDENGEBIET UND ZENTRALAMERIKA

I. Archäologie

a. Umweltbedingungen und Synopsis der kulturgeschichtlichen Entwicklung

1. *Zentrales Andengebiet*

Albert Meyers

Ein altbekanntes Problem bei der Beschreibung der kulturgeschichtlichen Entwicklung eines Gebietes stellt die Abgrenzung zu den Nachbargebieten dar. Was für Mesoamerika gilt, trifft auch auf den zentralen Andenraum, das zweite Kerngebiet Altamerikas, zu: die Grenzen, vor allem nach Norden und Süden, sind fließend und geographisch nicht so eindeutig markiert wie die zwischen Hochland und tropischem Tiefland.

Spätestens mit der Ausdehnung des Inkareichs bis nach Nordwestargentinien und Mittelchile sind zentralandine kulturelle Muster auch in den südandinen Bereich übertragen worden. Aus diesem Grunde soll dieser Raum, für den hier kein eigenes Kapitel vorgesehen ist, im folgenden wenigstens am Rande mitbehandelt werden. Er gehört ebenso zum Arbeitsgebiet der Altamerikanistik wie etwa Zentralamerika und ist in der Vergangenheit vielleicht noch mehr vernachlässigt worden als letzterer. Ein breiterer Überblick ist außerdem notwendig, um die Diskussion um die verschiedenen Konzepte der gesamtandinen kulturellen Räume und Traditionen, beurteilen zu können. Unumstritten ist dabei die Annahme gemeinsamer andiner kultureller Grundmuster, die von den Menschen durch den Umgang mit einem bestimmten Komplex von Umweltbedingungen entwickelt wurden und die von denen anderer Großräume, z.B. Mesoamerikas oder des amazonischen Tieflands, leicht zu unterscheiden sind. In diesem Sinne ist die hier durchgeführte Unterteilung in nord- und zentralandines Gebiet zwar in erster Linie eine geographische, versucht aber der kulturellen Gesamtentwicklung gerecht zu werden.

In den letzten Jahren ist man weitgehend der Einteilung von Willey (1971) gefolgt, der von einer "Peruvian" und einer "South Andean Culture Area" spricht. Den Raum zwischen Peru und Mesoamerika bezeichnet er als "Intermediate Area". Ein Manko dieser Einteilung ist die Orientierung an den heutigen politischen Grenzen Perus. So könnte der äußerst nördliche Teil von Peru, wegen seiner kulturellen Beziehungen zum heutigen ecuadorischen Gebiet, auch durchaus zur Intermediate Area gezählt werden. Der peruanische Archäologe Luis G. Lumbreras geht von einem Globalkonzept andiner kultureller Entwicklung aus, dem eine Reihe seiner lateinamerikanischen Kollegen inzwischen gefolgt ist. Lumbreras (1981) teilt die Makroregion der Anden vom extremen Norden bis zum extremen Süden in insgesamt 6 "areas" ein. Zwischen den "Zentralanden" und den "Südanden" definiert er einen eigenständigen Kulturraum "Centro-sur andino", der im wesentlichen die Zirkum-Titicacaregion und das übrige peruanisch-bolivianische Hochland sowie die Küstenpartien von Südperu und Nordchile umfaßt. Seine "Area central andina" reicht vom Südrand der Sechurawüste (Nordperu) bis etwa auf die Höhe der Linie Cuzco-Arequipa. Die "Andes meridionales" umfassen die Zone vom Südrand der Atacameswüste bis Zentralchile (etwa bis zur Höhe von Santiago) sowie den äußerst westlichen Teil Zentralargentiniens und den Großraum "Nordwestargentinien" mit seinen Unterregionen.

Der folgende Überblick umfaßt insbesondere das Territorium der heutigen Staaten Peru und Bolivien mit Ausnahme ihrer östlichen Tiefländer. Es wird beherrscht von der relativ schmalen Bergkette der Anden mit Erhebungen von teilweise über 6000 m Höhe, deren Gipfel trotz der Nähe zum Äquator ganzjährig mit Schnee bedeckt sind, wobei die Schneegrenze zwischen ca. 5000 und 5700 m schwankt (vgl. die Karte, Abb. 39).

Die Zentralanden bestehen in der Hauptsache aus zwei Gebirgszügen, der West- und der Ostkordillere, welche größere Längstäler einschließen, die meist in Richtung östliches Tiefland bzw. Amazonas entwässern. In diesen interandinen Tälern herrscht ein gemäßigtes Klima mit allerdings starken Tag-Nacht-Temperaturunterschieden. In den oberen Anbauzonen wachsen Quinoa ("Andenreis"), Kartoffeln und andere Knollenfrüchte, weiter unten zusätzlich Mais, Kürbisse und Chilipfeffer.

Nach Süden hin verbreitert sich die Gebirgskette und umschließt das bolivianische Hochbecken mit dem Titicaca-See und einigen kleineren Seen. Dieser "altiplano" ist neben der sehr viel kleineren "meseta" von Junín in Zentralperu die einzige größere flache Hochebene der Anden. In ca. 4000 m Höhe wird hier vor allem um den Titi-

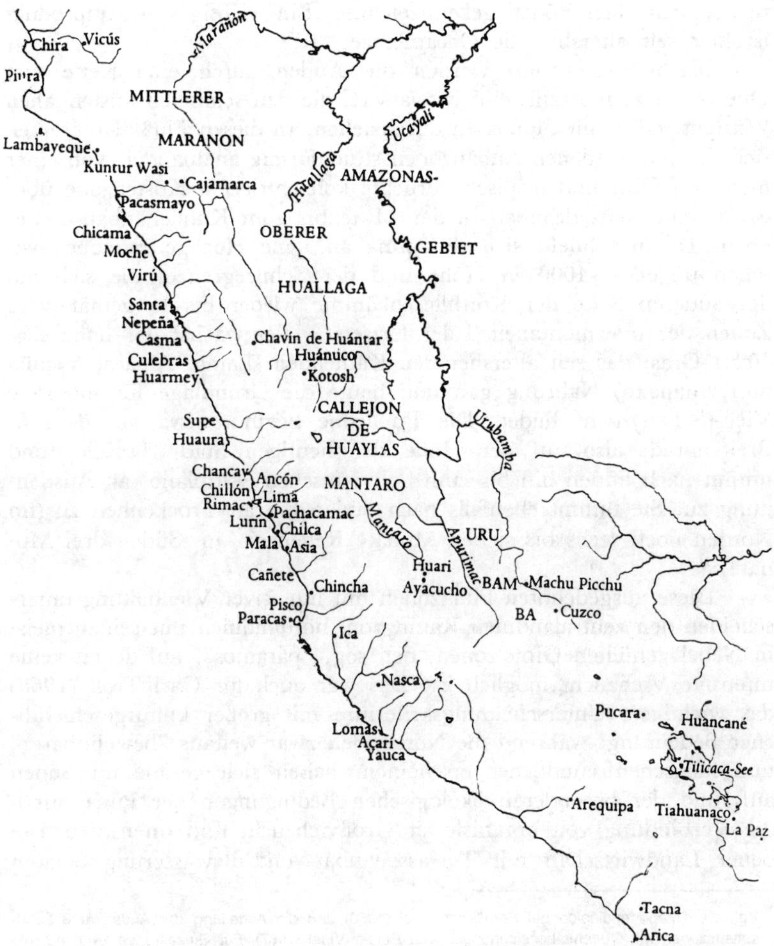
Chira
Vicús
Piura
Marañon
MITTLERER
MARANON
Lambayeque
Kuntur Wasi
Cajamarca
Pacasmayo
Chicama
Moche
Virú
Santa
Nepeña
Casma
Culebras
Huarmey
Supe
Huaura
Chancay
Chillón
Rimac
Ancón
Lima
Pachacamac
Lurín
Chilca
Mala
Asia
Cañete
Chincha
Pisco
Paracas
Ica
Nasca
Lomas
Acari
Yauca
Ucayali
Huallaga
AMAZONAS-
OBERER
GEBIET
HUALLAGA
Chavín de Huántar
Huánuco
Kotosh
CALLEJON
DE
HUAYLAS
Urubamba
MANTARO
Mantaro
Apurimac
URU
Huari
Ayacucho
BAM
Machu Picchu
BA
Cuzco
Pucara
Huancané
Titicaca-See
Arequipa
Tiahuanaco
La Paz
Tacna
Arica

Abb. 39

caca-See herum seit alter Zeit ein intensiver Ackerbau gepflegt. Die Ostabhänge der Anden sind durch in Richtung Tiefland rasch zunehmende Vegetation, hohe Niederschlagswerte und steile Abhänge mit relativ ärmlichen Böden gekennzeichnet. Ein wichtiges Anbauprodukt ist hier seit altersher die Cocapflanze.

Nach Westen hin werden die Anden durch eine Kette von Quertälern zum Pazifik hin entwässert, die den schmalen küstennahen Wüstenstreifen mit Flußoasen durchziehen. In diesen Flußtälern reihen sich die verschiedenen Anbauzonen stufenförmig aneinander, von einer mehr auf Obst und tropische Früchte konzentrierten Küstenzone über Mais- und Getreideanbau in der Mitte bis zum Knollenanbau weiter oben. Daran schließt sich die *puna* an, jene Hochgebirgszone zwischen ungefähr 4000 m Höhe und der Schneegrenze, die sich auf der anderen Seite der Kordillerenkämme wieder bis in gemäßigtere Zonen der intermontanen Täler fortsetzt. Hier wächst das hohe sog. *'Ichu'*-Gras, das seit altersher den Kameliden (Lama, Alpaca, Vicuña und Guanako) Nahrung gab und heute die Grundlage für intensive Vieh-(Schaf-)zucht bildet. Die Punazone beginnt etwa auf dem 8. Breitengrad, also auf der Höhe der heutigen Stadt Trujillo, und nimmt nach Süden hin bis zum bolivianischen 'Altiplano' an Ausdehnung zu. Sie nimmt ebenfalls nach Süden hin an Trockenheit zu (im Norden noch sechs bis sieben Monate Regenzeit, im Süden drei Monate).[1)]

Diese ausgedehnten Punazonen mit intensiver Viehhaltung unterscheiden den zentralandinen Raum vom nordandinen mit seinen meist in Nebel gehüllten Gipfelzonen, den sog. "páramos", auf denen keine intensive Viehzucht möglich ist. Das war auch für Carl Troll (1968) das wichtigste Unterscheidungskriterium mit großer kulturgeschichtlicher Bedeutung: während die Nordanden zwar weitaus "bewohnbarer" und menschenfreundlicher erscheinen, haben sich gerade im Süden aufgrund der besonderen ökologischen Bedingungen der Puna durch die Verbindung von organisierter Großviehzucht und intensiv betriebener Landwirtschaft mit Terrassenanbau und Bewässerung Staaten

---

[1] Vgl. die "Mapa ecológico del Perú" von Tosi (1960) und die Aufteilung der Anden in 8 Landschaftszonen mit Quechuabezeichnungen von Pulgar Vidal (1967). Für Einzelfragen kann auf die Studien des peruanischen "Nationalbüros zur Evaluierung der natürlichen Ressoucen" zurückgegriffen werden (z.B. ONERN 1976). Eine Aufzählung der natürlichen Ressourcen des Andengebietes aus archäologischer Sicht hat R. Ravines (1978) vorgelegt.
Für einen kurzen deutschsprachigen Überblick über die ökologische Raumgliederung der Anden und ihre Bedeutung für den Menschen sei auf den Aufsatz von W. Lauer und W. Erlenbach (1987) verwiesen.

mit hoher ökonomischer und kultureller Leistungskraft herausbilden können.

Ein ähnliches Bild ergibt sich, wenn man die Meeresströmungen im Pazifischen Ozean berücksichtigt, die zusammen mit dem andinen Bergmassiv die ökologisch-klimatologische Gesamtsituation bestimmen. Im Norden bringt der sog. "El Niño"-Strom warmes Wasser aus der Äquatorialgegend an die Küsten Ecuadors und Nordperus. Weiter im Süden bis nach Chile wird die Küste von dem kalten Humboldt-Strom umspült, der für eine reichhaltige Meeresfauna sorgt, aber auch für eine nach Süden zunehmende Abkühlung und Austrocknung des Küstenklimas. Das Aufeinandertreffen der beiden Ströme stellt einen neuralgischen Punkt für die Ökologie der ganzen Großregion dar. So ist es erst 1983 bei einer Südverlagerung des "Niño"-Stromes zu verheerenden Regenfällen im ansonsten wüstenhaften nordperuanischen Küstengebiet und zu einer fatalen Trockenheit im zentralen und südandinen Hochland gekommen. Das offenbar zyklische Wiederkehren dieser Katastrophen, damit zusammenhängende Klimaveränderungen sowie die Hebung und Absenkung des Küstenniveaus durch tektonische oder andere Ursachen sind Faktoren, deren Bedeutung für die kulturelle Entwicklung der Region seit ihrer frühesten Besiedlung erst in jüngster Zeit intensiver diskutiert werden. Desgleichen haben die Klimaveränderungen auch ein Schwanken im Grad der Vergletscherung der Berggipfel und damit der Obergrenze der Vegetation bzw. der Anbauzonen bewirkt (Cardich 1985). Es liegt auf der Hand, daß die Erkenntnisse auf diesem Gebiet, d.h. der Paläoökologie und -klimatologie, der Geomorphologie usw. von sehr großer Bedeutung für die Archäologie der Anden sind. Handelt es sich doch um ein Gebiet mit mehr als hundert verschiedenen "Geofazies" oder physiognomischen Einheiten, von denen man annehmen kann, daß sie sich über die Jahrtausende der menschlichen Besiedlung verändert haben. Eines der wichtigsten Ergebnisse von Forschungen dieser Art, die vor allem seit Ende der sechziger Jahre intensiver betrieben worden sind, ist die Annahme, daß die Vergletscherung und die klimatischen und vegetatorischen Bedingungen keineswegs im gesamten Andenraum vergleichbar sind und daß sich starke zeitliche Verschiebungen in den Stadialen der einzelnen Andensektoren ergeben. Dies gilt wohl auch für das späte Pleistozän, also die Zeit, in der sich die erste Besiedlung abgespielt haben muß (Craig 1985:25).

Erste Besiedlung und kulturelle Entwicklung

Wenn wir von den ersten Menschen im zentralen Andengebiet sprechen, müssen wir an den Weg denken, den ihre Vorfahren von Asien über die Bering-Straße nach Nordamerika und dann über die zentralamerikanische Landbrücke bis in die Anden genommen haben. Die Frage, wann die Menschen des eurasischen Paläolithikums die Neue Welt betraten, vor rund 10.000 bis 12.000 Jahren, vor 20.000 bis 70.000 Jahren oder sogar, wie einige kühne Wissenschaftler neuerdings behaupten, vor 80.000 bis 150.000 Jahren (Irwing 1985), beeinflußt auch die Spekulationen um das Alter des Menschen im zentralen Andengebiet.

Denn um Spekulationen handelt es sich immer noch, wenn wir zeitlich weiter zurückgehen als etwa 12.000 vor heute, dem Beginn der "paläoindianischen Stufe" in Nordamerika mit seinen charakteristischen "gekehlten" Geschoßspitzen (Clovis, Folsom), die in den südamerikanischen "Fischschwanz-Spitzen" ihre Entsprechung haben. Das gilt auch gerade für die spektakuläre Ausgrabung bei Ayacucho durch R. MacNeish und sein interdisziplinäres Team (1981), das in der Höhle *Pikimachay* Steingeräte gefunden hat, für die ein Alter von bis zu 20.000 Jahren angenommen wird (*Paccaicasa*-Komplex). Die Radiocarbon-Daten, auf die sich diese Annahme stützt, stammen von Knochen des Riesenfaultiers, ohne daß jedoch vom Befund her ein eindeutiger Zusammenhang mit menschlichen Aktivitäten ersichtlich ist.

Da die Forschung in Nordamerika, vor allem aber in Südchile und in Brasilien schon auf einige ältere Befunde verweisen kann, dürfte es in unserem Gebiet nur noch eine Frage der Zeit sein, wann man von einer älteren Besiedlungsphase der Anden, z.B. einem so zu nennenden Vor-Geschoßspitzenhorizont sprechen kann.[2] Einstweilen muß man davon ausgehen, daß wir im 9. Jahrtausend v.Chr. ganz sicher von einer kontinuierlichen Präsenz von Jägern und Sammlern in unserem Raume ausgehen können und daß wir relativ klare Indizien für eine mindestens 2.000 bis 2.500 Jahre frühere besitzen, allerdings bisher nur als sporadisch zu erkennende menschliche Nutzung von Höhlen wie z.B. Guitarrero, Pachamachay

---

2 Vgl. den neuesten Beitrag zur "Palaeoindian debate" von Bednarik (1989), der von einer Besiedlung Amerikas vor 50.000 bis 40.000 Jahren ausgeht.

und Telarmachay in Zentralperu sowie Quirihuac an der nordperuanischen Küste (Lynch 1985).

Zu den wichtigsten Jagdtieren gehören Pferde, Mastodonten (nicht so häufig nachgewiesen), Riesenfaultiere, Weißwedelhirsche, die Kameliden, Viscachas (kaninchengroßer Nager), kleinere Nagetiere und der Tinamu-Vogel, deren Überreste in Verbindung mit Steingeräten (lanzettförmige, dreieckige, gestielte Spitzen) gefunden wurden, die man unter dem Begriff "Central Andean Pre-ceramic Tradition" zusammengefaßt hat (Lynch 1983). Hinzu kommen an der Küste Fische und Meeresfrüchte sowie Pflanzenüberreste, deren Bestimmung und Deutung noch nicht so fortgeschritten ist wie im Falle der Fauna. Nach dem Aussterben der Megafauna in der ersten Phase der Nacheiszeit (um 8.000 v.Chr.) hat es zumindest in einigen Gegenden eine stärkere Konzentration auf Kameliden (vor allem Guanaco und Vicuña) gegeben, so z.B. in der "meseta" von Junín, wo eine Spezialisierung auf die Vicuña-Jagd sogar schon ab dem 7. Jahrtausend v.Chr. in Verbindung mit ganzjähriger Seßhaftigkeit festgestellt wurde (Rick 1980). Als den "Normalfall" - sieht man von den Sonderfällen in der Puna und an der Küste ab - muß man aber wahrscheinlich für diese Zeit noch ein saisonales bzw. von den Jadgtieren abhängiges Wandern annehmen, sei es nun im Rahmen eines "Transhumanz"-Modells zwischen verschiedenen ökologischen Zonen (Lynch 1980) oder einer "Interaktionssphäre", innerhalb derer die Produkte dieser Zonen ausgetauscht werden (MacNeish et al. 1975).[3)]

Das Archaikum

Im Vergleich zu späteren Zeiträumen ist eine Unterteilung der vorkeramischen Periode besonders schwierig, weil bisher noch keine klaren Unterscheidungskriterien (z.B. Stilgruppen und deren chronologische Einordnung) herausgearbeitet worden sind. Konnte man sich

---

3 Augezeichnete Zusammenfassungen der Forschungsergebnisse zur frühen Besiedlung Perus an der Küste und im Hochland liefern Chauchat (1988) und Rick (1988). Es handelt sich um Beiträge zu einer seit längerem geplanten Evaluierung des Forschungsstandes der peruanischen Archäologie, der jedoch wegen der unterschiedlichen Qualität und Struktur der Einzelbeiträge als Einführung nur in beschränktem Maße zu empfehlen ist. Für diesen Zweck greife man eher zu dem ins Deutsche übersetzten aber leider nicht leicht erschwinglichen Werk von Lavallée und Lumbreras (1986), das sich allerdings vor allem auf die Kunsterzeugnisse konzentriert. Die beste Einführung in die peruanische Archäologie ist immer noch Lumbreras (1974); hilfreich und reichhaltig bebildert auch Kauffmann Doig (1983).

vor Jahren noch auf die Einteilung in 6 Perioden der ausgezeichneten Kenner Edward P. Lanning und Thomas C. Patterson (Lanning 1967:25) beziehen, so schwankt das Pendel heute zwischen der Annahme einer über fünftausendjährigen Übergangsphase (von 7.500 bis 2.000 v.Chr.) von der paläoindianischen zur formativen Kulturstufe (vgl. Tab. 13) und einer Sequenz von sage und schreibe 27 einzelnen Perioden (Ravines 1982:133). Macht man den Nachweis landwirtschaftlicher Tätigkeiten als allgemeine Existenzgrundlage zum Hauptkriterium, könnte man mit Lumbreras (1981:71) und anderen Autoren die archaische Zeit auf 5.000 bis 2.000 v.Chr. begrenzen (vgl. Tab. 14). Im südlichen Teil unseres Gebietes geht diese Zeit erst gegen 1.000 v.Chr. zu Ende.

Die Anfänge des Archaikums reichen jedoch weit zurück. Im 8. Jahrtausend tauchen in der Guitarrero-Höhle bereits einige Bohnensorten auf, die Hinweise auf eine Kultivierung erkennen lassen.

Years BC	Laurentide Sequence (North America)	Fuquene Sequence (Colombia)	South American Cultural Stages
			FORMATIVE STAGE: intensive agriculture, full sedentism, class systems, corporate labor projects, temple-based religions.
2,000	Recent Interglacial Conditions		ARCHAIC TRANSITION: broadly based subsistence, experimental agriculture, seasonal nomadism giving way to sedentism, technological proliferation.
7,500	— POSTGLACIAL BOUNDARY —		
	Valders Advance	El Abra Advance	PALEO-INDIAN STAGE: emphasis on hunting big game in open habitats, high mobility in quest of favored species, specialized bifacial lithic industries.
9,000	Two Creeks Interval	Guantiva Interstade	
10,000	Full Glacial Conditions (Classic Wisconsin of North America)		PALEO-INDIAN PRECURSORS: possible pre-Clovis stage in which extinct animals were hunted, but bifacial points may not have been used.
12,000			UNSUBSTANTIATED PREPROJECTILE-POINT STAGE: hypothetical chopper, biface, and flake tool assemblages said to represent a generalized gathering economy.

Tab. 13

Es folgen Knollenfrüchte, Pfeffersorten und Früchte und etwa um 3.000 v.Chr. an der nördlichen Zentralküste Perus der erste Mais (Lynch 1983:126). In Ayacucho und wahrscheinlich auch anderswo wurden um 2.500 v.Chr. bereits domestizierte Kürbisse, Kartoffeln und *quinoa* und eventuell Meerschweinchen gegessen. Letztere gehören bekanntlich zusammen mit den etwa zur selben Zeit domestizierten Kameliden Lama und Alpaca zu den wichtigsten Haustieren, die die Entwicklung des andinen Menschen seit dieser Zeit begleiten.

Die gleichzeitig an der Küste nachgewiesene Verwendung von Baumwolle ("algodón") führte Lumbreras (1981:71) dazu, von einem "arcaico pre-algodón" und einem "arcaico con algodón" zu sprechen. Das erscheint allerdings noch sinnvoller, als die Charakterisierung der weiteren Entwicklung vom Auftreten einer anderen Kulturpflanze, des Maises, abhängig zu machen. Ob er nun aus Mesoamerika, wo er bedeutend früher auftritt, oder aus dem amazonischen Tiefland importiert wurde, oder eine eigenständige Entwicklung des Großraums der Anden ist, wird, auch mit einem gewissen nationalistischen Gefühl, hitzig diskutiert. Festhalten kann man jedenfalls, daß Mais in Zentralperu (Küste wie Hochland) mindestens um 3.000 v.Chr., also bereits in vorkeramischer Zeit, nachgewiesen ist, seine Bedeutung aber für die ganze folgende andine kulturelle Entwicklung angesichts anderer wichtiger gleichwertiger Kulturpflanzen sicherlich überschätzt worden ist und noch wird.[4)]

An der ganzen Küste bis nach Chile ist ein allgemeines Experimentieren im Pflanzenbau zu verzeichnen, verbunden mit technologischen Verbesserungen, sowohl was Waffen, als auch Arbeitsgeräte (Mörser, Reibsteine, Angelhaken usw.) angeht. In einigen Küstentälern ist die Verlagerung der Siedlungsplätze vom Landesinneren an die Schilfbuchten der Küste festzustellen - und damit auch, gegen Ende des Archaikums, das allmähliche Seßhaftwerden in Dörfern mit erkennbarer Aufteilung in Siedlungsbereich, Zeremonialanlage, Bestattungszone usw.

Auffallend an dem Material von Fundorten aus dieser Zeit ist im ganzen Gebiet nicht nur die Vielfalt an Subsistenzgütern, die den unterschiedlichen Geofazies der Andenregion entsprechen und auf einen regionalen Austausch hinweisen, sondern auch das Vorkommen von Gütern wie Obsidian, Meeresmuscheln und tropischen Produkten,

---

4 Für eine eingehende Darstellung der kontroversen Diskussion um den früheren Mais in den einzelnen Andenregionen vgl. Bonavía (1982:347-384).

die auf Fernbeziehungen schließen lassen. Es ist hier deutlich das Bemühen der Menschen jener Zeit zu spüren, aufgrund der bisherigen Erfahrungen mit der Umwelt, diese optimal und umfassend zur Befriedigung ihrer Bedürfnisse einzusetzen. Dazu trugen wahrscheinlich ein stärkeres Bevölkerungswachstum und beginnende soziale Differenzierung bei. Was die Beziehung Mensch – Umwelt im Andenraum angeht, so sind die Grundlagen und Aktionsmuster hierfür in jener Zeit geschaffen worden. Dieses spezifisch "andine Reproduktionssystem" ist in der Folgezeit nur noch perfektioniert, jedoch nicht mehr revolutioniert worden. Verbesserungen betrafen etwa überregionale Bewässerungssysteme im Terrassenbau oder die groß angelegte Haltung von Lamas auf Staatsebene.

In den vergangenen Jahren ist dieses System allzu häufig mit dem Schlagwort "Vertikalität" in Verbindung gebracht worden. Wenn man von den vielen banalen Interpretationen im Sinne einer vertikalen Ausnutzung der ökologischen Zonen absieht, bedeutet dieses Konzept die Kontrolle der unterschiedlichen ökologischen "Nischen" sowie die Umverteilung ihrer Produkte durch eine soziale oder ethnische Gruppe. Die Konsequenz dieses sog. "Archipelsystems" ist eine relative Autarkie der Gruppe und die Unabhängigkeit von Handelsbeziehungen (Murra 1975). Eine absolute Autarkie hat es aber selbst im Inkastaat nicht gegeben, wie die Frage der Versorgung mit Spondylusmuscheln von der ecuadorianischen Küste deutlich macht, deren Sicherstellung als eines der Motive für die nördliche Expansionsbewegung der Inka angesehen werden kann. Handel, insbesondere Fernhandel bestimmter sehr gefragter Güter hat es auch in den Anden immer gegeben, wenn auch nicht in dem Ausmaß wie in Mesoamerika.

"Vertikalität" ist ein verengtes Konzept von ökologischer Komplementarität (Lynch 1981; Masuda et al. 1985), die ihrerseits als komplexes, z.B. auch horizontal funktionierendes Austauschsystem (Shimada 1982) angesehen werden muß. Von Autarkie konnte noch eventuell im Falle der Vicuña-Jäger auf der Puna und den anderen wenigen Beispielen frühester Seßhaftigkeit gesprochen werden. Das Transhumanz-System jedoch setzt nicht nur Kenntnisse der Ressourcen voraus, sondern auch die Regulierung der Kontakte mit konkurrierenden Gruppen. Die "Rationalität der andinen Organisation" (Golte 1980), der Umgang mit der menschlichen Arbeitskraft bei knapper werdenden Ressourcen und steigenden Bedürfnissen hat hier ihre Ursprünge. Insofern ist die Frage müßig, woher die im Archaikum beginnende "Landwirtschaft" gekommen ist, aus dem tropischen Tiefland (Lathrap 1970) oder aus dem Norden (Lumbreras 1981:133-152). Sie kann höchstens für einige Elemente sinnvoll gestellt werden, z.B. die Übernahme bestimmter Pflanzen. Das gleiche gilt für die sog. maritime Grundlage der Andenkulturen (Moseley 1975). Es ist vielmehr davon auszugehen, daß es zwischen der ersten seßhaften Bevölkerung an der Küste und den Inlandsiedlungen bis in die Anden intensive Austauschbeziehungen gegeben hat und die imposanten architektonischen Überreste dieser frühen Kulturen auf einer Mischökonomie von Meeresprodukten, domestizierten Pflanzen und importierten Waren beruhten (Quilter and Stocker 1983:54).

Die keramische Periode

Wenn wir diesen Zeitraum, der ja "nur" etwas mehr als 3.000 Jahre lang währte, summarischer behandeln, dann nicht nur, weil er wesentlich kürzer ist als der vorhergehende, sondern auch wegen der leichteren Zugänglichkeit der Literatur und weil weiter unten Einzelbeispiele vorgestellt werden. Tab. 14 bringt eine Synthese der beiden hauptsächlichen Periodisierungsschemata, die allerdings nur auf einen Teil unseres Gebietes angewandt werden können. Wichtigstes Charakteristikum ist die Unterteilung in drei sog. Pan-Horizonte, Kulturstile oder Traditionen, deren Einflüsse sich über den größten Teil unseres Gebietes erstrecken sowie die Unterscheidung einer frühen und späten Zwischenperiode. Das zweite Schema bezeichnet die einzelnen Entwicklungsstadien bzw. Kulturstufen. Die Leitsequenz, die dem ganzen Schema zugrundeliegt, ist von Rowe und seinen Schülern für die Kulturen des Ica-Tals an der zentral-südlichen Küste Perus anhand stilistischer Analysen erarbeitet worden. Dabei handelte ces sich vor allem um Grabfunde. In dieser Anwendung europäisch orientierter archäologischer Methodik kann man einen Unterschied zur mesoamerikanischen Archäologie erkennen, die, mehr als die peruanische, "Schauplatz" nordamerikanischer Theorien- und Methodendiskussion bis hin zur "New Archaeology" (→ 1-Ib) ist. Für den südandinen Raum haben sich die chilenischen und argentinischen Archäologen auf eine Dreiteilung der keramischen Periode (Früh-, Mittel- und Spät) mit abschließender Zeit des Inkaeinflusses geeinigt (Tab. 15).

Die erste Keramik, nach deren Verwendung ja diese Periode benannt ist, taucht in Peru sowohl an der Küste als auch im Hochland wie im östlichen Tiefland etwa ab 1.800 v.Chr. auf, im Titicaseegebiet um 1.200 bis 1.000 und im südzentralen Andenraum erst gegen Mitte des letzten Jahrtausends v.Chr.. Diese zeitliche Verbreitungslinie eines technisch-kulturellen Elements von Norden nach Süden läßt sich auch auf den nordandinen Raum ausdehnen (Valdivia, Cerro Narrío bzw. Fundorte in Kolumbien), wo die Keramikherstellung offenbar schon über 1.000 Jahre früher bekannt war als in Zentralperu. Damit ist aber nicht gesagt, daß mit der Ausbreitung der Keramik die Ausbreitung eines komplexeren Sozialsystems mit städtischer Lebensweise, der sog. "Zivilisation", wie viele Anthropologen sich ausdrücken, Hand in Hand ginge. Die auf Mischökonomie basierenden Dörfer an der Küste, von denen weiter oben die Rede war, besaßen schon in vorkeramischer Zeit z.B. eine monumentalere Architektur als die keramikführenden Kulturen Ecuadors. Das Gleiche gilt für den bolivianischen Altiplano, wo erste Keramik in Zusammenhang mit Komplexen auftritt, die sich bereits im Übergang zu städtischer Kultur befinden. Dahingegen hat es dort zu dieser Zeit (ca. 1.000 v.Chr.) bereits die ersten Kupferschmelzen und eine technisch hochstehende Steinbearbeitung gegeben.

Die Funde in Nordchile, wo etwa gleichzeitig mit der Keramik auch das erste Kupfer sowie Nachweise tropischer Früchte registriert werden, weisen auf rege Beziehungen zwischen "costa" (Küste), "puna" und "oriente" (östliches Tiefland) hin, ein Austausch von Produkten aus drei unterschiedlichen Ökosystemen, den man als makrozonale Komplementarität bezeichnen kann (Kolata 1983).

Bis vor kurzem hat man die Formativperiode in Zentralperu durch das mehr oder weniger plötzliche Auftreten der Chavín-Kultur (→ 2-Ib1) gegen 1.400 (bis etwa 500) v.Chr. charakterisiert, dem eine ziemlich vage definierte Keramikvorstufe vorausging. Das Augenmerk konzentrierte sich vor allem auf die Frage um die Herkunft dieser Kultur z.B. aus dem amazonischen Tiefland oder aus dem Norden sowie ihre Ausdehnung über den andinen Raum. Inzwischen gibt es aber eine Reihe von Fundorten aus der Vor-Chavínzeit, meist an der Küste, aber auch im Landesinneren wie z.B. Las Haldas, Garagay, Caballo Muerto und schließlich Sechín, in denen sich eine Entwicklung wesentlicher Elemente des Chavínstils nachweisen läßt (Bischof 1985).

Auch Chavín de Huantar selbst wird nicht nur als monumentales Wallfahrtszentrum angesehen, sondern als große stadtähnliche Siedlung mit religiösem Zentrum. Die charakteristische Anordnung der

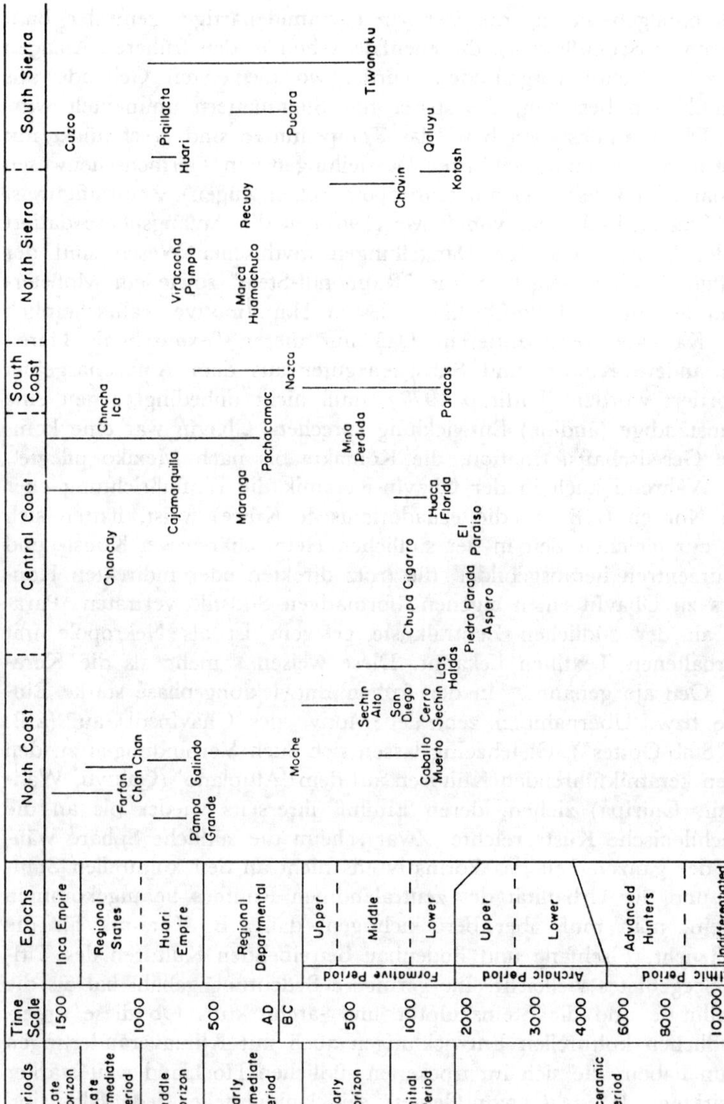

Perioden und Kulturstufen in der peruanisch-bolivianischen Archäologie

Tab. 14

Zeremonialgebäude ist die U-Form (pyramidenartiger zentraler Baukörper mit Seitenflügeln), die ebenfalls schon in den früheren Anlagen wie z.B. Sechín vorgefunden wurde, wo die ersten Gebäude aus Lehmblöcken bestehen, die später mit Steinmauern ummantelt wurden. Die Wandfassaden bzw. das Tempelinnere sind geschmückt mit meist in Steinrelief ausgeführten Darstellungen von Tiermenschenwesen (Jaguar oder Greifvogel mit anthropomorphen Zügen). Zentralfigur ist das "Lanzón-Idol", das von Rowe (1967) in die Anfangsphase datiert wurde. Weitere wichtige Darstellungen mythischer Wesen sind der "Stabgott", eingemeißelt in die "Raimondi-Stele" sowie ein Monsterwesen auf dem "Tello-Obelisk", dessen Hauptmotive wahrscheinlich zwei Kaimane repräsentieren. Daß mit diesen "exotischen" Tieren auch andere Kultur- und Subsistenzgüter aus dem Amazonasgebiet importiert wurden (Lathrap 1977), muß nicht unbedingt gegen eine bodenständige (andine) Entwicklung sprechen. Chavín war eine komplexe Gesellschaftsformation, die Kontakte bis nach Mexiko pflegte.

Während auch in der Chavín-Keramik die Einflußrichtung eher nach Norden (z.B. an die ecuadorianische Küste) weist, hatten sich etwa zur gleichen Zeit in der südlichen Hemisphäre zwei Kunst- und Kulturzentren herausgebildet, die trotz direkten oder indirekten Kontaktes zu Chavín einen eigenen "formativen Südstil" vertraten. Paracas, an der südlichen Zentralküste gelegen, ist als Nekropole mit guterhaltenen Textilien bekannt. Diese weisen - mehr als die Keramik, Ocucaje genannt - in der frühen Entwicklungsphase starke Einflüsse bzw. Übernahmen zentraler Motive des Chavínstils auf (z.B. des "Stab-Gottes"). Gleichzeitig lassen sich auch Verbindungen zu den frühen keramikführenden Kulturen auf dem 'Altiplano' (Qaluyu, Wankarani, Chiripa) ziehen, deren Einfluß ihrerseits wieder bis an die nordchilenische Küste reichte. Zwar scheint die südliche Sphäre während der ganzen Zeit des Formativums nicht an den kulturellen Standard und die Urbanität des zentralandinen Raumes herangekommen zu sein; man muß aber berückichtigen, daß z.B. Keramik für die Lamazucht, Fischfang und Bodenbau betreibenden Kulturen des Titicaca-Seegebietes vielleicht eine geringere Bedeutung gehabt hat als die Metallurgie und die Steinskulptur und -architektur. Ob diese unterschiedlichen kulturellen Entwicklungen auch mit Klimaveränderungen zu tun haben, die sich im trockenen südlichen Hochland weit stärker auswirkten als im Chavín-Gebiet, sei dahingestellt. Jedenfalls sind derartige Korrelierungen zwischen Klimaveränderungen und kultureller

MAJOR PERIODS	DATES	SOUTHERN PERU	ATACAMA Coast	ATACAMA Interior		SOUTHERN BOLIVIA	PUNA AND HUMAHUACA	VALLISERRANA	VALLES TRANSVERSALES
HISTORIC									
INCA	1550	Inca		Inca		Inca	Inca	Inca	Inca
	1450	Gentilar	Gentilar San Miguel late		San Pedro III				
		S. Miguel	San Miguel early					Santa Maria II–Belen II	Classic Diaguita
LATE CERAMIC PERIOD				Lasana II			Humahuaca	Santa Maria I–Belen I	Trans. Diaguita
	1000								
			Maytas-Tiwanaku					San Jose–Huaffin	Archaic Diaguita
MIDDLE CERAMIC PERIOD				Lasana I	San Pedro II	Tiwanaku V	Isla Tricolor	Aguada	
	500	Loreto Viejo							El Molle II
			Cabuza-Tiwanaku			Tiwanaku IV	Alfarcito Tricolor	Condorhuasi	
EARLY CERAMIC PERIOD			Faldas el Morro	Loa II Loa I	San Pedro I			Cienega II	El Molle I
	AD / BC		Alto Ramirez			Tiwanaku III	Laguna Blanca	Cienega I	
						Tiwanaku II		Tafi I	
				Vega Alta II					
	500			Vega Alta I		Tiwanaku I			
		Ocucaje					Las Cueva		
	1000								
						Wankarani			
	1500								

Tab. 15

Chronologietabelle für die Keramikperioden des südzentralen und südlichen Andenraumes

Entwicklung bisher in der Forschung nicht genügend gewürdigt worden.

Sollte sich die in Tab. 16 ablesbare Veränderung zwischen Frühem Horizont (Formativum) und Früher Zwischenperiode als zutreffend herausstellen, dann bestünden für die folgenden "regionalen Entwicklungen" bessere Bedingungen. Stilistisch gesehen handelt es sich vor allem bei den bekannten Küstenkulturen Moche und Nazca um Fortführungen der Vorgängerstile Salinar/Gallinazo und Paracas/Ocucaje. Beide Kulturen sind gekennzeichnet durch jeweils ausdrucksstarke, bunte, das Mythische und Reale miteinander verbindende Kunststile. Sowohl in Keramik- und Textilherstelung als auch in der Metallverarbeitung ist hier ein technischer Stand erreicht, der von den folgenden Kulturen nur noch unwesentlich übertroffen wird. Die interessantesten Funde in diesem Zusammenhang stammen von der Vicus-Kultur an der äußersten nördlichen Küste, deren Metalltechniken (Lechtman et al. 1982), Keramikverzierung ("Negativform") und Grabanlagen mit tiefer Schachtkammer auf Einflüsse aus Ecuador (Küste und Hochland) oder weiter aus dem Norden schließen lassen. Die berühmten Metallobjekte (Goldfiguren, Masken usw.) der Sammlung "Frias" (Nachbarort von Vicus), heute im Museum Brüning in Lambayeque aufbewahrt, finden ihre Entsprechungen in denen des Tolita/Tumaco-Stils (Ecuador/Kolumbien) oder vielleicht sogar im kolumbianischen Calima-Stil.

Die Techniken und Stileinflüsse aus dem Norden sind allerdings von den Lokalkulturen an der Küste (Moche) und im Hochland (Cajamarca) jeweils entsprechend den anderen Umweltbedingungen und historischen Voraussetzungen zu eigenständigen Traditionen ausgebaut worden. Wie in keiner anderen vergleichbaren Kultur geben die Darstellungen auf den Keramikgefäßen von Nazca und besonders Moche (→ 2-Ib2) Einblick in das Alltagsleben, die Sozialstruktur und Religion, eine Quelle, die erst wieder seit neuestem für ikonographische Deutungen benutzt wird (Hocquenghem 1987). Vorgeführt wird ein Bild von kriegerischen Gesellschaften, die aus einer Krieger-Priester-Aristokratie, einer handwerklichen Mittelklasse sowie Bauern, Fronarbeitern und Sklaven bestehen. Im Falle von Moche weist nicht zuletzt die Monumentalarchitektur mit der sog. Sonnen- und Mondpyramide, den größten Bauwerken der Zeit, und den riesigen Bewässerungsanlagen auf ein komplexes Gesellschaftssystem hin. Zusammen mit anderen Faktoren verleiht dies der gegenwärtig diskutierten These eines ersten Andenstaates an der Nordküste einiges an Gewicht.

Weiter als die Frage nach Staat oder Häuptlingstum (die oft eine rein definitorische ist) kann z.B. eine Untersuchung der Interaktionsmuster dieser Gesellschaften führen. So ist zwar die Kriegsführung per definitionem ein Konstituens der Häuptlingstümer, es gibt aber auch Beispiele für eine friedliche Ressourcenteilung an der Nahtlinie zweier politischer Einheiten (Dillehay 1979). Eine derartige Symbiose im größeren Rahmen scheint es zwischen der späten Moche- und der Cajamarca-Kultur gegeben zu haben (Shimada 1982:184). Im Zuge der teilweise verkrampften Suche nach "Vertikalitätsmodellen" sind andere Interaktionsmuster oder Netzwerke (Topic 1985) wie z.B. kontrollierter Handel, direkte Tributbeziehungen oder das, was Shimada (ibid.) "horizontale Archipele" an der Küste genannt hat, zu kurz gekommen. Die letzte Bemerkung trifft in vielleicht noch größerem Maße für den Süden zu, wo die Beziehungen Hochland - Tiefland, die seit dem Formativum bestanden, noch verstärkt werden. In Nordchile steht die Bodenbau und Fischfang betreibende Bevölkerung während der "Alto-Ramírez-Phase" (ca. 600 v.Chr. bis 400 n.Chr.) durch ein Netzwerk von Lamakarawanen mit den Altiplano-Hirten (Pukara-Kultur) in Verbindung. Gleichzeitig verstärken die Hirten und Bodenbauer Nordwest-Argentiniens ihre Kontakte sowohl zum Altiplano als auch zur Pazifikküste.

Zentrum dieses Systems war jedoch der Altiplano, wo die Bevölkerungsdichte sehr viel höher war und sich auf der Grundlage intensiven Bodenbaus und der Kamelidenzucht eine differenzierte Gesellschaft mit der allmählich wachsenden Stadt Tiwanaku als Mittelpunkt herausgebildet hatte. Tempelanlagen in Pyramidenform als ummauerte Plätze gehörten zum in der Blütezeit auf ca. 4 km2 angewachsenen städtischen Areal, das von fruchtbarem Marschland am Rand des Titicaca-Sees umsäumt ist. Ausgehend von einer Interaktionssphäre, die den Altiplano im Süden weiträumig in Halbkreisform umfaßt (einschließlich der Ostflanken der Anden), erreichte der Tiwanaku-Einfluß im 6. Jahrhundert n.Chr. die Ayachuo-Gegend im zentralperuanischen Hochland mit der Stadtsiedlung Wari. Während des "Mittleren Horizontes" hatte sich der kulturelle Einfluß dieser Bewegung bis nach Moche und weiter nördlich ausgedehnt. Ob es eine militärische Expansion war oder die Triebkraft eine religiöse Idee darstellte, angeführt durch den "Stabgott", den wir schon von Chavín und Nazca her kennen, ist bisher noch ungeklärt. Das gleiche gilt für die Frage der Hegemonie bzw. völligen Trennung der politischen Sphären zwischen Wari und Tiwanaku. Eine dritte Richtung betont die Verschlechterung de Umweltbedingungen (vgl. Tab. 16), die eine Ausdehnung der Kontrolle des Güterstroms erforderlich machte. Jedenfalls kam es im Mochegebiet offensichtlich zu Naturkatastrophen (Überflutungen), die zur Aufgabe der Sonnen- und Mondpyramide führten (Moseley 1983:225).

Der gleiche Faktor, ökologische Veränderungen, ist wiederum für das relativ frühe Ende (gegen 1.000 n.Chr.) dieser Bewegung angeführt worden, ohne daß diese Erklärung oder eine andere wie z.B. verfehlte Politik, Mißwirtschaft, Epidemien usw. allgemeine Zustimmung gefunden hätten. Wie man aber auch vierhundert Jahre später im Falle des Inkareichs beobachten kann, scheint es schwer, in den Anden ein so ausgedehntes Gebiet zusammenzuhalten, selbst bei Perfektionierung der Kommunikationswege.

Die vielen Lokalkulturen, die sich auf der Basis der ersten regionalen Entwicklung als Königreiche oder ethnische Föderationen in der "Späten Zwischenperiode" etablieren, reichen bereits bis an die schriftführende Zeit heran, da sie zumindest teilweise die relativ kurze Episode der Inkaherrschaft überlebten. Unter ihnen ist an erster Stelle das Chimú-Reich mit seiner Hauptstadt Chan Chan zu nennen, das mit einer noch intensiveren Bewässerungswirtschaft als Moche und hohen Leistungen in Kunst und Metalltechnik die Nordküste zu neuer Blüte brachte. Während wir uns für das globale politische System neben den archäologischen Zeugnissen auf die spanischen Chronisten stützen, haben neue verfeinerte Methoden ethnohistorischer Archivarbeit und archäologische Rekonstruktionen Einblicke in die lokalen Verhältnisse erbracht, z.B. über die innere Organisation der Bewässerungswirtschaft und ihre Auswirkung auf verwandtschaftliche, soziale und politische Strukturen (Netherly 1984).

Im Hochland ist es nach Tiwanaku bis zur Anlage von Cuzco über Jahrhunderte zu keinen urbanen Zentren mehr gekommen, die mit den Städten von Küstenkulturen wie Chan Chan, Chancay, Chincha oder Ica vergleichbar gewesen wären. Vielmehr muß man von einer Desintegration in verschiedene Kleinstaaten oder Häuptlingstümer ("señoríos") sprechen, die zwar die ererbten Traditionen und Kenntnisse weiterpflegten, ohne jedoch die Urbanität früherer Kulturen wiederzuerlangen. Die bevorzugte Lage ihrer Siedlungen war an Hängen oder auf Bergkuppen, um so vor Angreifern geschützt zu sein. Das gesamte Andengebiet ist in dieser Zeit von einem Netz von Festungsstädten in Verbindung mit Terrassenanbau und Speicheranlagen überzogen. Als Konsequenz des Kampfes um die Ressourcen mag es zur Verstärkung des sog. Vertikalitätssystems gekommen sein, wie es z.B. von den Lupaka des Altiplano und ihren Kolonien an der südperuanischen Küste berichtet wird.

Vor allem an den (östlichen und westlichen) Abhängen der Anden kam es zu einer Konzentration von befestigten Siedlungsanlagen; das belegen die erst relativ spät entdeckten Städte im Pajatén (Nordost-Peru), in Bolivien (Iskanwaya), Nordwest-Argentinien (Tastil, Pukara de Humahuaca) oder Chile (Quitor, Caserones), um nur einige

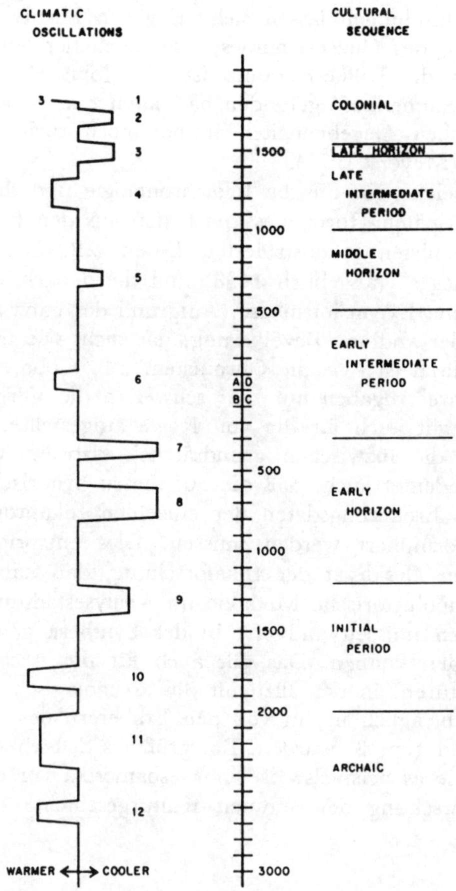

Tab. 16

zu nennen. Trotz des Verfalls der Karawanenstraßen aus der Tiwanakuzeit gab es immer noch Fernreisen mit Lamaherden, welche die ökonomischen Großraumbeziehungen aufrecht hielten.

Die Inka, die später ihr Riesenreich mit Festungen überzogen, mögen einer der posttiwanakuzeitlichen Festungsstädte entstammen, von der sie diese Militärtechnik mitbrachten. Obwohl sich stilistische Beziehungen zu Tiwanaku ergeben, vor allem in der Keramik, läßt sich der Inkastil nicht direkt davon ableiten. Es muß ein Zwischenglied gegeben haben, das wir aber bisher nicht genau beschreiben können. Verbindungen lassen sich zu vielen Posttiwanaku-Stilen wie des Altiplano, des Cuzco-Raumes, oder auch der Andenabhänge ziehen. Daß es die Killke-Keramik ist, die John H. Rowe in Cuzco unter dem "Sonnenhof" gefunden hat, kann man wegen der unklaren stratigraphischen Gegebenheiten immer noch nicht uneingeschränkt akzeptieren (Meyers 1975).

Das Gleiche gilt für die Inkachronologie und die zeitliche Festlegung des "Späten Horizontes" nach den aus den Berichten der spanischen Chronisten rekonstruierten Daten z.B. über das Ende des "Chanka-Krieges" (angeblich 1438) und die danach von Inka Pachacuti begonnene Expansionsphase. Aufgrund des ganz anderen Zeitverständnisses der andinen Bevölkerung, das nicht wie unseres unilinear, sondern zyklisch ist (wie die Chronisten, z.B. Cobo, selbst beklagen), kann man ihre Angaben nur sehr schwer in die Vergangenheit projizieren. Das gilt auch für die von Rowe aufgestellte Abfolge der Inkaherrscher, die inzwischen grundsätzlich kritisiert wurde (Zuidema 1983). Es bedeutet auch, daß die auf diesen historischen Ableitungen aufbauenden Eroberungsdaten der einzelnen Inkaprovinzen archäologisch neu formuliert werden müssen. Dies entspricht einem lange vorgebrachten Desiderat der Inkaforschung, daß nämlich archäologische und ethnohistorische Methode im Analysestadium getrennt angewandt werden müssen und erst in der Synthese gemeinsam berücksichtigt werden können. Das gilt auch für die Archäologie früherer andiner Kulturen, in der allzu oft die archäologisch gewonnenen Ergebnisse nachträglich in ein von den Eroberern des 16. Jahrhunderts geprägtes Bild gepreßt wurden. Ein größeres Selbstbewußtsein der Archäologie, wie es beispielsweise in Mesoamerika vorzufinden ist, würde der Erforschung der andinen Kulturgeschichte sicherlich zugute kommen.

Für die Durchsicht einer vorläufigen Version des Manuskriptes danke ich Hartmut Tschauner, Bonn.

Literatur

Bednarik, Robert G.
1989 On the Pleistocene settlement of South America. Antiquity 63:101-111.
Bischof, Henning
1985 Zur Entstehung des Chavín-Stils in Alt-Peru. Beiträge zur Allgemeinen und Vergleichenden Archäologie, 6:355-452.
Bonavía, Duccio
1982 Precerámico peruano. Los Gavilanes - mar, desierto y oasis en la historia del hombre. Lima (Lit.!).
Cardich, Augusto
1985 The fluctuating upper limits of cultivation in the central Andes and their impacts on Peruvian prehistory. Advances in World Archaeology 4:293-333.
Chaucat, Claude
1988 Early hunter-gatherers on the Peruvian coast. R. Keatinge (Ed.):41-66.
Craig, Alan K.
1985 Cis-Andean environment transects: Late quaternary ecology of northern and southern Peru. Masuda, Shimada and Morris (Eds.) 1985:23-44.
Dillehay, Tom D.
1979 Prehistoric resource sharing in the central Andes. Science 204:24-31.
Golte, Jürgen
1980 La racionalidad andina. Lima.
Hocquenhem, Anne Marie
1987 Iconografía Mochica. Lima.
Irwing, William
1985 Context and chronology of early man in the Americas. Annual Review of Anthropology 14:529-555 (Lit.!).
Jennings, Jesse J. (Ed.)
1983 Ancient South Americans. San Francisco (Lit.!).
Kauffmann Doig, Federico
1983 Manual de arqueología peruana (8. Aufl., 1.Aufl. 1969). Lima (Lit.!).
Keatlinge, Richard W. (Ed.)
1988 Peruvian Prehistory. An overview of pre-Inca and Inca society. Cambridge (Lit.!).
Kolata, Alan L.
1983 The South Andes. J. Jennings (Ed.):241-285.
Lanning, Edward P.
1967 Peru before the incas. Englewood Cliffs.
Lathrap, Donald W.
1970 The Upper Amazon. London.
Lauer, Wilhelm und Walter Erlenbach
1987 Die tropischen Anden. Geoökologische Raumgliederung und ihre Bedeutung für den Menschen. Geographische Rundschau 39(2):86-95.
Lavallée, Danièle und Luis G. Lumbreras
1986 Die Andenvölker von den frühen Kulturen bis zu den Inka. Universum der Kunst, München.
Lechtman, Heather, A. Erlij and E.J. Barry
1982 New perspectives on Moche metallurgy: Techniques of guilding copper at Loma Negra. American Antiquity 47(1):3-30.
Lumbreras, Luis G.
1974 The Peoples and Cultures of Ancient Peru. Washington, D.C.
1981 Arqueología de la América andina. Lima.
Lynch, Thomas F.
1983 The paleo-Indians. J. Jennings (Ed.) 1983:87-137.
Lynch, Thomas F., R. Gillespie, J.A.J. Gowlett and R.E.M. Hedges
1985 Chronology of Guitarrero Cave, Peru. Science 229:864-867.

MacNeish, Richard S., A. García Cook, L.G. Lumbreras, R.K. Vierra and A. Nelken-Terner
1981 The Prehistory of the Ayacucho Basin, Peru, vol. 2: Excavations and Chronology. Ann Arbor.

MacNeish, Richard S., T.C. Patterson and D.L. Browman
1975 The Central Peruvian Prehistoric Interaction Sphere. Andover (Mass.).

Masuda, Shozo, I. Shimada and C. Morris (Eds.)
1985 Andean Ecology and Civilization. An Interdisciplinary Perspective on Andean Ecological Complementarity. Tokyo.

Meyers, Albert
1975 Algunos problemas en la clasificación del estilo incaico. Pumapunku 8:7-25. La Paz.

Millones, Luis y Hiroyasu Tomoeda (eds.)
1982 El hombre y su ambiente en los Andes centrales. Senri Ethnological Studies no. 10. Osaka.

Moseley, Michael E.
1975 The Maritime Foundations of Andean Civilization. Englewood Cliffs.
1983 Central Andean civilization. J. Jennings (Ed.) 1983: 179-239 (Lit.!).

Murra, John V.
1975 Formaciones económicas y políticas del mundo andino. Lima.

Netherly, Patricia
1984 The management of the late Andean irrigation systems on the north coast of Peru. American Antiquity 49(2):227-254.

ONERN (Oficina Nacional de Evaluación de Recursos Naturales)
1976 Mapa ecológico del Perú. Guía explicativa. Lima.

Pulgar Vidal, Javier
1967 Geografía del Perú. Las ocho regiones naturales. Lima.

Quilter, Jeffrey and Terry Stocker
1983 Subsistence economics and the origin of Andean complex societies. American Anthropologist 85(3):545-562.

Ravines, Rogger
1978 Recursos naturales de los Andes. R. Ravines (ed.): Tecnología andina, pp. 1-106. Lima.
1982 Panorama de la arqueología andina. Lima.

Rick, John
1980 Prehistoric Hunters of the High Andes. New York.
1988 The character and context of highland pre-ceramic society. R. Keatinge (Ed.) 1988:3-40.

Service, Elman R.
1977 Ursprünge des Staates und der Zivilisation. Frankfurt.

Shimada, Izumi
1982 Horizontal archipelago and coast-highland interaction in north Peru: Archaeological models. Millones y Tomoeda (eds.) 1982:137-210.

Topic, John R. and Theresa Lange Topic
1985 Coast highland relations in northern Peru: The structure and strategy of interaction. M. Thompson, M.T. Garcia and F.J. Kense (Eds.): Status, Structure and Stratification: Current Archaeological Reconstructions, pp. 55-65. The University of Calgary Archaeological Association.

Troll, Carl
1968 The Cordilleras of the tropical Americas. Aspects of climatic, phytogeographical and agrarian ecology. Geoecology of the Mountainous Regions of the Tropical Americas, pp. 15-56. Colloquium Geographicum, Band 9.

Willey, Gordon R.
1971 An Introduction to American Archaeology, vol. 2: South America. Englewood Cliffs.
1974 Das Alte Amerika. Berlin.

Zuidema, Rainer T.
1983 Hierarchy and space in Incaic social organization. Ethnohistory 30(2):49-75.1.

2. Nördliches Andengebiet (Ecuador, Kolumbien, West-Venezuela)

Henning Bischof

Abgrenzung und Beziehungen

Kolumbien und West-Venezuela bilden mit oder ohne Einschluß Ecuadors den Osten des sogenannten "Zwischengebiets" (Willey 1971: 4), d.h. des Gebiets zwischen Peru und Mesoamerika (Abb. 40). Der Westen wird unter der Bezeichnung Zentralamerika in einem eigenen Kapitel behandelt (→ 2-Ia3), was nicht als Postulat einer vorspanischen Kulturgrenze zwischen Panama und Kolumbien mißverstanden werden darf (Bray 1984:308f.).

Unbestritten ist dagegen das Vorhandensein einer südlichen Kulturgrenze (→ 2-Ia1), eigentlich Übergangszone zum zentralen Andenraum zwischen Südecuador und der nordperuanischen Piura-Region (Guffroy 1987:335-342). Sie verschob sich im Lauf der Geschichte insbesondere im Bereich des Hochgebirges; den zentralandinen kulturellen und politischen Normen verschafften die Inka dort kurzfristig sogar bis Südkolumbien Geltung.

Ein Versuch, die gesamte Andenregion Kolumbiens aus dem Zwischengebiet herauszulösen, mäße der Orographie zuviel Bedeutung bei (Lumbreras 1981:42). C. Osgood beschrieb die kulturhistorischen Zusammenhänge zutreffender als ein "H", dessen Senkrechten von der kolumbianischen Westkordillere nach Nicaragua und vom Orinoko auf die Antillen verlaufen, verbunden durch die Achse Nordvenezuela-Nordkolumbien (Osgood/Howard 1943:5). Dieses Konzept ist auch dem "Zirkumkaribischen" (Steward 1948) überlegen, das im "Handbook of South American Indians" auffällige Inkonsistenzen verursachte (Bände 2 und 4).

Das tropische Amazonas-Gebiet trug im zentralen und südlichen Andenraum manches zur Kulturentwicklung bei. Viel tiefgreifender sind aber die strukturellen Gemeinsamkeiten der Völker des nördlichen Andenraums mit denen des tropischen Regenwaldes auf jeweils vergleichbarem Kulturniveau. Zudem kam es zu Infiltrationen von Gruppen aus dem Amazonas- und Orinoko-Tiefland, die in den interandinen Flußtälern und bis an die Küsten von Karibik und Pazifik gewohnte Umweltverhältnisse antrafen (Castaño/Dávila 1984:101-130).

Bis zur Inka-Expansion wurden die Beziehungen zu den südlich benachbarten Zentralanden durch den großenteils über See abgewickelten Warenaustausch bestimmt, der im 16. Jahrhundert n.Chr. ethnohistorisch belegt und archäologisch bis in das 2./1. Jahrtausend v.Chr. zurückzuverfolgen ist (Indikator: Spondylus-Muscheln; Paulsen 1974). Auf den bestehenden Kommunikationswegen werden sich auch weniger eindeutig nachweisbare Güter, Erfahrun- gen und Konzepte verbreitet haben.

Das Inventar mancher Regionalkulturen läßt andererseits an Kontakte mit Mittelamerika denken, entlang der pazifischen bzw. karibischen Küste oder durch Überland-Handelsketten (u.a. Evans/Meggers 1966; G. y A. Reichel-Dolmatoff 1956). Meist handelt es sich um keramische oder ikonographische Ähnlichkeiten, nicht Handelsgut. Im Falle Costa Ricas erreichen die Übereinstimmungen mit nordkolumbischen Kulturen schon des 1. nachchristlichen Jahrtausends eine überzeugende Dichte. Da dieses Land in den mesoamerikanischen Fernhandel einbezogen war, wäre eine Weitervermittlung von dort denkbar.

Häufig gelang es aber nicht, die konkreten Regionen zu identifizieren, zwischen denen während bestimmter Zeitabschnitte Kontakte stattgefunden haben könnten. Gelingt dies nicht, dürften eher Konvergenzerscheinungen als Kulturdiffusion vorliegen (Lathrap 1966; Bischof 1975:27-29; Bouchard 1984:149). Dasselbe gilt für postulierte transpazifische oder transatlantische Kultureinflüsse, deren Beginn D.W. Lathrap aufgrund von Erwägungen zur Pflanzendomestikation in das Spätpaläolithikum zurückdatiert (Estrada/Meggers 1961; Lathrap 1977; Alcina 1985).

Umweltbedingungen

Über ca. 1200 km entspricht die naturräumliche Dreigliederung dem zentralen Andenraum: a. das pazifische Küstenvorland, b. die Andenketten, in ihrem Südabschnitt besetzt mit z.T. über 6000 m hohen Vulkanen, schließlich c. deren Ost-Abhang zum Amazonastiefland, der "Oriente". Die Anteile wechseln. Mit ca. 160 km ist das Küstenvorland in Ecuador am breitesten, es umfaßt eine 300-500 m hohe Küstenkordillere und das nach Süden geöffnete fruchtbare Becken des Río Guayas und Río Daule. Nördlich davon bahnt sich der Río Esmeraldas seinen Weg zum Meer.

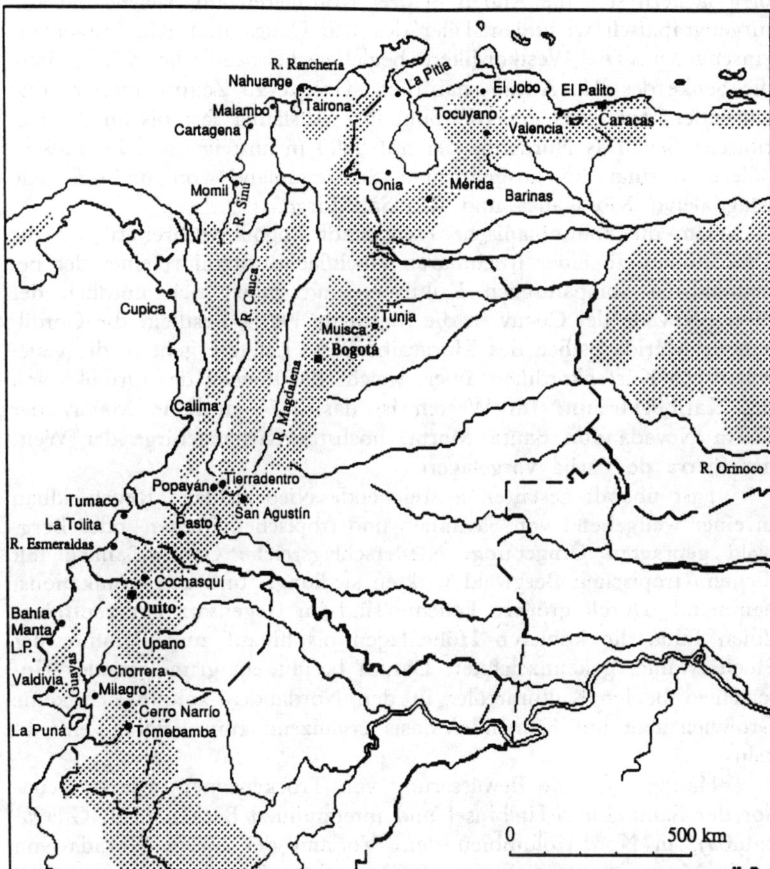
R. Ranchería
Nahuange
La Pitia
El Jobo
El Palito
Tairona
Malambo
Cartagena
Tocuyano
Valencia
Caracas
Onia
Mérida
Barinas
Momil
R. Sinú
R. Cauca
Cupica
Tunja
Muisca
Bogotá
R. Magdalena
Calima
Popayán
Tierradentro
R. Orinoco
Tumaco
San Agustín
La Tolita
Pasto
R. Esmeraldas
Cochasquí
Quito
Bahía
Manta
L.P.
Upano
Guayas
Chorrera
Valdivia
Milagro
Cerro Narrío
La Puná
Tomebamba
0
500 km
K. B.

Abb. 40

Zwei parallele Kordilleren mit eingeschlossenen Beckenlandschaften in 2200-3000 m Höhe bilden das relativ schmale Band der ecuadorianischen Anden. Ein dritter Gebirgszug, schon im "Oriente", ist schwächer ausgeprägt. Am "Kolumbianischen Massiv" in Südkolumbien fächern sich die Anden in drei Kordilleren auf, welche die kulturgeographisch wichtigen Täler des Río Cauca und Río Magdalena einschließen. Die Westkordillere begleitet die pazifische Küste, dann die Senke des Río Atrato, natürliche Grenze zu Zentralamerika, und entsendet beiderseits des Río Sinú ihre Ausläufer fast bis an die Karibische See. Das Nordende der auf 5600 m ansteigenden Zentralkordillere versinkt im ausgedehnten Schwemmland von unterem Río Magdalena, Río Cauca und Río San Jorge.

Um die kolumbianische Hauptstadt Bogotá verbreitert sich die Ostkordillere zu einer fruchtbaren Hochfläche, Standort einer der bedeutendsten vorspanischen Kulturen, und gabelt sich nördlich der Sierra Nevada del Cocuy in die Sierra de Perijá westlich, die Cordillera de Mérida östlich des Maracaibo-Sees. Letztere geht in die venezolanische Küstenkordillere über, welche die Ebenen des Orinoko von der Karibik trennt. Im Westen ist das 5775 m hohe Massiv der Sierra Nevada von Santa Marta, höchstes Küstengebirge der Welt, der Sierra de Perijá vorgelagert.

Fast überall gestatten ausreichende Niederschläge Regenfeldbau in einer weitgehend von Savannen und tropischem Regen- oder Bergwald geprägten Umgebung. Niederschlagsreiche Gebirgsflanken mit dichtem tropischen Bergwald wirkten siedlungs- und kommunikationshemmend. Durch größere Feuchte sind im Gegensatz zur zentralandinen Puna die kühleren Höhenlagen bis hinauf zum Páramo, der Hochsavanne, gekennzeichnet. Darauf beruht ein grundlegender Unterschied beider Kulturareale: in den Nordanden konnte sich keine Großviehzucht auf Kameliden-Basis ergänzend zum Feldbau entwikkeln.

Häufiger als die Bewässerung von Trockenzonen, wie in Ecuador der Santa Elena-Halbinsel und interandinen Becken (z.B. Guayabamba), in Nord-Kolumbien dem Vorland der Sierra Nevada von Santa Marta, stellte sich das Problem einer Entwässerung potentiell fruchtbaren Schwemmlands, u.a. im Guayasbecken (Ecuador), auf interandinen Hochflächen, am Río San Jorge (Nord-Kolumbien) oder in der Orinoko-Region (Venezuela). Ausgedehnte Drainage- und Hochbeetanlagen boten eine Lösung (Parsons/Schlemon 1982; Plazas/Falchetti 1981; Zucchi/Denevan 1979). Terrassen wurden in geringerem Umfang als im zentralen Andenraum gebaut.

Kulturgeschichtliche Periodisierung

Luis G. Lumbreras (1981:21-24) zweifelt an der Möglichkeit eines eigenen panandinen Periodisierungsschemas neben der bekannten, für Gesamtamerika konzipierten Terminologie (Willey/Phillips 1958). Für die Nordanden als östlichen Teil des Zwischengebiets stimmen die vorliegenden Vorschläge jedoch weitgehend überein, obgleich die z.T. ein Vierteljahrhundert alten Einzel-Schemata in manchen Details neuen Erkenntnissen angepaßt werden müssen. Betty J. Meggers (1966) verwendete in ihrer Periodisierung der Kulturen Ecuadors die Begriffe

Präkeramik (bis 3000 v.Chr.)
Frühe Formative Periode (3000-1500 v.Chr.)
Späte Formative Periode (1500-500 v.Chr.)
Periode Regionaler Entwicklung (500 v.Chr.-500 n.Chr.)
Integrations-Periode (500-1470)
Inkaische Eroberung (1470-1532)

In Kolumbien berücksichtigte Gerardo Reichel-Dolmatoff, (1965a, 1986) vor allem die Realität nebeneinander herlaufender sozio-kultureller Formationen und verzichtete weitgehend auf chronologische Abgrenzungen:

(1965)
Frühe Jäger und Sammler (bis ca. 7000 v.Chr.)
Muschelhaufenbewohner (ca. 7000-1000 v.Chr.)
Frühe Gartenbauer
Sub-Andine Kulturen
Tieflands-Häuptlingstümer (seit 1. Jahrtausend v.Chr.)
Dorf-Föderationen (Muisca, Tairona)

(1986)
Paläo-Indianische Etappe
Formative Etappe
Regionale Entwicklungen (Küste/Landesinneres)
Etappe der Häuptlingstümer
Etappe der Frühen Staatenbildungen

Vorbilder für derartige Gliederungen boten Mexiko und der zentrale Andenraum (dazu: Wagner 1967:89-92).

Anders gingen Irving Rouse und José M. Cruxent (1963) bei ihrer Periodisierung der Prähistorie Venezuelas vor. Sie entwarfen in Anlehnung an Altwelt-Terminologie ein strikt chronologisch/geographisch definiertes Raster, in dem sich die Entwicklung konkreter archäologisch nachweisbarer Kulturtraditionen verfolgen läßt:

Paläo-Indianische Epoche (bis 5000 v.Chr.)
Meso-Indianische Epoche (I:5000-1000 v.Chr.)
Neo-Indianische Epoche (II:1000 v.Chr.-300 n.Chr.; III:300-1000 n.Chr.; IV:1000-1500 n.Chr.)
Indo-Hispanische Epoche (seit 1500 n.Chr.)

Ältere Gliederungen legten die einzelnen Landesteile oder markante archäologische Fundregionen zugrunde (Collier 1946; Bennett 1944; Kidder II 1948). Es kennzeichnet den damals vergleichsweise hohen Forschungsstand in Ecuador, daß Jacinto Jijón y Caamaño (1952) schon 1945 eine nach Perioden gegliederte Übersicht der Archäologie seines Landes wagen konnte. Dazu hatte nicht zuletzt seine frühere Zusammenarbeit mit Max Uhle (1929) beigetragen. Einheimische Forscher tendierten dazu, alle Funde der Ethnie zuzuschreiben, die zur Zeit der spanischen Eroberung in einer Region ansässig war, ohne die zeitliche Tiefe zu bedenken.

Erste Besiedlung (vor 10.000 – 4. Jahrtausend v.Chr.)

Nirgends in den Nordanden gibt es bisher sichere Befunde zur Klärung der alten Frage nach Art und Zeitpunkt der Erstbesiedlung Südamerikas (Ardila/Politis 1989). Die Station Tibitó 1 im Hochland von Bogotá erbrachte immerhin pleistozäne Megafauna mit Mastodon und Pferd sowie unifazial in Perkussionstechnik gearbeitete Steingeräte aus der Zeit um 10.000 v.Chr. (Correal 1981). In den nach ^{14}C-Daten annähernd zeitgleich belegten Abris dieser Region (El Abra) fehlt jedoch Megafauna. Die Technik feiner beidflächiger Druckretusche, in anderen Teilen Amerikas charakteristisch für "paläo-indianische" Zeugnisse früher, auf Großwildjagd spezialisierter Jäger, tritt dort nur zwischen 9000 und 8000 v.Chr. auf (Tequendama-Typus; Correal/Van der Hammen 1977). So gefertigte, nur im ecuadorianischen Hochland (Fundplatz "El Inga") zahlreich belegte "Fischschwanz-Spitzen" können weder in Ecuador noch in Kolumbien stratigraphisch, durch Faunen-Vergesellschaftung oder verläßliche archäometrische Methoden datiert werden. Nach ähnlichen Funden in Nordperu und Südchile werden sie in das 9. Jahrtausend v.Chr. gesetzt, übereinstimmend mit dem Auftreten entsprechender Technologie bei Bogotá. Eine zweite Form, die bildflächig retuschierte spitzovale Blattspitze speziell des "El Jobo"-Typs, kommt an zwei nord-venezolanischen Fundplätzen zusammen mit spätpleistozäner Tierwelt vor (Ochsenius/Gruhn 1979).

In die Zeit bis 4000 v.Chr. und später gehören verschiedene keramiklose "Abrense"-ähnliche Fundkomplexe (benannt nach der Station El Abra bei Bogotá) mit typologisch wenig aussagefähigen Steingeräten in einfacher Perkussionstechnik. Wo organische Reste erhalten sind, bezeugen sie Jagd auf ortsgebundene Fauna wie den Weißwedelhirsch (Odocoileus virginianus), Fischfang, das Sammeln von Pflanzenprodukten oder deren Anbau in geringem Umfang, im Hochland von Bogotá die Präsenz domestizierter Meerschweinchen (Correal/Van der Hammen/Lerman 1970). Zu diesen zwischen Nord-Peru und Zentral-Panama verbreiteten Komplexen, die nicht an bestimmte ökologische Zonen (z.B. Mangrovenküste) gebunden sind, gehört die Vegas-Gruppe der Küste Südwest-Ecuadors. Sie nutzte u.a. marine Ressourcen und soll um 9000 v.Chr. den Flaschenkürbis, um 6000 v.Chr. sogar schon Mais gepflanzt haben (Salazar 1988; Stothert 1985). Allerdings beruhen diese im Vergleich zu Nachbarregionen (Peru, Kolumbien) außerdordentlich frühen Daten auf Beobachtungen, die möglicherweise anders interpretiert werden können.

Die flächenretuschierten Klingen-Industrien des ecuadorianischen Hochlands aus Freilandstationen wie El Inga oder Höhlen (Chobshi) lassen sich nicht allein durch dort z.T. besseren Werkstoff (Obsidian) erklären, sondern stehen in einer anderen Tradition, die mit Kamelidenjagd in der trockeneren "Puna"-Hochsteppe zusammenhängen mag.

Übergang zur Pflanzerkultur

Wegen der auffälligen "Muschelhaufen" an Küsten und Lagunen galten marine Ressourcen lange als wichtigster Faktor bei der Seßhaftwerdung und der Entwicklung damit zusammenhängender Neuerungen im technischen Bereich, vor allem der Keramik. Anders als einfacher Brandrodungsfeldbau ermöglichten sie im Prinzip relativ ortsfeste Bevölkerungskonzentrationen. So neigte man dazu, den Grad der Seßhaftigkeit zu über-, den Anteil terrestrischer Produkte zu unterschätzen; es gibt aber durchaus Argumente für jahreszeitliche Transhumanz zwischen Binnenland und Küste. Bei Binnenlandstationen drängte sich die Frage nach der Lebensgrundlage schon eher auf. Ob diese durch unspezialisiert-wildbeuterische Lebensweise, intensive Nutzung bestimmter Pflanzen (z.B. Baum-, besonders Palmfrüchte) oder deren Anbau gesichert wurde, ist wegen ungünstiger Erhaltungsbedingungen leichter zu diskutieren als zu klären. Dabei wird der im tropischen Tiefland-Milieu entstandene Knollenfrucht-Anbau, vor allem von Maniok (Manihot esculenta), dem durch Mais (Zea mays) bestimmten Agrarkomplex gegenübergestellt, dessen Ursprung vermutlich in mittleren, trockeneren Höhenlagen Mesoamerikas liegt, obwohl parallele Domestikationsprozesse im nördlichen Andenraum nicht auszuschließen sind (Bray 1984; Marcos 1988b). Von Region zu Region bietet sich ein sehr uneinheitliches Bild, nicht zuletzt wegen der verschiedenen jeweils angewandten Nachweisverfahren.

Maniok-Verarbeitung kann in Feuchtklimaten archäologisch meist nur indirekt erschlossen werden, hinzu kommen häufig Datierungsprobleme der Fundorte selbst. Großzügige Altersannahmen etwa der tieflands-orientierten Schule D.W. Lathraps (Foster/Lathrap 1973) regten Diskussion und Forschung an, halten aber einer Überprüfung nicht immer stand. Der in diesem Zusammenhang oft genannte Fundort Rancho Peludo im Maracaibo-Becken hat sich inzwischen als relativ jung erwiesen (Bray 1984:317), ebenso Momil I am Sinú und weitgehend auch Malambo am Magdalena (s.u.).

Maisanbau ist immerhin für die bereits keramikführende Valdivia-Kultur des pazifischen Küstenvorlandes Ecuadors im 3. Jahrtausend v.Chr. wahrscheinlich, vielleicht auch für die kolumbianische Westkordillere und im 2. Jahrtausend v.Chr. für die Pazifikküste Panamas (Monsalve 1985; Cooke 1984:272-283). In den übrigen Regionen Ecuadors, Kolumbiens und Panamas setzte er sich effektiv kaum vor der Wende zum 2. Jahrtausend v.Chr. durch, vielfach erst in den letzten Jahrhunderten v.Chr. oder noch später; Ergebnis sehr langsam und uneinheitlich ablaufender Diffusionsprozesse – oder nur unseres lückenhaften Kenntnisstandes?

Über Maniok und Mais sei die Vielfalt anderer Kultigene nicht vergessen: weit verbreiteter wie Bohnen, Kürbis, Erdnuß, Süßkartoffel, neben solchen von nur regionaler Bedeutung, z.B. der Kartoffel in kühlen Klimazonen (Patiño 1963-67). Als Anregungsmittel und in rituellem Kontext wird die Coca immer wieder genannt.

Frühkeramik (4.-2. Jahrtausend v.Chr.)

Aus Ecuador und Kolumbien stammt die älteste bekannte Keramik Amerikas. Die klassischen Funde in Südwestekuador (Valdivia) und Nordkolumbien (Barlovento, Canapote, Puerto Hormiga) deuteten zunächst auf einen Ursprung in Küstensiedlungen des 4./3. Jahrtausends v.Chr., bis nach ^{14}C-Messungen gleichalte, vielleicht sogar ältere Binnenlandfunde erneut die Frage nach dem kulturellen Kontext in beiden Regionen aufwarfen. Eine Anfangsphase der Keramikentwicklung ist noch nirgendwo erfaßt. Die Hypothese einer japanischen Herkunft der Valdivia-Keramik wurde durch die genauere Kenntnis ihrer Entwicklungsstufen (Hill 1975) und den stratigraphischen Nachweis der unmittelbar vorausgehenden San Pedro-Keramik widerlegt (Bischof 1979).

Von beiden Traditionen weist Valdivia den höheren Entwicklungsstand auf. Er äußert sich in strukturierten Dörfern mit Zeremonialbauten und Platzanlagen (Real Alto; Marcos 1988a), in Kleinfunden (Keramikstatuetten, geschliffene Ärmchenbeile, Muschel-Angelhaken) und der Keramik-Technologie selbst (Meggers/Evans/Estrada 1965). Hinzu kommt wahrscheinlich der Anbau von Mais und Bohnen sowie Baumwolle, die fast ein Jahrtausend vor entsprechenden peruanischen Funden in Leinwandbindung verarbeitet wurde, wohl schon auf dem Webstuhl.

Valdivia-Siedlungen sind nach heutigem Forschungsstand zumindest in der Spätzeit über das gesamte pazifische Küstenvorland Ecuadors verbreitet. Im 2. Jahrtausend folgt auf sie ohne in Südwest-Ecuador erkennbare Vorläufer die noch stärker agrarisch orientierte Machalilla-Kultur mit neuen Gefäßformen, darunter die etwa gleichzeitig aus Peru, seltener aus dem späteren Kolumbien bekannte "Gabelhals"- bzw. "Steigbügelausguß"-Flasche (Lathrap/Collier/Chandra 1975; Porras 1983), die relativ früh sogar in Mexiko vorkommt (Paulsen 1977).

Die Entwicklungen in Nordkolumbien sind im einzelnen ungeklärt. ^{14}C-Daten reichen neuerdings bis zum Anfang des 4. Jahrtausends zurück (Oyuela 1987; Legros 1990). Unsicher erscheint die komparativ-stratigraphische Einordnung Puerto Hormigas in eine Kultursequenz, deren Stufen wiederholt in den Muschelhaufen Canapote, Guájaro, Monsú, Puerto Chacho, für die 2. Hälfte des 2. Jahrtausends in Barlovento bei Cartagena erfaßt wurden (Rodríguez 1988; Legros 1990). Anders als in Valdivia überwiegen hier relativ einfache sphärische oder ovale Gefäßformen mit Ritzdekor, in einigen Fällen figürliche Appliken. Handelte es sich bei den Steinsplittern aus San Jacinto um Reibbrett-Zähne, wäre dies ein erstes Indiz für den Anbau bitteren Manioks. Die in allen Fundkomplexen zahlreichen Grübchen-Steine deuten auf Ernte und Zerschlagen von Palmfrüchten.

Konsolidierung der Pflanzerkulturen (1. Jahrtausend v.Chr.)

Obgleich die Kulturen des 1. vorchristlichen Jahrtausends in Kolumbien noch weitgehend unbekannt sind, konsolidierte sich zweifellos damals die auf Maniok oder anderen Feldfrüchten, zunehmend auch Maisanbau begründete dörfliche Lebensweise. Der immer stärker anwachsende keramische Fundstoff beginnt als variabelster Teil der archäologischen Hinterlassenschaft Zeugnis von der Individualität der Dorfgemeinschaften und Regionalgruppen abzulegen. Technische Fortschritte sind zu verzeichnen, Form und Dekor dokumentieren lokale Besonderheiten neben mehr oder weniger weitreichenden äußeren Einflüssen.

Als Beispiel für die damaligen Entwicklungen wird die überwiegend monochrome Malambo-Keramik zwischen Magdalena-Mündung und Sierra Nevada genannt (Angulo 1981; Langeback 1987). Sie gehört aber allenfalls teilweise in das 1. Jahrtausend v. Chr., da 2 der 3 publizierten ^{14}C-Messungen im 1. bis 7. Jahrhundert nach Chr. liegen, übereinstimmend mit den beobachteten Fundvergesellschaftungen. Älteres Fundgut läßt sich beim heutigen Publikationsstand nicht identifizieren. Malambo wird daher ebenso wie das erst um 200 v. Chr. einsetzende Momil I (Sinú; G. y A. Reichel-Dolmatoff 1974) in einem späteren Abschnitt behandelt.

Gesichert ist dagegen die Verbreitung der west-venezolanischen "Tocuyanoiden Serie" mit vorwiegend rot/schwarz-auf-crème bemalter Keramik während des 1. Jahrtausends v.Chr. in das Maracaibo-Bekken (Kusu-Phase; Gallagher 1976; Rouse/Cruxent 1963:67-71) und nach Nordost-Kolumbien (Loma-Phase; G. y A. Reichel-Dolmatoff 1951).

Im Hochland von Bogotá wurden in der Herrera-Phase (vielleicht 13., sicher 4. Jahrhundert v.Chr. – 2. Jahrhundert n.Chr.) Mais, Süßkartoffel, Avocado und Flaschenkürbis, vielleicht auch Quinoa angebaut oder importiert. Bereits damals entwickelte sich die Salzgewinnung bei Zipaquirá zu einem wichtigen Wirtschaftsfaktor (Cardale 1981; Correal/Pinto 1983; Castillo 1984). Für die Steinbauten von Villa de Leiva liegen ^{14}C-Messungen aus dem 8.-4. Jahrhundert v.Chr. vor, sind aber ohne Kenntnis der stratigraphischen und Keramik-Befunde nicht zu beurteilen (Silva 1981).

Daß auch in den Nachbar-Regionen noch überraschende Funde möglich sind, zeigt die Entdeckung des Guaduero-Komplexes und seiner eigentümlichen bemalten Gabelhals-Flaschen (Hernández/Cáceres 1989).

In Südkolumbien reichen nach einigen ^{14}C-Messungen die Wurzeln von San Agustín, einer der bekanntesten Kulturen Altamerikas, mit Schachtgräbern, Holzsarkophagen und monochromer Keramik in das 7./6. Jahrhundert v.Chr. zurück (Llanos 1988:109).

Die umfangreichsten Informationen über eine kolumbianische Kultur des 1. Jahrtausends v. Chr. erschloß das interdisziplinäre englisch-schweizerisch-kolumbianische Calima-Projekt am gleichnamigen Fluß in der Westkordillere: Feldraine, Hausterrassen und Schachtkammergräber der Ilama-Kultur ("Früh-Calima" ca. 700-100 v.Chr.). Kugelflaschen mit steilem Bogenhenkel zwischen zwei Ausgußröhren stellen sie in Zusammenhänge, die nach West- und Südkolumbien sowie Nord-Ecuador reichen. Bemerkenswert sind die figürlich gestaltete Feinkeramik und erste Hinweise auf Goldguß (Bray/Herrera/Cardale 1985, 1988).

In der wurtenreichen Tumaco/Esmeraldas-Region treffen derartige kolumbianische Elemente in der 2. Hälfte des 1. Jahrtausends v.Chr. auf die Ausläufer der ecuadorianischen Chorrera-Tradition , die sich durch hervorragende, häufig "irisierend" bemalte dünnwandige Keramik auszeichnet. Eine typische Form ist die Kugelflasche mit hoher Ausgußröhre und einem Bandhenkel mit eingebauter Pfeife. Ihren Höhepunkt erreichte die keramische Kunst in Zentral-Manabí: figürliche Gefäße und große Hohlfiguren, auf denen feine Ritzungen rote, schwarze und cremefarbene oder "irisierende" Flächen begrenzen (Lathrap/Collier/Chandra 1975). Da die Funde aus Raubgrabungen stammen, gibt es keine Datierungen.

^{14}C-Messungen fehlen ebenso am namengebenden Fundort Chorrera im Guayas-Becken (Evans/Meggers 1957, 1982), liegen aber für die Südwestküste Ecuadors vor. Dort löst die Feinkeramik der zur Chorrera-Tradition gehörigen Engoroy-Gruppe im 9. Jahrhundert v.Chr. die überwiegend ritzverzierte Machalilla-Feinkeramik ab. "Chorrera" begann also ca. 600 Jahre später, als B.J. Meggers (1966:25) nach den noch weniger zuverlässigen Obsidian-Hydratationsdatierungen annahm (Bischof 1975a:26, fig.8; Porras 1983:221-2). Weitergeführt wurde dagegen die rot gestreifte Machalilla-Grobkeramik, ein Beweis für Bevölkerungskontinuität.

Neben Engoroy sind die Guayaquil-Gruppe (R./I. Parducci 1970, 1972, 1975), das mit beiden in Beziehung stehende Bahía I in Manabí (Estrada 1962) und Inguapi 1 bzw. Tachina in Esmeraldas/Tumaco zu nennen (Bouchard 1984; Guinea 1986), bis auf das wohl ältere Tachina sämtlich aus der 2. Hälfte des 1. vorchristlichen Jahrtausends.

Auch im Hochland machen sich Chorrera-Elemente neben Machallila-ähnlichen bemerkbar, z.B. in Cotocollao bei Quito (Porras 1982), Huancarcuchu und Monjashuaico bei Cuenca (Bennett 1946) sowie in der Chaullabamba-Phase von Cañar (Meggers 1966:108-110), dem (Früh-) Cerro Narrío D. Colliers und J.V. Murras (1943), das von der Schule D.W. Lathraps (Braun 1982) mit überzogenen Zeitansätzen zur Diskussion gestellt wurde (Guffroy 1987:116).

Wahrscheinlich hängen die Übereinstimmungen mit einer Intensivierung der überregionalen Handelsnetze zusammen. In den Küstendörfern wird erstmals in großem Umfang Obsidian aus dem Hochland importiert. Umgekehrt gelangten Spondylus-Muscheln in den ecuadorianischen Oriente (Tayos-Höhle bei Macas; Porras 1978) und in den Bereich der Chavín-Kultur Perus, deren Motive im Hochland Süd-Ecuadors (Guffroy 1987, fig. 18), stärker verfremdet in Manabí auftauchten (Lathrap, Collier, Chandra 1975, fig. 80). Gold-Metallurgie ist erstmals für Inguapi 1 gesichert (Bouchard 1984:81).

Außerhalb dieser Entwicklung stehen – trotz mancher keramischen Parallelen – die planvollen Plattform-Komplexe der Upano-Phase um den Vulkan Sangay am Ostabhang der Anden, die ihr Entdecker in die Zeit um Chr. Geb. datiert. Eine Baugruppe scheint figürlich konzipiert zu sein (Jaguar?). Wirtschaftliche Basis war der Maniok-Anbau (Porras 1987). Erinnert sei an die ausgedehnten Erdbauten in Barinas (Venezuela) in einer vergleichbaren Übergangssituation zwischen Anden und tropischem Tiefland.

Die erste Blütezeit (ca. 100 v.Chr.-600 n.Chr.)

Auf der Grundlage von Regionalgruppen der Chorrera-Tradition gewannen in den Jahrhunderten um Chr.Geb. mehrere Kulturen des ecuadorianischen Küstentieflands ihre Identität: Jambelí (Südküste; Estrada/Meggers/Evans 1964), Guangala (Südwestküste; Bushnell 1951) und Tejar (Guayas-Becken; Evans/Meggers 1957), in Manabí Bahía (Estrada 1962) und Jama-Coaque, in der durch eine spanische Arbeitsgruppe untersuchten Esmeraldas-Region Tiaone (Alcina 1979; Sánchez 1981; Guinea 1984; Rivera et al. 1984), im ecuadorianisch-kolumbianischen Grenzgebiet La Tolita/Tumaco (Bouchard 1984:146f.; 1986) und verwandte Komplexe weiter nördlich (Patiño 1988).

Alle zeichnen sich durch hochstehendes Kunsthandwerk aus, z.B. Guangala durch attraktive zweifarbige, dann dreifarbige Feinkeramik, Bahía und Jama Coaque durch besonders reiche Kleinkunst – u.a.

eine Vielfalt keramischer Figuren sowie Gold- und Kupferarbeiten (Kunsthalle 1974; Holm/Crespo 1980; Crespo/Vargas 1985) –, La Tolita/Tumaco außerdem durch die in der ganzen Welt einzigartige Verarbeitung von Platin (Bergsoe 1937).

Der Schwerpunkt der soziopolitischen Entwicklung lag offenbar im Bereich der Bahía-, Jama Coaque- und La Tolita/Tumaco-Kulturen. Keramikmodelle deuten darauf hin, daß sich dies auch in Großbauten als Sitz politischer bzw. religiöser Autorität äußerte. Im Gelände fällt der Nachweis weniger leicht, denn die infrage kommenden Plattformen wurden oft aus altem Kulturschutt errichtet, so daß baustratigraphisch nicht präzise eingeordnete Funde oder ^{14}C-Proben in der Regel ein zu hohes Alter ergeben. Nach den sorgältigen Untersuchungen F. Valdez' und J.F. Bouchards (1986) entstanden Hügelbauten in La Tolita erst später in der 2. Hälfte des 1. Jahrtausends n.Chr., nicht allzu weit vor den Anlagen im nördlichen Hochland (s.u.). Offen bleibt die Datierung anderer großer Plattform-Ensembles z.B. im 1960 zerstörten Esteros in Manta (Estrada 1962, fig. 116) oder in Bahía de Caráquez; keiner der genannten Komplexe ist ohne weiteres als "urban" anzusprechen.

Guangala (Paulsen 1970), Tiaone (Rivera et al. 1984:16) und die meisten Funde – nicht Bauten – von La Tolita (Bouchard 1986; Valdez 1986) gehören im wesentlichen in die Zeitspanne zwischen 100 v.Chr. und 600 n.Chr. Ensprechend ist der Beginn der "Regionalen Entwicklungen" anzusetzen. Probleme bereiten die Korrelation mit Bahía und Jama Coaque. Zwar können Engoroy-ähnliche Elemente in die Zeit vor Chr. Geb. datiert werden (weitgehend Bahía I), doch bleibt der für Vergleiche etwa mit Guangala relevante Fundbestand aus nachchristlicher Zeit undefiniert (Bahía II?, Jama Coaque).

Verschiedene Autoren haben aus diesem reichen Material Hinweise auf Fernkontakte ableiten wollen. Allison C. Paulsen (1970, 1977) schloß aus den Obsidian-, Kupfer- und Spondylusfunden der Guangala-Kultur auf Handelsbeziehungen zum Andenhochland und nach Peru. Weniger beweiskräftig für von ihr vermutete Verbindungen zur Nicoya-Region Costa Ricas bzw. zur Pazifikküste Guatemalas sind Ähnlichkeiten im Keramikdekor (Bushnell 1951; Coe 1960; Paulsen 1970; vgl. Bischof 1975a). Grabungen auf den Inseln Salango und La Plata vor Manabí erbrachten weitere Befunde zum Spondylus-Handel, aber nicht zu seiner Reichweite (Museo Arqueológico 1984). Schließlich sahen E. Estrada und B. J. Meggers (1961) in manchen Kulturgütern asiatische Elemente und belebten eine alte Kontroverse mit neuem Material.

Im ecuadorianischen Andenhochland außerhalb der relativ abgelegenen Loja-Region (Patrice Lecoq, in Guffroy 1987) ist die Kenntnis der Kulturentwicklung des 1. Jahrtausends n.Chr. dürftig (Miño 1975; Alcina 1986a), trotz eines schon von Jacinto Jijón y Caamaño (1952) vorgelegten, aber nicht präzise einzuordnenden großen Fundbestands. Meggers (1966:108-110) setzt Chaullabamba (s.o.) und die Funde von Tuncahuán (Chimborazo) wegen weiß-auf-rot bemalter Keramik in diesen Zeitraum. "Tuncahuán" bezeichnet einen mitgefundenen, räumlich und zeitlich weit verbreiteten Verzierungstyp: schwarzer Reservedekor (Negativmalerei) auf crèmefarbenem, partiell rot bemalten Grund. Tatsächlich dürften Gruppen mit Reservedekor-Keramik durchaus eine Rolle gespielt haben, wie sie in zahlreichen Schachtkammergräbern gefunden und zumindest in Malchinguí (Pichincha) in das 1.-2. Jahrhundert n.Chr. datiert wurde (Albert Meyers et al., in Oberem 1981, 3:143-169). Jijón y Caamaño verweist auch auf Hochlandarchitektur, häufig anhand von Max Uhles Grabungsbefunden, doch sind diese ebensowenig in heutige Chronologie zu übersetzen.

Gesicherte Erkenntnisse liegen erst wieder für Südkolumbien vor, wo die Blütezeit der San Agustín-Kultur am oberen Magdalena nach Anfängen um ca. 600 v.Chr. einen großen Teil des 1. Jahrtausends n.Chr. füllt (Duque 1964; Reichel-Dolmatoff 1972, 1975; Cubillos 1986; Duque/Cubillos 1988; Llanos 1988). Seit dem 4. Jahrhundert n.Chr. wurden in einer kleinen Region von nur ca. 20 km Durchmesser an etwa einem dutzend Zentralorten Bergkuppen planiert, von denen manche schon Abfallschichten früherer Siedlungsphasen trugen. Bis in das 7. Jahrhundert entstanden als bauliche, wohl auch rituelle und geistige Bezugspunkte künstlich aufgeschüttete Hügel über Steinkammern, die bunt bemalte Andesit-Skulpturen oder monolithische Sarkophage bargen, umgeben von Steinkisten- und Schachtgräber-Friedhöfen sowie weiteren Statuen. Heute sind über 400 Statuen und Felsskulpturen bekannt (Sotomayor/Uribe 1987), weit mehr als zur Zeit der Pionierarbeit von Konrad Th. Preuß (1929). Die Gräber enthielten vor allem Keramik, selten und in kleinen Quantitäten Goldschmuck. Offensichtlich gab es bedeutende gesellschaftliche Statusunterschiede. Diese schlossen religiöse Aspekte ein, denn in der Ikonographie herrschen übernatürliche Wesen vor. Arbeitseinsatz wurde in großem Maßstab organisiert; auf welcher sozio-politischen Grundlage, ist allerdings unbekannt.

Zwischen dem 7. und 10. Jahrhundert kam die religiös motivierte, wohl mit Totenverehrung zusammenhängende Bildhauertätigkeit zum Erliegen und die Bauarbeiten konzentrierten sich nun auf profane Anlagen wie Haus- und Feldbauterrassen, Entwässerungsgräben und Wege (Llanos 1988:107-114). Nach den spanischen Quellen war diese seßhafte Bevölkerung im 16./17. Jahrhundert den Angriffen der Andaquío aus dem tropischen Waldland ausgesetzt.

Steinskulpturen, die an San Agustín erinnern, finden sich ohne datierenden Kontext im Einzugsbereich des oberen Magdalena u.a. bei Tierradentro und Moscopán (Sotomayor/Uribe 1987). Auch unter den verschiedenen Keramikkomplexen gibt es San Agustín-verwandtes und ebenso wie dort deuten Terrassierungen und Bewässerungsgräben auf gesellschaftlich organisierten Arbeitseinsatz. Eine Besonderheit Tierradentros sind die Gräber. Nirgendwo sonst wurde das weitverbreitete Schachtkammergrab zu einem farbig ausgemalten unterirdischen Haus gestaltet, in dem die Gebeine mehrer Personen in prachtvoll modellierten Urnen Platz fanden. Die unterschiedliche Grabgröße dürfte Statusunterschiede widerspiegeln. Man setzt die großen Schachtkammergräber in die Jahrhunderte um 1000 n.Chr. (Nachtigall 1955; Cháves/Puerta 1985, 1988).

Die verschiedenen Gruppen des benachbarten Cauca-Tals sind vorwiegend durch undokumentierte Raubgräberfunde aus Schachtkammergräbern bezeugt, so daß die Entwicklung der einzelnen Regionalkulturen nur teilweise nachgezeichnet werden kann (Salgado 1986). Jedenfalls waren die Akzente anders gesetzt als im gleichzeitigen San Agustín. Monumentale Bauten, weitgehend auch Steinskulptur fehlen – Holzschnitzereien sind kaum erhalten –, dafür erreichte das Kunsthandwerk in der Keramik (Figurinen und Doppelausgußflaschen mit Reservedekor), mehr noch der Goldverarbeitung technisch und ästhetisch einen Höhepunkt, den G. Reichel-Dolmatoff (1986:143-146) im Quindío-Gebiet der Zentralkordillere lokalisiert. Berühmt sind die meisterhaft in der Technik der "verlorenen Form" (cire perdue) gegossenen sogenannten "Quimbaya"-Hohlfiguren des mittleren Cauca-Tals (Nachtigall 1961a,b; Bray 1979). Wieder ist die Kulturlandschaft Calima am besten erforscht (s.o.); der dortigen Yotoco-Phase des 1. Jahrtausends n.Chr. gehören große getriebene Schmuckplatten und massiv gegossene "Calima"-Nadeln aus Gold an (Herrera/Cardale/Bray 1982-83); Plazas/Falchetti 1986:205).

Die Bewohner Zentralkolumbiens standen mit dem Süden und vielleicht noch enger mit dem Norden in Verbindung. Viele Elemente der Cauca-Kulturen finden sich in der karibischen Küstenebene am Sinú und San Jorge wieder und gehen in eine ost-westliche Kulturströmung ein. Diese Beziehungen reichten bis hinüber an die pazifische Küste (Cupica), wo panamenische Elemente hinzutreten (G. y A. Reichel-Dolmatoff 1961).

Nicht nur wegen der Datierungsprobleme bietet sich in Nordkolumbien ein recht buntes Bild. Zwischen Urabá und Sinú spielen Tierra Alta-ähnliche Komplexe eine Rolle, am Sinú selbst außerdem in der ersten Jahrtausendhälfte noch Momil I, vermutlich mit Maniok-Anbau, gefolgt von Momil II, dem die Einführung bzw. Intensivierung des Maisanbaus zugeschrieben wird. Man glaubt in beiden Momil-Phasen mittelamerikanische Elemente zu erkennen (G./A. Reichel-Dolmatoff 1956, 1957; Bray 1984), doch gibt es auch Beziehungen nach Osten (Wagner 1967:64,72; Bischof 1969a,b; Reichel-Dolmatoff 1986:78) und nach Süden: z.B. den für Momil I typischen gestempelten Keramik-Dekor in den Kordilleren bis Ecuador. Manches dürfte im gleichzeitigen Cauca-Tal des 1.-6. Jahrhunderts n.Chr., nicht nur im fernen Mittelamerika nachweisbar sein.

Am Río San Jorge entstanden wohl noch vor der Mitte des 1. Jahrtausends n.Chr. sehr beachtliche Hochbeetanlagen und Wohnhügel, während das Fundmaterial Vergleiche mit Tierra Alta, Momil, dem unteren Magdalena und Malambo gestattet (Plazas/Falchetti 1981:47).

In der Tat war nach heutigem Forschungsstand Malambo, dem ebenfalls Maniok-Anbau zugeschrieben wird, mit der Momil-Kultur des Sinú großenteils zeitgleich (s.o.). Seine modellierte monochrome Keramik ist den "barrancoiden" Stilen des beginnenden 1. Jahrtausends n. Chr. in Zentral- und Ost-Venezuela verwandt, durchaus im Einklang mit den ^{14}C-Ergebnissen (Santa Ana, El Palito; Rouse/Cruxent 1963:78f.,86f.). Fundorte im Maracaibo-Becken wie Las Tortolitas (2./1. Jahrhundert v.Chr.) überbrücken die Distanz (L. Arvelo/E. Wagner in Wagner 1984). Letztlich reichen die Verbindungen Malambos bis Guayana und in das Amazonas-Becken.

Seit etwa der Mitte des 1. Jahrtausends treten Formelemente einer weiteren monochromen Keramiktradition auf, an der die Zancudo- und Onia-Phasen des südlichen Maracaibo-Beckens (Sanoja/Vargas 1978:68-71), Mina de Oro in der Ciénaga Grande von Santa Marta, ein Teil der Malambo-Funde, Crespo in Cartagena und andere, z.T. sehr späte Fundkomplexe bis Panama teilhatten (Bischof 1969a,b). Ihr steht Rancho Peludo im Maracaibo-Becken nahe, ebenso die nach einer ^{14}C-Messung in das 7. Jahrhundert gesetzte Miquimú-Phase der Cordillera de Mérida, deren steinerne "Flügelanhänger" in Zusammenhänge gehören, die schon damals über Nord-Kolumbien bis Costa Rica reichen (Wagner 1967:53-56).

Diese Ost-West-Verbindungen liefen über das feuchttropische südliche Maracaibo-Becken, während die von Malambo und die der westvenezolanischen "Tocuyanoiden Serie" zum "Ersten bemalten Horizont" Nordost-Kolumbiens (rot-auf-crème bemalte Keramik) das nördliche Maracaibo-Becken durchquerten (G. y A. Reichel-Dolmatoff 1951; Gallagher 1976; Rouse/Cruxent 1963:67-f.; Ardila 1983; M.R.A. Tartusi et al. in Wagner 1984). Auf anderen Wegen erreichten tocuyanoide bzw. hornoide Stilelemente die Cocuy-Region (Osborn 1985, Fig. 2).

Im Grabfund von Nahuange am Fuße der Sierra Nevada von Santa Marta bündeln sich um die Jahrtausend-Mitte diese vielfältigen Einflüsse. Ein Teil der mitgefundenen Goldobjekte verweist darüber hinaus direkt auf den Sinú/San Jorge und Zentralkolumbien, ein Zeichen ihrer zunehmenden Bedeutung im überregionalen Warenaustausch und als Katalysator sozio-politischer Prozesse: so wurde mesoamerikanische Jade in der 2. Hälfte des 1. Jahrtausends als Prestigegut durch kolumbianisches Gold zurückgedrängt, was die Position der am Handel beteiligten "atlantischen" Häuptlingstümer Costa Ricas stärkte (→2-Ia3). Die kolumbianische Metallurgie wird gekennzeichnet durch feinen Hohlguß in verlorener Form, die Verwendung von Gold-Kupfer-Legierungen (tumbaga), Vergoldung durch Säureätzung von Legierungen (depletion gilding) und eine besonders in späterer zeit auffällige Betonung falschen (mitgegossenen) Filigrans. Nach Revision der alten von José Pérez de Barradas konzipierten "Stile" steht fest, daß sich die wichtigsten metallurgischen Regionaltraditionen schon im 1. Jahrtausend entwickelten (Plazas/Falchetti 1986).

Ansätze zur Staatenbildung (9.-16. Jahrhundert)

Das Grab von Nahuange dokumentiert bereits konstitutive Elemente der Tairona-Kultur (→ 2-Ib4), doch steckte die Kolonisierung des Berglands der Sierra Nevada, ihres späteren Lebensbereichs, noch in den Anfängen. Die Tairona-Kultur war allerdings nicht die einzige, die aufgrund leistungsfähiger sozio-politischer Organisationsform und Motivationsstruktur ein bestimmtes Territorium durch großzügige Infrastruktur- und Prestigebauten (auch Gräber) oder hochwertige Güterproduktion mit unverwechselbarer künstlerischer Identität prägte. Derartigen, archäologischer Beobachtung zugänglichen Phänomenen lagen oft, aber nicht immer, ethnische oder politische Integrationsprozesse bis hin zur "frühen" Staatsbildung zugrunde, wie die spanischen Schriftquellen zeigen.

Deutlicher als in früheren Perioden unterschieden sich Gruppen mit höherem Kulturniveau von denen, die diese Entwicklung nicht mitvollzogen. Daraus resultierte wohl auch ein beachtliches Konfliktpotential.

In diesen Rahmen gehören Fundkomplexe im Flußtal des Magdalena und anderen Regionen, die um das 12. Jahrhundert das kulturelle Mosaik Kolumbiens und Venezuelas bereicherten und vor allem durch die Sitte der Sekundärbestattung in figürlichen Urnen auffallen , welche oft zu mehreren in einem Schachtkammergrab gefunden werden. M.A.R. Tarusi et al. (in Wagner 1984:72-75) sprechen geradezu von einem "Horizont anthropomorpher Graburnen", der auch außerhalb der Nordanden weite Teile des tropischen Amazonas-Tieflands durchzieht. Es gibt jedoch keine stratigraphischen Beobachtungen und nur vereinzelt ein ^{14}C-Meßergebnis, das auf die Zeit nach der Jahrtausendwende deutet. Das Ehepaar G. und A. Reichel-Dolmatoff (1943), dem die Erforschung der indianischen Kulturen Kolumbiens viel verdankt, erkannte die kulturelle Zusammengehörigkeit dieser Komplexe schon früh. Man tendierte in Kolumbien dazu, sie mit karib sprechenden Gruppen zu identifizieren, die aus dem Orinoko-Tiefland in klimatisch vergleichbare Regionen, etwa die Täler des Magdalena und Cauca eingebrochen seien (Rivet 1943; Cataño/Dávila 1984). Soweit dafür spanische Schriftzeugnisse als Quellen dienen, ist Raum für Mißverständnisse gegeben, denn die Bezeichnung "caribes" bezog sich auf kulturelle Merkmale wie Kampftüchtigkeit und Anthropophagie, weniger auf Sprachzugehörigkeit. Es ist nicht geklärt, ob diese Völkerbewegung dazu beitrug, daß z.B. im Cauca-Tal und Teilen Nordkolumbiens die Kulturentwicklung stagnierte, Bevölkerungsdichte und organisatorische Komplexität anscheinend sogar abnahmen, interregionale Kontakte abbrachen. Immerhin gelang es in Kolumbien und Venezuela manchen alteingesessenen Völkern, sich zu behaupten. Meist waren es Angehörige der Chibcha, der wichtigsten Sprachfamilie des Zwischengebiets (Ortíz 1965), wie die Muisca und die Bewohner des Gebiets der Tairona-Kultur. Ecuador war von diesen Vorgängen weniger betroffen.

In der venezolanischen Cordillera de Mérida trug die oberste der drei übereinandergestaffelten Kulturzonen "andinen" Charakter. Kartoffeln und andere Knollenfrüchte bildeten über 2000 m Höhe die Hauptnahrung, es gab Feldbauterrassen, steinerne Bauten, Höhlenheiligtümer und Ritualgerät, die Gräber sind sorgfältig angelegt. Das meiste davon fehlte in der "subandinen" Zone unter 2000 m, in der Mais angebaut wurde. Die hier viel qualitätvollere Keramik (Mirinday-Phase) gehört ebenso zur "Tierroiden Serie" West-Venezuelas wie die schwarz-auf-rote Portacelli-Keramik des "Zweiten bemalten Horizonts" in Nordost-Kolumbien. Die in beiden Kulturzonen gefundenen steinernen "Flügelanhänger" haben ihre Gegenstücke im Gebiet der Tairona-Kultur und darüber hinaus bis Costa Rica. Nach Süden reichten die Kontakte fast bis in das Muisca-Gebiet. Die dritte Zone, schon im Staat Barinas, ist durch ihre formenreiche Keramik Nord- und Westvenezuela verbunden, gehört aber wegen ihres Maniok-Anbaus eher zum Tropischen Waldland (Wagner 1967:87-88). Wieder erweist sich die enge Verflechtung von Gebirgs- und Tieflandkulturen im karibischen Raum.

Ein anderes Kulturzentrum lag am Valencia-See im zentralen Küstengebirge, wo um 1000 n.Chr. Ortschaften mit mehreren Dutzend Wohnhügeln entstanden. Das Inventar umfaßt modellierte monochrome Keramik und breitköpfige Figurinen, Schmuckplatten aus Stein und Muschelschmuck, z.T. als Beigaben in Urnenbestattungen (Osgood 1943; Kidder II 1944).

Die Methode, periodischen Überschwemmungen zu entgehen, kann aus dem westlichen Orinoko-Tiefland stammen, wo in der 2. Hälfte des 1. Jahrtausends ausgedehnte Wohnhügel-, Dammweg- und Kanal-Bauten errichtet wurden. Zum Inventar tropischer Waldland-Gruppen, z.B. geritzter "arauqinoider" Monochrom-Keramik vom Orinoko, trat bemalte Keramik der "Tierroiden Serie", die in die nord- bzw. westvenezolanischen Anden weist (Rouse/Cruxent 1963:74; Zucchi 1975:78-81). Ähnliche Agrar-Probleme waren, wie bereits erwähnt, am unteren Río San Jorge in Nordkolumbien bewältigt worden. Außer hydraulischen Anlagen entstanden dort um 1000 n.Chr. zahlreiche Grabhügel. Die größten liegen allerdings am Sinú (Betancí-Gruppe) und beweisen die besondere Bedeutung der Toten im Bewußtsein der Gesellschaft (G. y A. Reichel-Dolmatoff 1957; Plazas/Falchetti 1981:82-83,110).

Ein Fehlen derartiger archäologischer Oberflächen-Befunde darf andererseits nicht überbewertet werden, denn die Schriftquellen belegen, daß in den Häuptlingstümern Nord- und Westkolumbiens u.U. keine Erdwerke, sondern imposante, doch vergängliche Holzbauten errichtet wurden (Trimborn 1948; Romoli 1987).

Ein Beispiel bietet die Kultur der Muisca auf der Hochebene von Bogotá, der gern ein besonderer Rang unter den altamerikanischen Kulturen zugesprochen wird. Die Architekturbefunde beschränken sich auf Pfostenlöcher von Rundbauten sowie auf Steinsäulen, die bei zwei nicht sicher datierten Bauten gerade Wände bilden (astronomische Observatorien? Silva 1981), andernorts in geringerer Zahl vorkommen, z.T. einbezogen in kleine Rundbauten. Darüber hinaus sind Terrassen- und Hochbeet-Komplexe bekannt. Das erhaltene Inventar ist von durchschnittlicher Qualität – linear bemalte Keramik mit Beziehungen zum "subandinen" West-Venezuela, steinerne Spinnwirtel und skulptierte Patrizen, geschlagene und geschliffene Steingeräte (keine Metallgeräte). Attraktiv müssen die Baumwollwebereien gewesen sein, Exportartikel neben Salz und Smaragden. Eine Sonderstellung nehmen die massiv, aber flach aus Gold oder Kupfer gegossenen Opfergaben-"Tunjos" ein. Sie bilden Menschen, Tiere oder Objekte ab (u.a. Bauten, Sänften, Flöße, Waffen) und wurden z.T. in figürlichen Keramikbehältern deponiert. Die Entwicklung der klassischen Muisca-Kultur auf älteren Grundlagen ist seit dem 8./9. Jahrhundert n.Chr. zu verfolgen, etwas später als die der Tairona-Kultur Santa Martas, mit der indirekte Handelsbeziehungen bestanden. Trotz ihrer Verbindungen nach Norden, Süden und Osten zeigt die Muisca-Kultur des 10.-16. Jahrhunderts einen hohen Grad von Eigenständigkeit. Vielleicht infolge der oben angesprochenen Völkerbewegungen deutet kaum etwas auf Beziehungen zu zentral- und westkolumbianischen Kulturen etwa des Cauca-Tals (Trimborn 1948:143).

Was die Muisca-Kultur auszeichnet, sind ihre sozio-politischen und religiösen Strukturen, vor allem aber Ansätze zur Staatsbildung, die nirgends im Zwischengebiet weiter fortgeschritten waren. Zwei Fürstenhäuser standen sich im frühen 16. Jahrhundert gegenüber: der Zipa von Bacatá (heute Funza) beherrschte im Süden ein Territorium von ca. 9.000 km², der Zaque von Hunza (heute Tunja) ca. 8.000 km² im Norden; im Nordwesten behaupteten sich Kleinfürsten auf ca. 3.500 km². Auf die sakralen Hintergründe des Muisca-Fürstentums verweist der "El Dorado"-Mythos (Pérez de Barradas 1950-51; Broadbent 1964, 1965; Falchetti 1975; Falchetti/Plazas 1973; Tovar 1980; Castillo 1984; Lleras 1989).

Westkolumbien war bei Ankunft der Spanier ein buntes Gemisch von Häuptlingstümern und Ethnien (Trimborn 1949; Romoli 1962, 1963, 1974; Llanos 1981). Archäologisch zeichnen sich eher Gemeinsamkeiten ab: Körperbestattung in Schachtkammergräbern, relativ einfacher Goldschmuck, Keramik mit grob modelliertem und geritztem Dekor, seltener geometrischer Reservedekor ("Negativmalerei"; Ford 1944; Herrera/Cardale/Bray 1982-83; Cubillos 1984; Salgado 1986). Beim generellen Fehlen von Großarchitektur fallen die monumentalen

Plattformbauten von Popayán umso mehr auf (Cubillos 1959). Sie sind nur durch Kontakte dortiger Führungspersönlichkeiten mit Nord-Ecuador zu erklären.

Im Hochland von Ipiales (Kolumbien) bzw. Carchi (Ecuador), war die Qualität von Keramik, Goldarbeiten, Holzschnitzereien höher als im Cauca-Tal und die Schachtkammergräber erreichten 40 m Tiefe. Anscheinend konnten sich Gesellschaft und Handwerkstraditionen hier zwischen dem 8. und 16. Jahrhundert ungestörter entwickeln, obwohl zwei ^{14}C-Messungen auf das Eindringen von Gruppen aus dem ecuadorianischen Hochland deuten, mit bestimmten Goldschmuck-Typen und formenreich modellierter Capulí-Keramik, die geometrischen schwarzen Reservedekor auf rotbraunem Fond trägt. Nach ^{14}C-Messungen existierte im 9.-13. Jahrhundert neben Capulí der Piartal-Komplex, der aber auch durch Siedlungsfunde, nicht nur Schachtgräber belegt ist. Die Piartal-Keramik zeigt auf einfacheren Formen dreifarbige "Tuncahuán"-Reservetechnik, die vergesellschafteten Goldfunde haben eigenen Charakter. Schließlich füllt der aus Piartal hervorgehende Tuza-Komplex (in Ecuador "Cuasmal") mit z.T. figurenreich positiv bemalter Keramik die Zeit bis zur spanischen Eroberung (Cardale 1977-78; Plazas 1977-78; Romoli 1977-78; Uribe 1977-78; Holm/Crespo 1980,1:280-296). Piartal und Tuza werden den in spanischen Schriftquellen erwähnten Pasto zugeschrieben. An den Gräbern sind soziale Unterschiede abzulesen, doch fehlen archäologische oder ethnohistorische Hinweise auf Herrschaftszentren (Alcina 1986b).

Beides ist im südlich angrenzenden Gebiet der Caranqui gegeben und manifestiert sich am deutlichsten durch Großbauten aus Lößblöcken. Man wird kaum fehlgehen, in ihnen zentralandinen Einfluß zu erblicken, der seinen Weg über die mittlere und nördliche Küste Ecuadors nahm (s.o. La Tolita). Soweit erkennbar, wurden im Caranqui-Gebiet gegen Ende des 1. Jahrtausends n.Chr. zunächst für einzelne hochgestellte Persönlichkeiten Grabhügel errichtet. Die in ihnen deponierte positiv bemalte Cosanga-Keramik (früher "Panzaleo II/III") kommt in der Übergangszone zum Amazonas-Tiefland östlich von Quito an Fundorten vor, die steinummauerte Plattformen, Terrassen und gepflasterte Straßen aufweisen, verbunden mit allerdings Jahrhunderte älteren ^{14}C-Messungen. P. Porras (1975:153) führte deshalb die Verbreitung dieser Keramikgattung in verschiedene Zonen des interandinen Hochtals zwischen Tulcán und Riobamba, sporadisch bis in die Küstenregion, auf spätere Bevölkerungsverschiebungen zurück. Wahrscheinlicher ist, daß hieran Fernhändler (mindalaes) mitwirkten, die im nördlichen Hochland als Berufsstand belegt sind (Hartmann 1980).

Seit etwa dem 13. Jahrhundert wurden in den politischen Zentren des Caranqui-Gebiets dann Stufenplattformen erbaut, auf denen Rundhäuser unbekannter Funktion standen – Versammlungsstätten, repräsentative Fürstensitze, Tempel oder mehreres zugleich? An Orten wie Cochasquí oder Zeleta gruppieren sich bis zu 13 solcher Bauten mit langen, gleich ausgerichteten Zugangsrampen inmitten von Siedlungsresten und z.T. älteren Grabhügeln (Athens 1979; Oberem 1981; Echeverría 1988). Über das Kunsthandwerk ist weniger bekannt. Den Inka leisteten die verbündeten Fürsten von Caranqui, Cayambe, Otavalo und Cochasquí erbittert Widerstand, der erst nach langen Kämpfen und dem Bau von Zwingfestungen gebrochen wurde (Oberem 1968).

Für die Darstellung der Kultur der übrigen vorinkaischen Hochlandvölker wird gewöhnlich überwiegend kontextloses Fundgut aus Raubgrabungen herangezogen, denn nur wenige geschlossene Funde oder Fundstrategien sind wissenschaftlich dokumentiert, geschweige denn publiziert (Collier/Murra 1943; Jijón 1952; Porras/Piana 1976). Die Identifizierung von Keramikstilen, Gold-, Kupfer-, Bronze- und Steinartefakten als Gebrauchsgut bestimmter Ethnien bzw. Sprachgruppen des 15./16. Jahrhunderts beruht daher weitgehend auf Vermutungen. Dies kommt u.a. in einer spanischen Untersuchung der im inkaischen Architekturensemble Ingapirca gefundenen einheimischen Cashaloma-Keramik zum Ausdruck (Fesco 1984:183-187), die traditionell – und zu Recht – den Cañari zugeschrieben wird. Ähnlich ist die Situation in Loja (N. Almeida in Guffroy 1987). Allerdings müssen auch die "Völker" der archäologischen Literatur z.T. als Abstraktionen gelten – Panzaleo zwischen Quito und Ambato, Puruhá um Riobamba, Cañari um Cuenca, im Süden Palta –, denn sie umfaßten eine Anzahl politischer Einheiten unter eigenen Fürsten, zwischen denen Auseinandersetzungen wie Allianzen möglich waren (Moreno 1988).

Die Inka-Invasion des 15. Jahrhunderts setzte den einheimischen Hochlandkulturen kein jähes Ende, sondern konfrontierte sie mit neuen Normen und Vorbildern, die schon aus Prestigegründen nachgeahmt wurden. In administrativen und religiösen Zentren wie Tomebamba (Cuenca) als Hauptort, Latacunga, Caranqui und anderen (z.B. Hatun Cañar/Ingapirca), war die Inka-Hierarchie mit Importen aus dem Zentrum des Reichs ausgestattet, was sich im Fundgut widerspiegelt (Meyers 1976; Oberem 1980, 1988). Ihr Einfluß reichte aber kaum über das Andenhochland hinaus. So liegen bedeutende Inka-Funde an der Küste nur von der Insel La Plata bei Manta vor. Sie illustrieren bekannte politische Verhaltensmuster der Inka, sei es als Reverenz vor einer im Meer residierenden Gottheit, sei es als Einschaltung in Seehändler-Aktivitäten (Dorsey 1901).

Die Konzentration der inkaischen Offensivkraft auf das Hochland bescherte den beiden kulturellen Großregionen der Küste bis zur Ankunft der Spanier noch einige Jahrzehnte relativer Selbständigkeit. Das Guayas-Becken beherrschten die Chono, Träger der archäologischen Milagro-Quevedo Kultur, über deren Herausbildung keine publizierten Erkenntnisse vorliegen. Hochbeet-Felder, die weite Schwemmland-Regionen für den Bodenbau erschlossen, erweiterten ihre Wirtschaftsgrundlage erheblich. Im ganzen Gebiet finden sich aufgeschüttete Hügel, deren größte – über 100 x 30 m bei 10 m Höhe – wohl repräsentative Holzbauten trugen, während kleinere Hügel als Wohnhügel anzusprechen sind oder regelmäßig angeordnete Urnengräber aus übereinandergesetzten großen Töpfen sowie Körpergräber enthalten. Anlage und Inhalt der Gräber verraten markante Statusunterschiede, u.a. durch reichen Gold-, Silber- und z.T. vergoldeten Kupferschmuck, Schellen, Pyritspiegel und Edelmetallgefäße. In der Tat sprechen die Schriftquellen von mächtigen Häuptlingen, sogar einem Herrscher der Chono (Espinoza 1988). Besondere Erwähnung verdienen die Kupfergeräte und -werkzeuge, darunter Symbolobjekte wie figürlich gegossene oder bis 20 kg schwere, andererseits auch ganz dünne "Beile". Importierte Gefäße aus dem Hochland (Cosanga) und von der Küste (Manteño) bezeugen die geographisch vorgezeichnete regionale Mittlerrolle; in der Metallurgie äußert sich Einfluß der über See direkt erreichbaren Zentralanden. Die überlieferten Kämpfe gegen die Lampuna der heutigen Insel La Puná, z.T. Seegefechte auf Balsa-Flößen, galten wahrscheinlich der Kontrolle dieses Seewegs (Estrada 1957a; Moreno 1988).

Das für die Milagro-Quevedo-Kultur charakteristische Topfröhrengrab in Hügelaufschüttungen ist der Esmeraldas-Kultur von La Tolita nicht fremd, es scheint dort sogar älter zu sein (M.W./M. Stirling 1963:5). Sonst überwiegen die Unterschiede zur Küstenkultur, die im Norden durch den Fundort Atacames in Esmeraldas, südlich von Jama bzw. Bahía de Caráquez durch die Ethnie der Manta, von Colonche bis in die Provinz El Oro durch die Huancavilca repräsentiert wird, denen man die Lampuna von Puná zurechnet. Im Hinterland waren die ethnischen Verhältnisse weniger übersichtlich (Jijón 1952:82-84,87-89; Alcina 1979, fig. 11).

Atacames im Norden wurde durch eine spanische Arbeitsgruppe untersucht. Dort erstreckt sich in Meeresnähe ein ausgedehntes Feld aufgeschütteter Wohnhügel, aus denen relativ grobe, rot bemalte Keramik sowie einige Kleinfunde stammen. Die Entwicklung der Siedlung zwischen dem 11. und 14. Jahrhundert läßt sich annähernd nachvollziehen (Guinea 1984:156). In welchem Umfang damals La Tolita noch aktiv war, bleibt dagegen zu klären (Bouchard 1986:125); es gibt keinen konkreten Anlaß, die Nachricht über ein frei zugängliches Handelszentrum im Tal von Ciscala (Esmeraldas) auf diesen Ort zu beziehen (Rostworowski 1977:116). Jijón y Caamaño (1952:88) hat die politischen Rahmenbedingungen des Küstenhandels in eine "Kaufmanns-Liga" nach Art der Hanse umdeuten wollen. Die zugrunde liegende Quelle (ebd.:87) spricht jedoch eindeutig von Herrschaft, die Çalangane (Salangone?), wohl eine Küstenregion um Salango im südlichen Manabí, zumindest bis Atacames ausübte.

Salango gehörte zum Kerngebiet der archäologischen Manteño-Kultur, doch seine politische Macht griff nordwärts über deren Verbreitungsbereich hinaus, der sich bis etwa zum Río Chone erstreckte. Im Süden schloß die Manteño-Kultur den Siedlungsraum der Huancavilca bis zur Guayas-Mündung ein, als besonderen Schwerpunkt die Insel Puná (Estrada 1957b, 1962), doch ist nicht überliefert, wie weit hier die Macht von Salangone reichte.

Beachtlich sind die Errungenschaften der Manteño-Kultur: stadtartige Siedlungen aus Stufenplattformen und großen Tiefbrunnen, Terrassenanlagen und Planierungen. Es blühten die Gold-, Siber- und Kupfermetallurgie. Von der Baumwollweberei zeugen fein verzierte Spinnwirtel. Die oft figürlich geformte Keramik hat elegante Formen und wurde bevorzugt im schwierigen reduzierenden Verfahren schwarzgrau gebrannt. Viele Großkeramiken waren für den Ritualgebrauch bestimmt, ebenso die Steinskulptur, die nirgends im alten Ecuador als Relief, Rundplastik oder Symbolobjekt in ähnlicher Fülle auftritt. Ob die verschiedenen Grabtypen regionale, soziale oder chronologische Unterschiede anzeigen, ist beim Mangel publizierter Befunde unklar; belegt sind Sekundärbestattungen in Urnen, einfache Körper- und z.T. recht geräumige Schachtkammergräber. Nach den Schriftquellen bewahrte man die Haut mancher Toten ausgestopft im Hause auf. Schriftquellen berichten auch von Tempeln mit Idolen, die von Priestern betreut wurden. Tier- und Menschenopfer erinnern an mesoamerikanisches Brauchtum (Herzopfer). Die besondere kulturhistorische Bedeutung der Ethnien an der Zentral- und Südküste Ecuadors beruht auf ihrer Aktivität als seefahrende Händler (Hartmann 1982). Mit besegelten Flößen aus Balsa-Holz, das vor allem an der Küste Ecuadors zugänglich ist (Norton 1986), versorgten sie die Zentralanden mit den dringend für Ritualzwecke benötigten Spondylus-Muscheln, u.a. im Tausch gegen Kupfer, das an der Küste Ecuadors fehlt. Ihre Handelsbeziehungen reichten von Chincha bis weit hinauf an die kolumbianische Pazifikküste – auch die Galapagos-Inseln wurden berührt –, und die dabei nach Zentralamerika übermittelten Nachrichten brachten die Spanier auf den Weg nach Peru.

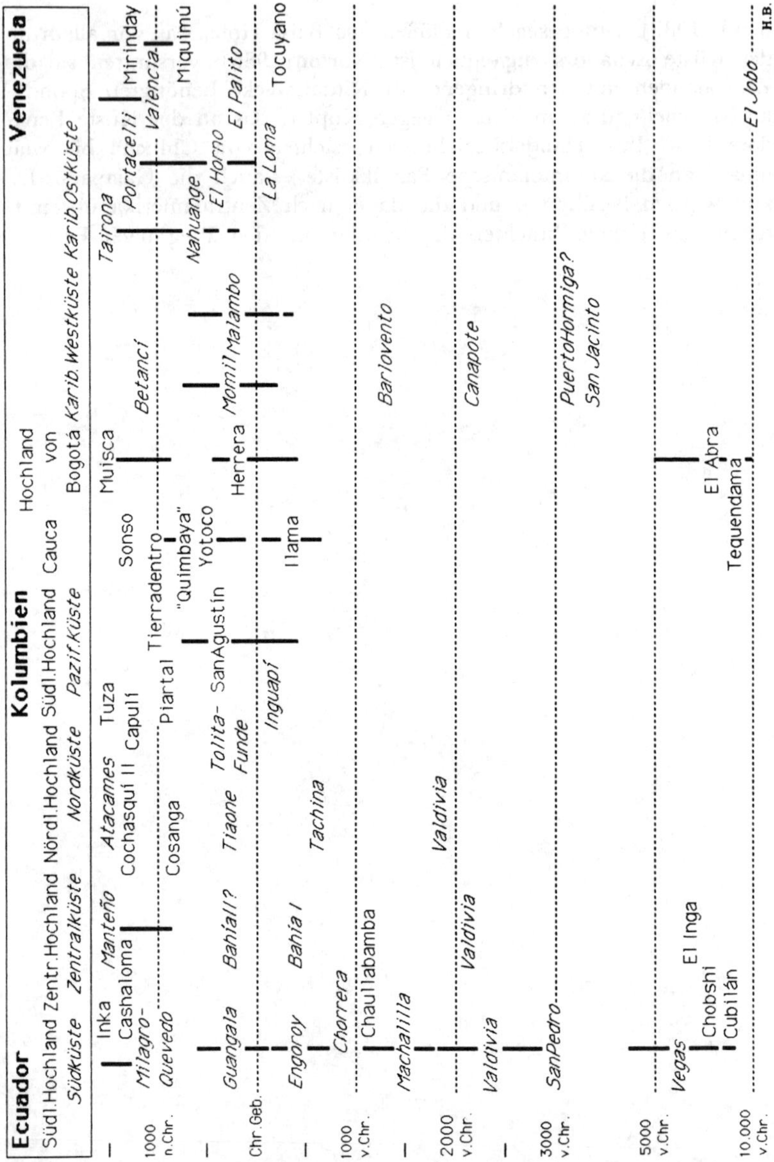

Ecuador
Südl.Hochland
Südküste
Zentr.Hochland
Zentralküste
Nördl.Hochland
Nordküste
Kolumbien
Südl.Hochland
Pazif.Küste
Cauca
Hochland von Bogotá
Karib.Westküste
Karib.Ostküste
Venezuela
1000 n.Chr.
Chr.Geb.
1000 v.Chr.
2000 v.Chr.
3000 v.Chr.
5000 v.Chr.
10.000 v.Chr.
Inka
Milagro-Quevedo
Cashaloma
Manteño
Atacames
Cochasquí II
Cosanga
Tuza
Capulí
Piartal
Tierradentro
Sonso
"Quimbaya"
Yotoco
Muisca
Herrera
Betancí
Momil
Malambo
Tairona
Nahuange
El Horno
La Loma
Portacelli
Valencia
El Palito
Mirinday
Miquimú
Tocuyano
Guangala
Bahía II?
Tiaone
Tolita-Funde
San Agustín
Engoroy
Bahía I
Tachina
Inguapí
Ilama
Chorrera
Chaullabamba
Machalilla
Valdivia
Barlovento
Canapote
San Pedro
Puerto Hormiga?
San Jacinto
Vegas
Chobshi
Cubilán
El Inga
El Abra
Tequendama
El Jobo
H.B.

Tab. 17

Literatur

Alcina Franch, José

1979 La arqueología de Esmeraldas (Ecuador), Introducción. Actes du 42e Congrès International des Américanistes 9-A:195-197. Paris.

1985 Los orígenes de América. Colección Estudios 24. Madrid.

1986a Introducción. Alcina y Moreno 1986:7-16.

1986b El modelo teórico de "jefatura" y su aplicación al área andina septentrional norte. Alcina y Moreno 1986:265-288.

Alcina Franch, José y Segundo E. Moreno Yánez (eds.).

1986 Arqueología y etnohistoria del sur de Colombia y norte del Ecuador. Miscelánea Antropológica Ecuatoriana. Boletín de los Museos del Banco Central del Ecuador, no. 6, número monográfico. Quito.

Angulo Valdés, Carlos

1981 La tradición Malamba. Un complejo temprano en el noroeste de Suramérica. Fundación de Investigaciones Arqueológicas Nacionales, Publicación 12. Bogotá.

Ardila Calderón, Gerardo I.

1983 Proyecto Carbonífero de El cerrejón "Zona Norte". Arqueología de rescate, area de El Palmar. Bogotá.

Ardila Calderón, Gerardo I. y Gustavo G. Politis

1989 Nuevos datos para un viejo problema. Investigaciones y discusiones en torno del poblamiento de América del Sur. Museo del Oro, Boletín 23:2-45. Bogotá.

Arroyo C., Miguel, José M. Cruxent y Sagrario Pérez Soto de Atencio.

1971 Arte prehispánico de Venezuela. 2a ed. 1977. Caracas.

Athens, John Stephen II

1979 El proceso evolutivo en las sociedades complejas y la ocupación del Período Tardío-Cara en los Andes septentrionales del Ecuador. Colección Pendoneros, Serie Arqueología 2. Otavalo.

Ayala Mora, Enrique (ed.)

1988 Nueva Historia del Ecuador. 2a ed., vol. 1-2. Quito.

Bennett, Wendell C.

1944 Archaeological regions of Colombia: A ceramic survey. Yale University Publications in Anthropology 30. New Haven.

1946 Excavations in the Cuenca region, Ecuador. Yale University Publications in Anthropology 35. New Haven.

Bergsoe, Paul

1937 The metallurgy and technology of gold and platinum among the pre-columbian Indians. Ingenioervidenskabelige Skrifter A 44. Koebenhavn.

Bischof, Henning

1969a Contribuciones a la cronología de la cultura Tairona, Sierra Nevada de Santa Marta. Verhandlungen des 38. Internationalen Amerikanistenkongresses 1:259-269. München.

1969b La cultura Tairona en el Area Intermedia. Verhandlungen des 38. Internationalen Amerikanistenkongresses 1:271-280. München.

1975 La fase Engoroy — Períodos, cronología, y relaciones. Oberem, Udo (ed.): Estudios sobre la arqueología del Ecuador. Bonner Amerikanistische Studien 3:11-37. Bonn.

1979 San Pedro und Valdivia — Frühe Keramikkomplexe an der Küste Südwest-Ekuadors. Beiträge zur allgemeinen und Vergleichenden Archäologie 1:355-389. München.

Bouchard, Jean-François

1984 Recherches archéologiques dans la région de Tumaco, Colombie. Mémoire no. 34 = Travaux de l'Institut Français d'Études Andines, t. 24. Paris.

1986 Las más antiguas culturas precolombinas del Pacífico ecuatorial septentrional. Alcina y Moreno 1986:109-129.

Braun, Robert

1982 The formative as seen from the southern Ecuadorian highlands. Marcos y Norton 1982:41-99.

Bray, Warwick
1979 El Dorado, der Traum vom Gold. Ausstellungskatalog. Kestner-Museum. Hannover.
1984 Across the Darién gap: A Colombian view of Isthmian archaeology. Lange, Frederick W. and Doris Z. Stone (Eds.): The archaeology of lower Central America, pp. 305-338. Albuquerque.

Bray, Warwick, Leonor Herrera and Marianne Cardale de Schrimpff
1985 Report on the 1982 field season in Calima. Pro Calima 4:2-26. Basel.
1988 Report on the 1984 field season in Calima. Pro Calima 5:2-42. Basel.

Broadbent, Sylvia M.
1964 Los Chibchas: Organicación socio-política. Serie Latinoamericana 5. Bogotá.
1965 Investigaciones arqueológicas en el territorio Chibcha. Antropología 1. Bogotá.

Bushnell, Geoffrey H.S.
1951 The archaeology of the Santa Elena peninsula in south-west Ecuador. Occasional Publications of the Cambridge University Museum of Archaeology and Ethnology 1. Cambridge.

Cardale de Schrimpff, Marianne
1977-78 Textiles arqueológicos de Nariño. Revista Colombiana de Antropología 21:245-282. Bogotá.
1981 Las salinas de Zipaquirá. Su explotación indígena. Fundación de Investigaciones Arqueológicas Nacionales, Publicación 8. Bogotá.

Castaño Uribe, Carlos y Carmen Lucía Davila
1984 Investigación arqueológica en el Magdalena Medio. Sitios Colorados y Mayaca. Fundación de Investigaciones Arqueológicos Nacionales, Publicación 22. Bogotá.

Castillo Espitia, Neyla
1984 Arqueología de Tunja. Fundación de Investigaciones Arqueológicas Nacionales, Publicación 21. Bogotá.

Cháves Mendoza, Alvaro y Mauricio Puerta Restrepo
1985 Tierradentro. Bogotá.
1988 Vivienda precolombina e indígena actual en Tierradentro. Fundación de Investigaciones Arqueológicas Nacionales, Publicación 38. Bogotá.

Coe, Michael D.
1960 Archaeological linkages with North and South America at La Victoria, Guatemala. American Anthropologist 64,3:363-393.

Collier, Donald
1946 The archaeology of Ecuador. Julian H. Steward (Ed.): Handbook of South American Indians 2:767-784. Washington, D.C.

Collier, Donald and John V. Murra
1943 Survey and excavations in southern Ecuador. Field Museum of Natural History, Anthropological Series 35. Chicago.

Cooke, Richard
1984 Archaeological research in central and eastern Panama. Lange, Frederick W. and Doris Z. Stone (Eds.): The archaeology of lower Central America, pp. 263-302. Albuquerque.

Correal Urrego, Gonzalo
1981 Evidencias culturales y megafauna pleistocénica en Colombia. Fundación de Investigaciones Arqueológicas Nacionales. Bogotá.

Correal Urrego, Gonzalo y María Pinto Nolla
1983 Investigación arqueológica en el municipio de Zipacón, Cundinamarca. Fundación de nvestigaciones Arqueológicas Nacionales, Publicación 18. Bogotá.

Correal Urrego, Gonzalo, y Thomas Van der Hammen
1977 Investigaciones arequeológicas en los abrigos rocosos del Tequendama. Premios de Arqueología 1. Biblioteca Banco Popular. Bogotá.

Correal Urrego, Gonzalo, Thomas van der Hammen y J. C. Lerman
1970 Artefactos líticos de abrigos rocosos en: El Abra, Colombia. Informe preliminar. Revista Colombiana de Antropología 14:9-51. Bogotá.

Crespo Toral, Hernán y José M. Vargas O.P.
1985 Salvat Editores Ecuatoriana (eds.): Arte precolombino de Ecuador. Quito.
Cruxent, José M. and Irving Rouse
1958-59 An archaeological chronology of Venezuela, vol. 1-2. Social Science Monographs 6. Washington, D.C.
Cubillos, Julio C.
1959 El Morro de Tulcán (Pirámide prehispánica). Revista Colombiana de Antropología 8:215-537. Bogotá.
1984 Arqueología del valle del río Cauca. Fundación de Investigaciones Arqueológicas Nacionales, Publicación 25. Bogotá.
1986 Arqueología de San Agustín. Alto de El Purutal. Fundación de Investigaciones Arqueológicas Nacionales, Publicación 30. Bogotá.
Dorsey, George A.
1901 Archaeological investigations on the island of La Plata, Ecuador. Field Columbian Museum, Publication 56. Anthropological Series, vol. 2, no.5. Chicago.
Duque Gómez, Luis
1964 Exploraciones arqueológicas en San Agustín. Revista Colombiana de Antropología, suplemento 1. Bogotá.
1967 Prehistoria, t. 2: Tribus indígenas y sitios arqueológicos. Academia Colombiana de Historia (ed.): Historia Extensa de Colombia, vol. 1. Bogotá.
Duque Gómez, Luis y Julio C. Cubillos
1988 Arqueología de San Agustín: Alto de Lavapatas. Fundación de Investigaciones Arqueológicas Nacionals, Publicación 36. Bogotá.
Echeverría Almeida, José H.
1988 Los primeros poblados. Ayala 1:181-222. Quito
Espinoza Soriano, Waldemar
1988 Etnohistoria ecuatoriana — Estudios y documentos. Quito.
Estrada, Emilio
1957a Ultimas civilizaciones pre-históricas de la cuenca del río Guayas. Museo Víctor Emilio Estrada, Publicación 2. Guayaquil.
1957b Los Huancavilcas. Ultimas civilizaciones pre-históricas de la costa del Guayas. Museo Víctor Emilio Estrada, Publicación 3. Guayaquil.
1962 Arqueología de Manabí Central. Museo Víctor Emilio Estrada, Publicación 7. Guayaquil.
Estrada, Emílio and Betty J. Meggers
1961 A complex of traits of probable transpacific origin on the coast of Ecuador. American Anthropologist 63:913-939.
Estrada, Emílio, Betty J. Megers and Clifford Evans
1964 The Jambelí culture of south coastal Ecuador. Proceedings of the United States National Museum 115:483-558. Washington, D.C.
Evans, Clifford and Betty J. Meggers
1957 Formative Period cultures in the Guayas basin, coastal Ecuador. American Antiquity 22:235-247.
1966 Mesoamerica and Ecuador. Handbook of Middle American Indians 4:243-264. Austin.
1982 Técnicas decorativas diagnósticas y variantes regionales Chorrera, un análisis preliminar. Marcos y Norton 1982:121-133.
Falchetti de Sáenz, Ana M.
1975 Arqueología de Sutamarchán, Boyacá. Biblioteca Banco Popular. Bogotá.
Falchetti de Sáenz, Ana M. y Clemencia Plazas de Nieto
1973 El territorio de los Muíscas a la llegada de los Españoles. Cuadernos de Antropología 1. Bogotá.
Feldman, Robert A. and Michael Moseley
1983 The Northern Andes. Jesse D. Jennings (Ed.): Ancient South Americans, pp. 139-177. San Francisco.

Ford, James A.
1944 Excavations in the vicinity of Cali, Colombia. Yale University Publications in Anthropology 31. New Haven.

Foster, Donald W. and Donald W. Lathrap
1973 Further evidence for a well developed Tropical Forest Culture on the north coast of Colombia during the first and second millenium B.C. Journal of the Steward Anthropological Society 4:160-199. Urbana.

Fresco, Antonio
1984 La arqueología de Ingapirca (Ecuador). Comisión del Castillo de Ingapirca (ed.): Memorias de la Misión Científica Española en Ecuador. Quito.

Gallagher, Patrick
1976 La Pitía: An archaeological series in northwestern Venezuela. Yale University Publications in Anthropology 76. New Haven.

Guffroy, Jean, N. Almeida, P. Lecoq, C. Caillavet, F. Duverneuil, L. Emperaire et B. Arnaud.
1987 Loja préhispanique. Synthèse no. 27 = Travaux de l'Institut Français d'Études Andines 32. Paris.

Guinea Bueno, Mercedes
1984 Patrones de asentamiento en la arqueología de Esmeraldas (Ecuador). Memorias de la Misión Arqueológica Española en el Ecuador 8. Madrid.
1986 El Formativo de la región sur de Esmeraldas. Alcina y Moreno 1986:19-46.

Hartmann, Roswith
1980 Comercio y economía durante la ocupación incaica. Salvat Editores (ed.): Historia del Ecuador 2:161-164. Barcelona.
1982 Andines Südamerika. Hermann Müller-Karpe (Hg.): Zur geschichtlichen Bedeutung der frühen Seefahrt. Kolloquium zur Allgemeinen und Vergleichenden Archäologie 2:128-157. München.

Hernández, Cecilia de y Carmen A. Cáceres de Fulleda
1989 Excavaciones arqueológicas en Guaduero — Cundinamarca. Fundación de Investigaciones Arqueológicas Nacionales, Publicación 41. Bogotá.

Herrera, Leonor, Marianne Cardale de Schrimpff y Warwick Bray
1982-83 El hombre y su medio ambiente en Calima (Altos río Calima y río Grande, Cordillera Occidental). Revista Colombiana de Antropología 24:381-424. Bogotá.

Hill, Betsy D.
1975 A new chronology of the Valdivia ceramic complex from the coastal zone of Guayas province. Ñawpa Pacha 10-12:1-32. Berkeley.

Holm, Olaf y Hernán Crespo Toral
1980 Período Paleoindio o precerámico. Las culturas formativas. El período del Desarrollo Regional. El período de Integración. Salvat Editores (ed.): Historia del Ecuador 1:56-315, 2:1-127. Barcelona.

Itzstein, Gertraud und Heiko Prümers
1981 Einführende Bibliographie zur Archäologie Ecuadors. Bonner Amerikanistische Studien 8. Bonn.

Jijón y Caamaño, Jacinto
1952 Antropología prehispánica del Ecuador. Resumen, 1945. Quito.

Kidder II, Alfred
1944 Archaeology of northwestern Venezuela. Papers of the Peabody Museum of American Archaeology and Ethnology, Harvard University, vol. 26, no. 1. Cambridge, Mass.
1948 The archaeology of Venezuela. Julian H. Steward (Ed.): Handbook of South American Indians 4:413-438. Washington, D.C.

Kunsthalle Köln
1974 Schätze aus Ecuador. Ausstellungskatalog. Köln.

Langebaek Rueda, Carl H.
1987 La cronología de la región arqueológica Tairona vista desde Papare, municipio de Ciénaga. Boletín de Arquología, año 2, no. 1:83-101. Bogotá.

Lathrap, Donald W.
1966 Relationships between Mesoamerica and the Andean areas. Handbook of Middle American Indians 4:265-276. Austin.
1977 Our Father the Cayman, Our Mother the Gourd: Spinden revisted, or a unitary model for the emergence of agriculture in the New World. C.A. Reed (Ed.): Origins of agriculture, pp. 713-751. Den Haag.
Lathrap, Donald W., Donald Collier and Helen Chandra
1975 Ancient Ecuador — Culture, clay, and creativity 3000-300 B.C. Field Museum of Natural History, catalogue. Chicago.
Legros, Thierry
1990 Les premiers céramiques américaines. Les Dossiers d'Archéologie 145:60-63. Dijon.
Llanos Vargas, Héctor
1981 Los cacicazgos de Popayán a la llegada de los conquistadores. Fundacíon de Investigaciones Arqueológicas Nacionales, Publicación 10. Bogotá.
1988 Arqueología de San Agustín: Pautas de asentamiento en el cañon del río Granates — Saladoblanco. Fundación de Investigaciones Arqueológicas Nacionales, Publicación 37. Bogotá.
Lleras Pérez, Roberto
1989 Arqueología del alto valle de Tenza. Fundación de Investigaciones Arqueológicas Nacionales, Publicación 42. Bogotá.
Lumbreras, Luis G.
1981 Arqueología de la América Andina. Lima.
Marcos, Jorge G.
1988a Real Alto (Partes 1-2). Biblioteca Ecuatoriana de Arqueología 4-5. Quito.
1988b El origen de la agricultura. Ayala 1:129-180. Quito.
Marcos, Jorge (ed.)
1986 Arqueología de la costa ecuatoriana. Biblioteca Ecuatoriana de Arqueología 1. Quito.
Marcos, Jorge G. y Presley Norton (eds.)
1982 Primer Simposio de Correlaciones antropológicas Andino-Mesoamericano, 25-31 Julio 1971, Salinas-Ecuador. Guayaquil.
Meggers, Betty J.
1966 Ecuador. Ancient Peoples and Places 49. London.
Meggers, Betty, Clifford Evans and Emilio Estrada
1965 Early Formative Period of coastal Ecuador: The Valdivia and Machalilla Phases. Smithsonian Contributions to Anthropology 1. Washington, D.C.
Meyers, Albert
1976 Die Inka in Ekuador. Bonner Amerikanistische Studien 6. Bonn.
Miño Grijalva, Manuel
1975 Las investigaciones arqueológicas en la sierra ecuatoriana. Revista de la Universidad Católica, año 3, no. 10:135-169. Quito.
Monsalve, José G.
1985 A pollen core from the hacienda Lusitania. Pro Calima 4:40-44. Basel.
Moreno Yánez, Segundo E.
1988 Formaciones políticas tribales y señoríos étnicos. Ayala 2:9-134. Quito.
Museo Arqueológico del Banco del Pacífico
1984 Cambio y continuidad en Salango (Catálogo de exposición). Guayaquil.
Nachtigall, Horst
1955 Tierradentro. Mainzer Studien zur Kultur- und Völkerkunde 2. Zürich.
1961a Alt-Kolumbien. Berlin.
1961b Indianerkunst der Nord-Anden. Berlin.
Norton, Presley
1986 El señorío de Salangone y la liga de Mercaderes. El cartel Spondylus-Balsa. Alcina y Moreno 1986:131-143.
Oberem, Udo
1968 Die Bergfestung Quitoloma im nördlichen Hochland Ecuadors. Baessler-Archiv N.F. 16:331-355. Berlin.

1980 Los incas en el Ecuador. Salvat Editores (ed.): Historia del Ecuador 2:150-168. Barcelona.

1988 El período Incaico en el Ecuador. Ayala 2:135-166. Quito.

Oberem, Udo (ed.)

1981 Cochasqui: Estudios arqueológicos. Otavalo. 2. rev. Ausgabe 1989 (ed. W.W. Wurster): Materialien zur Allgemeinen und Vergleichenden Archäologie 42. Mainz.

Ochsenius, Claudio and Ruth Gruhn (Eds.)

1979 Taima-taima: A late Pleistocene Paleo-Indian kill site in northernmost South America. Coro.

Ortíz, Sergio Elías

1965 Prehistoria, t. 3: Lenguas y dialectos indígenas de Colombia. Academia Colombiana de Historía (ed.): Historia Extensa de Colombia, vol. 1, t. 3. Bogotá.

Osborn, Ann

1985 El vuelo de las Tijeretas. Fundación de Investigaciones Arqueológicas Nacionales, Publicación 28. Bogotá.

Osgood, Cornelius

1943 Excavations at Tocorón, Venezuela. Yale University Publications in Anthropology 29. New Haven.

Osgood, Cornelius and George D. Howard

1943 An archaeological survey of Venezuela. Yale University Publications in Anthropology 27. New Haven.

Oyuela Caycedo, Augusto

1987 Dos sitios arqueológicos con desgrasante de fibra vegetal en la Serranía de San Jacinto (Departamento de Bolívar). Boletín de Arqueología, año 2, no. 1:5-26. Bogotá.

Parducci Z., Resfa y Ibrahim

1970-75 Un sitio arqueológico al norte de la ciudad: Fase Guayaquil. Cuadernos de Historia y Arqueología 37:57-153, 39:97-185, 42:155-284. Guayaquil.

Parson, James J. y Roy Schlemon

1982 Nuevo informe sobre los campos elevados prehistóricos de la cuenca del Guayas, Ecuador. Miscelánea Antropológica Ecuatoriana 2:31-37. Cuenca, Guayaquil, Quito.

Patiño, Victor M.

1963-67 Plantas cultivadas y animales domésticos en América equinoccial, t. 1-3. Cali.

Patiño Castaño, Diógenes

1988 Asentamientos prehispánicos en la costa pacífica caucana. Fundación de Investigaciones Arqueológicas Nacionales, Publicación 39. Bogotá.

Paulsen, Allison C.

1970 A chronology of Guangala and Libertad ceramics of the Santa Elena peninsula in south coastal Ecuador. University Microfilms. Ann Arbor.

1974 The thorny oyster and the voice of God: Spondylus and Strombus in Andean prehistory. American Antiquity 39:597-607.

1977 Patterns of maritime trade between south coastal Ecuador and western Mesoamerica, 1500 B.C. — A.D. 600. Elizabeth P. Benson (Ed.): The sea in the pre-Columbian world, pp. 141-166. Washington, D.C.

Pérez de Barradas, José

1950-51 Pueblos Indígenas de la Gran Colombia, t. I-II: Los Muiscas antes de la conquista, partes 1-2. Madrid.

Plazas, Clemencia

1977-78 Orfebrería prehistórica del altiplano Nariñense, Colombia. Revista Colombiana de Antropología 21:197-244. Bogotá.

Plazas, Clemencia y Ana María Falchetti de Sáenz

1081 Asentamientos prehispánicos en el bajo río San Jorge. Fundación de Investigaciones Arqueológicas Nacionales, Publicación 11. Bogotá.

1986 Patrones culturales en la orfebrería prehispánica de Colombia. Clemencia Plazas (ed.): Metalurgía de América precolombina, pp. 201-227. Bogotá.

Porras Garcés, P. Pedro I.

1975 Fase Cosanga. Estudios Científicos sobre el Oriente Ecuatoriano t. 2. Quito.

1978 Arqueología de la Cueva de los Tayos. Quito.
1982 Arqueología de Quito. I Fase Cotcollao. Quito.
1983 Arqueología Palenque Los Ríos — La Ponga Guayas. Quito.
1987 Investigaciones arqueológicas a las faldas del Sangay, Provincia Morona Santiago. Tradición Upano. Quito.

Porras Garcés, P. Pedro I. y Luis Piana Bruno
1976 Ecuador prehistórico. 2a ed. Quito.

Preuss, Konrad Th.
1929 Monumentale vorgeschichtliche Kunst. Bd. 1-2. Göttingen.

Reichel-Dolmatoff, Gerardo
1965 Colombia. Ancient Peoples and Places 44. London.
1972 San Agustín — A culture of Colombia. London.
1975 Contribuciones al conocimiento de la estratigrafía cerámica de San Agustín, Colombia. Biblioteca Banco Popular. Bogotá.
1986 Arqueología de Colombia. Un texto introductorio. Bogotá.

Reichel-Dolmatoff, Gerardo y Alicia
1943 Las urnas funerarias en la cuenca del río Magdalena. Revista del Instituto Etnológico Nacional, vol. 1, no. 1:209-281. Bogotá.
1951 Investigaciones arqueológicas en el Depto. del Magdalena, Colombia — 1946-1950. Parte 1. — Arqueología del río Ranchería. Parte 2. — Arqueología del río César. Boletín de Arqueología, vol. 3, nos. 1-6. Bogotá.
1956 Momil. Revista Colombiana de Antropología 5:109-333. Bogotá.
1957 Reconocimiento arqueológico de la hoya del río Sinú. Revista Colombiana de Antropología 6:29-157. Bogotá.
1961 Investigaciones arqueológicas en la costa pacífica de Colombia I. El sitio de Cupica. Revista Colombiana de Antropología 10:237-330. Bogotá.
1974 Momil: Dos fechas de radiocarbono. Revista Colombiana de Antropología 17:185-187. Bogotá.

Rivera Dorado, Miguel, Emma Sánchez, Andrés Ciudad, Ana Rodríguez y Anunciada Colón
1984 La cultura Tiaone. Memorias de la Misión Arqueológica Española en el Ecuador 4. Madrid.

Rivet, Paul
1943 La influencia Karib en Colombia. Revista del Instituto Etnológico Nacional, vol. 1, no. 1:55-93. Bogotá.

Rodríguez, Camilo
1988 Las tradiciones alfareras tempranas en las llanuras del Caribe colombiano (Departamentos de Bolívar y Atlántico). Boletín de Arqueología, vol. 3, no. 2:26-40. Bogotá.

Romoli de Avery, Kathleen
1962 El suroeste del Cauca y sus indios al tiempo de la conquista española. Revista Colombiana de Antropología 11:239-300. Bogotá.
1963 Apuntes sobre los pueblos autóctonos del litoral colombiano del Pacífico en la época de la conquista española. Revista Colombiana de Antropología 12:259-292. Bogotá.
1974 Nomenclatura y población indígenas de la antigua jurisdicción de Cali a mediados del siglo XVI. Revista Colombiana de Antropología 16:373-478. Bogotá.
1977-78 Las tribus de la antigua jurisdicción de Pasto en el siglo XVI. Revista Colombiana de Antropología 21:11-55. Bogotá.
1987 Los de la lengua de Cueva. Bogotá.

Rostworowski de Diez Canseco, María
1970 Mercaderes del valle de Chincha en la época prehispánica: Un documento y unos comentarios. 2a ed. rev. 1977. Rostworowski de Diez Canseco, María: Etnía y sociedad. Historia Andina 4:97-140. Lima.

Rouse, Irving and José M. Cruxent
1963 Venezuelan achaeology. Yale Caribbean Series 6. New Haven — London.

Salazar, Ernesto
1988 El hombre temprano en el Ecuador. Ayala 1:73-128. Quito.

Salgado López, Héctor
1986 Asentamientos prehispánicos en el noroccidente del Valle del Cauca. Fundación de Investigaciones Arqueológicas Nacionales, Publicación 32. Bogotá.
Sánchez Montañés, Emma
1981 Las "figurillas" de Esmeraldas: Tipología y función. Memorias de la Misión Arqueológica Española en el Ecuador 7. Madrid.
Sanoja, Mario e Iraida Vargas
1978 Antiguas formaciones y modos de producción venezolanos. Caracas.
Silva Célis, Eliécer
1981 Investigaciones arqueológicas en Villa de Leiva. Museo del Oro, Boletín, año 4, enero-abril 1981 (no.10):1-18. Bogotá.
Sotomayor, María Lucía y María Victoria Uribe Alarcón
1987 Estatuaria del Macizo Colombiano. Bogotá.
Steward, Julian H.
1948 The circumcaribbean tribes: An introduction. Julian H. Steward (Ed.): Handbook of South American Indians 4:1-41. Washington, D.C.
Stirling, Matthew W. and Marion
1963 Tarqui, an early site in Manabí province, Ecuador. Anthropological Papers 63 = Smithsonian Institution, Bureau of American Ethnology, Bulletin 186:1-28. Washington, D.C.
Stothert, Karen
1985 The preceramic Las Vegas culture of coastal Ecuador. Americam Antiquity 50:613-637. Washington, D.C.
Tovar Pinzón, Hermes
1970 La formación social Chibcha. 2a ed. rev. 1980. Bogotá.
Trimborn, Hermann
1948 Vergessene Königreiche. Kulturgeschichtliche Forschungen, Band 2. Braunschweig.
1949 Señorío y barbarie en el valle del Cauca. Madrid.
Uhle, Max
1929 Estado de la prehistoria ecuatoriana. Gobierno del Ecuador, Oficina de Información y Propaganda del Estado 14. Quito.
Uribe Alarcón, María V.
1977-78 Asentamientos prehispánicos en el altiplano de Ipialis, Colombia. Revista Colombiana de Antropología 21:57-195. Bogotá.
Valdez, Francisco
1986 Investigaciones arqueológicas en La Tolita (Esmeraldas, Ecuador). Alcina y Moreno 1986:81-107.
Wagner, Erika
1967 The prehistory and ethnohistory of the Carache area in western Venezuela. Yale University Publications in Anthropology 71. New Haven.
1982 Investigaciones arqueológicas recientes en Venezuela Occidental — Sus relaciones culturales con el Area Intermedia. Marcos y Norton 1982:437-455.
Wagner, Erika (ed.)
1984 Relaciones prehispánicas de Venezuela. Caracas.
Willey, Gordon R.
1971 An introduction to American archaeology, vol. 2 — South America. Englewood Cliffs.
Willey, Gordon R., and Philip Phillips
1958 Method and theory in American archaeology. (2nd ed. 1962). Chicago.
Zucchi, Alberta
1975 Caño Caroni. Colección Antropológica 5. Caracas.
Zucchi, Alberta y William M. Denevan
1979 Campos elevados e historia cultural prehispánica en los Llanos Occidentales de Venezuela. Caracas.

3. *Zentralamerika*

Richard Haas

Einführung

Das präkolumbische Zentralamerika spiegelt dank der auf uns gekommenen kulturellen Hinterlassenschaften eine wechselvolle Geschichte wider, die sich zwar durch eine mehr oder minder starke Einflußnahme aus den Kulturarealen Mesoamerikas und des nördlichen Andenraumes auszeichnet, aber durchaus auch eigenständige Kulturmerkmale aufweist. Diese lassen sich regional abgrenzen, so daß innerhalb des kulturgeographischen Großraumes Zentralamerika inzwischen mehrere als kulturell eigenständig zu betrachtende Gebiete sichtbar wurden. Bedingt durch die völlig ungleichgewichtige Forschungslage in Zentralamerika, ist es bis heute jedoch lediglich gelungen, einige dieser Regionen zu definieren. Der weitaus größere Teil ist hierzu noch nicht intensiv genug erforscht, so daß in diesen Fällen die Darstellung der kulturgeschichtlichen Entwicklung noch aussteht.

Geomorphologie und Umweltbedingungen

Zentralamerika ist eine schmale Landbrücke, die den amerikanischen Doppelkontinent verbindet und sich vom Isthmus von Tehuantepec in Südmexiko bis Nordkolumbien erstreckt. Sie wird von einer Gebirgskette durchzogen, die sie in drei Zonen aufteilt: die pazifische Zone, das zentrale Hochland und die karibische Zone. Der Gebirgszug verläuft von Mexiko kommend in Nordwest-Südost-Richtung und endet in Zentral-Costa Rica.

Weiter südlich schließen sich die Kordillere von Talamanca und andere Vulkanketten an. Von Süden kommend bilden die Vulkane des Darién eine Verlängerung der Anden. Die pazifische Zone ist sehr viel schmaler als die der Karibik, da die Ausläufer des Gebirges, insbesondere in El Salvador und Nicaragua fast bis an das Meer heranreichen. Im Gegensatz dazu bildet die karibische Zone eine breite Küstenebene in Nordost-Honduras und in Ost-Nicaragua. Bemerkenswert sind die großen Seen in Nicaragua, der Managua- und der Nicaragua-See, die zwar sehr nahe am Pazifik liegen, jedoch in den Atlantischen Ozean entwässern.

Zentralamerika weist tropisches Klima auf. Man unterscheidet zwei Jahreszeiten, die Trocken- und die Regenzeit. Sie verlaufen jedoch nicht im gesamten Gebiet zeitlich einheitlich. Die größten Niederschläge fallen auf der immerfeuchten karibischen Seite (bis 6000 mm). Die inneren Täler und Hochbecken sind dagegen zum Teil recht trocken (um 600 mm).

Klima und Vegetation zeigen einen Übergangscharakter. In den feuchten Gebieten findet sich bis etwa 800 m tropischer Urwald, in trockenen Senken gibt es dürftige Steppen. An der pazifischen Küste herrschen Savannenwälder und Dornbusch vor. Auch in der Fauna spiegelt sich die geographische Lage wider: Man findet sowohl nord- als auch südamerikanische Tierarten vor. Hirsche, Tapire, Affen, diverse Vogelarten, einige Raubtiere wie Jaguar, Ozelot und Puma, aber auch Krokodile, Echsen, Schlangen und schließlich Schildkröten, Fische und Schaltiere seien hier genannt.

Zu den fruchtbarsten Gebieten Zentralamerikas gehört El Salvador, wo die Asche der vielen tätigen Vulkane den Boden immer wieder düngt. Ein weiteres sehr fruchtbares Gebiet ist das Hochland von Costa Rica. Auch die Halbinsel Nicoya weist recht ergiebige Böden auf. Überhaupt war schon in vorspanischer Zeit die pazifische Zone bevorzugtes Siedlungsgebiet. Dies blieb bis heute so. Die karibische Zone umfaßt, vor allem in Honduras und Nicaragua, tropische Wald- und Savannengebiete mit armen Böden. Auch das Hochland von Honduras und Nord-Nicaragua ist wenig ertragreich. Lediglich die Küsten- und Flußtäler waren stärker besiedelt, so insbesondere Nord-Honduras. In Panama schließlich konzentriert sich die Besiedlung auf den Westen des Landes mit seinen Savannen, während der Osten, die Provinz Darién, noch heute ein dichtes Urwaldgebiet ohne günstige Lebensräume darstellt.

Abgrenzung des kulturgeographischen Raumes

Die Frage nach einer kulturellen Abgrenzung des zentralamerikanischen Raumes (Abb. 41) von den benachbarten Hochkulturarealen beschäftigt die Forschung seit langem (z.B. Lothrop 1939, Longyear 1947). Doch erst in jüngster Zeit konnte zumindest für die Abgrenzung zu Mesoamerika dank mehrerer größerer Grabungen im Grenzbereich einige Klarheit erzielt werden. Die südöstliche Grenze muß dagegen weiterhin, bedingt durch die schlechte Forschungslage im Daríengebiet, weitgehend unbestimmt bleiben.

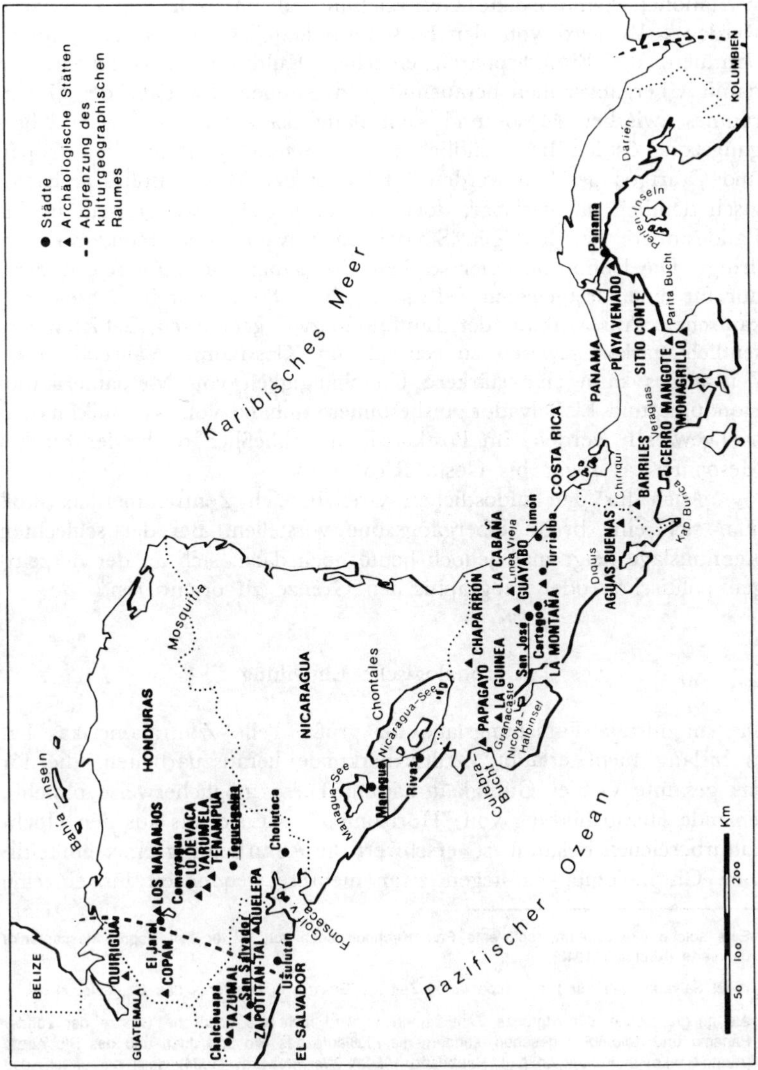
● Städte
▲ Archäologische Stätten
-- Abgrenzung des kulturgeographischen Raumes
Karibisches Meer
Pazifischer Ozean
BELIZE
GUATEMALA
HONDURAS
EL SALVADOR
NICARAGUA
COSTA RICA
PANAMA
KOLUMBIEN
Bahia-Inseln
Mosquitia
QUIRIGUA
El Jaral
COPAN
LOS NARANJOS
Comayagua
LO DE VACA
YARUMELA
TENAMPUA
Tegucigalpa
Chalchuapa
TAZUMAL
San Salvador
ZAPOTITAN-TAL
QUELEPA
Usulután
Choluteca
Golf v. Fonseca
Managua-See
Managua
Rivas
Nicaragua-See
Chontales
Culebra-Bucht
PAPAGAYO
LA GUINEA
Guanacaste
Nicoya-Halbinsel
CHAPARRON
LA CABAÑA
Linea Vieja
GUAYABO
San José
Cartago
LA MONTAÑA
Turrialba
Limón
Diquis
AGUAS BUENAS
Chiriqui
BARRILES
Kap Burica
CERRO MANGOTE
MONAGRILLO
Veraguas
SITIO CONTE
Parita Bucht
PLAYA VENADO
Panama
Perlen-Inseln
Darién
50 100 200 Km

Abb. 41

Wenn hier von einer Grenze gesprochen wird, so darf selbstverständlich keine exakte Grenzziehung in unserem Sinne erwartet werden[1]. Es wird von der Forschung lediglich der Versuch unternommen, die Einflußsphären einzelner Kulturen zu verfolgen, um damit Übergangszonen herausfinden zu können. Im Falle des Grenzraumes zwischen Meso- und Zentralamerika kann eine solche Übergangszone östlich bzw. südlich der großen Mayastätten von Copán und Quiriguá gesehen werden[2]. Hier ist der Maya-Einfluß archäologisch deutlich nachweisbar, doch läßt er nach, je weiter man in das Landesinnere der heutigen Staaten El Salvador und Honduras vordringt. Die Definition einer solchen Übergangszone kann selbstredend nur für einen festgelegten Zeitraum gelten. So scheint im mesoamerikanischen Präklassikum der Einfluß in den genannten Gebieten wesentlich stärker gewesen zu sein als im Klassikum. Während dieses Zeitraumes kann eine stärkere Unabhängigkeit von Mesoamerika in Honduras und El Salvador, insbesondere anhand von Keramikfunden, nachgewiesen werden. Im Postklassikum schließlich reicht der Einfluß Mesoamerikas sogar bis Costa Rica.

Auch für den südöstlichen Grenzbereich Zentralamerikas muß man sich eine breite Übergangszone vorstellen. Bei der schlechten Kenntnislage neigt man jedoch heute noch dazu, sich an der derzeitigen politischen oder geographischen Grenze zu orientieren[3].

Chronologische Einteilung

Die ungünstige Forschungslage für große Teile Zentralamerikas hat es bislang nicht erlaubt, Kulturmerkmale herauszuarbeiten, die für das gesamte Gebiet Gültigkeit hätten. Diese möglicherweise ohnehin fehlende Herausbildung von "Horizonten", wie sie uns aus den Hochkulturbereichen bekannt ist, erschwert die Ausarbeitung einer einheitlichen Chronologie. Es liegen zwar mehrere Sequenzen für einzelne

---

1 Eine solche Grenzziehung schwebte Paul Kirchhoff noch vor, als er den Begriff Mesoamerika definierte (Kirchhoff 1943).

2 In El Salvador galt der Río Lempa lange Zeit als Grenze, in Honduras das Chamelecón-Tal.

3 Als geographische Südostgrenze Zentralamerikas wird nicht die politische Grenze der Länder Panama und Kolumbien gesehen, sondern die Flußläufe des Río San Juan und des Río Atrato (Atrato-Senke) in Kolumbien (vgl. Haberland 1959b). Warwick Bray (1984) weist darauf hin, daß die Definition einer südlichen Grenze Zentralamerikas eher zufällig sei, abhängig davon, welche kulturellen Merkmale man wähle.

Kulturareale vor (Haberland 1978), jedoch wurde erst in jüngster Zeit der Vorschlag einer einheitlichen chronologischen Einteilung gemacht. Er ist Ergebnis eines Symposiums zur zentralamerikanischen Archäologie, welches 1980 in Santa Fé, New Mexico, stattfand (Lange and Stone 1984). Es wird eine Einteilung in sechs Perioden vorgeschlagen (Willey 1984:361ff. u. Fig. 1.2.). Zur Absolutdatierung dieser Perioden wurden einerseits die vorliegenden C^{14}-Daten herangezogen, andererseits mußte jedoch auch mit Chronologien aus den benachbarten Regionen Mesoamerikas verglichen werden.

Periode I (? – 8000 v.Chr.)

Aus dieser frühsteinzeitlichen paläoindianischen Periode liegen beidseitig retuschierte Pfeilspitzen vor, die auf eine Großwildjägertradition schließen lassen.

Periode II (8000 v. Chr. – 4000 v.Chr.)

Es dürften sich in diesem Zeitraum spezialisiertere Jagd- und auch Sammeltätigkeiten herausgebildet haben. Speerspitzen und Werkzeuge zur Holzbearbeitung wurden gefunden.

Periode III (4000 v.Chr. – 1000 v.Chr.)

In diesen Zeitraum fällt der Übergang von der reinen Jagd- und Sammeltätigkeit zum Pflanzenanbau, wie Maniok- und Maisfunde dokumentieren. Für die Zeit um 3000 v.Chr. liegen erste Keramikfunde aus Panama vor.

Periode IV (1000 v.Chr. – 500 n.Chr.)

Dieser Zeitraum stellt den Beginn der Seßhaftigkeit dar. Es wurden sowohl Siedlungsfunde als auch Anzeichen von Viehzucht festgestellt. Gegen Ende der Periode IV hat man mit der Herausbildung von hierarchisch organisierten Gesellschaftsformen (Häuptlingstümern) zu rechnen.

Periode V (500 n.Chr. – 1000 n.Chr.)

Das auffallendste Merkmal dieses Zeitraumes ist der starke Bevölkerungszuwachs, archäologisch dokumentiert u.a. durch umfangreiche Keramikfunde. Die Verwendung von Jade wird im Laufe dieser Periode durch das Gold zurückgedrängt.

Periode VI (1000 n.Chr. – 1550 n.Chr.)

Es lassen sich in diesem Zeitraum verstärkt lokale Merkmale herausarbeiten, die auf eine stärkere Abgrenzung einzelner Regionen hindeuten. Diese Abgrenzung dürfte nicht nur kultureller, sondern auch politischer Natur gewesen sein. Siedlungen von festungsartigem Charakter (wie sie für Periode VI vorliegen), passen in dieses Bild.

Bearbeitung einzelner Regionen

Das präkolumbische Zentralamerika stellt sich (wie schon erwähnt wurde), nicht als einheitlicher kulturgeographischer Raum dar. Vielmehr lassen sich trotz der ungünstigen Forschungslage inzwischen mehrere Kulturareale erkennen. Das nördliche Zentralamerika, insbesondere West-El Salvador und West-Honduras, stand, wie es die geographische Lage nahelegt, immer am stärksten unter mesoamerikanischem Einfluß. Dieser ist schon in vorolmekischer Zeit denkbar, läßt sich aber erst für die olmekische Zeit (→ 1-Ic1) archäologisch nachweisen (Sharer 1978). Der olmekische Einfluß ist jedoch sogar bis Costa Rica spürbar (Snarskis 1979). Etwa ab 400 v.Chr. befand sich El Salvador unter starkem Maya-Einfluß. Besonders deutlich zeigen dies die Ausgrabungen in Chalchuapa in West-El Salvador (Sharer 1978). Im Osten des Landes sind insbesondere die Fundorte Zapotitán (Sheets 1984:95ff.) und Quelepa (Andrews V 1976) zu erwähnen, für die längere Zeitsequenzen gebildet werden konnten.

In Honduras ist das Nachlassen des mesoamerikanischen Einflusses von Westen nach Osten deutlich feststellbar. Leider ist gerade der Osten des Landes archäologisch zum Teil noch kaum erforscht. Der Westen mit dem klassischen Maya-Zentrum Copán ist natürlich noch Mesoamerika zuzurechnen. Die östlich anschließenden Gebiete, der Raum um den Yojoa-See, das Ulua-Sula-Chamelecón-Areal und auch noch Zentral-Honduras sind mesoamerikanisch beeinflußt und werden von manchen Forschern als Randgebiete Mesoamerikas gesehen. Das Fundmaterial umfaßt Keramik, Jade und Obsidian. Es lassen sich Zeremonialzentren feststellen, so z.B. in Zentral-Honduras Jaral und Yarumela.

Besondere Erwähnung verdient ein Keramikstil aus West- und Zentral-Honduras sowie aus El Salvador, die Usulután-Keramik. Sie hatte ihre Hochblüte um Christi Geburt und zeichnet sich insbesondere durch einen charakteristischen Dekor aus (Abb. 42).

Abb. 42

Ab 500 n.Chr. datieren die zylindrischen Gefäße im Ulua-Polychrom-Stil, die von polychromen Maya-Gefäßen beeinflußt sind. In die Zeit zwischen 500 und 1000 n.Chr. fällt auch die Erbauung der Festungsanlage von Tenampua in Zentral-Honduras.

Der Nordosten und der Süden von Honduras standen bis 500 n.Chr. nicht unter mesoamerikanischem Einfluß. Dieser wird im Süden erst in den folgenden Perioden spürbar, während der Nordosten weiterhin von lokalen Stilen und Kulturen geprägt bleibt.

Eines der am besten erforschten Kulturareale in Zentralamerika ist Groß-Nicoya. Es umfaßt das namengebende Gebiet, die Halbinsel Nicoya in Nordwest-Costa Rica, sowie die benachbarte Provinz Guanacaste und Südwest-Nicaragua. Im archäologischen Fundbestand spielt die Keramik eine herausragende Rolle, sowohl was die Fundmenge anbelangt als auch durch ihre kulturgeschichtliche Aussagekraft. Sie zeichnet sich durch Formen- und zum Teil auch durch Farbenreichtum aus.

Die älteste Keramikperiode ist die sogenannte Zonierte Zweifarben-Periode, 800 v.Chr. – 500 n.Chr. Mit dieser Bezeichnung wird auf die charakteristischen Ritzungen angesprochen, die die verschiedenen Farbzonen voneinander trennen. Für die letzten Jahrhunderte dieser Periode ist die Steinbearbeitung ("metates", kleine Figuren) wie auch die Verarbeitung der Jade dokumentiert (Abb. 43). Jade scheint aus dem südlichen Mesoamerika importiert worden zu sein.

Abb. 43

Für die Früh-Polychrom-Periode (500 – 800 n.Chr.) sind kleinere Siedlungshügel bekannt. Augenfälligstes Merkmal dieser und der späteren Perioden ist die Verwendung mehrerer Farben im Keramikdekor. Der Austausch mit Mesoamerika ist in der Mittel-Polychrom-Periode (800 – 1200 n.Chr.) deutlich, in der sich figürliche Motive durchsetzen. Einen besonders starken Einfluß aus Mesoamerika zeigen Darstellungen auf Gefäßen aus der letzten vorspanischen Periode, der Spät-Polychrom-Periode (1200 – 1550 n.Chr.), die an den Stil zentralmexikanischer Bilderhandschriften (→ 1-IIa1) erinnern.

Ein weiteres Kulturareal Zentralamerikas ist das der atlantischen Abdachung Nicaraguas, Costa Ricas und Panamas. Hierbei ist das in jüngster Zeit intensiver erforschte Gebiet der atlantischen Abdachung Costa Ricas, zu dem kulturell auch das zentrale Hochland und die mittlere pazifische Küste Costa Ricas zu rechnen sind, am bekanntesten. In diesem Raum läßt sich die Anwesenheit des Menschen im Gegensatz zu Groß-Nicoya weit in präkeramische Phasen zurückverfolgen. Pfeilspitzenfunde aus Costa Rica und Panama deuten auf spät-paläolitische Großwildjäger hin.

Für die frühesten keramischen Komplexe stammen die Daten aus Costa Rica: La Montaña und Chaparrón (1000 – 500 v.Chr.). Der Zeitraum 500 v.Chr. – 0 ist bislang nicht dokumentiert. Es folgt die El Bosque-Phase, die eine wesentlich bessere archäologische Fundlage aufweist. Vor allem kommen nun Wohnkomplexe und Gräber hinzu, die auf Führungsaufgaben der ihnen zuzuordnenden Bevölkerungsgruppe hinweisen und somit eine soziale Schichtung nahelegen. Es folgt die La Selva-Phase (500 – 1000 n.Chr.), in der die bis dahin verbreitete Jadeverarbeitung durch die Gold-Kupfer-Metallurgie zurückgedrängt wird, was eine Stärkung des Einflusses aus dem nördlichen Südamerika nahelegt. Diese kulturelle Umorientierung in Richtung Süden wird in noch stärkerem Maße durch Siedlungsfunde und Zeremonialbauten dokumentiert, deren Anlage stark an die Tairona-Kultur Nord-Kolumbiens (→ 2-Ib4) erinnern und die in die La Cabaña-Phase (1000 – 1500 n.Chr.) datieren.

Die hier skizzierte Phasenabfolge ist für die atlantische Abdachung Costa Ricas entwickelt worden. Für das Zentrale Hochland (Snarskis 1981:40ff.) und die Atlantikküste Nicaraguas (durch Magnus, s. Willey 1984:353f.) sind andere Sequenzen vorgeschlagen worden.

Für den Süden Zentralamerikas konnten schließlich zwei weitere Kulturareale herausgebildet werden: Groß-Chiriquí und Zentral- und Ost-Panama. Das Gebiet von Groß-Chriquí umfaßt die namengebende Provinz Chiriquí im westlichen Panama sowie das benachbarte Diquís-Gebiet im Süden Costa Ricas an der Pazifikküste. Ob eine Ausdehnung bis zur nördlichen Atlantikküste Panamas vorliegt, ist noch nicht geklärt.

Die präkeramischen Phasen Talamanca (6000 – 2300 v.Chr.) und Boquete (2300 – 500 v.Chr.) zeichnen sich durch Steinwerkzeugfunde aus. In die folgende Phase (500 v.Chr. – 600 n.Chr.) fällt der Beginn der Töpferei. Der bekannteste Fundort dieser Periode ist Barriles, Panama. Dieses Zentrum zeichnet sich durch eine hochstehende Steinbearbeitung aus. Es lassen sich in diesem Zeitraum sowohl Einflüsse aus dem Norden (Aguas Buenas-Phase) wie aus dem Süden (Concepción-Phase) belegen. Die zeitliche Abgrenzung dieser Phase ist noch in der Diskussion. Ebenso ist bislang nicht mit Sicherheit geklärt, ob eine von einigen Forschern vorgeschlagene anschließende Burica-Phase (600 – 800 n.Chr.) als unabhängige Phase angesehen werden kann oder nicht schon einen Teil der darauffolgenden Chiriquí-Phase (800 – 1500 n.Chr.) darstellt. In dieser stellt sich nun ein starker Einfluß aus dem nördlichen Südamerika ein, der auf eine Einwanderung Chibcha-sprachiger Gruppen schließen läßt. Der bekannteste Keramikstil dürfte die Biskuit-Ware sein. Es verdienen aber auch hier wieder die Goldverarbeitung und Steinobjekte besondere Erwähnung, wie "metates" und Figuren.

Abschließend soll auf Zentral- und Ost-Panama eingegangen werden. In diesem Raum können menschliche Spuren bis um 9000 v.Chr. zurückverfolgt werden. Es liegen Pfeilspitzenfunde aus der Gegend des Isthmus vor.

Nach einer mehrere Jahrtausende währenden Zeitspanne, für die keine Funde dokumentiert sind, läßt sich für den Zeitraum um 5000 v.Chr. der Fundort Cerro Mangote (Parita-Bucht, Zentral-Panama) anführen. Das Fundgut macht deutlich, daß es sich um eine Fischer- und Schaltiersammelkultur gehandelt haben muß.

Die Monagrillo-Kultur im gleichen Gebiet stellt den Beginn der Töpferei dar, der auf ca. 3000 v.Chr. datiert wird, und damit sowohl in bezug auf das Alter wie auf einige stilistische Merkmale einen Vergleich mit der Valdivia-Kultur in Ecuador nahelegt. Maisfunde bestätigen diese Datierung. Der Beginn der Seßhaftigkeit, in den Monagrillo wahrscheinlich noch nicht fällt, ist in diesem Raum noch wenig erforscht.

Für das Gebiet am Golf von Panama liegen mehrere Phasenabfolgen vor (Haberland 1978:415ff.), auf die hier nicht näher eingegangen werden soll.

Wie schon das Chiriquí-Gebiet erlebt auch Zentral-Panama nach 800 n.Chr. einen kulturellen Höhepunkt. Insbesondere die Goldschmiedekunst (→ 2-IIc3ß), aber auch die Töpferei verzeichnen eine starke Entwicklung. Einer der bekanntesten Fundorte ist das Gräberfeld von Sitio Conte nahe der Parita-Bucht (Lothrop 1937-42). Der hier festgestellte Coclé-Stil ist ein charakteristischer Keramikstil im Bereich des Golfs von Panama. Es handelt sich um polychrome Keramik mit stark stilisierten meist zoomorphen Darstellungen (Abb. 44). Die Goldschmiedekunst zeigt eine große Vielfalt an Formen. Es finden sich Armbänder, Nasen- und Ohrschmuck, Helme, Brustschmuck usw.

Für Ost-Panama liegen bis heute kaum Untersuchungen vor. So hat der Bericht des Schweden Sigvald Linné über seine Forschungs- und Grabungsarbeiten auf der Darién-Halbinsel und den Perlen-Inseln nicht an Bedeutung verloren (Linné 1929).

Abb. 44

Zusammenfassung

Die Ergebnisse der archäologischen Erforschung Zentralamerikas spiegeln ein konstantes Wechselspiel kultureller Einflußsphären wider. Diese Einflüsse kommen zwar in der Mehrheit von Gebieten außerhalb der besprochenen Region; es lassen sich jedoch durchaus auch kulturelle Entwicklungen aufzeigen, die ihre Eigenständigkeit dokumentieren, wie es am Beispiel der Usulután-Keramik deutlich wird. Der Einfluß Mesoamerikas läßt sich insbesondere im Norden schon zur Zeit der Olmeken feststellen. Im Laufe der folgenden Jahrhunderte führt uns das archäologische Fundgut bis hin zur Nicoya-Halbinsel und zur atlantischen Abdachung Costa Ricas eine an Formen- und Dekorvielfalt bemerkenswerte Keramiktradition und insbesondere eine hochstehende Jadekunst so wie die Vorliebe für die Steinbearbeitung vor Augen. Allmählich verdrängt das Gold als Schmuckmaterial die Grünsteine. Der Einfluß aus dem Süden wird stärker. Er läßt sich unter vielem anderen auch am Maniok-Anbau ablesen, der in die

Gebiete der Maisbauern vordringt. Zum Zeitpunkt der Ankunft der Spanier waren chibchasprachige Gruppen sehr weit nach Norden, bis nach Ost-Nicaragua, vorgedrungen. Mesoamerikanische Sprachgruppen dagegen waren vornehmlich im pazifischen Bereich angesiedelt, so das Pipil in West-El Salvador und Nordwest-Honduras, das Nicarao in West-Nicaragua[4] und das Chorotega auf der Halbinsel Nicoya[5].

Literatur

Andrews V, E. Wyllys
1976 The Archaeology of Quelepa, El Salvador. Middle American Research Institute, Publ. 42. New Orleans.

Baudez, Claude F.
1967 Recherches archéologiques dans la vallée du Tempisque, Guanacaste, Costa Rica. Traveaux et Mémoires de l'Institut des Hautes Etudes de l'Amérique Latine 18.
1970 Mittelamerika. Archaeologia Mundi. München, Genf.

Benson, Elizabeth (Ed.)
1981 Between Continents, Between Seas: Precolumbian Art of Costa Rica. New York. (Lit.!)

Bischof, Henning
1982 Federschlange und Königsgeier. Altindianische Kunst aus Costa Rica. Bildhefte des Städt. Reiss-Museums Mannheim, Völkerkundliche Sammlungen 3. Mannheim. (Lit.!)

Bray, Warwick
1984 Across the Darien Gap: A Columbian View of Isthmian Archaeology. F.W. Lange and D. Stone (Eds.) 1984:305-338.

Demarest, Arthur A. and Robert J. Sharer
1982 The Origins and Evolution of the Usulután Ceramic Style. American Antiquity 47:810-822.

Fernández de Oviedo y Valdés, Gonzalo
1851-55 Historia general y natural de las Indias, islas y tierra-firme del mar océano. 4 Tomos. Madrid.

Haberland, Wolfgang
1959a Archäologische Untersuchungen in Südost-Costa Rica. Acta Humboldtiana. Series Geographica et Ethnographica 1. Wiesbaden.
1959b Zentral-Amerika: Begriff, Grenzen und Probleme. Mitteilungen aus dem Museum für Völkerkunde 25: 53-59. Hamburg.
1960 Ceramic Sequences in El Salvador. American Antiquity 26,1:21-29.
1961 Archäologische Untersuchungen in der Provinz Chiriquí, Panama. Acta Humboldtiana. Series Geographica et Ethnographica 3. Wiesbaden.
1978 Lower Central America. R.E. Taylor and C.W. Meighan (Eds.): Chronologies in New World Archaeology, pp. 395-430. New York.

Hartmann, Carl V.
1901 Archaeological Researches in Costa Rica. Stockholm.

Healy, Paul F.
1980 Archaeology of the Rivas Region, Nicaragua. Waterloo.

4 Beide der Uto-aztekischen Sprachfamilie zugehörig. Über die Lebensweise der Nicarao im 16. Jahrhundert liegt ein ausführlicher Bericht von Fernández de Oviedo vor.

5 Eine Sprache der Otomangue-Sprachfamilie.

Investigaciones arqueológicas en la zona de Bahía Culebra,
1980 Costa Rica (1973-1979). Vínculos 6, San José, C.R.

Kirchhoff, Paul
1943 Mesoamérica: sus límites geográficos, composición étnica y caracteres culturales. Acta Americana 1:92-107.

Lange, Frederick W. and Doris Z. Stone (Eds.)
1984 The Archaeology of Lower Central America. Albuquerque. (Lit.!)

Linares de Sapir, Olga
1968 Cultural Chronology in the Gulf of Chiriquí, Panama. Smithsonian Contributions to Anthropology 8. Washington.

Linné, Sigvald
1929 Darien in the Past: The Archaeology of Eastern Panama and North-Western Colombia. Göteborg.

Longyear III, John M.
1944 Archaeological Investigations in El Salvador. Memoirs of the Peabody Museum of Archaeology and Ethnology 9,2. Cambridge, Mass.
1947 Cultures and Peoples of the Southeastern Maya Frontier. Washington.

Lothrop, Samuel K.
1926 Pottery of Costa Rica and Nicaragua. 2 Vols. New York.
1937-42 Coclé: An Archaeological Study of Central Panama. Memoirs of the Peabody Museum of Archaeology and Ethnology 7,8. Cambridge, Mass.
1939 The Southeastern Frontier of the Maya. American Anthropologist 41:42-54.
1950 Archaeology of Southern Veraguas, Panama. Memoirs of the Peabody Museum of Archaeology and Ethnology 9,3. Cambridge, Mass.
1963 Archaeology of the Diquis Delta, Costa Rica. Papers of the Peabody Museum of Archaeology and Ethnology 51. Cambridge, Mass.

Reyes Mazzoni, Roberto R.
1976 Introducción a la arqueología de Honduras. 2 Tomos. Tegucigalpa.

Sharer, Robert J. (Ed.)
1978 The Prehistory of Chalchuapa, El Salvador. 3 Vols. Philadelphia.

Sheets, Payson D.
1984 The Prehistory of El Salvador: An Interpretative Summary. F.W. Lange and D. Stone (Eds.) 1984:85-112.

Snarskis, Michael J.
1978 The Archaeology of the Central Atlantic Watershed of Costa Rica. Unveröffentl. Diss., Department of Anthropology, Columbia University, New York.
1979 El jade de Talamanca de Tibas. Vínculos 5:89-106. San José, C.R.
1981 The Archaeology of Costa Rica. E. Benson (Ed.) 1981:15-84.

Stone, Doris Z.
1941 Archaeology of the North Coast of Honduras. Memoirs of the Peabody Museum of Archaeology and Ethnology 9,1. Cambridge, Mass.
1957 The Archaeology of Central and Southern Honduras. Papers of the Peabody Museum of Archaeology and Ethnology 49,3. Cambridge, Mass.
1968 Einführung in die Archäologie Costa Ricas. Berlin.
1972 Pre-Columbian Man Finds Central America. Cambridge, Mass.
1977 Pre-Columbian Man in Costa Rica. Cambridge, Mass.

Vínculos. Revista de Antropología del Museo Nacional de Costa Rica. San José. 1.1975ff.

Willey, Gordon R.
1984 A Summary of the Archaeology of Lower Central America. F.W. Lange and D. Stone (Eds.) 1984:341-378.

Willey, Gordon R. and Charles R. McGimsey III
1954 The Monagrillo Culture of Panama. Papers of the Peabody Museum of Archaeology and Ethnology 49,2. Cambridge, Mass.

Yaxkin. Organos de divulgación del Instituto Hondureño de Antropología e Historia. Tegucigalpa. 1.1975ff.

b. Ausgewählte Beispiele

1. *Chavín*

Henning Bischof

Seit den bahnbrechenden Arbeiten Julio C. Tellos (1942), dessen Standpunkt sich W.C. Bennett (1946) im einflußreichen "Handbook of South American Indians" zu eigen machte, und den richtungsweisenden Beiträgen G.R. Willeys (1948, 1951) beherrscht der Name der kleinen Gebirgsstadt Chavín de Huántar die Diskussion über die Entstehung der altperuanischen Kultur. Er bezeichnet neben der klassischen Ruinenstätte einen Kunststil oder ikonographischen Komplex, eine Religion, Kultur oder Epoche (Lumbreras 1972); kaum ein Autor ließ sich zu einer methodisch verfehlten ethnischen Ausdeutung verleiten. Nach einer amerikanistischen Variante der Frankfurter "Kulturmorphologischen Schule" (L. Frobenius) geht die Integration der zentralandinen Kultur auf Chavín zurück (Willey 1962).

Der unbefriedigende Entwicklungsstand der andinen Archäologie erschwert es, ein klares Bild zu gewinnen. Einer im Vergleich zur Alten Welt dürftigen, auch qualitativ meist ungenügenden Erschließung und Vorlage der archäologischen Quellen, d.h. Funde und Befunde, steht eine umso umfangreichere interpretierende, vielfach spekulative Literatur gegenüber.

Chavín de Huántar und seine Monumente

Im engen, doch fruchtbaren Tal des Río Mosna, Zufluß des Marañón, erstrecken sich in 3200 m Höhe beiderseits der Einmündung eines Gebirgsbachs Bebauungsspuren über 1300 x 450 m. Die Monumentalbauten des Ortskerns nehmen ca. 240 x 220 m ein (Tello 1960; Lumbreras 1970; Burger 1984). Zwischen den nach Osten weisenden Armen des ältesten dort bekannten Gebäudes, einer hohen U-förmigen Plattform, liegt ein versenkter runder Zeremonialplatz, geschmückt mit Jaguar- und Dämonenreliefs. Vom runden Platz führte eine Treppe auf den Mitteltrakt der Plattform, genau über einer kreuzförmigen Krypta, die das steinerne "Lanzón" enthält (span. "gewaltige Lanze"). Aus dem zweimal verbreiterten Südflügel dieses "Alten Tempels" entstand später ein fast quadratisches Bauwerk von mehr als 70 m Seitenlänge und ca. 13 m Höhe, der "Neue Tempel", nach dem der Gesamtkomplex "Castillo" (Burg) heißt. Ihm ist, wiederum nach Osten, eine weiträumige Platzanlage zugeordnet, die einen versenkten, diesmal quadratischen Zeremonialplatz umfaßt, flankiert von zwei Plattformen. Monumentale Treppen verbinden die Bauebenen und führen durch ein vorgelagertes, skulptiertes Säulenportal schließlich zu den beiden kapellenähnlichen Gebäuden auf der oberen Plattform des Neuen Tempels. In diesem wie in anderen Details äußert sich ein dualistisches Baukonzept. Ob die nordöstlich anschließende zweistufige Plattform ("Tello-Pyramide") älter oder jünger ist, bleibt zu klären. Ihr Profil erinnert an frühe nordperuanische Bauten, z.B. in Purulén (Zaña-Tal).

Viele wichtige Bauteile zeigen lehmvermörteltes Sichtmauerwerk aus sorgfältig behauenen großformatigen Quadern und Platten. Manche Bruchsteinmauern trugen anscheinend Lehmverputz oder waren mit polierten, z.T. reliefgeschmückten Steinplatten verblendet. Die Aufschüttungen der Plattformen und Terrassen bergen ein nur teilweise erforschtes mehrstökiges Netz unterirdischer "Galerien", d.h. Gänge, Treppen, Nischenreihen, Kammern und Abflußkanäle, belüftet durch enge Querstollen. Letztere dienten vielleicht gleichzeitig akustischen Effekten, etwa für den Betrieb einer Orakelstätte, von der die frühkoloniale Überlieferung spricht (Vázquez de Espinosa 1629). Nach einer Hypothese wurde die topographische Lage im Winkel zwischen zwei Gebirgsflüssen gewählt, um das Wasser durch den Bau leiten zu können und sein Rauschen durch diese Installationen zu verstärken oder vielsagend zu modulieren. Die Hauptachsen von Altem und Neuem Tempel weisen nach Westen in die Richtung des nicht weit entfernten Gletschersees, dem einer der Wasserläufe entspringt. Ähnlich wurde die Orientierung U-förmiger Sakralbauten an der Küste gedeutet. Plätze, Treppenanlagen und Plattformen boten einen imposanten Rahmen für rituelle Auftritte unter Beteiligung großer Menschenmengen, doch ist der architektonische Befund hinsichtlich der Zugangskontrolle unvollständig.

Über die von der Außenwelt weitgehend abgeschirmten Aktivitäten im Gebäudeinnern sind nur Vermutungen möglich. In der "Ofrendas-Galerie" seitlich des Runden Platzes deponierte man Opfergaben aus Stein, Keramik und Knochen um einen Frauenschädel, die gegenüberliegende Galerie enthielt Strombus-Segmente. Schon frühe nordperuanische Bauten verfügten über noch relativ kleine, kellerartige Ritualräume (Purulén, Montegrande).

Einzelne Galerien wurden außerhalb des monumentalen Ortszentrums entdeckt, in dessen Umkreis die Talsohle großflächig terrassiert und wohl auch bebaut war. Ob als Wohnsiedlung, ist zweifelhaft, da Sondagen bis zur nördlichen Begrenzungsmauer Schädelniederlegungen und Prestigegüter wie Obsidian und Goldartefakte erbrachten. Megalithische Stützmauern schützten die Ufer beider Wasserläufe, eine bis 1945 erhaltene Brücke aus gewaltigen Steinplatten reichte vielleicht in diese Zeit zurück (Burger 1984).

Bildwerke und Kleinfunde in Chavín – Der Kunststil

Ebenso bemerkenswert wie die architektonische Qualität ist die künstlerische Ausstattung. Die Wandverkleidung des Runden Platzes und das "Lanzón" (Abb. 45) im Innern des Alten Tempels beweisen mit

Abb. 45

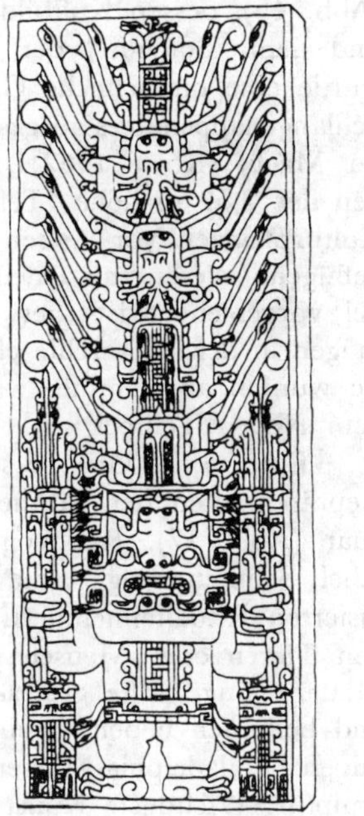

Abb. 46

ausreichender Sicherheit die Gleichzeitigkeit von Bauten und figuralem Kunststil, wie er anhand der Steinskulptur von Chavín definiert wurde. Seine Kennzeichen sind die gedrungenen, doch keineswegs plumpen tier/menschlichen Mischwesen, aufgebaut aus modulhaften Elementen von rechteckiger Grundform. Voluten, Kurven oder abgerundete Ecken mildern die Strenge des horizontalen und vertikalen Rasters. Auffallende Einzelmerkmale sind das Auge mit nach oben verlagerter Pupille und ein unterkieferloses U-förmiges Maul mit großen Reißzähnen. Stilisierte Schlangen- und Raubtierköpfe in Profilansicht können als bildliche Metaphern an die Stelle von Federn, Haaren oder anderen Tracht- und Körperelementen treten (vgl. Abb. 45-47), Raubtiergebiß-Friese mit ineinandergreifenden Reißzähnen markieren Körperachsen.

Die Darstellungen verweisen durchweg in den Bereich der Religion und stützen damit die Hypothese vom kultischen Charakter des Chavín-Phänomens (Keatinge 1981). Bei dem "Lächelnden Gott" (Abb. 45), dessen Kultbild das steinerne, 4,53 m hohe "Lanzón" ist, und dem "Stabgott" der 1,95 m hohen Raimondi-Stele (Abb. 46) wurde eine menschliche Grundgestalt mit Raubtiermaul, Klauen und Schlangenappendices ausgestattet, den Indikatoren potenzierter numinoser Macht (Rowe 1962). Eine andere Hauptfigur war der Kaiman, den der 2,52 m hohe "Tello-Obelisk" als Bringer und Schutzherr der Kulturpflanzen vor Augen führt (Lathrap 1973). Menschengestaltige geflügelte Wesen mit einem Raubtiermaul, dem ein Raubvogelschnabel vorgeblendet ist (der "Fliegende Feline" F. Kauffmann Doigs), mögen in der Hierarchie einen geringeren Rang eingenommen haben, sie wurden aber immer wieder abgebildet, z.B. am Säulenportal vor dem Neuen Tempel.

Eine zweite Gruppe setzt sich aus den tierischen Begleitern oder Repräsentanten der Gottheiten bzw. "Kraftträgern" zusammen – Jaguar (Abb. 47), Raubvogel, Schlange, Affe, Fisch, Spondylus-Muschel, Schmetterling –, die dritte aus menschengestaltigen, z.T. dämonisierten Ritualteilnehmern. Häufig sind Mischwesen aus verschiedenen Tieren oder Mensch und Tier(en) dargestellt (Abb. 48). In die Mauern eingezapfte groteske Steinköpfe bilden eine eigene Kategorie und bezeugen neben vereinzelten Kleinplastiken, z.B. dem jaguarförmigen "Philadelphia-Mörser", die Fähigkeit zur Gestaltung von Rundskulptur. Wichtigste Kunstgattung Chavíns bleibt jedoch das Flachrelief, in dessen ebene, oft polierte Oberfläche Linienzeichnung und Fond eingetieft sind, während auf körperhafte Modellierung verzichtet wird.

Abb. 47

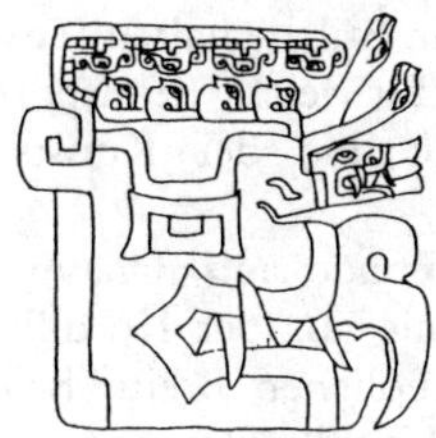

Abb. 48

Bis zu den Grabungen von L.G. Lumbreras und H. Amat 1966-72 war nur eine begrenzte Zahl von Kleinfunden aus Chavín bekannt (Bennett 1944; Tello 1960); der geritzte oder als Relief gearbeitete Dekor dieser Knochenspatel, Steingefäße und polierten, überwiegend monochromen Keramiken entspricht im wesentlichen der Steinskulptur. In den neuen Fundkomplexen aus verschiedenen "Galerien" zeichnet sich erstmals eine Stilentwicklung des keramischen Inventars ab (Lumbreras y Amat 1965-66; Lumbreras 1977), zu deren Klärung die Arbeiten von R.L. Burger 1975-76 außerhalb des monumentalen Ortskerns entscheidend beitrugen. Demnach folgten auf den überwiegend geometrischen Dekor der "Urabarriu"-Stufe die von der Chavín-Ikonographie beherrschten Stufen "Chakinani" und "Janabarriu" (Burger 1984).

Der Depotfund aus der "Ofrendas-Galerie" mit hunderten von Tongefäßen und anderen Opfergaben kann diesen Stufen noch nicht eindeutig zugeordnet werden. Baugeschichtlich hängt die Galerie mit dem skulpturengeschmückten Runden Platz zusammen. Auch das Fundmaterial zeigt bereits ein breites Spektrum kanonischer Chavín-Ikonographie neben Importkeramik – vor allem aus Nord-Peru –, die nach anderen Gesichtspunkten zu beurteilen ist. Es dürfte deshalb auf die "Urabarriu"-Stufe folgen. Da noch keine zeitgenössischen Bestattungen in Chavín gefunden wurden, fehlen Grabinventare zur Überprüfung und Verfeinerung der Fundstratigraphie sowie zum Nachweis sozialgeschichtlicher Sachverhalte.

Verbreitungsgebiet

Soweit archäologisches Fundmaterial in anderen Regionen ähnliche ikonographische Züge aufweist, wurde es "Chavín" zugeschrieben oder als "chavinoid" auf seinen Einfluß zurückgeführt. Die im klassischen Chavín-Stil bemalten Textilien aus Carhua bei Paracas gelten als Beispiel für leicht transportable Medien, durch die sich die sakralen Inhalte und der Kunststil verbreitet haben könnten (Cordy-Collins 1979).

Funde mit Chavín-Merkmalen sind über mehr als 1100 km Luftlinie aus der Kordillere und dem Küstenvorland zwischen 9° und 14° südlicher Breite belegt. Die südlichsten kommen aus Ica bzw. dem Hochland von Ayacucho. Wichtige Chavín-Material umfassende Stratigraphien in der Großregion Lima – Curayacu/San Bartolo und Ancón – wurden bisher nur in ungedruckten Dissertationen aufgearbeitet; bezüglich des reichen Gräberfelds von Ancón blieb es bei einem Vorbericht (Carrión 1948). An der mittleren Küste ist neben Supe (Willey and Corbett 1954), den Materialien aus dem Casma-Tal (Tello 1956; Pozorski 1987) und Nepeña (Larco 1938-39, 1941) die Bausequenz und Fundstratigraphie von Las Haldas wichtig, trotz des stichprobenhaften Charakters der Untersuchungen (Fung 1969; Matsuzawa 1978). Manches Vergleichbare zeigte auch die Stratigraphie von Huaricoto im oberen Santa-Tal (Burger 1985). Weiter nördlich ergaben die Stratigraphien des Virú-Tals schon 1946 Hinweise auf vor-Chavín-Keramik (Guañape-Komplex), doch nur bescheidene Befunde zur Chavín-Thematik selbst. Die Ergebnisse der Grabungen J.B. Birds nahe der Huaca Prieta (Chicama-Tal) sind unveröffentlicht (Bird 1985). Aus demselben Küstental legte R. Larco Hoyle (1941) Grabfunde vor, deren Inventar Beziehungen zum Jequetepeque-Tal (Alva 1986) und Zaña/Reque, andererseits nach Chavín de Huántar aufweist.

Dank eines langfristig angelegten Arbeitsprogramms japanischer Forscher ist die Situation im Kordillerenhochland günstiger. Am Beginn stand die Untersuchung von Kotosh bei Huánuco, wo bereits Tello (1942) vor-Chavín-Keramik erkannt hatte (Izumi and Terada 1972). Hier überlagerte Keramik, die der "Janabarriu"-Stufe Chavíns entspricht, zwei andere keramikführende Stufen – das "Urabarriu"-verwandte "Kotosh" und das noch ältere "Wairajirca" – sowie die präkeramische Mito-Stufe. Da die Keramikscherben aus architektonischen Aufschüttungen stammen, ist ihre historische Zusammengehörigkeit im Einzelfall jedoch ungesichert, die kulturgeschichtliche Aussagefähigkeit also nicht vergleichbar mit der von geschlossenen Funden wie dem Grab 4 im benachbarten Shillacoto (Izumi et al. 1972). Es folgten die Grabungen bei La Pampa im oberen Santa-Tal (Onuki and Fujii 1974; Terada 1979) und Huacaloma bei Cajamarca (Terada and Onuki 1985, 1988), die ebenfalls ältere Keramik-Komplexe feststellten.

Angeregt durch bedeutende Ruinenstätten hatte sich bei Cajamarca bereits zuvor ein Forschungsschwerpunkt herausgebildet. R. Carrión (1948), frühere Mitarbeiterin Tellos, und das französische Ehepaar H. und P. Reichlen betonten die dortigen Chavín-Bezüge. Spätere Arbeiten von H. Rosas und R. Shady, R. Fung und P. Kaulicke ergaben, daß dem Chavín-Stil auch hier ältere keramikführende Phasen vorausgingen.

Kaum erforscht sind die nördlichen Grenzen des Verbreitungsgebiets. Seit dem Scherbenfund von Bayovar durch C. Huapaya steht das bekannte Gefäß von Morropón, Piura, nicht mehr allein (Larco 1941, fig. 209). Die ritzverzierte Keramik von Pechiche bei Tumbes, ein vom Chavín-Stil beeinflußtes Gefäß aus der südekuadorianischen Provinz Azuay und die Vogelmotive auf "Chorrera"-Gefäßen aus Mamabí belegen darüber hinausreichende Verbindungen (Lathrap et al. 1975:58).

Steinskulptur und Architektur beschränkten sich auf ein kleineres Gebiet. Abgesehen von Felsbildern kann Steinskulptur im Chavín-Stil außerhalb von Chavín de Huántar und seiner Umgebung – als südlichstem Vorkommen – derzeit nur für Chupacoto (?) und La Pampa am oberen Santa-Fluß sowie Kuntur Wasi und Pacopampa bei Cajamarca in einzelnen Stücken nachgewiesen werden.

Architektonisch sind Pacopampa und Kuntur Wasi, die nach Chavín bedeutendsten bekannten Hochlandszentren, wenig mehr als beherrschende Höhenkuppen, die unter beachtlichem Arbeitsaufwand terrassiert, mit monumentalen Stützmauern umgeben und durch großzügige Treppenanlagen erschlossen wurden. Zudem erhielten sie unterirdische Einbauten wie Entwässerungskanäle (Carrión 1948; Rosas y Shady 1974; Ulbert u. Eibl 1985).

Anspruchsvollere Bauten erheben sich in den Tälern der mittleren und nördlichen Küste vom Lurín-Tal bis Batán Grande bei Lambayeque, oft formenreiche Ensembles um 10-20 m hohe massive Pyramiden-Plattformen mit seitlichen Vorsprüngen wie die Arme eines "U" und runden, versenkten Zeremonialplätzen (Williams 1985). Sie sind bisher aber nur dann mit Chavín in Beziehung zu setzen, wenn auf ihren Bruchstein- oder Lehmziegel-Mauern Hochreliefs aus bemaltem Lehm oder Malereien mit signifikanten Elementen des Chavín-Stils festgestellt wurden.

Dies gilt für Garagay in Lima (Ravines y Isbell 1975; Ravines 1984), Moxeke und Pampa de Llamas im Casma-Tal (Pozorski

1986), Cerro Blanco im Nepeña-Tal (Tello 1942), Huaca de los Reyes bei Trujillo (Pozorski 1975; Conklin 1985) und Limoncarro im Jequetepeque-Tal (Barreto 1985). Wegen des niederschlagsreichen Hochlandklimas sind in Chavín selbst nur Spuren (Tello 1960:656), in Huacaloma bei Cajamarca Fragmente vergleichbarer Bildwerke erhalten (Terada and Onuki 1986).

Kulturelle Inhalte

Wenn selbst im Falle der spektakulären Zeremonialzentren zuverlässige Bauaufnahmen meist fehlen, überrascht es nicht, daß sich Aussagen über Hausbau, Siedlungswesen und infrastrukturelle Anlagen für Verkehr, Anbau, Bewässerung, Vorratshaltung kaum auf publizierte Befunde stützen können. Die einzige umfassend untersuchte formative Siedlung, Montegrande am Jequetepeque-Fluß, ist einer älteren Zeit zuzuweisen (Tellenbach 1985).

Ebenso rar sind wissenschaftlich dokumentierte Bestattungen, meist Körpergräber in Strecklage oder liegende Hocker (Larco 1941; Carrión 1948; Willey and Corbett 1954; Alva 1985; Bird 1985), einmal mit zusätzlichen Menschenopfern (Ravines 1982:136ff.)

Unter den zahlreichen Funden aus nordperuanischen Bestattungen und Ritualdepots gibt es Keramiken, vielfach in Form von Gabelhals- bzw. "Steigbügelausguß"-Flaschen, dünnwandige Steinschalen, Pyrit- und Gagatspiegel, Kleinkunst aus Molluskenschale, Knochen, Holz, weichem Stein (u.a. Miniaturgefäße) und Gold, Steinperlen und -anhänger. Sie können bisher nur dann mit Sicherheit in diesen Zusammenhang gestellt werden, wenn ihr Dekor spezifische Chavín-Stilelemente aufweist. Da sie fast durchweg aus Raubgrabungen stammen, welche die Fundvergesellschaftungen zerstörten, läßt sich nur wenig weiteres Inventar anhand "geschlosseneer Funde" identifizieren. Angesichts der sich immer deutlicher abzeichnenden Fortschritte während der "Initialperiode" ist eine Pauschal-Zuweisung an den "Chavín-Horizont" nicht mehr wie bisher möglich.

Dies gilt ebenso für manche technologische Neuerung, die sich im Umfeld von Chavín durchsetzte: Keramik-Brenntechnik in kontrollierter Atmosphäre; echte Weberei aus Baumwolle und Wolle mit broschierten oder aufgemalten Motiven (Conklin 1979); Goldmetallurgie unter Einschluß von Lötverfahren (Lechtman 1984). In alledem äußert sich eine diversifizierte handwerkliche Produktion, deren Rohstoffe weit entfernter Herkunft sein können, z.B. Spondylus-Muscheln aus den Küstengewässern Ekuadors oder Obsidian aus Süd-Peru. Zumindest im Falle der Mollusken war Ritualbedarf der motivierende Faktor für den Fernhandel. Sonst mag es sich eher um Prestigegüter oder Statussymbole handeln.

Eine kritische Auseinandersetzung mit der archäologischen Evidenz ist geboten, bevor die wichtigsten wirtschaftsgeschichtlichen Fakten als gesichert gelten können, denn die Beiträge der vorangegangenen "Initialperiode" sind ebenfalls lange unterschätzt worden. Nach den spätarchaischen (präkeramischen) Kulturpflanzen, Bohnen, Pfeffer, Flaschenkürbis und Baumwolle, erscheinen in der Initialperiode des Casma-Tals u.a. bereits Maniok und Erdnuß. Die wichtigste Kulturpflanze, der Mais, trat dort erst in der Zeit des klassischen Chavín-Einflusses hinzu, eine Bestätigung der traditionellen Auffassung (Pozorski 1987). Nachweislich stärkten neue Haustiere die Wirtschaftsbasis: das Meerschweinchen und das auch als Lasttier wichtige Lama. Archäologische Belege für die Agrartechnologie gibt es kaum, nur die Lage der Ruinenstätten gestattet gewisse Rückschlüsse.

Keine fundierten Aussagen sind über die sozialen und politischen Strukturen möglich, die den erstaunlichen Kulturleistungen zugrunde lagen. Der Versuch, die Großbauten als Zentren abgegrenzter Herrschaftsgebiete zu interpretieren, kann auf Abwege führen (Pozorski 1987). Man wird sich zunächst mit der Feststellung begnügen müssen, daß die wie auch immer legitimierten Autoritäten imstande waren, Arbeitseinsatz vielerorts in größtem Maßstab zu organisieren (Keatinge 1981).

Die Motivation war vermutlich vielschichtig. Mit der Sorge um lebenspendendes Naß und Ernteerfolg scheint damals ein starker religiöser Impuls die Menschen ergriffen zu haben – Erweiterung der Agrartechnologie mit kultischen Mitteln, Symptom größerer Abhängigkeit vom Bodenbau. In diesen Zusammenhang gehören wohl auch die Belege für Blutopfer und Kopftrophäen, die entgegen älterer Ansicht gerade in den Vor- und Früh-Chavín-Stufen häufig sind. Sie implizieren Kämpfe, nicht notwendigerweise Eroberungskriege, obwohl die vitale Motivation zweifellos zur Erweiterung und Sicherung von Macht manipuliert werden konnte und die Bauten selbst der Machtdarstellung gedient haben mögen (Bischof 1985). Im Vergleich mit Chavín de Huántar zeichnen sich regionale Varianten des Pantheons ab, die näher zu untersuchen bleiben.

Chronologie

In den Stratigraphien Zentral- und Nordperus sind Funde im Chavín-Stil jünger als die ältesten keramikführenden ("initialzeitlichen") Schichten. Sie werden ihrerseits z.B. von Salinar und Gallinazo, den Vorläufern der Moche-Kultur überlagert. Die Baustratigraphie von Punkurí (Nepeña-Tal) zeigt unter der "Felidentreppe" im Sechín-Stil eine Bauphase mit Wandreliefs im Punkurí-Stil; beides unterscheidet sich deutlich vom wenige hundert Meter entfernten Cerro Blanco mit seinen klassischen Chavín-Reliefs und muß einer anderen, älteren Zeit angehören (Bischof 1985). Ähnliches ist im benachbarten Casma-Tal zu beobachten.

Eine Datierung anhand stilistischer Kriterien setzt Kenntnis der Stilentwicklung voraus, die für Chavín noch fehlt. 1962 schlug J.H. Rowe mit Bezug auf die Baugeschichte und Skulptur von Chavín eine Gliederung in die Stufen A/B, C, D und E/F vor, doch zeigte spätestens die Arbeit von P. Roe (1974), daß diese auf ein breiteres Material, insbesondere die nordperuanischen Funde, kaum anwendbar ist. Ein Alternativ-Vorschlag brachte keine überzeugenden Ergebnisse (Sawyer and Maitland 1983). Die nordperuanischen Komplexe "Cupisnique" (Chicama-Tal) und "Tembladera" (Jequetepeque-Tal) galten dabei als regionale, tendenziell späte Varianten der Chavínkultur. Sie sind jedoch z.T. wohl älter als die von der Rowe-Sequenz erfaßten Werke, wie sich aus ihrer Nähe zur Stilgruppe "La Pampa" ergibt (Bischof 1985). Der Forschungsstand gestattet es in beiden Fällen noch nicht, die internen Stilunterschiede für eine Gliederung in frühere, nachfolgende oder zeitgleiche, d.h. durch den Chavín-Stil nur beeinflußte Gruppen zu nutzen.

Das Ergebnis des Stil-Vergleichs, bei dem die Reliefs von Cerro Sechín (Casma-Tal) eine wichtige Rolle spielen, stimmt mit den naturwissenschaftlichen Datierungen überein, die den absolutchronologischen Rahmen abstecken. Die Messungen für Cerro Sechín liegen zwischen 1700 und 1300 v.Chr., für die bereits vom Chavín-Stil geprägten Küstentempel Garagay, Pampa de Llamas und Huaca de los Reyes zwischen 1400 und 1000 v.Chr., für Purulén und seine Keramik um 1200 v.Chr. (Alva 1985), ebenso für die Kleinkunst von La Galgada (Grieder et al. 1988). Dagegen wird die älteste klassische Chavín-Keramik in Chavín selbst (Ofrendas-Galerie) wohl etwas zu spät in das 9./8. Jahrhundert v.Chr. gesetzt, und die jüngere "Janabarriu"-Phase kann dort bis in das 3. Jahrhundert v.Chr. fortbestanden haben (Burger 1981; Samaniego et al. 1985; Daten nicht dendrochronologisch korrigiert).

Nun wird die Grenze zwischen der "Initial-Periode" und dem chavín-geprägten "Frühen Horizont" nach J.H. Rowe durch die Ankunft der Chavín-Einflüsse im südperuanischen Ica-Tal definiert (ca. 9./8. Jahrhundert v.Chr.), ohne daß allerdings der Typus der frühesten Chavín-Importe und ihr Verhältnis zu den Stufen der dortigen Paracas-Kultur an konkreten Befunden überprüfbar wären. Demnach begann die Entwicklung des Chavín-Stils in Zentral- und Nordperu bereits während der Initialzeit (13./12. Jahrhundert).

Entwicklungshypothesen

Beherrschte die Modellvorstellung des "Schöpfervolkes" die Überlegungen zur Entstehung der mesoamerikanischen Kultur (vgl. "Olmeken", 1-Ic1), galt in Perú Chavín als "Verbreitungs-" oder sogar "Ursprungszentrum" einer Bewegung, welche die zentralandine Kultur auf ein neues Niveau führte. Solange sich die Kulturhistoriker durch Architektur und Kunst der klassischen Zentren faszinieren ließen, hatte es hier wie dort den Anschein, als seien die wichtigsten Errungenschaften recht unvermittelt als Komplex in Erscheinung getreten, und es lag nahe, an eine Übertragung aus anderen Regionen zu denken.

Nach dem im Hochland gebürtigen J.C. Tello, ihrem Entdecker, entstand die Chavín-Kultur am Ostabhang der Anden im Umkreis ihres Hauptfundortes. Wurzeln mochten in das Amazonas-Tiefland reichen, eine These, die D.W. Lathrap (1973) später ins Zentrum rückte. R. Larco Hoyle (1938-39, 1941), Großgrundbesitzer im Chicama-Tal und Gegenspieler Tellos, ging von einem Ursprung an der Küste Nordperus aus (Nepeña ?), ohne plausible Vorstufen aufzuzeigen. Maßgebliche Einflüsse aus Mexiko glaubten die Mesoamerikanisten M. Porter, M.D. Coe und der peruanische Forscher F. Kauffmann Doig zu sehen, wie auf andere Weise Jahrzehnte zuvor Max Uhle. Schließlich hielt R. Heine-Geldern (1954), ein Verfechter der Wiener Schule des Diffusionismus, wegen morphologischer Ähnlichkeiten zumindest sporadische, aber durchaus folgenreiche transpazifische Kontakte für möglich.

In dem Maße, wie sich die Umrisse der Vor- und Frühzeit Chavíns herauszuschälen beginnen, vermindert sich das Bedürfnis, externe Ursprünge zu postulieren. Zwischen dem "Lanzón", das bislang als ältestes Zeugnis des Chavín-Stils galt (Rowe 1962), und den

Reliefs von Punkurí und Sechín liegen bereits Jahrhunderte, vielleicht fast ein halbes Jahrtausend mit Kunstwerken in unverwechselbarem Chavín-Duktus und gewaltigen Kultbauten. Die noch vor zwei Jahrzehnten fast unbeachtete, für Peru charakteristische frühe Großarchitektur beweist durch Planung und Volumen eine bis in die spätarchaische ("präkeramische Zeit") zurückreichende Existenz gesellschaftlicher Strukturen, die die Verbreitung des Chavín-Komplexes erleichtert haben müssen (Lanning 1967; Fung 1969:197; Donnan 1985).

Archäologisch ist dieser letztlich nur anhand seiner spezifischen, religiös fundierten ikonographischen und Stilmerkmale zu identifizieren. Sie liefern den Schlüssel zum Verständnis des Weltbildes und werden darüber hinaus wie kein anderes Hilfsmittel die zum Aufzeigen der kulturellen Prozesse erforderliche chronologische bzw. regionale Feingliederung ermöglichen. Vieles spricht dafür, daß ihr Ursprung nördlich der von E. P. Lanning (1967:100f.) angenommenen Region im Umkreis der nordperuanischen Flüsse Chicama/Jequetepeque/Zaña/Chotano lag, wie bereits die peruanischen Archäologen H. Rosas und R. Shady (1974) vorschlugen. In einem Gebiet, wo der tropische Bergwald noch heute auf die pazifische Flanke der Kordillere übergreift (Alva 1985), und nicht allzu weit von der Küste Ekuadors, deren "Chorrera"-Kulturhorizont einzelne verwandte Züge aufweist (Lathrap et al. 1975), bieten sich der Chavin-Forschung neue, faszinierende Perspektiven. Aus dieser Sicht war Chavín de Huántar künstlerisch-bautechnischer Höhepunkt und in späterer Zeit wohl auch wichtiges Kultzentrum, mit einer auf bestimmte Konventionen bzw. Aspekte reduzierten Tradition, die sich in vielleicht neu definierter "kanonischer" Form von dort weiterverbreitet haben mag.

Literaturverzeichnis

Alva Alva, Walter

1985 Tempranas manifesticationes culturales en la región de Lambayeque. E. Mendoza (ed.): Presencia histórica de Lambayeque, pp. 53-75. Lima.

1986 Frühe Keramik aus dem Jequetepeque-Tal, Nordperu. AVA-Materialien 32. München.

Barreto Cedamanos, Daisy C.

1985 Las investigaciones en el Templete de Limoncarro. M. Tellenbach 1985:541-547.

Bennett, Wendell C.

1944 The north highlands of Peru. Anthropological Papers of the American Museum of Natural History 39,1. New York.

1946 The Archaeology of the Central Andes. Handbook of South American Indians II:61-147. Washington, D.C.

Benson, Elizabeth P. (Ed.)

1971 Dumbarton Oaks conference on Chavín. Washington, D.C.

Bird, Junius B.
1985 The preceramic excavations at the Huaca Prieta, Chicama Valley, Peru. Ed. J. Hyslop. Anthropological Papers of the American Museum of Natural History 62,1. New York.
Bischof, Henning
1985 Zur Entstehung des Chavín-Stils in Alt-Peru. Beiträge zur Allgemeinen und Vergleichenden Archäologie, 6:355-452. München. (Lit.!).
Burger, Richard L.
1981 The radiocarbon evidence for the temporal priority of Chavín de Huántar. American Antiquity 46,3:592-602.
1984 The prehistoric occupation of Chavín de Huántar, Peru. Universty of California Publications in Anthropology 14. Berkeley.
1985 Prehistoric stylistic change and cultural development at Huaricoto, Peru. National Geographic Research 1,4:505-534. Washington, D.C.
Carrión Cachot, Rebeca
1948 La cultura Chavín. Revista del Museo Nacional de Antropología y Arqueología 2,1:99-172. Lima.
Conklin, William J.
1979 The revolutionary weaving inventions of the Early Horizon. Ñawpa Pacha 16:1-12. Berkeley.
1985 The architecture of Huaca de los Reyes. E. Donnan (Ed.) 1985:139-164.
Cordy-Collins, Alana K.
1979 Cotton and the Staff God. A.P. Rowe et al. (Eds.): The Junius B. Bird Pre-Columbian textile conference, pp. 51-60. Washington, D.C.
Disselhoff, Hansdietrich
1974 Das Imperium der Inka und die indianischen Frühkulturen der Andenländer. Berlin.
Donnan, Christopher B. (Ed.)
1985 Early ceremonial architecture in the Andes. Washington D.C. (Lit.!).
Espejo Núñez, Julio
1965 Fuentes para el estudio de la cultura Chavín. Andina, 1:81-102. Lima. (Lit.!).
Fung Pineda, Rosa
1969 Las Aldas. Dédalo 5,9-10:1-208. Sao Paulo.
Grieder, Terence, Alberto Bueno Mendoza, C. Earle Smith and Robert Malina
1988 La Galgada, Peru. Austin.
Heine-Geldern, Robert
1954 Die asiatische Herkunft der südamerikanischen Metalltechnik. Paideuma 5:347-423.
Izumi, Seiichi and Kazuo Terada
1972 Excavations at Kotosh, Peru, 1963 and 1966. Andes 4. Tokyo.
Izumi, Seiichi, Pedro J. Cuculiza and Chiaki Kano
1972 Excavations at Shillacoto, Huánuco, Perú. The University Museum, Bulletin 3. Tokyo.
Kano, Chiaki
1979 The Origins of Chavín Culture. Dumbarton Oaks, Studies in Pre-Columbian Art & Archaeology 22. Washington, D.C.
Kauffmann Doig, Federico
1968 Imagen de Chavín. Arqueología Peruana de Imágenes 1. Lima.
1978 Manual de arqueología peruana. 6a ed. Lima.
Keatinge, Richard W.
1981 The nature and role of religious diffusion in the early stages of state formation. G.D. Jones and R.R. Kautz (Eds.): The transition to statehood in the New World, pp. 172-187. Cambridge.
Kroeber, Alfred L.
1944 Peruvian archaeology in 1942. Viking Fund Publications in Anthropology 4. New York.
Lanning, Edward P.
1967 Peru before the Incas. Englewood Cliffs.
Larco Hoyle, Rafael
1938-39 Los Mochicas. T.1-2. Lima.

1941 Los Cupisniques. Lima.

Lathrap, Donald W.

1973 Gifts of the Cayman. D.W. Lathrap and J. Douglas (Eds.): Variations in Anthropoogy, pp. 91-105. Urbana.

Lathrap, Donald W., Donald Collier and Helen Chandra

1975 Ancient Ecuador. Chicago.

Lechtman, Heather

1984 Appendix F: Technical examination of a gold-alloy object from Chavín de Huántar. R.L. Burger 1984:271-276.

Lumbreras, Luis G.

1970 Los templos de Chavín. Guía de Monumentos y Exposiciones 1. Lima.

1972 Los estudios sobre Chavín. Revista del Museo Nacional 38: 73-92. Lima.

1977 Excavaciones en el Templo Antiguo de Chavín (sector R). Ñawpa Pacha 15:1-38. Berkeley.

Lumbreras, Luis G. y Hernán Amat

1965-66 Informe preliminar sobre las galerias interiores de Chavín. Revista del Museo Nacional 34:143-197. Lima.

Matsuzawa, Tsugio

1978 The formative site of Las Haldas, Peru. American Antiquity 43,4:652-673.

Onuki, Yoshio and Tatsuhiko Fujii

1974 Excavations at La Pampa, Peru. The Proceedings of the Department of Humanities, College of General Education, University of Tokyo, Series of Cultural Anthropology 2:45-104. Tokyo.

Pozorski, Shelia and Thomas G.

1986 Recent excavations at Pampa de las Llamas-Moxeke, a complex Initial Period site in Peru. Journal of Field Archaeology 13:381-401.

1987 Early settlement and subsistence in the Casma Valley, Peru. Iowa City.

Pozorski, Thomas

1975 El complejo Caballo Muerto. Revista del Museo Nacional 41:211-251. Lima.

Ravines, Rogger

1982 Arqueología del Valle Medio del Jequetepeque. Materiales para la arqueología del Perú 2. Lima.

1984 Sobre la formación de Chavín. Boletín de Lima 35:27-45. Lima.

Ravines, Rogger y William H. Isbell

1975 Garagay. Revista del Museo Nacional 41:253-75. Lima.

Roe, Peter G.

1974 A further exploration of the Rowe Chavín seriation and its implications for north central coast chronology. Studies in Pre-Columbian Art and Archaeology, 13. Washington, D.C.

Rosas, Hermilio y Ruth Shady

1974 Sobre el período Formativo en la Sierra del extremo norte del Perú. Arqueológicas 15:6-35. Lima.

Rowe, John H.

1962 Chavin art. New York.

1967 Form and Meaning in Chavín Art. J.H. Rowe and D. Menzel (Eds.): Peruvian Archaeology. Selected Readings, pp. 72-103. Palo Alto.

Samaniego, Lorenzo, Enrique Vergara and Henning Bischof

1985 New evidence on Cerro Sechín, Casma Valley, Peru. E. Donnan (Ed.) 1985:165-190.

Sawyer, Alan R. and Maureen Maitland

1983 A reappraisal of Chavín. L. Katz (Ed.): Art of the Andes, pp. 46-67. Washington, D.C.

Shimada, Izumi, Carlos G. Elera y Melody J. Shimada

1982 Excavaciones efectuadas en el centro ceremonial de Huaca Lucía-Cholope, del Horizonte Temprano, Batán Grande, costa norte del Perú. Arqueológicas 19:109-210. Lima.

Tellenbach, Michael
1985 Dritter Vorbericht über die Ausgrabungen im Jequetepeque-Tal (Nordperu). Mit Beiträgen von M.I. Paredes, M. Tam/I.Aguirre, J. Carcelén, D.C. Barreto. Beiträge zur Allgemeinen und Vergleichenden Archäologie 6:483-557. München.

Tello, Julio C.
1942 Sobre el descubrimiento de la cultura Chavín en el Perú. 27° Congreso Internacional de Americanistas, Primera Sesión 1:231-52. México.
1956 Arqueología del valle de Casma. Lima.
1960 Chavín. Lima.

Terada, Kazuo
1979 Excavations at La Pampa in the north highlands of Peru, 1975. Japanese Scientific Expedition to Nuclear America, Report 1. Tokyo.

Terada, Kazuo and Yoshio Onuki
1985 The Formative Period in the Cajamarca Basin, Peru: Excavations at Huacaloma and Layzón, 1982. Japanese Scientific Expedition to Nuclear America. Report 3. Tokyo.
1988 Las excavaciones en Cerro Blanco y Huacaloma, Cajamarca, Peru, 1985. Andes Chosashitsu. Tokyo

Ulbert, Cornelius und Kordula Eibl
1985 Vorbericht über die Untersuchungen der formativzeitlichen Anlage Kuntur Wasi am Oberlauf des Jequetepeque. Beiträge zur Allgemeinen und Vergleichenden Archäologie 6:559-572. München.

Vázquez de Espinosa, Antonio
1629 Compendio y descripción de las Indias Occidentales. Smithsonian Miscellaneous Collections 108. Washington, D.C., 1948.

Willey, Gordon R.
1948 A functional analysis of "Horizon Styles" in Peruvian archaeology. W.C. Bennett (Ed.): A reappraisal of Peruvian Archaeology. Memoirs of the Society for American Archaeology 4:8-15. Menasha.
1951 The Chavín problem. Southwestern Journal of Anthropology 7,2:103-44. Albuquerque.
1962 The early Great Styles and the rise of the precolumbian civilizations. American Anthropologist 64,1:1-14.

Willey, Gordon R. and John M. Corbett
1954 Early Ancón and Early Supe culture. Columbia Studies in Archaeology and Ethnology 3. New York.

Williams León, Carlos
1985 A scheme for the early monumental architecture of the central coast of Peru. E. Donnan (Ed.) 1985:227-240.

2. Moche und nachfolgende Kulturen

Immina von Schuler-Schömig

Im letzten Viertel des ersten vorchristlichen Jahrtausends ließ die Kraft des Chavín-Stils des Frühen Horizonts in allen seinen Varianten spürbar nach, und lokale Stile entwickelten sich selbständig, aber doch unter Anlehnung an das vorher Dagewesene. Die Zeit der Frühen Zwischenperiode, die bis um 500 n.Chr. dauern sollte, kommt herauf. Einer der bedeutendsten unter diesen Regional- oder Lokalstilen im Küstenland Nordperus ist die Moche-Kultur, die anscheinend von großer Durchsetzungskraft war. Ihr Siedlungsgebiet reicht schließlich vom Fluß-System des Lambayeque im Norden bis zum Nepeña-Flußtal im Süden, und von der Küstenlinie am Pazifischen Ozean im Westen bis zum Austritt der Flüsse aus den vorderen Andenketten im Osten. Für diesen langen, aber schmalen wüstenhaften Küstenstreifen hat man eine Nord-Süd-Erstreckung von über 250 km und eine West-Ost-Ausdehnung von ungefähr 50 km errechnet (Donnan 1976:2). Das Einfluß- und Handelsgebiet der Kultur wird damit aber nicht abgedeckt. Moche-Keramik findet sich noch weiter im Norden oder im Osten, z.B. in Mischformen mit dem Recuay-Stil des Callejón de Huaylas (Eisleb 1960).

Wie die Träger der Kultur sich selbst nannten, ist wie bei fast allen schriftlosen, nur archäologisch erschlossenen Kulturen unbekannt. Bis auf den heutigen Tag ist eine spezielle Benennung noch nicht allgemein verbindlich festgelegt. Die Wissenschaftler schwanken zwischen den beiden Bezeichnungen Mochica- und Moche-Kultur, wobei die Mehrzahl freilich heute den letzten Namen bevorzugt. Früher wurde der alte Name Chimú, der durch spanische Chronisten von dem nördlichen Küstenstreifen Perus belegt ist, auf die vorinkaischen Reste der dortigen Kulturen übertragen, eine Tradition, die sich bis in die fünfziger Jahre unseres Jahrhunderts hielt (Kutscher 1950). Indessen steht nicht fest, ob dieses Wort nur die alte, zur Zeit der Inka-Eroberungen regierende Herrschersippe oder auch die Hauptstadt und das Haupttal bezeichnete. Noch zur Zeit Middendorfs (1872: 16) nannten beispielsweise die indianischen Einwohner der Stadt Etén im Flußgebiet des Lambayeque die spanische Stadt Trujillo, in der Nähe der Ruinen der alten Hauptstadt gelegen, Chimorr und nicht Trujillo.

Als mit der frühesten wissenschaftlichen Ausgrabung Max Uhles in den Ruinen von Moche sich erste Einsichten in eine Kulturfolge ergaben, nannte er die Hinterlassenschaften der älteren Moche-Kultur Proto-Chimu unter Benutzung des überlieferten Wortes, um sie gegenüber der jüngeren, der Chimú-Kultur abzusetzen (Uhle 1913: 96ff.). Diese Bezeichnung wurde von nordamerikanischen Wissenschaftlern in Early Chimú abgeändert (Kroeber 1925), ein Name, der manchmal auch heute noch für die Moche-Kultur verwendet wird. Zur stärkeren Unterscheidung der älteren von der jüngeren Kultur, zwischen denen die Huari-Kultur, Mittlerer Horizont, liegt, führte schließlich R. Larco Hoyle (1938-39) nach Valcárcel (1936, 1937) die Benennung Mochica für die ältere Kultur ein. Etwa gleichzeitig (Muelle 1936) taucht im peruanischen Schrifttum auch die Bezeichnung Muchik auf. Mochica oder Muchik war die Bezeichnung der indianischen Sprache, die an der Nordküste zumindest von der inkaischen Zeit an bis in unsere Tage hinein gesprochen wurde (Middendorf 1892) und die den Chimú zuzuordnen ist. Als Sprachbegriff schien dieser Name zur Bezeichnung einer Kultur aber auch nicht glücklich gewählt zu sein, so daß die ältere Kultur schließlich nach dem Ruinenort Moche im Mochetal gemäß dem Brauch der peruanischen Archäologie eine geographisch-topographische Benennung erfuhr (Kutscher 1954), die weitgehend angenommen ist.

Im Moche-Tal und im benachbarten Chicama-Tal lag wohl das Zentrum der Moche-Kultur, denn diese Täler scheinen am dichtesten besiedelt gewesen zu sein. Wahrscheinlich war die Anbaufläche im Moche-Tal in alter Zeit durch künstliche Bewässerung ausgedehnter als heute. Zwischen den bewässerten Ländereien der Flußoasen lag aber immer steriles Wüstenland, das sich nur durch winterliche Nebel und die nach jahrelangen Zwischenräumen fallenden Regengüsse dürftig begrünte.

Angebaut wurden in einem gartenbauartigen Feldbau ohne die Mithilfe von Zugtieren vor allem Mais (Zea mays), Bohnen (Phaseolus spec. Lin.), Erdnüsse (Arachis hypogaea), Maniok (Manihot esculenta), Kartoffeln (Solanum tuberosum L.), Süßkartoffeln (Ipomoea batatas L.), Kürbisse (Cucurbitaceae) und Gewürzpflanzen, wie Chili (Capsicum annuum), aber auch Fruchtbäume, wie Lúcuma (Lucuma bifera Moll.), Guajava (Psidium guajava L.), Pacae (Inga Willd.) und Chirimoya (Annona L.), oder Faserpflanzen, wie Baumwolle (Gossypium barbadense) (Towle 1961). Diese Kulturpflanzen zog man zum Teil in zahlreichen Sorten und Varietäten zu unterschiedlichen Zwekken. So sind viele Maissorten archäologisch erhalten geblieben, die sich botanisch eindeutig unterscheiden lassen und je nach Sorte besser zum Rösten (Puffmais), Kochen (Gemüsemais) oder zur Mehlbereitung (Breie) geeignet waren. Wahrscheinlich wurde aus Mais auch ein alkoholisches Getränk hergestellt, das aus der Zeit der spanischen Eroberung belegt ist.

Die Feldbaugeräte waren sehr einfach. Das wichtigste war ein Grabstock, mit dem der Boden umgebrochen und Löcher für das Saatgut gestochen wurden. Auch bei der Ernte leistete er nützliche Dienste. Daneben waren hölzerne Hacken und Steinbeile in Gebrauch, vielleicht auch brettartige Geräte zum Glattstreichen der Erde über dem Saatgut, um das Verdunsten der Bodenfeuchtigkeit zu vermeiden oder um Bewässerungsanlagen zu öffnen oder zu schließen, wie Huaman Poma für die Inkazeit zeigt (Huaman Poma de Ayala 1936:1156 und 1166).

Neben der Pflanzennahrung trug der Fischfang in starkem Ausmaß zur Ernährung bei, der nach Darstellung mit Angelhaken und -leine oder mit Netzen betrieben wurde. Als Fischereifahrzeuge dienten Binsenbündelboote ("caballitos de totora" = Binsenpferdchen, vgl. Abb. 52), die noch heute an der Nordküste Perus in einigen Orten benutzt werden (Edwards 1965; Nachtigall 1966). Sie wurden von ein oder zwei Fischern mit Paddeln aus einem halbierten Bambusstamm angetrieben; größere Boote mit mehr Besatzungsmitgliedern wurden anscheinend im Handel und im Kult eingesetzt (Donnan 1978, Fig. 162; Kutscher 1983, Abb. 314, 316, 318-320). Die Erträge des Fischfangs waren sicher hoch, da das Meer durch den kalten Humboldtstrom, der parallel zur Küste fließt, sehr fischreich ist. Auch Meeressäuger sind in großer Zahl vorhanden. Sie wurden nach Darstellungen aus alter Zeit ebenfalls gejagt.

Die Jagd auf Landsäugetiere ergänzte dagegen die pflanzliche Ernährung wahrscheinlich nur geringfügig, wobei Hirsche wohl ein beliebtes Jagdwild waren. Auch domestizierte Tiere traten als Fleischlieferanten stark zurück. Die anscheinend ebenfalls in dem Küstenland gehaltenen Llama und Alpaca, neuweltliche Kameliden, wurden wohl mehr als Woll- und Lasttiere sowie für Opferzwecke genutzt. Nicht den Göttern oder Ahnen direkt dargebrachte Teile des geopferten Tieres wurden wahrscheinlich von den Opferbringern aber auch gegessen. Als Opfer- und als Schlachttier diente außerdem das Meerschweinchen (Cavia cobaya), das neben einer Entenart und Hunden die kleine Liste der domestizierten Tiere vervollständigt.

Die meisten Spuren der Ernährungswirtschaft hat eindeutig der Pflanzenanbau hinterlassen. Viele Wasserkanäle, manche von mehr als hundert Kilometern Länge, für die Be- und Entwässerung der Feldbeete, sind ebenso erschließbar wie Wasser-Reservoire von beachtlichem Fassungsvermögen. Das Funktionieren solcher komplexen Systeme setzt ein geordnetes Gemeinwesen mit einem Leiter oder einer Führungsschicht voraus, die über größere Talflächen oder sogar über mehrere benachbarte Täler zu bestimmen hatten/hatten.

Bei dem Fehlen von schriftlichen Berichten, die bis in die Zeit der Moche-Kultur zurückreichen, ist aber bis heute umstritten, ob hinter der Ausführung der großen, allgemeinen Aufgaben und hinter der Ausbreitung der Kultur über den nordperuanischen Küstenstrich ein wohlausgebildetes Staatswesen mit kriegerischem oder religiösem Expansionsdrang stand oder vielmehr mehrere unabhängige Talstaaten, die eine gemeinsame Kultur teilten. Ob dieser Staat oder diese Staaten von einem geistlichen oder weltlichen Oberherrn regiert wurde, der vielleicht aus einem Erbgang hervorging, ist ebenfalls ungeklärt.

Die Moche-Gesellschaft jedenfalls war wahrscheinlich in verschiedene mit festen Aufgaben verbundene Rangstufen untergliedert, die wohl beträchtliche Unterschiede in Ansehen und Reichtum aufwiesen. Große Unterschiede in der Wohnweise, in der Ausstattung der Gräber und zwischen Personen in szenischen Darstellungen erlauben eine solche Deutung.[1] Manches spricht dafür, daß an der Spitze der Rangordnung ein Priesterfürst stand, der priesterliche und weltliche Befugnisse in seiner Person vereinigte.

Als ein Indiz für diese These wird die Größe und Ausgestaltung der zeremoniellen Bauwerke und Pyramiden angesehen, die sich überall im Gebiet der Moche-Kultur finden. Zu ihnen gehört als größte von Peru die sog. Sonnenpyramide ("Huaca del Sol"), in den Ruinen von Moche im Moche-Tal, früher Tal von Trujillo genannt, gelegen.

Die Huaca del Sol besteht aus einer langgestreckten Stufenterrasse, die 228 m zu 136 m an der Basis mißt. Auf ihr erhebt sich im Süden eine mehrstufige Pyramide von ca. 103 m Seitenlänge, deren Gesamthöhe (mit Plattform) heute noch 41 m beträgt. Im Norden ist eine etwa 90 m lange und 6 m breite Rampe als Zugang zur Plattform vorgelagert (Uhle 1913:100f.). Die sogenannte Mondpyramide (Huaca de la Luna), die gut erforschte Pyramide von Pañamarca im Nepeña-Tal und andere derartige Bauten sind mit der

---

1 Der aufsehenerregende Fund des intakten Grabes eines Moche-Fürsten, das überreiche Beigaben enthielt, ist anschaulich in National Geographic, Vol. 174,4 (October 1988) beschrieben (Hg.).

Huaca del Sol in der generellen Anlage, im Material und der Bauweise identisch, jedoch von geringeren Ausmaßen. Die meisten Bauwerke haben einen rechteckigen Grundriß. Es kommen aber vor allem in keramischen Darstellungen auch abgeflacht-konische Pyramiden mit rundem Grundriß vor. Auf der letzten Stufe der Pyramiden waren einräumige Gebäude oder altarähnliche Aufbauten errichtet, Raumzusammenschlüsse und Gräber finden sich auf den Plattformen.

Alle Pyramiden, Plattformen und Paläste sind aus rechteckigen luftgetrockneten Lehmziegeln, den "adobes", ausgeführt. Unbehauene Steine oder Kiesel in Lehmmörtel bilden oftmals die Grundmauern. Die Lehmziegel sind mit Hilfe von Modeln hergestellt worden. Manchmal zeugen schwache Rohrabdrücke davon, daß die Model oder Formen der Moche-Kultur wohl auch aus Rohr gefertigt waren (Bonavia 1985:43), wie schon zur Zeit der Gallinazo-Kultur. Häufig sind die Ziegel mit einfachen "Handwerkermarken" versehen. Ungefähr 100 verschiedene Zeichen sind bis jetzt von Ziegeln der Huacas del Sol und de la Luna bekannt (Moseley 1975:192; Hastings and Moseley 1975). Hunderttausende und Aberhunderttausende dieser Ziegel sind in den gewaltigen Baumassen der kultischen Anlagen vermauert. Sie wurden abschnittsweise mit schmalen Fugen zwischen den einzelnen Mauerabschnitten aufgemauert (Benson 1972:95). Diese Fugen sind oftmals durch Balken aus Algarroba-Holz gefüllt, die möglicherweise die einzelnen Bauabschnitte miteinander verbanden. Sie werden aber auch als Markierungspfähle gedeutet, die die einzelnen Bauabschnitte der vielen gleichzeitig am Bau tätigen Maurergruppen angaben. Auf diese Maurergruppen, die eine Arbeitssteuerpflicht ihrer Gemeinden erfüllt haben werden, wird die segmentierte Bauweise überhaupt zurückgeführt. Sie wird aber auch als Erdbebensicherung der Bauten erklärt (Moseley 1975).

Die Wände der Außenflächen waren verputzt und flächig eingefärbt oder mit mehrfarbigen Wandmalereien geschmückt. An Farben wurden Weiß, Rot, Schwarz, Gelb und Blaugrau verwendet, die Konturen wurden eingeritzt. Die Motive der aufgedeckten Wandmalereien ("Aufstand der Dinge" [Huaca de la Luna], "Presentationes"-Szene [Pañamarca]) sind kultischer Natur und begegnen wieder auf der Grabkeramik.

Nicht nur Plattformen und Stufenpyramiden mit den heute fehlenden Tempeln und Häusern sind plastisch oder zeichnerisch auf der Keramik wiedergegeben – wobei allgemein davon ausgegangen wird, daß diese Wiedergaben Abbildungen der wirklichen Architektur sind – sondern anscheinend auch einfachere Häuser. Demnach waren mehrere Haustypen vorhanden, jedoch haben alle einen rechteckigen Grundriß und sind einstöckig. Die Wände können bis auf eine Türöffnung geschlossen sein, es kommen aber auch offene Häuser und solche mit nur einer festen Wand vor. Die Dächer weisen verschiedene Satteldachformen oder einfache Pultdächer auf und sind bei besonderen Bauten mit symbolhaftem Schmuck versehen (Benson 1976: 72ff.). Selbst leichte Schattendächer – Rohrmatten auf Holzstützen – sind als Schutz für Arbeitende auf Keramiken repräsentiert (Bankes 1980, Abb. S. 48).

Die Keramik macht rund 90% der Fundmasse der Moche-Kultur aus (Donnan 1976:15) und übersteigt damit bei weitem alle erhaltenen Erzeugnisse des Handwerks und Kunstgewerbes aus anderem Material. Die Tongefäße – meistens Grabkeramik – sind häufig aus Modeln genommen, eine Technik, die anscheinend zuerst zur Moche-Zeit in der Töpferei aufkommt (Abb. 49), und meistens oxydierend gebrannt. Der Formenschatz der Keramik ist nicht sehr groß. Die Hauptform ist das bauchige Steigbügelgefäß, das allerdings in vielen Variationen auftritt. Aus den stilistischen Wandlungen des Steigbügelausgusses, der auf Chavín-Einflüsse zurückgeht und gleichzeitig Henkel wie Ausguß ist, hat R. Larco Hoyle auch unter Beachtung anderer Gesichtspunkte fünf zeitlich aufeinander folgende Phasen der Keramik herausgearbeitet. Moche I ist dabei noch annähernd gleichzeitig mit dem Gallinazo-Stil, während Moche V schon in die erste Epoche des Mittel-Horizonts fällt.

Im Gegensatz zu den wenigen Grundformen ist die plastische und zeichnerische Gestaltung der Keramik von großer Vielfalt. Die Gefäße geben oft ganze Szenen in Plastik, Relief oder Zeichnung wieder (in Rotbraun, gebrochenem Weiß und seltener Orange), bisweilen aber auch nur Einzelelemente von Szenen (Abb. 50). Der Stil ist recht naturalistisch, und auch anscheinend abstrakte, geometrische Muster lassen sich als gegenständliche, wenn auch symbolhafte Motive erklären, wie etwa die Aneinanderreihung von Schildmustern erklären (v. Schuler-Schömig 1981, Abb. 26).

Aus den genannten Gründen, wie Materialmenge und gegenständlich-naturalistische Darstellungsweise, ist die Keramik der am eingehendsten untersuchte Fundkomplex. Fast alle Studien über die Moche-Kultur befassen sich mit ihr, wobei sich bisher zwei größere Forschungsperioden abzeichnen. Die erste umfaßt einen Zeitraum von den dreißiger Jahren unseres Jahrhunderts bis in die fünfziger Jahre, und Namen wie Rafael Larco Hoyle (1938/39, 1942, 1943, 1945), Gerdt Kutscher (1950a,b,c, 1954, 1955, 1956), Karin Hissink (1951,

Abb. 49

Abb. 50

1955) sind ihr zuzurechnen. In dieser Periode wurde das Material gesichtet, eine chronologische Abfolge ausgearbeitet sowie inhaltlich beschreibende Deutungen gegeben, z.B. Tier- und Pflanzendarstellungen biologisch bestimmt. Bei szenischen Darstellungen wurden ähnliche zusammengestellt und auf ihren Sinngehalt durchforscht. Es kommt bei diesen Untersuchungen je nach Ausgangspunkt zu verschiedenen Deutungen einer Szenenkategorie: Läuferszenen (Abb. 51) werden etwa als Folge von Botenläufern, Tänzern, laufenden Kriegern und Kundschaftern oder als sakrale Wettläufe angesehen (Kutscher 1950c). Da die Gefäße eine Fülle von Themen vorweisen, die anscheinend das ganze Leben umspannen, wurden sie als eine Art "Bibliothek in Ton" der Moche-Kultur angesehen.

Abb. 51

Eine zweite Periode intensiver Sichtung der Moche-Kultur setzt in den siebziger Jahren ein. Zu ihr gehören Namen wie Elizabeth P. Benson (1972, passim), Christopher B. Donnan (1965, passim) und Anne Marie Hocquenghem (1977, passim). Methodisch wird jetzt differenzierter verfahren, beispielsweise werden bestimmte Einzelelemente eines Szenenkomplexes beobachtet und in allen ihren Erscheinungsformen und Assoziationen verfolgt. Ihr Auftreten in anscheinend verschiedenen Komplexen engte die früher angenommene Themenvielfalt ein. Alle Darstellungen, ob ganze Szenen oder nur ein Bestandteil daraus, z.B. in Gestalt einer Figur, scheinen sich nach einem inneren Kanon zu richten, der auf einer religiösen Weltsicht beruht, und in immer wiederholten Repetitionen dasselbe Weltbild wiederzuspiegeln. Die Themen selbst gehören demnach in einen unveränderlichen Bereich von religiös-kultischen Vorstellungen, die eng mit dem Totenkult, der Ahnenverehrung und der Fruchtbarkeit, besonders der pflanzlichen, zusammenhängen. Die Darstellungen wären folglich kein Bilderbuch der alltäglichen, sondern der religiösen Realität (Abb. 52), was nicht ausschließt, daß Abbildungen der Natur, der Trachten, der Waffen, der Architektur usw. eine Vorstellung der realen Wirklichkeit ergeben können.

Abb. 52

Für die religiöse Bedeutung der Keramikmotive spricht auch, daß dieselben thematischen Vorwürfe auf den Wandmalereien, auf den Textilien und den Goldarbeiten, in den Holz- und Knochenschnitzereien und auf Muschel- und Steinarbeiten anzutreffen sind. Diese Objekte wurden auch den Toten mitgegeben, die meistens in rechteckigen Gräbern in langgestreckter Körperhaltung bestattet wurden. Sie sind in Rohrsärgen beigesetzt oder in Rohrmatten eingewikkelt begraben. Manchmal sind die Grabwände mit Adobeziegeln ausgekleidet und mit Rohrlagen abgedeckt, aber auch einfache ovale Gruben für bescheidenere Begräbnisse kommen vor. In Fortsetzung früherer Sitten aus der Salinar- und der Gallinazo-Kultur sind in die

Münder der Toten Metallscheiben mit Textilumwicklung eingelegt und die Gesichter rot bemalt (von Schuler-Schömig 1984:158ff.).

Gegen 700 n.Chr. beginnt der Moche-Stil an der Nordküste zu verschwinden. Sein Ende fällt mit dem Heraufziehen der in enger Beziehung mit Tiahuanaco stehenden Huari-Kultur (auch Wari geschrieben) zusammen, deren Zentrum im zentralen Hochland lag und von dort aus zuerst nach Süden und Südwesten, dann auch nach Westen und Nordwesten in die Küstengebiete expandierte. Sie nimmt zeitlich den Mittel-Horizont ein (→ 2-Ib3), und vieles spricht dafür, daß diese Kultur Ausdruck eines zentralregierten Staates mit starker politisch-militärischer und religiöser Ausdehnungstendenz war, ähnlich wie später das Inkareich. Jedenfalls kommt es in dieser Zeit an der Nordküste neben dem Stilwechsel anscheinend auch zu Änderungen im sozialen und politischen Bereich. Ein Anzeichen dafür wäre, daß Niederlassungen in den Tälern aufgegeben werden und die Pyramiden und Plattformbauten in reine Begräbnisstätten umgewandelt werden, während sich die Bevölkerung in neuen Ansiedlungen sammelt. Diese neuen Ansiedlungen haben deutlich städtische Komponenten, für die von hohen Mauern umgebene Gevierte oder stadtviertelähnliche Anlagen sowie administrative Bauten Zeugnis sind. In der Bautechnik finden sich ebenfalls Neuerungen wie die Verwendung von Stein und "tapia", ein betonartiger Streich- oder Stampflehm, die jetzt häufiger anstelle der luftgetrockneten Lehmziegel gebraucht werden. Ein Beispiel für derartig gebaute und geplante urbane Anlagen ist Galindo im Moche-Tal.

Eine tiefgreifende Wandlung der Begräbnissitten, die sich in der körperlichen Haltung der Toten ausdrückt, macht sich ebenfalls bemerkbar. Statt in langgestreckter Rückenlage werden die Verstorbenen jetzt in sitzender oder kauernder Stellung beigesetzt. Damit hält im Norden eine im Süden seit der Paracas-Kultur verbreitete Sitte ihren Einzug. Jedoch ist mit dieser Einführung wohl kein tiefgreifender Wechsel in der inneren Einstellung gegenüber den Toten verbunden, von denen geglaubt wurde, daß sie Einfluß auf die Lebenden nehmen können.

Durch den stilistischen Einfluß der Huari-Kultur kommt es zu hybriden Schöpfungen des Kunsthandwerks, die in sich alte Traditionen des Moche-Stils mit den neuen Huari-Stiltendenzen vereinigen (s. Willey 1974, Tf. XLIX). Diese Mischung macht sich sowohl in der inhaltlichen wie in der formalen Gestaltung geltend und ist Ausdruck dieser Zeit. Die Farbpalette wird reicher – auch in der Keramik –, die Darstellungsweise eckiger, weniger naturalistisch und typische Motive der Huari-Kultur, die sie mit Tiahuanaco teilt, werden verarbeitet. Diese Stilvermischung ist wohl dahin zu interpretieren, daß durch die Ausdehnung der Huari-Macht an die Nordküste kein nennenswerter Bevölkerungswechsel stattfand, sondern höchstens eine stärkere Konzentration der Menschen an bestimmten stadtähnlichen Plätzen. Weiterhin dürften auch die religiösen Grundanschauungen dieselben geblieben sein und einander bei beiden Kulturen auch in vielen Zügen entsprochen haben.

Abb. 53

Im Verlauf des Mittleren Horizonts nimmt die Kraft der Huari-Kultur jedoch anscheinend rasch ab, die in den nördlichen Küstengebieten überhaupt nur eine relativ kurze Zeitspanne umfaßte, und mehrere lokale Stile entwickeln sich. Zu diesen Lokalstilen gehören der Lambayeque-Stil (Willey 1974, Abb. 414b) im Norden des behandelten Gebietes, der in den Ausgußformen und bestimmten Motiven seiner Keramik den Huari-Einfluß noch zeigt, und der Chimú-Stil im Kerngebiet der alten Moche-Kultur.

Der Chimú-Stil gehört in die Späte Zwischenperiode der zeitlichen Gliederung der Kulturabfolge und damit in den Zeitraum von ca. 1000-1470 n.Chr. Nach 1470 unter Inka-Herrschaft geraten, überlebt der Stil in Hybrid-Stilformen als Chimú-Inka-Stil sogar bis in die Zeit der beginnenden spanischen Kolonisation (Abb. 53). Mit dem Chimú-Stil beginnt die Zeit, in die geschichtliche Überlieferungen zurückreichen, die von den Spaniern aufgezeichnet wurden. So soll es ein großes "Reich von Chimor" gegeben haben, mit der Hauptstadt Chan Chan, an der Mündung des Moche-Tales in den Pazifischen Ozean nördlich des Flußlaufes gelegen. Die Namen der aufeinander folgenden Herrscher – bis zur Eroberung durch die Inka werden zehn namentlich aufgelistet – sind bekannt, und von der Herkunft des Stammvaters aus dem Norden wird berichtet. Auf einem Balkenfloß ist er danach mit seinem Gefolge in der Nähe von Chan Chan gelandet. Seine Nachkommen regierten schließlich mit dem "Reich von Chimor" einen reichen, mächtigen Staat, der im Norden fast bis zur Südgrenze des heutigen Staates Ecuador und im Süden bis nach Paramonga im Fortaleza-Tal reichte.

Die Hauptstadt Chan Chan bedeckte zur Zeit ihrer größten Ausdehnung 16-20 km², so daß allein schon von dieser Flächenausdehnung her die Bezeichnung Stadt erlaubt ist. Das Zentrum mit monumentalen Bauten umfaßte ca. 6 km². Hier liegen zehn rechteckige, ummauerte Komplexe von ca. 200 m zu 650 m Seitenlänge, "ciudadelas" genannt, die von 1-12 m hohen Außenmauern eingefaßt sind. Die "ciudadelas" sind alle gleich angelegt und immer aufgeteilt in einen nördlichen, mittleren und südlichen Sektor mit Eingang im Norden. Jedem dieser Abschnitte kamen anscheinend bestimmte Funktionen zu, die sich in Brunnen, Binnenhöfen, Kammerreihen, labyrinthisch verlaufenden Gangsystemen und Wachlokalen, den sogenannten "audiencias", abzeichnen. Im südlichen Abschnitt befindet sich meistens eine große Bestattungsplattform. Die Mauern aus luftgetrockneten Ziegeln oder "tapia" sind wandteppichartig mit Reliefs verziert, deren Motive sich auf Gefäßen, Textilien oder Holzschnitzereien wiederfinden. Die "ciudadelas" werden als Paläste der zehn aufeinanderfolgenden "Könige" interpretiert, die ihnen nach dem Tode weiter zur Verfügung standen, wo sie nach wie vor verehrt wurden und von wo ihre Mumien auch noch zu wichtigen zeremoniellen Ereignissen gebracht werden konnten. Der Palast diente als Totengabe mit seinem ganzen Inhalt an Waren und Menschen. In einer "ciudadela" sind beispielsweise in den Kammern die Überreste von mehr als 90 jungen Frauen gefunden worden, die wahrscheinlich als Totenopfer dem verstorbenen Herrn gefolgt waren.

Um das herrscherliche Zentrum herum lebte die Bevölkerung in unregelmäßig aneinander gebauten, kleinen Einraumhäusern aus Lehm und Rohrdächern. Straßen mit niedrigen Begleitmauern führten von der Stadt weg in verschiedene Richtungen. Sie sind Vorläufer der späteren berühmten Inkastraßen. Rings um die Stadt dehnten sich bewässerte Felder aus, die bewässerte Fläche erreicht jetzt ihre größte Ausdehnung. Zwischen dem Moche- und dem benachbarten Chicama-Tal sorgt der La Cumbre genannte Kanal für die Wasserversorgung und den Wasserausgleich zwischen beiden Tälern. Neue Anbauflächen werden auch durch versenkte Beete, "pukios", erschlossen. Durch Eintiefen der Erdoberfläche werden die Pflanzen dem Grundwasser nahegebracht, wird die Sonneneinstrahlung vermindert und die Windausdörrung herabgesetzt, so daß die Feldfrüchte gedeihen konnten.

Diesem hier nur angedeuteten hohen technischen und wirtschaftlichen Standard (vgl. auch Kosok 1965) entsprach gewiß ein ausgefeiltes gesellschaftliches System, mit einem von den Spaniern "König" genannten Herrscher an der Spitze der Rangskala. Religiöse Vorstellungen bestimmten sicher das Leben der Einzelnen und der Gesamtheit bis ins Detail. Sie kreisten für die meisten um die agrarische Abfolge und gute Ernten, um den Ahnen- und Totenkult. Einige Götternamen sind überliefert, so der der wichtigsten Göttin, der Mondgöttin Si, von der das Wetter und damit die landwirtschaftliche Produktivität abhängig war. Andere Gestirnsgottheiten waren die Sonne, die Plejaden und der Orions-Gürtel. Auch das Meer war eine wichtige Gottheit. Den Göttern wurden Opfer dargebracht in Form von Chicha, dem Maiswein, von gelbem Maismehl, von Llamas und Meerschweinchen sowie von Menschen, vor allem weiblichen Kindern.

Das Kunsthandwerk, das sowohl im Dienst der Religion wie der herrschenden Schicht stand, erreichte eine hohe Blüte. Prächtige Federarbeiten, figuren- und farbenreiche Gewebe in allen Techniken sowie erlesene Metallarbeiten aus Gold, Silber und Kupfer wurden geschaffen. Alle metallurgischen Verfahren, wie Legieren, Treiben, Gravieren, Löten, Schweißen, Gießen werden gemeistert (→ 1-IIc3ß) und zur Herstellung von Schmuck, Mumienmasken, priesterlichem und höfischem Gerät angewendet. Der Ruf der Chimú-Goldschmiede war so groß, daß sie nach der Eroberung ihres Landes durch die Inka in deren Hauptstadt Cuzco gebracht wurden, wo sie für die neuen Herren arbeiten mußten.

Auch die Töpferei hielt ihren Standard, wenn auch die Gefäße jetzt manufakturmäßig aus zwei Modelhälften hergestellt werden. Die Nähte sind oft so gut verstrichen und geglättet, daß sie kaum sichtbar sind. Im Gegensatz zur Moche-Keramik wird der Großteil der Keramik reduzierend gebrannt, ihr Grundton ist folglich ein Anthrazithgrau. Ein anderes Merkmal der Moche-Keramik, der Steigbügelhenkel, wird nach dem Abflauen des Huari-Einflusses dagegen wieder aufgenommen, jedoch ist am Knick zwischen Henkel und Ausgußrohr des Steigbügels immer eine kleine plastische Tierfigur als Verzierung angebracht. Auch ist der Querschnitt des Steigbügels jetzt oft eckig anstelle des früher runden. Der Gefäßkörper trägt häufig einen flachen Relief-Fries – figurenarme Szenen vor körnigem Hintergrund, dem sogenannten "Gänsehaut-Muster". Jedoch kommen auch freistehende Figuren, Götter, Menschen und Tiere, auf dem Gefäßkörper vor; oder das Gefäß selbst ist plastisch gestaltet als Gott oder Mensch, Frucht oder Tier oder einfach als Gebrauchsgegenstand. Die Figuren und Szenen präsentieren manchmal inhaltlich dieselben Themen wie zur Zeit der Moche-Kultur, doch spiegeln sie in ihrer starken Stilisierung und Vereinfachung eine andere künstlerische Auffassung wider (Rowe 1948; Lumbreras 1974; Donnan and Mackey 1978; Moseley and Day 1982; Katz 1983).

Um 1470 unterlag das Reich von Chimor in Allianz mit Cajamarca nach erbittertem Widerstand dem Inka-Reich. Die Unterwerfung gelang erst, nachdem der Inka Pachacutec die Bewässerungssysteme am Ausgang des Gebirges zerstört hatte, so daß die Ernährung nicht mehr gewährleistet war. Der letzte selbständige Herrscher wurde nach Cuzco gebracht, wo er seine Tage beschloß. Die Niederlage bedeutete aber nicht auch den Untergang der Kultur, die durch die Inka mehr oder weniger unangetastet blieb.

Literatur

Benson, Elizabeth

1972 The Mochica. London.

1974 A Man and a Feline in Mochica Art. Studies in Pre-Columbian Art and Archaeology 14. Washington.

1975 Death-Associated Figures on Mochica Pottery. E. Benson (Ed.) 1975:105-144.

1976 "Salesman" and "Sleeping" Warriors in Mochica Art. Actas del XLI Congreso Internacional de Americanistas II:26-34. México, D.F.

1978 The Bag with the ruffled Top. Some Problems of Identification in Moche Art. Journal of Latin American Lore 4:29-47. Los Angeles.

1979 Garments as Symbolic Language in Mochica Art. XLIIe Congrès International des Américanistes VII:291-299. Paris.

1984 The Men who have Bags in their Mouths. Indiana 9:367-381. Berlin.

Benson Elizabeth P. (Ed.)
1975 Death and Afterlife in Pre-Columbian America. Washington, D.C.

Bonavia, Duccio
1985 Mural Painting in Ancient Peru (Übers. Patricia J. Lyon). Bloomington.

Donnan, Christopher B.
1965 Moche Ceramic Technology. Ñawpa Pacha 3:115-134. Berkeley.
1975 The Thematic Approach to Moche Iconography. Journal of Latin American Lore 1:147-162. Los Angeles.
1976 Moche Art and Iconography. UCLA Latin American Studies 33. Los Angeles.
1978 Moche Art of Peru. Los Angeles.
1982 The Identification of a Moche Fake through Iconographic Analysis. E.H. Boone (Ed.): Falsifications and Misreconstructions of Pre-Columbian Art, pp. 37-50,143. Washington.

Donnan, Christopher B. and J. Carol Mackey
1978 Ancient burial patterns of the Moche Valley, Peru. Austin.

Edwards, Clinton R.
1965 Aboriginal Watercraft on the Pacific Coast of South America. Ibero-Americana 47. Berkeley and Los Angeles.

Eisleb, Dieter
1960 Bemerkungen zu einem Recuay-Gefäß aus der Sammlung des Berliner Völkerkunde-Museums. Baessler-Archiv, N.F. 8:83-88.

Hastings, Charles M. and E. Michael Moseley
1975 The Adobes of Huaca del Sol and Huaca de la Luna. American Antiquity 40:196-203.

Hissink, Karin
1951 Motive der Mochica-Keramik. Paideuma 5,3:115-135.
1955 Leben und Empörung der Geräte. Baessler-Archiv, N.F. 3:75-83.

Hocquenghem, Anne Marie
1977 Une Interprétation des "vases portraits" mochicas. Ñawpa Pacha 15:131-139. Berkeley.
1978a Quelques projections sur l'Iconographie des Mochicas: Une image de leur monde d'après leurs images du Monde. Baessler-Archiv, N.F. 15:163-191.
1978b Les combats mochicas: Essai d'Interprétation d'un Matériel archaeologique à l'aide de l'Iconologie, de l'Ethno-Histoire et de l'Ethnologie. Baessler-Archiv, N.F. 26:127-157.
1979a L'iconographie Mochica et les rites andins: Les scènes en relation avec l'océan. Cahiers des Amériques Latines 20:113-129. Paris.
1979b L'Iconographie Mochica et les rites de purification. Baessler-Archiv, N.F. 27:215-252.
1981 Les mouches et les morts dans l'iconographie Mochica. Ñawpa Pacha 19:63-69. Berkeley.

Huaman Poma de Ayala, Felipe
1936 Nueva Corónica y Buen Gobierno. Travaux et Mémoires de l'Institut d'Ethnologie XXIII. Paris.

Katz, Lois (Ed.)
1983 Art of the Andes. The Arthur M. Sackler Foundation. Washington.

Kosok, Paul
1965 Life, Land and Water in Ancient Peru. New York.

Kroeber, Alfred L.
1925 The Uhle Pottery Collections from Moche. University of California Publications in American Archaeology and Ethnology 21:191-234. Berkeley.

Kutscher, Gerdt
1950a Chimu. Eine altindianische Hochkultur. Berlin (2. Auflage Hildesheim 1977).
1950b Iconographic Studies an as Aid in the Reconstruction of Early Chimu Civilization. Transactions of the New York Academy of Sciences, Ser. II. Vol. 12, No. 6:194-203. New York.

1950c Sakrale Wettläufe bei den frühen Chimu (Nord-Peru). Beiträge zur Gesellungs- und Völkerwissenschaft. Festschrift zum 80. Geburtstag von Professor Richard Thurnwald, S. 209-226. Berlin.
1954 Nordperuanische Keramik. Monumenta Americana I. Berlin.
1955 Sacrifices et prières dans l'ancienne civilisation de Moche (Perou du Nord). Anais do XXXI Congresso Internacional de Americanistas II:763-776. Sao Paulo.
1956 Das Federballspiel in der Alten Kultur von Moche (Nord-Peru). Baessler-Archiv, N.F. 4:173-184.

Kutscher, Gerdt (hrsg. von U. Bankmann)
1983 Nordperuanische Gefäßmalereien des Moche-Stils. AVA-Materialien 18. München.

Larco Hoyle, Rafael
1938-39 Los Mochicas. 2 Tomos. Lima.
1942 La escritura Mochica sobre pallares. Revista Geográfica Americana 18,107:93-103 [Año IX]. Buenos Aires.
1943 La escritura peruana sobre pallares. Revista Geográfica Americana 20,122:277-292 [Año XI]. Buenos Aires.
1945 Los Mochicas. Sociedad Geográfica Americana. Buenos Aires.

Lavallée, Danièle
1970 Les Représentations Animales dans la Céramique Mochica. Mémoires de l'Institut d'Ethnologie IV. Paris.

Lumbreras, Luis G. (übersetzt von Betty G. Meggers)
1974 The Peoples and Cultures of Ancient Peru. Washington.

Middendorf, E.W.
1992 Das Muchik oder die Chimu-Sprache. Die einheimischen Sprachen Perus, 6. Band. Leipzig.

Moseley, Michael E.
1975 Prehistoric Principles of Labor Organization in the Moche Valley, Peru. American Antiquity 40:191-196.

Moseley, Michael E. and Kent C. Day
1982 Chan Chan: Andean Desert City. Albuquerque.

Muelle, Jorge C.
1936 Chalchalcha. Un Analisis de los Dibujos Muchik. Revista del Museo Nacional 5,1:65-88. Lima.

Nachtigall, Horst
1966 Indianische Fischer, Feldbauer und Viehzüchter — Beiträge zur peruanischen Völkerkunde. Marburger Schriften zur Völkerkunde 2. Berlin.

Rowe, John H.
1948 The Kingdom of Chimor. Acta Americana 6,1-2:27-59. México, D.F.

Schuler-Schömig, Immina von
1981 Die sogenannten Fremdkrieger und ihre weiteren ikonographischen Bezüge in der Moche-Keramik. Baessler-Archiv, N.F. 29:207-239.
1984 Puppen oder Substitute? Gedanken zur Bedeutung einer Gruppe von Grabbeigaben aus Peru. Tribus 33:155-168.

Strong, Willian Duncan and Clifford Evans
1952 Cultural Stratigraphy in the Viru Valley, Northern Peru. New York.

Towle, Margaret A.
1961 The Ethnobotany of Pre-Columbian Peru. Chicago.

Uhle, Max
1913 Die Ruinen von Moche. Journal de la Société des Américanistes de Paris, n.s., 10:96-117. Paris.

Valcárcel, Luis E.
1936 Estirpe Guerrera. Cuadernos del Arte Antiguo del Peru 3. Lima.
1937 Mujeres Mochicas. Cuadernos del Arte Antiguo del Peru 4. Lima.

Willey, Gordon R. (Hg.)
1974 Das Alte Amerika. Propyläen-Kunstgeschichte 18. Berlin.

3. *Tiwanaku-Wari*

Albert Meyers

Im 5./6. Jahrhundert unserer Zeitrechnung entstand im zentralen und südzentralen Andenraum eine kulturelle Bewegung, die in kurzer Zeit die ganze Zone zwischen Ecuador und Nordchile/Nordwestargentinien erfaßte. Es ist bis heute noch nicht geklärt, ob es sich lediglich um die Ausbreitung von Ideen handelte oder um eine Reichsbildung im herkömmlichen Sinne mit Zentralgewalt und dem dazugehörenden Staatsapparat, vergleichbar mit dem Inkareich. Wenn es auch für dieses in gewissem Sinne die Grundlage geschaffen haben mag, was sich z.B. an einigen unverkennbaren ikonographischen und religiösen Kontinuitäten ablesen läßt, so muß es doch große Unterschiede in der Struktur der beiden politisch-kulturellen Systeme gegeben haben. Die Inka sicherten ihr Imperium durch eine große Zahl von Festungen ab, während zur Tiwanaku-Zeit bestehende Festungen eher aufgegeben worden sind und offensichtlich keine neuen dazu kamen. Wenn man auch vermuten mag, daß dies etwa wegen des großen ideologischen Gleichklangs nicht notwendig war, ist die Frage nach dem politischen System, das hinter der Bewegung steckte, also vielleicht einem frühen andinen Staat, noch immer nicht entschieden, oder besser gesagt, wird erst in jüngster Zeit anhand neuer archäologischer Befunde diskutiert.[1)]

Kennzeichnend für die Zeit des sog. Mittleren Horizontes (vgl. die Chronologie-Tabelle) ist die allgemeine Verbreitung derselben Stilelemente auf Keramik, aber auch auf feinen Geweben, in der Metallurgie und der Steinbearbeitung. In der meist organgefarbenen, mit roter Schlämmung überzogenen Keramik überwiegen die Becherformen ("keros") sowie weit geöffnete Schalen und bauchige Flaschen. Charakteristisch vor allem für Tiwanaku sind auch die plastischen Zusätze am Gefäßrand, die z.B. den Kopf einer Raubkatze, eines Vogels oder eines Lamas darstellen (Abb. 54). Die Motive auf den klassischen polychrom bemalten Gefäßen sind meist schwarz oder weiß umrandet und zeigen Schlangen, Fische, Raubkatzen, Vögel, Tier-Mensch-Darstellungen mit Kopftrophäen, oder aber sie sind geome-

---

1 Vgl. die jüngste Diskussion in der Revista Andina Nr. 5 (1985:84-106). Isbell (1985) wendet bei seinen Arbeiten über den Wari-Staat 4 Kriterien an, die teilweise der Diskussion um die frühe Staatenbildung im Vorderen und Mittleren Orient entnommen sind (Wright and Johnson 1975).

trisch abstrakt. Etwas stilisiertere Motive finden sich auch auf den zahlreichen Textilien, die man besonders in den Küstengräbern gefunden hat. Im Rahmen dieses Stilkomplexes können, verteilt auf die Kernregionen etwa zwischen der Nordküste Perus (Moche-Kultur) und der bolivianischen Hochebene bzw. der nordchilenischen Küste, eine Vielzahl von Lokalstilen unterschieden werden. Verschiedene Formen und Motive haben jedoch auch noch über diesen Bereich nach Norden und Süden hinaus gewirkt.

Als Zentrum der Bewegung hat bereits um die Jahrhundertwende Max Uhle die Tempelstadt Tiwanaku auf dem bolivianischen Hochplateau ("altiplano") angegeben, von der aus im Rahmen einer militärischen Expansion das ganze Gebiet unterworfen worden sei. Uhle interpretierte den Tiahuanaco-Stil als panperuanischen oder panandinen Horizont und konnte so in den Ruinen der Orakelstätte Pachacamac an der zentralen Küste erstmals den Inkahorizont und frühere Horizonte relativchronologisch unterscheiden.[2] Die Bedeutung Waris als zweiten Zentrums wurde erst in den dreißiger Jahren von dem anderen "Vater der andinen Archäologie", dem Peruaner Julio C. Tello erkannt. Zu dieser Zeit führte Wendell C. Bennett bereits die erste große stratigraphische Grabungskampagne in Tiwanaku durch (Bennett 1934), auf die dann erst in den sechziger Jahren die zweite des bolivianischen "Staatsarchäologen" Carlos Ponce Sanginés folgte (Ponce 1972). Es war auch Bennett, der die erste bedeutende stratigraphische Grabung in Wari durchführte (Bennett 1953) und der dabei nicht mehr von einem allmählichen Übergang der "Tiwanaku-Phasen" zum sog. Küsten-Tiahuanaco sprach, sondern der Kombination "Ayacucho-Kulturen" und "Küstenkulturen" zu dieser Zeit eine eigene Stilentwicklung zugestand.

Diese Tendenz wurde durch die folgenden Ausgrabungen von Luis G. Lumbreras und seinen Studenten (Lumbreras 1960) bestätigt und in Form eines Schemas von Kulturabfolgen ausformuliert. Auf der Basis einer Stilanalyse der Keramiksequenzen an der Küste und ihrer Beziehungen untereinander und zum angrenzenden Hochland arbeitete Dorothee Menzel (1964) dann eine detaillierte relative Chro-

---

2 Die hier angeführte Schreibweise Uhles und vieler anderer Autoren (inklusive der spanischen Chronisten) wird für die Bezeichnung des panandinen Horizontes und der sog. Tiahuanacoiden Stile außerhalb des Altiplanos benutzt. Ansonsten hat sich die auf der ersten "Mesa Redonda de Arqueología Boliviana" in La Paz 1953 beschlossene Version "Tiwanaku" weitgehend in der neueren Literatur durchgesetzt. Wegen der Einheitlichkeit wird diese Schreibweise auch auf den peruanischen Fundort Wari angewandt.

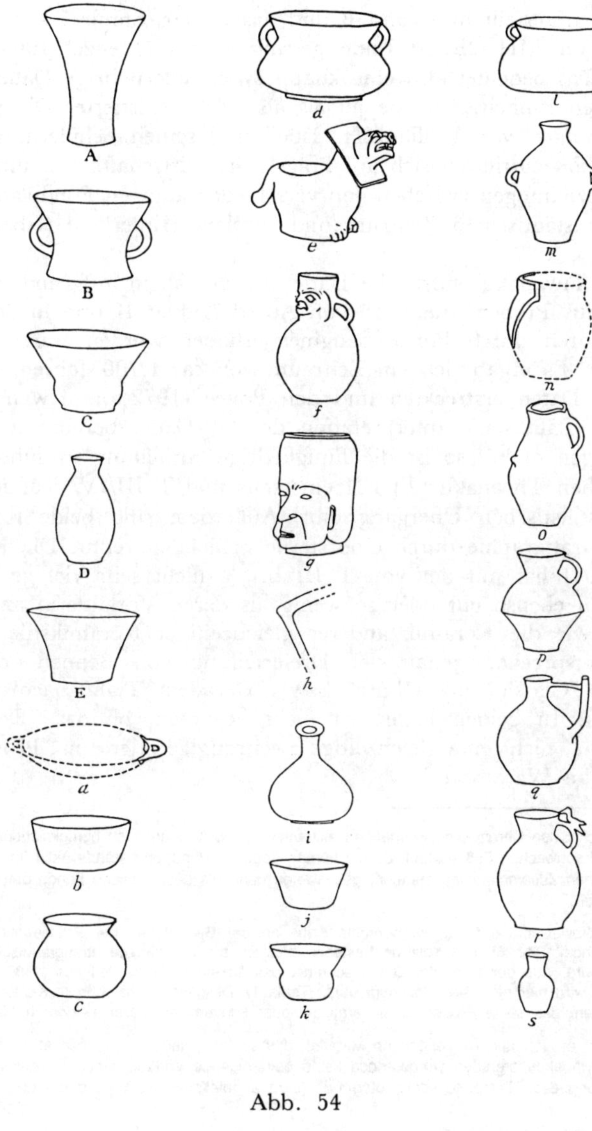

Abb. 54

nologie des Mittleren Horizontes (MH) aus, den sie in 4 Phasen einteilte (von ca. 550 bis 950 n.Chr.). MH 1 und MH 2 wurden dann nochmal unterteilt in A und B und das "Huari-Empire" soll mit Abschluß von MH 2B zu Ende gegangen sein (Menzel 1964, 1977: 88f.)[3]. Das bedeutet also eine knapp zweihundertjährige Dauer dieser politischen Einheit, falls sie jemals als solche existierte. Die jüngsten Ausgrabungen von William H. Isbell und seinen Schülern in dieser Region konzentrierten sich auf Fragen der wirtschaftlichen und kulturellen Beziehungen zwischen den verschiedenrangigen Fundplätzen und zwischen städtischem Zentrum und ruralem Hinterland (Isbell 1977, 1985).

In Tiwanaku wurde die Datierung vor allem aufgrund von C^{14}-Daten (aus Proben, die 1955 von Alfred Kidder II und in den sechziger Jahren durch Ponce Sanginés erhoben worden waren) vorgenommen. Es ergab sich ein Zeitraum von ca. 1.700 Jahren, auf den sich die Daten erstreckten und den Ponce (1972) in Tiwanaku I-V aufteilte. Läßt seine Interpretation der C^{14}-Daten bereits eine Reihe von Fragen offen[4] so ist die fünfgliedrige Aufteilung irreführend, da es zwischen Tiwanaku (T) I/II einerseits und T III/IV/V andererseits keinen stilistischen Übergang gibt. Außerdem sind beide Komplexe in der Stratigraphie durch eine sterile Schicht getrennt. Die Keramik von T I/II hat mit der von T III bis V nicht sehr viel gemeinsam und kann ebenso gut oder so wenig als deren Vorläuferin angesehen werden wie die Keramik anderer gleichzeitiger Keramikstile. T III/IV/V entsprechen genau der Dreierteilung von Bennett, der von "Early", "Classic" und "Late" bzw. "Decadent Tiahuanaco" gesprochen hat. In beiden Fällen ist nicht bewiesen, ob das "Dekadente Tiwanaku" nicht eine gleichzeitige zweitrangige odere im "Provinzstil" hergestellte Ware war.[5]

---

3 Wenn auch diese Chronologie weitgehend akzeptiert ist, sollte man doch berücksichtigen, daß sie bisher auf schwachen Füßen steht, da die herangezogenen Fundgegenstände nicht immer im stratigraphischen Zusammenhang standen, geschweige denn als geschlossene Funde betrachtet werden können.

4 Die von Rowe und anderen vorgebrachte Kritik an der Genauigkeit der Probeentnahmen (vgl. hierzu Ponce 1972:26) muß solange bestehen bleiben, bis der genaue stratigraphische Kontext bekannt wird. Aus der Liste der Daten scheidet das älteste als Einzelfall aus (1580 +- 120 v. Chr.) und wird hier nicht berücksichtigt (ibid.: Tabla 1). Desgleichen hat bereits Kidder nicht ausgeschlossen, daß seine Proben auch vermischt oder kontaminiert waren (Kidder II 1956).

5 Leider gibt es von den Unmengen an Material, das seit den sechziger Jahren an verschiedenen Stellen Tiwanakus ergraben wurde, noch keine befriedigende Vorlage. Über die Analyse der bei der Grabung des "Templete semisubterráno" (s.u.) angefallenen Keramik durch den inzwischen (Fortsetzung...)

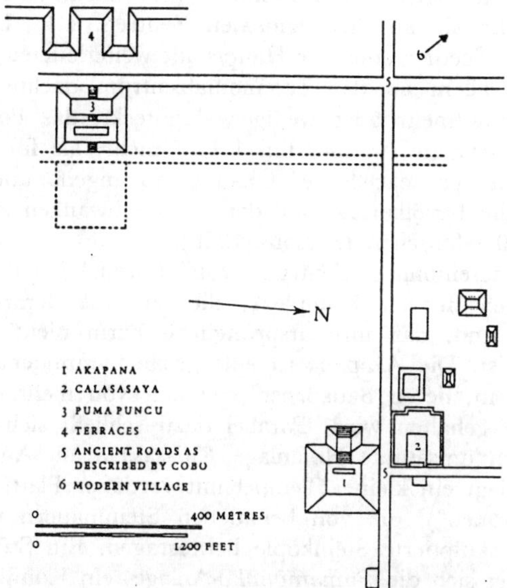

Abb. 55

Der Fundort "Tiwanaku" liegt auf knapp 3.900 m Höhe ca. 20 km vom Ufer des Titicaca-Sees entfernt auf einer flachen Hochlandsteppe. Zur Zeit der Besiedlung herrschte eindeutig ein für den Pflanzenanbau günstigeres Klima, und man muß sich das heute öde wirkende Umland mit einst einer Vielzahl von bewässerten Parzellen versehen vorstellen. Die für die damalige Zeit angenommene hohe Bevölkerungsdichte im Titicacaseegebiet scheint zuzutreffen, wenn man neuere Untersuchungen berücksichtigt, z.B. in der "Pampa Koani", am Beginn einer nahegelegenen Halbinsel des Sees (Kolata 1986), in der in einem dichten System von "raised fields" (bewässerten Hügelbeeten) landwirtschaftliche Produkte erzielt wurden, die ca. 50.000 Personen ernähren konnten. Lokale Knotenpunkte organisierten die

---

[5](...Fortsetzung)
verstorbenen Franzosen Louis Girault liegt ein umfangreiches Manuskript vor, dessen Publikation jedoch aussteht (Girault o.J.).

Verteilung der Arbeit und Produkte (vor allem Knollenfrüchte und Quinoa), die sie an die regionalen Zentren, z.B. Lukurmata oder Pajchiri am Seeufer oder zur Hauptstadt weiterleiteten. Während man früher vor allem an das Zeremonialzentrum dachte, ist heute das Siedlungsareal mehr oder weniger abgesteckt, das Ponce (1972) auf ca. 4 km^2 schätzte – immerhin 1 km^2 mehr, als für die nordperuanische Stadt "par excellence" Chan Chan angenommen wird. Angaben über die Bevölkerungszahl der Stadt schwanken zwischen 20.000 und 40.000 Menschen (Parsons 1968).

Das zeremoniale Zentrum von Tiwanaku (Abb. 55) zerfällt hauptsächlich in vier Komplexe, die teilweise derart zerstört bzw. restauriert sind, daß ihre ursprüngliche Form nicht mehr eindeutig ersichtlich ist. Die *Akapana* ist eine große pyramidenartige Erhebung mit Plattform, deren Baukörper scheinbar von mehreren Reihen von Steinsäulen gehalten wird. Parallel dazu schließt sich die mit hohen Steinpfeilern umsäumte Hofanlage *Kalasasaya* an. An ihrer östlichen Stirnseite liegt ein kleiner Tempel mit vertiefter Plattform ("Templete semisubterráneo"), die von behauenen Steinmauern umrandet wird, aus denen skulptierte Steinköpfe herausragen. Ein Stück westlich davon befindet sich die *Pumampunku*-Anlage, ein Komplex von sorgfältig bearbeiteten riesigen Steinquadern und -plattformen.

Alle bedeutenden architektonischen Komplexe scheinen in der T III-Phase, also der Frühzeit der eigentlichen Tiwanaku-Kultur erbaut worden zu sein – mit einer wichtigen Ausnahme, dem "Templete semisubteráneo", der eindeutig als früher anzusehen ist. Die Tatsache, daß eine ähnliche Anlage auch im "klassischen" Chiripa am Seeufer (Mamani-Phase, ca. 500 – 100 v.Chr.) gefunden wurde, weist zusammen mit anderen Befunden darauf hin, daß es zu Beginn der Frühen Zwischenperiode einen Komplex monumentaler Steinarchitektur auf dem Altiplano gab, der die Grundlage für die Herausbildung der spezifischen Tiwanaku-Version bildete.

Noch deutlicher wird dies, wenn man die Steinskulptur und deren Stilentwicklung berücksichtigt (Browman 1978; Chávez 1975; Chávez and Mohr 1975). Einige der Stelen, die im "Templete" gefunden wurden, entsprechen den anthropomorphen Monolithen anderer Fundorte des Altiplano, die früher datiert sind. Charakteristisch für diese Skulpturen sind Flachreliefs mit runden Gesichtsdarstellungen und einer doppelköpfigen Schlage sowie die Eigenart, bei den anthropomorphen Darstellungen den Kopf vom übrigen Steinkörper nur unwesentlich abzusetzen. Höhepunkt in dieser Entwicklung stellt die Pukara-Kultur am Nordufer des Titicaca-Sees dar, von der die Tiwanaku-Kultur zweifellos einige Elemente übernommen hat. Dennoch fehlt bisher, ähnlich wie bei der Betrachtung der Keramik, das Bindeglied zur "klassischen" Tiwanaka-Kultur.[6)]

Diese ist am spektakulärsten im "Sonnentor" repräsentiert, das aus einem einzigen Stein gehauen wurde und ca. 3 m hoch und knapp 4 m breit ist. Wahrscheinlich hatte es auch eine Fußschwelle, die heute fehlt, weshalb vermutet wird, daß das "Tor" ehemals im Pumapunku-Komplex stand (Gasparini and Margolies 1980:20). Der weithin bekannte Fries auf der Vorderseite zeigt in Flachreliefs gearbeitete Muster, davon drei Reihen mit geflügelten Wesen, die einen Stab in der Hand halten, der in Tierköpfen (Vogel, Raubkatze) endet (Abb. 56), sowie eine untere Reihe mit Darstellungen menschli-

Abb. 56a

Abb. 56b

cher Gesichter in einem Kranz von Strahlen, die in Ringen oder Tierköpfen enden. Zentrale Figur über dem Eingang ist eine in Hochrelief gearbeitete menschenähnliche Figur mit "Strahlenkranzkopf", die in Frontansicht mit angewinkelten Armen dargestellt ist. In beiden Händen hält sie jeweils Stäbe, die oben und unten in Tierköpfen enden. Auf die Ähnlichkeit dieser Figur mit dem "Stabgott" von Chavín ("Raimondi-Stele") und ihre Interpretation als zentrale Schöpfergottfigur (Viracocha, Tunupa) der andinen Hochreligionen wird in der Literatur immer wieder hingewiesen (Demarest 1981), ohne daß hier das letzte Wort gesprochen ist. Im MH taucht das Motiv in stilisierter Form in der Keramik und in der Textilkunst

---

6 Das bedeutet natürlich nicht, daß es, außer dem bereits erwähnten, keine Versuche gegeben hätte, diese Lücke zu stopfen (vgl. z.B. Lumbreras y Amat 1968; Portugal Z. y Portugal O. 1975; Mujica 1978; Kolata 1983).

auf, besonders an der zentralen und südlichen Küste, im Rahmen der "Wari-Expansion" aber auch weiter im Norden (Moche).

Neben dem "Sonnentor" sind vor allem die Steinstelen mit nur teilweise plastisch herausgearbeiteten menschlichen Zügen und sehr sorgfältig gearbeiteten, komplizierten Flachreliefdekorationen charakteristisch für die klassische Tiwanaku-Zeit. Die Körperformen der anthropomorphen Darstellungen sind auffallend rechteckig und auch bei den übrigen Motiven kann man eine "Geometrisierung" feststellen, die wahrscheinlich auf textile Vorbilder zurückgeht. Feine Textilien, goldene "keros" und geschnitzte hölzerne Schnupftabakbretter im reinen Tiwanaku-Stil sind an der Küste von Südperu und Nordchile gefunden worden. Man hat Funde dieser Art im Rahmen der seit Anfang der siebziger Jahre laufenden Diskussion um das andine "Vertikalitätsprinzip" gerne als Nachweis für "Tiwanaku-Archipele" außerhalb des Kernbereiches angesehen (Kolata 1983:263) und ist damit einer Tendenz gefolgt, die bereits im Falle der Inkaökonomie zu einer Einengung der Sichtweise geführt hat.

Im Gegensatz zu den "Vertikalisten" der Inkazeit wird man für diese Zeit die Existenz des Handels nicht ausschließen, sondern von einem komplexen makroregionalen Austauschsystem materieller und nichtmaterieller Güter sprechen können (vgl. z.B. Shady 1982). Dieses wurde von dem anderen wichtigen "ökonomischen Standbein" der Tiwanaku-Gesellschaft getragen, der intensiven Kamelidenhaltung, einer Tradition und Erfahrung, die auf dem Altiplano bis weit in die vorkeramische Zeit zurückreicht (Lynch 1983). Lamakarawanen transportierten die Güter auf einem verzweigten Netz von Straßen, das den südlichen Andenraum durchzog (Nuñez and Dillehay 1978).

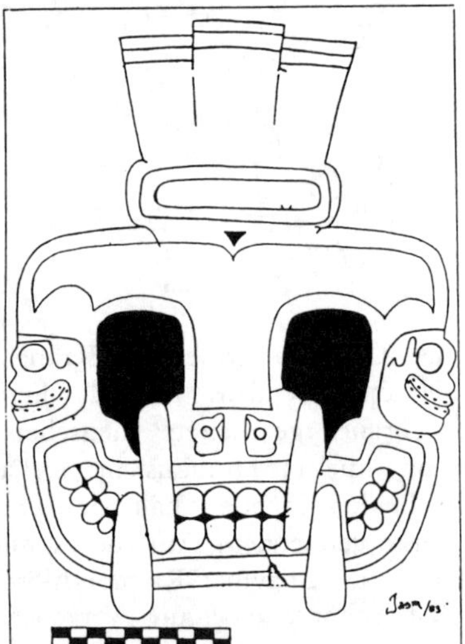

Abb. 57

Die Grenze dieses Austauschsystems im Norden muß man ungefähr südlich der heutigen Städte Cuzco und Arequipa ziehen. Bei den Kontakten über diese Linie hinaus spielte die materielle Tiwanaku-"Kunstware" eine geringere Rolle als die immateriellen Kulturgüter.

Als Auslöser werden sowohl friedliche Missionstätigkeiten (Menzel 1964) wie militärische Eroberungsgelüste genannt (Ponce 1972). Eine weitere Theorie geht von einer mehr oder weniger gleichzeitigen Befruchtung beider Kulturareale von einem dritten Ausgangspunkt aus. So bezieht sich z.B Isbell (1983, 1985) im wesentlichen auf einen von Wassen (1972) der Tiwanaku-Kultur zugeschriebenen Grabfund aus der Gegend der heutigen Kallawaya östlich des Titicaca-Sees am dem tropischen Tiefland zugewandten Andenabhang. Aufgrund stilistischer Erwägungen sieht er in den Gegenständen, die als einem Medizinmann gehörig interpretiert werden, ein zeitliches Bindeglied zwischen der Pukara-Kultur und Tiwanaku und schließt daraus, daß Kallawaya-Medizinmänner und -priester die tiahuanacoiden Elemente sowohl nach Tiwanaku als auch nach Wari gebracht haben. Wenn auch hier wiederum ein methodisch unsauberer Rückschluß heutiger Verhältnisse auf die Vergangenheit durchgeführt wird, ist der Hinweis auf die östlichen Andenabhänge wertvoll, wie das Problem der Tiwanaku-verwandten Mollo-Kultur vermuten läßt (Arellano 1985), deren Alter durchaus höher sein könnte als angenommen. Allerdings sind die Kallawaya als universale Medizinmänner der ganzen Zentralanden erst eine relativ junge Erscheinung (Saignes 1984). Aber Kontakte dieser Art zu Stämmen der Ostabhänge, seien es die Kallawaya-Vorfahren oder andere, sind ja zumindest für die Tiwanakuzeit ebenfalls belegt.

Der Fundort Wari liegt ungefähr 25 km von der heutigen Stadt Ayachucho entfernt auf einer von zwei Schluchten begrenzten Fläche in ca. 3.000 m Höhe. Die Ruinen der meist aus unbehauenen Steinen errichteten Gebäude ("pirca"-Bauwerke) bedecken ein Gebiet von mindestens 1,5 km². Es gibt aber auch Reste von fein bearbeiteten Steinblöcken, die z.B. für den Bau von unterirdischen Kammern angefertigt worden waren.

Die Wari-Keramik ist eine feine polychrome Ware, die technische und künstlerische Elemente aus der lokalen Vorgängerkultur Huarpa, der Nazca-Kultur von der Küste und des Tiwanaku-Stils enthält. Dabei kam es zu einer Verbindung zwischen der im Süden weniger gebräuchlichen Rundplastik mit linearen Motiven und Mehrfarbigkeit. Im Rahmen der Verbreitung dieser Keramik oder bestimmter unverkennbarer Elemente ist eine gewisse Vereinfachung der ikonographischen Sprache zu verzeichnen, z.B. in der Darstellung des "Stabgottmotivs" mit dem "Strahlenkranzkopf". Der Grad der Beeinflussung ist unterschiedlich, und man könnte in Abwandlung eines Ponce-Kommentars für die ganze Verbreitung des Tiwanaka-Wari-Stils sagen, daß es dort, wo es technisch und stilistisch keine Ebenbürtigkeit gab, zu einer Dominanz der auswärtigen Elemente kam, bei Gleichwertigkeit zu einer Vermischung und bei Überlegenheit der Lokalkultur (etwa im Falle der Moche-Kultur) nur zu zögernder Übernahme des Einflusses.

Ein weiterer Gesichtspunkt, der die Frage der Stilverbreitung berührt, kommt von der "ceramic ecology". Nach den Untersuchungen von Dean Arnold (1975, 1985:92-96) gibt es in den Anden nur wenige Gebiete, in denen das ganze Jahr hindurch hochwertiger Ton für eine derartige Massenproduktion an Keramik gewonnen werden kann, wie das im MH der Fall war. Im Ayachucho-Becken eigneten sich die Bedingungen hervorragend für eine spezialisierte Keramikproduktion, und man kann davon ausgehen, daß diese bei der weiten Verbreitung der Wari-Keramik eine gewichtige Rolle spielten. Mindestens genauso wichtig ist die Betrachtung der Textilien, die ebenfalls massenhaft in handwerklicher Spezialisierung hergestellt wurden, wofür ein ständiger Nachschub an Werkstoff vonnöten war. Da vor allem Mischgewebe (Wolle und Baumwolle) bevorzugt wurden, ergab sich die Beziehung Hochland-Küste quasi von selbst.

Es herrscht zwar in der Literatur weitgehend Konsens darüber, daß diese Beziehungen mit militärischen Mitteln unterstützt wurden, ob es aber binnen 50 Jahren zur Eroberung der ganzen Wari-Einflußzone kam, wie ebenfalls durchgängig angenommen wird, ist bisher nicht eindeutig bewiesen.[7] Neben Wari gab es mehrere regionale Zentren, von Viracocha Pampa im Cajamarca-Gebiet angefangen, über Warivilca am oberen Mantaro bis nach Pikillacta im südlichen Hochland von Cuzco, die nach einem formalisierten Plan erbaut wurden. Riesige staatliche Speicheranlagen, wie sie zur Inkazeit existierten, hat man bisher nicht finden können.

Alles in allem ergibt sich das Bild einer sozial differenzierten und ökonomisch hochspezialisierten Gesellschaft mit eher multifokaler geopolitischer Struktur, die auf einem Komplex von regionalen und überregionalen Austauschbeziehungen sowie auf einer gemeinsamen religiösen Grundlage beruht. Dies stellt einen gewissen Gegensatz zum

---

7 Hier stellt sich die methodische Frage, inwieweit die Verbreitung von Kulturgegenständen, ikonographischen Motiven kriegerischen Inhalts, architektonischer Ähnlichkeiten usw. genügt, um eine solche These aufzustellen. Im Falle der Moche-Kultur haben beispielsweise neuere Untersuchungen eine Eroberung dieses Gebietes infragegestellt (Mackey 1982).

straff zentralistisch orientierten, auf Tributation und Redistribution ausgerichteten Inkareich dar.[8] Damit wären auch die Empfindlichkeit gegenüber Störungen des Systems, z.B. durch Klimaveränderungen, und das relativ unvermittelte jedoch von Region zu Region zu unterschiedlichen Zeiten einsetzende Abklingen der kulturellen Strömung erklärt. So ist die Stadt Wari wohl schon in der zweiten Hälfte des MH aufgegeben worden, die Wari-Tiwanaku beeinflußten Zentren der Moche-Kultur beispielweise überdauerten diesen Zeitpunkt und erst recht Tiwanaku selbst. Wenn man auch die Existenz eines Ayacucho-Staates akzeptieren mag, so ist damit die Frage einer Reichsbildung panandinen oder auch nur panperuanischen Ausmaßes keineswegs beantwortet. Wir müssen also zunächst noch davon ausgehen, daß dieser Schritt in der vorkolumbischen Andengeschichte erst- und letztmalig von den Inka unternommen wurde.[9]

Literatur

Arellano, Jorge
1985 Mollo. Investigaciones Arqueológicas. La Paz.
Bennett, Wendell C.
1934 Excavations at Tiahuanaco. New York.
1953 Excavations of Wari, Ayacucho, Peru. New Haven.
Browman, David L.
1978 Toward the Development of the Tiahuanaco (Tiwanaku) State. D.L. Browman (Ed.): Adavances in Andean Archaeology, pp. 327-349. Den Haag.
Chávez, Sergio
1975 The Arapa and Thunderbolt Stelae: a case of stylistic identity with implication for Pucara influences in the area of Tiwanaco. Ñawpa Pacha 13:3-25. Berkeley.
Chávez, Sergio and Karen Lynne Mohr Chávez
1975 A carved stela from Taraco, Peru, and the definition of an early style of stone sculpture from the altiplano of Peru and Bolivia. Ñawpa Pacha 13:45-84. Berkeley.
Demarest, Arthur A.
1981 Viracocha, the Nature and Antiquity of the Andean High God. Cambridge.
Gasparini, Graziano and Luise Margolies
1980 Inca Architecture. Bloomington.
Girault, Louis
o.J. Análisis de la cerámica del Templete Semisubterráneo de Tiwanaku. Unveröffentlichtes Manuskript. La Paz.

---

8 Den immer wieder gemachten Versuchen, die Inkaverhältnisse (vor allem das "Vertikalitätsprinzip") auf die Vergangenheit zu projizieren, sollte man eher skeptisch begegnen; es könnten sich leicht Zirkelschlüsse ergeben.

9 Für die Durchsicht einer vorläufigen Fassung des Manuskriptes danke ich Hartmut Tschauner, Bonn.

Isbell, William H.
1977 The Rural Foundation for Urbanism. Economic and Stylistic Interaction between Rural and Urban Communities in Eighth-Century Peru. Urbana.
1983 Shared Ideology and Parallel Political Development: Huari and Tiwanaku. Daniel A. Sandweiss (Ed.): Investigations of the Andean Past, pp. 186-208. Cornell Latin American Studies Program.
1985 El orígen del Estado en el valle de Ayacucho. Revista Andina 5:57-106. Cuzco (Lit.!).

Kidder, Alfred II
1956 Digging in the Titicaca Basin. University of Pennsylvania. University Museum Bulletin 20,3:16-29. (Nachdruck in J.H. Rowe and D. Menzel (Eds.): Peruvian Archaeology, Selected Readings, pp. 133-145. Palo Alto, Calif.).

Kolata, Alan L.
1983 The South Andes. Jesse D. Jennings (Ed.): Ancient South Americans, pp. 241-285 (Lit.!).
1986 The Agriculture Foundations of the Tiwanaku State: A View from the Heartland. American Antiquity 51:748-762.

Kubler, George
1962 The Art and Architecture of Ancient America. The Mexican, Maya, and Andean Peoples. Harmondsworth.

Lavallée, Danièle und Luis G. Lumbreras
1986 Die Andenvölker. München.

Lumbreras, Luis Guillermo
1960 La Cultura de Wari, Ayachucho. Etnología y Arqueología, Publ. del Inst. de Etnol. y Arqueología 1,1:130-227. Lima.

Lumbreras, Luis G. y Hernán Amat
1968 Secuencia cronológica del Altiplano Occidental del Titicaca. XXXVII. Congreso Internacional de Americanistas II:75-106. Buenos Aires.

Lynch, Thomas F.
1983 Camelid pastoralism and the emergence of Tiwanaku civilization in the South-Central Andes. World Archaeology 15,1:1-14.

Mackey, Carol J.
1982 The Middle Horizon as Viewed from the Moche Valley. M. Moseley and K. Day (Eds.): Chan Chan: Andean Desert City, pp. 321:331. Albuquerque.

Menzel, Dorothy
1965 Style and Time in Middle Horizon. Ñawpa Pacha 2:1-105. Berkeley.
1977 The Archaeology of Ancient Peru and the Work of Max Uhle. Berkeley.

Mujica B., Elias
1978 Nueva hipótesis sobre el desarrollo temprano del altiplano, del Titicaca y de sus áreas de interacción. Arte y arqueología 5-6:285-308. La Paz.

Nuñez A., Lautaro y Tom D. Dillehay
1978 Movilidad giratoria, armonía social y desarrollo en los Andes meridionales: patrones de tráfico e interacción económica. Universidad del Norte. Antofagasta.

Parsons, Jeffrey R.
1968 An Estimate of Size and Population for Middle Horizon Tiahuanaco, Bolivia. American Antiquity 47:572-595.

Ponce S., Carlos
1972 Tiwanaku: Espacio, Tiempo y Cultura. La Paz.

Portugal Z., Maks y Portugal O., Max
1975 Qallamarka, nuevo yacimiento arqueológico descubierto cerca a Tiwanaku. Arte y arqueología 3-4:195-216. La Paz.

Shady Solís, Ruth
1982 La cultura Nievería y la interacción social en el mundo andino en la época Huari. Arqueológicas 19:5-108. Lima.

Saignes, Thierry
1984 Qui sont les Kallawaya? Note sur une énigme ethnohistorique. Louis Girault (Ed.): Kallawaya, guérisseurs itinérants des Andes, pp. 35-49. Paris.

Wassen S., Henry
1972 A Medicine-man's Implements and Plants in a Tiahuanacoid Tomb in Highland Bolivia. Etnologiska Studier 32. Göteborg.
Wright, Henry T. and Gregory A. Johnson
1975 Population, Exchange and Early State Formation in Southwestern Iran. American Anthropologist 77:267-289.

4. *Die Tairona-Kultur Nordkolumbiens*

Henning Bischof

Im sogenannten "Zwischengebiet", das sich von Ekuador bis Nikaragua und nordöstlich bis Venezuela erstreckt (Willey 1971:254-359), zeichnet sich die Tairona-Kultur der Sierra Nevada de Santa Marta durch steinerne Bauten und hochstehendes Kunsthandwerk aus (Mason 1931:39; G. Reichel-Dolmatoff 1954b, c; G. u. A. Reichel-Dolmatoff 1955). Ihr Verbreitungsgebiet war im 16. Jahrhundert Schauplatz langwieriger Auseinandersetzungen mit den spanischen Eroberern (Bischof 1971; Miranda 1976), und noch heute leben in der Höhenregion des Gebirges die Kogi (Kágaba), Ika und Sanhá, indianische Ethnien mit kulturellen Traditionen, die vorspanische Elemente in mehr oder weniger abgewandelter Form enthalten (Preuß 1926-27; G. Reichel-Dolmatoff 1950-51; 1974; 1975; 1978).

Natürliche Umwelt und Verbreitungsgebiet

Als steilstes Küstengebirge der Welt erhebt sich die Sierra Nevada östlich des lagunenreichen Magdalena-Deltas aus dem nordkolumbianischen Tiefland. Ihre Gipfel erreichen kaum 45 km von der Karibischen See Höhen bis 5775 m. Die vorspanischen Siedlungen konzentrieren sich auf die unteren drei Vegetationszonen des Gebirges in 200-900 m Höhe: Dornbuschsavanne, gefolgt von laubabwerfendem Wald und immergrünem tropischen Bergwald. Einzelne Siedlungen gibt es noch in 2000 m Höhe (Herrera 1985, fig.3). Die dauerhafte Niederlassung menschlicher Gemeinschaften auf den steilen Gebirgshängen erforderte eine baulichen Infrastruktur, die noch heute durch ihr Ausmaß und gute Erhaltung beeindruckt und die das Verbreitungsgebiet der Tairona-Kultur kennzeichnet.

Kolumbianische Forscher erfaßten 1973-1983 in der nordwestlichen Sierra Nevada vom Einzugsbereich des Río Frío bis zum Río Palomino fast 300 Wüstungen größerer oder kleinerer Siedlungen, wohl nur ein Bruchteil der vorhandenen (Mayr 1985: 103). Wahrscheinlich griff die Tairona-Kultur noch weiter nach Südwesten, und im Nordosten über den Río Ancho aus (Bischof 1971:78-83); ältere Darstellungen beziehen fälschlich das Tiefland westlich des Gebirgsstocks ein.

Archäologische Zeugnisse

Während die Küstensiedlungen oberflächlich kaum noch sichtbar, z.T. auch durch Raubgrabungen zerstört sind, blieben die Ruinen der Gebirgsorte im Schutze des Urwalds bis auf die hölzernen Konstruktionsteile erhalten. Da das Gelände dort selten eine geschlossene Bebauung zuließ, ergab sich eine durch Freiflächen und Wasserläufe unterbrochene Siedlungsstruktur mit deutlich voneinander abgesetzten Ortsteilen. Planierungen und Terrassierungen schufen Platz für öffentliche und private Aktivitäten. Größere Siedlungskonglomerate wie El Pueblito können fast 300 Hauspodeste umfassen, die sich um die zentralen Plätze und Baulichkeiten scharen. Ein dichtes Netz von Treppen und steingepflasterten Wegen erleichtert den Zugang zum Wasser, es deutet gleichzeitig die Beziehungen zwischen den Baugruppen und ihre hierarchische Ordnung an (Serje 1986). Gepflasterte Fernstraßen verbanden die Ortschaften und Wirtschaftsräume, z.B. die Fischereizone der Küste mit den Maisanbaugebieten und Werkstätten im Bergland. Zur steinernen Infrastruktur zählen Terrassenstützmauern, Wasserreservoirs und nicht zuletzt die kanalisierten Bachbetten zur Sicherung der agrarisch wichtigen Talauen.

Die Gebäude gehören durchweg zum Typus des runden hölzernen Pfostenhauses von 4-20 m Durchmesser mit meist zwei Eingängen. Größe, Lage innerhalb der Siedlung und die Qualität des ringförmigen Steinplattenbelags auf dem aufgeschütteten, z.T. gestuften Hauspodest lassen auf den Rang der Bewohner und die Gebäudefunktion schließen (Cadavid/Groot 1982). Steinbeile und -meißel, Feinkeramik, Schmuck und Zeremonialgerät im Bereich des Hauspodests, Grobkeramik und Maisreibsteine auf der umgebenden Plattform oder in einem bestimmten Haussektor zeugen von der Raumeinteilung und von handwerklicher bzw. hauswirtschaftlicher Betätigung.

Das Bestattungsbrauchtum ist nur in wenigen Fällen dokumentiert. Nachgewiesen wurden Steinkisten, Schachtgräber mit Bestattungsnische, flache Körpergräber (wohl Hocker) und Urnen mit Gebeins- oder Kinderbeisetzungen. In den unterschiedlichen Grabformen mögen sich soziale, regionale oder zeitbedingte Besonderheiten äußern. Grabgruben, Steinkisten und kleinere Schachtgräber finden sich vereinzelt im Hauspodest und der umgebenden Terrasse. In der Küstenzone bilden Schachtgräber und Urnen geschlossene Friedhöfe.

Raubgräber entdeckten zehntausende von Artefakten als Totenbeigaben in Depots, oder als Einzelfunde im Bereich der Hausterrassen. Allein 11.000 Goldarbeiten gelangten in das Museo del Oro

(Bogotá), meist feinste Hohlgüsse in verlorener Form mit "falschem" (mitgegossenem) Filigran, deren künstlerische und technische Qualität im Alten Amerika ihresgleichen sucht (Plazas 1986). Leider ist die Zahl der beobachteten Fundzusammenhänge außerordentlich gering. Immerhin beweist das gesammelte Material eine gestalterisch und handwerklich meisterhafte Verarbeitung verschiedener Werkstoffe (vgl. Nachtigall 1961; Raddatz 1986). Schwer wiegt der Verlust des Inventars aus organischem Material: Holz, Geflecht, Textilien, Federwerk und selbst Knochen. Eine Vorstellung von der Qualität des Verlorenen vermitteln Objekte, die als missionarische Demonstrationsstücke im 17. Jahrhundert nach Rom gelangten (Bischof 1974) oder noch heute in Kogi-Tempeln dem Kult dienen (Preuß 1926-7).

Was ist nun aus den archäologischen Quellen, d.h. Bodendenkmälern, Funden und Befunden, über die politischen und sozialen Strukturen, die religiösen und Wertvorstellungen der Gemeinschaften abzulesen, die sie hervorgebracht hatten?

Der Ausbau der Wege und Fernstraßen beweist ebenso wie die Platzanlagen und das relativ einheitliche Kulturinventar, daß man auf Güteraustausch angewiesen war und auf Kommunikation Wert legte. Dem Siedlungscharakter entspräche am besten ein polyzentrisches politisches System mit hierarchisch geordneten Autoritäten in den Haupt- und Unterzentren. Geschlossene Palast- oder Tempelanlagen zeichnen sich nirgends ab, obwohl es sie nach Aussage der Chronisten im 16. Jahrhundert gegeben haben muß; abgestufte qualitative Merkmale – soweit aus dem Unterbau ersichtlich, nicht der Typus der Bauten – deuten auf eine Rangordnung. Vielleicht spiegeln die Ortsteile eine Gliederung in soziale Gruppen wider.

Auf eine geschichtete Gesellschaft mit differenzierten Anforderungen läßt auch die Qualität der spezialisierten handwerklichen Produktion von Zeremonialobjekten und vielleicht statusspezifischen Prestigegütern schließen. Dazu zählen der Schmuck aus Gold und Steinperlen (Achate, Bergkristall, grüne Minerale), sowie Szepter, Gabelsymbole, monolithische Beilmodelle und "Flügelanhänger" aus schwärzlich-grünen Gesteinen. Ein hohes Niveau erreichte die dünnwandige monochrome, oft figürlich modellierte Keramik mit ihren eleganten Formen; für den Zeremonialgebrauch entstanden feinst dekorierte keramische Kleinkunstwerke. Wieder hat es den Anschein, als seien die Unterschiede in der Ausstattung einzelner Personen bzw. Familien eher gradueller Natur. Fundbeobachtungen, die das Gegenteil erweisen könnten, fehlen. Dennoch verfügten die Autoritäten über genügend

Macht, um bei Bauvorhaben Arbeitseinsatz in großem Umfang organisieren zu können.

Eigenartigerweise gibt es keine archäologische Evidenz für kriegerisches Verhalten. Die Siedlungen sind nur durch ihre Lage geschützt, die primär städtebaulichen Gesichtspunkten Rechnung trägt, und weisen keine Defensivbauten auf. Waffen und menschliche Trophäen o.ä. werden weder dargestellt noch durch Funde belegt. Die Waffen bestanden wohl weitgehend aus Holz und anderem organischen Material, z.B. Pfeilen mit Hartholz-, Bambus-, Rochenstachel- und Knochen-, aber keinen Steinspitzen.

Die Motive der Ikonographie sind dem zeremoniellen Leben oder der Mythologie entnommen. Reich geschmückte männliche und weibliche Anthropomorphen werden wie Gottheiten von Tierwesen getragen, goldene Anhängerfiguren z.T. deutlich als Maskierte gekennzeichnet. Recht häufig sind Tierdarstellungen: Jaguar, Kaiman, Fledermaus, Nager und Affen, Tukan, Hokkohuhn und Schlange als Symbolfiguren sozialer Gruppen oder Träger mythischer Inhalte (Legast 1987). Zeremoniellen oder religiösen Zwecken dürften nicht zuletzt gepflasterte Straßen gedient haben, die auf Anhöhen enden (Mason 1931:51).

Das Verhältnis der Tairona-Kultur zu ihren noch lückenhafter bekannten Nachbargruppen bleibt zu klären (Angulo 1978; Falchetti 1986). Offenbar gab es einen Export von Schmuckwaren in weite Teile Nordkolumbiens, der nach den spanischen Chronisten selbst das Hochland von Bogotá erreichte, durchaus in Übereinstimmung mit dem archäologischen Befund (Bischof 1969b; Silva Celis 1976).

Chronologische Ansätze

Während J.A. Mason (1931-39) der Frage nach der Zeittiefe seines Fundmaterials kaum Aufmerksamkeit schenkte, schlug G. Reichel-Dolmatoff (1954a:365) eine Gliederung in die Stufen Mamatoco, Sub-Tairona, Tairona I und Tairona II vor, auf deren hypothetischen Charakter er hinwies. In der Tat erkannte er die frühe Stellung des Grabfunds von Nahuange nicht und ordnete ihn der Stufe Tairona II zu (G. Reichel-Dolmatoff 1958:77), während das "Sub-Tairona" sich später als regionale Kulturgruppe der südlichen Sierra Nevada herausstellte.

Auf der Grundlage eines stratigraphischen Befunds und geschlossener Funde definierte der Verfasser die Stufen "Nahuange" und

"(Spätes) Pueblito" (Bischof 1969a; 1972). Die Kreuzdatierung mit den Kultursequenzen der Río Ranchería-Region im Osten und der Ciénaga Grande im Westen ergab für die Nahuange-Stufe einen Ansatz um die Mitte des 1. Jahrtausends n.Chr., der durch neuere Untersuchungen bestätigt wird (Wynn 1975; Angulo 1978; Ardila 1984; Oyuela 1986). Damit verband sich die Erkenntnis, daß konstituierende Elemente der Tairona-Kultur wie gesellschaftliche Schichtung und spezialisiertes Kunsthandwerk mindestens ein Jahrtausend vor die Ankunft der Spanier zurückreichten.

Das Material der Späten Pueblito-Stufe ist mit Eisenartefakten vergesellschaftet, darunter Hufeisen, und reicht demnach in die Zeit nach der Gründung von Santa Marta (1526). Die Stufenbezeichnung "Pueblito" statt "Tairona" berücksichtigte eine mögliche spätere Unterscheidung regionaler Fazies, wie sie von A. Oyuela (1986b) gefordert wird.

Für eine überregionale Periodisierung fehlen allerdings noch die Grundlagen. Der überwiegende Teil aller bekannten Funde steht typologisch dieser (Späten) Pueblito-Stufe nahe. Deshalb dürfte die Kolonisation der Gebirgshänge erst um die Jahrtausendwende in größerem Maßstab eingesetzt haben. Entgegen idealisierenden Aussagen über schonenden indianischen Umgang mit der Umwelt berichten die spanischen Chronisten dann im 16. Jahrhundert von einer Überbevölkerung des weitgehend entwaldeten Gebirges (Bischof 1971:77-78), die sich auch darin äußert, daß die Gebirgsbewohner um 1577 auf Nahrungsimporte von der Küste angewiesen waren (G. Reichel-Dolmatoff 1951:26). Tiefe Sedimente überlagern am unteren Buritaca die Nahuange-Schichten, wohl als Folge verstärkter Bodenerosion nach diesen menschlichen Eingriffen in die Naturlandschaft (Wynn 1975).

Historische Quellen

Die durch Eisenfunde bewiesene Datierung der Späten Pueblito-Stufe in das 16./17. Jahrhundert n.Chr. erlaubt, die zeitgenössischen spanischen Schriftquellen zur Interpretation der archäologischen Befunde heranzuziehen, sofern ihre Aussagekraft im Einzelfall quellenkritisch abgesichert ist. Ähnlich umsichtig ist mit ethnographischen Informationen zu verfahren, denn die Kultur der Kogi ist keineswegs "fossil" sondern wird selbst im Bereiche des Glaubenssystems – manchmal bewußt – durch die Priester an neue Gegebenheiten angepaßt. Auch bei alten, lange weiterverwendeten Objekten wie den Holzmasken muß mit späteren Uminterpretationen gerechnet werden.

Voreilige Korrelation archäologischer, historischer und ethnographischer Quellen führt zu Fehlinterpretationen, wie sich bereits am Beispiel des Begriffs "Tairona-Kultur" zeigt. Als Ethnie sind im 16. Jahrhundert nur die T a i r o am östlichen Nordhang der Sierra Nevada belegt als "die (Leute) aus Tairona und den Landstrichen um Marona" (Castellanos 1601,II, Sta. Marta 1, v. 138). Demgegenüber bedeutet das Wort *tairona* nach einer spanischen Quelle des 16. Jahrhunderts "(Gold-)Schmiedewerkstatt", und zeitgenössische Chronisten benennen damit eine Region im Tal des Río Don Diego. Bei der bekannten Interessenlage der Eroberer ist aber zweifelhaft, ob es sich um ein altindianisches Toponym handelt oder nur um die Standortangabe eines Metallverarbeitungszentrums (Bischof 1971:83-5). Der Name der einstigen Bewohner dieses Talabschnitts – die Spanier sprechen von "Taironas" – wurde ein Jahrhundert nach ihrem Untergang 1688 vom Historiker L. Fernández de Piedrahita auf die gesamte frühere Bevölkerung der nördlichen Sierra Nevada übertragen, entsprechend der damaligen Folklore der spanischen Provinzhauptstadt. Seither behindert diese unkritisch tradierte Interpretation das Verständnis der ursprünglichen sozio-politischen Verhältnisse, und es ist nicht auszuschließen, daß die Pseudo-Ethnie durch Suggestivfragen in neuerer Zeit auch in die orale Überlieferung der Kogi Eingang fand. Die phonetisch und semantisch abweichenden Begriffe *tairona* = "Goldschmiedewerkstatt" (Schriftquellen des 16. Jahrhunderts) und *teyuna* = "ältere Brüder" (heutige Kogi-Sprache) sind jedoch nicht, wie von G. Reichel-Dalmatoff vorgeschlagen, gleichzusetzen.

Die spanischen Schriftquellen schildern die Bewohner der nördlichen Sierra Nevada als fleißige Maispflanzer, die auf Fleischgenuß verzichteten (religiöses Meidungsgebot?) und ihre Agrar- und Handwerksprodukte gegen Fisch und Salz der Küstenbevölkerung tauschten, soweit sie nicht über eigene Fischgründe verfügten. Gerühmt werden die großen strohgedeckten, runden Holzhäuser, die gepflasterten Plätze, Straßen und Treppen. Goldschmiedekunst und Steinperlenherstellung finden Beachtung neben Baumwollweberei, Federschmuck und Holzbearbeitung, seltener der Töpferei. Es scheint handwerkliche Spezialisten (z.B. Steinschmuckhersteller) und Fernhändler gegeben zu haben.

Zum archäologischen Befund der Siedlungsweise paßt die Beschreibung der politischen Struktur: in jeder der zahlreichen kleineren und größeren Ortschaften regierte ein eigenes Oberhaupt (*naoma* bzw. cacique). Ihm unterstanden dynamische selbstbewußte Unterführer (capitanes), überwiegend wohl Repräsentanten der einzelnen Ortsteile (= Sozialgruppen?). Angehörige der Führungsschicht kontrollierten Wirtschaftsaktivitäten wie Handelszüge oder die Goldverarbeitung, und sie hatten Anspruch auf Arbeitsdienst der Untergebenen.

Die Spanier benannten die Angehörigen der zahlreichen Häuptlingstümer nach ihren Hauptorten. Im Zeichen eines ausgeprägten Partikularismus waren übergeordnete politische Institutionen im West- und Zentralgebiet der Tairona-Kultur ebenso unbekannt wie Äußerungen eines alle politischen Einheiten verbindenden ethnischen Identitätsbewußtseins. Die permanente Rivalität dieser Häuptlingstümer schloß temporäre Allianzen nicht aus, gelegentlich sogar mit der spanischen Provinzhauptstadt als Partner. Dauerhafte "Dorfföderationen", wie sie G. Reichel-Dolmatoff postuliert, sind nicht belegt; zwar hatten im Bereiche der Tairona-Kultur zwei Orte jeweils innerhalb ihrer Region die politische Suprematie errungen, doch beruhte die Macht Bondas auf kriegerischer Expansionspolitik, und in Bonda wie im Falle Posigueicas ist die Existenz einer zentralen Autorität (*naoma*) überliefert.

Alle Quellen heben die kriegerische Orientierung der indianischen Kultur hervor, die sich im Verlauf des 16. Jahrhunderts und noch bis in das frühe 19. Jahrhundert manifestiert (Bischof 1986). Bogen und tödliche Giftpfeile waren die Hauptwaffen, im Nahkampf hölzerne Schwertkeulen, deren spätere Form der Holzschnitt im "Llanto sagrado.." des Fray Francisco Romero von 1693 überliefert (Bischof 1974). Mancherorts bewahrte man Waffen zentral im Männerhaus auf, und dies scheint in gewissem Umfang auch für landwirtschaftliche Geräte gegolten zu haben. Ein weiteres Indiz für die Kontrolle des Einsatzes militärischer Mittel ist der disziplinierte verbandsmäßige Aufmarsch zum Gefecht.

Wie wohl alle Lebensbereiche, besaß auch der Krieg eine religiöse Dimension. Kampferfolg galt als Zeichen magisch-religiöser Potenz. Verständlich, daß den Unterführern dann auch religiöse Funktionen nachgesagt wurden. Die eigentlichen Priester mußten unter Fasten eine 16-20jährige Ausbildung in der Einsamkeit absolvieren und sich gänzlich von Frauen fernhalten. Es überrascht unter diesen Umständen nicht, daß Homosexualität weit verbreitet war und auch im Ritual eine Rolle gespielt haben soll. Den Spaniern fielen überdies die zahlreichen phallischen Bildwerke auf. Viele Rituale fanden im Dunkeln oder nachts auf den Anhöhen statt (Gestirnkult), was die

Anlage mancher Straßen erklärt. Sonst gibt es nur verstreute Andeutungen zu den Inhalten der Religion des 16. Jahrhunderts.

Über die Leitung ritueller Aktivitäten und ihre sonstigen religiösen Obliegenheiten hinaus konnten die Priester politische Enscheidungen z.B. durch Divination beeinflussen. Sie stellten in den indianischen Gemeinschaften gewiß einen Machtfaktor dar, zumal auch die Rechtspflege zur priesterlichen Sphäre gehörte: manche Verfehlungen wurden durch Webarbeit im Tempel gesühnt (G. Reichel-Dolmatoff 1978). Nichts aber deutet auf die von diesem Autor vermuteten Konflikte zwischen säkularer und sakraler Autorität.

Über die Masse der Bevölkerung ist aus den bisher erschlossenen Quellen kaum mehr ersichtlich als ihr gemeinfreier Status; so fehlen Angaben zur Verwandtschaftsordnung. Es gab Spezialistentum und Besitzunterschiede bis hin zur Armut (Simón 1626,III,7,21), doch zumindest unter den Männern offenbar keine Hörigen oder Sklaven.

Frauen führten ein z.T. haremsartig abgeschirmtes Dasein im Rahmen polygyner Familien oder als Dienerinnen bzw. Konkubinen (Castellanos 1601,II, Rojas 4, v. 130). Frauen von Anführern genossen hohes Ansehen, doch beteiligten sich Frauen kaum am öffentlichen Leben außer bei bestimmten Festen; es scheint auch Wahrsagerinnen gegeben zu haben.

Nach dem politisch-militärischen Zusammenbruch von 1599/1600 gewann das Priestertum bei den in die Höhenregion des Gebirges zurückgezogenen Gruppen gegenüber den nun weitgehend funktionslosen politisch-militärischen Autoritäten an Gewicht, während sich an der Küste umgekehrt die Stellung der politischen Würdenträger als Bezugspersonen der Kolonialregierung konsolidierte, das Priestertum aber Repressionen ausgesetzt war.

Erst in republikanischer Zeit ging die indianische Identiät der meisten Küstenorte verloren. Die neu konstituierten Ethnien in den Höhenlagen der Sierra Nevada, letzte Erben der Tairona-Kultur, werden gegenwärtig durch vordringende kolumbianische Kolonisten und die Begleiterscheinungen des Drogenanbaus von einer neuen Existenzkrise bedroht.

Literaturverzeichnis

Angulo Valdés, Carlos

1978 Arqueología de la Ciénaga Grande de Santa Marta. Publicaciónes de la Fundación de Investigaciones Arqueológicas Nacionales, Banco de la República 2. Bogotá.

Ardila Calderón, Gerardo Ignacio

1984 Arqueología de Rescate en la zona central del Proyecto Carbonífero de El Cerrejón. Bogotá.

Bischof, Henning

1969a/b Contribuciones a la cronología de la cultura Tairona (Sierra Nevada de Santa Marta)/La cultura Tairona en el Area Intermedia. Verhandlungen des 38. Internationalen Amerikanistenkongresses 1:259-280. München.

1971 Die spanisch-indianische Auseinandersetzung in der nördlichen Sierra Nevada de Santa Marta (1501-1600). Bonner Amerikanistische Studien 1. Bonn. (Lit.!)

1972 Die Tairona-Kultur. Mitteilungen der Berliner Gesellschaft für Anthropologie, Ethnologie und Urgeschichte 2,2:53-68. Berlin.

1974 Una colección etnográfica de la Sierra Nevada de Santa Marta (Colombia) — Siglo XVII. Atti del 40. Congresso Internazionale degli Americanisti 2:391-398. Genova.

Cadavid Camargo, Gilberto y Ana María Groot de Mahecha

1982 Buritaca 200. Beiträge zur Allgemeinen und Vergleichenden Archäologie 4:255-285. München.

Castellanos, Joan de

1601 Elegías y elogios de varones ilustres de Indias. Biblioteca de Autores Españoles 4 (ed. 1944). Madrid.

Falchetti, Ana María

1986 Das Gold von Tairona. Raddatz (Hg.) 1986:39-47. Hamburg.

Herrera, Luisa Fernanda

1985 Agricultura aborigen y cambios de vegetación en la Sierra Nevada de Santa Marta. Publicaciones de la Fundación de Investigaciones Arqueológicas Nacionales, Banco de la República 27. Bogotá.

Legast, Anne

1987 El animal en el mundo mítico Tairona. Publicaciones de la Fundación de Investigaciones Arqueológicas Nacionales, Banco de la República 33. Bogota.

Mason, J. Alden

1931-39 Archaeology of Santa Marta, Colombia — The Tairona culture. Field Museum of Natural History, Anthropological Series 20, 1-3. Chicago.

Mayr, Juan

1985 La Sierra Nevada de Santa Marta. 2a ed. Bogotá.

Miranda Vázquez, Trinidad

1976 La gobernación de Santa Marta (1570-1670). Publicaciones de la Escuela de Estudios Hispanoamericanos de Sevilla 232. Sevilla.

Nachtigall, Horst

1961 Indianerkunst der Nord-Anden. Berlin.

Oyuela Caycedo, Augusto

1986a Contribución a la periodización cultural en el litoral del Parque Tairona. Boletin de Arqueología 1,2:24-28.

1986b Von der Tairona-Kultur zu den Kogi. Raddatz (Hg.) 1986:9-13. Hamburg.

Plazas, Clemencia

1986 Tairona-Gold: Form und Funktion. Raddatz (Hg.) 1986:28-38. Hamburg.

Preuss, Konrad Theodor

1926-27 Forschungsreise zu den Kágaba. Nachtrag: Lexikon. St. Gabriel-Mödling.

Raddatz, Corinna (Hg.)

1986 Tairona — Goldschmiede der Sierra Nevada de Santa Marta, Kolumbien. Hamburg. (Lit.!)

Reichel-Dolmatoff, Gerardo
1950-51 Los Kogi. ed. 1985. Nueva Biblioteca Colombiana de Cultura 1-2. Bogotá.
1951 Datos histórico-culturales sobre las tribus de la antigua gobernación de Santa Marta. Bogotá.
1954a A preliminary study of space and time perspective in northern Columbia. American Antiquity 19:352-366.
1954b Investigaciones arqueológicas en la Sierra Nevada de Santa Marta. Partes 1 y 2. Revista Colombiana de Antropología 2:145-206. Bogotá.
1954c Investigaciones arqueológicas en la Sierra Nevada de Santa Marta. Parte 3. Revista Colombiana de Antropología 3:139-170. Bogota.
1958 Notas sobre la metalurgia prehistórica en el litoral Caribe de Colombia. Homenaje al Profesor Paul Rivet: 69-94. Bogotá.
1975 Templos Kogi. Revista Colombiana de Antropología 19:199-245. Bogotá.
1978 The loom of life. Journal of Latin American Lore 4,1:5-27. Los Angeles.

Reichel-Dolmatoff, Gerardo y Alicia
1955 Investigaciones arqueológicas en la Sierra Nevada de Santa Marta. Parte 4a. Revista Colombiana de Antropología 4:189-245. Bogotá.

Serje, Margarita
1986 Architektur und Städtebau der Tairona-Kultur. In Raddatz (Hg.) 1986:16-21.

Silva Celis, Eliécer
1976 Relaciones comerciales precolombinas de los Muiscas con los nativos de la Provincia de Santa Marta. Primer Congreso Nacional de Historiadores y Antropólogos, Santa Marta 1975:178-188. Medellín.

Simón, Fray Pedro
1626 Noticias historiales de las conquistas de Tierra Firme en las Indias Occidentales. Biblioteca de Autores Colombianos 44-53 (ed. 1953). Bogotá.

Willey, Gordon R.
1971 An introduction to American archaeology, Vol. 2. Englewood Cliffs.

Wynn, Jack Th.
1975 Buritaca ceramic chronology. University Microfilms no. 76-1060. Ann Arbor.

II. Ethnohistorie

a. Eine Einführung in Quellen und Methoden

Udo Oberem

Versteht man unter "Altamerikanistik" (bzw. Alt-Amerikanistik) das Studium der Kulturgeschichte der indianischen Bewohner des iberischen Amerika von den ersten menschlichen Zeugnissen bis zur Gegenwart, so stehen dafür vielerlei Quellen zur Verfügung, z.B. solche archäologischer, linguistischer oder ethnographischer, d.h. auf rezenter Feldarbeit basierender Art.

Für große zeitliche Abschnitte sind darüber hinaus aber **Schrift**-Quellen von besonderer Bedeutung, im Rahmen dieses Beitrags vor allem solche, die sich auf die späte vorspanische sowie die Entdeckungs-, Eroberungs- und Kolonialzeit beziehen. Die Auswertung dieser Quellen bezeichnet man gemeinhin als "Ethnohistorie". Man hat sich vielerlei Mühe gemacht, "Ethnohistorie" genau zu definieren, ohne jedoch zu einer allgemein akzeptierten Begriffsbestimmung zu gelangen, wie z.B. aus dem Artikel von Robert M. Carmack "Ethnohistory, a review of its development, definitions, method and aims" (Annual Review of Anthropology 1, 1972) und bei der Durchsicht von "Ethnohistory" (seit 1954) oder der "Wiener ethnohistorischen Blätter" (seit 1970) deutlich wird.

Eine gewisse Übereinstimmung besteht jedoch, nämlich dahingehend, daß das Spezifikum der Ethnohistorie vorrangig die Erarbeitung der Ereignis- und Kulturgeschichte – wenn man diese beiden Begriffe überhaupt trennen will – schriftloser Ethnien auf der Basis von schriftlichen Dokumenten aus anderen Kulturen ist. Da diese Quellen und die Methoden ihrer Auswertung auch denen der Geschichtswissenschaft entsprechen, wird die Ethnohistorie manchmal, wie z.B. in einigen Ländern Lateinamerikas, der allgemeinen Geschichte zugerechnet, während es in Europa und Angloamerika üblich ist, sie als Teilgebiet der Kulturanthropologie anzusehen. Man hat sie sogar als eigene wissenschaftliche Disziplin zwischen diesen beiden großen Fächern bezeichnen wollen.

Wenn hier in einem deutschen Text von Kulturanthropologie und nicht von Völkerkunde bzw. Ethnologie gesprochen wird, dann nur aus praktischen Gründen, da man in Lateinamerika unter "etnología" vorrangig das Studium der Naturvölker, besonders der Wald- und Tieflandgebiete, versteht, und z.B. die Archäologie und die Linguistik nicht einschließt.

Geschichte, in der üblichen Bedeutung, bezieht sich in erster Linie auf unser abendländisches Geschichtsverständnis. Die in der Ethnohistorie benutzten Quellen beinhalten aber auch Materialien zur Geschichte verschiedener Ethnien aus deren eigener Sicht. Daß sich diese Geschichtsverständnisse sowohl untereinander als auch von unserem unterscheiden, ist für den Kulturanthropologen, der gewohnt ist, sich mit einer Vielzahl von Kulturen zu beschäftigen, nicht verwunderlich, weiß er doch, daß es weder geschichtslose Völker noch solche ohne eigenes Geschichtsbild gibt.

Um Geschichte im Sinne unseres Geschichtsverständnisses von der jeweils spezifischen anderer Kulturen abzugrenzen, wurde vorgeschlagen, nur die erstere als "Ethnohistory" zu bezeichnen, die letztere jedoch als "Folkhistory". Eine solche Differenzierung ist sicher bei vielen Untersuchungen sinnvoll, können sich doch Ethnohistorie – in dieser eingeschränkten Bedeutung – und Folkhistorie einer Ethnie weitgehend unterscheiden, beispielsweise darin, daß in der letzteren Vorgänge aus den verschiedenen Epochen auf einer zeitlichen Ebene zusammengefaßt werden, man die Zeit in Zyklen und nicht in Jahre einteilt u.a.m.

Da aber sowohl die Ethnohistorie im engeren Sinne als auch die Folkhistorie auf Schriftquellen basieren – auch die Aufzeichnung einer oralen Tradition wird zu solchen, wenn ein Dritter sie benutzt – sei im folgenden als Ethnohistorie die Auswertung jedweder Art schriftlicher Quellen verstanden.

Für das Studium der Ethnohistorie des Andengebietes, worunter hier nicht nur die Gebirgsregion der Kordilleren, sondern auch das Küstentiefland und die im Osten angrenzende "Montaña" verstanden werden soll, stehen Schriftquellen verschiedenster Art zur Verfügung. Den Mittelpunkt der folgenden Darstellung bildet der Bereich der mittleren Anden, in etwa das Gebiet des inkaischen Imperiums zur Zeit seiner größten Expansion, vom Río Angasmayo in Kolumbien bis zum Río Maule in Chile. Der behandelte Zeitraum reicht von der ausgehenden vorspanischen Epoche bis zum Ende der Kolonialzeit, umfaßt also die Perioden der inkaischen und der spanischen Herrschaft.

Da die andinen Indianer nicht über eine eigene Schrift verfügten – alle Versuche, eine solche nachzuweisen, haben bisher nicht zu befriedigenden Ergebnissen geführt –, entfällt für diesen Raum die für Mesoamerika so wichtige Quellengattung der Bilderhandschriften. Alle Schriftquellen über das Andengebiet wurden von Europäern oder doch weitgehend hispanisierten Indianern verfaßt.

Man kann Ethnohistorie mehr als historische Kulturanthropologie ansehen oder mehr als Geschichte nichteuropäischer Ethnien, doch das sind nur Akzentverschiebungen, abhängig meist davon, ob der Ethnohistoriker von der Kulturanthropologie oder der Geschichtswissenschaft her kommt. Sicher ist, daß ein Historiker nicht ethnohistorisch arbeiten kann, ohne kulturanthropologische Methoden und Fragestellungen heranzuziehen, aber auch ein Kulturanthropologe kann das nicht ohne gewisse Mindestkenntnisse aus dem Bereich der Geschichtswissenschaft.

Da diese Einführung vorrangig für Kulturanthropologen bestimmt ist, Studierende dieses Faches zwar über eine ethnologische Grundausbildung verfügen (und mit den entsprechenden Methoden und Fragestellungen vertraut sind), jedoch nur selten die Möglichkeit haben, Geschichte Lateinamerikas zu studieren, soll im folgenden auf solche Techniken und Kenntnisse aus dem Bereich der Geschichtswissenschaft hingewiesen werden, die für den Altamerikanisten, der sich speziell mit der Ethnohistorie des Andengebietes befaßt, wichtig sind.

Die Zahl der nachstehenden bibliographischen Hinweise mag groß erscheinen, es handelt sich jedoch nur um eine kleine, zugegebenermaßen subjektive Auswahl. Sie gestattet es dem Anfänger aber, sich einzuarbeiten. Die Angaben sind dabei so kurz wie möglich gehalten, z.B. wurde auf die Nennung von "Reihen" und Seitenzahlen verzichtet.

Allgemeine Einführungen in die Geschichtswissenschaft, insbesondere in Methodik und Arbeitstechnik, gibt es viele. Beispielsweise Henri-Irénée Marrou's "Über die historische Erkenntnis" (Freiburg/ München 1973) und den 2. Band von Helmut Seiferts "Einführung in die Wissenschaftstheorie" (München 1983[8]), sowie von Paul Kirn und Joachim Leuschner die "Einführung in die Geschichtswissenschaft" (Berlin-New York 1972[6]) und von Ahasver von Brandt "Werkzeug des Historikers" (Stuttgart 1983[10]). Der Ethnohistoriker sollte sich nicht zuletzt mit den Abschnitten über Quellenkritik befassen, aber sich immer darüber im Klaren sein, daß er außer den in der Geschichtswissenschaft üblichen Fragen solche kulturanthropologischer Art an die Quelle stellen muß. Schon deswegen, weil die kolonialzeitlichen Autoren dahin tendierten, indianische Kulturen in europäischen Begriffen zu beschreiben. Sie taten das, weil ihnen das indianische Normen- und Wertsystem fremd war, aber auch, weil sie den Menschen im Mutterland diese neue Welt verständlich machen wollten. Ihre Aussagen sind also zu "übersetzen".

Berichte über den Stand der Ethnohistorie des Andengebiets, in denen auch Forschungsdesiderate genannt werden, liegen z.B. von John V. Murra ("Current research and prospects in Andean ethnohistory", Latin American Research Review V, 1970), Karen Spalding ("The colonial Indian – past and future research perspectives", Latin American Research Review VII, 1972) und Franklin Pease G.Y. ("Etnohistoria andina – un estado de la cuestión", Historia y Cultura 10, Lima 1976/77) vor.

Wohl niemand ist mehr in der Lage, von allen Publikationen zur Ethnohistorie des Andengebietes zu wissen. Nur mit Hilfe von Bibliographien ist es möglich, sich einen ungefähren Überblick zu verschaffen. An erster Stelle ist das seit 1936 erscheinende "Handbook of Latin American Studies" zu nennen. In der Sektion "Ethnohistory: South America", eingeleitet jeweils durch einen Überblick über den Forschungsstand, werden die entsprechenden Publikationen genannt und kurz kommentiert. Seit Beginn der 70er Jahre erscheint in jährlichem Wechsel ein Band "Social Sciences" und ein Band "Humanities". Im letzteren finden sich die Angaben zur Ethnohistorie.

In anderen fortlaufenden Bibliographien sind die ethnohistorischen nicht von den allgemeinhistorischen Veröffentlichungen getrennt. Hinzuweisen wäre auf die "Historiografía y Bibliografía Americanista" aus Sevilla, 1945-1970 als Teil des "Anuario de Estudios Americanos", ab 1971 als selbständige Veröffentlichung erscheinend, und den "Indice Histórico Español – Bibliografía de España e Hispanoamérica", Barcelona, seit 1952. Wegen der großen Bedeutung der Missionsliteratur für den Ethnohistoriker muß die von Robert Streit 1916 begründete "Bibliotheca Missionum" beachtet werden. Amerikanische Missionsliteratur ist in den Bänden 2 (Aachen 1924), 3 (Aachen 1927), 24 (Rom 1967), 25 (Rom 1967) und 26 (Rom 1968) zusammengefaßt. Andere Bibliographien beziehen sich zwar auch auf ganz Lateinamerika, aber nur auf einen bestimmten Zeitraum und/oder ein Land wie die "Bibliografía Americanista Española 1935-1963" (Sevilla 1964).

Weil oft Manuskripte zitiert werden, die heute als verloren gelten müssen, sind auch Bibliographien der Kolonialzeit wichtig, z.B. der "Epitome de la Biblioteca Oriental i Occidental, Nautica i Geograpica" von Antonio de Léon Pinela (Madrid 1629; Faksimile-Ausgabe Washington 1958) oder die "Bibliotheca Americana – Catálogo de los Autores que han escrito de la América en diferentes Idiomas" von Antonio de Alcedo (MS 1807; Publ. Quito 1965, 2 Bde.).

Von den lateinamerikanischen Bibliographien, die es zwar in größerer Quantität, aber doch sehr verschiedener Qualität gibt, seien beispielhaft nur drei erwähnt, die von Nina S. de Friedemann und Jaime Arocha herausgegebene "Bibliografía anotada y directorio de antropólogos colombianos" (Bogotá 1979), die "Bibliografía Científica del Ecuador" von Carlos Manuel Larrea (Quito 1968[3]) und "Perú – Una aproximacíon bibliográfica" von Franklin Pease G.Y. (México 1979).

Keine Bibliographie, aber doch hervorragend als solche zu benutzen, ist der "Schlagwortkatalog des Ibero-Amerikanischen Instituts, Preußischer Kulturbesitz" in Berlin (Boston/Mass. 1977), da die reichhaltigen Bestände, etwa 500.000 Nummern, nach Sachgebieten und Ländern gegliedert sind.

Schließlich sind noch einige Handbücher zu nennen. Zwei beziehen sich zwar den Titeln nach auf Peru, aber für die vorspanische und die Kolonialzeit sind damit die Länder des ehemaligen Vizekönigreiches gemeint, also auch z.B. Ecuador und Bolivien. Nicht der geringste Vorteil dieser Bände ist, daß bei der Nennung der Reihen oder "colecciones" die jeweils darin enthaltenen Dokumente bzw. Abhandlungen aufgeführt werden. Eine dieser Publikationen ist von Rúben Vargas Ugarte ("Manual de Estudios Peruanistas", Lima 1952), die andere von Raúl Porras Barrenechea ("Fuentes Históricas Peruanas", Lima 1954) verfaßt. Die von Francisco Esteve Barba veröffentlichte "Historiografía Indiana" (Madrid 1964) ist besonders der biographischen Angaben wegen wichtig. Interessante Beiträge bibliographischer Art finden sich schließlich noch in den von Fermín del Pino Díaz zusammengestellten "Ensayos de metodología histórica en el campo americanista" (Madrid 1985).

Da die Bibliographien entweder zeitlich abgeschlossen sind oder die Publikationen erst mit manchmal jahrelanger Verspätung aufführen, ist dringend zu empfehlen, die jeweils neuesten Nummern der wichtigsten Fachzeitschriften zu konsultieren. Dabei sind nicht nur die Artikel als solche aufschlußreich, sondern auch die Rezensionsteile. Unter den wichtigen Zeitschriften aus Europa sind zu nennen: Das "Ibero-Amerikanische Archiv" (Bonn bzw. Berlin 1924ff.), das "Jahrbuch für Geschichte von Staat, Wirtschaft und Gesellschaft Lateinamerikas (Köln-Wien 1954ff.), das "Journal de la Société des Américanistes (Paris 1896ff.), die "Revista de Indias" (Madrid 1940 ff.), das "Anuario de Estudios Americanos" (Sevilla 1944ff.) und die "Revista Española de Antropología Americana" (Madrid 1952ff., Band 1-3 als "Trabajos y Conferencias"). Von den nicht wenigen einschlägigen Zeitschriften, die in den USA erscheinen, sei hier nur "The Hispanic American Historical Review" (Durham/North Carolina 1918 ff.) erwähnt und aus Mexiko "América Indígena" (México 1941ff.). Groß ist naturgemäß die Zahl der in den Andenländern selbst publizierten kulturanthropologischen bzw. historischen Periodika mit ethnohistorischer Relevanz, weshalb hier nur auf einige, die auch im Ausland eine weitere Verbreitung haben, hingewiesen wird.

Für Kolumbien ist es die "Revista Colombiana de Antropología" (Bogotá 1953ff.) und das "Anuario Colombiano de Historia Social y de la Cultura" (Bogotá 1963ff.); für Ecuador das "Boletín de la Academia Nacional de Historia" (Quito 1918ff., Heft 1-12 unter dem Titel "Boletín de la Sociedad de Estudios Históricos Americanos"), die "Revista del Archivo Histórico del Guayas" (Guayaquil 1972ff.), "Cultura" (Quito 1978ff.) und "Miscelánea Antropológica Ecuatoriana" (Guayaquil 1981ff.); für Peru die "Revista Histórica" (Lima 1906-1966), die "Revista del Museo Nacional" (Lima 1942ff.), das Boletín del Instituto Francés de Estudios Andinos" (Lima 1949ff.), "Historia y Cultura" (Lima 1965ff.), "Allpanchis" (Cuzco 1969ff.), "Histórica" (Lima 1977ff.) und die "Revista Andina" (Cusco 1983ff.); für Bolivien "Historia y Cultura (La Paz 1973ff.), "Avances" (La Paz 1978 ff.) und "Historia Boliviana" (Cochabamba 1981ff.) und für Chile "Chungará" (Arica 1972ff.).

Nur wenige der ethnohistorischen Quellen berichten ausschließlich über die vorspanische oder die Kolonialzeit; sie seien für beide Zeitabschnitte deshalb hier zusammengefaßt. Schwierig ist auch, sie bestimmten Quellengattungen zuzuordnen, da sich der Inhalt auf verschiedene Sachbereiche beziehen kann. Nach einer groben Einteilung kann man etwa von "Chroniken" und "Verwaltungsdokumenten" sprechen, wobei hier zu den letzteren auch mehr private Dokumente gezählt sind, z.B. Testamente.

Unter Chroniken werden beschreibende Darstellungen verstanden, die der Absicht entspringen, Kunde vom Geschehenen zu vermitteln. Sie können dabei auch zu einem politischen Zweck verfaßt worden sein, z.B. um die spanische Herrschaft zu legitimieren, wie die "Historia Indica" von Pedro Sarmiento de Gamboa. Zeitlich gesehen setzt man die Chroniken von den frühesten schriftlichen überlieferten Angaben bis etwa 1650 an. Die Autoren kannten aus eigener Anschauung die Vorkommnisse der inkaischen bzw. Entdeckungs- und

Eroberungszeit oder konnten Augenzeugen darüber befragen. Die "Conquista" rechnet man heute bis zum Untergang des Neo-Inkareiches von Vilcabamba 1572. Eingeschlossen sind also von spanischer Seite aus gesehen die Bürgerkriege, von indianischer der Aufstand des Inca Manco, in der peruanischen Historiographie als "Reconquista" bezeichnet.

Über die Chroniken und ihre Autoren liegen viele zusammenfassende Darstellungen und spezielle Studien über einzelne Werke oder Verfasser vor. Hier sei als Beispiel nur "Los Cronistas del Perú 1528-1650 y otros ensayos" von Raúl Barrenechea (Lima 1986[2]) genannt. Ansonsten sei darauf verwiesen, daß sich fast in jeder Ausgabe eines Chronisten eine mehr oder weniger ausführliche Bio-Bibliographie findet. Von den meisten Chroniken gibt es mehrere Ausgaben. Sie sind oft von verschiedener Qualität, was darauf beruhen kann, daß entweder die vorliegende Handschrift fehlerhaft gelesen und gedruckt wurde oder einige Ausgaben von zeitgenössischen Kopien stammen und andere direkt vom Original. Letzteres ist beispielsweise der Fall bei der "Relación del Descubrimiento y Conquista del Perú" von Pedro Pizarro. Hier sollte immer die Edition von Guillermo Lohmann Villena (Lima 1978) herangezogen werden. Daß auch noch in jüngster Zeit wichtige "Crónicas" aufgefunden und veröffentlicht werden, zeigt das 1979 in Rom von Francesca Cantú veröffentlichte Manuskript von Pedro de Cieza de Leóns "Descubrimiento y Conquista del Perú", das die Herausgeberin in der Bibliothek des Vatikans lokalisieren konnte. Von dieser "Tercera Parte de la Crónica del Perú" waren bis dahin nur Teile bekannt gewesen. Inzwischen liegen weitere Ausgaben vor, z.B. Madrid/Buenos Aires 1984, Madrid 1986.

Die "Crónicas" sind z.T. als Einzelbände publiziert, z.T. in Reihen. Leicht zugänglich und im allgemeinen auch von annehmbarer Qualität sind darunter die "Biblioteca de Autores Españoles" (Madrid 1946ff.), die "Biblioteca Peruana" (Lima 1968) oder die "Crónicas de América" (Madrid 1984ff.).

Waren bis vor einiger Zeit die wichtigsten, oft einzigen, Quellen für die Ethnohistorie der inkaischen und frühkolonialen Zeit die "Crónicas", so wird heute doch immer mehr deutlich, daß diese der Ergänzung durch andere Unterlagen bedürfen, speziell durch Verwaltungsdokumente. In bezug auf die inkaische Kultur und Geschichte ist z.B. bedeutsam, daß die Chronisten ihre Angaben überwiegend von Mitgliedern der inkaischen Elite, womöglich noch in oder um Cuzco, erhalten haben. In den in den jüngstvergangenen Dezennien bekannt gewordenen Dokumenten finden sich nun sehr viele Aussagen von Indianern aus den Provinzen des Reiches über die inkaische Herrschaft, die das bisherige Bild in vielerlei Hinsicht korrigieren. Aber auch für die indianische Geschichte der Kolonialzeit ist es oft notwendig, sie einer neuen Analyse zu unterziehen. Es ist nicht mehr möglich, sie nur auf der Basis der gesetzlichen Bestimmungen zu schreiben. Diese bilden zwar den Rahmen, innerhalb dessen sich der Kontakt zwischen Indianern und Spaniern abspielte, spiegeln aber nur sehr bedingt die Wirklichkeit wider.

Es gibt keine Veröffentlichung, die sämtliche Bestimmungen nennt, die von der spanischen Verwaltung in bezug auf die Indianer erlassen wurden. Viele, wenngleich keinesfalls alle, finden sich in den allgemeinen Zusammenstellungen von Gesetzen, von denen manche schon in der Kolonialzeit publiziert wurden. Die wichtigste ist die "Recopilación de Leyes de los Reynos de Las Indias", zuerst 1681 in Madrid veröffentlicht, dann in weiteren unveränderten Auflagen 1756, 1774, 1791 und 1841. Es liegen heute mehrere Neuausgaben vor, so z.B. ein Faksimilenachdruck der 4. Auflage von 1791 (3 Bde., Madrid 1943) und ein solcher der 1. Auflage von 1681 (4 Bde., Madrid 1973). Über die "Recopilaciones" vor 1680 unterrichtet Juan Manzano Manzano ("Historia de las Recopilaciones de Indias", 2 Bde., Madrid 1950-56), über spätere Antonio Muro Orejón in der Einleitung zum "Cedulario Americano del Siglo XVIII" (3 Bde., Sevilla 1956-77).

Sich auf die Indianer der Andenländer beziehende Bestimmungen und darüber hinausgehende Angaben zur Ethnohistorie sind in den vielen vorliegenden Dokumentensammlungen enthalten. Zu den wichtigeren gehören z.B. die "Colección de Documentos Inéditos relativos al Descubrimiento, Conquista y Colonización de las Posesiones Españolas en América y Oceanía" (42 Bde., Madrid 1864-84) und die anschließende Reihe "Colección de Documentos Inéditos ... de Ultramar" (25 Bde., Madrid 1885-1932), dazu der "Indice de la Colección de Documentos Inéditos" von Ernesto Schäfer (2 Bde., Madrid 1946-47) und die von Richard Konetzke zusammengestellte "Colección de Documentos para la Historia de la Formación Social de Hispanoamérica 1493-1810" (3 Bde., Madrid 1953-62). In der erstgenannten Reihe finden sich nicht wenige Fehler, besonders bei der Schreibung von Eigennamen, ethnischen Bezeichnungen und Wörtern, die aus indianischen Sprachen übernommen wurden. Das beruht darauf, daß die Dokumentenkopien, die als Druckvorlagen dienten, nicht von Wissenschaftlern, sondern von Berufskopisten erstellt wurden. Diese wurden nach Zeilen bezahlt und hielten sich deshalb nicht lange mit der Entzifferung schwieriger Wörter auf.

Hinsichtlich weiterer Quellengattungen, die Material für den Ethnohistoriker beinhalten, sei hingewiesen auf die Berichte der Vizekönige. Die sich auf Peru beziehenden wurden jüngst zusammengestellt von Lewis Hanke in Zusammenarbeit mit Celso Rodríguez ("Los Virreyes en América durante el Gobierno de la Casa de Austria, Perú", 7 Bde., Madrid 1978-80).

Viele "Libros de Cabildos", Ratsprotokolle der kolonialspanischen Städte, sind inzwischen veröffentlicht worden. Sie sind besonders interessant, weil in ihnen der Gegensatz zwischen Gesetzgebung und lokaler Realität deutlich wird.

Um sich über die überseeischen Besitzungen zu unterrichten, sandte die Verwaltung des Mutterlandes im 16. Jahrhundert, aber auch noch später, detaillierte Fragebogen an die Ortsbehörden. Viele davon, die auch Angaben über die vorspanische Zeit und den Kulturwandel der Indianer beinhalten, wurden von Marcos Jiménez de la Espada veröffentlicht ("Relaciones Geográficas de Indias – Perú", 4 Bde., Madrid 1881-97; Neuauflage in 3 Bänden, Madrid 1965).

Die Mehrzahl der für die Ethnohistorie wichtigen Quellen, seien sie eher juristischer oder mehr beschreibender Art, ist noch unveröffentlicht. Kaum ein ethnohistorisches Thema läßt sich ohne Heranziehung von Archivbeständen zufriedenstellend bearbeiten, wobei generell zu bemerken ist, daß es oft nicht ausreicht, nur auf die Archive in Spanien zu rekurrieren. Angaben über Dinge des "täglichen Lebens" sind oft viel ausführlicher in den Beständen lateinamerikanischer National- oder Lokalarchive zu finden. Sie waren nicht wichtig genug, um darüber nach Spanien zu berichten.

Neben dem an erster Stelle zu nennenden "Archivo General de Indias", über das einführend z.B. José María de la Peña y Cámara ("Archivo General de Indias de Sevilla – Guía del Visitante", Madrid 1958) unterrichtet, wäre hier noch eine große Zahl von Archiven in Spanien und den andinen Ländern zu nennen, solche staatlicher, provinzieller, lokaler, kirchlicher und anderer Träger. Einen vorläufigen Überblick kann man sich anhand der Zusammenstellung von Lino Gómez Canedo ("Los Archivos de la Historia de América – Período Colonial Español", 2 Bde., México 1961) sowie einer neueren Publikation von Lewis Hanke et al. ("Guía de las fuentes en Hispanoamérica para el estudio de la administración virreinal española en México y el Peru 1535-1700", Washington, D.C. 1980) verschaffen.

Von vielen Archiven der Andenländer liegen inzwischen Dokumentenverzeichnisse vor, die jedoch nicht alle brauchbar sind, was auch dadurch bedingt ist, daß nicht wenige Archive entweder weitgehend ungeordnet sind oder von Zeit zu Zeit "umorganisiert" werden. Von den gut katalogisierten Archiven sei hier beispielsweise das "Archivo Nacional de Historia" in Sucre/Bolivien genannt.

Im Hinblick auf die spanischen Archive gibt es zwar mehr publizierte Inventare, jedoch noch kein Gesamtverzeichnis der etwa 14 Millionen Blatt beinhaltenden mehr als 38.000 Aktenbündel ("legajos") des "Archivo General de Indias" in Sevilla. Es liegen nur einzelne – oft unvollständige – Verzeichnisse gedruckt vor, zusammengestellt nach Themen oder Regionen. Zu den ersteren gehört der von Lewis Hanke zusammengestellte "Guía de las fuentes en el Archivo General der Indias para el estudio de la administración virreinal española en México y en el Perú 1535-1700" (3 Bde., Köln-Wien 1977), zu den letzteren z.B. in bezug auf Bolivien der "Catálogo descriptivo del material del Archivo General de Indias referente a la historia de Bolivia" von José Vázquez Machiado (5 Bde., La Paz 1976) oder für Ecuador die in José María Vargas "Misiones Ecuatorianas en Archivos Europeos" (México 1956) zusammengestellte Liste der Kopien aus dem Archivo General de Indias, die als "Colección Vacas Galindo" in Quito aufbewahrt werden.

Bei der Benutzung von Dokumenten aus dem Archivo General de Indias ist darauf zu achten, daß diese bis 1927 nach "estantes, cajones y legajos" zitiert wurden, seither nach "secciones", z.T. unterteilt z.B. nach "Audiencias", und "legajos". Eine kurze Vergleichsliste der alten und der neuen Signaturen findet sich in dem o.a. Werk von Gómez Canedo 1961.

Von den sonstigen Katalogen spanischer Bestände sind zu nennen die von Julián Paz ("Catálogo de manuscritos de América existentes en la Biblioteca Nacional", Madrid 1933), von Jesús Dominguez Bordona ("Manuscritos de América, Catálogo de la Biblioteca de Palacio, IX", Madrid 1935) oder von José Tudela de la Orden ("Los manuscritos de América en las bibliotecas de España", Madrid 1954).

Auch die Amerika-Bestände vieler anderer europäischer Länder sind inzwischen in Publikationen aufgelistet, wie ein Bericht von Hermann Kellenbenz ("Neue Archivführer für Lateinamerikaforscher", Jahrbuch für Geschichte von Staat, Wirtschaft und Gesellschaft Lateinamerikas 11, Köln-Wien 1974) zeigt, darunter auch der "Führer durch die Quellen zur Geschichte der Nationen, Reihe A: Lateinamerika II/1:Quellen in der Bundesrepublik Deutschland", herausgegeben von Karl H. Schwebel, Bremen 1972.

Daß ein Ethnohistoriker das Spanische in genügendem Maße beherrschen und die Quellen in der Originalsprache (und nicht in Übersetzung!) benutzen sollte, muß wohl nicht betont werden. Es ist aber zu beachten, daß sich manche Wörter im Verlauf der Zeit in ihrer Bedeutung wandeln. Deshalb ist es angebracht, auch frühe Lexika heranzuziehen, wie Sebastián de Cobarruvias "Tesoro de la Lengua Castellana o Española" (Madrid 1611, Nachdruck Madrid 1984) oder das "Diccionario de la Lengua Castellana" der Real Academia Española (6 Bde., Madrid 1726-39; Faksimile-Nachdruck in 3 Bänden, Madrid 1969).

In vielen Dokumenten finden sich Wörter aus indianischen Idiomen, die in die Umgangssprache eingegangen sind. In solchen Fällen ist oft die Konsultierung von Georg Friedericis "Amerikanistisches Wörterbuch und Hilfswörterbuch für den Amerikanisten" (Hamburg 1960^2) hilfreich.

Es ist heute üblich, Daten nach dem gregorianischen Kalender anzugeben, der 1582 verkündet und in den katholischen Ländern eingeführt wurde. Da ihn aber z.B. England erst 1752 übernommen hat, ergeben sich Diskrepanzen zwischen der Datierung spanischer und englischer Dokumente. Zu beachten ist weiterhin, daß es bis in die 50er Jahre des 16. Jahrhunderts nicht selten war, die Jahreszählung nicht am 1. Januar, sondern schon am vorangehenden 25. Dezember, im "Weihnachtsstil", zu beginnen. Schwierigkeiten können sich bei der Datierung auch bemerkbar machen, wenn an Stelle eines Datums das Fest eines Heiligen angegeben ist, denn die Heiligentage Spaniens entsprachen in den früheren Jahrhunderten nicht unbedingt den heute festgelegten. Einen allgemeinen Überblick über chronologische Fragen, wenngleich sich nicht auf Spanien direkt beziehend, bietet Hans Lietzmann und Kurt Aland "Zeitrechnung" (Berlin 1956^3).

Einige Mühe bereitet dem Anfänger meist die Lektüre handgeschriebener kolonialzeitlicher Texte. Beim oft nicht zu umgehenden Selbststudium bieten einige Handbücher Hilfe, bei denen nicht nur den Beispielen verschiedener Handschriften ihre Übertragungen in die moderne Schreibweise gegenübergestellt sind, sondern auch über den Wechsel des Alphabets vom XV. bis XVIII. Jahrhundert, Ziffern, Abkürzungen etc. unterrichtet wird. Solche sind z.B. die "Paleografía Diplomática y sus Peculiaridades en América" von Jorge A. Garcés (Quito 1960) oder das "Manual de Paleografía Diplomática Española de los Siglos XII al XVII" von Jesús Muñoz y Rivero (Madrid

1970²). Diese und andere Handbücher können aber nur als Einführung dienen, wichtig ist oftmaliges Lesen spanischer Handschriften.

Man wird die indianische Kulturgeschichte des 16. bis 18. Jahrhunderts nicht verstehen, ohne Aufbau und Wirken der Kolonialverwaltung zu kennen. Dazu gehören Staats- und Territorialorganisation, Rechte und Pflichten der spanischen und indianischen Funktionäre, Bestimmungen aus dem Straf- und Zivilrecht, Vorschriften zur Tribut und Arbeitsordnung, zum Landbesitz etc., aber auch Fragen der Missions- und Kirchenordnung. Letztere sind der Kolonialverwaltung zuzurechnen, da auf Grund des "Patronato Real" die Krone über die Kirchenorganisation weitgehend bestimmen konnte. Einführende Darstellungen der spanischen Verwaltung (→ 3-I) allgemein sowie Abhandlungen über spezielle Fragen gibt es so viele, daß es hier genügen soll, einige deutsche Veröffentlichungen zu nennen. Richard Konetzke hat 1965 als Band 22 der Fischer Weltgeschichte "Süd- und Mittelamerika I – Die Indianerkulturen Altamerikas und die spanisch-portugiesische Kolonialherrschaft" veröffentlicht, sein Schüler Horst Pietschmann die Untersuchungen "Staat und staatliche Entwicklungen am Beginn der spanischen Kolonisation Amerikas" (Münster 1980) und "Die staatliche Organisation des kolonialen Iberoamerika" (Stuttgart 1980), von denen besonders die letztere einen sehr guten Überblick über die wichtigste Literatur zur Kolonialverwaltung gibt.

Bei der Durchsicht von Archivbeständen zeigt sich bald, daß es im Hinblick auf die äußere Form, auf Absender und Empfänger oder hinsichtlich der juristischen Relevanz Dokumente verschiedenster Art gibt. Auf die spanisch-amerikanische Diplomatik hier in Einzelheiten einzugehen, ist nicht möglich. Einen guten Überblick bietet aber das "Estudio Diplomático del Documento Indiano" (Sevilla 1970) von José Joaquín Real Díaz. Dort werden die wichtigsten Schritte des Verwaltungsganges, die zur Ausstellung eines "Dokumentes" führen, dargelegt, die äußere Form von z.B. "Real Provisión", "Real Cédula", "Real Orden", "Cartas Acordadas" etc. in Bild und Text aufgezeigt, die verschiedenen Arten der "Libros Registros" ("Cedularios") erklärt u.a.m.

Für den Ethnohistoriker relevante Angaben finden sich in jeder Art von Verwaltungsdokumenten. Auch wer sich nur mit der vorspanischen Zeit befaßt, kommt nicht umhin, Dokumente der mittleren und späteren Kolonialzeit heranzuziehen. In solchen, z.B. bei Prozessen über Landbesitz oder eine Kazikenstelle, wird oft auf die inkaische Zeit rekurriert. Man bediente sich dazu beglaubigter Abschriften von Dokumenten des 16. Jahrhunderts, die als Originale heute oft nicht mehr aufzufinden sind.

Abschließend seien einige Arten von Verwaltungsdokumenten genannt, in denen sich besonders oft für den Ethnohistoriker wichtige Informationen finden. An erster Stelle wären das die sogenannten "Visitas", Unterlagen über Inspektionsreisen, die aus den verschiedensten Gründen unternommen wurden. Viele beziehen sich auf Tributzahlung bzw. -festlegung, auf "Tasas" und "Retasas". Die des 16. Jahrhunderts sind nicht nur für die frühe Kolonialzeit aufschlußreich, immer wieder wird auch auf die vorspanische Zeit Bezug genommen. Die kulturhistorische Bedeutung der "Visitas" hat Franklin Pease G.Y. in einem Artikel herausgestellt, der auch die wichtigsten der sich auf Peru beziehenden nennt ("Las Visitas como Testimonio Andino", Historia – Problema y Promesa, Homenaje a Jorge Basadre I, Lima 1978). Wie reichhaltig die "Visitas" an kulturanthropologischen Angaben sein können, hat z.B. John V. Murra in einigen Analysen zu der "Visita hecha a la provincia de Chucuito por Garci Diez de San Miguel en el año 1567" (Lima 1964) und der "Visita de la provincia de León de Huánuco en 1562" (2 Bde., Huánuco 1967-72) gezeigt.

Auf die ethnohistorische Bedeutung von Prozeßakten, die sich auf Landbesitz oder Folge im Kazikenamt beziehen, wurde schon oben hingewiesen. Sehr lohnend ist auch die Durchforschung von **"Probanzas de Servivios" ("Relaciones" oder "Informaciones de Méritos")**, in denen sich Spanier, aber auch Indianer, die glaubten, Anspruch auf Gnadenerweise des Königs zu haben, ihre Verdienste durch Zeugen bestätigen ließen.

Angaben zur indianischen Religion lassen sich besonders den Befragungen entnehmen, die anläßlich der verschiedenen Kampagnen zur "Extirpación de Idolatría" vorgenommen wurden. Die Dokumente finden sich überwiegend in kirchlichen Archiven. Eine Quellengattung, die bis vor relativ kurzer Zeit weniger Beachtung fand, sind die Testamente indianischer Adeliger. Sie enthalten reiches Material, z.B. über Amtsnachfolge, Besitz, Familienorganisation und wirtschaftliche Betätigungen.

b. Das Andengebiet bei der Ankunft der Spanier

1. Das Inkareich unter politischem, sozialem und wirtschaftlichem Aspekt

Udo Oberem

Obwohl Kolumbus bereits 1492 amerikanischen Boden betreten und Hernán Cortés schon 1519 die Eroberung Mexikos begonnen hatte, Amerika den Europäern also nicht mehr ganz fremd war, erschien 1532 das Andengebiet Francisco Pizarro und seinen Begleitern doch als etwas ganz Neues. Das war es auch, sowohl im Hinblick auf Landschaft und Klima als auch ganz besonders in bezug auf den indianischen Staat, den sie sich anschickten zu erobern.

Dieser, das Reich der Inka *Tahuantinsuyu*, wörtlich etwa "die vier zusammengehörenden Regionen", hat wie kaum ein anderer schon früh und immer wieder das Interesse von Philosophen und Staatsrechtlern erweckt und wohl über keinen sind so viele Utopien und Ideologien veröffentlicht worden. Zur Zeit der Ankunft der spanischen Eroberer erstreckte er sich von Südkolumbien bis Mittelchile, etwa über 4.500 km Länge, bei einer Breite von nur wenig über 500 km (Abb. 58). Der Ausgangspunkt des Reiches lag zwar im Hochgebiet der zentralen Anden mit kühlem und trockenem Klima (Cuzco 3.400 m), im Verlauf seiner Geschichte weitete es sich aber auch über andere Landschaftszonen aus, über die trockene, z.T. wüstenartige Küste und die feuchtwarmen andinen Quertäler. Die vorliegenden Quellen gestatten nicht, die Zahl der inkaischen Untertanen genauer anzugeben. Geschätzt dürften es etwa acht Millionen gewesen sein.

Lange Zeit war man beim Studium der inkaischen Kultur und Geschichte fast ausschließlich auf die "Chronisten" des 16. und beginnenden 17. Jahrhunderts angewiesen. Erst in den letzten Dezennien ist man dazu übergegangen, auch andere Quellengattungen auszuwerten. Immer mehr werden "Verwaltungsakten" verschiedenster Art herangezogen, in denen verstärkt auch die Indianer selbst zu Wort kommen. Darüber hinaus ist von nicht geringer Bedeutung, daß eine große Zahl dieser Dokumente nicht aus dem zentralen Bereich um Cuzco, sondern aus den "Provinzen" des Reiches stammt. Von den Unterworfenen her gesehen erscheint nämlich das Bild des Inkareiches doch oft etwas weniger strahlend als es die meisten Chronisten zeichneten, die ihre Angaben überwiegend von Mitgliedern der inkaischen Herrenschicht erhalten hatten. Man ist deshalb auch dazu übergegangen, im Rahmen kürzerer Zusammenfassungen illustrierende Beispiele nicht so sehr aus Cuzco heranzuziehen, sondern eben aus den "Provinzen" (vgl. Collier et al. 1982:119-262). John V. Murra (1984) bezog sich so jüngst weitgehend auf die im Bereich des Titicaca-Sees lebenden Lupaqa.

In diesem Beitrag soll zur Illustration hauptsächlich auf die Verhältnisse im Norden des Reiches Bezug genommen werden, dem Gebiet des heutigen Ecuador. Die inkaische Herrschaft währte dort nur relativ kurze Zeit, und so sind manche Aspekte der Eroberung und Verwaltung hier deutlicher zu erkennen als in schon früher unterworfenen Regionen.

Der "Eroberungsstaat" der Inka war zur Zeit des ersten Kontaktes mit den Europäern noch sehr jung, wenngleich er bzw. die ihn tragende Dynastie nach ihren eigenen Überlieferungen – als Teil ihrer Staatsideologie sorgsam gepflegt – bis in frühe Zeiten zurückreichte.

Gemäß der von den Inka entwickelten "imperialen Mythologie", nach der ihre Herrschaft als von Gott bestimmt dargestellt wird, gab es bereits zu Zeiten des legendären Urvaters Manco Capac "Herren und Knechte", d.h. Adel und Volk. Schon dieser erste Inka war ein Eroberer, der, von Pacaritambo oder, wie einige Chronisten berichten, vom Titicacasee kommend, die autochthonen Bewohner des Ortes Cuzco unterwarf.

Hier spiegelt sich sicher die Erinnerung an einen historischen Vorgang wider, ohne daß aber gesagt werden kann, wann und in welcher Art er stattgefunden hat. Da die Inka nach ihrem Selbstverständnis den Höhepunkt der kulturellen Entwicklung erreicht hatten, war ihr Urvater Manco Capac auch als Kulturheros tätig. Als Sohn des Sonnengottes – *intip churin*, wörtlich "der Sonne ihr Sohn", bleibt einer der Titel der inkaischen Herrscher – lehrte er die Unterworfenen nicht nur den Sonnenkult, er brachte ihnen, die bisher als "Barbaren" lebten, erst die Zivilisation.

Unterstützt wurde er dabei von seiner Schwester und Frau Mama Ocllo. Die unter dem letzten Inka übliche Schwesternheirat wurde somit in die "Urzeit" zurückgeführt, wobei jedoch nicht vergessen werden sollte, daß es auch andere andine Völker gab, die diese Sitte pflegten.

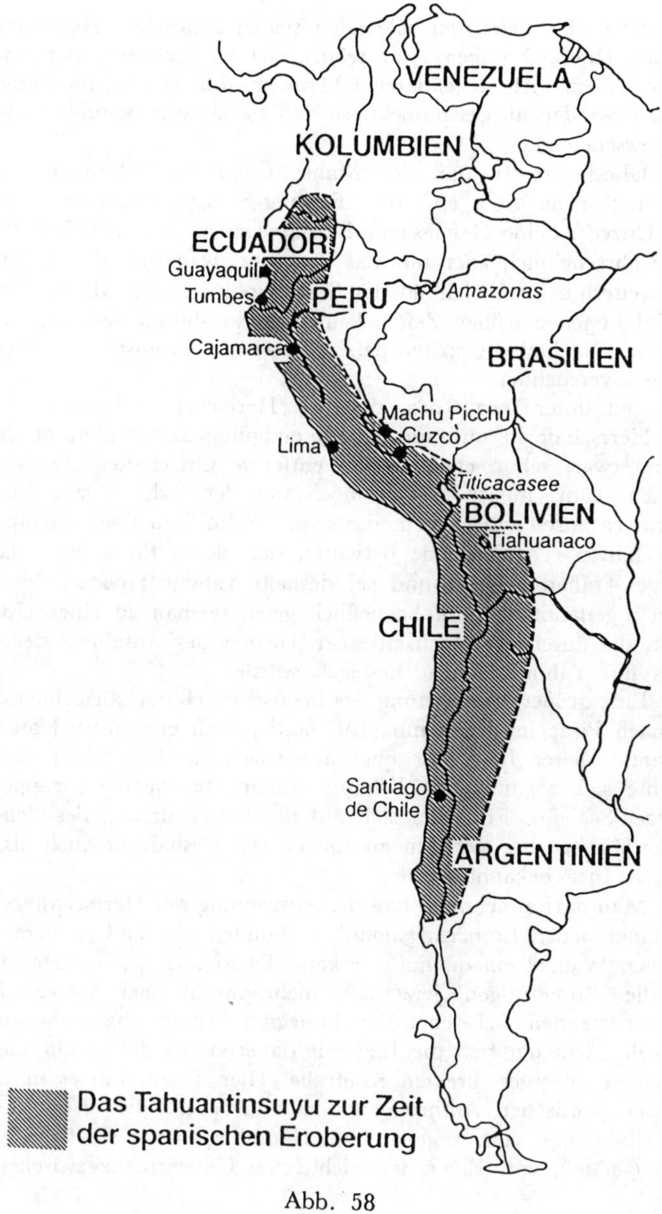
VENEZUELA
KOLUMBIEN
ECUADOR
Guayaquil
Tumbes
PERU
Amazonas
Cajamarca
BRASILIEN
Machu Picchu
Cuzco
Lima
Titicacasee
BOLIVIEN
Tiahuanaco
CHILE
Santiago de Chile
ARGENTINIEN
Das Tahuantinsuyu zur Zeit der spanischen Eroberung

Abb. 58

Über die Taten der folgenden sieben inkaischen Herrscher wissen die Überlieferungen zwar relativ viel zu berichten, die Angaben haben jedoch mehr legendären Charakter, d.h. relativ unwichtige Ereignisse werden ausgeschmückt, so daß sie als von besonderer Bedeutung erscheinen.

Überliefert ist, daß sich Manco Capac in Colcampata niederließ, in dem an die – spätere – Festung Sacsayhuaman angrenzenden Teil Cuzcos. Seine Gefolgsleute besetzten einen weiteren Teil des Ortes, wahrscheinlich aber nur das Zentrum, während die Unterworfenen weiterhin im Weichbild der Stadt wohnten. Die Macht der Inka scheint in jenen frühen Zeiten keinesfalls so absolut gewesen zu sein, wie ihre Nachfahren später den spanischen Chronisten glaubhaft zu machen versuchten.

Erst unter Inca Roca, dem 6. "Herrscher", scheinen die Inka ihre Herrschaft in und um Cuzco endgültig konsolidiert zu haben. Er unterwarf schon etwa 20 km entfernte Ortschaften. Doch bevor es dazu kam, mußte er sich noch mit den nahe Cuzco lebenden Ayarmaca auseinandersetzen, die seinen Sohn Titu Cusi Huallpa entführt hatten. Die Legende berichtet, der kleine Prinz habe darüber blutige Tränen geweint und sei deshalb Yahuar Huacac, "der Blut weint", genannt worden. Schließlich gelangte man zu einer Übereinkunft, die durch die Hochzeit einer Tochter des Anführers der Ayarmaca mit Yahuar Huacac besiegelt wurde.

Eine größere Ausweitung des inkaischen Herrschaftsgebietes, z.B. bis nach Pisac im Urubamba-Tal, fand jedoch erst unter Hatun Topa statt. Dieser Inka, der über ausgezeichnete Heerführer verfügte, mischte sich sogar in die Kämpfe Aimara-sprechender Gruppen am Titicaca-See ein. Er berief sich auf die Unterstützung des Schöpfergottes Huiracocha, der ihm erschienen sei, weshalb er auch als Huiracocha Inca bekannt wurde.

Man darf annehmen, daß die Ausweitung des Herrschaftsgebietes mit einer neuen Eroberungspolitik verbunden war und zu dem quantitativen Wandel ein qualitativer kam. Es ist ziemlich wahrscheinlich, daß die "Eroberungen" jetzt nicht mehr nur in einer Art von Raubzügen bestanden, bei denen den Besiegten Tribute abgepreßt wurden, vielmehr richteten sich die Inka für dauernd bei diesen ein und unterstellten sie einer direkten Kontrolle. Hier liegen, um es in Begriffen der politischen Anthropologie auszudrücken, die ersten Ansätze des Übergangs vom sogenannten Häuptlingstum ("chiefdom") zum Staat ("state") vor. Einer der wichtigsten Unterschiede zwischen diesen beiden politischen Organisationsformen besteht – idealtypisch gesehen – in der Art der Besetzung der "Verwaltungsposten". Beim "Häuptlingstum" wurden diese vererbt, basierend auf der Zugehörigkeit zu einer bestimmten Verwandtschaftsgruppe. Der Macht des obersten Häuptlings waren dadurch gewisse Grenzen gesetzt. Nicht mehr so beim "Staat". Hier hat der Herrscher die Befugnis, von sich aus diese Stellen zu besetzen. Modern ausgedrückt, wird hier eine zentral gelenkte "Beamtenbürokratie" geschaffen. "Professionelle "Amtsinhaber und Administratoren werden immer wichtiger, während die Bedeutung von verwandtschaftlichen Prinzipien nachläßt.

Natürlich ist dieser Übergang nicht plötzlich erfolgt, vielmehr hat es lange Jahre gedauert, bis in politischer Hinsicht aus dem inkaischen Häuptlingstum der inkaische Staat wurde. Bestimmte historische Ereignisse spielten dabei eine maßgebende Rolle, aber auch das Wirken herausragender Persönlichkeiten.

Beides traf zur Zeit und in der Person des Nachfolgers von Huiracocha Inca ein. Die Inka waren nämlich nicht die einzigen, die ihren Machtbereich ausweiteten. Das taten z.B. auch die im Gebiet von Andahuaylas wohnenden Chanka, und so ist es nicht verwunderlich, daß es eines Tages zum Zusammenstoß der beiden expandierenden Ethnien kam. Die Chanka waren den Inka überlegen und stießen bis Cuzco vor. Der schon betagte Huiracocha Inca sah den Krieg als verloren an und zog sich in eine Festung außerhalb der Stadt zurück. Einer seiner Söhne, Inca Yupanqui, fand sich aber damit nicht ab. Er sammelte die Überlebenden des Heeres, und es gelang ihm, die Feinde zurückzuschlagen und in einer weiteren Schlacht endgültig zu besiegen. Auch seine Siege sind im nachhinein legendär verklärt worden. So wird gesagt, daß sich Steine in Männer verwandelten, die auf seiner Seite stritten, und vor dem Kampfe sei ihm der Sonnengott erschienen. Dieser habe ihm nicht nur Mut zugesprochen und den Sieg über die Chanka vorausgesagt, er habe ihm auch in einem Spiegel all' die Länder gezeigt, die er, der größer als alle seine Vorfahren sein würde, einmal erobern würde.

Inca Yupanqui darf als der eigentliche Begründer des inkaischen Reiches angesehen werden. Die innere Organisation des Staates wie auch die Ausweitung des inkaischen Machtbereiches über große Gebiete der Anden, vom Titicaca-See im Süden bis zum heutigen Ecuador im Norden, werden ihm zugeschrieben, ob in allen Einzelheiten immer zu Recht, muß dabei offen bleiben. Er selbst war sich seiner Bedeutung sehr wohl bewußt, nannte er sich doch *Pachacutec* (*Pacha-*

cuti), was soviel wie "Verwandler der Erde" oder "Reformator" heißt. Obwohl sein Vater noch lebte, erklärte er sich zum regierenden Inka, dabei die Ansprüche seines als Nachfolger vorgesehenen Bruders Urcon negierend.

Mit fortschreitendem Alter konzentrierte sich Pachacutec immer mehr auf die innere Organisation des Staates sowie den Um- und Aufbau von Cuzco. Währenddessen drangen die inkaischen Heere unter Führung seines Sohnes Topa Inca Yupanqui weiter vor. Dem designierten Thronfolger gelang es, weit ins Hochland Ecuadors vorzustoßen. Er wandte sich dann der Küste zu, wo er, von Norden her kommend, die "Wüstenkönigreiche" Chimú, Chincha und Chuquismancu eroberte. Die Niederringung des Chimúreiches, das sich über fast 700 km Länge erstreckte, soll ihm erst gelungen sein, nachdem er im Gebirge den Zufluß des lebensnotwendigen Wassers gesperrt hatte. Es wird auch von einer Seefahrt brichtet, die er von der heutigen ecuadorianischen Hafenstadt Manta aus zu einigen weit enfernten Inseln unternommen habe. Wohin er gesegelt ist, läßt sich jedoch nicht sagen.

Von der Zeit des Inca Pachacutec an kann die inkaische Geschichte absolut-chronologisch mit einiger Sicherheit fixiert werden. Hier endet die legendäre Phase, und es beginnt die historische.

Nach den heute von den meisten Wissenschaftlern akzeptierten Daten, die von J.H. Rowe zusammengesellt wurden, hat Pachacutec etwa 1438 die Macht ergriffen und Topa Yupanqui (Tupac Inca Yupanqui) 1463 den Oberbefehl über das Heer übernommen. 1471 folgte dieser seinem Vater als Herrscher und regierte bis zu seinem Tode im Jahre 1493. Die schon unter seinem Vater begonnene innere Organisation des Reiches führte er weiter und vervollkommnete sie.

Topa Yupanqui erwählte eine seiner Schwestern als Hauptfrau und ebenso seine Nachfolger. Auch hierin wird deutlich, wie sehr sich die Inka jetzt allen ihren Nachbarn überlegen fühlten. Die Töchter anderer Herrscher erschienen ihnen, die zur führenden Macht im Andengebiet aufgestiegen waren, nicht mehr als ebenbürtig. Daß diese Sitte auf den legendären Stammvater Manco Capac, den Sohn des Sonnengottes, zurückgeführt wurde, sollte nur den Anspruch der Inka unterstützen, das "auserwählte Volk" zu sein.

Der *sapan inca* ("der alleinige Inka"), wie einer der Titel des Herrschers lautete, war sich seiner Macht so sicher, daß er vor dem Zuge zur Eroberung der südlichen Anden seinem Vater, der Sonne, und den anderen Göttern versprach, nicht eher zurückzukehren, bis er das Ende der Welt erreicht habe. Damit war in seinem Selbstverständnis die andine "zivilisierte" Welt gemeint, und es gelang ihm wirklich, den inkaischen Machtbereich bis Mittel-Chile und Nordwest-Argentinien auszuweiten.

Auf Topa Yupanqui folgt 1493 sein Sohn Huayna Capac, in dessen Regierungszeit die ersten Vorstöße der Spanier von Panama aus an die Küste Perus stattfinden. Er muß erleben, daß dem inkaischen Machstreben natürliche Grenzen gesetzt sind, denn es gelingt nicht, die östlichen Urwaldregionen dem Reich einzuverleiben. Er, bzw. seine Generäle, unternehmen zwar mehrere Vorstöße dorthin, müssen sich aber immer bald wieder in das Hochland zurückziehen. Nur schwer vermochten sie das feucht-warme Klima zu ertragen, auch fiel es ihnen nicht leicht, sich der dauerenden Überfälle der Urwaldindianer zu erwehren, die sich zu keiner offenen Feldschlacht stellen wollten. Natürlich geben die stolzen Inka dies nicht als Grund für ihre Rückzüge zu. Sie erzählen später einem Chronisten, "sie seien es müde geworden, solche zurückgebliebenen und armseligen Völker zu besiegen", es habe sich also nicht gelohnt, irgendwelche Anstrengungen zu unternehmen. Ebensowenig gelang es den Inka, die mittleren und nördlichen Küstengebiete Ecuadors unter ihre Herrschaft zu zwingen. Sie konnten sich zwar auf der Insel Puná im Golf von Guayaquil und an der benachbarten Küste festsetzen, aber weiter nördlich sind sie nur noch auf der Insel La Plata nachzuweisen. Ausschlaggebend für die Inbesitznahme dieser Insel dürfte die Absicht gewesen sein, von dort aus den florierenden Küstenhandel zu kontrollieren.

Im Hochland weitete Huayna Capac die Grenzen des Reiches nach Norden bis zum Río Angasmayo im südlichen Kolumbien aus, jedoch erst nach langwierigen und verlustreichen Kämpfen.

Hier erscheint es angebracht, einige generelle Bemerkungen zu der Art zu machen, wie die inkaische Eroberung eines Gebietes im allgemeinen vor sich ging. Es lassen sich dabei deutlich zwei Phasen unterscheiden. In einer ersten versuchten die Inka, die Oberhäupter einer außerhalb ihres Herrschaftsgebietes liegenden Region durch Geschenke, oft Luxuswaren wie z.B. feinste Gewebe, zu einem Bündnis zu veranlassen. Derartige Angebote wurden auch zumeist erwidert, denn ein solches Vorgehen entsprach völlig dem Muster der im ganzen Andengebiet üblichen "Reziprozität". Schon in vorinkaischer Zeit basierten politische Zuzammenschlüsse, z.B. im Kriege, jedoch ebenso für längere Zeit, auf Gabe und Gegengabe, oft auch in Form der wechselseitigen Verheiratung der Töchter der Oberhäupter. Bei solchen Bündnissen blieben die Gruppen aber "innenpolitisch" weitgehend autonom.

Im Gegensatz zur bisher üblichen Praxis faßten die Inka, die ja spätestens seit Pachacutec ein anderes Staatsverständnis als die weiterhin nach dem Modell von "chiefdoms" organisierten Gruppen entwickelt hatten, solch einen Vertrag als Unterwerfung auf. Sie entsandten Verwaltungsbeamte in das Gebiet des "Partners", um dieses in ihr Staatsgefüge einzugliedern und zur Leistung von Abgaben heranzuziehen. Dagegen erhob sich Widerstand, und es gelang auch meist, die Besatzung wieder zu vertreiben. Die Inka erachteten solch eine Reaktion als Aufstand, den es mit Waffengewalt niederzuschlagen galt. Mit diesen – im inkaischen Sinne gerechten – Strafaktionen wurde nun die zweite Phase der – definitiven – Eroberung bzw. Eingliederung vollzogen. Die sich widersprechenden Angaben der Chronisten, von denen einige berichten, dieses oder jenes Gebiet sei von dem Inka X erobert worden, während andere sagen, das sei erst unter seinem Sohn geschehen, sind erst bei Zugrundelegung dieses Zwei-Phasen-Schemas zu verstehen.

Solche "Strafaktionen" konnten unter Umständen sehr langwierig sein, wofür das beste Beispiel der etwa zehn Jahre andauernde Krieg Huayna Capacs gegen die Caranqui im Hochland des heutigen Ecuador nördlich von Quito ist. Schon Topa Yupanqui hatte diese bei einem Vorstoß in ihr Stammesgebiet unterworfen, aber sie erhoben sich wieder und bildeten eine Konförderation unter Führung eines ihrer Gruppenhäupter, Maxacoua von Cayambe. In den nun folgenden Kämpfen erlitten die inkaischen Heere mehrfach Niederlagen und so große Verluste, daß es zu einer Rebellion der Orejones, der inkaischen Adeligen, kam; erst auf das Versprechen wertvoller Geschenke durch den Herrscher fanden sie sich bereit weiterzukämpfen. Die Inka sahen sich gezwungen, das Gebiet der Caranqui mit einer Kette von Ringwallfestungen *pucara* einzuschließen, in die sich das Heer nach einer Niederlage zurückziehen konnte. Erst als nach etwa zehn Jahren der Widerstand der kämpferischen Caranqui erlahmte, gelang es, sie in der Schlacht am Yahuarcocha, dem "Blutsee", endgültig zu besiegen. Sie mußten eine grausame Bestrafung durch die Inka erleiden, die so viele von ihnen töteten, daß die Caranqui noch lange Zeit *huambracuna* ("Kinder") genannt wurden, da nur wenige Erwachsene überlebt hatten.

Eine kleine Gruppe vermochte zwar, die Inka noch kurze Zeit als Guerrilleros in den Bergen unter Führung eines Häuptlings namens Pinto zu bekämpfen. Aber auch sie wurden besiegt und Pinto hingerichtet. Aus seiner Haut fertigte man eine Trommel, die dann in Cuzco bei rituellen Tänzen gespielt wurde.

Hatten die Inka ein Gebiet erobert, so richteten sie ein Netz von "Stützpunkten" ein, die durch Straßen miteinander verbunden waren. Der *qhapac ñan*, die oft so gepriesenen "caminos reales", die von allen Himmelsrichtungen her nach Cuzco führten, dürfen nun aber keinesfalls mit heutigen Überlandstraßen verglichen werden. Nur in der Nähe größerer Orte waren sie von einer gewissen Breite und befestigt. Sonst begnügte man sich damit, schon vorhandene Wegnetze miteinander zu verbinden.

Die inkaischen Stützpunkte, in den spanischen Quellen oft als "tambos" oder "aposentos" bezeichnet, scheinen unter sich hierarchisch gegliedert zu sein, so war z.B. Tomebamba der wichtigste inkaische Ort im heutigen Ecuador. Chronisten, die Tomebamba zwar erst nach den Zerstörungen des Krieges zwischen Atahualpa und Huascar sahen, schreiben nichtsdestotrotz, die Gebäude dort hätten zu den prachtvollsten und reichsten ganz Perus gehört. Die Wände der Paläste seien mit gold überzogen oder mit Mosaiken aus *mullu* (Spondylus-Muscheln) verziert gewesen. Für die nach dem Vorbild Cuzcos erbauten Tempel habe man die Steine aus jener Stadt gebracht. Dies dürfte übertrieben und wohl nur so zu interpretieren sein, daß durch das Einfügen einiger "geheilgter" Steine aus der alten Hauptstadt deren sakraler Charakter auf Tomebamba übertragen werden sollte, wollte man doch auch dort "un otro Cuzco" ("ein anderes Cuzco") begründen. Eine gewisse Identifizierung Tomebambas mit Cuzco wird auch darin deutlich, daß umliegende Berge mit den gleichen Namen bezeichnet wurden wie im Reichszentrum. Ob die Stadt – oder auch andere des Imperiums – auch im Inneren wie Cuzco organisiert war, z.B. im Sinne des *Ceque*-Systems, das zu sagen gestattet die Quellenlage nicht.

Tomebamba war, besonders zur Zeit Huayna Capacs, viele Jahre lang inkaische Residenz. Wie in Cuzco vertrat den *sapan inca* bei Abwesenheit ein naher Verwandter als *incapranti*. In den Provinzhauptorten waren die "mayordomos mayores" oder *tocricuc*, d.h. Gouverneure, ansässig. Es ist noch unklar, wie viele solcher *tocricuc* es im Reiche gab. Die von Rowe (1946:186-92) zusammengestellte, bisher einzige Liste der "Provinzen" ist unvollständig. Wir wissen auch nicht ganz genau, wie die politische Einteilung des inkaischen Ecuador war. Sicher ist, daß es in Tomebamba, Latacunga und Caranqui solche *tocricuc* gegeben hat, vielleicht jeweils zuständig für die südliche, mittlere und nördliche Sierra, denn aus diesen Orten werden nicht nur große Bauten wie Paläste, Tempel, *acllahuasi* ("Häuser der ausgewählten Frauen") beschrieben, es wird auch expressis verbis gesagt, daß in ihnen ein "mayordomo mayor" residierte. Das war vielleicht auch in der heutigen Hauptstadt Quito der Fall. Die Angaben darüber sind aber noch zu unklar, was damit zusammenhängt, daß in den Quellen ziemlich wahllos manchmal als "Quito" der Ort selbst verstanden wird, oft aber auch das gesamte Gebiet des ecuadorianischen Hochlandes.

Den "Hauptorten" waren verwaltungsmäßig einige mittlere oder kleinere "tambos" unterstellt. Ob in allen diesen oder nur an den Sitzen der *tocricuc* die *michic* ("Hirte") genannten Funktionäre eingesetzt waren, ist noch nicht zu beantworten. Sie waren jedenfalls den *tocricuc* unterstellt und dienten als "guardas" (Wächter, Aufseher), die über alles berichten mußten, was bei den Unterworfenen vor sich ging. Dürften die *tocricuc* wohl "incas de sangre" gewesen sein, d.h. den Inkafamilien Cuzcos entstamnmen, so waren die *michic* wahrscheinlich "incas de privilegio" aus den Dörfern der Umgebung Cuzcos, deren Bewohner "ehrenhalber" zu Inka erklärt worden waren.

Um die als "Tribut" von den "Steuerpflichtigen" für ihre Herren geschaffenen Güter und Lebensmittel zu lagern, gab es in und um die inkaischen Stützpunkte Speicher (*collca*). Die Waren wurden von dort aus im Rahmen der Redistribution wieder verteilt, dienten aber auch zum Unterhalt der Verwaltung, des Heeres und religiöser Kultstätten, z.B. der dem Sonnengott geweihten Tempel, von denen aus die Staatsreligion propagiert wurde. Von weiter her wurden nur ausgesprochene Luxusgüter bis nach Cuzco gebracht, aus näherliegenden Provinzen auch leicht zu transportierende Lebensmittel, wie Mais, Trockenfleisch u.a.m.

In den *acllahuasi* – auch von diesen befanden sich die größten in der Hauptstadt des Reiches – lebten die von den Bewohnern einer Provinz "abgelieferten" Mädchen. Viele von diesen arbeiteten für die Verwaltung, z.B. stellten sie oft besonders feine Gewebe *cumbi* her. Andere, wohl die ihrer Abstammung nach bedeutendsten, wurden verdienten Beamten und Offizieren als Nebenfrauen oder Dienerinnen zugeteilt.

Die Bewohner der Stützpunkte, zumindest ist das von den größten bekannt, rekrutieren sich nur zum kleineren Teil aus der autochthonen Bevölkerung. Die Inka siedelten diese oft aus und ersetzten sie durch *mitmac*, Angehörige fremder Ethnien. Das inkaische Prinzip des divide et impera wird darin deutlich, daß diese *mitmac* häufig nicht einer, sondern verschiedenen Volksgruppen entstammten. Eine noch nicht zweifelsfrei zu beantwortende Frage ist, ob es sich bei den "Garnisonen", die es in den Verwaltungshauptorten gab, um eine Art kasernierter Truppen handelte oder um die genannten *mitmac*.

Zu den Stützpunkten inkaischer Macht zählten auch die Festungen *pucara* an strategisch günstigen Plätzen und in Grenzregionen. Ihre Besatzungen stellten "Wehrbauern", die in der Nähe auf enteigneten Ländereien lebten. Jeweils eine Gruppe verrichtete den Wachtdienst im Turnus in den Festungen. Von einigen solcher Festungsmannschaften *pucara-camayoc* ist bekannt, daß sie aus der Umgebung Cuzcos stammten, also wohl "incas de privilegio" waren.

Das System der *mitmac*, d.h. die zwangsweise Umsiedlung von Teilen der Bevölkerung aus einer Region in eine andere, diente den Inka nicht nur dazu, neu eroberte Gebiete zu sichern, sondern geschah auch aus anderen Gründen, z.B. um handwerkliche Spezialisten an den Hof zu ziehen, um Unterworfene zu "ziviliseren", d.h. kulturell zu inkaisieren, um die Macht aufrührerischer Ethnien zu brechen, um neue landwirtschaftliche Techniken irgendwo einzuführen etc. Es konnte sehr wohl eine Gruppe auch aus mehreren oder weiteren Gründen umgesiedelt worden sein. Die Angaben in den Quellen sind oft so wenig präzise, daß es schwerlich festzustellen ist, warum diese oder jene Gruppe hierhin oder dorthin verpflanzt wurde. Nicht vergessen werden sollte im Hinblick auf die *mitmac*, daß es Ansätze auch schon in vorinkaischer Zeit gab, z.B. Umsiedlung kleinerer Gruppen im Rahmen der in den Anden weit verbreiteten "Vertikalität", d.h. der Nutzung der Erzeugnisse verschiedener Ökosysteme. Dieses, wie John V. Murra sagt "Archipelsystem", wurde zwar unter den Inka beibehalten – und wohl auch ausgeweitet –, aber darüber hinaus fanden in großem Umfang Umsiedlungen zu politischen Zwekken statt. Die beiden Typen von Umsiedlung unterschieden sich insofern, als im ersten Fall die Umgesiedelten weiterhin ihren "señores étnicos" verbunden blieben, wohingegen sie als *mitmac* der Inka direkt der Staatsverwaltung unterstanden. Der derzeitige Stand der Forschung gestattet es noch nicht, wenigstens relativ vollständig aufzuzeigen, welche *mitmac* wohin verbracht wurden. Es liegen zwar kürzere

Beiträge vor, aber noch nicht einmal für Teilbereiche des Imperiums, z.B. Ecuador, sind die verstreuten Angaben geordnet und zusammengefaßt worden. Dabei wäre das ein Desiderat der Peruanistik, um zu verhüten, daß von heutigen ethnographischen Gegebenheiten in die vorinkaische Zeit zurückinterpretiert wird, ohne zu wissen, daß es sich bei den in Frage stehenden Gruppen vielfach gar nicht um ursprünglich Autochthone handelt.

In bezug auf Ecuador wird u.a. von Spezialisten für den Coca-Anbau *cocacamayoc* gesprochen, die in Pelileo angesiedelt waren und aus dem Gebiet von Cuzco stammten. Aus der gleichen Region waren auch die Bewohner des Ortes Quero bei Ambato gekommen. Wie schon der Name Ortes (quechua: *kero* = Holz) andeutet, waren sie – und sind bis heute – Spezialisten in der Holzbearbeitung.

Von den *mitmac*, die man aus militärischen Gründen ins Land gebracht hat, sei auf die Huayacuntu verwiesen. Sie kamen aus der gebirgigen Region des peruanischen Departments Piura. 1.000 ihrer Krieger hatten im Rahmen des inkaischen Heeres an der Eroberung des Gebietes der Caranqui in der nördlichen Sierra teilgenommen. Teile von ihnen verpflanzte der Inka in Gebiete südlich und südwestlich von Quito, um sie im Fall etwaiger Unruhen sofort einsetzen zu können. Soldaten des siegreichen Heeres sofort nach Abschluß im oder nahe des eroberten Gebietes aus Sicherheitsgründen anzusiedeln, war bei den Inka oft üblich. So kehrten von 6.000 Soldaten aus der Provinz Chucuito am Titicaca-See nach ihrem Einsatz in Ecuador nur etwa 1.000 in ihre Heimat zurück, der Rest – abzüglich der Gefallenen – verblieb im Norden. Auch von anderen Umgesiedelten wird gelegentlich gesagt, woher sie stammten, doch in den meisten Fällen finden sich bei den Chronisten oder in den Verwaltungsakten nur unklare Angaben, wie z.B. *mitmac* verschiedener Herkunft oder mehrere Nationen, oder es wird von "incas" gesprochen, wobei dann wiederum nicht sicher ist, ob es sich wirklich um Inka handelte, oder damit nur gesagt werden soll, sie seien von den Inka verpflanzt worden.

Das inkaische System der zwangsweisen Umsiedlung hat dazu geführt, daß es zur Zeit der spanischen Conquista im gesamten Gebiet des Imperiums Gruppen fremder ethnischer Herkunft zwischen der autochthonen Bevölkerung gab. Als Beispiel dafür, wie weit Angehörige einer Ethnie verstreut gewesen sein konnten, sei hier auf die Cañari verwiesen. Ihre Heimat waren die heutigen Provinzen Cañar und Azuay im Hochland von Ecuador. Nicht wenige von ihnen lebten zur Zeit der spanischen Conquista in Cuzco und im benachbarten Yucay-Tal. In der Hauptstadt, wohin sie von dem Inkaherrscher Topa Yupanqui verbracht worden waren – nach Aussage der Chronisten sollen es mehr als 15.000 Männer und ihre Frauen gewesen sein – dienten sie u.a. als Elitetruppe, die die Palastwache stellte und auf Kriegszügen als Vor- und Nachhut kämpfte. Andere Cañari waren in der Sierra Perus an verschiedenen Orten angesiedelt worden, z.B. in den Gebieten von Cajamarca, Huamachuco, Jauja, Huánuco und Ayacucho, an der Küste bei Lambayeque und in Bolivien in Copacabana am Titicaca-See. Auch im Hochland Ecuadors finden sich Cañari-*mitmac*, so in El Quinche, Cotocollao und bei Latacunga.

Die Tatsache, daß die Umsiedlungen meist zwangsweise, d.h. ohne das Einverständnis der Betroffenen, durchgeführt wurden, wird im Moment der spanischen Conquista deutlich, als sich in weiten Teilen des Reiches *mitmac*-Gruppen aufmachten, um in die Heimat zurückzukehren. Nur mit Mühe gelang es den Spaniern, die ein Chaos verhüten wollten, sie davon abzuhalten.

Die inkaische Eroberung und Besetzung führte nicht nur zu Veränderungen im Hinblick auf die ethnische Verteilung der Bevölkerung, sondern auch auf die sozio-politische Ordnung. Vor der inkaischen Expansion waren die ethnischen Gruppen des Andengebietes – abgesehen von einigen "frühen Staaten", wie z.B. dem der Chimú – in "chiefdoms" ("señoríos") organisiert. Idealtypisch gesehen bestand ein "señorío" aus mehreren gleichsprachigen Siedlungen. An der Spitze jedes Dorfes stand das Oberhaupt der angesehensten Verwandtschaftsgruppe, an der des "señorío" der Anführer der wichtigsten Siedlung.[1]

Diese sozio-politische Struktur der "señoríos" der Vorinkazeit wurde von den Eroberern nicht radikal geändert, sondern vielmehr den Anforderungen ihres Staates entsprechend angepaßt. Auf die unterworfenen "señoríos" bezogen, bedeutete das, daß der *sapan inca* an ihre Spitze auch einen Fremden setzen konnte, wenngleich er sich in den meisten Fällen damit benügte, den "señor étnico" in seiner

[1] Hier endet das Manuskript zu dem Kapitel "Das Inkareich" mit dem Tod von Udo Oberem am 24.11.1986.
Der folgende Teil wurde von Roswith Hartmann ergänzend zusammengestellt anhand von der handschriftlichen Fassung beigelegten Kopien seines Artikels "Götterdämmerung in den Anden" (1980b) sowie eines in Sonderheit auf Ecuador unter inkaischer Herrschaft bezogenen Manuskriptes, aus dem - wie kurz zuvor besprochen - Udo Oberem Fallbeispiele übernehmen wollte.

Position zu bestätigen. Das war aber Voraussetzung, damit dieser die Stelle einnehmen konnte, die ihm vor der Eroberung automatisch zugefallen wäre.

Nicht nur in seiner räumlichen Erstreckung, auch in seiner sozio-politischen Organisation hatte unter Huayna Capac das Reich die Struktur entwickelt, die die Spanier einige Jahre später vorfanden. An der Spitze der Gesellschaftspyramide und des Staates stand der regierende Inka, unter ihm die Hochadeligen. Die angesehensten unter ihnen waren die nahen Verwandten des Herrschers, gefolgt von den Mitgliedern der *panaca* der früheren Herrscher. Jeder Inka begründete einen neuen Familienverband, eine *panaca*, so daß es zur Zeit Huayna Capacs außer seiner eigenen zehn weitere *panaca* gab. Ihre Mitglieder, die in den durchbohrten Ohrläppchen eine Schmuckscheibe trugen und deshalb "orejones" ("Großohren") genannt wurden, lebten im allgemeinen auf Landgütern in der Nähe Cuzcos, besaßen aber auch einen Palast in der Stadt. Ihren Unterhalt bezogen sie zum einen aus den persönlichen oder familieneigenen Ländereien, zum anderen aus den staatlichen Speichern. Sie bildeten die eigentliche Herrenschicht und waren die Nutznießer des Reiches. Ihr Einfluß auf den regierenden Inka, der kaum so despotisch regieren konnte, wie man oft liest, darf keinesfalls unterschätzt werden.

Im Staatsdienst nahmen die Orejones die wichtigsten Stellen ein. Sie stellten die vier in Cuzco residierenden Repräsentanten der vier Reichsteile und die schon erwähnten *tocricuc* der Provinzen, andere inspizierten aber auch als *tucuyricuc* (etwa: "Allesseher") von Zeit zu Zeit die Provinzverwaltungen. Außerdem standen sie an der Spitze der Heere, wenn der *sapan inca* nicht anwesend war, und besetzten die höheren Posten in der Priesterhierarchie, an deren Spitze der *villac uma* stand, ein Bruder oder anderer naher Verwandter des Herrschers.

Eine mittlere Schicht staatlicher Beamter rekrutierte sich aus den "ernannten Inka". Das waren die Mitglieder ethnischer Gruppen aus der Umgebung Cuzcos, die quasi ehrenhalber zu Inka erklärt worden waren, da bei der Ausweitung des Reiches die Zahl der Orejones nicht mehr ausreichte, alle Posten zu besetzen, vielleicht aber auch, weil diese nicht mehr gewillt waren, in den fernen Provinzen zu dienen und das Leben am Hofe in der Hauptstadt vorzogen. Die "ernannten Inka", die wie die Orejones, wenngleich in geringerem Maße, Privilegien genossen, stellten z.B. auch die Besatzung von Festungen, durch die besonders gefährdete Grenzen geschützt werden sollten.

Ohne zu den Inka (im engeren Sinne) zu gehören, nahmen die "señores étnicos" als Adel aus den eroberten Gebieten eine angesehene soziale und politische Stellung ein. Soweit sie sich unterworfen hatten, verblieben sie im allgemeinen in ihren angestammten Ämtern. Erschien dem Inka dies jedoch nicht opportun, so wurde ein Sohn oder Verwandter als Nachfolger bestimmt, oft jedoch auch ein verdienter inkaischer Offizier als Häuptling, *curaca*, wie die Quechua-Bezeichnung lautet, eingesetzt. Die von dem Inka ernannten fremden *curaca* waren bei den Unterworfenen kaum sehr beliebt. Das wird nach der spanischen Conquista deutlich, wenn sich "señores étnicos" darüber beschweren, daß die früheren Verhältnisse nicht wieder hergestellt würden.

Verblieben die autochthonen *curaca* in ihren Ämtern, so wurde doch ihre Macht in vielerlei Hinsicht empfindlich beschränkt. Sie konnten nicht mehr frei über Güter und Arbeitskraft ihrer Untergebenen im Rahmen der bis dahin üblichen Form der Redistribution verfügen. Die inkaische Verwaltung absorbierte einen Teil ihrer bisherigen Einkünfte. Das geschah z.T. durch die "Enteignung" von Ländereien, die entweder *mitmac* zugeteilt wurden oder von der autochthonen Bevölkerung für den "Staat" bearbeitet werden mußten. Dabei ist noch weiterhin zu unterscheiden zwischen solchem Land, das schon früher genutzt worden war, und anderem, das durch die Anlage von Bewässerungssystemen unter der Inkaherrschaft dem Anbau neu erschlossen wurde.

Außer der Auflage, bestimmte Ländereien "für den Inka" zu bestellen und die Erträge zu den lokalen und regionalen Speichern zu transportieren, wie auch staatliche Lamaherden zu hüten, mußten Arbeitskräfte für die verschiedensten Dienstleistungen abgeordnet und Soldaten für das inkaische Heer gestellt werden. Die Verteilung der für staatlich-inkaische Zwecke angeforderten Arbeitskräfte wurde gemeinsam vom "señor étnico" und einem inkaischen Verwaltungsbeamten durchgeführt, wie aus den Unterlagen über eine "visita", die 1559 im Chillos-Tal, in der Nähe von Quito, stattfand, hervorgeht (Salomon 1980), und man darf unterstellen, daß das Wort des letzteren in jedem Fall mehr Gewicht hatte.

In diesem Zusammenhang sei für das Gebiet des heutigen Ecuador als weiterer Eingriff der Inka in die sozio-politische Organisation der autochthonen Gruppen auf die Teilung sowohl größerer als auch kleinerer Bereiche in zwei "Hälften" *saya* hingewiesen. Ob diese Teilung aus verwaltungstechnischen Gründen eingeführt wurde, oder ob es sich um eine allgemeine Anpassung an die "Reichsordnung "handelte, ist noch unklar. Bekannt ist diese Einteilung in *hanansaya* und *hurinsaya* z.B. aus dem Gebiet der Cañari oder dem Raum von Quito. Warum dort, im Gegensatz zu der in Cuzco üblichen Regelung, *hananquito* im Süden und *hurinquito* im Norden lag, ist auch eine der noch nicht beantworteten Fragen. Die beiden *saya* waren in Quito durch eine Linie getrennt, die, wahrscheinlich auf der Höhe der heutigen "Plaza de San Francisco" von Ost nach West verlief. Als Beispiel für die Teilung eines kleineren Bezirks können *hananchillo* und *hurinchillo* im vorerwähnten Chillos-Tal angesehen werden.

Durch die Eingliederung in das Tahuantinsuyu verloren die autochthonen Curaca zwar teilweise ihre Verfügungsgewalt in politischer wie wirtschaftlicher Hinsicht, wurden aber andererseits innerhalb eines gewissen Rahmens dafür entschädigt, zumindest nach Auffassung der Inka, deren übersteigertem Selbstverständnis zufolge es schon als Ehre angesehen werden mußte, zum Reich zu gehören. Sie erhielten Geschenke, z.B. feine Gewebe oder Lamas, auch wurden ihnen vom Inka Frauen vornehmer Abstammung zugeteilt. Umgekehrt dienten der Festigung der Beziehungen zwischen den dem Reich eingegliederten bzw. unterworfenen Völkerschaften und den Inka auch Heiraten von Töchtern einflußreicher "señores étnicos" mit inkaischen Adeligen oder sogar dem *sapan inca* selbst, wie am besten das Beispiel der Mutter Atahualpas bezeugt. Doch auch auf andere Weise suchten die inkaischen Eroberer sich der Loyalität der "señores étnicos" zu versichern. Sie mußten zeitweise in inkaischen Städten oder Stützpunkten leben, und – zumindest diejenigen, denen eine gewisse Bedeutung zukam – waren verpflichtet, ihre Söhne nach Cuzco zu senden, die dort im *yachay-huasi* ("Haus des Wissens") eine Ausbildung im inkaischen Sinne erhielten, in Religion, Geschichte und Reissprache. Gleichzeitig dürften die Curaca-Söhne in Cuzco als Geiseln gedient haben, die das Wohlverhalten ihrer Väter ebenso zu garantieren hatten wie die Curaca-Töchter, die als Ehefrauen oder Konkubinen in den Haushalten inkaischer Adeliger und sogar des Herrschers selbst lebten.

Vergleichsweise mehr noch als die Adeligen wurde die Masse des Volkes unter der inkaischen Herrschaft belastet. Leistungen, wie Feldbestellung, Bauarbeiten oder Kriegsdienst, hatten die Gemeinfreien *hatunruna* schon vorher für ihre "señores étnicos" erbringen müssen, jetzt aber noch zusätzlich für die Reichsverwaltung. Die Inka erweiterten zwar die landwirtschaftliche Nutzfläche durch den Ausbau von Bewässerungsanlagen und Anbauterrassen, enteigneten aber auch Ländereien Unterworfener, die diese für die neuen Herren bearbeiten mußten. Ein Teil der Ernte wurde zum Unterhalt der Staatsverwaltung genutzt, ein anderer für den der "Staatskirche". Wie groß diese Staats- oder Kirchenländereien jeweils waren, hing von vielerlei Faktoren ab; keinesfalls fand eine genaue Drittelung statt, wie moderne Autoren gerne annehmen. Weitere Leistungen bestanden in der Heranziehung zu Bauarbeiten, nicht nur in der Heimat, sondern auch in weit entfernten Gebieten. Die Konstruktion der vielen inkaischen Gebäude im Umkreis von Cuzco und andernorts ist nur durch den im Turnus wechselnden Einsatz Tausender von Zwangsarbeitern *mitayoc* erklärlich.

Im Zuge der Ausweitung ihres Imperiums verbreiteten die Inka auch den für sie charakteristischen Stil der Architektur und Kunst, der sich durch eine "vornehme Schlichtheit" auszeichnet. Er ist unverwechselbar und beeindruckt durch seine Monumentalität. Das trifft besonders auf die zyklopischen Steinmauern zu, die sich nicht nur in Cuzco und seiner Umgebung finden, sondern auch in den Provinzen des Reiches. Es läßt sich ein "polygonaler Stil", bei dem große Blöcke unregelmäßiger Form zusammengefügt sind, von einem "rektangulären" unterscheiden, der exakt rechteckige Steine verwendet. Es gibt aber ebenfalls typisch inkaische Bauwerke, die, vornehmlich in der Küstenregion, in der dort üblichen Lehmtechnik errichtet und solche, die in "pirca"-Art erbaut wurden. Bei diesen bestehen die Mauern aus in Lehm gebetteten unbearbeiteten Steinen, die mit einem Glätteputz versehen und bemalt waren. Es kam nicht selten vor, daß bei einem Gebäude mehrere dieser Techniken nebeneinander verwendet wurden. Bewundernswert ist die Präzision, in der die manchmal sprichwörtlich monumentalen Steine mit einfachen Mitteln – zum Zuschlagen genügten Steinhämmer und zum Sägen und Polieren nur Wasser und Sand – bearbeitet sind. Der Transport monolithischer Blöcke wurde mit Hilfe von hölzernen Rollen und dem Einsatz einer Vielzahl von Arbeitskräften bewerkstelligt.

Kennzeichnend für die inkaische Architektur sind trapezförmige, oft in sich gestufte Nischen und Fenster, wie auch ein rechteckiger Grundriß. Besonders in Gegenden, in denen die autochthonen Bewohner in Rundhäusern lebten, wie z.B. in Caranqui im nördlichen Hochland von Ecuador, ist das ein Indiz für Inka-Architektur. In relativ großer Zahl finden sich aus der inkaischen Zeit noch die *pucara* genannten Ringwallfestungen an strategischen Punkten, vielfach steilen Bergkuppen, angelegt, auf die bereits im Zusammenhang mit dem erbitterten Widerstand gegen die Expansion der Inka im nördlichen Hochland von Ecuador verwiesen wurde.

In Kriegszeiten, zumindest in den letzten hundert Jahren der inkaischen Geschichte, wurde ständig irgendwo gekämpft, war stets ein Teil der Männer zum Militärdienst herangezogen. Die Mitglieder der einzelnen Ethnien wurden innerhalb der unter inkaischer Herrschaft stehenden Reichsheere in geschlossenen Gruppen eingesetzt, ausgerüstet mit den für sie jeweils typischen Waffen.

Der Arbeitspflicht waren aber auch die Frauen unterworfen, z.B. bei Arbeiten auf "öffentlichen" Ländereien oder bei der Herstellung von Textilien, die abgeliefert werden mußten. Sogar zum Heer wurden sie eingezogen und dürften als *mita huarmi* etwa die gleichen Funktionen wie die Troßweiber in der Landsknechtheeren gehabt haben.

Als die wohl größte Belastung der Unterworfenen muß zweifelsohne die Zwangsumsiedlung von Teilen der Bevölkerung angesehen werden. Die unterschiedlichen Gründe, die für die *mitmac*-Praxis ausschlaggebend waren, sind bereits dargelegt worden. Wenn inkaphile Chronisten behaupten, die Umsiedler (*mitmaccuna* bzw. "mitimaes" in der hispanisierten Form) seien nur in solche Regionen gebracht worden, die ihrer Heimat in klimatischer Hinsicht entsprochen hätten, so war das keineswegs immer der Fall.

Zu den Diensten für den Staat, zu denen die unterworfenen Dorfgemeinschaften verpflichtet waren, gehörte auch die "Lieferung" junger Mädchen, der bereits erwähnten *aclla*. Wie groß die Zahl der zu stellenden *aclla* war, und wie oft die Auswahl durch einen der inkaischen Funktionäre geschah – wohl durch den von Zeit zu Zeit durchreisenden Inspekteur, den *tucuyricuc* – ist, da die Quellen sehr karg in diesbezüglichen Aussagen sind, nicht ohne weiteres auszumachen. Die "ausgewählten Frauen" lebten in klosterähnlichen Komplexen *aclla huasi*, wo die meisten von ihnen für die Staatsverwaltung arbeiteten; sie stellten z.B. besonders feine Textilien her. Nur die schönsten und wohl auch ihrer Abstammung nach vornehmsten wurden vom Inka verdienten Beamten und Offizieren als Nebenfrauen bzw. Dienerinnen übergeben. Als *aclla* gehörten sie nicht mehr ihrem ursprünglichen Verwandtschaftsverband an, vielmehr unterstanden sie direkt den staatlichen Organen. In diesem Sinne immediatisiert waren auch die *yana*. Diesen Status konnten Individuen wie auch Familien annehmen; manchmal galten ganze Gruppen als *yana*. Ihr Status vererbte sich, sie waren jedoch keine Sklaven im europäischen Sinne, waren frei – oder unfrei – wie der Rest der Bevölkerung. Ihre Aufgaben variierten nach Eignung und Abstammung, denn es gab unter ihnen auch Mitglieder des Curaca-Adels. Diese nahmen z.B. als "Staatsbedienstete" wichtige Aufgaben in der zentral geleiteten Verwaltung oder am Hofe wahr, während die Masse von ihnen auf Ländereien der Inka-Adeligen oder der Heiligtümer arbeitete. Personen, die vielleicht als *yana* bezeichnet werden könnten, hat es auch in vorinkaischer Zeit gegeben. Die Inka haben, wie auch in anderen Fällen, hier eine ältere Einrichtung übernommen und im großen Maßstab auf ihr Staatswesen übertragen.

Zu statistischen Zwecken, zur Abgabenerhebung und zur Rekrutierung der Arbeitskräfte wurde die Bevölkerung in Tausender-, Hunderter- und Zehnerschaften eingeteilt, da sich diese Einheiten leicht auf die Knotenschnüre *quipu* übertragen ließen, deren sich die Inka mangels einer Schrift als mnemotechnische Hilfsmittel bedienten. Die vorhandenen politischen und Verwandtschaftsgruppen dienten als Basis des "Zehnersystems", woraus sich infolge deren verschieden starker Mitgliederzahl ergab, daß z.B. eine Hundertschaft, ein Dorf, mehr oder auch weniger als genau 100 tributpflichtige Haushaltsvorstände umfassen konnte.

Die von den Unterworfenen für die herrschaftlichen Belange erzeugten Güter und Produkte waren zum Unterhalt der örtlichen Verwaltung bestimmt, aber auch für die Zentralregierung in Cuzco und mußten in den dort in großer Zahl vorhandenen Speichern eingelagert werden. Ein Teil der vereinnahmten Tribute, besonders Luxusgüter, wurde als Geschenke im Sinne der im Andengebiet üblichen Redistribution vom Inka bzw. in seinem Namen wieder unter verdiente Inka-Adelige oder Curaca verteilt. Die gesammelten Produkte dienten nicht dem Unterhalt des Volkes, wenngleich es bei Mißernten ausnahmsweise auch eine Unterstützung der Hungernden gegeben haben mag. Im allgemeinen gehörte die soziale Fürsorge nicht zu den Pflichten des Staates, sondern war vielmehr, wie schon seit altersher, Aufgabe der Verwandtschaftsverbände. Diese sorgten dafür, daß z.B. auch die Alten und Kranken nicht zu hungern brauchten, und es ist abwegig, daraus einen inkaischen Sozialstaat zu konstruieren.

Parallel zu dem durch Abgabenerhebung und Redistribution bewirkten Güterumlauf florierte aber, besonders an der Küste und in den nördlichen Provinzen, wie in der vorinkaischen Zeit weiterhin der lokale und regionale Handel. Er scheint sich zwar keiner besonderen Förderung durch die Inka erfreut zu haben; diese waren jedoch nicht in der Lage, ihn vollständig durch einen zentral gelenkten Güterumlauf zu ersetzen. Der im Gebiet des heutigen Ecuador in vorinkaischer Zeit entwickelte Fernhandel, großenteils in Händen der *mindala*, behielt seine Bedeutung.

In ihrem Bemühen, aus einer Vielzahl verschiedener Gruppen einen auch in kultureller Hinsicht einheitlichen Staat zu formen, bedienten sich die Inka mehrerer Maßnahmen: der Einführung des Quechua als Verwaltungs- und Verkehrssprache und des Sonnenkultes als Staatsreligion. Das war nicht nur politisch, sondern auch weitgehend ideell begründet, hatten die Inka doch nach ihren eigenen Anschauungen den Gipfelpunkt der Zivilisation erreicht und verbrämten ihre Eroberungspolitik folglich mit einem ihnen gegebenen Kulturauftrag.

Auf die Sprachenpolitik der Inka kann hier nicht näher eingegangen werden. Es sei lediglich angemerkt, daß die Quechuisierung, d.h. die Verbreitung der "lengua general del Inga", selbst im Kerngebiet des Reiches zur Zeit der Ankunft der Spanier vielfach von unterschiedlicher Intensität war. Für das Gebiet des heutigen Ecuador, als periphere Region des Tahuantinsuyu – im Vorstehenden bereits öfter mit Beispielen belegt –, lassen frühe Berichte, vor allem die zumeist um 1580 aufgezeichneten "Relaciones Geográficas", ein Süd-Nord-Gefälle in der Verbreitung des Quechua, analog der Dauer der inkaischen Herrschaft, neben den von den ansässigen Ethnien des Hochlandes gesprochenen "lenguas maternas" erkennen.

Der Kult des Sonnengottes, der an der Spitze des inkaischen Pantheons stand und im Verlauf der Zeit, etwa seit Pachacutec, den Schöpfergott Viracocha abgelöst hatte, war nicht gleichbedeutend mit der Ausschaltung der autochthonen Gottheiten. Wie die Römer verbreiteten die Inka nicht nur ihre Staatsreligion, sondern nahmen auch ihrerseits Gottheiten der Unterworfenen in ihr Pantheon auf, die Einheit des Reiches dadurch bekräftigend.

Außer auf religiösem Gebiet waren die Inka auch in anderen Bereichen des Lebens bemüht, kulturelle Eigentümlichkeiten der Unterworfenen zu respektieren. Ein Beispiel dafür ist aus Latacunga, dem mittleren Hochland Ecuadors, bekannt. Hier nahm der zuständige inkaische Beamte die Trauung des autochthonen Curaca vor, was nicht weiter auffällig ist, wohl aber, daß dabei – wie die Betroffenen selbst sagen – vom inkaischen Gesetz eine Ausnahme gemacht wurde. Braut und Bräutigam waren nämlich von Vater- wie von Mutterseite her Geschwister, und die Trauung wurde nach alter Sitte durch Eingraben in einen Hügel vollzogen.

Andererseits galt es als chic, sich der "Mode" der neuen Herrscher anzupassen, was sich u.a. in der Übernahme inkaischer Kleidung zeigte, wie überhaupt die "Inkaisierung" in der materiellen Kultur offenkundig wird. Auf dem Gebiet der Töpferei belegen dies neben imperialer Cuzco-Keramik Mischformen, die Charakteristika des autochthonen und des inkaischen verbinden.

Einige Jahre nach dem Krieg gegen die Caranqui, 1527 oder 1528, starb Huayna Capac plötzlich in seiner Lieblingsresidenz in Tomebamba. Über seinen Tod sind mehrere Versionen überliefert, z.B. soll er ein Opfer der Pocken geworden sein, die, aus Europa eingebracht, eher als die Spanier Peru erreichten; aber es wird auch berichtet, man habe ihn vergiftet.

Bald nach seinem Tode kam es zu kriegerischen Auseinandersetzungen über die Thronfolge. Die spanischen Chronisten stellen das gerne als eine Besonderheit dar. Sie tendieren dazu, einen der Söhne als den "offiziellen" Thronfolger herauszustellen, den es ja nach ihrer europäisch geprägten Anschauung gegeben haben mußte. Heute weiß man, daß es Thronfolge-Wirren sehr oft im Verlauf der inkaischen Geschichte gegeben hat, da fast immer mehrere Söhne als Prätendenten auftraten, weil der Herrscher sie schon zu seinen Lebzeiten dazu bestimmt hatte. Noch der letzte Inka Atahualpa erklärte drei seiner Söhne als thronfolgeberechtigt. Durchsetzen konnte sich schließlich jeweils derjenige "Erbe" der über den größten Anhang beim Hochadel verfügte, zu dem auch die oberen Ränge der Priesterschaft gehörten.

Beim Tode Huayna Capacs standen sich zwei fast gleich mächtige Gruppierungen gegenüber. Die traditionelle Elite Cuzcos, zu der die einflußreiche Priesterschaft in der Hauptstadt gehörte, erhob Huascar auf den Thron, während das in den Nordprovinzen stehende Heer, das gerade den blutigen Caranqui-Krieg siegreich beendet hatte, Atahualpa, einen anderen Sohn des verstorbenen Herrschers, zum Inka ausrief. Es ist anzunehmen, daß dieser auch unter der autochthonen Bevölkerung über Anhänger verfügte, entstammte doch seine Mutter einer adeligen Familie der Region, mit größter Wahrscheinlichkeit aus der Ethnie der Caranqui.

Auch noch in der neueren Literatur findet sich die Angabe, nur Huascar sei der legitime Thronerbe gewesen, Atahualpa hingegen ein Usurpator. Ebenso beharren die Autoren solcher modern-nationalistisch gefärbter Publikationen darauf, Huayna Capac habe das Reich unter die genannten Söhne geteilt, was aber schon deshalb nicht haltbar ist, weil zu Beginn des Bürgerkrieges zwischen den beiden Thronprätendenten keiner von ihnen über ein geschlossenes Gebiet verfügte, ihre jeweiligen Anhänger vielmehr in Ex- bzw. Enklaven über das Reich verteilt waren. So fand Atahualpa Unterstützung aus dem mittleren und nördlichen Hochland Ecuadors wie auch der Zentralküste Perus, darunter die reiche Händlerprovinz Chincha.

Zu Beginn der Auseinandersetzungen war Huascar siegreich, der sich u.a. auf Tomebamba und die umliegende Region stützen konnte. Atahualpa wurde sogar in der genannten Stadt gefangen gesetzt, konnte aber entfliehen. Seine Truppen, unter dem Kommando der Generale Quizquiz, Chalcochima und Rumiñahui, setzten sich dann durch und eroberten schließlich sogar Cuzco. Sie nahmen ihrerseits Huascar gefangen, der, wahrscheinlich auf Befehl Atahualpas, getötet wurde. Atahualpa war zu diesem Zeitpunkt bereits Gefangener der Spanier, die sich des Herrschers durch Überrumpelung in der Stadt Cajamarca versichert hatten.

Bis vor nicht allzu lang zurückliegender Zeit gab man sich im Hinblick auf die Eroberung des Inkareiches mit dem vereinfachten Modell zufrieden, wenigen Spaniern sei es gelungen, dieses Imperium leicht und ohne größeren Widerstand in ihre Gewalt zu bringen. Heute weiß man, daß das den Europäern nicht – zumindest nicht so schnell – möglich gewesen wäre, hätten sich nicht indianische Ethnien sofort auf ihre Seite gestellt. Die bekanntesten unter diesen waren die Huanca, Chacha und Cañari. Einigen Gruppen ging es darum, sich mit Hilfe der Fremden vom Joch der inkaischen Herrschaft zu befreien – was nicht eben für die Beliebtheit der Inka spricht und auch deutlich macht, daß das Tahuantinsuyu kaum so festgefügt war, wie manche Chronisten glauben machen wollen –, andere verbündeten sich mit den Europäern, um Atahualpa zu bekämpfen. Sie hatten als ehemalige Anhänger Huascars unter den siegreichen Truppen Atahualpas arg zu leiden gehabt und wollten sich nun rächen. Dazu gehörten z.B. die Cañari aus dem südlichen Hochland Ecuadors, der Region von Tomebamba, die die ersten waren, die sich dem spanischen Eroberer Francisco Pizarro zur Verfügung stellten.

Doch mit der Ankunft der Spanier hat die inkaische Geschichte noch nicht ihr Ende gefunden. Sie verläuft vielmehr einige Dezennien parallel zur kolonial-spanischen. Nach der Hinrichtung Atahualpas läßt Francisco Pizarro einen seiner Halbbrüder, Manco Inca, zum Herrscher krönen, in der Annahme, durch einen "Schatteninka" das riesige Reich leichter beherrschen zu können. Manco Inca, den z.B. die Brüder Pizarros nur herablassend und sogar beleidigend behandeln, ist es bald leid, nur eine Marionette in den Händen der Eroberer zu sein. Er ruft seine Untertanen zum Aufstand auf, um das Land zu befreien. In weiten Teilen des Tahuantinsuyu erheben sich die Indianer, viele Spanier werden getötet und Cuzco eingeschlossen. Nur mit Mühe können sich die Verteidiger der indianischen Angreifer erwehren, bis die Stadt durch ein spanisches Heer entsetzt wird. Manco Inca muß sich mit seinen Anhängern in die Gebirgsregion von Vilcabamba zurückziehen, etwa dorthin, wo die heute allen Touristen bekannte Stadt Machu Picchu liegt. Manco Inca konnte sich gegenüber den Spaniern nicht durchsetzen, weil nicht wenige der Indianer ihn im Stich ließen oder sogar gegen ihn kämpften. Zu den ersten zählten auch Mitglieder des inkaischen Hochadels, z.B. Mancos Halbbruder Paullu, und zu den letzteren, besonders in Cuzco, Angehörige der von früheren Inka nach dort zwangsverschleppten Gruppen. In Vilcabamba hielt sich noch einige Zeit ein unabhängiges Neo-Inkareich, trauriges Abbild des einstmals die andine Welt beherrschenden Tahuantinsuyu. 1572 ließ der Vizekönig Francisco de Toledo es erobern und den letzten seiner Herrscher, Tupac Amaru (I.) auf dem Hauptplatz in Cuzco hinrichten.

Literatur zur Einführung

Agurto Calvo, Santiago

1980 Cuzco — La traza urbana de la ciudad Inca. Cuzco.

Alcina Franch, José

1976 Arqueología de Chinchero. 2 Bde., Madrid.

Caillavet, Chantal

1985 La adaptación de la dominación incaica a las sociedades autóctonas de la frontera septentrional del Imperio: Territorio Otavalo-Ecuador. Revista Andina 3,2:403-423.

Collier, George A., Renato I. Rosaldo and John D. Wirth (Eds.)

1982 The Inca and Aztec States 1400-1800. New York.

Conrad, Geoffrey W. and Arthur A. Demarest

1984 Religion and Empire — The dynamics of Aztec and Inca expansionism. Cambridge.

Espinoza Soriano, Waldemar (ed.)

1978 Los Modos de Producción en el Imperio de los Incas. Lima.

Gasparini, Graziano y Luise Margolies
1977 Arquitectura Inca. Caracas.
Hartmann, Roswith
1971 Mercados y Ferias Prehispánicos en el Area Andina. Boletín de la Academia Nacional de Historia 118:214-235. Quito.
1979 ¿"Quechuismo Preincaico" en el Ecuador? Ibero-Amerikanisches Archiv, N.F. 5:267-99. Berlin.
Hyslop, John
1984 The Inca Road System. Orlando, Florida.
Leon, Leonardo
1983 Expansión inca y resistencia indígena en Chile, 1470-1536. Chungará 10:95-115. Arica.
Meyers, Albert
1976 Die Inka in Ekuador — Untersuchungen anhand ihrer materiellen Hinterlassenschaft. Bonn.
Morris, Craig
1981 Tecnología y Organización Inca del Almacenamiento de Víveres en la Sierra. Heather Lechtman y Ana María Soldi (eds.): La Tecnología en el Mundo Andino, I:327-375. México.
Murra, John V.
1980 The economic organization of the Inca State. Greenwich/Conn.
1982 The Mita Obligations of Ethnic Groups to the Inca State. Collier et. al. (Eds.) 1982:237-64.
1984 Andean Societies before 1532. The Cambridge History of Latin America I:59-90. Cambridge.
Oberem, Udo
1980a Los Incas en el Ecuador. Historia del Ecuador II:151-168. Barcelona-Quito.
1980b Götterdämmerung in den Anden — Glück und Ende des Inka-Reiches; Das Tahuantinsuyu: Probleme, Rätsel, Erfahrungen. Rudolf Pörtner u. Nigel Davis (Hg.): Alte Kulturen der Neuen Welt — Neue Erkenntnisse der Archäologie, S. 389-420. Düsseldorf-Wien.
Pease G.Y., Franklin
1972 Los últimos Incas del Cuzco. Lima.
1982 The Formation of Tawantinsuyu: Mechanism of Colonization and Relationship with Ethnic Groups. Collier et. al. (Eds.) 1982:173-98.
1986 La noción de propiedad entre los Incas: una aproximación. Shozo Masuda (Ed.): Etnografía e Historia del Mundo Andino, pp. 3-33. Tokio.
Plaza Schuller, Fernando
1976 La Incursión Inca en el Septentrión Andino Ecuatoriano. Otavalo.
Rex González, Alberto
1983 Inca Settlement Patterns in a Marginal Province of the Empire: Socio-cultural Implications. Evon Z. Vogt and Richard M. Leventhal (Eds.): Prehistoric Settlement Patterns, pp. 337-360. Cambridge, Mass.
Rostworowski de Diez Canseco, María
1983 Estructuras Andinas del Poder. Lima.
Rowe, John Howland
1946 Inca Culture at the Time of the Spanish Conquest. Handbook of South American Indians II:183-330. Washington.
1982 Inca Policies and Institutions relating to the Cultural Unification of the Empire. Collier et. al. (Eds.) 1982:93-118.
Schaedel, Richard P.
1978 Early State of the Incas. Henry J.M. Claessen and Peter Skalnik (Eds.): The Early State, pp. 289-320. Paris.
Silverblatt, Irene
1976 Principios de la Organización Femenina en el Tawantinsuyu. Revista del Museo Nacional 42:299-340. Lima.

Salomon, Frank
1980 Los Señores Etnicos de Quito en la Epoca de los Incas. Otavalo.
Trimborn, Hermann
1985 Quebrada de la Vaca — Eine vorspanische Siedlung im mittleren Süden Perus. München.
Wachtel, Nathan
1980-81 Les Mitimas de la Vallée de Cochabamba — La Politique de Colonisation de Huayna Capac. Journal de la Société des Américanistes 67:297-324. Paris.
Wurster, Wolfgang
1981 Cuzco und Tenochtitlán — Ein Vergleich der Hauptstädte des Inka- und des Aztekenreiches. Hermann Müller-Karpe (Hg.): Allgemeine und Vergleichende Archäologie als Forschungsgegenstand, S. 21-72. München.
Zuidema, R. Tom
1983 Hierarchy and Space in Incaic Social Organization. Ethnohistory 30:49-75.

2. *Die Conquista und Indianer unter spanischer Herrschaft*

Udo Oberem

Die Conquista

Die kulturhistorische Entdeckung des mittleren Andengebietes durch die Europäer darf man 1526, im Zusammenhang mit der zweiten Entdeckungsreise Francisco Pizarros, ansetzen. Um die Mitte jenes Jahres sichtete Bartolomé Ruiz, Kapitän eines kleinen Schiffes, das Pizarro auf Erkundungsfahrt nach Süden ausgeschickt hatte, vor der Küste des heutigen Ecuador ein indianisches Handelsfloß. Diese "balsa" war reich mit vielfältigen Waren beladen, die von einer entwikkelteren Kultur der Bewohner jener Regionen zeugten. Ob dieses Fahrzeug von der nordperuanischen Küste stammte, wie man lange Zeit vermutet hat, oder den Völkern der mittleren Küste Ecuadors zuzurechnen ist, wie heute angenommen wird, ist hier weniger von Belang. Wichtig ist die Tatsache der ersten direkten Berührung mit den andinen Kulturen, die entweder unter inkaischer Herrschaft standen oder sehr enge Beziehungen zu jenen Kulturen unterhielten, von denen die Spanier bereits in Zentralamerika vage Hinweise erhalten hatten. Vieles spricht für einen direkten Kontakt zwischen der Andenregion und Mittelamerika schon in vorspanischer Zeit, ein konkreter Beweis konnte allerdings bis heute nicht erbracht werden.

Wie weit nach Süden Ruiz gelangte, und was er wirklich vom Inkareich gesehen hat, wird nicht überliefert. Zumeist wird angenommen, er sei bis zum Santa-Tal gekommen. Die genauen Angaben auf der von Diego Ribero 1529 angefertigten Karte, die bis Chincha reicht, lassen es aber doch möglich erscheinen, daß er diesen wichtigen Handelsplatz erreichte, wenn man nicht annehmen will, daß Riberos Daten von Chincha-Händlern stammten, die durch ihre Reisen die pazifische Küste von Chincha bis etwa Manta gut kannten. In Spanien wußte man jedenfalls von Chincha auch schon vor der Eroberung Perus, wurde doch 1530/31 den Fuggern der Bereich zwischen Chincha und der Magellanes-Straße zugeteilt.

Auf die Entdeckungs- und Eroberungsfahrt Pizarros 1531/32, die zur Gefangennahme des Inka Atahualpa in Cajamarca führte, soll hier ebensowenig eingegangen werden wie auf den Zug Diego de Almagros nach Chile oder auf den von Sebastián de Benalcázar nach Ecuador und Kolumbien, wo er bei Bogotá auf die von Norden gekommenen Konquistadoren Gonzalo Jiménez de Quesada und Nikolaus Federmann traf; denn über die Entdeckungen der Europäer in Amerika liegen genügend Studien vor. In ihnen wird auch auf Organisation und Technik der spanischen Eroberungszüge Bezug genommen, jene privatwirtschaftlichen Unternehmungen unter staatlicher Aufsicht, und auf den Typ des spanischen Soldaten in der Neuen Welt, den "conquistador indiano". Als Beispiel für solche Veröffentlichungen sei hier auf Friederici (1925), Morales Padrón (1955) und Reinhard (1985) hingewiesen.

Hier soll lediglich die Aufmerksamkeit auf ein Phänomen gelenkt werden, das bisher oft verschwiegen oder zumindest nicht genügend beachtet wurde, auf den indianischen Beitrag bei der spanischen Eroberung der mittleren Anden. Noch in Veröffentlichungen aus jüngster Zeit findet sich der alte Stereotyp, nur wenigen Spaniern sei es auf "wunderbare" Weise gelungen, in kürzester Zeit das Reich der Inka zu erobern. Diese Aussage beruht auf den lange Zeit herangezogenen Quellen, die fast ausschließlich die Taten der Spanier herausstellten. Diese betonen einseitig ihre eigenen Verdienste, um Gnadenerweise des Königs zu erlangen. Erst in jüngerer Zeit wurden Dokumente veröffentlicht, in denen die Indianer selbst mehr zu Worte kommen, wodurch deutlich wird, daß der indianische Beitrag doch nicht so gering war, wie man lange geglaubt hatte.

Ohne auf das Thema ausführlicher einzugehen, seien doch einige Beispiele genannt. Schon im Frühjahr 1532 suchten einige Kaziken der aus dem südlichen ecuadorianischen Hochland stammenden Cañari Pizarro in Túmbez auf und erbaten die Hilfe dieser ihnen sehr machtvoll erscheinenden Fremden. Die Cañari waren Anhänger des inkaischen Thronprätendenten Huascar und hatten sehr unter der Herrschaft seines Halbbruders Atahualpa zu leiden. Pizarro konnte oder wollte der Bitte der Cañari nicht nachkommen, und diese begleiteten ihn auf seinem Weg nach Cajamarca, wo sie Augenzeugen der Gefangennahme Atahualpas wurden. Später spielten sie eine wichtige Rolle als Hilfstruppen Sebastián de Benalcázars bei der spanischen Eroberung des heutigen Ecuador (Oberem 1974-76).

Als sich Atahualpa in Cajamarca in der Gewalt Pizarros befand, traten in kurzer Zeit so viele Indianer auf die Seite der Spanier, daß deren Herrschaft von da ab nicht mehr in Frage gestellt werden konnte; sie verfügten immer über genügend Hilfstruppen. Als Francisco Pizarro nach Cuzco zog, um die inkaische Hauptstadt zu besetzen, begleiteten ihn Tausende von indianischen Kriegern, mit deren Hilfe es den Spaniern leicht gelang, die von den Feldherren Atahualpas geführten Heere zu besiegen. Eine wichtige Rolle spielte dabei der von Pizarro eingesetzte "Schatteninka" Manco Inca. Der Einsatz von "indios amigos" – wie sie in den spanischen Quellen genannt werden – führte auch dazu, daß 1536-37 Manco Incas Versuch, die Fremden zu vertreiben, scheiterte. Sein "ejército patriota" wurde geschlagen, und die "reconquista" – beides Termini der neueren Historiographie Perus – mißlang.

Diese Beispiele für den indianischen Beitrag zur spanischen Eroberung des Andengebietes mögen genügen, obwohl sich noch viele weitere erbringen ließen, z.B. bei der Unterwerfung des bolivianischen Gebietes, bei den Zügen in die östlichen Tiefländer, bei der Niederschlagung von örtlichen Aufständen und nicht zuletzt bei den Bürgerkriegen der Konquistadoren, wo Indianer auf beiden Seiten kämpften.

Es bleibt noch die Frage, warum sich Indianer auf die Seite der europäischen Invasoren stellten, und das freiwillig, denn die Spanier wären in dieser frühen Zeit gar nicht in der Lage gewesen, Zwang auszuüben. Das ist zwar im Einzelfall oftmals kaum zu belegen, aber einige allgemeinere Gründe lassen sich doch anhand der Quellenaussagen aufzeigen.

Einer war sicher die Hoffnung von Anhängern Huascars, mit Hilfe der Fremden die siegreichen Truppen Atahualpas zurückdrängen zu können, und ein anderer, das Bestreben von Mitgliedern des inkaischen Herrscherhauses, besonders von Söhnen Huayna Capacs, selbst den Thron zu besteigen, und sei es auch nur als Marionettenherrscher von Gnaden der Spanier. Curacas, d.h. Fürsten der unterworfenen Ethnien, wollten sich generell vom inkaischen Joch befreien, und schließlich zogen auch die *yanacuna*, Angehörige jenes Bevölkerungsteils, der zwangsweise aus seinen Verwandtschaftsverbänden gelöst und der Staatsverwaltung direkt unterstellt worden war, die Spanier den Inka vor, weil sie entweder wieder in ihre Heimat zurückkehren wollten oder nur, um Zugang zu bestimmten Luxusgütern zu bekommen, deren Besitz ihnen bisher nicht gestattet war.

Viele der "indios amigos" mußten bald feststellen, daß sie nur eine Fremdherrschaft gegen eine andere eingetauscht hatten; anderen wiederum honorierte die Krone ihren Einsatz durch Gewährung bestimmter Privilegien, und das mag der Grund dafür sein, daß Abkömmlinge von jenen selbst noch in den Unabhängigkeitskriegen zu Beginn des vorigen Jahrhunderts Seite an Seite mit den Spaniern gegen die "patriotas" kämpften.

Indianer unter spanischer Herrschaft

Einführung

Die Kulturgeschichte der andinen Indianer der Kolonialzeit auf wenigen Seiten darzustellen, ist mit nicht wenigen Schwierigkeiten verbunden, denn leider sind die bisher vorliegenden Untersuchungen nicht nur verschiedenartig und -wertig, sie verteilen sich außerdem ungleichmäßig in sachlicher wie geographischer und zeitlicher Hinsicht. Auf viele Fragen kann noch keine befriedigende Antwort gegeben werden, da entsprechende Vorarbeiten fehlen. Weiterhin läßt sich die kulturelle Vielfalt der indianischen Gemeinschaften nicht einfach in ein Schema pressen, ohne daß Verallgemeinerungen vorgenommen werden müßten. Das trifft ebenfalls auf den zeitlichen Faktor zu. Eine allgemeingültige Periodisierung kann nur unter großen Vorbehalten gewagt werden, da z.B. der Rhythmus des Kulturwandels nicht überall und in allen Bereichen gleich verlief. Grob gesehen lassen sich drei Perioden unterscheiden:

a) Die Zeit der Conquista (bzw. die frühe Kolonialzeit) bis zur endgültigen Konsolidierung der europäischen Herrschaft in der zweiten Hälfte des 16. Jahrhunderts unter dem Vizekönig Francisco de Toledo (1569-1580),
b) die mittlere Kolonialzeit und
c) die späte Kolonialzeit von der zweiten Hälfte des 18. Jahrhunderts ab, die ethnohistorisch gesehen weit in die Zeit der Nationalstaaten hineinreicht.

Die spanische Eroberung großer Teile Amerikas konfrontierte zwei sehr verschiedene sozio-kulturelle Gruppen (oder Gesellschaften) und bildete das grundlegende Element für ein Verhältnis zueinander, durch das der einheimischen Bevölkerung untergeordnete Funktionen zugewiesen wurden. Die militärische Eroberung führte zu einem kolonialen System. Unter Kolonialismus ist hier ein zusammenhängendes sozio-ökonomisches System zu verstehen, das auf einer strukturellen Abhängigkeitsbeziehung basiert, in diesem Fall der asymmetrischen Beziehung zwischen Spaniern und Indianern, deren Folgen bis heute spürbar sind. Die kolonialzeitliche Gesellschaft in ihrer Gesamtheit gesehen ist somit bestimmt durch zwei Gruppen, die in den Dokumenten der Zeit und in der Fachliteratur als "república de los españoles" und "república de los indios" bezeichnet werden. Diese beiden Gruppen bilden aber nicht zwei völlig voneinander getrennte, sondern weitgehend wechselseitig integrierte Gesellschaften. Diese Tatsache – der zwei repúblicas – fand in der Forschung jedoch lange Zeit nicht den adäquaten Niederschlag.

Erst in jüngster Zeit ist man dazu übergegangen, sich intensiver mit der Kultur und Geschichte der Indianer, die ja den überwiegenden Teil der Bevölkerung während der Kolonialzeit ausmachten, zu befassen, d.h. die Geschichte Lateinamerikas ebenfalls vom indianischen Standpunkt aus zu beleuchten. Man betrachtete die Auswirkungen der kolonialen Herrschaft auch unter dem Gesichtspunkt, wie die indianischen Gesellschaften einen eigenen Weg fanden, die vielfältigen neuen Einflüsse zu verarbeiten, wie sie innerhalb der Grenzen der ihnen durch die europäische Herrschaft gegebenen Möglichkeiten agierten, indem sie neue Institutionen und Ideen annahmen, ablehnten oder modifizierten und/oder eigene Traditionen beibehielten, aufgaben oder auch änderten.

Die Geschichte der Indianer während der Kolonialzeit wird weitgehend – versteckt oder offen – durch eine doppelte Auseinandersetzung bestimmt. Einerseits bemühten sich die Herrschenden, die Unterworfenen in ihr sozio-kulturelles und wirtschaftliches System einzufügen, das in seiner besonderen Ausprägung als "iberische Kolonialkultur" weitgehend auf der Beherrschung und Ausnutzung der Indianer basierte. Gegen dieses System, das etwas variiert noch heute in der Form des "inneren Kolonialismus" fortdauert, opponierten die Indianer aktiv oder passiv, um ihre eigene Identität beizubehalten, was die Europäer oftmals nicht verstanden, da sie nach ihren ethnozentrisch geprägten Anschauungen ihr Modell für das bessere hielten. Andererseits wurde das Los der Eingeborenen durch die fortdauernde Auseinandersetzung zwischen den Intentionen der Krone, die sich für den Schutz der Indianer verantwortlich sah, und dem Eigennutz der Europäer in Amerika bestimmt.

Die zur Verfügung stehenden Quellen verführen leicht dazu, das Wirken der Europäer nur negativ zu beurteilen, und es lassen sich wahrlich genügend Fälle von Übergriffen gegenüber den Indianern und Mißachtung der Gesetze aufzeigen, aber es sollte doch nicht vergessen werden, daß es auch ein echtes Bemühen um Kontrolle und Wahrung des Rechtes gegeben hat, soweit das bei den begrenzten Möglichkeiten der staatlichen Raumbeherrschung überhaupt durchführbar war. Daraus resultiert letztlich ein großer Teil der überkommenen Dokumente, denn im allgemeinen bestand weniger Anlaß, Berichte über eine gut funktionierende Verwaltung abzufassen, als zur Nichterfüllung der Vorschriften Stellung zu nehmen.

Rechtsstellung

Allgemeines

War die koloniale Bevölkerung kulturell durch das Nebeneinander von Indianern und Nicht-Indianern geprägt, so war sie in sozialer Hinsicht in Schichten gegliedert. Innerhalb dieses Systems nahmen die Indianer in rechtlicher Hinsicht nach den Spaniern den zweiten Platz ein, gefolgt von den "castas", d.h. Mestizen, freien Negern und Mulatten sowie den Sklaven. Nach ihrem sozialen Status, d.h. in der Praxis des täglichen Lebens, standen die Indianer jedoch an letzter Stelle.

In den ersten Jahren nach der Entdeckung Amerikas herrschte in Spanien noch keine Klarheit darüber, ob die bis dahin besetzten karibischen Inseln nicht als Reservoir für Sklaven angesehen werden sollten, u.a. um durch deren Verkauf die Unkosten der Entdeckungsreisen zu decken. Aber schon sehr bald, und das ist auffällig, da zu jener Zeit die Sklaverei in Europa durchaus üblich war und als völlig legal angesehen wurde, begann man sich Gedanken über die Rechtmäßigkeit der Versklavung der Indianer zu machen, und bereits im Jahre 1500 nimmt die Krone dagegen Stellung. Die Indianer werden bald generell zu "vasallos libres y no sujetos a servidumbre" erklärt.

Tribut- und Arbeitspflicht

Die Erkärung der Indianer zu freien Vasallen der Krone Spaniens bedeutete nicht, daß sie ihr früheres Leben wieder hätten aufnehmen bzw. weiter fortführen können. Diesem Status gemäß wurden sie zu bestimmten Leistungen gegenüber der Krone verpflichtet, z.B. zur Zahlung eines Tributs, der entweder direkt an die Staatsverwaltung abgeführt oder an einen "encomendero" geleistet wurde, d.h. an eine Person, die sich um die Belange der Krone verdient gemacht und an die der König deshalb die Tribute der Indianer eines bestimmten Gebietes abgetreten hatte. Der Encomendero übernahm dafür die Pflicht, für das geistige und leibliche Wohl der ihm "en encomienda" übergebenen Indianer zu sorgen und militärische Dienste für die Krone zu leisten. Es handelte sich dabei aber nicht um die Einrichtung feudaler Herrschaften, was nicht ausschließt, daß manche Encomenderos doch für sich die Rechte europäischer Lehnsherren in Anspruch nahmen.

Zu Beginn des 18. Jahrhunderts wurde die Institution der Encomienda aufgehoben, nachdem sie bis dahin eine längere Entwicklung durchlaufen hatte, deren wichtigste Phasen die "encomienda de servicios personales" und die diese um die Mitte des 16. Jahrhunderts ablösende "encomienda de tributos" bildeten. Bei ersterer wurden die Indainer von ihrem Encomendero hauptsächlich zu Arbeiten herangezogen, während bei letzterer eine festgelegte Menge von Produkten bzw. – später – eine Geldsumme abzuliefern war. Tributpflichtig waren alle Männer im Alter von 18 bis 50 Jahren, und das blieben sie auch nach der Aufhebung des Encomiendasystems. Sie zahlten dann direkt an den Staat.

Neben der Tributzahlung lastete die Arbeitspflicht schwer auf den Indianern. Mit dem Moment der Eroberung ergab sich für die Europäer das Problem der Beschaffung von Arbeitskräften, das besonders akut wurde, als man zum einen anfing, Bergbau in größerem Maße zu betreiben, und es zum anderen infolge des "repartimiento de tierras", d.h. der Zuweisung wirtschaftlich nutzbarer Ländereien an einzelne Spanier, zur Entstehung von Hazienden kam. Land ohne Arbeitskräfte hatte jedoch nur einen ideellen Wert.

Die in der frühen Zeit mehr oder weniger willkürliche Heranziehung der Indianer zu Arbeitsleistungen wurde in der zweiten Hälfte des 16. Jahrhunderts gesetzlich geregelt; in den Andenländern weitgehend durch den Vizekönig Francisco de Toledo. Man versuchte auch, die Indianer in für die Anforderungen der Spanier genügender Zahl zu freier Lohnarbeit zu veranlassen. Es stellte sich aber sehr bald heraus, daß der Widerstreit zwischen der Anschauung der Krone über freie Untertanen einerseits und der Notwendigkeit andererseits, die unbedingt erforderlichen Arbeitskräfte für die Einrichtungen der Spanier zu erhalten, nur über die Institution der Zwangsarbeit zu lösen war.

Die zwangsweise Gestellung von Arbeitskräften wurde im andinen Gebiet als "mita" bezeichnet. Hazienden und Bergwerksbetriebe bekamen auf Anforderung eine bestimmte Zahl von Indianern zugewiesen, deren Entlohnung gesetzlich festgelegt war. Die Auswahl der Arbeiter oblag dem Kaziken, der dafür verantwortlich war, daß sich immer ein bestimmter Prozentsatz der Männer im Alter von 18 bis 50 Jahren zur Arbeit stellte, und zwar z.B. im Gebiet der Audiencia von Quito der fünfte und in den Audiencias von Lima und La Plata der siebente Teil. Befreit waren von der "mita" die Kaziken und ihre Familie, die Mitglieder der indianischen Cabildos während ihrer Amtszeit, Handwerker und diejenigen, deren Gesundheitszustand sie zur Arbeit untauglich machte. Voraussetzung für den Mita-Einsatz war, daß dem Betroffenen Land aus den "tierras de comunidad" zur Verfügung gestellt wurde. Fremde Ortsbewohner ("indios forasteros"), die keinen Anspruch auf Gemeindeland hatten, konnte der Kazike somit nicht einteilen.

Als sich in der mittleren und späten Kolonialzeit die Zahl der "indios sueltos", d.h. der zur Verfügung stehenden Arbeiter, durch Epidemien, Flucht und besonders durch bewußte Verschuldung von seiten der Landbesitzer, wodurch eine dauernde Bindung an die Hazienda bewirkt wurde, immer mehr verringerte, waren die Kaziken gezwungen, mehr als den festgelegten Prozentsatz ihrer Untergebenen zur Zwangsarbeit zu schicken. Das bedeutete für die Betroffenen, daß die Ruhezeit zwischen den Einsätzen immer kürzer wurde.

Soziale Schichtung

In der Literatur über die Kolonialzeit Lateinamerikas ist es noch heute weitgehend üblich, pauschal von den Indianern zu sprechen. Bei näherer Beschäftigung mit der indianischen Gesellschaft stellt sich aber heraus, daß die "república de los indios" in sich geschichtet war, wobei die einzelnen Strata sich in rechtlicher wie sozialer Hinsicht deutlich unterschieden.

Grob gesehen, zeichnet sich im Andengebiet etwa folgende Schichtung der indianischen Gesellschaft ab:

1. Der Adel, bestehend aus
   a) den Nachkommen der inkaischen Herrscherfamilien, die man als "Hochadel" bezeichnen könnte,
   b) einem "mittleren Adel", den "caciques mayores" und
   c) den "niedrigen Adeligen", die in den Quellen "caciques principales", "caciques" oder "principales" genannt werden.
2. Die tributpflichtige Masse des Volkes, die sich wiederum unterteilen läßt in
   a) die Handwerker, Händler, Kirchenfunktionäre und sonstige von der "mita" genannten Zwangsarbeit befreite Personen,
   b) die Bauern, die zwar im Turnus zur "mita" herangezogen wurden, aber persönlich frei waren und
   c) diejenigen, die durch Abstammung oder Verschuldung in ihrer persönlichen Freiheit beschränkt waren.

Die Nachkommen der inkaischen Herrscherfamilien nahmen in mancherlei Hinsicht eine Sonderstellung ein. So stolz sie auch auf ihre Abstammung waren und sich sogar dem spanischen Hochadel als gleichgestellt ansahen, gingen doch sehr viele von ihnen bald in der kolonialspanischen Gesellschaft auf. Sie waren "vecinos" und "encomenderos", wählten spanische Ehepartner und lebten nach dem Muster der neuen Herren.

Die Krone erkannte auch den übrigen indianischen Adel an. Der König verlieh an Kaziken, die sich um spanische Belange verdient gemacht hatten, Wappen und sprach von ihnen als "nobles y feudatarios de mi corona real". 1697 erfolgte die generelle rechtliche Gleichstellung des indianischen mit dem spanischen Adel der Hidalgos. Zu den Privilegien der Kaziken gehörte z.B., daß sie von Tributzahlungen und Zwangsarbeit befreit waren, nicht der niederen Gerichtsbarkeit unterstanden und den Don-Titel führten. Ihr Status in der "república de los indios" wurde darüber hinaus noch durch andere Voraussetzungen geprägt, nach indianischen Normen durch das Recht auf bestimmte Ressourcen und damit verbunden der Möglichkeit der Redistribution, u.a.m.

Ein nicht geringer Teil auch dieser indianischen Adeligen hispanisierte sich schnell, z.B. durch die Übernahme spanischer Kleidung, Möbel etc. oder spanischer Familiennamen und Titel, und man bemühte sich, als guter Christ zu erscheinen, stiftete "capellanías" und bestimmte, wieviele Messen im Todesfall gelesen werden sollten.

Die Verwaltung war an dieser Transkulturation sehr interessiert, konnte doch das koloniale System weitgehend nur mit Hilfe der Kaziken funktionieren. Um die Söhne der Adeligen in spanischem Sinne zu erziehen, richtete man im 16. und 17. Jahrhundert besondere Internatsschulen, "colegios para hijos de caciques" ein, z.B. in Cuzco, Lima und Quito.

Die bevorrechtigte Stellung des indianischen Adels – bevorrechtigt nach spanischen wie indianischen Anschauungen – gab diesem die Möglichkeit zu legalen – und illegalen – Einkünften. Man partizipierte an der spanischen Wirtschaftsorganisation als Unternehmer und Händler, richtete Hazienden ein und war an Textilmanufakturen beteiligt.

Als Tributeinnehmern stand den Kaziken ein bestimmter Prozentsatz als Entgelt zu. Viele gaben sich aber damit nicht zufrieden. Auf vielerlei Art und Weise erhöhten sie ihre Einkünfte auf Kosten ihrer Untergebenen, auch indem sie Gemeindeland zu privatem Eigentum erklärten und es verkauften oder verpachteten.

Der Zugang zu Leistungen und Gütern ihrer Untergebenen war den Kaziken nicht etwa deshalb so leicht möglich, weil sie tyrannische Unterdrücker oder die Indianer so unterwürfig gewesen wären, wie in kolonialzeitlichen, aber auch modernen Berichten zu lesen ist, sondern weil das traditionelle System der gegenseitigen Rechte und Pflichten zwischen Anführer und Gefolgsleuten vornehmlich im 16. und 17. Jahrhundert noch weitgehend intakt war. So sahen die Indianer z.B. Nahrung und Getränke, die sie bei Arbeiten im Auftrag des Kaziken von diesem erhielten, nicht als Bezahlung im Sinne des europäischen Wirtschaftsmodells an, dem zufolge für eine bestimmte Leistung ein festgesetzter Lohn bezahlt wird, sondern als Teil eines dauernden Systems von gegenseitigen Diensten und Verpflichtungen. Der Kazike übte als "Entgelt" für die ihm zur Verfügung gestellten Ressourcen Funktionen im Interesse sowohl der Gruppe als auch des Einzelnen seiner Untergebenen aus.

Status und Privilegien der Kaziken waren so begehrt, daß es nie an Versuchen Einzelner oder Familien fehlte, sich unrechtmäßig als solche auszugeben. Man scheute sich nicht, Genealogien oder Ernennungsdokumente zu fälschen. In manchen Gebieten stieg die Zahl der "caciques" derart an, daß sich die Verwaltung veranlaßt sah, die Rechte der Titelträger zu überprüfen. Es sei noch erwähnt, daß auch Personen, die die für Kaziken notwendige "limpieza de sangre" nicht nachweisen konnten, also Mestizen oder auch Spanier, danach strebten, Kazike zu werden.

Zu den wichtigsten Aufgaben der Kaziken, im engeren Sinne der "caciques principales", gehörte die des "gobernador" eines indianischen Munizipiums. Darauf wird später noch eingegangen. Hier soll nur erwähnt werden, daß Kaziken auch als "alcaldes mayores" tätig waren, wobei ihnen die Jurisdiktion über alle Indianer entweder des gesamten Bereiches einer Audiencia oder Teile davon übertragen war. Bei diesen Stellungen, die meist auf Lebenszeit vergeben wurden, handelte es sich um die höchsten, die ein Indianer in der kolonialen Verwaltungshierarchie einnehmen konnte. Andere wurden, allerdings jährlich wechselnd, als "alcaldes mayores" oder "alguaciles mayores" von den Cabildos der spanischen Städte eingesetzt. Zu ihren Aufgaben gehörte z.B. die Instandhaltung von Straßen, Brücken und Rasthäusern.

Gegen Ende der Kolonialzeit läßt sich jedoch immer deutlicher ein Absinken der Bedeutung des indianischen Adels feststellen. Zwar hielten viele Kaziken weiterhin an ihrer bevorrechtigten Stellung fest, aber nicht wenige waren auch schon so weitgehend hispanisiert, daß sie sich nicht von den übrigen Landbesitzern unterschieden und nicht mehr als Indianer galten. Eine dritte Gruppe hatte sich gegenüber den spanischen Pressionen nicht durchsetzen können, war verarmt oder verfügte über keine Untergebenen mehr, da diese entweder entflohen waren oder als Schuldarbeiter auf den Hazienden der Spanier arbeiteten.

Unter den nichtadeligen Indianern bildeten die Handwerker und andere "Spezialisten" eine obere Schicht, deren Angehörige zwar Tribut zu zahlen hatten, aber nicht zur "mita" herangezogen wurden. Die Handwerker nahmen nicht nur traditionsgemäß einen höheren sozialen Status in der indianischen Gesellschaft ein, sie hatten auch größere Möglichkeiten als die Bauern, sich in das spanische Marktsystem einzufügen und dadurch Wohlstand und Macht zu erlangen, zumal, wenn sie sich in den spanischen Städten ansiedelten. In legaler Hinsicht blieben sie zwar auch dort Indianer, unterschieden sich aber in ihrer Lebensweise bald weitgehend von den Landbewohnern. Es scheint bestimmte Berufe gegeben zu haben, in denen der Anteil der Indianer sehr hoch lag. In Lima waren z.B. 1613 von 1.287 indianischen Männern 328 Schneider. Es wäre ein Desiderat der Forschung, die Bedeutung der indianischen Handwerker im Wirtschaftsleben der Städte zu untersuchen. Zu den "Spezialisten" zählten auch bestimmte Kirchenfunktionäre, Kirchensänger und Sakristane. Ihre Zahl wuchs in einigen Orten derart an, daß sich die Verwaltung veranlaßt sah, diese privilegierte Gruppe drastisch zu reduzieren. Diese Kirchenfunktionäre waren so angesehen, daß manchmal auch Mitglieder von Kazikenfamilien solche Stellen innehatten. Es bleibt zu fragen, ob nicht das Prestige vorspanischer "Religionsspezialisten" auf sie übertragen worden war.

Unterhalb dieser privilegierten Schicht nichtadeliger Indianer standen die Bauern, die sowohl Tribut zu zahlen hatten als auch für Zwangsarbeiten im Turnus herangezogen wurden. Ihre Zahl nahm im Verlauf der Kolonialzeit prozentual – und bis ins 18. Jahrhundert auch absolut – immer mehr ab. Viele flohen aus ihren Dörfern, auch in die Städte, wo sie sich gerne als Mestizen ausgaben. Die nicht geringe Zahl der unstet umherziehenden Indianer ("vagamundos") und derjenigen, die sich in einem fremden Dorf niederließen ("forasteros"), beleuchtet deutlich die prekäre Situation vieler indianischer Bauern, besonders in der mittleren und späten Kolonialzeit. Obwohl die "forasteros" in ihren neuen Wohnorten nicht zur Zwangsarbeit herangezogen wurden und manchmal nur einen reduzierten Tribut zu zahlen hatten, war ihre ökonomische Situation im allgemeinen schlecht, und ihre soziale nicht viel besser, da sie keiner der ansässigen Verwandtschaftsgruppen angehörten und somit keinen Anspruch auf Zuteilung von Gemeindeland hatten. Ein Teil von ihnen verdingte sich in Minen und Manufakturen, wo man sie, trotz des höheren Lohnes, wegen ihrer nach einiger Zeit erworbenen Kenntnisse den zwar billigeren, aber dauernd wechselnden und ungeübten Zwangsarbeitern für bestimmte Beschäftigungen vorzog. Andere nahmen gegen Zurverfügungstellung eines Landstückes Dienste auf Hazienden an.

An letzter Stelle in der indianischen Gesellschaft standen Individuen, die in ihrer persönlichen Freiheit beschränkt waren. Ihr Status rührte in geringem Maße aus vorspanischer Zeit her, zum überwiegenden Teil aber war er ein Ergebnis des europäischen Wirtschaftssystems. Als es im Verlauf der Zeit immer mehr Hazienden und – damit oft verbunden – Textilmanufakturen gab, benötigte man eine zunehmende Zahl von Arbeitskräften. Freie Tagelöhner fanden sich nicht genügend, und die im Rahmen der "mita" auf Zeit zugewiesenen Zwangsarbeiter reichten nicht aus. Den Landbesitzern blieb nur die Möglichkeit, Indianer zu verschulden, um sie dadurch auf legalem Wege zu zwingen, auf der Hazienda zu bleiben. Es gab solche, die sich aus Not freiwillig einem "patrón" verschuldeten; in den meisten Fällen jedoch mußte dieser "nachhelfen". Man versuchte besonders, die Zwangsarbeiter während ihres Turnus in Abhängigkeit zu bringen, um zu verhindern, daß sie nach Ablauf ihrer Zeit wieder in ihre Heimatdörfer zurückkehrten. Gegen Ende der Kolonialzeit wirtschaftete ein nicht geringer Teil der Hazienden und Manufakturen ausschließlich oder überwiegend mit solchen abhängigen Arbeitskräften. Obwohl durch wiederholte Anordnungen verboten, maßten sich die "patrones" Rechte an, die die Schuldner praktisch zu ihren Hörigen werden ließen. So gingen z.B. beim Verkauf einer Hazienda mit dem Land auch die abhängigen Arbeiter an den neuen Besitzer über, der die Schulden der Arbeiter, und damit das Recht auf sie, aufkaufte. Untersuchungen über die Zahl dieser in ihrer Freiheit beschränkten Indianer liegen für größere Gebiete noch nicht vor. Ihr Anteil an der indianischen Gesamtbevölkerung stieg jedenfalls im Verlauf der Kolonialzeit und betrug z.B. 1804 im Hochland Ecuadors 46% der Tributpflichtigen.

Organe und Institutionen der indianischen Verwaltung (→ 3-I)

Die Munizipalorganisation

Durch die Eroberung war die überregionale Organisation der indianischen Staaten zwar zerschlagen worden, doch ließen die Spanier die lokale Verwaltung möglichst intakt. Diese selbst zu übernehmen, wäre ihnen auch unmöglich gewesen. Zunächst, d.h. in den ersten Dezennien der europäischen Herrschaft, übten nur die aus vorkolumbischer Zeit überkommenen Kaziken Verwaltung und Rechtssprechung in den Dörfern aus. Man darf sogar sagen, daß ihre Macht eher zunahm, da die Kontrolle durch eine Zentrale fehlte, war doch die altindianische nicht mehr existent und die spanische erst im Aufbau begriffen. Dabei blieb es aber nicht. Mit der Konsolidierung der spanischen Herrschaft wurden auch bei der lokalen indianischen Verwaltung Änderungen eingeführt. Diese standen im Zusammenhang mit der Einrichtung der "reducciones". Um die verstreut lebenden Indianer besser kontrollieren zu können, siedelte man sie – gegen den Widerstand von Bauern und Kaziken – in Großdörfer zusammen. Diese waren nach dem Muster spanischer Städte (Munizipien) organisiert, mit einem gewählten Stadtrat ("cabildo").

Im Vizekönigreich Peru gelang es erst dem Vizekönig Francisco de Toledo, die Reduktions- und Cabildo-Organisation im größten Teil des Landes einzuführen.

Die tiefgreifendste Änderung gegenüber der bisherigen – frühkolonialen – politisch-administrativen Organisation der indianischen Dörfer bestand in der partiellen Entmachtung der Kaziken, deren Rechte und Aufgaben zu einem nicht geringen Teil den gewählten Cabildo-Funktionären übertragen wurden. Die indianischen Adeligen behielten zwar ihre sozialen Prärogative, auf die sie als Angehörige eines bevorrechtigten Standes Anspruch hatten, aber ihre politisch-administrative Tätigkeit sollte sich doch nach den Intentionen der spanischen Verwaltung mehr oder weniger auf die eines Steuereinnehmers und Regierungsagenten beschränken.

Die Kaziken durften sich zwar in den Aufgabenbereich des Cabildos nicht einmischen, aber schon im 17. Jahrhundert wurden in vielen Orten die Stellen von Cabildo-Funktionären als in manchen Kazikenfamilien erblich angesehen; es war der alten Elite also gelungen, die Macht im Dorf wieder in ihren Händen zu konzentrieren, obwohl laut Gesetz die Mitgliedschaft von Kaziken im Cabildo verboten war.

An der Spitze einer Reduktion stand der "cacique principal", der den Titel eines "gobernadors" führte. Er repräsentierte das Dorf nach außen hin, während die innere Verwaltung dem Cabildo oblag. Gegen eine zu starke Machtkonzentration in den Händen des Cabildo versuchten sich die Spanier durch eine Reihe strenger Vorschriften abzusichern. So durften z.B. die Cabildo-Mitglieder nicht miteinander verwandt sein, d.h. der gleichen "Hälfte" (*saya*) oder gar "Sippe" (*ayllu*) angehören. Alljährlich mußte neu gewählt werden, und eine Wiederwahl war erst nach Ablauf von drei Jahren zulässig. Wahlberechtigt waren die ausscheidenden oder alle früheren Funktionäre. Das Gros der Bevölkerung war ohne Einfluß auf die Bildung eines Cabildo. Erst gegen Ende der Kolonialzeit wurden alle Familienväter wahlberechtigt.

Die Zahl der Cabildo-Funktionäre, unter den wichtigsten die "alcaldes" und "regidores", richtete sich nach der Größe des Ortes. Das war notwendig, da die Indianer gerne dahin tendierten, möglichst viele Funktionäre einzusetzen. Dieses Verhalten muß im Zusammenhang mit der Befreiung von Tribut und Zwangsarbeit für die Amtszeit einerseits und der Möglichkeit, Prestige und Einfluß für die eigene Familie oder Gruppe zu erwerben andererseits, gesehen werden. Eine Bereicherung durch das Amt war höchstens indirekt möglich, da Gebühren für die Dienstleistungen nicht erhoben werden durften.

Die Alkalden hatten die Gerichtsbarkeit inne, die aber auf die Ahndung geringfügiger Vergehen beschränkt war und nur im eigenen Dorf galt. Alkalden und Regidoren hatten weiterhin auf die Einhaltung von "guten Sitten" zu achten. Die Vorschriften bezogen sich z.B. auf den Besuch des Gottesdienstes, die Sorge für Waisen und Kranke, aber auch die Kontrolle des – im Sinne der Europäer – moralischen Verhaltens und die Unterdrückung "heidnischer Gewohnheiten", worunter beispielsweise Körper- und Gesichtsbemalung sowie Schädeldeformation verstanden wurden.

Polizeidiener ("alguacil"), Gefängniswärter ("carcelero"), Ausrufer ("pregonero") und andere niedere Cabildo-Funktionäre wurden von den Alkalden und Regidoren ernannt und wechselten wie diese jährlich in ihrem Amt.

Der einzige Funktionär auf Lebenszeit war der Öffentliche Schreiber ("escribano"), den es aber nicht überall gab, da er des Lesens und Schreibens mächtig sein mußte. Ihm oblag es, Verträge auszufertigen, Testamente zu beglaubigen und die Abrechnung über das Gemeindeeigentum ("bienes de comunidad") vorzunehmen.

In Städten mit einem großen Anteil indianischer Bevölkerung gab es neben dem spanischen auch einen oder mehrere indianische Cabildos. Gemischte Cabildos einzuführen, gelang der Krone nicht, da es nach der Anschauung der Spanier in Amerika einen Prestigeverlust bedeutet hätte, einen Indianer gleichberechtigt neben sich zu sehen.

Zum Gemeindebesitz gehörten besonders die "tierras de comunidad", die zum größten Teil unter die Familien zur Nutznießung verteilt waren. Einige Landstücke wurden gemeinsam bearbeitet, um aus den Erträgen öffentliche Ausgaben zu decken oder die Finanzierung von Kaziken zu bestreiten. Nur diese besaßen, von Ausnahmen abgesehen, auch privates Land.

Im Verlauf der Kolonialzeit ging der Landbesitz der Reduktionen immer mehr zurück. Als die Spanier, für die der Besitz von möglichst viel Land nicht nur von wirtschaftlicher, sondern auch sozialer Bedeutung war, kein freies Land, "tierras realengas" oder "tierras baldías", mehr erwerben konnten, versuchten sie, sich Land auf Kosten der Indianer anzueignen. Zwar schützte das Gesetz den indianischen Besitz, aber mit Hilfe von vielerlei Tricks, durch – verbotenen – Kauf, durch "für die Indianer günstigen" Tausch oder infolge einer "freiwilligen" Schenkung ging doch sehr viel Land in den Besitz der Spanier über. Diese eigneten sich auch zeitweise nicht bebautes Land der Indianer unter dem Vorwand an, es sei ohne Eigentümer. Damit hatten sie nicht selten Erfolg, da es den Indianern oft schwerfiel, ihre Ansprüche in einer für die spanischen Gerichtshöfe gültigen Form nachzuweisen. Die Indianer wehrten sich erbittert gegen den Verlust ihres Landes, sie reichten Eingaben und Beschwerden ein und strengten Prozesse an. Wenn sie in einzelnen Fällen auch Erfolg hatten, ging im ganzen gesehen der indianische Landbesitz aber so weitgehend zurück, daß in der zweiten Hälfte des 18. Jahrhunderts viele Gemeinden nicht mehr über genügend Land verfügten, um die dringendsten Anforderungen ihrer Mitglieder zu befriedigen.

Außer Land hatten die indianischen Gemeinden auch eigene Viehherden. Einkünfte erlangten manche "comunidades" auch durch die Verpachtung von Land und Wasserrechten und den Betrieb von Textilmanufakturen. Letztere gingen aber schon im 17. Jahrhundert überwiegend in den Besitz von Spaniern über.

Alle Einkünfte und Ausgaben der Comunidad wurden in einem Buch verzeichnet und einmal im Jahr durch den Corregidor de Indios oder einen anderen spanischen Funktionär überprüft. Obwohl durch wiederholt verabschiedete Gesetze verboten, nutzten diese den Zugang zum Geld des Dorfes in ihrem eigenen Interesse und machten lukrative Geschäfte mit diesem Kapital, nicht selten zusammen mit dem Pfarrer und dem "cacique principal". Der König versuchte zwar einerseits, das Geld der Comunidades vor dem illegalen Zugriff privater Interessenten zu schützen, andererseits bediente er sich dessen aber rücksichtslos für eigene Zwecke, z.B. durch Zwangsanleihen.

Der "Corregidor de Indios"

Obwohl faktisch fast alle Organe der spanischen Verwaltung in irgendeiner Beziehung zu den Indianern standen, sei hier nur auf eine der bedeutendsten Institutionen kurz hingewiesen.

Am härtesten lastete auf den Indianern die des "corregidor de indios", ursprünglich geschaffen, um in einem von Indianern bewohnten Gebiet die Stelle des "corregidor de españoles" der spanischen Städte einzunehmen, d.h. die Tätigkeit der indianischen Cabildos zu überwachen, für den Eingang des Tributs zu sorgen, als Richter zu fungieren u.a.m. Eine der wichtigsten Aufgaben sollte der Schutz der Indianer sein, doch gerade auf diesem Gebiet erfüllten die Inhaber dieses Postens oft nicht ihre Pflicht und wurden selbst zu Ausbeutern. Nicht ohne Grund stellt der Indio Guaman Poma de Ayala in seiner um 1600 verfaßten "Nueva Corónica" auf einer Zeichnung der "Quälgeister", unter denen die Indianer zu leiden haben, den Corregidor als Drachen an die erste Stelle, gefolgt vom Encomendero als Puma, dem "cacique principal" als Ratte, dem vagabundierenden Spanier als Jaguar, dem Pfarrgeistlichen als Fuchs und dem Schreiber als Kater. Die Amtszeit eines "corregidor de indios" betrug nur zwischen einem und fünf Jahren. Da außerdem das Gehalt niedrig und die Stellung nicht sehr angesehen war, fanden sich kaum integre Bewerber. Wer sie annahm, tat das in erster Linie mit dem festen Vorsatz, die Amtszeit möglichst zum eigenen Vorteil zu nutzen. Das war nur auf Kosten der ihm unterstellten Indianer möglich, und zwar am häufigsten mit Hilfe des "reparto de géneros", worunter man die "Verteilung" möglichst billig erworbener Güter unter die Indianer versteht, die gezwungen wurden, dafür einen sehr hohen Preis zu zahlen, mochten sie am Erwerb interessiert sein oder nicht.

Dieses "Geschäft" der "corregidores de indios" war so einträglich, daß manche es sich nicht nur leisten konnten, auf ihr Gehalt zu verzichten, sondern sogar hohe Bestechungsgelder zahlten, um einen derart lukrativen Posten übertragen zu bekommen. Oft beteiligten sich auch indianische Autoritäten und Pfarrgeistliche an dieser Ausplünderung, die erst nachließ, als die Institution des "corregidor de indios" im Rahmen der Neuordnung der Verwaltung anläßlich der Einführung des Intendantensystems im 18. Jahrhundert aufgehoben wurde; wenngleich sich in einigen marginalen Regionen das System des "reparto de géneros" bis ins 20. Jahrhundert hinein gehalten hat.

Kultureller Wandel

In Wirtschaft und Technik

Der Kontakt der Indianer mit den Europäern bewirkte einen Wandel in vielen Aspekten der Kultur, und zwar bei beiden Gruppen, wenngleich bei den Unterworfenen tiefgreifender als bei den Herrschenden.

Die Einführung des europäischen Wirtschaftssystems beeinflußte die autochthone Bevölkerung, ungeachtet der Tatsache, daß sie als Arbeitskräfte und Steuerzahler herangezogen wurde, auch in ihrer Rolle als Produzenten und Konsumenten.

Die "república de los españoles" war in nicht geringem Maße auf die Versorgung durch die indianische Landwirtschaft angewiesen. Das war besonders in der frühen Kolonialzeit der Fall, während später die spanischen Hazienden diese Aufgabe übernahmen. Die Verwaltung schrieb vor, welche Produkte und in welcher Quantität von den Indianern als Tribut abzuliefern oder auf dem Markt zum Verkauf anzubieten waren. Diese Maßnahmen wären aber dennoch nicht ausreichend gewesen, wenn nicht gleichzeitig wenigstens ein Teil der indianischen Bevölkerung europäische Landbautechniken übernommen hätte, wie z.B. den Pflug, Ochsen als Zugtiere, Maultiere und Esel für den Transport. Das Schwergewicht der indianischen Landwirtschaft lag aber auch weiterhin auf den Hauptanbauprodukten der früheren Zeit. Aus Europa – oder anderen Teilen Amerikas – eingeführte Zerealien, Gemüse- und Obstsorten setzten sich im allgemeinen nur langsam durch. Sie wurden entweder nur in geringen Mengen für den Hausgebrauch angepflanzt, und zwar oft, besonders beim

Adel, aus reinen Prestigegründen, oder unter Zwang als Teil des vorgeschriebenen Tributs.

Außer bei einzelnen Grundnahrungsmitteln stieg infolge der verstärkten Nachfrage auch die Produktion einiger anderer landwirtschaftlicher Erzeugnisse, z.B. der Coca, die in großen Mengen in die Bergwerkdistrikte gebracht wurde.

Die meisten europäischen Getränke waren für den Indianer viel zu teuer, als daß sie die Chicha hätten verdrängen können. Wein galt, wie auch Brot, als Luxus. Generell läßt sich feststellen, daß der Alkoholgenuß zunahm, nachdem die Beschränkungen der vorspanischen Zeit nicht mehr galten. Zur Chicha kamen noch Branntwein, meist aus Zuckerrohr hergestellt, und andere hochprozentige Getränke. Der Konsum stieg derart an, daß die Behörden durch Verteuerung und Verbote dagegen einschritten, wenngleich ohne Erfolg.

Im Gegensatz zum Pflanzenbau war die Neuorientierung im Bereich der Viehhaltung viel weitgehender, nicht zuletzt dadurch bedingt, daß es in vorkolumbischer Zeit nur wenige Haustiere gab, im andinen Gebiet Meerschweinchen, Moschusenten, Lamas und Alpakas. Die Lamas dienten in erster Linie als Tragtiere, die Alpakas als Wollieferanten.

Die von den Europäern eingeführten Haustiere wurden schnell von den Indianern übernommen. Auch hierbei spielte die Pflicht, z.B. Hühner, Eier und Fleisch als Tribut abzuliefern, eine Rolle, aber ebenso der Prestige- und Nutzwert. Obwohl es laut Gesetz keine Beschränkungen für die Viehhaltung der Indianer gab, machten sich doch in der Praxis Unterschiede gegenüber den Spaniern bemerkbar. Über zahlreiches Großvieh scheinen nur einige Adelige verfügt zu haben oder auch vereinzelte Comunidades. Der überwiegende Teil der indianischen Haushalte besaß nur wenige Esel und Maultiere zum Transport sowie Ochsen zum Pflügen. Größer waren die Herden von Schafen und Ziegen, und am weitesten waren Hühner und Schweine verbreitet.

Als Handwerker lernten die Indianer bald, sich europäischer Werkzeuge zu bedienen und sich in das spanische Wirtschaftssystem einzugliedern. Laut Gesetz durften sie zwar alle Handwerke praktizieren, aber de facto blieben den Spaniern die angesehensten und lukrativsten vorbehalten. Ihre straff organisierten Innungen waren einflußreich genug, um das Eindringen von Indianern zu verhindern und auch das Aufkommen indianischer "gremios" weitgehend zu unterbinden. Einige altindianische Handwerke konnten sich gegenüber der spanischen Konkurrenz nicht halten, wie z.B. die Gold- und Silberschmiede.

Schwerpunkte des indianischen Handwerks waren die Töpferei, wo man bald auch das Glasieren übernahm, und die verschiedenen Sparten des Baugewerbes. In letzterem bildeten sich Spezialisten heraus, die von einer Stadt zur anderen zogen. Stark vertreten waren Indianer ebenfalls unter den Schneidern sowie den Hut- und Schuhmachern, die überwiegend für den spanischen Bedarf arbeiteten. Das traf auch auf die Kerzenzieher und Seifensieder zu. Von den indianischen Kunsthandwerkern, Malern und Bildhauern sind einige sehr bekannt geworden.

Ihre Erzeugnisse aus Landwirtschaft und Gewerbe durften die Indianer im Rahmen gewisser Reglementierungen frei verkaufen; der Großhandel lag ausschließlich in Händen der Spanier und einiger mit diesen assoziierten indianischen Adeligen. Obwohl sicher sein dürfte, daß der interindianische Handel der Kolonialzeit weitaus intensiver war, als wir bis heute wissen, so war er im ganzen doch wohl nur ein schwaches Abbild des vorkolumbischen.

Als Transportmittel bediente sich bald auch der indianische Händler der Esel oder Maultiere anstelle der Träger oder der Lamas. Wegen der gestiegenen Nachfrage nach Transportmitteln spezialisierten sich ganze Dörfer auf die Haltung von Maultieren und verdingten sich als "arrieros".

Im Bereich der "geistigen Kultur" und sozialen Organisation

Wie auf vielen anderen Gebieten der indianischen Geschichte fehlt bis heute auch eine umfassende und vergleichende Studie über den Wandel der sogenannten geistigen Kultur während der Kolonialzeit. Untersuchungen über einzelne Teilaspekte beziehen sich meist auf Phänomene, die mit der Christianisierung in Zusammenhang stehen. Die Missionierung der Eingeborenen war vom Beginn an einer der Schwerpunkte der kolonialen Herrschaft. Abgesehen davon, daß Kirche und Religion in jenen Zeiten eine viel größere Rolle spielten als heute und weite Lebensgebiete beeinflußten, wurde die päpstliche "Schenkung" als ein Missionsauftrag angesehen, bei dessen Nichterfüllung die Rechte Spaniens auf die Neue Welt fraglich würden.

Eine der größten Schwierigkeiten bei der Missionierung erwuchs den Europäern aus der Vielfalt und Verschiedenheit der indianischen Sprachen. Da es unmöglich gewesen wäre, jede einzelne Sprache zu erlernen, blieb als Ausweg nur, entweder die Eingeborenen sprachlich zu assimilieren oder "lenguas generales", die über ein Kerngebiet hinaus als Verkehrs-, Handels- oder Verwaltungssprachen dienten, als Missionssprachen zu benutzen. Das für die erste Lösung immer wieder vorgebrachte Argument lautete, die indianischen Idiome seien nicht geeignet, abstrakte Begriffe der christlichen Religion auszudrükken. Jedoch haben sich die Hispanisierungstendenzen aus den verschiedensten Gründen letztlich nicht durchzusetzen vermocht. Man bediente sich schließlich doch autochthoner Sprachen als Werkzeuge bei der Christianisierung, und schon im 16. Jahrhundert wurde angeordnet, die Indianerpfarrer ("doctrineros") hätten die Eingeborenensprache zu erlernen. Zu diesem Zweck richtete die Krone z.B. Lehrstühle für die wichtigsten indianischen Idiome an den Universitäten ein. Die Missionierung in den "lenguas generales" führte dazu, daß diese über große Gebiete verbreitet wurden und die ursprünglichen Sprachen weitgehend ersetzten. Das bekannteste Beispiel dafür ist das Quechua.

Die Krone versuchte zwar weiterhin, z.B. durch die Einführung von Dorfschulen, die Indianer zu hispanisieren, konnte aber keine größeren Erfolge verzeichnen. Am Ende der Kolonialzeit waren nicht einmal alle Kaziken und Cabildofunktionäre in der Lage, das Spanische zu sprechen, obwohl bereits im 16. Jahrhundert dies als Voraussetzung für die Amtsübernahme galt.

Allen ihren Anstrengungen zum Trotz ist es den Europäern nicht gelungen, ein "reines" Christentum iberischer Prägung bei den Indianern einzuführen. Ein Grund dafür lag in der geringen Zahl der Geistlichen, die sich vorrangig den Indianern widmeten. Außerdem war noch ein Teil von diesen mehr am eigenen materiellen Wohlergehen als an ihren Schutzbefohlenen interessiert, und ihr schlechtes Beispiel wirkte kaum sehr überzeugend.

Herausgebildet hat sich im Verlauf der Kolonialzeit ein Synkretismus beider Religions- und Lebensformen, nämlich das, was man heute im angelsächsischen Raum als die Kultur der "modern indians" zu bezeichnen pflegt. Es war zwar relativ leicht, die voreuropäische offizielle Staatsreligion zu unterdrücken, nicht jedoch, die volksreligiösen Anschauungen zu verdrängen. Der Glaube an Geister und andere Mächte hat sich bis heute erhalten, z.T. in alter Form, z.T. unter einem christlichen Mantel. Besonders auf das 16. Jahrhundert bezogen kann man sich des Eindrucks nicht erwehren, daß die Christianisierung nur äußerlich war.

Einige der im weiteren Sinne zum religiösen Bereich gehörigen spanischen Einrichtungen haben die Indianer schon früh übernommen, sie aber ihren Zwecken entsprechend umgeformt und so weitgehend integriert, daß sie bald einen festen Bestandteil des indianischen Lebens bildeten. Dazu gehörten z.B. die religiösen Bruderschaften ("cofradías") und das System der rituellen Verwandtschaft ("compadrazgo"). Letzteres, erwachsen aus der Einrichtung der christlichen Taufpaten, diente – und dient – dem Individuum dazu, durch ein Netz von gegenseitigen Verpflichtungen seine Position sowohl innerhalb der ethnischen Gruppe als auch in den Beziehungen zu Nicht-Indianern zu stärken.

Die Feste der Cofradía-Heiligen wie auch des lokalen Kirchenpatrons entwickelten sich immer mehr zu einer Demonstration des Selbstverständnisses der indianischen Gemeinschaften, und zwar in dem Maße, in dem die Bedeutung der alten Sozialorganisation nachließ und die Macht der Kaziken schwand. Ausdruck des sozialen Wandels ist auch die Herausbildung des "cargo"-Systems, einer Institution, die heute noch in vielen Regionen im Mittelpunkt des sozialen Lebens der Indianer steht. Obwohl die Entstehung des "cargo"-Systems bisher nur wenig untersucht wurde, läßt sich doch sagen, daß – etwa von der zweiten Hälfte des 18. Jahrhunderts ab – Cofradía- und Munizipalorganisation zu einer neuen Ämterhierarchie verschmolzen sind. Wer diese durchlaufen und anläßlich der Übernahme jeder neuen Stellung ein immer kostspieligeres Fest für die Gemeinschaft veranstaltet hat, genießt das höchste Ansehen und nicht mehr der, der aus einer adeligen Familie stammt.

Von den durch Spanier eingeführten sonstigen sozialen Organisationen sei hier nur auf eine, die indianischen Milizen, hingewiesen. Neben den Indianern, die unter Führung ihrer Kaziken als Verbündete der Spanier kämpften, meist aber im Arbeits- und Nachschubdienst eingesetzt waren, gab es seit dem 17. Jahrhundert auch indianische Streitkräfte, die wie die spanischen Milizen organisiert waren. Die Kaziken sowie in den Städten die reicheren Handwerker stellten dabei das Offizierskorps. Das an sich für die Indianer geltende Verbot des Besitzes europäischer Waffen wurde stillschweigend übersehen. Leider liegt bislang keine spezielle Studie über die indianischen Milizen vor.

Gegenwehr gegen die europäische Herrschaft

Der physische und psychische Druck der europäischen Herrschaft lastete schwer auf den Indianern. Aber es war keinesfalls so, daß sie sich immer fatalistisch mit ihrem Schicksal abgefunden hätten. Der Druck von außen erzeugte Widerstand von innen her. So wurden während der Kolonialzeit nicht wenige Versuche unternommen, der kulturellen und politischen Fremdherrschaft auszuweichen oder sie abzuschütteln. Neben dieser passiven oder aktiven Gegenwehr der Indianer, die sich darin äußerte, daß z.B. einzelne oder ganze Gruppen sich durch Selbstmord oder Flucht der Macht der Europäer entzogen, es lokale und regionale Aufstände gab und sogar Versuche, altindianische Reiche wieder zu errichten, übten die Indianer auch Gegenwehr durch Anpassung aus, um durch Ausnutzung der ihnen im Rahmen der kolonialen Verwaltung gegebenen Möglichkeiten ihr Los zu verbessern. Sie riefen die Gerichte an oder führten direkte Verhandlungen mit den Organen der Metropole, vielfach sogar in Spanien.

Als ein Versuch, der direkten Abhängigkeit zu entkommen, darf auch wohl das oftmalige Bemühen indianischer Familien angesehen werden, das heimatliche Dorf zu verlassen und entweder als "vagamundos" herumzuziehen oder sich in die Anonymität der spanischen Städte zu begeben. Besonders im 18. Jahrhundert konnte sich ein Kazike bei den Spaniern kaum beliebter machen als durch den Nachweis, daß er solche Flüchtlinge in ihre Heimatorte zurückgebracht und damit wieder der Tribut- und Mitapflicht unterstellt hatte.

Immer wieder kam es zu lokalen Unruhen, besonders häufig im 18. Jahrhundert. Meist waren sie die Gegenwehr der Indianer gegen Übergriffe der spanischen Verwaltung, z.B. des Corregidor de Indios oder eines Großgrundbesitzers. Sie waren im allgemeinen ungeplant und traten spontan auf, wenn die kritische Belastungsgrenze erreicht war. In anderen Fällen versuchten die Indianer, die Einführung neuer staatlicher Monopole, z.B. von Tabak, Alkohol oder Salz, abzuwehren. Den Spaniern gelang es im allgemeinen leicht, die Ruhe wiederherzustellen und die Schuldigen zu bestrafen.

Schwieriger war das, wenn die Unruhen das Ausmaß größerer regionaler Aufstandsbewegungen annahmen, die Indianer in Massen zum Angriff antraten, wie ab 1780 im Hochland von Peru und Bolivien.

Diese mehrere Jahre dauernde Aufstandsbewegung stellte die spanische Herrschaft für einige Zeit ernsthaft in Frage. Die Indianer beherrschten zeitweise weite Gebiete und belagerten die Städte Cuzco und La Paz. Entsprechend hart war schließlich das Strafgericht der Spanier. Die Niederschlagung dieser und weiterer Aufstände war den Spaniern nur mit Hilfe ihnen treu gebliebener Kaziken möglich.

Man kann, ansatzweise schon im 17., besonders aber im 18. Jahrhundert, direkt von einem "inkaischen Nationalismus" sprechen, der zwar unorganisiert war, sich aber als Idee mehr oder weniger deutlich äußert. Politisch macht sich dieser inkaische Nationalismus in einer Fülle von Aktivitäten bemerkbar, vom Bemühen um die Besserung der sozialen Lage über den Anspruch auf völlige Gleichberechtigung bis zum Versuch, mit Waffengewalt ein unabhängiges inkaisches Reich zu errichten.

Ist der Nationalismus weitgehend ein Ausdruck der Gedanken und Wünsche der Elite, so wurden die Volksmassen besonders durch die nativistisch-chiliastischen Bewegungen angesprochen. Es handelt sich dabei um eine weltweit verbreitete Form der Reaktion auf politisch-kulturelle Unterdrückung, die im kolonialen Lateinamerika ja vorlag. Immer wieder traten auch hier "Propheten" auf, die versprachen, die Unterdrückten in eine glückliche Zukunft zu führen, die sehr oft durch die Erinnerung an die "gute alte Zeit" bestimmt war, aber deutlich synkretistische Züge zeigte. Die Propheten wiesen sich charismatisch durch Wunder und übernatürliche Macht aus. In fast allen uns bekannt gewordenen Fällen wurde nach kürzerer oder längerer Zeit aus der religiösen eine zwar noch religiös bestimmte, aber politisch aktive Bewegung, die sich gegen die fremden Herren wandte.

Legale indianische Gegenwehr gegen Auswüchse der kolonialen Herrschaft durch Beschwerden bei Verwaltungsdienststellen in "Las Indias" und auch in Spanien selbst führte oft zum Erlaß neuer Anweisungen und Gesetze zum Schutz der Indianer, wenngleich auch in vielen Fällen ohne größeren Erfolg, da der Staat oft nicht in der Lage war, die Befolgung seiner Anordnungen durchzusetzen. Die Reisen nach Spanien wurden meist von Kaziken durchgeführt, da im allgemeinen nur sie über die notwendigen Kenntnisse verfügten, um die Verhandlungen führen zu können und in der Lage waren, die nicht geringen Reisekosten aufzubringen. Oft bezogen sich die Beschwerden nur auf persönliche Anliegen, aber es wurden auch ganze Programme entwickelt.

Die Reisen nach Europa begannen schon wenige Jahre nach der Eroberung und hielten während der ganzen Kolonialzeit an. Zeitweise müssen sich größere Gruppen von Indianern am spanischen Hof aufgehalten haben.

Zu Ende der Kolonialzeit war als Ergebnis europäischer Aktion und indianischer Reaktion aus der Vielfalt der altindianischen Kulturen ein neuer Kulturtyp, der der "modern indians", entstanden, der in nicht wenigen Aspekten im weiten Gebiet Spanisch-Amerikas gleich oder ähnlich ausgeprägt war und in manchen Regionen bis heute andauert.

Literatur

Celestino, Olinda y Albert Meyers
1981 Las Cofradías en el Perú: Región Central. Frankfurt a.M.

Duviols, Pierre
1971 La lutte contre les réligions autochtones dans le Pérou colonial. Lima.

Espinoza Soriano, Waldemar
1980 La Sociedad Andina Colonial. Historia del Perú, IV:130-137. Lima.

Friederici, Georg
1925 Der Charakter der Entdeckung und Eroberung Amerikas durch die Europäer, 1. Stuttgart.

Golte, Jürgen
1980 Repartos y Rebelliones — Túpac Amaru y las contradicciones de la economía colonial. Lima.

Guaman Poma de Ayala, Felipe
1980 El Primer Nueva Corónica y Buen Gobierno ... Edición crítica de John V. Murra y Rolena Adorno. México.

Guillén Guillén, Edmundo
1979 Visión Peruana de la Conquista — La Resistencia Incaica a la Invasión Española. Lima.

Hartmann, Roswith y Udo Oberem
1983 Quito, un centro de educación de indígenas en el siglo XVI. Boletín Histórico 23-24:85-111. Quito.

Morales Padrón, Francisco
1955 Fisonomía de la Conquista Indiana. Sevilla.

Moreno Yánez, Segundo E.
1985 Sublevaciones indígenas en la Audiencia de Quito desde comienzos del siglo XVIII hasta finales de la Colonia. 3. erweiterte Auflage. Quito.

Mörner, Magnus
1970 La Corona española y los foráneos en los pueblos de indios de América. Stockholm.

Oberem, Udo
1967 Don Sancho Hacho — ein Cacique Mayor des 16. Jahrhunderts. Jahrbuch für Geschichte von Staat, Wirtschaft und Gesellschaft Lateinamerikas 4:199-225. Köln — Wien.

1974-76 Los Cañaris y la Conquista Española de la Sierra Ecuatoriana — Otro capítulo de relaciones interétnicas en el siglo XVI. Journal de la Société des Américanistes 63:263-274. Paris.

1976 Notas y Documentos sobre miembros de la familia del Inca Atahualpa en el siglo XVI. Guayaquil.

1981 "Indios libres" e "indios sujetos a haciendas" en la Sierra ecuatoriana a fines de la Colonia. Segundo E. Moreno Y. y Udo Oberem (Eds.): Contribución a la Etnohistoria Ecuatoriana, 299-342. Otavalo.

1984 Indianische Arbeitskräfte in kolonialzeitlichen Textilmanufakturen — Ein Beispiel aus Ecuador. Tribus 33:143-148. Stuttgart.

O'Phelan Godoy, Scarlett
1985 Rebellions and Revolts in Eighteenth Century Peru and Upper Peru. Köln — Wien.
Pease G.Y., Franklin
1978 Del Tawantinsuyu a la Historia del Perú. Lima.
Reinhard, Wolfgang
1985 Geschichte der europäischen Expansion, 2: Die Neue Welt. Stuttgart.
Sánchez-Albornoz, Nicolás
1977 La Población de América Latina. 2. Auflage. Madrid.
Silverblatt, Irene
1980 Andean Women under Spanish Rule. Mona Etienne and Eleanor Leacock (Eds.): Women and Colonization — Anthropological Perspectives, pp. 149-185. New York.
Smith, Clifford Thorpe
1970 Depopulation of the Central Andes in the 16th Century. Current Anthropology XI/4-5:453-464. Chicago.
Spalding, Karen
1974 De Indio a Campesino — Cambios en la estructura social del Perú colonial. Lima.
Wachtel, Nathan
1984 The Indian and the Spanish Conquest. The Cambridge History of Latin America 1:207-248. Cambridge.
1971 La vision des vaincus — Les indiens du Pérou devant la Conquête espagnole. Paris.
Zavala, Silvio
1978-80 El servicio personal de los indios del Perú. 3 Bde., México.

c. Einzelaspekte der Kulturen

1. *Grundzüge der Religionen des zentralen Andenraumes*

Antje Kelm

Im Andengebiet entspricht der Fülle der Kulturen im räumlichen Nebeneinander und in zeitlicher Abfolge eine ebensolche Vielfalt an religiösen Vorstellungen und kultischen Praktiken. Dabei hat es – innerhalb bestimmter Teilräume – zweifellos immer wieder Überschneidungen bzw. Übernahmen und Verschmelzungen wichtiger religiöser Inhalte von einer Kultur zur anderen gegeben. Um ein hinreichend übersichtliches Bild bieten zu können, beschränke ich mich auf das zentrale Andengebiet, also diejenige Region, die in der Spätphase der präkolumbischen Geschichte von den Inka beherrscht worden ist.

Allgemeine Wesenszüge der zentralandinen Religionen

Archäolgen und Ethnohistoriker, die sich mit der Religion der Inka beschäftigt haben, stimmen ausnahmslos darin überein, daß diese keine völlige Neuschöpfung des Erobervolkes aus Cuzco war. Vielmehr haben sich in ihr wesentliche Züge religiöser Systeme zeitlich vorangegangener Kulturen mit Ideengut verbunden, das den Inka zu verdanken war und sich vor allem auf den kultischen Bereich ausgewirkt hat. Besonders die beiden präinkaischen panperuanischen Kulturhorizonte, Chavín und Wari-Tiwanako, haben wesentlich zur Verbreitung religiösen Gedankenguts über den gesamten zentralandinen Raum beigetragen, und zwar sowohl an der Küste als auch in der Sierra und bis in die Montaña hinein. Aber auch von einigen Lokalkulturen dürften wichtige Impulse für die Neu- und Umgestaltung früherer religiöser Systeme ausgegangen sein. So erscheint es gerechtfertigt, einige gemeinsame Grundzüge der zentralandinen Religionen gewissermaßen vor die Klammer zu ziehen, bevor auf Einzelaspekte detaillierter eingegangen wird.

Wie unter vielen Anbau betreibenden Völkern war (und ist) bei den Indianern des Andenraums die Sorge um die Fruchtbarkeit der Felder eines der wichtigsten Anliegen bei der Kommunikation mit der Welt des Übersinnlichen. In ihren religiösen Vorstellungen und Kulten verglichen sie den Vegetationszyklus mit dem Werden und Vergehen menschlichen Lebens zwischen Zeugung, Geburt und Tod. Im Zusammenhang mit der Fruchtbarkeit der Felder ist der Gedanke der notwendigen Verbindung von Sterben und Wiederauferstehen eines der hervorstechendsten Motive mythischer Vorstellungen und ein entscheidender Beweggrund religiöser Praktiken im vorspanischen Peru.

Ein anderer dominierender Zug der zentralandinen Religionen ist der Glaube der Menschen an die Allgegenwart und Allmacht übernatürlicher Wesen. Einen determinierenden Einfluß auf ihre Handlungen schreiben die Indianer nicht nur Göttern und anderen höheren Geistwesen zu; auch die Toten spielten eine wichtige Rolle in den religiösen Vorstellungen und wurden hauptsächlich als Mittler zwischen Menschen und Gottheiten gesehen.

In diesem Zusammenhang darf der Begriff *waq'a* nicht unerwähnt bleiben, der aus dem Ketschua stammt, aber nicht allein für die Inka-Religion von entscheidender Bedeutung gewesen ist – wie wir z.B. aus den von Francisco de Avila auf uns gekommenen Berichten über vorinkaische Glaubensinhalte wissen. Das hat Trimborn (1961:127f.) schon vor längerem herausgestellt. In dieser frühen Zusammenschau der Religionen des mittleren Andenraums (einschließich des nordwestlichen Argentinien), die in vielen Punkten noch Gültigkeit besitzt, sieht Trimborn in *waq'a* das Numinose schlechthin und greift da wohl auf Garcilaso de la Vega (1959,I:140f.) zurück, der diesen Begriff auf alle Dinge anwendet, welche für die Indianer Gegenstand religiöser Verehrung waren. *Waq'a* waren demnach ebenso Gottheiten und ihnen geweihte Tempel wie auch heilige Orte. Als solche galten vor allem zahlreiche Besonderheiten in der Umwelt, so Berggipfel, skurril geformte Felsen, manche Seen, Quellen u.ä.m. Aber auch alle von der Norm abweichenden Erscheinungen in der lebendigen Natur waren *waq'a*, so durch ihre Schönheit oder durch ihre Häßlichkeit auffallende Pflanzen oder Tiere, dazu auch Zwillings- und Mißgeburten.[1)]

Ein Charakteristikum, das die Inka-Religion mit allen ihren uns bekannten Vorläuferinnen teilt, ist eine Fülle von symbolhaften Attributen, mit denen ihre Götterbilder ausgestattet sind. Meyers (Ms 1986) weist mit Recht darauf hin, daß möglicherweise eine enge Ver-

---

[1] Es herrscht im übrigen bei den Chronisten keine einheitliche Meinung darüber, ob Gottheiten als *waq'a* zu bezeichnen seien oder nicht. So nennt Cieza (1880,II:114) nur die Tempel "guacas", und ebenso nimmt Blas Valera (1950,I:114) die Götter davon aus, während Santacruz Pachacuti (1927:158), Agustinos (1918,I:27) und andere auch die Gottheiten unter diesen Begriff fassen.

bindung zwischen der Symbolsprache der Inkareligion und derjenigen früherer Kulturen besteht, wie die in jüngster Zeit mit großer Intensität betriebenen Interpretationen der Ikonographie der Küsten- wie der Hochlandkulturen zu beweisen scheinen.[2] Dieser hohe Symbolgehalt der religiösen Bildnisse läßt die Vermutung zu, daß in der religiösen Praxis der andinen Völker mit starker sozialer Differenzierung schon immer ständische Unterschiede zum Tragen gekommen sind. Das kann auf jeden Fall für die Inka nachgewiesen werden. So hat die Masse des einfachen Volkes ihren religiösen Bedürfnissen sicherlich in wesentlich einfacheren Bräuchen Ausdruck verliehen, als es die Oberschicht unter Anleitung von Priestern in komplizierten Riten und Kulthandlungen tat.

Der Aufbau des Universums in der Religion der Inka

Der vermutlich sehr esoterische Charakter der inkaischen Hochreligion einerseits sowie – in bezug auf die vorinkaischen Religionen – das fast völlige Fehlen geeigneter Quellen andererseits dürften in erster Linie dafür verantwortlich sein, daß uns hinsichtlich der Vorstellungen über den Aufbau des Universums nur wenig bekannt ist. Die folgende Schilderung der inkaischen Kosmologie basiert auf einer Zusammenfassung Luis E. Valcárcels, die wiederum auf verschiedenen kolonialzeitlichen Quellen fußt.[3]

Demnach stellten sich die Inka das Universum dreigeteilt vor, und zwar gegliedert in *hanan pacha*, die "Oberwelt", *kay pacha*, "diese Welt" und *uku pacha*, die Welt des Inneren oder die "innere Welt." Alle drei Welten dachten sich die Inka als belebt. Die Oberwelt war das Reich der Götter. Auf dieser Welt wurden außer den Menschen, Tieren und Pflanzen noch die Geister wohnhaft geglaubt. Die "innere Welt" war Heimat der Toten wie auch der Samen.[4]

---

2 Siehe z.B. Rowe 1962; Donnan 1976; Berezkin 1980; Hocquenghem and Lyon 1980 (Lit.!).

3 Valcárcel 1959:139ff; vgl. auch Molina (1943:61), Guamán Poma (1936:63); Garcilaso (1959,I:151). Eine neuere Interpretation der inkaischen Kosmologie nach Santacruz Pachacuti ist die von Earls und Silverblatt (1978).

4 Laut Garcilaso (1959) war die Oberwelt gleichzeitig das Jenseits der "guten" Menschen, während die "schlechten" nach dem Tode in die innemre Welt eingingen. Vgl. auch Trimborn (1961:145), der sich zu Recht fragt, ob nicht der hier aufleuchtende ethische Gehalt christlichen Ursprungs sei und der eher an eine ursprünglich gegebene ständische Differenzierung des Jenseits glaubt. Zu Vorstellungen von der Unterwelt bei den Chimú vgl. Calancha (1639:379).

Zwischen allen drei Welten sahen die inkaischen Religionsschöpfer Verbindungen. Aus der inneren führen in diese Welt die *paqarina*, d.h. Höhlen oder andere Öffnungen im Erdreich, aus denen ein erstes Menschengeschlecht bzw. mythische Vorfahren der Inka entsprungen sein sollen (s.u. bei "Schöpfung"). Die Verbindung zwischen dieser und der Oberwelt stellt – gemäß der späteren inkaischen Sichtweise – der Inka selbst her, der als *intip churin*, der Sonnensohn, seinen Platz in der Oberwelt an der Seite seines Vaters, des Sonnengottes, beansprucht.

Weitere Verbindungen zwischen allen drei Bereichen sieht Valcárcel in zwei mythischen Schlangen, *Yacu Mama* und *Sacha Mama*, die, aus der inneren Welt stammend, diese Welt durchschreiten und schließlich an den Himmel, in die *hanan pacha*, gelangen. Dort werden sie beide zu Gottheiten, eine von ihnen zum Blitz (*Illapa*), die andere zum Regenbogen (*Coichi*). Als solche schlagen sie von oben her Brücken zwischen allen drei Welten. Das Fruchtbarkeit spendende Wasser, das für die indianischen Bauern von so entscheidender Bedeutung ist, gelangt nach dieser Sicht von zwei Seiten auf diese Welt: einmal wird es von *Illapa* (vgl. "Götterwelt") als Regen vom Himmel gesandt; zum anderen sprudelt es in Form von Quellen aus der inneren Welt hervor, von dorther also, wo die Schlange *Yacu Mama* (= die Mutter Wasser) herkam, bevor sie am Himmel zu *Illapa* wurde.

Schließlich soll der gedankliche Zusammenhang nicht unerwähnt bleiben, der in der inkaischen Religion mit Bezug auf die innere Welt zwischen den Toten und jungen Pflanzenschößlingen bestand. Beide werden im Ketschua mit demselben Wort, *mallki*, bezeichnet. Diese Tatsache wird von Valcárcel dahingehend gedeutet, daß es notwendig ist, die Toten zu begraben, damit neue Menschen auf die(se) Welt kommen können, ebenso wie die der Erde anvertraute Saat das Gedeihen von Pflanzen ermöglicht.

Schöpfung, Urzeit und Endzeit

Verglichen mit den relativ wenig ergiebigen Überlieferungen der Chronisten zur Kosmologie vermitteln die kolonialzeitlichen Quellen ein einigermaßen facettenreiches Bild unterschiedlicher Traditionen über die Erschaffung des Menschen, die Urzeit und auch einen möglichen Weltuntergang. Deutlich hebt sich in einigen dieser Überlieferungen auch die Einbringung neuer, hochkulturlicher Ideen durch inkaische Priester ab.

So hält Rowe (1960:414) die Vorstellung von einer allgemeinen Schöpfung durch das Höchste Wesen *Wiraqocha* für eine inkaische Erfindung[5], während er gleichzeitig freilich zugeben muß, daß auch an der Küste, offensichtlich vor den Inka, eine Mythe verbreitet war, die von einem Schöpfer des Universums namens *Cons* berichtet (Gutiérrez de Santa Clara 1905:493).[6]

Aufs Ganze gesehen steht diese Tradition außerhalb der inkaischen Einflußsphäre allerdings recht vereinzelt da, während andere Ursprungsmythen von einer Urzeit berichten, in der die Welt in groben Zügen bereits erschaffen war, jedoch Dunkelheit in ihr herrschte (Cieza 1941:454; Avila 1967:19), die entweder durch das erstmalige Aufgehen der Sonne oder im Verlaufe mythischer Ereignisse besiegt wurde. Für die Ausgestaltung der Erdoberfläche zu ihrem heutigen Erscheinungsbild machen die Mythen verschiedene Kulturheroen verantwortlich.

Auch über die Schöpfung des Menschen gibt es mehrere voneinander abweichende mythische Überlieferungen. Die späte Inka-Religion schreibt sie ebenfalls *Wiraqocha* zu, wobei die entsprechenden Mythen (Lit. siehe Fußnote [5]) von zwei unterschiedlichen Menschengeschlechtern berichten. Deren erstes ließ *Wiraqocha* wegen Ungehorsams zu Stein erstarren. Dabei verbindet sich im *Wiraqocha*-Mythos mit der Vorstellung vom Schöpfer, der die Menschen aus Stein erschafft, die weit verbreitete Tradition vom Hervorkommen des Menschen aus dem Erdinnern, und zwar aus Erdspalten, Höhlen, Berggipfeln, Quellen, Flüssen u. dgl. m. Diese Komponente entstammt vermutlich einer anderen Kulturschicht. Andere, ursprünglich nichtinkaische Mythen enthalten ebenfalls die Vorstellung, daß die Menschen göttliche Schöpfungen sind.[7]

Relativ vereinzelt erscheint im präkolumbischen Peru ein weiteres mit der Schöpfung des Menschen verbundenes Mythologem, und zwar das von der Entstehung des Menschen aus vom Himmel herab-

---

5 Eine der wichtigsten kolonialzeitlichen Quellen für die inkaische Schöpfungsmythe mit dem Allerschaffer *Wiraqocha* ist Betanzos (1924:83). Dieses und alle übrigen *Wiraqocha*-Mythen sind unter genauen Quellenangaben von Urbano (1981) herausgegeben worden.

6 Ein Beleg für den Glauben einer weiteren Ethnie an einen Schöpfer des Universums findet sich bei den Agustinos (1918:13). Allerdings scheint diese Textstelle stark christlich gefärbt.

7 Calancha (1639:412ff.), López de Gómara (1954:211) und Avila (1967) überlieferten Mythen, nach denen die Menschen von Gottheiten erschaffen worden sind.

gefallenen bzw. von einer Göttin geborenen Eiern. In den Mythen aus Huarochirí entsteht der Gott *Pariacaca* in fünffacher Gestalt aus fünf auf einem Bergesgipfel ruhenden Eiern.[8)]

Vielfältiger sind die Vorstellungen von einem drohenden Weltende, die durch die verschiedenen kolonialzeitlichen Qellen belegt sind. Dem Glauben an einen Weltanfang in tiefer Dunkelheit entspricht die Furcht des Menschen vor dem Zurücksinken allen Seins in schwarze Nacht. Mit diesem Gedanken verbunden ist die immense Angst der Indianer im vorspanischen Peru vor einer Sonnenfinsternis, die ein Weltende in Dunkelheit herbeiführen könnte, oder einer Mondfinsternis (López de Gómara 1954:212).[9)] Nach Garcilaso (1959: I:193) glaubten manche Ethnien im vorspanischen Peru, der Mond könne bei einer Eklipse auf die Erde fallen und dadurch die Welt zerstören.

Wie bei vielen anderen Völkern Amerikas gab es auch hier das Mythologem der Sintflut. Eine sehr reizvolle Flutmythe ist durch Avila (1967:29) überliefert; doch ist dieses Mythologem auch in den Werken anderer Chronisten enthalten (vgl. Kelm 1967:251). Neben den Flutmythen gibt es in Huarochirí auch Anklänge an einen Sintsturm oder Sintbrand (Avila 1967:146, 148f.). Außerdem fürchteten die Huarochirí ein Weltende durch ein gewaltiges Erdbeben, das durch *Pachacamac* hervorgerufen werden könnte (Avila 1967:125).

Gottheiten erschaffen und erhalten die Welt

Eindrucksvolle Bildnisse von Gottheiten sind seit dem Beginn der Formativen Periode erhalten geblieben. Der mythische Hintergrund freilich, vor dem Gottheiten und Kulturheroen agiert haben, ist für die frühen Epochen der andinen Kulturentwicklung nicht rekonstruierbar. In der letzten Dekade sind von Peruanisten verschiedener Nationalität zahlreiche Versuche unternommen worden, von der Ikonographie der polychromen Keramik der Küsten-Kulturen oder auch reichbebilderten Geweben aus den Gräberfeldern der Wüstengebiete Rückschlüsse auf einige, wenn auch noch so fragmentarische Inhalte von Mythen zu ziehen. Sie werden aber wohl nie weiter als bis zu ein-

8 Calancha (1639:413; Arriaga 1920:69 u. Agustinos 1918:33; vgl. Kelm 1967:237).

9 Nach anderen Chronisten bedeutet die Sonnenfinsternis schweres Unglück (vgl. Kelm 1967:250, Lit.!).

ander häufig widersprechenden Interpretationen führen.[10] Dennoch haben die neueren Forschungen über die Ikonographie der frühen und klassischen Kulturhorizonte (z.B. Hocquenghem and Lyon 1980) unsere Kenntnis hinsichtlich der Gottheiten und anderer Geistwesen erheblich erweitert. Bahnbrechende Leistungen auf diesem Gebiet sind aber schon früher erbracht worden, vor allem von Kutscher (1950) über die Religion der Mochica und von Rowe (1962) über die Träger der Chavín-Kultur. Über die Religionen und auch die Hauptgottheiten einiger Völker der nördlichen und mittleren Küste, die erst spät Untertanen der Inka geworden sind, besitzen wir einige, wenn auch meist bruchstückhafte Kenntnisse aus Berichten, Mythen und sogar einer ganzen Mythensammlung[11], die in der Kolonialzeit aufgezeichnet werden konnten. Ebenso widmet die Mehrzahl der Chronisten, denen wir Schilderungen der Inka-Kultur verdanken, den Beschreibungen der Hauptgottheiten, die im Tawantsinsuyu verehrt worden sind, einigen Raum. Insgesamt bleiben aber auch diese Aufzeichnungen sehr lückenhaft.

Für die Ikonographie der altperuanischen Kunst hat die archäologische Forschung verschiedene Merkmale erarbeitet, die anzeigen, ob es sich bei den abgebildeten Persönlichkeiten um Gottheiten handelt. Eines der wichtigsten ist die Kombination menschlicher und tierischer Körperteile. So gilt das Vorhandensein von Reißzähnen in verschiedenen Kunststilen als eindeutiger Indikator des Übernatürlichen, vor allem jedoch in der Chavín- und in der Moche-Kunst. Strahlenkränze oder einfache Strahlen, die in Köpfen oder Symbolen enden, oder das senkrecht geteile Auge in Darstellungen der Wari- und Pucara-Kultur sind weitere wichtige Merkmale von Götterbildnissen ebenso wie von "Helfern", die manchmal, wohl in Ermangelung eines besseren Begriffs, auch als Engel bezeichnet werden. Damit sind Gestalten gemeint, die neben den als Gottheiten erkannten abgebildet sind und eindeutig sekundierenden Charakter tragen.[12] Rowe (1962) konnte anhand einiger dieser Indikatoren feststellen, daß die Menschen während der Chavín-Epoche wenigstens an drei bedeutende Gottheiten geglaubt haben, die freilich nicht alle zeitgleich gewesen

---

10 Meyers (Ms 1986) bezeifelt m.E. zu Recht die Legitimität des Versuchs verschiedener Fachkollegen, aus den in der Kolonialzeit gesammelten Mythen mehr als nur höchst oberflächliche Rückschlüsse auf Gottheiten etwa der Mochica zu ziehen (vgl. Z.B. Berezkin 1980:16, Lit.!).

11 Avila 1967.

12 Das bedeutendste Beispiel dafür sind die Vogelgestalten neben der zentralen Figur auf dem Sonnentor in Tiwanako.

zu sein scheinen. Er unterscheidet eine "Kaiman-Gottheit" vom "Lächelnden Gott" (Smiling God) und dem "Stab-Gott" (Staff God). Dem letztgenannten bescheinigt er als einzigem eine überregionale Bedeutung (ebd.:20).[13] In der Tat findet sich das Bild eines Stab-Gottes nicht nur weit verbreitet während der Zeit des Chavín-Horizonts, sondern taucht später, in der Tiwanako-Wari-Epoche, u.a. als wichtigste Götterdarstellung dieser Zeit wieder auf, nämlich in der gern als Prototyp des inkaischen Hochgotts *Wiraqocha* interpretierten zentralen Gestalt im Sonnentor von Tiwanako.

Um weitere Beispiele für unsere Kenntnis vorinkaischer Gottheiten zu geben, sei erwähnt, daß seit der Mitte der siebziger Jahre intensive Forschungen zur Moche-Ikonographie ein detaillierteres Bild verschiedener übernatürlicher Wesen ergeben haben, die in gewisser Hierarchie zueinander angeordnet und z.T. in Widersacher-Position zu stehen scheinen. Berezkin (1980) unterscheidet von einem vermutlich solaren Himmelsgott, den er einer älteren Epoche zuordnen möchte, zwei offenbar miteinander rivalisierende Gottheiten und den sogenannten "Strahlengott", dem er lunare Züge zuerkennt.[14] Außerdem gab es in der Moche-Zeit verschiedene tiergestaltige Numina, so daß Meyers (Ms 1986) auf ein komplettes Pantheon der Moche-Religion schließen zu glaubt. Eine Gruppe weiblicher Gottheiten haben Hocquenghem und Lyon (1980; weitere Lit. siehe dort) anhand von Darstellungen in der Mochica-Kunst erkannt.

Über die wichtigsten Götter der Chimú-Epoche sind wir vor allem dank der Aufzeichnungen Calanchas (1639:552f.) informiert. Demnach war die dominierende Gestalt der Religion dieser Zeit der Mondgott *Si*, neben dem aber auch das Meer, *Ni*, und verschiedene Sternbilder als Gottheiten angebetet wurden. Daß außerdem an der nördlichen Küste eine Schöpfergottheit namens *Con* oder *Cons* verehrt worden ist, wurde bereits oben erwähnt (López de Gómara 1954:211; Gutiérrez de Santa Clara 1905:493). An der mittleren peruanischen Küste existierte im Lurintal in der Spätzeit präkolumbischer Kulturentwicklung ein bedeutendes und anscheinend sehr altes Wallfahrtszentrum, das Heiligtum des von den Inka mit dem Ketschua-Namen *Pachacamac* (= Erderschaffer) bezeichneten Gottes, der

---

13 Neuere Forschungen haben das immer noch als gültig erkannte Bild Rowes von den Gottheiten dieser frühen Epoche ergänzt (z.B. Lyon 1978, Lit.!).

14 Dieser Strahlengott wurde bereits von Kutscher (z.B.1950) als Mondgott erkannt. Ausführliche Literatur zur Moche-Religion siehe bei Berezkin (1980) und Hocquenghem und Lyon (1980).

offenbar von hervorragender Bedeutung für Orakel war (siehe z.B. Cieza 1880:372ff.; López de Gómara 1954:211f.; Garcilaso 1959,I: 133ff.).

Die komplette Götterwelt eines kleinen Bergvolkes aus dem Hinterland von Lima mit einer Variante des schon erwähnten *Con*, dem in fünffacher Gestalt aus Eiern entstandenen Berggott *Pariacaca*, seinem Widersacher, seinen Söhnen und nicht zuletzt einer Reihe weiblicher Gottheiten wird vor dem Leser lebendig, der die von Avila in Huarochirí gesammelten Mythen zur Hand nimmt (Avila 1967).

Für die Zeit des Inkareichs haben wir zu unterscheiden zwischen einer Volksreligion und der offiziellen Staatsreligion, deren praktischer Ausübung allein in Cuzco und Umgebung mehrere hundert Kultstätten dienten.[15)] Die bedeutendste von ihnen war nach übereinstimmender Aussage der Chronisten *Coricancha* in Cuzco selbst, wo den höchsten, von Staats wegen verehrten Gottheiten einzelne Tempel geweiht waren, in denen ihre wohl meist aus Gold oder anderem edlen Metall gefertigten Standbilder aufbewahrt und angebetet wurden.[16)]

Die meisten Chronisten stimmen ebenso wie die Mehrzahl der Peruanisten darin überein, daß die zentralen Gestalten der inkaischen Götterwelt der als Schöpfer charakterisierte *Wiraqocha*, dazu der Sonnengott *Inti* und der mit Donner, Blitz und Regen in Verbindung gesehene *Illapa* waren. Einer von ihnen, *Inti*, galt als verheiratet mit *Mama Quilla*, der Mondgöttin, die auch als seine Schwester gesehen wurde.

Nach der bis in die siebziger Jahre hinein allgemein anerkannten Schulmeinung (z.B. Trimborn 1961:142) wurde *Inti* als die eigentliche Stammgottheit der Inka charakterisiert, während *Wiraqocha* teils als alte andine Hochgottheit gesehen (ebd.:141), teils aber auch als inkaische Erfindung interpretiert wurde (Rowe 1960:414f.). Letzterer Ansatz bezog sich vor allem auf seine Funktion als Höchstes Wesen und das mit ihm verbundene Konzept einer allgemeinen Schöpfung.

---

15 Gemäß dem in der Kolonialzeit aufgezeichneten *ceque*-System, gedachten Linien, die radial vom Haupttempel *Coricancha* in Cuzco ausgingen, gab es rings um die inkaische Hauptstadt 328 Kultstätten (vgl. Zuidema 1964 und 1974-76:210ff., Lit.!).

16 Fast ausnahmslos haben diese Götterbilder die Wirren der Conquista nicht überstanden, sei es, daß sie der Goldgier der Spanier zum Opfer fielen, sei es, daß sie von den Indianern rechtzeitig und für immer verborgen oder vernichtet wurden. Nur ein Götterstandbild konnte noch beschrieben werden, und zwar das von *Punchao*, einer Verkörperung von *Inti* (Zuidema 1974:76:199, Lit.!)

Bei gründlichem Studium aller Chronisten-Aussagen über *Wiraqocha*, *Inti* und *Illapa* wird der Leser mit einer Reihe von Unstimmigkeiten und Widersprüchen konfrontiert, die unterschiedliche Einschätzungen dieser Gottheiten in der wissenschaftlichen Literatur nur allzu verständlich machen. Eine einleuchtende Erklärung dieser Unstimmigkeiten hat kürzlich Demarest (1981) gegeben, der unter Rückgriff auf das altandine Konzept der Mehrfaltigkeit der Götter[17] eine überraschende Deutung der zentralen Gestalten des inkaischen Götterhimmels bietet. Teilweise auf Forschungsergebnisse des Strukturalisten Zuidema (1974-76:228) gestützt, gelingt es Demarest, recht überzeugend darzulegen, daß *Inti* und *Wiraqocha* im Grunde identisch sind (1981:26ff.; 32) und daß *Illapa* nichts anderes ist als ein weiterer Aspekt dieser mithin sehr komplexen andinen Schöpfergottheit (ebd.: 36f.).[18]

Freilich waren *Wiraqocha/Inti/Illapa* und die schon erwähnte Mondgöttin *Mama Quilla* nicht die einzigen von den Inka verehrten Höheren Wesen. Sternbilder und Einzelgestirne sowie die Wassergottheit *Mamacocha* gehörten sicherlich von Anfang an zur Götterwelt Tawantinsuyus, die sich allerdings mit der Expansion des Reiches ständig vergrößerte, da die Inka in ihrer staatsmännischen Klugheit die Stammesgottheiten der unterworfenen Völker ihrem eigenen Pantheon einverleibten.

Neben diesen für die Staatsreligion bedeutenden Gottheiten darf eine Gestalt nicht unerwähnt bleiben, die für die Frömmigkeit des Volkes von eminenter Wichtigkeit war (und ist), *Pachamama*, die Erdgöttin. Soweit wir wissen, gab es für sie weder ein Standbild noch einen Tempel, doch galten gerade ihr Opferhandlungen und Gebete des einfachen Mannes nicht nur im Inkareich (s.u.). Ebenso wohl mehr Bestandteil der Volksreligion war der Glaube an eine Fülle von anderen Geistwesen, vor allem die bereits oben genannten Naturgeister, die *waq'a*, sowie die Totengeister. Dem persönlichen Wohlergehen galten *conopa* (= Amulette); und sein Haus glaubte der Indianer durch die *wasicamayoc* (= Hausgeister) geschützt.

---

17 Wie aus den Mythen von Huarochirí am Beispiel des Pariacaca (s.o.) sehr plastisch hervorgeht, dachten sich die Indianer im präkolumbischen Peru mehrfaltige Götter zwar als e i n e Persönlichkeit, die jedoch in verschiedenen, mit unterschiedlichen Aspekten identischen Gestalten aufzutreten pflegte, eine Vorstellung, die den spanischen Chronisten kaum begreiflich werden konnte.

18 Das Bild ist jedoch komplizierter als es in diesem Rahmen scheinen mag. So zerfallen z.B. *Inti* und *Illapa* ihrerseits in mehrere verschiedene Aspekte (Demarest 1981:39ff.).

Menschen dienen den Gottheiten

Die intensive Frömmigkeit der indianischen Bevölkerung des zentralen Andenraums zeigt sich am deutlichsten im devoten Ausüben von Gottes-Diensten, sei es in den christlichen Kirchen oder in den heute noch vollzogenen Riten zu Ehren nichtchristlicher Gottheiten. Die auch jetzt noch zu beobachtende enge Verknüpfung der Religion mit dem alltäglichen Leben wurzelt wohl tief in der Vergangenheit. Quelle unserer Erkenntnis vorinkaischer Kulte sind freilich fast ausschließlich die Ergebnisse der archäologischen Forschung.

So erlauben z.B. Darstellungen auf der Mochica-Keramik Rückschlüsse auf die Sitte des Menschenopfers für die Hauptgottheit dieser Zeit (Berezkin 1980:10). Für den gesamten nördlichen Teil des uns hier beschäftigenden Raumes ist der Brauch, führenden Persönlichkeiten des politischen oder religiösen Lebens Angehörige und/oder Diener für Dienste im Jenseits tot oder lebendig mit ins Grab zu geben, durch Ausgrabungen einwandfrei belegt (vgl. Meyers Ms. 1986). Die Kulthandlungen der Einwohner des Chimú-Reiches lassen sich in drei Kategorien einteilen, in den offiziellen, von einflußreichen Orakel-Priestern geprägten Staatskult, in Riten von lokaler Bedeutung und in den Totenkult (Ravines 1980:211ff.). Von den Verstorbenen, deren Gräber – wie schon in früheren Epochen – entsprechend ihrer sozialen Stellung im Diesseits mehr oder weniger reichhaltige Sachbeigaben und – im Fall von hervorragenden Persönlichkeiten – auch Verwandte und Diener mitgegeben wurden, erwarteten sicherlich nicht nur die Chimú Fürsprache bei den Gottheiten im Jenseits.

Ebenso wie der Totenkult wurden auch Riten zur Steigerung der Ernteerträge bereits in vorinkaischer Zeit durchgeführt. Detaillierte Kenntnisse von Fruchtbarkeitskulten nicht-inkaischen Ursprungs verdanken wir dem Manuskript von Huarochirí. Dort werden in unterschiedlicher Ausführlichkeit religiöse Feste geschildert, deren einzelne Rituale, wie z.B. das Tragen eines symbolischen Leichnams über die Felder, die Durchführung von symbolischen Tötungen oder sexuell geprägte Tänze zu Ehren einer Muttergottheit in engem Zusammenhang mit der Fruchtbarkeit stehen (Kelm 1967:279ff.). Während anscheinend sowohl bei den Mochica als auch im Chimú-Reich kultische Wettläufe ebenfalls dem Gedeihen von Feldfrüchten dienten, sollen sie in Huarochirí die Vermehrung der Lama-Herden bewirken (Kelm 1967:283).

Hinsichtlich des Inka-Reichs stammen Informationen über Anlässe, Plätze und Träger von kultischen Handlungen sowie über einzelne

Riten wiederum vornehmlich aus den schriftlichen Quellen der Kolonialzeit, die freilich mit fortschreitender archäologischer Erforschung des ekuadorianischen, peruanischen und bolivianischen Hochlandes in zunehmendem Maße durch die Forschungsergebnisse der Archäologie ergänzt werden.

Der Pflege des vom Staat getragenen Kultlebens widmete sich im Inkareich eine dem Beamtenapparat vergleichbare, rangmäßig gestaffelte Priesterschaft. An ihrer Spitze stand als höchster geistlicher Würdenträger der *willac umu*. Hohes Ansehen genossen die *acllakuna*, die aus allen Reichsteilen stammenden "auserwählten Jungfrauen", die in eigens für sie errichteten klosterähnlichen Gebäuden, den *acllawasi*, unter der Aufsicht älterer Priesterinnen, der *mamakuna*, standen.

Den Priestern oblag vor allem die gewissenhafte Organisation und Durchführung der offiziellen Kulte, die teils in meist mehrtägigen Festen bestanden, die eng an das Agrarjahr geknüpft waren.[19)] Teils besaßen die Kulte aber auch einen anderen Hintergrund. So gab es ausgedehnte Totenrituale (z.B. Arriaga 1920:59f.,84). Von hervorragender Bedeutung waren die *capacocha*[20)] genannten Feierlichkeiten, die das ganze *Tawantinsuyu* einbezogen und in Menschenopfern gipfelten, oder auch Übergangsriten (z.B. Guaman Poma 1936:793; Garcilaso 1959,II:30). Bei den einfachen Bürgern im Kreise der Familie gefeiert, boten letztere Anlaß zu alljährlichen Staatsfeiern, wenn es sich um die Initiation der Adelsjugend von Cuzco handelte. Sie fanden dann im Zusammenhang mit dem *Kapac Raymi* zur Sommersonnenwende statt.

Unter den einzelnen Riten, die anläßlich der Kultfeste von Priestern ausgeführt wurden, sind die Opfer an erster Stelle zu nennen. Außer den Menschenopfern, die, im Ganzen gesehen, zahlenmäßig wohl weniger bedeutend waren, sind vor allem die Lamaopfer oder

---

19 Im Zusammenhang mit dem inkaischen Kalender wurden allmonatlich religiöse Feste durchgeführt, von denen hier nur die wichtigsten erwähnt werden sollen, *Kapac Raymi* und *Inti Raymi*, die anläßlich der Sonnenwenden veranstaltet wurden, sowie das dem Mond gewidmete *Koya Raymi* oder das *Aymoray*, das mit der Maisernte im Mai verbunden war.

20 In die Art der Durchführung und die Funktion der Menschenopfer-Rituale im Inkareich, vor allem auch in die mit ihnen verbundenen Meschanismen politischer, sozialer und wirtschaftlicher Art gestatten die Forschungsarbeiten von Duviols (1976) einen aufschlußreichen Einblick. Demnach wurden die Opfer — außer makellose Kinder auch Tiere und Gaben pflanzlicher und mineralischer Art — in feierlichen Prozessionen entlang der *ceque* genannten, gedachten Linien aus allen Teilen Tawantinsuyus nach Cuzco geführt, dort verschiedenen Weihe-Riten unterworfen und dann teils in Cuzco selbst, teils in Kultstätten der Provinzen — nach feierlicher Prozession dorthin — dargebracht.

die Darbringung von Meerschweinchen zu nennen. Daneben dienten als Gaben an die Gottheiten u.a. aber auch *Chicha* und Coca, verschiedene Speisen, Wolle und ganze Kleidungsstücke, die *mullu* genannten Seemuscheln sowie goldene und silberne Miniaturfiguren (vgl. z.B. Polo de Ondegardo 1916:39).

Gebete an die Gottheiten spielten eine bedeutende Rolle in der offiziellen Religion, wie sie sicherlich auch im privaten Rahmen wichtig waren (vgl. Trimborn 1936:216f.). Als ein hervorragendes Machtinstrument der Priester sind die Wahrsageriten zu nennen, die wesentlicher Bestandteil der staatlichen Kultfeste waren. Andererseits wurde das Wahrsagen – z.B. aus Eingeweiden geopferter Tiere, aus Cocablättern und vielen Dingen mehr – auch aus vielerlei anderen Anlässen vollzogen. Schließlich waren langandauernde Tänze und Tanzgesänge sowie rituelles Chicha-Trinken wichtige Handlungen aller Feste.

Eine weitere Aufgabe der Priester war die Abnahme einer Art Beichte, die ebenfalls als bedeutendes Machtmittel in ihren Händen gesehen werden muß, gestattete sie ihnen doch das Auferlegen von Bußen aller Art für den Sünder.

Neben den offiziellen Festen und Kulthandlungen dürfen die Praktiken der Volksreligion nicht vergessen werden, die seit alters bis in die heutige Zeit teils von der Dorfgemeinschaft, teils auch von jeder Familie für sich durchgeführt wurden. Da sind in erster Linie die Opferhandlungen für *Pachamama* zu nennen, die anläßlich der verschiedenen Phasen der Feldbestellung begangen wurden. Wichtig waren in diesem Zusammenhang vor allem das Versprengen des Blutes geopferter Tiere und von *Chicha* sowie das Vergraben bestimmter Gaben im Erdboden. Auch Tänze auf den Feldern und die Beachtung einer ganzen Reihe von Fastengeboten dienten der Verehrung der *Pachamama*. Für *Zaramama*, die Maisgöttin, deren Symbol in jedem Haushalt aufbewahrt wurde, hielten die Familienväter Opferriten in privatem Rahmen ab. Das gleiche galt für *Cocamama*, die "Mutter Koka" und *Ajomama*, die "Kartoffelmutter".

Ebenfalls im privaten Kreis der Verwandten und Freunde wurden die Totenfeierlichkeiten des einfachen Mannes begangen. Hierbei spielten (und spielen) besonders die Totenwache und das rituelle Waschen der Wäsche des Verstorbenen eine Rolle.

Schließlich sei als eine individuelle Kulthandlung das Niederlegen von einzelnen Steinen und kleinen Opfergaben an Steinhaufen, den *apachita*, erwähnt. Diese Gaben werden auf Berggipfeln dargebracht und richten sich an Berggottheiten. Es handelt sich dabei um einen seit alters geübten und bis heute gepflegten Brauch.

Literatur

Agustinos
1918 Informaciones acerca de la Religión y Gobierno de los Incas. Relación de Idolatrías en Huamachuco, por los primeros Agustinos... Col. de Libros y Domumentos referentes a la Historia del Perú, Serie I,11. Lima.

Arriaga, Pablo Joseph de
1920 La Extirpación de la Idolatría en el Perú... Col. de Libros y Documentos referentes a la Historia del Perú, Serie II,1. Lima.

Avila, Francisco de
1967 Francisco de Avila. Hrsg. von Hermann Trimborn und Antje Kelm. Berlin.

Berezkin, Yuri E.
1980 An identification of anthropomorphic mythological personages in Moche representations. Ñawpa Pacha 18:1-26. Berkeley, Cal. (Lit.!).

Betanzos, Juan de
1924 Suma y Narración de los Incas. Col. de Libros y Documentos referentes a la Historia del Perú, Serie II,7. Lima.

Blas Valera
1950 Relación de las Costumbres antiguas de los Naturales del Pirú. Tres Relaciones de Antigüedades Peruanas, pp. 133-203. Asunción del Paraguay.

Calancha, Fray Antonio de la
1963 Corónica Moralizada del Orden de San Agvstín en el Perv... Barcelona.

Cieza de León, Pedro de
1980 Segunda Parte de la Crónica del Perú... M. Jiménez de la Espada (ed.). Madrid.

Demarest, Arthur A.
1981 Viracocha. The Nature and Antiquity of the Andean High God. Peabody Museum Monographs, 6. Cambridge, Mass. (Lit.!).

Donnan, Christopher B.
1976 Moche Art and Iconography. Los Angeles.

Duviols, Pierre
1976 La Capacocha. Mecanismo y Función del Sacrificio Humano. Allpanchis 9:11-57. Cuzco.

Earls, John and Irene Silverblatt
1978 La realidad física y social en la cosmología andina. Actes du 42ème Congrès International des Américanistes 4:299-325. Paris.

Garcilaso Inca de la Vega
1959 Comentarios reales de los Incas, 3 Bde. Lima.

Guamán Poma de Ayala, Felipe
1936 Nueva Corónica y Buen Gobierno. Paris.

Gutierrez de Santa Clara, Pedro
1905 Historia de las Guerras Civiles del Perú (1544-1548) y de otros Sucesos de las Indias, 3. Col. de Libros y Documentos referentes a la Historia de América 4. Madrid.

Hocquenghem, Anne Marie and Patricia Jean Lyon
1980 A class of anthropomorphic supernatural females in Moche iconographxy. Ñawpa Pacha 18:27-48. Berkeley, Cal. (Lit.!).

Kelm, Antje
1967 Götter und Kulte in Huarochirí. Francisco de Avila. Trimborn, H. (Hg.) Berlin (Lit.!).

Kutscher, Gerdt
1950 Chimu. Eine altindianische Hochkultur. Berlin.
López de Gómara, Francisco
1954 Historia General de las Indias. Barcelona.
Lyon, Patricia Jean
1978 Female supernaturals in ancient Peru. Ñawpa Pacha 16:95-140. Berkeley, Cal.
Meyers, Albert
1986 El Sistema Religioso de los Incas. Ms.
Molina, Cristóbal de (El Cuzqueño)
1943 Fábulas y Ritos de los Incas. Los Pequeños Grandes Libros de Historia Americana, Serie I, 4. Lima.
Polo de Ondegardo, Juan
1916 Informaciones acerca de la Religión y Gobierno de los Incas. Col. de Libros y Documentos referentes a la Historia del Perú, Serie I,3. Lima.
Ravines, Rogger
1980 Chanchan. Metrópoli Chimú. Lima.
Rowe, John H.
1960 The Origins of the Creator Worship among the Incas. Stanley Diamond (Ed.): Culture in History, pp. 408-429. New York.
1962 Chavín Art. An Inquiry into its Form and Meaning. New York.
Santacruz Pachacuti Yamqui, Juan de
1950 Relación de Antigüedades deste Reyno del Pirú. Tres Relaciones de Antigüedades Peruanas, pp. 205-281. Asunción del Paraguay.
Trimborn, Hermann
1936 Zwei Gebetsformeln aus präkolumbischer Zeit. Forschungen u. Fortschritte 12, Nr. 17:216-217. Berlin.
1961 Peru und Bolivien mit Nordchile und Nordwestargentinien. Walter Krickeberg et al.: Die Religionen des Alten Amerika, S. 127-170. Stuttgart.
Valcárcel, Luis E.
1959 Etnohistoria del Perú Antiguo. Lima.
Zuidema, R. Tom
1964 The Ceque System of Cuzco. The Social Organization of the Capital of the Inca. Leiden.
1974-76 La imagen del Sol y la huaca del Susurpuquio en el sistema astronómico de los Incas en el Cuzco. Journal de la Société des Américanistes 63:199-230. Paris.

2. Sprachen und Literatur

Roswith Hartmann

Das Bemühen, die Vielfalt der Sprachen des zentral- und südamerikanischen Raumes zu erfassen und zu klassifizieren, kennzeichnet die erste Hälfte dieses Jahrhunderts und ist im wesentlichen verbunden mit den Namen von Jacinto Jijón y Caamaño, Walter Lehmann, Čestmir Loukotka, J. Alden Mason, Paul Rivet (s. Bibliographie).

Es ist nicht Anliegen dieses Beitrages, auf die seinerzeit erstellten Sprachgruppierungen bzw. Sprachfamilien im einzelnen einzugehen. Sie sind vor dem forschungsgeschichtlichen Hintergrund, der Materialgrundlage und Quellenkenntnis der damaligen Zeit zu werten. Die Fragwürdigkeit solcher Klassifikationen, bedingt durch die Heterogenität der verfügbaren Daten in räumlicher und zeitlicher Hinsicht, ist vielfach auch heute noch nicht überwunden und wird in nicht wenigen Fällen wohl auch weiterhin bestehen bleiben.

Gewissermaßen als Zusammenfassung vorangegangener Kategorisierungsversuche unterscheidet Mason (1950) in Bd. 6 des "Handbook of South American Indians" als – gegebenenfalls korrekturbedürftige – großräumige Gruppierungen in nord-südlicher Reihung: "Chibchan", "Languages probably of Chibchan affinities", "Languages of doubtful Chibchan relationships", ferner neben "Chocó, and Cariban of Colombia" als den "Languages of probable Cariban affiliations" zugehörig, "Yunca-Puruhán" mit entsprechenden Untergruppen, des weiteren "Kechumaran", derart Quechua und Aymara zusammenfassend, und schließlich innerhalb der "Languages of possible Arawakan relationships" die Gruppe "Uru-Chipaya-Pukina".

Loukotka's "Classification of South American Indian Languages", 1968 von Johannes Wilbert posthum ediert, stellt als vierte und letzte Fassung seiner vorausgegangenen Klassifikationen das Ergebnis von drei Jahrzehnten sprachvergleichender Studien dar. Die ihr beigegebene Karte ist zweifelsohne ein mutiger und bedeutsamer Versuch, die Verbreitung der autochthonen Sprachen auf dem südamerikanischen Kontinent einschließlich des bis zum Nicaragua-See reichenden Chibcha-Sprachgebietes auch optisch zu veranschaulichen. Sie ist aber zeit-perspektivisch insofern verzerrt, als sie, gemäß den Kriterien der Klassifikation, den sprachlichen Gegebenheiten von der vorspanischen Zeit bis in die Gegenwart Rechnung zu tragen sucht. Ungeachtet einer Reihe von Unzulänglichkeiten weist die Karte für den zentralandinen Bereich, speziell das Territorium der heutigen Republik Peru, ausgedehnte weiße Flächen als unklassifizierte Areale aus[1].

An neueren Veröffentlichungen sei die von Key (1979) angeführt. Sie basiert auf der Gliederung von Greenberg (1960) in "The general classification of Central and South American languages" und bietet demgemäß für den hier vorgegebenen Raum die Großgruppierungen "Macro-Chibchan" und "Andean-Equatorial", wobei Quechua und Aymara zusammen als eine der fünf Untergruppen von "Andean" ausgewiesen werden.

Die überarbeitete und erweiterte Auflage des "Catálogo de las lenguas de América del Sur" von Tovar und Larrueca de Tovar (1984) klassifiziert von Süden nach Norden: "Lenguas andinas del Norte argentino y chileno", "Lenguas resto en los Andes chileno-bolivianos", darunter an erster Stelle "Uru-Puquina", "Aimara", "Quechua", des weiteren "Lenguas de difícil clasificacíon en el Perú", "Lenguas aisladas de Bolivia del Norte y central", "Yungapuruhá", "El gran grupo chibcha", "Lenguas no agrupadas del Perú Ecuador y Colombia" und "Lenguas de América Central", Bezeichnungen, die die Problematik der Klassifikationsversuche genauso erhellen wie die anfangs genannten von Mason.

Ergänzend zu diesem als Orientierungshilfe recht nützlichen "Catálogo...", der jedoch mit Bezug auf einige Daten zum Teil veraltet, zum Teil stark verkürzt ist, wie z.B. für Quechua und Aymara, mit leider auch unvollständiger Kartierung[2], sei hier auf den von Klein und Stark (1985) veröffentlichten Sammelband "South American Indian Languages – Retrospect and Prospect" verwiesen. Wird mit den einzelnen Beiträgen auch nicht das gesamte Spektrum südamerikanischer Sprachen abgedeckt, so geben sie, speziell für die beiden im Andengebiet am weitesten verbreiteten Idiome Quechua und Aymara,

1 Sie wird jedoch von Pottier 1983:196-97 erneut publiziert und trifft, wenn hier auch nur auf das 15. Jahrhundert bezogen, in dieser Form gleichfalls nicht zu.

2 Pottier (1983:92,310,209) reproduziert außer je einer Skizze des gesamten Quechua- bzw. Aymara-Verbreitungsgebietes nebst Unterteilungen im Anhang zu den Beiträgen von Torero bzw. Cárdenas-Albó eine weitere — sehr vereinfachte — zur Illustration des Quechua- und Aymara-Areals. In den Verbreitungskarten (pp. 142,144,148,151) für die einzelnen Andenrepubliken Kolumbien, Ecuador, Peru und Bolivien sind lediglich die ethnolinguistischen Gruppen der östlichen Tieflandregionen detailiert erfaßt.

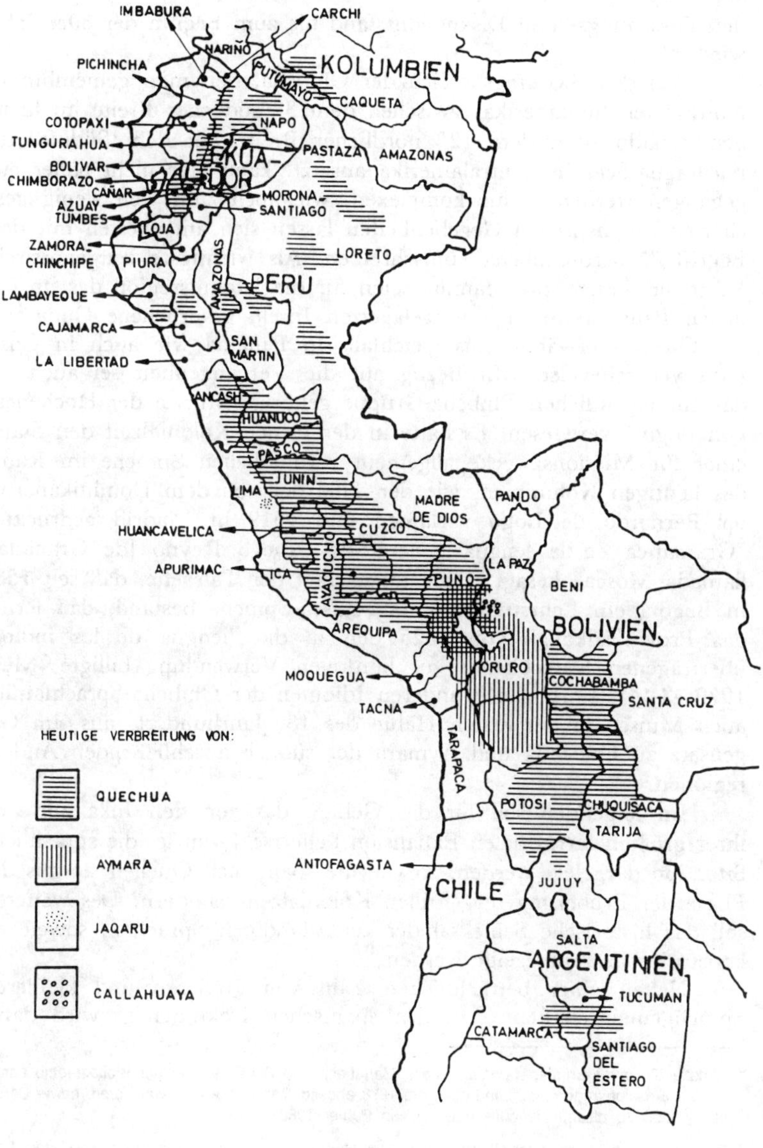
IMBABURA
CARCHI
NARIÑO
PICHINCHA
KOLUMBIEN
PUTUMAYO
CAQUETA
COTOPAXI
NAPO
TUNGURAHUA
PASTAZA
AMAZONAS
BOLIVAR
EKUA-
DOR
CHIMBORAZO
CAÑAR
MORONA
SANTIAGO
AZUAY
TUMBES
LOJA
ZAMORA
CHINCHIPE
PIURA
AMAZONAS
LORETO
PERU
LAMBAYEQUE
CAJAMARCA
SAN
MARTIN
LA LIBERTAD
ANCASH
HUANUCO
PASCO
JUNIN
LIMA
MADRE
DE DIOS
PANDO
HUANCAVELICA
CUZCO
AYACUCHO
LA PAZ
APURIMAC
ICA
PUNO
BENI
AREQUIPA
BOLIVIEN
MOQUEGUA
ORURO
COCHABAMBA
TACNA
SANTA CRUZ
HEUTIGE VERBREITUNG VON:
TARAPACA
QUECHUA
POTOSI
CHUQUISACA
TARIJA
AYMARA
ANTOFAGASTA
JUJUY
CHILE
JAQARU
SALTA
ARGENTINIEN
CALLAHUAYA
TUCUMAN
CATAMARCA
SANTIAGO
DEL
ESTERO

Abb. 59

den Forschungs- und Diskussionsstand bis zum Beginn der 80er Jahre wieder[3].

Auf den Siedlungsbereich der Chibcha, den man gemeinhin im Nordwesten Südamerikas zwischen dem 3° südlicher Breite im heutigen Ecuador und dem 12° nördlicher Breite mit dem Südufer des Nicaragua-Sees in Zentralamerika ansetzt, kann hier nicht näher eingegangen werden. Seine komplexen, wie auch zum Teil wenig gesicherten linguistischen Gegebenheiten lassen sich am ehesten mit dem Begriff "Macro-Chibcha" umschreiben. Als wichtigste zeitgenössische Vertreter dieser Sprachfamilie seien für die Isthmusregion das im östlichen Panama mit den vorgelagerten Inseln gesprochene Cuna und das Guaymi erwähnt, das gleichfalls in Panama wie auch in Costa Rica verbreitet ist. Mit Bezug auf die Vergangenheit sei auch auf das zur eigentlichen Chibcha-Gruppe gehörige Muisca der Hochebene von Bogotá verwiesen. Es hatte in der frühen Kolonialzeit den Status einer für Missionszwecke allgemein verbindlichen Sprache im Raum des heutigen Kolumbien, wie der Titel der von dem Dominikanerpater Bernardo de Lugo verfaßten und 1619 in Madrid gedruckten "Gramática en la lengua general del Nuevo Reyno [de Granada], llamada Mosca" besagt. Doch ungeachtet der Tatsache, daß seit 1582 in Bogotá ein Lehrstuhl für die Muisca-Sprache bestand, daß ferner das Provinzialkonzil von 1625 den in die "lengua de los indios" übertragenen Katechismus zur künftigen Verwendung billigte (Mesa 1979:13-14), starb gleich anderen Idiomen der Chibcha-Sprachfamilie auch Muisca in der ersten Hälfte des 18. Jahrhunderts aus, im Gegensatz zu Quechua und Aymara der südlich anschließenden Andenregionen.

Im folgenden soll für das Gebiet, das von den Inka zur Zeit ihrer größten territorialen Expansion beherrscht wurde, die sprachliche Situation dargelegt werden, so wie die spanischen Quellen sie aus der Phase der Eroberung und frühen Kolonialzeit schildern. Des weiteren soll das historische Schicksal der zentralandinen Sprachen, soweit rekonstruierbar, aufgezeigt werden.[4]

Neben einer beträchtlichen Zahl von größeren und kleineren Sprachgemeinschaften – in den spanischen Dokumenten wird dafür

---

3 s. dazu die unter Briggs, Hardman, Klein, Mannheim und Stark 1985 in der Bibliographie aufgeführten Einzelbeiträge; ergänzend dazu die 1978 abgeschlossenen Artikel von Torero sowie Cárdenas y Albó zu diesen "lenguas mayores" in Pottier 1983.

4 Zwecks ausführlicherer Darstellung s. die unter Hartmann in der Bibliographie aufgeführten Titel, jedoch unter Beachtung des Abfassungs- bzw. Publikationsdatums.

unterschiedslos der Begriff "lengua" verwendet – gab es einige wenige Hauptsprachen, sog. "lenguas generales", die über ein ausgedehntes Gebiet hin als Verständigungsmittel dienten. Oftmals hatten sie diese Funktion neben einer Vielzahl von Einzelsprachen, die einzelne Chronisten auf Hunderte, sogar Tausende veranschlagen, sollen sie doch von Siedlung zu Siedlung, von Tal zu Tal verschieden gewesen sein. Die bedeutendste der "lenguas generales" war Quechua bzw." la lengua general del Inga", auch als "la lengua del Cuzco" bezeichnet. Sie war von den Inka im Zuge ihrer Eroberungen als offizielle Sprache mit dem Ziel der sprachlichen Integration der dem Imperium neu eingegliederten Gebiete eingeführt worden. Unter spanischer Herrschaft wurde sie dann als Missionssprache anerkannt und weiter verbreitet. Alfredo Torero (1970:232) präzisiert die "lengua general del Inga" als 'Quechua, vorrangig in Form seiner südlichen Varietäten'[5].

Als weitere "lenguas generales" gelten im allgemeinen Aymara aus der Aru- bzw. Jaqi-Sprachfamilie und Puquina; ergänzend sei als Verkehrssprache im nördlichen peruanischen Küstenbereich auch Muchic bzw. Yunga erwähnt.

Puquina wird als die älteste und im südandinen Bereich als am weitesten verbreitete Sprache angesehen und in zeitlicher Hinsicht der Tiahuanaco-Periode des mittleren Horizontes (→ 2-Ib3) zugeordnet. Zur Zeit der Entdeckung soll es über ein Territorium verbreitet gewesen sein, das zwischen dem 15. und dem 22. südlichen Breitengrad von nordöstlich des Titicaca-Sees bis in die Küstenregion, die heutigen Departamentos Arequipa, Moquegua und Tacna, reichte. Der schnelle Verlust an Terrain und an Bedeutung als "lengua general" wird durch die Tatsache dokumentiert, daß das Puquina bzw. Dialekte desselben im 16. und frühen 17. Jahrhundert in den Schriftquellen noch erwähnt werden, in der Folgezeit jedoch so gut wie nicht mehr[6]. Die Tatsache, daß Puquina bereits in einem Stadium starker Dialektaufsplitterung angetroffen wurde, dürfte der Grund dafür gewesen sein, daß es in den Quellen des ausgehenden 16. Jahrhunderts weniger als "lengua general", denn als "lengua particular"

5 Mannheim (1985a:481) definiert die Koine und Verwaltungssprache im Tawantinsuyo als "Southern Peruvian Quechua", heutigentages als Cuzco- und Ayacucho-Varietät in den Departamentos Apurimac, Arequipa, Ayacucho, Cuzco, Huancavelica und Puno im südlichen Peru gesprochen.

6 Einem Dokument über die Indianerpfarrei Andahua in der Provinz Arequipa aus dem Jahre 1813 zufolge wurden dort, ungeachtet des Spanischen, sechs autochthone Sprachen gesprochen, u.a. neben Quechua und Aymara auch Puquina.

ausgewiesen wird, bzw. einem Dokument von 1573 zufolge als fast nur noch von Frauen gesprochen (Espinoza Soriano 1982:185; Torero 1970:234-35). Der Niedergang des Puquina scheint auch durch die Anordnung des Vizekönigs Francisco de Toledo beschleunigt worden zu sein, sich in der Provinz Potosí künftig weder dieser Sprache noch des Aymara zu bedienen und stattdessen die nachfolgende Generation in der "lengua general del Inga" zu unterweisen.

Frühe Aufzeichnungen des Jesuiten Alonso de Barzana zu Wortschatz und Grammatik des Puquina nebst christlich-religiösen Texten sind verloren gegangen. Ein geringer Teil des Vokabulars konnte aus Übernahmen in eine spätere Publikation ermittelt werden. Puquina besteht, wie Stark (1972) nachgewiesen hat, im Machaj-Juyai fort, der sog. "Geheimsprache" der Callahuaya in der Region von Charazani, im bolivianischen Departmento La Paz. Es wird nur von Männern als eine Art Berufssprache bei Heilungszeremonien gesprochen und verbindet in Form einer Mischsprache ein reduziertes Puquina-Vokabular mit Quechua-Morphologie. Ein schlüssiger Beweis für die u.a. von Rivet vertretene These von einer Verwandtschaft zwischen Puquina und Uru-Chipaya, die auch die eingangs zitierte Klassifikation von Mason (1950) wiedergibt, konnte hingegen nicht erbracht werden (Torero 1970:235).

Zeigt sich aus dem Vorhergesagten die Kärglichkeit der verfügbaren Daten über das Puquina bzw. dessen Dialekte in linguistischer Hinsicht, so sind die Informationen über die geographische Verbreitung wie auch das Nebeneinander mit anderen Sprachen gleichermaßen dürftig. Angaben in den "Relaciones geográficas" wie auch anderen Schriftquellen ergeben ein relativ grobes Raster der Verhältnisse. Lediglich ein Dokument, die "Copia de los curatos y doctrinas que se proveen por el patronazgo en este obispado de La Plata, ..." spezifiziert Ende des 16., Anfang des 17. Jahrhunderts für ein relativ großes Gebiet – die heutige Republik Bolivien, das peruanische Departamento Puno und die chilenische Provinz Antofagasta – nach Ortschaften und Pfarreien gegliedert die von den Gläubigen gesprochenen Sprachen, neben dem überwiegenden Teil Aymara, auch Quechua sowie Puquina bzw. Uruquilla (s. Bouysse-Cassagne 1975; Espinoza Soriano 1982:183-195).

Für die Sprachfamilie, der das Aymara und ihm verwandte Dialekte bzw. Varietäten angehören, scheint neuerdings der von Torero (1970:237-238) als Sammelbezeichnung eingeführte Terminus "Aru" weitgehend akzeptiert zu sein, im Gegensatz zu der von Martha Hardman bevorzugten Benennung "Jaqi". Zu ihr zählen heute außer dem auf ca. 2 Millionen Sprecher veranschlagten Aymara im südlichen Peru, Bolivien sowie Nord-Chile noch Jaqaru und Cauqui. Jaqaru wird von 2-3000 Personen vornehmlich in der Ortschaft Tupe in der Provinz Yauyos im Departmento Lima gesprochen, aber auch in anderen Orten der Küstenregion. Cauqui ist noch in den Dörfern Cachuy und Chavín anzutreffen, gleichfalls in der Provinz Yauyos des Departamento Lima. Sein Aussterben steht unmittelbar bevor, da es nur noch wenigen alten Leuten geläufig ist[7].

Aru- bzw. Jaqi-Sprachen müssen ursprünglich im mittleren Andenbereich weit verbreitet gewesen sein. Toponyme in quechua-sprachigen Gebieten lassen auf eine frühere Besiedlung durch Aymara bzw. ihm verwandte Sprachgruppen schließen. Die Ortsnamen-Endung *-marca* = "Ortschaft, Siedlung" veranlaßte bereits Middendorf (1890, I:24-25), ein ziemlich ausgedehntes Verbreitungsgebiet zu vermuten. Die neuere linguistische Forschung neigt dazu, für das 16. Jahrhundert ein sehr großflächiges Aymara-Substrat in den heutigen Departamentos Cuzco, Arequipa und Apurimac sowie eine Verbreitung von Aru-Dialekten nach Norden bis in die Provinzen Huarochirí und Yauyos im Departamento Lima und das Mantaro-Tal anzunehmen. Bezüglich der Sprachensituation im Kerngebiet des Inkareiches geht Torero (1970:240-41) davon aus, daß die Hauptstadt Cuzco noch im 16. Jahrhundert in aymara-sprachige Regionen eingebettet lag, die Quechuisierung aber in vollem Gange war und als relativ rezentes Phänomen in diesem Raum anzusehen ist[8]. Es steht außer Frage, daß das Aymara wie auch andere Aru-Dialekte im Laufe der Zeit beträchtliche territoriale Einbußen durch das Quechua erlitten haben[9].

Bevor auf die bedeutendste der Hauptsprachen, die "lengua general del Inga", d.h. Quechua, eingegangen wird, sei der derzeitige Kenntnisstand über die Sprachensituation im Küstenbereich des heutigen Peru knapp resümiert.

7 Hardman (1978:6) geht davon aus, daß zumindest zwei der Jaqi-Sprachen im 20. Jahrhundert untergegangen sind, die eine in Canta, nördlich von Lima, die andere in Huantán de Yauyos. Auch in Huarochirí, in der gleichnamigen Provinz im Dep. Lima gelegen, soll es noch bis vor wenigen Jahrzehnten ein bis zwei Jaqi-Sprecher gegeben haben.

8 Demgegenüber weist Mannheim (1985b:653) darauf hin, zumindest für bestimmte Regionen die Auswirkungen inkaischer Umsiedlungspolitik nicht außer acht zu lassen, d.h. die Möglichkeit aymara-sprachiger Mitimaes in den Departamentos Ayacucho und Huancavelica.

9 Für das Dep. Cochabamba, Bolivien, ehemals zum Aymara-Sprachgebiet gehörig, in dem die Quechuisierung unter den Inka einsetzte und das heute quechua-sprachig ist, werden 70 % der Ortsnamen als Aymara ausgewiesen; s. dazu Trimborn (1970:196-201), ferner Cárdenas y Albó (1983:283,286).

Innerhalb der Grenzen des Reiches von Chimor, das zur Zeit der Eroberung durch die Inka (ca. 1470) an der nördlichen peruanischen Küste von Tumbes bis Paramonga, bzw. Carabayllo reichte, wurden verwandte Sprachen oder Dialekte gesprochen, die am besten unter der relativ neutralen Bezeichnung "Yunga" zusammengefaßt werden sollten. Dies ist ein Quechua-Begriff, der soviel wie 'heiße Region bzw. Tal' besagt und auch im Titel der einzigen erhaltenen Grammatik, der "Arte de la lengua yunga" des Geistlichen Fernando de la Carrera von 1644 genannt ist. Die "Coronica moralizada" des Augustinerpaters Antonio de la Calancha aus dem Jahre 1638 überliefert zwei Sprachbezeichnungen: Quingnam, die eigentliche Sprache der Chimú, über den Küstenstreifen vom Chicama-Tal bis nördlich von Lima verbreitet, und Muchic, dessen Sprachbereich die Küstentäler zwischen Mórrope und dem Chicama-Tal sowie den westlichen Andenabfall bis Frias und Huancabamba umfaßte (Rivet et Créqui-Montfort 1951-56,I:VIII). In der Ortschaft Etén im Departamento Lambayeque hat sich Muchic bis ins 20. Jahrhundert erhalten[10)].

Calancha und einige wenige Hinweise aus anderen Schriftquellen belegen darüber hinaus die Existenz einer weiteren verwandten Küstensprache bzw. eines Yunga-Dialektes, der offenbar nur von den Fischern gebraucht und verstanden wurde. In den letzten Jahren ist Joel Rabinowitz dieser Sprache, als "Lengua Pescadora" oder einfach nur "La Pescadora" überliefert, nachgegangen[11)]. Die Existenz dieser Pescadora-Sprache wird oft in Frage gestellt, nicht zuletzt, weil ein Brief des Bischofs von Trujillo vom 12. April 1651 sie nicht erwähnt (Rostworowski de Diez Canseco 1975:320). Auch unter den acht Sprachen, die der Bischof Baltasar Jaime Martínez Compañón Ende des 18. Jahrhunderts für den ausgedehnten Bezirk des Bistums Trujillo aufführt, findet sich kein Hinweis auf "La Pescadora".

---

[10] Der Deutsche Hans Heinrich Brüning, der ab 1875 in Peru gelebt hat, dürfte der letzte gewesen sein, der im Departamento Lambayeque ausführliche Sprachaufzeichnungen über Muchic machen konnte. Das von ihm aufgezeichnete Wörterverzeichnis mit mehr als 1200 Einträgen soll in Kürze aus seinem Nachlaß im Hamburgischen Museum für Völkerkunde in der Bearbeitung von Richard Schaedel von der University of Texas in Austin veröffentlicht werden. Kurze Listen mit Muchic-Vokabeln und Äußerungen, aufgezeichnet bzw. kopiert in den Jahren 1948 und 1951, finden sich bei Kosok (1965:248-49).

[11] Zunächst in seiner der Faculty of the Graduate School of the University of Texas at Austin 1980 vorgelegten Magisterarbeit "Pescadora, the Argot of Chimú Fishermen" (unveröffentlicht) sowie danach in einem Artikel (1983). In einem jüngst erschienenen Beitrag versucht Torero (1986:540-41) nachzuweisen, daß Muchic bzw. Yunga und Quingnam mit La Pescadora als "variedad social" nicht miteinander verwandte Sprachen waren.

Die Existenz eines Küsten-Quechua hingegen, von Parker in den 60er Jahren als "extinct coastal dialect" bezeichnet, steht heutigentags außer Frage. Es muß relativ rasch untergegangen sein, gleich anderen bekannten und nicht bekannten autochthonen Sprachen der Küstenregion, in der Spanisch sich mehr und mehr durchsetzte und letztlich vorherrschend wurde. Mit dem Hinweis auf die Beobachtungen des Jesuitenpaters Wolfgang Bayer (1776:84) im Jahre 1751, denenzufolge in dem großen, von indianischen Familien bewohnten Ort Sechura eine sonst nirgendwo im Vizekönigreich Peru gesprochene Sprache neben Spanisch in Gebrauch war, sei zum einen dieser Prozeß der Sprachablösung beleuchtet. Zum anderen soll damit der sporadische Charakter der Quellensituation aufgezeigt werden, denn selbst für das 20. Jahrhundert sind im Zusammenhang mit dem Ort Etén, wo Muchic sich noch in die jüngste Vergangenheit erhalten hat, nur wenig konkrete Informationen verfügbar.

Was das soeben erwähnte Küsten-Quechua anbelangt, so sind im Zuge des Aufschwungs der Forschungsarbeiten zur Sprachensituation im Andenraum die Aufzeichnungen des Fray Domingo de Santo Tomás in den letzten Jahrzehnten in verstärktem Maße als linguistische Quelle herangezogen worden. Es handelt sich dabei um Grammatik und Wörterbuch der "lengua general del Perú", beide 1560 in Valladolid, Spanien, gedruckt, und damit um die frühest verfügbare Dokumentation auf diesem Gebiet. Obwohl Santo Tomás, der 1540 nach Peru gekommen war, selbst nicht angibt, wo er seine Kenntnisse erworben hat, nimmt man heute an, daß sie auf einem inzwischen ausgestorbenen Küstendialekt des Quechua basieren. Dafür spricht der Umstand, daß er lange Jahre in Lima ansässig war, Klöster in Chincha und Chicama gründete und erst gegen Ende seiner geistlichen Karriere, zum Bischof von Charcas ernannt, ins Hochland übersiedelte, nachdem seine beiden Quechua-Werke schon veröffentlicht vorlagen. Bestärkt wird diese Annahme durch die Tatsache, daß Santo Tomás u.a. nicht die phonologischen Charakteristika der Cuzco-Quechua-Varietät verzeichnet, d.h. die Opposition zwischen einfacher, aspirierter und glottalisierter Artikulation bei den Okklusiven. Betrachtet man sein Werk insgesamt, kann der Einwand, er könne Quechua Cuzqueño aufgezeichnet haben, ohne Verschriftung der dem Spanischen nicht geläufigen Laute mit Hilfe der spanischen Orthographie, nur negativ beschieden werden. Für Torero (1964:475; 1970:245,248) besteht nicht der geringste Zweifel, daß der Dominikanerpater den Quechua-Dialekt der zentralperuanischen Küste bzw. das Quechua im Umkreis von Lima beschreibt. Bereits in früheren Jahren hatte der peruanische Ethnohistoriker Raúl Porras Barrenechea in seiner Einleitung zur Faksimile-Ausgabe des "Lexicon o Vocabulario de la Lengua General del Perú" 1951 darauf hingewiesen, daß die Quelle der linguistischen Erfahrungen des Santo Tomás in dem "Chinchaysimi", einer Variante der "lengua general" zu suchen sei, die ursprünglich an der Küste beheimatet war und sich vor der Inkazeit in das südliche Hochland verbreitet hatte.

Der Begriff "Quechua"/"Kechwa", wie er heute üblich ist, darf nur als Sammelbezeichnung für eine Reihe von Varietäten bzw. Dialekten oder Dialektgruppen verstanden werden. Eine einheitliche oder insgesamt verbindliche Hochsprache gab und gibt es nicht.

Die Vorstellung, es handele sich bei Quechua um eine einzige Sprache, beruht auf einer bis noch vor rund dreißig Jahren vertretenen, jedoch heutigentags überholten Auffassung. Sie postuliert, die zum Zeitpunkt der Eroberung des Inkareiches durch die Spanier vorhandenen sprachlichen Unterschiedlichkeiten und Varianten seien lediglich das Resultat der von den Inka verbreiteten und den anderssprachigen Ethnien aufgenötigten "lengua general" als Staatssprache. Die Abweichungen seien mithin das Ergebnis der Auseinandersetzung zwischen Superstratsprache und Substratsprachen.

Allein schon in Anbetracht der Tatsache, daß die Zeitspanne der großen Reichsexpansionen ab etwa 1438 bis zur Zerschlagung des inkaischen Imperiums nur knapp ein Jahrhundert umfaßte, war es naheliegend, sich zu fragen, wie die Verbreitung einer allgemein verbindlichen Sprache innerhalb so kurzer Zeit erfolgen konnte, auch wenn sie vielerorts nur oberflächlicher Natur war. Da die Schriftquellen keine befriedigenden Erklärungen für die großflächige Quechuisierung durch die Inka zu geben vermögen, ist vor allem seit Ende des letzten Jahrhunderts immer wieder die Frage gestellt worden, ob die Maßnahmen der inkaischen Zentralgewalt, wie die Einsetzung von Sprachlehrern, die Umsiedlung von Mitimaes, also Kolonistengruppen, die Erziehung der Häuptlingssöhne unterworfener Ethnien in Cuzco, die rasche und großräumige Verbreitung der "lengua general" zu erklären vermögen. Die Frage nach der in vorinkaischer Zeit dominierenden Sprache hat zu regelrechten Polemiken zwischen sog. Aymaristen und Vertretern eines präinkaischen Quechuismus geführt. Bereits 1853, mit größerem Nachdruck 1884, hatte der Schweizer Natur- und Sprachforscher Johann Jakob von Tschudi in seinen Veröffentlichungen über "Die Kechua-Sprache" die These verfochten, daß, von wenigen lokalbegrenzten Ausnahmen abgesehen, Quechua überall dort, wo es heutigentages verbreitet ist, schon lange vor dem Auftreten der Inka gesprochen worden sei.

In den 60er Jahren dieses Jahrhunderts haben die beiden Sprachwissenschaftler Gary Parker und Alfredo Torero unabhängig voneinander mit linguistischen Methoden und ohne historische Kriterien zu berücksichtigen eine neue Klassifikation der Quechua-Dialekte erarbeitet. Sie umfaßt zwei Großgruppierungen, von Parker A und B, von Torero II und I, später "Wampuy" – seit kurzem "Wampu" – und "Waywash" benannt, wohingegen der peruanische Linguist Rodolfo Cerrón-Palomino 1980 die Bezeichnungen "Quechua Central" und "Quechua Norteño-Sureño" einführt. Letztere mögen insofern einprägsamer sein, als "Quechua Central" für die Gruppe der Quechua-Varietäten bzw. Dialekte steht, die in den peruanischen Departamentos Ancash, Huánuco, Pasco und Junín sowie einigen Provinzen der Departamentos Lima, Huancavelica und Ica verbreitet sind, wohingegen "Quechua Norteño-Sureño" den darum gelagerten Quechua-Sprachbereich, vom südlichen Kolumbien bis hin nach Nordwest-Argentinien und Nord-Chile umfaßt. Die Zahl der Quechua-Sprecher insgesamt dürfte derzeit 9-10 Millionen betragen. Inwieweit es gerechtfertigt ist, für die beiden Großgruppierungen auch zwei verschiedene Sprachen zu unterstellen, kann hier nicht erörtert werden, noch worin im einzelnen die signifikanten Unterschiede bestehen. Generalisierend sei auf die von Parker seinerzeit gegebene Umschreibung verwiesen, derzufolge sich beide voneinander unterscheiden wie Spanisch und Französisch.

Die glottochronologische Datierung ergab, daß die Aufspaltung aus dem Proto-Quechua in jedwedem Fall vor die Inka-Zeit zurückreicht.

Torero hatte es vorgezogen, die Gruppierung der zentralperuanischen Quechua-Varietäten mit I zu bezeichnen, da es sich hier, nach Ausweis zahlreicher Archaismen und starker Dialektaufsplitterung, um ein altes Quechua-Areal im Gegensatz zu der nördlich und südlich angrenzenden geographischen Verbreitung handeln müsse.

In seiner Studie "Lingüística e Historia de la Sociedad Andina" unternahm er dann 1970 den Versuch, die linguistischen Daten über das Puquina, die mit dem Terminus Aru zusammengefaßten, dem Aymara verwandten Dialekte und das Quechua mit den verfügbaren Schriftquellen sowie den archäologisch belegten Aufschlüssen über zeitliche Abläufe im Andengebiet in Korrelation zu bringen. Dabei war er bestrebt, Entstehung und Ausbreitung dieser Sprachen bzw. Sprachfamilien in das Chronologieschema der drei durch zwei Zwischenperioden getrennten Horizonte (→ 2-Ia1) einzuordnen und zu archäologisch faßbaren Kulturen in Beziehung zu setzen sowie, falls möglich, auch mit schrifthistorisch belegten ethnischen Gruppen.

Im folgenden sei lediglich die historische Rekonstruktion, soweit sie das Quechua betrifft, zusammenfassend wiedergegeben, und zwar anhand der Artikel von Torero aus den Jahren 1983 und 1984, in denen er einen früheren Zeitansatz als in der 1970 vorgelegten Studie vertritt. Demzufolge wird das historische Panorama der großen Sprachen des Andenraumes um einige Jahrhunderte früher angesetzt (s. dazu auch den Kommentar von Cerrón-Palomino in Torero 1984: 390-91).

Das Territorium, das von der ersten Quechua-Expansion erfaßt wurde, entspricht in etwa dem heutigen Verbreitungsgebiet des Quechua I nebst dem angrenzenden Küstenstreifen zwischen dem Río Santa im Norden und dem Río San Juan bei Chincha im Süden. Die Aufspaltung des Proto-Quechua in Sierra-Varietäten, Quechua I, und Küsten-Varietäten, Quechua II, vollzog sich in den ersten Jahrhunderten christlicher Zeitrechnung. Die zweite Expansion wird in die Zeitspanne zwischen dem 6. und dem 9. bzw. 10. Jahrhundert datiert. Diese neuen Ausbreitungen werden ausschließlich von dem Quechua II-Komplex, "Wampu" genannt, getragen und erfassen, in entgegengesetzter Stoßrichtung nach Norden und Süden, weitere Regionen der Küste und Sierra Perus. Die Quechua-Varietäten dieser neuen Ausbreitungen werden für den nördlichen Bereich, im wesentlichen innerhalb der heutigen Departamentos Lambayeque und Cajamarca, zusammenfassend mit "Yungay", die des südlichen mit "Chinchay" bezeichnet. Die Phase der größten Quechua-Expansion vor der spanischen Eroberung wird ab dem 12./13. bis ins 16.Jahrhundert datiert. Das Quechua Chinchay der südlichen peruanischen Küste gewinnt weithin an Terrain, in benachbarten Regionen, wie der von Ayacucho und der von Cuzco, aber auch weit entfernten, so in Ecuador, der nordöstlichen Selva von Peru, in Bolivien, Chile und dem Nordwesten Argentiniens. Im Zuge ihrer Territorialexpansionen übernahmen die Inka Chinchay-Varietäten als Verwaltungssprache und bewirkten zum einen, daß diese, soweit schon verbreitet, sich verfestigten, zum anderen aber in neue Gebiete getragen wurden.

Von dem Inka Huayna Capac ist überliefert, daß seiner Anordnung zufolge im ganzen Land die Chinchay-Sprache gesprochen werden sollte. Aus ihrer Übernahme und Progagierung als offizielle Reichssprache folgert Torero, daß entweder das Chinchay-Quechua zu jener Zeit noch nicht zu sehr in einzelne Dialekte aufgesplittert war oder daß es sich um eine Art Standard-Quechua gehandelt haben muß, das als Verkehrssprache über weite Strecken diente, und von den Spaniern dann als "lengua general" bzw. "Quichua" bezeichnet wurde. Diese dritte, große Expansion des Quechua in der ersten Hälfte des zweiten nachchristlichen Jahrtausends war verbunden mit den kommerziellen Aktivitäten ethnischer Gruppen der mittleren und südlichen peruanischen Küste über Land- und Seerouten, wobei den Händlern von Chincha vorrangig Bedeutung zukommt.

In Anlehnung an Toreros erste historische Rekonstruktion legte kürzlich Hardman (1985:626-28) ihre – spekulative – Version einer Sprachgeschichte des zentralen Andenraumes vor. Sie unterstellt für die Expansionen der Inka, die Puquina als Haussprache hatten, zunächst die Übernahme von Jaqi bzw. Aru als Lingua franca aus der vorangegangenen Tiahuanaco-Huari-Expansionsperiode, an deren Stelle dann im Zuge der Kontakte zu dem weitreichenden Einflußbereich des Kultzentrums Pachacamac an der Zentralküste Perus die dort vorherrschende Chinchay-Varietät des Quechua für expansionistische Zwecke übernommen wurde, etwa hundert Jahre vor Ankunft der Spanier. Eine derartige Rekonstruktion des historischen Ablaufs würde, so Hardman, eindeutig die enorme Ähnlichkeit zwischen dem Cuzco-Quechua und dem Aymara erklären, nämlich ein weitgehend übereinstimmendes Phoneminventar und ein gemeinsames Vokabular von mindestens 20%, evtl. bis zu 30%.

Torero (1970:251) zufolge ist die Besonderheit der glottalisierten und aspirierten Verschlußlaute, die die Quechua-Dialekte vom Typ "Cuzqueño-boliviano" auszeichnen, erst gegen Ende des 15. oder Anfang des 16. Jahrhunderts ausgebildet worden, aller Wahrscheinlichkeit nach unter dem Einfluß von Aru-Dialekten, als das Chinchay-Quechua durch die von Cuzco aus gesteuerten Aktionen bereits weitere Verbreitung gefunden hatte.

Der eigentliche Durchbruch des Quechua Cuzqueño vollzog sich seiner Auffassung nach erst in der Kolonialzeit, im Verlauf der ersten Hälfte des 17. Jahrhunderts, als Folge von Bestrebungen, diese Varietät als die einzig gültige, weil authentisch und unverfälscht im Gegensatz zu allen anderen als mehr oder weniger korrumpiert aufgefaßten, herauszustellen und anzuerkennen.

Die Frage nach den Beziehungen zwischen Quechua und Aymara und ihrer möglichen genetischen Verwandtschaft, seit rund einem Jahrhundert immer wieder erörtert, ist in jüngster Zeit erneut in den Vordergrund gerückt, wie dies Untersuchungen von Adelaar (1986), Cerrón-Palomino (1982), Hardman (1985) und Mannheim (1985b) belegen. Die sog. "Quechumaran"-Hypothese, d.h. eines gemeinsamen Ursprungs, vor allem von Orr und Longacre (1968) herausgearbeitet, hat sich als wenig effizient erwiesen. Die überwiegende Lehrmeinung, von einigen Ausnahmen abgesehen[12)], geht heutigentages dahin, die auffälligen typologischen und lexikalischen Ähnlichkeiten zwischen dem Quechua Cuzqueño und dem Aymara als Folge langwährenden Kontaktes und gegenseitiger Beeinflußung anzusehen.

Der Terminus "Quechumara" sollte, weil wissenschaftsgeschichtlich mit dem Postulat der genetischen Beziehung zwischen beiden Sprachen befrachtet[13)], tunlichst nicht in Klassifkationen (s. die eingangs zitierte von Mason 1950) oder in Bibliographien (z.B. Loriot 1964; Stark 1965) verwendet werden, ungeachtet seiner Handlichkeit als übergreifende Bezeichnung.

Einen weiteren Diskussionsschwerpunkt, im Zusammenhang mit der Verbreitung des Quechua in vorspanischer Zeit, bildet neuerdings der sog. "Fall Ecuador" (Torero 1984, 1985).

Die Herausarbeitung vorinkaischer wie auch inkazeitlicher, jedoch nicht inkaischerseits getragener Quechua-Expansionen hat erneut die Frage nach der Herkunft des ecuadorianischen Quechua bzw. einiger seiner Dialekte und nach deren zeitlicher Stellung aufgeworfen. Damit wurde der bereits in der zweiten Hälfte des letzten Jahrhunderts aufgestellten Hypothese eines "quechuismo preincaico" für Ecuador neue Aktualität verliehen. Die nordamerikanische Anthropologin und Linguistin Louisa R. Stark hatte bereits 1973 in einem Vortrag in Quito – er liegt inzwischen publiziert vor (Stark 1985b:443-58) – den Versuch einer historischen Rekonstruktion unternommen, demzufolge der Ursprung des Quechua in Ecuador zu suchen ist. Eine erste Quechuisierungswelle, vom ecuadorianischen Oriente ausgehend, soll kurz nach 600 unserer Zeitrechnung die zentralen Provinzen des Hochlands von Ecuador erfaßt haben. Von dort in südlicher Richtung vorstoßend soll sie vor dem 9. Jahrhundert an der mittleren Küste

---

12 In seiner Dissertation kommt Büttner (1983:259) zu dem Schluß, daß im zweiten vorchristlichen Jahrtausend ein Quechumaran-Komplex existiert und eine interne Diversifizierung sich schon zu einem sehr frühen Zeitpunkt vollzogen haben muß. Demgegenüber vertritt Hardman (1983:619, 637), die vorrangig die Diskussion von der Aru-/Jaqi-Seite aus bestreitet, die Auffassung, daß Quechua und Aymara nicht auf einen gemeinsamen Ursprung zurückgeführt werden können, "certainly not within the last 50.000 years and not in the Andes". Adelaar (1986:379-81) zufolge sollte die genetische Verwandtschaft, wie weit zurückliegend sie auch sein möge, nicht von vornherein kategorisch ausgeschlossen werden.

13 Es war Mason (1950:196), der diesen "hybrid term" einführte, "to designate the yet unproved but highly probable subphylum consisting of Quechua and Aymara".

Perus bodenständig geworden sein und sich anschließend in andere Teile Perus ausgebreitet haben[14]. Eine zweite Quechuisierungswelle überzog Ecuador dann Jahrhunderte später im Zusammenhang mit den inkaischen Eroberungszügen. Diese rein spekulative Herleitung des Quechua aus den östlichen Tieflandregionen Ecuadors entbehrt, abgesehen von fehlenden schrifthistorischen Belegen, auch jeglicher linguistischen Stütze mit Bezug auf die heute im Oriente gesprochenen Quechua-Dialekte (Hartmann 1979:288-91; dazu auch Stark 1985b:456).

Die prähispanische Quechuisierung eines Großteils von Ecuador in zwei Phasen, davon die erste vorinkaisch, jedoch aus entgegengesetzter Richtung, nämlich von Westen her vorangetragen, die zweite in Verbindung mit der Reichsausbreitung durch die Inka, gilt hingegen inzwischen weitgehend als historische Realität.

Nach Lawrence Carpenter (1984:36) war das Quechua, durch die Chincha von der zentralen und südlichen peruanischen Küste aus verbreitet, wahrscheinlich schon um 900 n.Chr. als Handelssprache an der Küste Ecuadors in Gebrauch, von wo aus es bis in das mittlere Hochland gelangte. Im 15./16. Jahrhundert wurde mit der Ausweitung des inkaischen Imperiums Quechua vom Chincha-Typ als Sprache der Eroberer erneut in Ecuador eingeführt (vgl. auch Torero 1984, 1985).

Der Charakter der Quechua-Dialekte Ecuadors und ihre Beziehung zu anderen des Quechua-Sprachgebietes, vor allem den Varietäten Ayacuchano und Cuzqueño der südlichen Sierra Perus, reizt gewiß zur Hypothesenbildung, zumal sie von diesen durch das geographisch geschlossene Areal des Quechua-I-Komplexes getrennt sind. Nach gegenwärtigem Erkenntnisstand dürfte sich allerdings eine vorinkaische bzw. außerhalb des inkaischen Machtbereichs vollzogene Quechuisierung Ecuadors auf die Fernhandeltreibenden als Berufsgruppe bzw. einheimische Elite beschränkt haben (Hartmann 1979:281-82; Torero 1984:381).

Als historisch abgesichert, weil schriftdokumentarisch belegt, lassen sich zwei Quechua-Expansionen nachweisen. Eine für die vorspanische Zeit, von den Inka im Zuge der Reichsausweitung und Reichskonsolidierung betrieben, eine zweite für die Kolonialzeit, von den Spaniern als den neuen Herren zur Verbreitung der christlichen

14 Torero (1968:314, 1970:248) hatte zunächst für die erste Expansion des Quechua, von der mittleren Küste Perus ausgehend, als frühesten Zeitansatz den Beginn des 10. Jahrhunderts veranschlagt, diesen dann 1970 mit 880 n.Chr. präzisiert.

Heilslehre propagiert. Alle darüberhinausgreifenden Bemühungen, Prozesse der Vergangenheit zu erhellen, sind weitgehend als hypothetisch zu werten. So fehlen beispielsweise an der Küste und im westlichen Tieflandgebiet Ecuadors, also dem Einzugsbereich einer möglichen vorinkaischen Verbreitung des Quechua ins Hochland, Quechua-Toponyme als wichtiges Indiz. Anhand der verfügbaren Quellenangaben läßt sich für die Phase der spanischen Eroberung und die frühe Kolonialzeit innerhalb der ecuadorianischen Sierra, wenngleich nicht ganz lückenlos, das Nebeneinander von autochthonen Sprachen und dem Quechua aufzeigen, das den dort ansässigen ethnischen Gruppen von den Inka auferlegt worden war, und zwar mit offenkundig abnehmender Intensität in süd-nördlicher Ausweitung.

Generell ist festzustellen, daß die Schriftquellen selbst für die Kolonialzeit nur ein äußerst fragmentarisches Bild der linguistischen Situation ergeben. Die Verwendung der "lenguas generales", des Quechua in seiner südperuanischen Ausformung, wie auch in geringerem Maße des Aymara, hat im Laufe der Jahrhunderte die Sprachenkarte innerhalb des ehemaligen Inkareiches völlig verändert. Quechua setzte sich nun in den Hochlandregionen endgültig durch. Es wurde zudem durch die Mission in Gegenden getragen, die, weil außerhalb der Grenzen des Tahuantinsuyu gelegen, nicht von der Ausbreitungskampagne in inkaischer Zeit erfaßt worden waren, so beispielsweise in bestimmte östliche Tieflandregionen.

An der Küste Ecuadors wie auch Perus wurde das Spanische relativ schnell vorherrschend. Das Quechua hat andere Sprachen bzw. Sprachfamilien verdrängt, wie z.B. das Aymara, andere hingegen zum Erlöschen gebracht. Auf den raschen Niedergang des Puquina ist bereits verwiesen worden. Dieser Vorgang einer allgemeinen Sprachablösung dürfte bis Ende des 18. Jahrhunderts vollzogen gewesen sein. Beispielsweise soll das Puruhá im mittleren Hochland von Ecuador noch gegen Ende des 17. Jahrhunderts, wahrscheinlich bis zur Mitte des 18. Jahrhunderts, gesprochen worden sein. Heute sind davon lediglich 32 Vokabeln, vermengt in das dortige Quechua, erhalten.

Nur in den wenigsten Fällen läßt sich der Prozeß der Verdrängung der alten Idiome durch das Quechua und ihr Verschwinden anhand von Schriftquellen zumindest bruchstückhaft und punktuell abtasten. Ein derartiges Beispiel liefern die Quijo, eine der beiden kolonialzeitlich quechuisierten Ethnien des Oriente von Ecuador, bei denen in vorspanischer Zeit mehrere andere, uns nicht bekannte Sprachen in Gebrauch waren. Quechua dürfte als Handels- und Verkehrssprache erst in den letzten Jahren der Inka-Herrschaft im nördlichen Abschnitt des Quijo-Gebietes Einlaß gefunden haben. Das schrittweise, hier nun einmal durch Quellenbelege nachvollziehbare Aufgeben der autochthonen Sprachen zugunsten des Quechua muß gegen Ende des 18. Jahrhunderts abgeschlossen gewesen sein. Von der Vielzahl der ursprünglichen Quijo-Sprachen sind nur drei Vokabeln überliefert. Dieser lexikalische Überrest hatte Jijón y Caamaño seinerzeit veranlaßt, Sprachbeziehungen zu den als Chibcha-sprachig geltenden Colorado der ecuadorianischen Küstenregion aufzuzeigen, was in der Folgezeit dazu geführt hat, daß die Quijo wie auch eine Reihe anderer ethnischer Gruppen Ecuadors, über deren linguistisches Inventar wenig oder so gut wie nichts bekannt ist, der Chibcha-Sprachfamilie zugerechnet werden (s. Tovar y Larrueca de Tovar 1984:178). Bezüglich des überlieferten Vokabel-"Korpus" der Quijo weist Oberem (1980:313-14) nach, daß eines der drei Wörter dem Tupí-Guaraní entstammt, des weiteren, daß bei Rückschlüssen auf sprachliche wie auch kulturhistorische Beziehungen zu anderen Ethnien die Tatsache, daß im Quijo-Gebiet ursprünglich mehrere Sprachen gesprochen wurden, unberücksichtigt bleibt.

Die eingangs nur kurz angedeutete Problematik der Sprachklassifikationen mangels ausreichend verfügbarer Daten, vor allem innerhalb des mit Macro-Chibcha umschriebenen Bereichs, wird an diesem Beispiel besonders deutlich.

Das Verfahren, Toponyme und Anthroponyme heterogen zusammenzutragen und, aus heutiger Perspektive gesehen, oft recht willkürlich zu analysieren, hat die während der ersten Hälfte unseres Jahrhunderts angestellten Bemühungen, die kulturellen und sprachlichen Gegebenheiten vor der Ankunft der Europäer zu erhellen, weitgehend in Mißkredit gebracht. In einer jüngst publizierten Studie nimmt Frank Salomon zusammen mit Sue Grosboll (1986) die auf Anthroponymen basierende Forschungsrichtung wieder auf, jedoch unter Zugrundelegung strikt einheitlicher geographischer und zeitlicher Kriterien wie linguistisch-quantitativer Methoden. Der Bericht über eine "Visita" sechs indianischer Ortschaften im Becken von Quito aus dem Jahre 1559 zur Ermittlung der Tributkapazität ergibt anhand der aufgeführten Personennamen zusätzlich Informationen sozio-kultureller Art und Aufschluß über linguistische Gegebenheiten. Eine derartige Analyse ähnlicher kolonialzeitlicher Dokumente wie auch weiterer bislang unveröffentlichter Schriften könnte neue Erkenntnisse für die Sprachforschung bringen. Sie stellt darüber hinaus, für die mit Anthroponymen arbeitende Forschungsrichtung eine Möglichkeit dar, wieder aus der Sackgasse herauszugelangen, in die sie Jijón y Caamaño und seine historisch interessierten Zeitgenossen geführt haben (Salomon and Grosboll 1986:397).

Bei dem, was nachfolgend und abschließend über altindianische Literatur noch ausgeführt werden soll, wird von einer sehr eng gefaßten Definition ausgegangen, und zwar verstanden als Poesie oder Prosa autochthonen Charakters, die mit europäischen Buchstaben in der Eingeborenensprache aufgezeichnet vorliegt.

Auf die Frage, ob es im andinen Raum in vorspanischer Zeit eine Schrift bzw. Schriftsysteme oder nur Ansätze dazu gab, ob es sich beispielsweise bei den in der Inka-Periode in Textilien eingewebten oder auf hölzernen Bechern eingeritzten Mustern um Grapheme handelte, ob den sog. *quilca* Schriftzeichenfunktion zukam, ferner ob Knoten und Farben der Quipu-Schnüre, außer als mnemotechnisches Hilfsmittel für administrative Zwecke auch zum Memorieren oraler Traditionen dienten, kann hier nicht eingegangen werden. Ihre Funktionen reichten über Merkstruktur bzw. Gedächtnisstütze für verbales Memorieren nicht hinaus[15].

Auch das Andengebiet war gleich dem übrigen Südamerika "anders als Mexiko/Mittelamerika ... in vorkolonialer Zeit eine der schriftfernsten Gegenden der Welt" (Scharlau u. Münzel 1986:157).

Entsprechend der vorgegebenen Definition für Literatur entfallen das gesamte christlich-religiöse Schrifttum wie auch die christliche Unterweisung flankierende Materialien, also Wörterbücher und Grammatiken sowie Predigtaufzeichnungen in der betreffenden Indianersprache. Es entfällt des weiteren alles an mündlicher Überlieferung, was heute unter dem Terminus der "oralen Literatur" gefaßt, in spanischer Version Eingang in kolonialzeitliche Chroniken und Berichte gefunden hat. Das literarische Schaffen, das in Quechua überliefert ist, reicht von der Poesie bis zum Drama, wohingegen sich für Aymara nichts Vergleichbares anführen läßt (Briggs 1985). Garcilaso de la Vega bringt in seinen "Comentarios Reales" zwei frühe Beispiele für Quechua-Lyrik im Originaltext. Das wohl bekannteste Theaterstück, das Ollanta-Drama, das im Gegensatz zu anderen kolonialzeitlichen Werken dieses Genres seiner Thematik nach in die Inka-Periode zurück-

15 s. dazu Barthel (1971), ebenso (1977:27-31), wobei auch auf "Schrift" der Cuna in Panama bezug genommen wird; als neuere Beiträge Burns (1981), Vargas (1985) sowie zu möglichen Beziehungen zwischen Quilca und Quipu Radicati di Primeglio (1984).

reicht, wurde erstmalig 1853 von Tschudi nach einer älteren Vorlage in der Quechuafassung publiziert[16)].

Quechua-Passagen, kurze Texteintragungen oder auch nur einzelne Ausdrücke bzw. Bezeichnungen finden sich verstreut in den Chroniken und Berichten, vornehmlich indianischer Autoren, wie z.B. bei Felipe Guaman Poma de Ayala oder Juan de Santa Cruz Pachacutec Yamqui Salcamayua.

Neuerdings sind kurze Quechua-Texte in Gebetsform aus Dokumenten der "Juicios Criminales de Idolatrías", die in der Erzdiözese Lima während des 17. Jahrhunderts stattfanden, bekannt geworden (Duviols 1986:525-535).

Darüber hinaus fehlen für den Raum Alt-Peru Quechua-Aufzeichnungen bzw. -texte von indianischen Autoren oder solche nach Diktat indianischer Gewährsleute, ein Tatbestand, der offenkundig aus der Tatsache resultiert, daß die Bewohner des andinen Gebietes keine Schrifttradition entwickelt hatten.

Eine Ausnahme bildet das auf Initiative des spanischen Geistlichen Francisco de Avila in den ersten Jahren des 17. Jahrhunderts verfaßte Manuskript über die Glaubensanschauungen und Kultpraktiken der Leute von Huarochirí, einer Gegend im gebirgigen Teil des heutigen Departamento Lima in Peru, ca. 80 km Luftlinie in südöstlicher Richtung von der Hauptstadt entfernt gelegen. Wenn K.Th. Preuß seinerzeit darin eine Parallele zu der Materialsammlung Sahagún's in Mexiko sah, so ist es – leider – nur eine, nämlich die einzige überhaupt.

Hermann Trimborn hat 1939, und 1941 durch Nachträge ergänzt, erstmalig dieses in 31 Kapitel und zwei nicht numerierte Abschnitte gegliederte Quechua-Dokument in Transkription zusammen mit einer deutschen Übersetzung veröffentlicht. Eine zweite überarbeitete und um einen religionswissenschaftlichen Komentar erweiterte Ausgabe erfolgte 1967 (Trimborn u. Kelm). An weiteren Editionen sind anzuführen die von Galante (1942), jedoch unvollständig und mit Mängeln behaftet, die von Arguedas (1966), sehr fehlerhaft transkribiert und stellenweise relativ frei ins Spanische übertragen, sowie neueren Datums die von Taylor (1980) mit französischer Übertragung sowie als sorgfältig aufbereitete Fassungen in spanischer Spra-

16 s. dazu Meneses (1983), ebenso Osorio (1983); zu Literaturauszügen bzw. Beispielen, jedoch nur in spanischer Übersetzung Bendezú (1980), Lara (1973).

che die von Urioste (1983) und die von Taylor (1987) (s. Hartmann 1986a:6-8, 1986b:610).

Ein weiteres Quechua-Manuskript, ca. 3 Folios lang, aus dem Jahre 1608, wurde kürzlich entdeckt (Taylor 1983). Es entstammt einem Rechtsstreit der Bewohner von San Damián in der Provinz Huarochirí gegen ihren Geistlichen Francisco de Avila und stellt mithin für diese Textgattung gleichfalls eine Ausnahme dar.

Das eine oder andere in Quechua aufgezeichnete Manuskript dürfte im Zuge verstärkter Archivstudien vielleicht noch zum Vorschein kommen. Allzu groß wird die Zahl aber nicht sein.

Literatur

Adelaar, Willem H.F.
1986 La relación quechua-aru: Perspectivas para la separación del léxico. Revista Andina 4,2:379-426. Cusco.

Albó, Xavier
1984 ¿Dominar o servir? Hitos de una larga búsqueda eclesiástica en el mundo quechua y andino. Alpanchis 24:97-130. Cusco.

Arguedas, José María
1966 Dioses y hombres de Huarochirí — Narración quechua recogida por Francisco de Avila (¿1598?). Lima.

Barthel, Thomas S.
1971 Viracochas Prunkgewand (Tocapu-Studien 1). Tribus 20:63-123. Stuttgart.
1977 Writing Systems. Thomas A. Sebeok (Ed.): Native Languages of the Americas II:27-53. New York.

Bayer, Wolfgang
1776 Reise nach Peru. Nürnberg.

Bendezú Aybar, Edmundo (ed.)
1980 Literatura Quechua. Caracas.

Bouysse-Cassagne, Thérèse
1975 Pertenencia étnica, status económico y lenguas en Charcas a fines del siglo XVI. Noble David Cook (Ed.): Tasa de la Visita General de Francisco de Toledo, pp. 312-328. Lima.

Briggs, Lucy Therina
1985a A Critical Survey of the Literature on the Aymara Language. Klein and Stark (Eds.) 1985:546-594.
1985b Dialectal Variation in Aymara. Klein and Stark (Eds.) 1985:595-616.

Büttner, Thomas
1983 Las lenguas de los Andes Centrales — Estudios sobre la clasificación genética, areal y tipológica. Madrid.

Burns, William
1981 Introducción a la Clave de la Escritura Secreta de los Incas. Boletín de Lima 12:6-15, 13:25-34, 14:11-23. Lima.

Cárdenas, Víctor Hugo y Javier Albó
1983 El Aymara. Pottier (Ed.) 1983:283-310.

Carpenter, Lawrence Kidd
1984 Ecuadorian Quichua: Descriptive Sketch and Variation. Ann Arbor (Ph.D.Diss. The University of Florida 1982).

Cerrón-Palomino, Rodolfo
1980 El quechua: una mirada de conjunto. Centro de Investigación de Lingüística Aplicada: Documento de Trabajo 42. Lima.
1982 El problema de la relación quechua-aru: estado actual. Lexis 6,2:213-242. Lima.
1984 Sobre el nombre "Quechua". Lexis 9,1:87-100. Lima.
1985 Panorama de la lingüística andina. Revista Andina 3,2:509-572. Cusco.
1987 Lingüística Quechua. Biblioteca de la Tradición Oral Andina 8. Cuzco.
1988 Balance y perspectivas de la lingüística andina. Luis Enrique López (ed.): Pesquisas en lingüística andina, pp. 17-36. Lima-Puno.

Duviols, Pierre
1986 Cultura andina y represión (procesos y visitas de idolatría y hechicerías, Cajatambo, siglo XVII). Archivos de Historia Andina 5. Cuzco.

Espinoza Soriano, Waldemar
1982 Los fundamentos lingüísticos de la etnohistoria andina y comentarios en torno al anónimo de Charcas de 1604. Rodolfo Cerrón-Palomino (compilador): Aula Quechua, pp. 163-202. Lima.

Greenberg, Joseph H.
1960 The general classification of Central and South American Languages. Anthony F.C. Wallace (Ed.): Men and Cultures — Selected papers of the 5th International Congress of Anthropological and Ethnological Sciences, Philadelphia, September 1956:791-794. Philadelphia.

Galante, Hippolytus
1942 Francisco de Avila: De Priscorum Huarochiriensium Origine et Institutis. Madrid.

Hardman, Martha James
1978 La familia lingüística andina Jaqi: Jaqaru, Kawki, Aymara. Vicus Cuadernos, Lingüística 2:5-28. Amsterdam.
1985 Aymara and Quechua: Languages in Contact. Klein and Stark (Eds.) 1985:617-643.

Hartmann, Roswith
1972 Linguistik im Andengebiet: Geschichte und Stand der Quechuaforschung. Zeitschrift für Lateinamerika Wien 4:97-131. Wien.
1974 Aportes de algunos estudiosos alemanes al conocimiento del quechua. Boletín de la Academia Nacional de Historia 124:301-316. Quito.
1979 ¿"Quechuismo preincaico" en el Ecuador? Ibero-Amerikanisches Archiv, N.F. 5,3:267-299. Berlin.
1984 Bemerkungen zum heutigen Stand der Quechua-Forschung. Indiana 9:351-366. Berlin.
1985 Kommentar zu Torero 1984. Revista Andina 3,1:107-111. Cusco.
1986a 50 Jahre Quechua in Lehre und Forschung an der Universität Bonn — Ein kurzer Überblick nebst einer Bibliographie der von Mitgliedern des Seminars für Völkerkunde aus dem Gebiet des Quechua vorliegenden Arbeiten. Bonn.
1986b Medio siglo de estudios quechuas en la Universidad de Bonn. Revista Andina 4,2:607-614. Cusco.
1987 Quechua-Forschung. Wilhelm Stegmann (Hg.): Deutsche Iberoamerika-Forschung in den Jahren 1930-1980 — Forschungsberichte über ausgewählte Fachgebiete —. Bibliotheca Iberoamericana 32:99-135. Berlin.

Jijón y Caamaño, Jacinto
1941-47 El Ecuador interandino y occidental antes de la conquista castellana. 4 Bde. Quito.
1952 Antropología prehispánica del Ecuador. Quito.

Key, Mary Ritchie
1979 The Grouping of South American Indian Languages. Ars Linguistica 2. Tübingen.

Klein, Harriet E.M. and Stark, Louisa R. (Eds.)
1985 South American Indian Languages — Retrospect and Prospect. Texas Linguistics Series. Austin.

Klein, Harriet Manelis E.
1985 Current Status of Argentine Indigenous Languages. Klein and Stark (Eds.) 1985:691-731.

Kosok, Paul

1965 Life, Land and Water in Ancient Peru. New York.

Lara, Jesús (ed.)

1973 Mitos, leyendas y cuentos de los quechuas. Antología. La Paz-Cochabamba.

Lehmann, Walter

1920 Die Sprachen Zentral-Amerikas in ihren Beziehungen zueinander sowie zu Süd-Amerika und Mexiko. 2 Bde. Berlin.

Loriot, James

1964 Bibliography of comparative American Indian linguistics: Quechumaran. International Journal of American Linguistics 30,1:77-78.

Loukotka, Čestmir

1944 Klassifikation der südamerikanischen Sprachen. Zeitschrift für Ethnologie 74(1942):1-69. Berlin.

1948a Sobre la clasificación de las lenguas indígenas de América del Sur. Trabajos científicos del XXVI Congreso Internacional de Americanistas, Sevilla 1935, I:409-415. Madrid.

1948b Sur la classification des langues indigènes de l'Amérique du Sud. Actes du XXVIIIe Congrès Internacional des Américanistes, Paris 1947:193-199. Paris.

1968 Classification of South American Indian Languages. Johannes Wilbert (Ed.), Reference Series 7, Latin American Center, Univ. of California. Los Angeles.

McQuown, Norman A.

1955 The Indigenous Languages of Latin America. American Anthropologist 57,3:501-570.

Mannheim, Bruce

1985a Southern Peruvian Quechua. Klein and Stark (Eds.) 1985:481-515.

1985b Contact and Quechua-External Genetic Relationships. Klein and Stark (Eds.) 1985:644-688.

Mason, Alden J.

1950 The languages of South American Indians. Handbook of South American Indians 6:157-317. Washington, D.C.

Meneses, Teodoro L.

1983 Teatro Quechua Colonial — Antología. Lima.

Mesa, Carlos E.,

1979 Misioneros y lingüística en Colombia. Ethnia 13,55-56:13-15. Bogotá.

Middendorf, E.W.

1890-92 Die einheimischen Sprachen Perus. 6 Bde. Leipzig.

Millones, Luis

1972 Pastores y tejedores de los Condesuyos de Arequipa: un informe etnológico al Consejo de Regencia. Quinto Congreso Internacional de Historia. Publicación de la Comisión Nacional del Sesquicentenario de la Indepencia del Peru 3:302-317. Lima.

Oberem, Udo

1980 Los Quijos — Historia de la transculturación de un grupo indígena en el Oriente Ecuatoriano. Colección Pendoneros, Serie: Etnohistoria 16. Otavalo.

Orr, Carolyn and Robert E. Longacre

1968 Proto-Quechumaran. Language 44:528-554.

Osorio, Betty

1984 Las manifestaciones dramáticas de los Incas: Orígenes y evolución. Ann Arbor (Ph.D. Diss. University of Illinois at Urbana-Champaign 1983).

Parker, Gary J.

1963 Clasificación genética de los dialectos quechuas. Revista del Museo Nacional 32:241-252. Lima.

1969-71 Comparative Quechua Phonology and Grammar I-V. Working Papers in Linguistics 1,1:65:87 (1969); 1,2:123-147 (1969); 1,4:1-61 (1969); 1,9:149-204 (1969); 2,2:1-65 (1970); 3,3:45-109 (1971). University of Hawai, Honolulu.

1972 Falacias y verdades acerca del quechua. Alberto Escobar (Compilador): El reto del multilingüismo en el Perú. Perú Problema 9:111-121. Lima.

Pottier, Bernard (ed.)
1983 América Latina en sus lenguas indígenas. Carácas.
Rabinowitz, Joel
1983 La Lengua Pescadora: The Lost Dialect of Chimu Fishermen. Daniel H. Sandweiss (Ed.): Investigations of the Andean Past — papers from the First Annual Northeast Conference on Andean Archaeology and Ethnohistory. Latin American Studies Program, Cornell University, pp. 243-267. Ithaca, New York.
Radicati di Primeglio, Carlos
1984 El secreto de la quilca. Revista de Indias 44,173:11-60. Madrid.
Rivet, Paul
1924 Langues américaines. Antoine Meillet et Marcel Cohen (Eds.): Les langues du monde, pp. 596-712. Paris.
1949 Les langues de l'ancien diocèse de Trujillo. Journal de la Société des Américanistes 38:1-51. Paris.
Rivet, Paul et Georges de Créqui-Montfort
1951-56 Bibliographie des langues aymará et kičua. 4 Bde. Université de Paris — Travaux et Mémoires de l'Institut d'Ethnologie LI. Paris.
Rivet, Paul et Čestmir Loukotka
1952 Langues de l'Amérique du Sud et des Antilles. Antoine Meillet et Marcel Cohen (Eds.): Les langues du monde (nouvelle édition), pp. 1099-1160. Paris.
Rostworowski de Diez Canseco, María
1981 Recursos naturales renovables y pesca — siglos XVI y XVII. IEP: Historia andina 8. Lima.
Salomon, Frank and Sue Grosboll
1986 Names and Peoples in Incaic Quito: Retrieving Undocumented Historic Processes Through Anthroponymy and Statistics. American Anthropologist 88,2:387-388.
Scharlau, Birgit und Mark Münzel
1986 Qellqay — Mündliche Kultur und Schrifttradition bei Indianern Lateinamerikas. Frankfurt.
Stark, Louisa
1965 Further bibliography on Quechumaran. International Journal of American Linguistics 31,2:192-93.
1972 Machaj-juyai: Secret Language of the Callahuayas. Papers in Andean Linguistics 1:199-228. University of Wisconsin, Madison.
1985a Indigenous Languages of Lowland Ecuador: History and Current Status. Klein and Stark (Eds.) 1985:157-193.
1985b Ecuadorian Highland Quechua: History and Current Status. Klein and Stark (Eds.) 1985:443-480.
1985c The Quechua Language in Bolivia. Klein and Stark (Eds.) 1985:516-545.
1985d History of the Quichua of Santiago del Estero. Klein and Stark (Eds.) 1985:732-752.
Taylor, Gerald
1980 Rites et traditions de Huarochirí: manuscrit quechua du début du 17e siècle. Paris.
1985 Un documento quechua de Huarochirí — 1607 [sic]. Revista Andina 3,1:157-185. Cusco.
1987 Ritos y tradiciones de Huarochrí — Manuscrito quechua de comienzos del siglo XVII. Versión paleográfica, interpretación fonológica y traducción al castellano; [nebst] Antonio Acosta: Estudio biográfico sobre Francisco de Avila. Historia Andina 12, Traveaux del'IFEA 35. Lima.
Torero, Alfredo
1964 Los dialectos quechuas. Anales Científicos de la Universidad Agraria 2,4:446-478. Lima.
1968 Procedencia geográfica de los dialectos quechuas de Ferreñafe y Cajamarca. Anales Científicos de la Universidad Agraria 4,3-4:291-316. Lima.
1970 Lingüística e historia de la Sociedad Andina. Anales Científicos de la Universidad Agraria 8,3-4:231-264. Lima.
1974 El Quechua y la Historia Social Andina. Lima.

1983 La familia lingüística quechua. Pottier (Ed.) 1983:61-92.
1984 El comercio lejano y la difusión del quechua. El caso de Ecuador. Revista Andina 2,2:367-402. Cusco.
1985 Debate en torno a: El comercio lejano y la difusión del quechua. El caso de Ecuador. Revista Andina 3,1:107-114. Cusco.
1986 Deslindes lingüísticos en la costa norte peruana. Revista Andina 4,2:523-548. Cusco.
1989 Areas toponímicas e idiomas en la sierra norte peruana. Un trabajo de recuperación lingüística. Revista Andina 7,1:217-257. Cusco.

Tovar, Antonio y Consuelo Larrueca de Tovar
1984 Catálogo de las lenguas de América del Sur (nueva edición refundida). Madrid.

Trimborn, Hermann
1939 Francisco de Avila, Dämonen und Zauber im Inkareich. Quellen und Forschungen zur Geschichte der Geographie und Völkerkunde IV. Leipzig.
1944 Dämonen und Zauber im Inkareich. Nachträge zum Ketschuawerk des Francisco de Avila. Zeitschrift für Ethnologie 73(1941):146-162. Berlin.
1970 Beobachtungen zur Verbreitung des Ketschua und Aimara. Hundert Jahre Berliner Gesellschaft für Anthropologie, Ethnologie und Urgeschichte 1869-1969, 2:196-201. Berlin.

Trimborn, Hermann und Antje Kelm
1967 Francisco de Avila. Quellenwerke zur alten Geschichte Amerikas, aufgezeichnet in den Sprachen der Eingeborenen 8. Berlin.

Tschudi, Johann Jakob
1853 Die Kechua-Sprache. 2 Bde. Wien.
1874 Organismus der Khetšua-Sprache. Leipzig.

Urioste, George L.
1983 Hijos de Pariya Qaqa: La Tradición Oral de Waru Chiri (Mitología, Ritual y Costumbres). Foreign and Comparative Studies Program, Latin American Series 6,2. Maxwell School of Citizenship and Public Affairs. Syracuse, New York.

Vargas, Ernesto
1985 El enigma del Pallay. Boletín de Lima 41:39-56. Lima.

Wölck, Wolfgang
1987 Pequeño Breviario Quechua. IEP: Lengua y Sociedad 8. Lima.

3. Wirtschaft und Technologie

a. Übersicht

Ulrich Köhler

Zumal Fragen der Wirtschaft und Technologie auch in den Beiträgen zur Kulturgeschichte (→ 2-Ia1) und zum Inkareich (→ 2-IIb1) behandelt werden und den Themen der Metallverarbeitung und Textiltechniken nachstehend eigene Kapitel gewidmet sind, kann sich diese Übersicht auf eine knappe Zusammenfassung beschränken. In geographischer Hinsicht liegt der Schwerpunkt auf dem mittleren Andengebiet, also der Region, für die Meyers (→ 2-Ia1) die kulturgeschichtliche Entwicklung skizziert hat.

Umweltbedingungen

Wie nirgendwo auf der Welt umfaßt dieses Areal in einer Länge von über zweitausend Kilometern zwischen warmer Küstenregion und schneebedeckten Gipfeln auf jeweils engem Raum mehrere sehr verschiedene Klimazonen. Sie sind vor allem durch die jeweilige Höhenlage und Niederschlagshäufigkeit bedingt, in Nordsüdrichtung in geringerem Maße auch durch die geographische Breite. Der Küstenstreifen im Westen ist trocken und frostfrei. Trotz teilweise wüstenhaften Charakters ist dieses Gebiet wegen der großen Zahl von Flußoasen für intensive Bewässerungslandwirtschaft gut geeignet. Zum Inland hin folgen die westlichen Andenabhänge, die mit zunehmender Höhe zunächst ein gemäßigtes Klima aufweisen und hinreichenden saisonalen Niederschlag erhalten. Die darüberliegenden Hochtäler und der Altiplano im Süden befinden sich bereits in einer kalten Zone, die teils so viel Niederschlag erhält, daß sie für Landwirtschaft geeignet ist, teils aber nur als Weideland genutzt werden kann. Letzeres gilt auch für den größten Teil der noch höher gelegenen Berghänge und Almen. Am östlichen Andenabhang zum Amazonasbecken hin schließt sich mit fallenden Höhenlagen ein Bereich feuchtheißen Klimas an, der wiederum für andere Formen landwirtschaftlicher Nutzung geeignet ist.

Formen der Subsistenzsicherung

Hinsichtlich der angebauten Kulturen gab es für die einzelnen Zonen unterschiedliche Spezialisierungen und Schwerpunkte. Im Tiefland an der Küste dominierte der Anbau von Maniok, Mais, Melonen, Kürbissen, Bohnen, Erdnüssen, Chilli-Pfeffer (ají) und nicht zuletzt auch Baumwolle. Am Westrand der Anden gab es ebenfalls umfangreichen Anbau von Mais, Bohnen und Kürbissen, außerdem mit zunehmender Höhe Oca (Oxalis tumerosa) und Kartoffeln. In den höheren Hochtälern und auf dem Altiplano dominierten dann Kartoffeln (in vielen Varietäten), Oca und Quinoa (Chenopodium quinoa), eine Meldenart, die nahrhafte Körner und Blattgemüse liefert. Die tieferen Lagen des östlichen Andenabhanges waren für die Inka und wohl auch die früheren präkolumbischen Hochkulturen vor allem wegen des Anbaus des Koka-Strauches von Bedeutung, dessen Blätter ein beliebtes Genußmittel lieferten.

Auch bezüglich der Tierhaltung gab es klimabedingte Unterschiede, hier vor allem zwischen dem Küstenbereich und der Andenzone. In letzterer spielte die Tierhaltung eine erheblich größere Rolle. Von den beiden Kameliden diente das Lama als Fleisch- und Wollieferant wie auch als Lasttier, während das Alpaka ebenfalls gegessen, jedoch vor allem wegen seiner Wolle gehalten wurde. Am wichtigsten für die Fleischnahrung im Hochland waren allerdings die Meerschweinchen. Es gab auch eine domestizierte Ente, die besonders an der Küste gehalten wurde. Dort gab es weniger Haustiere, tierische Nahrung stammte vor allem aus dem nahegelegenen Meer. – Die Jagd spielte in der spätindianischen Phase der andinen Kulturgeschichte nur eine untergeordnete Rolle für die Ernährung.

Derart vielfältige Spezialisierung auf verschiedene Güter in relativ nahe beieinander gelegenen Zonen regt zum Austausch an, und diesen hat es auch in allen Phasen der Kulturgeschichte gegeben. Solche Wechselbeziehungen bestanden sowohl zwischen den verschiedenen Höhenlagen der Anden, als auch zwischen Küstenland und Gebirge. Ein deutlicher Beleg sind etwa Gewebe aus Gräbern der Südküste, die neben der heimischen Baumwolle auch Alpaka- und Vicuñawolle aus dem Hochland enthalten.

Ungeachtet des wirtschaftlichen Austausches zwischen Gebirgszone und Küstenland hatten sich in diesen beiden Subregionen zwei charakteristische Formen der Subsistenzsicherung herausgebildet, die sich in mancher Hinsicht voneinander unterschieden. Bei den Küstenkulturen bestand die wirtschaftliche Grundlage einerseits in einer intensiven Bewässerungslandwirtschaft und andererseits in einer gezielten Nutzung des Meeres, das neben Fischen und Seesäugern auch Schalen- und Krustentiere lieferte.[1] Sowohl die Keramik von Moche im Norden als auch diejenige von Nazca im Süden zeigt anschaulich die vielfältigen Nahrungsmittel beider Provenienzen. Wie eng diese Verbindung von Bodenbau und Nutzung des Meeres war, wird nicht zuletzt durch die Düngungsmethoden veranschaulicht. Man verwendete vor allem Guano, den Kot von Seevögeln, daneben aber auch Fischköpfe, um jeweils einer Maispflanze gezielt Nährstoffe zuzuführen.

Im Gegensatz zu dieser Ergänzung von zwei nebeneinander befindlichen Subsistenzgrundlagen kam es in den Gebirgsregionen jeweils darauf an, die Produkte mehrerer verschiedener ökologischer Zonen in den eigenen Konsum einzubringen. Dabei ging es vor allem um die Nutzung des Potentials unterschiedlicher Höhenlagen. Auf die Art, wie sich diese vollzogen hat und das vielgenannte Konzept der "Vertikalität" wird weiter unten im Zusammenhang mit wirtschaftlichen Austauschformen eingegangen.

Formen der Bodenmelioration

Wichtigste Grundlage der Ernährung war eine intensive Landwirtschaft. Im Küstenbereich wurde der Bodenbau vor allem durch gut durchdachte Bewässerungssysteme ermöglicht. Durch Aufstauung und Ablenkung des Wassers in Kanäle wurde nicht nur die Kultivierung von Böden in Flußnähe sichergestellt, sondern auch Ödland erschlossen. Wichtigste Zeugnisse dieser Wasserbauarchitektur sind Kanäle und Reservoirs[2]. Eine weitere an der Küste praktizierte Methode war die Anlage von Pflanzgruben ("sunken fields"), wobei man durch Aushub des Wüstenbodens in die Nähe des Grundwassers zu gelangen suchte. Die größeren hatten eine Fläche von bis zu zweihundert mal fünfzig Metern. Welches Gewicht dieser Methode für die Gesamtproduktion zukam, ist bislang aber noch nicht geklärt (Parsons and Psuty 1975).

Künstliche Bewässerung gab es auch im Hochland, wenn auch zumeist mit weniger spektakulären Anlagen. Sie diente einerseits der Bestellung von Feldern während der Trockenzeit, andererseits der

---

1 Die Nutzung des Meeres schildert ausführlich Moseley (1975), seine daraus abgeleiteten Schlußfolgerungen für die kulturgeschichtliche Entwicklung sind jedoch teils überzogen.

2 Eindrucksvolle bildliche Wiedergaben finden sich in Kosok (1965), nützliche Studien zu den Bewässerungssystemen an der nördlichen Küste sind Ortloff (1981) und Netherly (1984).

Verlängerung der Periode der Regenzeit im Südsommer. In den höheren Lagen war klimabedingt nur die zweite Form möglich. Wie eine rezente ethnographische Untersuchung ergab, dient die Bewässerung vor Beginn der Regenzeit dazu, schon früh Mais säen zu können, damit die Pflanzen beim Einsetzen der starken Regenfälle bereits eine gewisse Größe erreicht haben und die Gefahr des Faulens gering ist (Mitchell 1981).

Von nicht minderer Bedeutung war im Hochland die stufenförmige Anlage von Terrassen. Mit diesen "andénes" gelang es sogar extrem steile Berghänge für den Bodenbau zu erschließen, die anders nicht nutzbar gewesen wären. Auch an weniger steilen Hängen brachten die Terrassen, bei denen eine Trockenmauer zur Stützung diente, mehrere Vorteile: Sie führten zu einer Vergrößerung der Anbaufläche, ermöglichten wegen der horizontalen Oberfläche das Einsikkern und Festhalten des Regens und wirkten außerdem der Erosion entgegen. Zur Vermeidung von Staunässe wurde andererseits auch Drainage gelegt.

In Gegenden mit hoch liegendem Grundwasser, wie etwa am Titicaca-See, wurde demgegenüber auch die Methode der Hügelbeete bzw. -felder "raised fields" verwendet, um die Pflanzen der Nässe zu entziehen. Diese Methode war in anderen Teilen Südamerikas, z.B. Kolumbien, aufgrund der gegebenen ökologischen Bedingungen weiter verbreitet als im mittleren Andengebiet (Smith, Donavan y Hamilton 1981).

Zur Verbesserung der Ernteerträge wurde auch Düngung vorgenommen. Im Hochland vor allem durch Kamelidendung und menschliche Exkremente, an der Küste insbesondere durch den bereits erwähnten Guano. Dieser gelangte in inkaischer Zeit durch staatliche Transport- und Verteilungsmaßnahmen sogar in die Gebirgszone.

Anbaumethoden

In der Landwirtschaft waren – zumindest bei den Inka – sowohl Männer wie Frauen tätig. Die Männer verrichteten dabei die schwereren Arbeiten, wie die Anlage von Terrassen oder das Umbrechen der Erde. Es gab auch gemeinsame Arbeiten beider Geschlechter, wie das Jäten, oder arbeitsteilige, wie die Aussaat von Knollenfrüchten, bei der die Männer den Boden aufbrachen und die Frauen das Saatgut hineinlegten[3]. Die Arbeitsgeräte waren größtenteils sehr einfach: Pflanzstöcke, Grabstöcke und Hacken aus hartem Holz, letztere auch aus einem Holzstiel mit angekitteter und angebundener Stein- oder Bronzeklinge. Eine Besonderheit innerhalb der landwirtschaftlichen Geräte Altamerikas stellte das Trittgrabscheit (*taclla*) dar. Durch den Fußdruck war es mit diesem Gerät möglich, auch schwere Böden tief aufzubrechen, wie es für das Setzen von Knollenfrüchten erforderlich ist. Es verwundert deshalb nicht, daß das Gerät im Andengebiet erfunden worden ist und nicht in Mesoamerika, wo für die Aussaat von Mais und Bohnen, den dort in erster Linie angebauten Nahrungspflanzen, ein einfacher hölzener Pflanzstock ausreicht. Die mit dem Grabscheit aufgeworfenen Schollen wurden von Frauen mit Hakken und einer Art Hammer zerkleinert. Mit dem *taclla* war es auch möglich, Furchen zu ziehen, allerdings nur bei leichten Böden, und auch dort erreichten sie nur geringe Tiefe.

Grundbesitz

Der Grund und Boden war gemeinsamer Besitz der Dorfgemeinschaft, bzw. des *ayllu*. Dabei muß aber unterschieden werden zwischen Gemeindebesitz, der für gemeinsame Aufgaben genutzt wurde, Gemeindebesitz, der unter bestimmten Voraussetzungen individuell genutzt werden konnte und Parzellen, die einzelnen Familien oder Familienverbänden zur eigenen Nutzung zugeteilt waren. Bei der oft genannten Dreiteilung des Landes in Gemeindeland, Land des Inka und Land der Priester handelt es sich bei den beiden letztgenannten um zusätzliche Ländereien, auf denen in gemeinsamer Arbeit die Produkte erwirtschaftet wurden, die an Staat und Tempel abgeliefert werden mußten. Diese Parzellen waren mit der Ausbreitung des Inkareiches entweder vom Gemeindeland abgetrennt worden, oder die Gemeinde war gezwungen worden, auf ihrem Gebiet entsprechende Flächen urbar zu machen. Die Dreiteilung in Staats-, Tempel- und Gemeindeland entspricht deshalb der Sichtweise der Herrschenden. Wie bereits Cunow (1896:96) hervorgehoben hat, betrachteten die Einheimischen diese Ländereien nach der spanischen Landnahme immer noch als ihr Eigentum und forderten sie vielfach als ihr rechtmäßig angestammtes Besitztum zurück. Der Versuch, einen Feudalstaat zu errichten, war also über Anfänge nicht hinausgekommen.

---

3 Eine detaillierte Schilderung, ergänzt durch Strichzeichnungen, liefert der Chronist Guaman Poma de Ayala (1980).

Handwerk

Im Handwerk gab es eine klare Trennung zwischen der Herstellung von Produkten des täglichen Bedarfes und solchen für die Oberschicht bzw. für zeremonielle Anlässe. Arbeitsgerät und Kleidung wurden großenteils innerhalb der einzelnen Haushalte oder Dorfgemeinschaften hergestellt. Bestimmte Teilstücke, wie z.B. Axtklingen, mußten aber auch aus anderen Gegenden bezogen werden. Außerdem wurde nicht in allen Gemeinden getöpfert.

Beim Kunsthandwerk sind vor allem Töpferei, Weberei, Metallverarbeitung, Holzschnitzerei und Federarbeiten zu nennen. Dabei gab es deutlich erkennbare regionale Spezialisierungen. So waren etwa die Goldschmiede aus Chimú wegen ihrer Fähigkeiten berühmt, und ein Teil von ihnen wurde deshalb nach Cuzco umgesiedelt, um dort noch effizienter den neuen Herren dienen zu können. In der Weberei gab es in inkaischer Zeit Manufakturen, die feine Stoffe herstellten. Für vorangegangene Kulturen haben wir keine Information über die Arbeitsorganisation, dafür aber in großer Zahl die gefertigten Gewebe, oft in sehr gutem Erhaltungszustand. Besonders an der südlichen Küste sind die Stoffe im trockenen Wüstenboden selbst über einen Zeitraum von 2000 Jahren erhalten geblieben. Indirekt hat man aus ihnen auch die Herstellungstechniken erschlossen (→ 2-IIc3).

Die metallverarbeitenden Handwerker stellten aus Bronze Gebrauchsgüter wie Messer, Beilklingen, Erdhacken, Meißel, Nadeln oder Keulenköpfe her.[4] An Luxusgütern aus Kupfer, Gold und Silber sowie Legierungen aus diesen Metallen fertigte man unter anderem Brustschilde, Halsketten, Ohrgehänge, Diademe oder auch Teller und Becher. Die technischen Verfahren behandelt nachstehender Artikel (→ 2-IIc3ß).

Wenn Keramik im mittleren Andengebiet auch erst relativ spät nachgewiesen ist (ab ca. 1800 v.Chr.), so hat sie hier doch einen ganz besonders hohen Entwicklungsstand erreicht. Das gilt sowohl für die Formgebung als auch das Dekor. Durchweg wurde ohne Töpferscheibe gearbeitet, und die häufigsten Verfahren waren anscheinend Wulsttechniken und Modellieren aus freier Hand. Es wurden auch schon früh Tonmodel verwendet, etwa der Kultur von Moche (→ 2-Ib2), wo neben plastischen Details auch Gefäßhälften auf diese Weise

[4] Eine Dokumentation vorspanischer Metallwaffen und -werkzeuge des Andengebietes wird gegenwärtig von E.F. Mayer durchgeführt. Ein Band über Argentinien und Chile ist bereits erschienen (1986), derjenige über Ecuador ist im Druck, weitere sind geplant.

angefertigt wurden. Weil die Formgebung und dekorative Gestaltung sowohl von Region zu Region wie auch in zeitlicher Folge eine große Variationsbreite aufweisen, lassen sich Informationen über die Keramik am besten in der Literatur über die jeweiligen Einzelkulturen finden.[5)]

Architektur

Von den herausragenden architektonischen Leistungen sind die Bewässerungsanlagen bereits genannt worden. Nicht minder beeindruckend waren aber auch Monumentalbauten und die geplant angelegten Straßen der Inkazeit. Unter den frühen Zeremonialbauten aus Stein verdient der Tempelkomplex von Chavín (→ 2-Ib1) besondere Aufmerksamkeit. Vor seiner Errichtung gab es aber auch schon andere größere Zeremonialbauten, etwa Cerro Sechín nahe der Küste und Kotosh im Hochland. In der frühen Zwischenperiode nehmen unter den Zeremonialbauten die aus Adobeziegel gefertigten Pyramiden von Moche (→ 2-Ib2) eine besondere Stellung ein. Abgesehen von Tiwanaku (→ 2-Ib3) finden sich herausragende architektonische Leistungen dann erst wieder ab der späten Zwischenperiode. Hier sind in erster Linie die Paläste und systematischen Stadtanlagen an der Nordküste sowie die Monumentalbauten der Inka zu nennen. Ihre Technik, Mauern aus kunstvoll behauenen und exakt aufeinandergepaßten Quadern unterschiedlicher Größe zu erstellen, sind in einigen Straßen Cuzcos und am Beispiel der oberhalb der Stadt gelegenen Festung Sacsayhuaman auch heute noch vor Augen.[6)]

Die Fernstraßen der Inka sind von den frühen spanischen Chronisten gepriesen worden, und in der Gebirgszone sind sie an manchen Stellen in der Tat beeindruckende architektonische Leistungen. Bemerkenswert waren auch die Hängebrücken über Flüsse oder tiefe Schluchten.[7)] Entlang dieser Straßen waren auch Vorratshäuser ange-

---

5 Über bestimmte Details der Fertigung — vor allem an der nördliche Küste — berichten etwa Digby (1952), D. Collier (1959), Donnan (1965/66). Eine frühe Gesamtschau der Töpfermethoden südamerikanischer Indianer, die auch ethnographische Daten einschließt, unternahm Linné (1925); Kontinuität und Wandel der Techniken im Andengebiet behandelt Hagstrum (1989).

6 Oberem (1981) berichtet vergleichend über Festungsanlagen im Andengebiet. Allgemein über die Architektur informieren Donnan (1985), Gasparini y Margolies (1977), Kendall (1985), Moorehead (1978).

7 Die Straßen der Inka beschreiben z.B. v. Hagen (1957), Hyslop (1984), über Brücken informieren Strube Erdmann (1963), Thompson y Murra (1966) und Palomino Flores (1974), der den rezenten Bau einer Hängebrücke schildert.

legt.[8] Sie hatten die Funktionen von Sammelstellen für den Weitertransport von Abgaben, der Verköstigung durchziehender Militäreinheiten, aber auch der Ernährung der umliegenden Bevölkerung in Notzeiten. Das leitet über zum Thema der Distribution.

Distribution

Bezüglich der Distribution lenken die Aussagen der Chronisten die Aufmerksamkeit zunächst auf Tribute und Dienstleistungen. Abgaben betrafen nicht nur Produkte der Landwirtschaft, der Tierhaltung (Lamas) und des Handwerks (z.B. Gewebe), sondern auch die Ablieferung besonders hübscher junger Mädchen in die Hauptstadt. Die Dienstleistungen bestanden einerseits im Kriegsdienst, andererseits im Tragen von Lasten sowie der Mitwirkung bei vielfältigen öffentlichen Arbeiten. Murra (1982) hat angeregt, die gesamten Abgaben nicht als Güter, sondern als Dienstleistungen zu deuten. In 1549 aufgezeichneten Erläuterungen zu einer *quipu* fand er immerhin gewisse Anhaltspunkte dafür, daß dies die inkaische Sichtweise war (ebd.).

Während lange Zeit das Hauptaugenmerk auf den vielfältigen Abgaben lag und gelegentlicher Rückfluß von Gütern – etwa in Notzeiten – nur am Rande Erwähnung fand, versuchte Murra (1980) in seiner bereits 1956 verfaßten Dissertation, diese Wechselbeziehungen unter einem neuen Blickwinkel zu interpretieren. Er bezog sich dabei auf Polanyis Denkansatz, der für vorindustrielle Gesellschaften Austausch auf Gegenseitigkeit ("reciprocity") und im Verhältnis zur Obrigkeit Abgabe und Wiederverteilung ("redistribution") postuliert hatte. Murra konnte darauf verweisen, daß es mehr Rückflüsse von oben nach unten gab als bisher üblicherweise angenommen. Seine Studie hat deshalb dazu beigetragen, ein einseitiges Bild über das Verhältnis zwischen Regierenden und Untergebenen zu relativieren. Dennoch mußte auch er feststellen, daß der Rückfluß erheblich geringer war als die Abgaben.[9]

Eine zumindest graduelle Neuorientierung war auch nötig bezüglich des überkommenen Bildes vom Austausch zwischen den einzelnen Regionen. Es ist weiterhin richtig, daß dieser im Inkareich zum

8 Lagerungstechniken behandelt Morris (1967, 1981). Durch Konservierungsverfahren wurde die Lagerung verderblicher Nahrungsmittel erleichtert. Am bekanntesten sind Methoden des Trocknens von Kartoffeln, *chuño* (Mamani 1981), und Fleisch, *charqui*.

9 Ein Aufsatz von Wachtel (1981) und acht daran anschließende Diskussionsbeiträge würdigen die Verwendbarkeit des substantivistischen Ansatzes auf das Inkareich.

größten Teil über öffentliche Institutionen und nicht im Markttausch erfolgte, dennoch gab es aber auch Märkte (Hartmann 1968).

"Vertikalität"

Ausgehend von ethnohistorischen Untersuchungen entwarf Murra (1972) ein Modell für die zentrale Regelung des Austausches zwischen verschiedenen Ökozonen, das unter dem Begriff "Vertikalität" viel Aufmerksamkeit gefunden hat. Dieses Prinzip soll optimal verwirklicht sein, wenn es gelungen ist, möglichst viele Ökozonen mit ihrer jeweiligen Spezialisierung in ein zentral gesteuertes Austauschsystem einzubringen. Damit wird für die jeweilige soziale oder politische Gruppierung weitgehende Autarkie erreicht.

Für die von Murra näher untersuchten Regionen scheint weitgehende Kongruenz zwischen empirischen Daten und abstrahierendem Modell zu bestehen. Eine Generalisierung auf den ganzen Andenraum scheint jedoch problematisch zu sein. Das gilt in besonderem Maße für frühere Phasen der Kulturgeschichte dieser Region, aber auch für die ethnohistorisch erfaßbare Zeit vor der Conquista, auf die Murra sich ja vor allem bezog. So hat etwa Oberem (1978) den begrenzten Wert des Modells für Ecuador nachgewiesen.

Das Konzept der Vertikalität wurde auch von Forschern, die über heutige Indianer des Andenraumes arbeiten, rasch aufgegriffen und dabei teils auch inhaltlich modifiziert. Dabei kommt meist eine Mischung von zwei oder drei Grundformen von Vertikalität zur Anwendung. Zunächst geht es dabei um den geographischen Bezug des Austausches zwischen unterschiedlich spezialisierten Regionen verschiedener Höhenlagen; dann geht es um das wirtschaftsethnologische Konzept der Abgaben an eine Zentralinstanz mit anschließender Wiederverteilung; und schließlich wurde auch der Aspekt gemeinsamer Opfer und Rituale in der Kommunikation mit Göttern in das Denkschema einbezogen. Diese zeitweise ausgesprochen modische Interpretation ist zurecht auch skeptisch beurteilt worden (Sánchez 1978). Nicht zuletzt die Abgabe an und Wiederverteilung durch eine Zentralinstanz spielt heute eine erheblich geringere Rolle als in spätindianischer Zeit, so daß die empirischen Daten dem Modell oft widersprechen.

Richtet man den Blick auf die forschungsgeschichtlichen Strömungen während der frühen siebziger Jahre, so verwundert die bereitwillige Akzeptanz des Modells kaum. In dieser Zeit hatte sich der wirtschaftsethnologische Erklärungsansatz der Substantivisten für das

Andengebiet weitgehend durchgesetzt (vgl. Alberti y Mayer 1974), und außerdem fand man damals in Nordamerika (teils auch in Lateinamerika) in Anlehnung an Lévi-Strauss zunehmend Gefallen an strukturalistischen Erklärungsansätzen. Dazu gehören unter anderem auch Spannungsverhältnisse und Wechselbeziehungen zwischen "Oben" und "Unten".

Vorausgesetzt, daß jeweils klar definiert ist, was mit Vertikalität gemeint ist, kann dieses Konzept durchaus zum besseren Verständnis von Austauschbeziehungen beitragen. Grundsätzlich ist aber für das Andengebiet den kritischen Bemerkungen von Meyers (→ 2-Ia1) zuzustimmen, der zu Recht davor warnt, das Modell auf alle Phasen der andinen Kulturgeschichte anzuwenden. Über den Grad der Verwendbarkeit müssen letztlich die jeweiligen empirischen Daten entscheiden.

Typologische Zuordnung

Neben dem Versuch, mit Hilfe des Modells der Vertikalität eine spezifische andine Wirtschafts- und Gesellschaftsform zu definieren, gab und gibt es zahlreiche Ansätze, speziell das Inkareich verschiedenen Konzepten zuzuordnen, die in Europa entwickelt worden sind. So glaubte man Übereinstimmungen mit so verschiedenen Ordnungen wie einerseits Feudalismus, andererseits Sozialismus oder Kommunismus gefunden zu haben. In neuerer Zeit wird diesbezüglich besonders das Konzept der "Asiatischen Produktionsweise" von Marx und das darauf aufbauende der "Hydraulischen Gesellschaft" von Wittfogel diskutiert.[10)]

Ein Grund für so unterschiedliche Interpretationen besteht darin, daß die verschiedenen Typen von Wirtschafts- und Gesellschaftsordnungen nicht nach einem einheitlichen Raster von Kriterien definiert sind. So kann der definitorische Schwerpunkt auf der Eigentumsordnung, der Produktionsweise oder der Distributionsform liegen. Allein schon deshalb kann ein gegebenes Wirtschaftssystem gleichzeitig zwei oder mehr theoretischen Konzepten zugeordnet werden, von denen es zwar einzelne Merkmale enthält, während andere dem Idealtyp des jeweiligen Modells widersprechen. Das gilt besonders für das Inka-

10 Eine Anthologie verschiedener Standpunkte findet sich in dem von Espinoza Soriano (1978) zusammengestellten Band. Die Einleitung dazu enthält auch eine knappe Übersicht der wichtigsten Deutungsansätze. Die Verwendbarkeit des Konzeptes der Asiatischen Produktionsweise hat kürzlich Eich (1983) kritisch untersucht.

reich, bei dem allein schon auf dem Gebiet der Eigentumsordnung Aspekte von Sozialismus und Feudalismus erkennbar sind,[11] je nach dem, ob man den Blick auf die Dorfgemeinschaft oder die Machtpolitik der Zentralgewalt richtet. Soweit zur Charakterisierung des Inkareiches nur eines der theoretischen Grundmuster herangezogen worden ist, spiegelt dieses mithin vor allem die persönlichen Gewichtungen und Präferenzen des betreffenden Autors. Der heuristische Wert für ein Verständnis der indianischen Wirtschaftsordnung bleibt demgegenüber gering.

Aufgrund bisheriger Versuche, Wirtschaft und Gesellschaft der Inka aus dem Blickwinkel jeweils nur eines theoretischen Ansatzes zu erklären, läßt sich bereits sagen, daß von solcher Vorgehensweise auch in Zukunft keine wichtigen Erkenntnisse zu erwarten sind. Konkurrierende theoretische Konzepte mögen demgegenüber nützliche Fragestellungen an die Quellen liefern, wobei von Region zu Region und je nach soziopolitischer Ebene (von der Familie bis zu der des Staates) unterschiedliche Deutungsansätze Bestätigung finden können. Neben der Anwendung von Erklärungsmustern aus der Tradition der europäischen Wirtschafts- und Sozialwissenschaften sollte aber auch versucht werden, Abstraktionen auf der Basis des vor Ort gefundenen Materials zu gewinnen. In diesem Sinne ist das gelegentlich überzogene Konzept der Vertikalität grundsätzlich ein positives Beispiel.

Literatur

Alberti, Giorgio y Enrique Mayer (comp.)
1974 Reciprocidad e intercambio en los andes peruanos. Perú Problema 12. Lima.
Baudin, Louis
1928 L'Empire socialiste des Inca. Institut d'Ethnologie, Traveaux et Mémoires 5. Paris.
Collier, Donald
1959 Pottery stamping and molding on the north coast of Peru. Actas del XXXIII Congreso Internacional de Americanistas 2:421-431. San José.
Collier, George A., Renato I. Rosaldo and John D. Wirth (Eds.)
1982 The Inca and Aztec States, 1400-1800. Anthropology and History. New York.
Cunow, Heinrich
1896 Die soziale Verfassung des Inkareiches: Eine Untersuchung des altperuanischen Agrarkommunismus. Stuttgart.
1937 Geschichte und Cultur des Inkareiches. Amsterdam.

11 In der bekannten Studie von Baudin (1928) über das "sozialistische" Reich der Inka stützt sich diese Charakterisierung allerdings weniger auf die Eigentumsordnung als auf die zentrale Lenkung des Wirtschaftsprozesses.

Digby, Adrian
1951 The Technical Development of Whistling Vases in Peru. Selected Papers of the XXIXth International Congress of Americanists 2:252-257. Chicago.

Disselhoff, Hans-Dietrich
1974 Das Imperium der Inka und die indianischen Frühkulturen der Andenländer. Berlin.

Donnan, Christopher B.
1965 Moche ceramic technology. Ñawpa Pacha 3:115-134.

Donnan, Christopher B. (Ed.)
1985 Early Ceremonial Architecture in the Andes. Washington, D.C.

Earls, John and Irene Silverblatt
1976 Evolución de la administración ecológica Inca. Revista del Museo Nacional 42:207-245. Lima.

Eich, Dieter
1983 Ayllu und Staat der Inka: Zur Diskussion der asiatischen Produktionsweise. Frankfurt/M. (Lit.!).

Espinoza Soriano, Waldemar (comp.)
1978 Los Modos de Producción en el Imperio de los Incas. Lima.

Falk Moore, Sally
1958 Power and Property in Inca Peru. New York.

Gasparini, Graziano y L. Margolies
1977 Arquitectura inca. Caracas.

Golte, Jürgen
1973 Bauern in Peru. Entwicklungsfaktoren in der Wirtschafts- und Sozialgeschichte der indianischen Landbevölkerung von der Inka-Zeit bis heute. Berlin.

Hagen, Viktor W. von
1957 Heerstraßen des Sonnengottes. Wien.

Hagstrum, M.
1989 Technological Continuity and Change: Ceramic Ethnoarchaeology in the Andes. Ph.D. dissertation, UCLA. Los Angeles.

Hartmann, Roswith
1968 Märkte im Alten Peru. Diss. Bonn.

Horkheimer, Hans
1960 Nahrung und Nahrungsgewinnung im vorspanischen Peru. Bibliotheca Ibero-Americana 2. Berlin.

Hyslop, J.
1984 The Inca road system. New York.

Kelm, Heinz u. Mark Münzel
1974 Herrscher und Untertanen. Indianer in Perú. 1000 v.Chr. — Heute. Roter Faden zur Ausstellung 1. Frankfurt/M. [mit zahlreichen nützlichen Abbildungen zu Wirtschaft und Technologie].

Kendall, Ann
1985 Aspects of Inca architecture: Description, function and chronology. 2 Vols., Oxford.

Kolata, Alan L.
1986 The Agricultural Foundations of the Tiwanaku State. American Antiquity 51,4:748-762.

Lechtman, Heather y Ana María Soldi (eds.)
1981 La tecnología en el mundo andino. Runacunap Kawsayninkupaq Rurasqankunaqa. Tomo 1: Subsistencia y mensuración. México.

Linné, Sigvald
1925 The Technique of South American Ceramics. Göteborgs Kungl. Vetenskaps- och Vitterhets-Samhälles Handlingar, Fjärde Följden 29,5. Göteborg.

Mamani, Mauricio
1981 El chuño: preparación, uso, almacenamiento. Lechtman y Soldi (eds.) 1981:235-246.

Masuda, Shozo, Izumi Shimada and Craig Morris (Eds.)
1985 Andean Ecology and Civilization. An Interdisciplinary Perspective on Andean Ecological Complementarity. Tokyo.

Mayer, Eugen Friedrich
1986 Vorspanische Metallwaffen und -werkzeuge in Argentinien und Chile. Materialien zur Allgemeinen und Vergleichenden Archäologie 38. München.

Mitchell, William
1976 Irrigation and Community in the Central Peruvian Highlands. American Anthropologist 78:25-44; [auch in Lechtman y Soldi 1981:135-167].

Moorehead, E.L.
1978 Highland Inca architecture in adobe. Ñawpa Pacha 16:65-94.

Morris, Craig
1967 Storage in Tawantinsuyo. Ph.D. tesis, University of Chicago.
1981 Tecnología y organización Inca del almacenamiento de víveres en la sierra. Lechtman y Soldi (eds.) 1981:327-375.

Moseley, Michael E.
1975 The Maritime Foundations of Andean Civilization. Menlo Park, Calif.

Murra, John V.
1972 El 'control vertical' de un máximo de pisos ecológicos en la economía de las sociedades andinas. I. Ortiz de Zuñiga: Visita de la Provincia de León de Huánuco en 1562, II:429-476. Huánuco.
1980 The Economic Organization of the Inka State. Research in Economic Anthropology (G. Dalton, Ed.), Supplement 1. Greenwich, Conn.
1982 The Mit'a Obligations of Ethnic Groups to the Inka State. G.A. Collier et al. 1982:237-262.

Netherly, Patricia
1983 The management of the late Andean irrigation systems on the north coast of Peru. American Antiquity 49:227-254.

Oberem, Udo
1978 El acceso a recursos naturales de diferentes ecologías en la sierra ecuatoriana (siglo XVI). Actes du XVIIe Congrès International des Americanistes IV:51-64. Paris.
1981 Festungsanlagen im Andengebiet. AVA-Beiträge 2:486-503. München.

Parsons, Jeffrey R. and Norbert P. Psutty
1975 Sunken Fields and Prehispanic Agriculture on the Peruvian Coast. American Antiquity 40:259-282; [auch in Lechtman y Soldi 1981:51-89].

Polanyi, Karl, Conrad M. Arensberg and Harry W. Pearson (Eds.)
1957 Trade and Market in the Early Empires. New York.

Ravines, Rogger (ed.)
1978 Tecnología Andina. Lima.

Sánchez, Rodrigo
1978 The model of verticality in the Andean economy; a critical reconsideration. Actes du XLIIe Congrès International des Américanistes IV:213-231. Paris. — [Dieser Band enthält weitere Aufsätze zur Vertikalität].

Smith, Clifford T., William M. Denevan and Patrick Hamilton
1968 Ancient Ridged Fields in the Region of Lake Titicaca. The Geographical Journal 134:353-367; [auch in Lechtman y Soldi 1981:25-50].

Troll, Carl
1931 Die geographischen Grundlagen der andinen Kulturen und des Inkareiches. Ibero-Amerikanisches Archiv 5,3:258-294. Berlin.

Trimborn, Hermann
1923-25 Der Kollektivismus der Inkas in Peru. Anthropos 18/19:978-1001, 20:579-606.

Wachtel, Nathan
1981 Reciprocity and the Inca State: From Karl Polanyi to John V. Murra. G. Dalton (Ed.): Research in Economic Anthropology 4:38-50. Greenwich, Conn.

ß. Präkolumbische Goldschmiedekunst

Immina von Schuler-Schömig und Bruno Illius

Allgemeines

Von allen indianischen Arbeiten erweckten die Erzeugnisse der Goldschmiedekunst die höchste Bewunderung und zugleich die größte Gier der spanischen Konquistadoren[1]. Von den gewaltigen Schätzen, die sie raubten, ist heute kaum noch etwas vorhanden: Fast alles wurde wegen seines Materialwertes zu Barren umgeschmolzen[2]. Die Stücke, die sich heute in Museen finden, stammen meist von Schatzsuchern oder Grabräubern, selten aus archäologischen Grabungen.

Die Goldländer der präkolumbischen Zeit waren die Gebiete der Hochkulturen Süd- und Mittelamerikas; die reichen Seifengoldlager Alaskas und Kaliforniens wurden damals noch nicht ausgebeutet.

In diesem Beitrag wird auch Mesoamerika berücksichtigt. Da der Schwerpunkt eindeutig auf Süd- und Zentralamerika liegt, wurde er diesem Buchteil zugeordnet.

Formen und Stile der drei metallurgischen Provinzen

Nach Merkmalen der Stile und auch der Techniken lassen sich drei Hauptprovinzen der altamerikanischen Goldschmiedearbeiten abgrenzen: Die erste und goldreichste erstreckt sich vom Andengebiet Kolumbiens bis nach Costa Rica im Norden; die zweite lag im heutigen Peru und Bolivien, dazu gehören archäologisch auch Teile des heutigen N-Chile; die dritte umfaßte Guatemala und Mexiko.

Zeitliche Stellung und Verwandtschaften der einzelnen Stile sind oft nicht geklärt, und die hier gegebenen Jahreszahlen können oft nur Schätzwerte sein.

Die bisher ältesten Funde von Goldgegenständen aus Peru stammen aus der Zeit um -1500; die ältesten mexikanischen Funde erst von etwa +900. Ob die kolumbianische Goldbearbeitung auf die pe-

---

1 Zur Silber-, Kupfer- und Bronzeverarbeitung gibt Rovira Llorens 1986 einen Überblick mit weiterführenden Literaturhinweisen.

2 So auch die Beute der Spanier aus der Plünderung Cuzcos und dem Lösegeld Atahuallpas, die sich nach der Berechnung Lothrops (nach Haberland 1973:29) auf 7875 kg Gold und 60300 kg Silber belief.

ruanische und die mittel- auf die südamerikanische zurückzuführen ist, kann noch nicht mit letzter Sicherheit gesagt werden; beides ist aber – besonders in bezug auf einzelne Techniken – sehr wahrscheinlich (Easby 1962; Haberland 1973:44; Lechtman 1979).

Kolumbien bis Costa Rica

Diese Goldprovinz ist hauptsächlich für ihre Goldgüsse berühmt. Besonders in Panama und Costa Rica sind gegossene Schmuckanhänger, Nasenscheiben und Ohrpflöcke in Gestalt mythischer Tiere gefunden worden: der Königsgeier, Fledermäuse, Spinnen, Echsen und Mischwesen, die menschliche und tierische Züge vereinen. Zu den Meisterwerken dieser Region zählen gegossene Spinnen mit beweglichem Hinterleib, in dem sich Rasselkügelchen befinden.

Zu den wichtigsten Stilen zählen der panamensische Coclé-Stil (700 bis 1200) und Veraguas-Stil (800 bis 1520) sowie der Diquís-Stil (800 bis 1520) von Costa Rica.

In Kolumbien unterscheidet man den Calima-Stil (-350 bis +300)[3], den Tolima-Stil im Westen (ca. -200 bis +500), in N-Kolumbien den Darién-Stil (ca. 300 bis 1000) und den Sinú-Stil (ca. 1200 bis 1550), den Muisca-Stil des Hochlands (ca. 1000 bis 1540), den Tairona-Stil der Nordküste (etwa 650 bis 1540) und als wichtigsten den Quimbaya-Stil (Blütezeit etwa 400 bis 700) des Cauca-Tals.[4]

Die Legende von "El Dorado", dem "vergoldeten Mann", geht auf eines der Fürstentümer der Muisca, eines Chibcha-Volks, zurück. Nach seiner Inauguration wurde der jeweilige Fürst von Guatavita auf einem Floß in die Mitte des gleichnamigen Sees gefahren. Dort versenkten er und sein Gefolge Smaragde und Goldgegenstände, während er selbst mit Lehm eingerieben und dann mit Goldstaub bedeckt – "vergoldet" – wurde. Dieses Gold wusch er durch ein Bad im See wieder ab. Gleich nach der Conquista wurde verschiedentlich und mit Teilerfolgen versucht, den See trockenzulegen. Die geborge-

3 Hier finden sich die ersten Goldgüsse Kolumbiens und vielleicht Amerikas.

4 Genauere Beschreibungen und Einteilungen in acht "Goldstile" nach Pérez de Barradas in Haberland 1973:30-39. Charakterisierungen der Stile Kolumbiens und ihres kulturellen Umfelds bei Bray 1979:45-72.

nen Schätze sind verschwunden (Bray 1979:25-28; Haberland 1973: 37).

Peru und Bolivien

Neben dem heutigen Peru und Bolivien zählen auch Gebiete N-Chiles und NW-Argentiniens zu dieser metallurgischen Provinz. Charakteristisch für sie ist das Zurücktreten des Goldgusses gegenüber dem Arbeiten in Goldblech.

Von den Kunststilen des mittel-andinen Kulturgebiets ist der Inka-Stil (1438-1532) wohl der bekannteste. Er steht künstlerisch aber hinter älteren zurück. Hervorragendes findet sich vor allem im nordperuanischen Chimú-Stil (1200 bis 1470, v.a. im Departamento de Lambayeque) und auch im Moche-Stil (-200 bis +700). Für die Vicus-Phase (ca. -200 bis +200) ist der (Kupfer-) Guß in der verlorenen Form belegt, ebenso die Herstellung von Tumbaga. Auch im Ica-Stil der Südküste (1000 bis 1470) gibt es Meisterwerke.

Häufig finden sich Ohrpflöcke, oft aus Gold- und Silberteilen zusammengesetzt und inkrustiert mit farbigen Steinen oder Muschelscheibchen. Ebenso Ketten aus Goldperlen, Arm- und Beinmanschetten, Kopfreifen, Gürtel und zahlreiche Gewandnadeln mit flachgehämmerten Köpfen. Edelmetalle wurden nicht nur zu Schmuck, sondern auch zu Kultgerät oder Gebrauchsgegenständen des Herrschers und der Oberschicht verarbeitet. Dazu gehören Löffelchen, mit denen die Kalkprise für den Cocagenuß genommen wurde, pinzettenartige Zangen zum Haareauszupfen, goldene Spinnwirteln, Trinkbecher für den Herrscher und für Trankopfer, außerdem goldene Keulenköpfe als Würdezeichen. Dem Totenkult vorbehalten waren Goldmasken, die oft mit roter Farbe übermalt waren. Auch mit Goldschuppen besetzte Muschelschalen wurden in Gräbern gefunden.

Guatemala und Mexiko

Aus Mexiko besitzen unsere Museen relativ wenig goldene Objekte, da die Goldverarbeitung dort zur Zeit der Conquista noch relativ jung war und es somit auch noch nicht sehr viele goldene Grabbeigaben gab. Viele kolumbianische und panamensische Goldartikel wurden nach Mexiko verhandelt, z.T. als halbfertige Ware, die von Mexikanern ornamentiert wurde.

Die Meister unter den Goldschmieden Mexikos waren die Mixteken Oaxacas. Sie gossen oft winzige Schmuckstücke: Kettenglieder, Ohrschmuck oder Anhänger, die beweglich montiert waren und in kleinen Schellen endeten.

Die Goldschätze Tenochtitlans sind vernichtet worden, aber eine Vorstellung von der Fertigkeit der Mixteken gibt der Goldschmuck eines mixtekischen Adligen aus dem von Alfonso Caso entdeckten Grab 7 vom Monte Albán bei Oaxaca. Dabei handelt es sich um 121 Objekte mit zusammen 3,5 kg Goldgewicht (Caso 1969).

Materialien[5)]

Gewinnung

Das Edelmetall, das zu Kultgegenständen, Schmuckstücken oder Gerät weiterverarbeitet wurde, stammte zum größten Teil aus den Flüssen. Gold und Platin wurden in gediegenem Zustand als Staub oder kleine Klümpchen aus dem Sand gewaschen. Im Westen der Neuen Welt fand man Silber und Kupfer weit häufiger gediegen vor als in der östlichen Hemisphäre. Silber und Kupfer (manchmal auch Gold) wurden (v.a. im zentralen Andengebiet) auch in einfachen Schachtanlagen abgebaut. Es wurden bis zu 40m tiefe Gruben gefunden, die allerdings so eng waren, daß sich nur jeweils ein Arbeiter darin bewegen konnte (Bird 1979).

Eine Beschreibung der Ausbeutung der Goldminen von La Paz, die den präkolumbischen Methoden wohl sehr nahe kommt, enthält die "Historia de la Conquista del Perú" des Sancho de la Hoz, die schon 1534 geschrieben wurde.

Aufbereitung

Für die gediegenen Edelmetalle genügten einfache Aufbereitungsmethoden. Blasebälge waren unbekannt; mit einem einfachen Rohr wurde die Glut angeblasen. "Schmelzöfen" gab es nur in Form großer Tongefäße mit durchbrochener Wandung, damit Luft zugeführt werden

5 Zum natürlichen Vorkommen von Edelmetallen in Amerika, siehe Patterson 1971.

konnte. Man stellte sie auf Berghöhen auf, wo ständig kräftiger Wind herrschte[6]. Man kann auch nicht von einer "Verhüttung" der bergmännisch gewonnenen Erze sprechen (Haberland 1973:8f.).

Legierungen

Tumbaga (Gold + Kupfer)

Gold enthielt in seinem "Naturzustand" immer ein wenig Silber. Ein vor allem in Kolumbien und dem südlichen Mittelamerika (nicht aber in Peru) verbreitetes und beliebtes Material war aber auch die heute "Tumbaga"[7] genannte Gold-Kupfer-Legierung. Sie hat einen rötlichen Schimmer und ist im Vergleich zu den reinen Metallen leichter zu schmelzen und (kalt gehämmert) dennoch härter[8]. Drei mögliche Gründe für die Beliebtheit von Tumbaga sind: die Möglichkeit des "Streckens" beschränkter Goldvorräte, der niedrige Schmelzpunkt und die vermutlich geschätzte Farbe der Legierung.

Gold + Platin

Die Goldschmiede des präkolumbischen Ecuador verwendeten lange vor den Europäern das Platin. Da sie Platin nicht schmelzen konnten[9], vermischten sie kleine Platin-Körnchen mit Goldstaub oder einer Goldschmelze. Nachdem das Platin mit dem verflüssigten Gold versintert war, konnten sie es aushämmern und weiterverarbeiten (Bergsoe 1937; Rivet 1943).

---

6 Abbildungen eines solchen *huayra* genannten Ofens finden sich bei Haberland 1973:11 und Emmerich 1965.

7 Tumbaga ist ein malaiisches Wort. Die Legierung wird manchmal auch als "Guanín", "Guanín-Gold" oder "Caricoli" bezeichnet.

8 Ein Gemisch aus 82% Gold und 18% Kupfer hat den Schmelzpunkt bei 880°. Reines Gold schmilzt bei 1064°, Kupfer bei 1084°.

9 Der Schmelzpunkt von Platin liegt bei 1769°.

Gold + Silber

Diese heute "Elektron" genannte Verbindung wurde hauptsächlich in Peru künstlich erzeugt. Gleiche Mischungen beider Metalle in Mexiko sind vermutlich auf natürliches Vorkommen zurückzuführen. Die spröde und schwierig zu verarbeitende Legierung wurde wohl wegen ihrer Farbe geschätzt.

Gold + Silber + Kupfer

Eine besonders harte Legierung aus 52% Gold, 26% Kupfer und 22% Silber wurde in Kolumbien gefunden. Bei einem Schmelzpunkt von nur 890° entspricht ihre Härte der einer zinnarmen Bronze (Haberland 1973:10).

Verarbeitungstechniken

Schmieden, Tempern

Diese Technik wurde auf fast alle Edelmetalle und v.a. zum Formen von Hohlkörpern aus Blechen angewendet. Das Metall wurde mit Hämnmern und kleinen Ambossen aus Stein kalt geschmiedet oder aber "getempert", d.h. erwärmt und gleichzeitig zu einem Blech gehämmert oder gewalzt[10)], das dann getrieben, gestanzt, gepunzt oder ziseliert[11)] werden konnte. Gold wurde auch zu Drähten gezogen.

Treiben, Punzen und Gravieren

Für das Treiben – das Aufhämmern von Blechen auf eine Form – benützte man hölzerne oder steinerne Matrizen und Patrizen[12)]. Ge-

10 Es wurden bis zu 0,04mm dünne Folien hergestellt.

11 Ziselieren ist eine Art modellierendes Treiben, bei dem mit Hammer und Punzen aus Holz, Kupfer oder Bronze von der Rückseite des Werkstücks her gearbeitet wird.

12 Patrizen sind Positivformen aus Stein, die (v.a. in Peru und Kolumbien) zum Formen von Wachsmodellen und als Unterlage beim Hämmern von Metallblechen dienten (vgl. Schuler-Schömig 1974).

triebene Gegenstände sind hauptsächlich aus Peru, aber auch aus Kolumbien und Mesoamerika bekannt[13]. Das Punzen mit verschiedenen meißelförmigen Geräten und dem Hammer war eine weitverbreitete Technik. Beim spanabhebenden Gravieren wurde dagegen nur die Vorderseite des Werkstücks bearbeitet.

Gießen

Der uns bekannte Vollguß in wiederverwendbaren Kastenformen aus Ton oder Stein wurde in der Neuen Welt offenbar nicht oft (und dann meistens für Kupfergerät) ausgeführt. Wesentlich verbreiteter war der "Guß in der verlorenen Form" (à cire perdue), mit dem massive und auch hohle Einzelobjekte hergestellt wurden.

Massivguß

Hierfür benötigt man zuerst ein exaktes Wachsmodell des zu fertigenden Gegenstands. An den "Extremitäten" werden Wachsfäden angeklebt, das Ganze mit Holzkohlepulver bestäubt und mit dünnem Tonschlicker eingestrichen, um die Oberflächenstruktur des Wachsmodells genau zu bewahren. Danach wird ein Mantel aus weiteren gröberen Schichten von Ton und Holzkohle um das Modell gelegt und getrocknet. Wird nun diese Tonform gebrannt, so schmilzt der Wachskern durch die von den Wachsfäden offengehaltenenen Kanäle aus. Die gebrannte Tonhülle dient nun als Gußhohlform für das flüssige Gold. Dabei fungieren die Kanäle als Austrittsöffnungen für die Luft, die beim Ausschmelzen des Wachses in den Hohlraum eingedrungen ist. Man läßt das Gold erkalten, zerbricht die Form, nimmt den Gießling heraus und feilt die Goldfäden ab, die sich in den Kanälen gebildet haben (Bruhns 1972; Schuler-Schömig 1973).

Hohlguß

Er unterscheidet sich vom Massivguß dadurch, daß zuerst ein grober Kern aus einem Ton-Holzkohle-Gemisch (der spätere "Innenraum"

---

13 Bildliche Darstellung der Treibtechnik (nach den Arbeiten von Easby) bei Haberland 1973:13.

der Figur) hergestellt wird, über den das Wachsmodell modelliert wird. Am Kern werden hölzerne "Stege" (Haltestifte) angebracht, damit er beim Ausschmelzen des Wachses nicht im Mantel verrutscht. Das Ganze wird wieder mit dem Formmantel umgeben und getrocknet. Das Wachs wird ausgeschmolzen, das Metall eingegossen und der Mantel zerschlagen. Der im Gießling befindliche Kern wird durch Öffnungen (z.B. die von den Haltestiften gebildeten) herausgekratzt[14].

Verbindungstechniken

Indianische Goldschmiede bedienten sich verschiedener Techniken, um einzeln gefertigte Metallteile, etwa getriebene Stücke, miteinander zu verbinden. Die einfachsten waren das "mechanische" Umbördeln und das Verbinden mit Drähten oder schmalen Metallstreifen.

Löten

Eine Mischung aus Kautschuk oder Harz und Kupferhydroxid oder Kupferazetat diente als Lötmasse[15]. Damit wurden die beiden Objekte zuerst zusammengeklebt und dann erhitzt (Haberland 1973:20). Die auf dem Löten basierenden Techniken Granulation (Bray 1979: 37) und Filigran, sowie "falsches Filigran" waren ebenfalls bekannt (s.a. Haberland 1973:20f.).

Schweißen

Das Schweißen – d.h. Verbinden zweier Metallobjekte mittels Hitze aber ohne Verwendung weiterer Materialien – war wohl die häufigste Verbindungstechnik. Dabei wurden die zu verbindenden Teile stark erhitzt und zusammengehämmert. In Ecuador sollen die Kanten der zu verbindenden Stücke aufeinandergelegt und bis zur Verflüssigung erhitzt worden sein, so daß sie sich ohne Hämmern verbanden.

---

14 Vereinfachte zeichnerische Wiedergaben des "Wachsausschmelzverfahrens" bei Bray 1979:41; Easby 1956; Haberland 1973:16 und Schuler-Schömig 1973, Blatt 032. Es wurden auch "ungebrauchte" Gußformen gefunden, die das Wachs noch ent-hielten (Bruhns 1972).

15 In einer "reduzierten" (sauerstoffarmen) Atmosphäre schmilzt diese Mischung schon bei 880°. Das Löten mit einer Silber-Kupfer-Legierung beschreiben Lechtman et al. 1975.

Vernieten

Beim Vernieten werden einzelne Teile durch kleine Stifte verbunden, die dann an den Enden breitgeschlagen werden. Goldblech wurde auch auf andere Materialien genagelt.

Vergolden

Neben dem einfachen Blattvergolden (Aufhämmern eines dünnen Goldblechs), das auch für Gegenstände aus organischem Material angewendet wurde, waren noch andere Vergoldungsmethoden bekannt.

Gegenstände aus Tumbaga konnten auf verschiedene Art vergoldet werden. Außer einer Art Feuervergoldung wurde in der kolumbianischen Goldprovinz und vermutlich auch in Mexiko ein Färbeverfahren angewendet, das heute "mise en couleur" heißt: Das erhitzte Tumbaga-Objekt wurde im oxalsauren Saft der Pflanze Oxalis pubescens gebadet. Dieser löste das Kupfer in der Oberfläche und ließ eine dünne Schicht reinen Goldes zurück. Andere Methoden der Oberflächenveredelung verwendeten Essig, Urin oder Salzlösungen. Man sollte hier also eher von einer "Entkupferung" sprechen.[16)]

Werkzeuge

Zur Gewinnung des Materials wurden vermutlich nur im Feuer gehärtete Grabstöcke zum Aufbrechen der Erde und flache hölzerne Tabletts ("bateas") zum Goldwaschen verwendet.

Die Metallverarbeiter des präkolumbischen Amerika verfügten trotz der Vielfalt ihrer Techniken und angesichts des Formenreichtums der von ihnen hergestellten Objekte über eine erstaunlich einfache technische Ausrüstung. In Peru und Bolivien gab es einfache Bronze-Werkzeuge, ansonsten bestand das Handwerksgerät aus Holz, Bambus, Stein (Hämmer und Ambosse), Horn oder Knochen. Zum Anblasen der Glut oder der Werkstücke wurden auch tönerne Röhren verwendet (Bright 1972). Als Unterlage für Werkstücke dienten vermutlich sandgefüllte Leder- oder Baumwollsäckchen. Die Werkzeuge

---

16 Zu den Verfahren des "Färbens" durch Oberflächenanreicherung, siehe Lechtman 1971, 1973, 1979:25; Haberland 1973:21-24.

selbst sind jedoch kaum erhalten (s. aber Grossman 1972); ihre Art ist meist nur erschließbar aus den Arbeitsspuren.

Literaturhinweise

In Form von Ausstellungskatalogen und Museumsführern liegen einige reich bebilderte und übersichtliche Einführungen auch in deutscher Sprache vor (Bray 1979; Haberland 1973; Schuler-Schömig 1972, 1973, 1975; Gold und Macht 1986). Von den zahlreichen Katalogen in englischer Sprache sei nur auf die vorbildliche Dokumentation der Jan Mitchell Collection (Jones 1985) verwiesen. Ältere Arbeiten enthalten oft instruktive Zeichnungen von Goldobjekten, so z.B. Kunike (1918) mit über 300 Skizzen.

Bernardino de Sahagún (1959:73f.) liefert mit bezug auf die Azteken die beste Schilderung altindianischer Goldverarbeitung. Sie findet sich auch bei Easby (1955) und Emmerich (1965). Weitere auszugsweise Übersetzungen und Hinweise auf Berichte spanischer Chronisten über indianische Goldverarbeitung geben Rivet und Arsandaux (1946), Root (1963) und v.a. Bray (1985:76-80).

Weiterführende Literatur zu Einzelthemen der präkolumbischen Goldschmiedekunst bei Benson (1979), Jones (1985) und Rovira Llorens (1986). Symbolik und Ikonographie der Goldschmiedearbeiten, die wir hier zugunsten der Technologie vernachlässigen mußten, werden von verschiedenen Autoren in Jones (1985) behandelt. Die Forschungsgeschichte unseres Gegenstands umreißt Bray (1985).

Literatur

Benson, Elizabeth P. (Ed.)
1979 Pre-Columbian Metallurgy of South America. Washington, D.C.
Bergsoe, Paul
1937 The Metallurgy and Technology of Gold and Platinum among the Pre-Columbian Indians. Ingeniorvidenskabelige Skrifter 44. Kopenhagen.
Bird, Junius B.
1979 The »Copper Man«: A Prehistoric Miner and His Tools from Northern Chile. Benson 1979:105-131.
Bray, Warwick
1979 El Dorado, der Traum vom Gold. Hannover.
1985 Ancient American Metallurgy: Five Hundred Years of Study. Jones 1985:76-84.
Bright, A. L.
1972 A goldsmith's blowpipe from Colombia. Man, N.S. 7:311-313.
Bruhns, Karen Olsen
1972 Two prehispanic *cire perdue* casting moulds from Colombia. Man, N.S. 7:308-311.

Caso, Alfonso
1969 El Tesoro de Monte Albán. Memorias del Instituto Nacional de Antropología e Historia 3. México.

Easby Jr., Dudley T.
1955 Sahagún y los orfebres precolombinos de México. Anales del Instituto Nacional de Antropología e Historia 9:85-117. México.
1962 Two «South American» Metal Techniques found recently in Western Mexico. American Antiquity 28:19-24.

Emmerich, André
1965 Sweat of the Sun and Tears of the Moon. Seattle.

Gold und Macht
1986 Gold und Macht. Spanien in der Neuen Welt. Bundesministerium für Wissenschaft und Forschung, Kulturamt der Stadt Wien. Wien.

Grossman, Joel W.
1972 An Ancient Gold Worker's Tool Kit. Archaeology 25,4:270-275.

Haberland, Wolfgang
1973^2 Gold in Altamerika. Hamburg.

Jones, Julie (Ed.)
1985 The Art of Precolumbian Gold. London.

Kunike, Hugo
1918 Goldaltertümer der Chibcha. Internationales Archiv für Ethnographie 24:23-32 und Taf. VI-XIV.

Lechtmann, Heather
1971 Ancient Methods of Gilding Silver. R. H. Brill (Ed.): Science and Archaeology, pp. 2-30. Cambridge.
1973 The Gilding of Metals in Pre-Columbian Peru. W. Young (Ed.): Application of Science in Examination of Works of Art, pp. 38-52. Boston.
1979 Issues in Andean Metallurgy. Benson 1979:1-40.

Lechtman, Heather et al.
1975 Seven matched hollow gold jaguars from Peru's Early Horizon. Studies in Pre-Columbian Art and Archaeology 16. Washington.

Patterson, Clair C.
1971 Native Copper, Silver, and Gold Accesible to Early Metallurgists. American Antiquity 36,3:286-321.

Rivet, Paul
1943-44 Metalurgia del Platino en la América Precolombina. Revista del Instituto Etnológico Nacional 1:39-45. Bogotá.

Rivet, Paul et H. Arsandaux
1946 La métallurgie en Amérique précolombienne. Paris.

Root, William C.
1961 Pre-Columbian Metalworks of Colombia and Its Neighbors. S. Lothrop (Ed.): Essays in Pre-Columbian Art and Archaeology, pp. 242-257. Cambridge.
1963 Metallurgy. J. H. Steward (Ed.): Handbook of South American Indians 5:205-225.

Rovira Llorens, Salvador
1986 Vorkolumbische Metallverarbeitung und Bergbau in den Anden. Gold und Macht 1986: 93-99.

Sahagún, Fray Bernardino de
1959 Florentine Codex (C.E. Dibble and A.J.O. Anderson, Eds.), Book 9. Santa Fé.

Schuler-Schömig, Immina von
1972 Werke indianischer Goldschmiedekunst. Bilderhefte der Staatlichen Museen Preußischer Kulturbesitz Berlin 17. Berlin.
1973 Altamerikanische Goldschmiedekunst. Informationsblätter 032, 033a und 033b des Museums für Völkerkunde SMPK, Abteilung Alt-Amerika. Berlin.
1974 Patrizen im Goldschmiedehandwerk der Muisca Kolumbiens. Baessler Archiv N.F. 22:1-22.
1975 The Gold Treasures of the Americas. Apollo Magazine, N.S. CII,166:417-421. London.

7. Zur Technologie der altperuanischen Textilien

Renate Strelow

Die aus den Gräbern des regenarmen Wüstenstreifens an der Küste Perus stammenden Textilien vermitteln uns ein hohes Maß handwerklicher und webtechnischer Geschicklichkeit und Qualität. Das gleiche gilt für das Spinnen und Färben. Hauptfundplätze, die aber nicht mit den Benennungen der Kulturen bzw. Stile identisch sein müssen, sind die Halbinsel Paracas, das Flußgebiet des Río Nazca, die Gegend von Ica und Pisco sowie Pachacamac, Ancón, Chancay und Huarmey.

Von den Mumien und ihren Beigaben sind Hemden, Lendenschurze, Umhänge, Tücher, Röcke, Turbane, Mützen, Haarnetze, Taschen, Gürtel, Schleudern, Bänder, Federarbeiten und unzählige andere textile Objekte erhalten.

Erste Textilfunde stammen aus dem Zeitraum um 3.000 v.Chr., so z.B. zwirnbindige Stoffe, Maschenstoffe, geknotet oder durch Verschlingen hergestellt, Gewebe in Leinen-, Rips- oder Köperbindung aus Baumwolle oder anderem pflanzlichen Material, sehr selten aus Wolle (Bonavia 1981).

Drei unterschiedliche Webgeräte waren in Gebrauch: ein horizontales, bei dem beide Bäume an vier in der Erde steckenden Pfosten befestigt waren; seltener ist ein vertikales Webgerät, bei dem die Bäume an zwei langen gekreuzten Holz- (Rohr-)stäben angebunden sind, deren Enden im Boden steckten. Am gebräuchlichsten war an der Küste seit Christi Geburt das Rückenbandwebgerät (King 1965). Es besteht aus zwei parallelen Webbäumen, zwischen denen die Kette gespannt ist. Der hintere Baum ist an einem Pfahl oder ähnlichem befestigt, während der vordere mit einem Gürtel oder Band um Taille oder Hüfte der Weberin geschlungen ist, die so durch Körperbewegung die Kette lockern oder spannen konnte. Die Kettfäden sind über parallel zu den Webbäumen verlaufende Schnüre geführt. Zur Fachbildung dienen Litzenstab, Trennstab und Webschwert, ein flaches, meist hölzernes Gerät mit zugespitzten Enden. Auf den Eintragstab, es kann ein Holzstab oder eine Spindel sein, ist das Schußmaterial aufgewickelt. Es können auch mehrere Litzenstäbe angebracht sein (vgl. Bennett and Bird 1964:201).

Verarbeitet wird Wolle und Baumwolle. Durch Handel gelangte Wolle vom Hochland in die Küstenregionen, wo man sie u.a. gegen

Baumwolle eintauschte. Baumwolle (Gossypium barbadense) gibt es in verschiedenen natürlichen Tönungen von Weiß zu Braun, die Wolle der domestizierten Schafkamele, Lama und Alpaca und des freilebenden Vicuña, ebenfalls in unterschiedlichen Schattierungen. Wolle vom Alpaca wird am häufigsten verwendet. Anderes pflanzliches Material wird z.B. für Sandalen oder Einlagen für Kopfbedeckungen genutzt.

Die zum Teil außerordentlich feinen, gleichmäßigen Fäden wurden zumeist mit Handspindeln aus Holz oder Dorn mit oder ohne Wirtel, aus Holz oder Ton, gesponnen. Im Besitz des Museums für Völkerkunde Berlin befindet sich das Fragment eines Inka-Hemdes, das auf 1 cm^2 21-24 Kettfäden und 100 Schußfäden zählt. Je nach Spinnrichtung unterscheidet man zwischen S- und Z-Drehung. Zwei oder mehr Garne (ungezwirnte Fäden) werden in der der Spinnrichtung entgegengesetzten Richtung verzwirnt (Einfach- oder Mehrfachzwirn). Beide Spinn- oder Zwirnrichtungen können in einem Gewebe erscheinen. Für figürliche Darstellungen, z.B. in Leinenbindung/Schußrips (Wirkerei), sind gezwirnte, also stabilere Fäden für die Kette erforderlich, weil sie beim Anschlagen der Schußfäden stark strapaziert wird. Garne sind häufig für lockere, elastische, leinenbindige Baumwollgewebe sowie für Gewebe in Dreherbindung in Kette und Schuß verwendet worden, wobei die Fäden so stark überdreht sein können, daß die Stoffe kreppartig wirken.

Das Färben erfolgte im Faden, seltener in der Faser und basierte auf den drei Grundfarben Blau, Rot und Gelb. Miteinander kombiniert, ergaben sie eine fast unbegrenzte Anzahl von Farbtönen und Schattierungen, die ihren Höhepunkt besonders in den Textilien der Paracas-Kultur erreichen. Die meisten Farben sind wahrscheinlich pflanzlicher Herkunft, so Indigo (Indigofera suffruticosa) für Blau, zum Teil auch für Schwarz. Rot stammt aus der Wurzel des Relbunium (verwandt mit der Krappwurzel), das in einigen Nazca-Geweben nachgewiesen wurde (Bollinger 1983). Gelb könnte aus einer Anzahl anderer Pflanzen gewonnen worden sein. Aus dem tierischen Bereich verwendet man für Rot auch Cochenille (Coccus cacti), eine rote Schildlausart, die auf Feigenkakteen lebt. Chemisch nachgewiesen ist auch das Rot der Purpurschnecke. Über den Gebrauch von Beizmitteln ist wenig bekannt. Bei einigen Farbstoffen muß das Material vor dem Färben gebeizt werden, um die Fasern farbaufnahmefähig zu machen und um die Farbe auf der Faser zu fixieren. Nur Alaun und Eisen sind nachgewiesen.

Kleidungsstücke wurden nicht zugeschnitten, sondern in benötigter Größe mit vier abgeschlossenen Webkanten hergestellt. Dazu begann man an einem Ende ein kurzes Stück zu weben, drehte dann das Webgerät und begann nun am entgegengesetzten Ende. Von einem bestimmten Punkt an war Fachbildung nicht mehr möglich, der Eintragstab konnte nicht mehr durchgeführt werden, so daß von hier ab die Verbindung mit der Nadel ausgeführt werden mußte. Es gibt auch in Form gewebte Kleidungsstücke, wie Lendenschurze von der mittleren und südlichen Küste und Hemden aus Nordchile. Um ein rechteckiges oder quadratisches Gewebe vor oder während des Webprozesses verbreitern zu können, z.B. bei einem Hemd, werden die Kettfäden in der Mitte (also an der Schulterlinie) auseinandergefächert und die entstandenen Lücken durch zusätzliche Kettfäden gefüllt. Auf diese Weise kann die Schulterpartie doppelt so breit ausfallen wie der untere Hemdenabschluß. Umgekehrt können bei Verschmälerungen Kettfäden entfernt werden oder, wie z.B. für Lendenschurze, in der Mitte eng zusammengeschoben und an den Enden gefächert werden. Die entstandenen Ecken oder Zipfel wurden dann über den Hüften verknotet (vgl. Osborne 1950).

Ein Hemd besteht gewöhnlich aus zwei rechteckigen zusammengenähten Gewebestreifen, die in der Mitte gefaltet und an den Seiten bis auf die Armöffnungen und in der Mitte bis auf den Halsausschnitt geschlossen sind. Seltener sind Hemden mit angewebten oder separat gewebten angenähten Ärmeln.

Die wichtigsten Gewebebindungen sind Leinenbindung, Leinenbindung/Schußrips (Wirkerei) mit ineinandergehängten Schußfäden oder mit Schlitzbildung, Leinwand-Kett (-Schuß) -Kompositbindung, seltener Köper, einfache und komplizierte Dreherbindung mit und ohne Jourbildung, Broschierung, Kett- und Schußlancierung, Doppelgewebe, Zwirnbindung. Daneben gibt es Stickereien, Applikationen, Federarbeiten, Diagonalgeflechte, Sumak, florbildende Techniken sowie Maschenstoffe in verschiedenen Verschlingungstechniken und geknotet (vgl. d'Harcourt 1962; Bühler-Oppenheim 1948:92-107; Seiler-Baldinger 1973).

Uneinheitlichkeit herrscht immer noch in der Terminologie, d.h. ethnologisch-archäologischer Textilien zu bestimmten Techniken, da die Bezeichnungen für industriell/maschinell angefertigte Textilien nicht ohne weiteres analog angewendet werden können. Im nordamerikanischen Sprachgebrauch ist die Textilterminologie wesentlich flexibler und treffender, jedoch können die Bezeichnungen kaum adäquat ins Deutsche übersetzt werden. Als Standardwerk hierzu ist das Buch

"The Primary Structures of Fabrics" von I. Emery (1966) zu nennen.

Neben bemalten leinenbindigen Baumwollgeweben gibt es bedruckte Stoffe, mittels Stempel gemustert. An Reserveverfahren kommt vor allem Plangi, seltener Ikat, vor. Beide Färbeverfahren entstehen mit Hilfe von Bindereserven. Plangi ist eine Färbung am fertigen Stoff, d.h. an den betreffenden Stellen werden Stoffpartien etwas angehoben und mit Fäden umwickelt und dadruch abgedeckt. Nach dem Färben und dem Entfernen der Umwicklungen sind das Resultat in Mustern angeordnete, von der Farbe ausgesparte Kreise, in die die Farbe nicht eindringen konnte. Ebenso kann ein Stoff diagonal oder Webkante auf Webkante eingerollt werden und nach entsprechender Abbindung gerade oder diagonale Linien zeigen.

Beim Ikat unterscheidet man zwischen Kett-, Schuß- und Doppelikat. Aus Peru ist nur Kettikat bekannt, der zusätzlich bemalt sein kann (Retuschen, Bird 1964). Einzelne Kettfäden oder Kettfadengruppen werden vor dem Weben an bestimmten Stellen abgebunden und gefärbt, so daß sich das Muster erst während des Webens ergibt. Der Schuß ist einfarbig.

Schablonenmusterung ist ebenfalls vorhanden, und wahrscheinlich gab es auch batikähnliche Verfahren (vgl. Bühler-Oppenheim 1948: 241-256).

Aus der Chavín-Kultur sind bisher überwiegend bemalte, leinenbindige Baumwollgewebe bekannt, die hauptsächlich in Süd-Peru gefunden worden sind. Zwei figürlich gemusterte Gewebe aus Supe sind in Wirkerei auf Leinenbindung gewebt, einige andere mit Broschierung und einer sumakähnlichen Technik ("warp wrapping") auf Leinenbindung (Conklin 1971). Die Muster bestehen aus abstrakt-figürlichen Tier- und Menschendarstellungen, die von der Keramik und den Steinreliefs Chavíns bekannt sind (→ 2-Ib1). Sehr wahrscheinlich sind durch die bemalten Gewebe die stilistischen Kunstelemente der Chavín-Kultur nach Süd-Peru übertragen worden.

Aus der zeitlich nachfolgenden Paracas-Kultur sind farbenprächtige Stickereien auf großen Tüchern oder Umhängen ("mantos"), auf Hemden, Ponchos, Röcken und Lendenschurzen erhalten. Diese Stielstich- und Verschlingstichstickereien erscheinen auf wollenen oder baumwollenen leinenbindigen Grundgeweben. Dargestellt werden mythische Figuren, anthropomorphe und zoomorphe, vor allem Katzenwesen und Borstenwürmer (Wickler und Seibt 1983). Einzeln dargestellte menschliche Köpfe weisen auf die große Bedeutung des Trophäenkultes hin.

Das gewöhnliche Hemd aus dieser Zeit besteht aus einem rechteckigen Gewebestreifen, also einer Webbreite. Die Seiten sind offen. Den vertikalen Halsausschnitt umgibt eine gestickte Borte, deren Figuren sich in zwei diagonal gegenüberliegenden L-förmigen Randborten wiederholen. Der Mittelteil kann mit Figurenreihen bestickt, aber auch ungemustert sein (Paul 1979). An Hemden und Umhängen sind häufig Borten angenäht, die in der Technik des Umfassenden Verschlingens plastische Blüten, Vögel, menschliche Figuren und auch ganze Szenen zeigen. In dieser mit der Nadel gearbeiteten Technik wird ein Schlauchstoff um eine Einlage herum gebildet, die aus dikkeren Fäden oder auch unversponnener Baumwolle bestehen kann. Es kommen auch in Form gefertigte textile Einlagen vor im Einfachen Durchstechenden Verschlingen, im Einfachen Verschlingen und für Bänder z.B. in Leinenbindung gewebte. Es gibt Hemden, im Einfachen Verschlingen gearbeitet, und Turbane in der Technik des Umfassenden Verschlingens und als Diagonalgeflechte. Weitere Techniken sind Dreherbindung, Doppelgewebe und Gewebe in Leinen- und Kettripsbindung mit unterbrochenen Ketten und unterbrochenen Einträgen (interlocking warps und wefts; patchwork), d.h. es sind nicht nur die Schußfäden unterbrochen, sondern auch die Kettfäden verlaufen nur über bestimmte Teilstrecken (vgl. d'Harcourt 1962:21; Bühler-Oppenheim 1948:162-164). Gewebe dieser Art kommen bis zur Inka-Zeit in allen Kulturen vor und sind häufig mit Plangifärbung kombiniert. Sie werden allgemein auch als Netzketten oder Partialgewebe bezeichnet und scheinen nur in Alt-Peru bekannt gewesen zu sein.

Diese Tradition setzt sich ohne erkennbaren Einschnitt in der Nazca-Kultur fort.

Textilien aus der klassischen Tiahuanaco-Kultur des peruanisch-bolivianischen Hochlandes sind bis jetzt nicht bekannt. Dagegen sind zahlreiche Textilien der verwandten Huari-Kultur vor allem an der mittleren und südlichen Küste gefunden worden. Zu den charakteristischen Bekleidungsstücken dieser Kultur gehören Männerhemden, die wie oben beschrieben gearbeitet sind, jedoch weicht die Herstellungsmethode der Streifen von der üblichen Art ab. Sie sind in Leinenbindung/Schußrips mit ineinandergehängten Schußfäden (Wirkerei) auf ca. 200 cm breiten Webgeräten und mit einer Kettlänge von ungefähr 52-56 cm gewebt (Kette: Baumwolle, Schuß: Wolle, Alpaca). Nach Fertigstellung faltete man beide Streifen in der Mitte (Schulterpartie) in Schußrichtung, so daß die Ketten horizontal verliefen, die Webbreiten also zweimal die Länge des Hemdes bildeten. Auf diese

Weise entstand ein fast quadratisches Hemd. Typisch sind Schlingränder zu Beginn der Streifen, die aus der Kette während des Aufziehens gebildet werden. An der oberen Kettabschlußkante sind die Kettfäden nacheinander kurz abgeschnitten und diagonal leinenbindig in die noch gespannten Kettfäden eingewebt. Die Musterung ist figürlich und besteht aus einzelnen rechteckigen und quadratischen Elementen. Dargestellt sind hauptsächlich geflügelte menschliche Wesen sowie Kondore und Pumas, die in der sogenannten Knieaufstellung erscheinen. Die Abstrahierung dieser Figuren kann soweit fortschreiten, daß am Ende der Entwicklung nur noch das sogenannte Flügelauge mit Tränenspur, kombiniert mit gestuften Winkelhaken, zu erkennen ist. Diese Darstellungen sind in vertikalen Streifen übereinandergesetzt, wobei Musterstreifen mit Unistreifen wechseln. Die Musterstreifen können sich von der Mitte zu den Außenkanten hin verschmälern, wobei die beiden äußersten Streifen bei häufig vollständiger Darstellung in totaler Verzerrung erscheinen. Sicher sind die Darstellungen auf den Huari-Textilien von den Steinreliefs der klassischen Tiahuanaco-Kultur des Hochlandes abgeleitet.

Ein weiteres charakteristisches Kleidungsstück sind vierzipflige, wollene Mützen, bestehend aus engmaschigen Netzstoffen aus symmetrischen Knoten mit eingebundenen, farbigen, florbildenden Fäden oder Fadenbündeln, sog. "simili velours" (vgl. d'Harcourt 1962:110f., Pl. 73 AB). Es gibt Mützen ohne Florbildung, bei denen das Muster allein aus den farbigen Knoten gebildet ist. Eine in Leinenbindung/Schußrips (Wirkerei) hergestellte Mütze ist bekannt (Kajitani 1982).

Textilien der Kulturen der mittleren Küste (Fundorte Pachacamac, Ancón, Chancay) und der Chimú im Norden zeigen in vielfältiger Form Menschen, Tiere, Pflanzen sowie szenenhafte Darstellungen (z.B. Feldbau, Fischfang). Die verwendeten Techniken sind Leinenbindung/Schußrips und Broschierungen, Dreherbindungen und Gewebe mit unterbrochenen Ketten und Einträgen. Unter den Chimú-Textilien gibt es zahlreiche Ensembles von Hemd, Lendenschurz und Turban, in Technik und Musterung gleich (Rowe 1984). Es sind häufig leinenbindige Baumwollgewebe mit Doppelfäden in der Kette, einfachen Einträgen und wollener, weitflottierender Broschierung. Die Fäden des Grundgewebes sind in jedem Fall unverzwirnt und sehr locker gesponnen, die Mustereinträge immer verzwirnt. Außerdem kommen große wattierte Decken und Hemden mit Zwischenlagen aus unversponnener Baumwolle vor.

Techniken der Inka-Zeit sind weiterhin Leinenbindung/Schußrips (Wirkerei) und kettgemusterte Gewebe, wie Leinwand-Kett-Kompositbindung. So wie bei den Huari-Hemden kann die Kette bei den Inka-Hemden horizontal verlaufen mit dem Unterschied, daß sie nur aus einem breiten Gewebestreifen bestehen, in dem der Halsschlitz in der Mitte freigelassen wird. Häufig wird für Kette und Schuß Wolle verwendet. Figürliche Musterung ist sehr selten. Der typische Dekor kann Schachbrettmusterung mit und ohne "Inka-Schlüssel" zeigen oder ein aus geometrischen Motiven, Zacken oder Rhomben gebildetes Musterband im unteren Hemdendrittel auf einfarbigem Grund. Es gibt auch vollständig gemusterte Hemden mit aneinandergereihten Quadraten und unterschiedlichen stilisierten, aus der Huari-Kultur übernommenen Motiven.

Nach der Eroberung 1532 während der frühen Kolonialzeit des 17. und frühen 18. Jahrhunderts bildet sich ein charakteristischer Dekor heraus, in welchem sich indianische, europäische, orientalische und auch chinesische Fauna miteinander vermischt. In Leinenbindung/Schußrips (Wirkerei) werden Wandbehänge, Antependien, Teppiche, Stoffe und Hemden hergestellt. Hemden entsprechen der Herstellungsweise der Huari- und Inka-Kultur. Frühe kolonialzeitliche Stickereien und Applikationen sind selten; hier wurden auch Silberfäden verwendet. Häufiger sind bemalte Baumwollstoffe (Fastentücher) mit religiösen Szenen.

Literatur

Bennett, Wendell C. and Junius B. Bird
1964 Andean Culture History. New York.

Bird, Junius B. and Louisa Bellinger
1954 Paracas Fabrics and Nazca Needlework. Washington, D.C.

Bischof, Henning
1984 Zur Entstehung des Chavín-Stils in Alt-Peru. Beiträge zur Allgemeinen und Vergleichenden Archäologie 6:355-452. Bonn.

Bollinger, Arnim
1983 So kleideten sich die Inka. Schriftenreihe des Institutes für Lateinamerikaforschung und Entwicklungszusammenarbeit an der Hochschule St. Gallen 2. Zürich.

Bonavia, Duccio
1981 Los Gavilanes, ein später präkeramischer Fundplatz im Tal von Huarmey, Dpto Ancash, Peru. Beiträge zur Allgemeinen und Vergleichenden Archäologie 3:391-413. München.

Bühler-Oppenheim, Alfred und Kristin
1948 Die Textiliensammlung Fritz Iklé-Huber im Museum für Völkerkunde und Schweizerischen Museum für Volkskunde, Basel. Zürich.

Camman, Schuyler
1977 Chinese Influence in Colonial Peruvian Tapestries. Textile Museum Journal 1,3:21-34. Washington, D.C.

Conklin, William J.
1971 Chavin Textiles and the Origins of Peruvian Weaving. Textile Museum Journal 3,2:13-19. Washington, D.C.
d'Harcourt, Raoul
1962 Textiles of Ancient Peru and their Techniques. Seattle.
Eisleb, Dieter
1964 Altperuanische Ikat-Gewebe aus den Samnmlungen des Berliner Museums für Völkerkunde. Baessler Archiv, N.F. 12:179-191. Berlin.
Eisleb, Dieter und Renate Strelow
1980 Altperuanische Kulturen III, Tiahuanaco. Veröffentlichungen des Museums für Völkerkunde Berlin, Staatliche Museen Preußischer Kulturbesitz, N.F. 34. Berlin.
Emery, Irene
1966 The Primary Structures of Fabrics. The Textile Museum, Washington, D.C.
Kajitani, Nobuko
1982 Textile Art 20. Tokio.
Kelemen, Pál
1970 Lenten Curtains from Colonial Peru. Textile Musuem Journal 3,2:5-14. Washington, D.C.
King, Mary E.
1965 Ancient Peruvian Textiles from the Collection of the Textile Museum, Washington, D.C. The Museum of Primitive Art, New York.
Mason, J. Alden
1957 The Ancient Civilizations of Peru. Harmondsworth.
Muthmann, Friedrich
1977 Eine peruanische Wirkerei der spanischen Kolonialzeit. Monographie der Abegg-Stiftung Bern 13. Bern.
Osborne, Carolyn M.
1950 Shaped Breechcloths From Peru. Anthropological Records 13,2:157-184. University of California Press. Berkeley and Los Angeles.
Paul, Anne
1979 Paracas Textiles. Göteborg.
Rowe, Ann P.
1977 Warp-patterned weaves of the Andes. The Textile Museum, Washington, D.C.
1984 Costumes and Featherwork of the Lords of Chimor. The Textile Museum, Washington, D.C.
Rowe, John H.
1979 Standardization in Inca Tapestry Tunics. The Junius B. Bird Pre-Columbian Textile Conference, pp. 239-264. The Textile Museum and Dumbarton Oaks. Washington, D.C.
Seiler-Baldinger, Annemarie
1973 Systematik der textilen Techniken. Basler Beiträge zur Ethnologie 14. Basel.
Wickler, Wolfgang und Uta Seibt
1983 Die alt-peruanische "Zackenschlange": Ein ikonographisches Mißverständnis. Baessler-Archiv, N.F. 31:283-298. Berlin.
Zimmern, Nathalie H.
1949 Introduction to Peruvian Costume. The Brooklyn Museum. New York.

III. Heutige Indianer

a. Zur Ethnographie heutiger "Indianer" im Andenraum

Erwin H. Frank

Der Versuch, einen Überblick zur Ethnographie heutiger Indianer zu geben, verlangt zunächst einmal einige klärende Worte, wer den in den hier primär interessierenden andinen Nationalstaaten Ecuador, Peru und Bolivien überhaupt noch als Indianer angesprochen werden kann. Dies insbesondere deshalb, weil der Terminus "Indianer" ("indio" oder "indígena") in den genannten Staaten von Menschen, die sich selbst "Weiße" nennen, nur allzu häufig sozial stigmatisierend, d.h. als Synonym für ungebildet und rückständig gebraucht wird.

Die Schwierigkeit einer Definition des Indianers im Andenraum ergibt sich aus den rassischen Assoziationen, welche diesem Begriff anhängen, die aber unter den heutigen Bedingungen und nach 500 Jahren genetischer Vermischung zumeist schlicht fehlleitend sind. In Übereinstimmung mit der herrschenden Gesetzgebung in Ecuador, Peru und Bolivien, welche den Gebrauch des Terminus "indio" in offiziellen Dokumenten und Verlautbarungen verbietet[1], verzichten daher manche Anthropologen gänzlich auf die Verwendung des Terminus Indianer und verwenden an seiner Stelle als neutraler empfundene Begriffe wie "campesino" ("peasant", Kleinbauer) oder gar "Marginalisierte". Gleichzeitig aber werden Tendenzen unter einigen Wortführern indianischer Organisationen in den Anden immer deutlicher, die Bezeichnung "indio" bewußt aufzugreifen und als Moment der Selbstdefinition gegen eine beherrschende "weiße", zumeist städtische Oberschicht einzusetzen. Freilich, auch eine von rassischen Implikationen gereinigte Definition des Indianers bereitet erhebliche Schwierigkeiten[2].

Das sicherste Kriterium zur Ausgrenzung eines indianischen Bevölkerungsanteils aus der Gesamtheit der heutigen Bewohner des An-

1 Sowohl Bolivien (1952) als auch Peru (1969) haben mittlerweile auch den "neutraleren" Terminus "indígena" aus allen offiziellen Verlautbarungen verbannt! Zur Rechtsstellung des Indígena/Campesino in Peru, siehe Beleta 1983.

2 Siehe den immer noch exzellenten Aufsatz von Fuenzalida Volmer (in Fuenzalida Volmer et al., eds. 1971:8-85).

denraumes[3] scheint auf den ersten Blick die Sprache zu sein. Nach neueren Schätzungen[4] gibt er in Ecuador, Peru und Bolivien noch etwa 9 Mill. Menschen, die als Muttersprache oder als Zweitsprache neben Spanisch Quechua, die ehemalige Staatssprache der Inka, sprechen[5]. Im Süden Perus und im zentralen Hochlandbereich von Bolivien kommen noch etwa 2 Mill. Aymara-Sprachige hinzu[6]. Bei näherer Betrachtung erweist sich freilich auch dieses so sicher scheinende Kriterium als zumindest zweifelhaft. Zum einen grenzt es in den Randzonen der Ausbreitung der beiden Sprachen Menschen aus der indianischen Bevölkerung der drei Nationalstaaten aus, die Ethnologen auf Grund ihrer Lebensweise diesem Bevölkerungsteil zugeordnet wissen möchten, und zum anderen ordnet es im Kernraum beider Sprachen, der "Mancha India" im südperuanisch-westbolivianischen Andenhochland, Bevölkerungsteile der indianischen Population zu, die von der Masse der dortigen Quechua- und Aymara-Sprecher selbst als "misti", "cholo" (Mestizen), wenn nicht gar als "blancos" (Weiße) betrachtet werden.

Ethnologen, die an der Ausgrenzbarkeit eines indianischen Bevölkerungsanteils aus der Gesamtbevölkerung der drei zentralen andinen Nationalstaaten festhalten möchten, verwenden daher heute zumeist eine synthetische Definition[7], die neben der Sprache auch Faktoren wie Kleidung, Wohnstil, Produktionsformen etc. in Betracht zieht. Eine solche synthetische Definition ist (bedingt) brauchbar, solange keines der definitorischen Elemente absolut gesetzt wird: d.h. solange nicht erwartet wird, daß alle als Indianer zu identifizierenden Bewohner der Anden immer zugleich auch **allen** definitorischen Kriterien genügen.

Sowohl die Indianer als auch die Nicht-Indianer der Hochanden sind heute genotypisch wie kulturell ein Gemisch aus zwei unabhängi-

3 Im Hochland von Kolumbien, wo sich ein ethnisch selbstbewußter, aber zahlenmäßig geringer indianischer Bevölkerungsanteil (450.000) erhalten konnte, scheint diese Aufgabe noch am leichtesten durchführbar. Siehe: Ortiz (1973) und Schwarz (1973) zu den zahlenstärksten Gruppen in diesem Raum. Ähnlich "problemlos" scheinen die Verhältnisse in weiten Teilen Ecuadors, wie z.B. in den Lebensräumen der ethnisch selbstbewußten Otavaleños (Walter 1976) und Zaraguros (Belote 1978), sowie im Kernland der Quechua- und Aymara-sprachigen Bewohner der "Mancha India" im Süden Perus und in West-Bolivien.

4 Masson in Hartmann (Hg.) 1985:IX; Müller 1984:99.

5 Kleine, relativ isolierte Gruppen von Quechua-Spechern gibt es ferner noch in Süd-Kolumbien, Nordwest-Argentinien und dem äußersten Norden Chiles.

6 Briggs in Klein and Stark (Eds.) 1985:546.

7 Z.B. Van den Berghe (Ed.) 1974.

gen Quellen. Sie sind das Ergebnis des schmerzhaften Aufeinandertreffens einer eigenständigen andinen, hochkulturellen Entwicklung und einer hiervon gänzlich unabhängigen, primär europäischen Kultur und Geschichte. Mit dieser Aussage möchte ich nun aber nicht einem überholten Dualismus[8] das Wort reden, der die Bewohner der Andenstaaten, und der Dritten Welt insgesamt, in "traditionelle" ("andine", "rückständige") und "moderne" ("westliche", "fortschrittliche") Sektoren zu definieren sucht[9], da sich aus den andinen und iberischen Ursprüngen der Kultur heutiger Andenbewohner längst etwas Drittes entwickelt hat, – eben die Lebensweise, welche heutige Indianer in Ecuador, Peru und Bolivien charakterisiert. Dieses Dritte aber ist eine Vielfalt von Lebensweisen und Vorstellungswelten, in der sich die Ausgangselemente in unterschiedlichsten Formen, Anteilen und Verwandlungen finden lassen.

Überdeutlich zeigt sich solcher Amalgam-Charakter heutiger indianischer Lebensweise und Kultur insbesondere im geistig-ideologischen Bereich, in der Religion und den Weltbildern heutiger Andenbewohner, wo sich grundlegend andine Elemente mit zum Teil nur regionaler Ausbreitung, Elemente der inkaischen Staatsreligion, Vorstellungen aus mittelalterlich-iberischer Tradition und Elemente des Katholizismus in oft überraschender Weise miteinander mischen oder auch nur unverbunden nebeneinander bestehen (vgl. 2-IIc1). Ähnliches gilt auch für Tracht, Wohnstil und viele andere Elemente, insbesondere der materiellen Kultur heutiger andiner Indianer.

Erfreulicherweise gibt es nun gerade aus jüngster Zeit eine wachsende Zahl von Arbeiten, welche sich explizit mit dieser geistigen Kultur heutiger Indianer in den Anden, ihren Weltbildern, ihren religiösen Vorstellungen und Praktiken, ihren Konzepten von Gesundheit und Krankheit, ihren Praktiken der Gesundheitsvorsorge und -wiederherstellung sowie den konzeptionellen Hintergründen ihrer alltäglichen Lebensgestaltung beschäftigen[10].

---

8 Z.B. Wolf 1955.

9 Die gewöhnlich negative Bewertung des "traditionellen" (indianischen) Sektors in den andinen Nationalstaaten scheint in der sogenannten Indigenista-Literatur in diesen Staaten auf den Kopf gestellt, welche die bipolare Logik des Modells aber ansonsten unangetastet läßt. Siehe: Gonzales Prada et al 1946; Mariategui 1928; Castro Pozo 1924; zur Kritik: Degregori et al. 1978; Fuenzalida et al. 1970.

10 Siehe insbes. die Arbeiten von: Bastien (1985 u. 1987); Bastien and Donahue (eds.) 1981; Johnsson 1986; Rösing 1987, sowie Aufsätze von Urton und Zuidema, in Urton (Ed.) 1985.

Am ehesten als dualistisch konzipieren läßt sich noch die Wirtschaftsweise der ländlichen Bewohner im andinen Raum. Es ist dies freilich kein Dualismus zwischen einer indianischen und einer nicht-indianischen Produktionsweise, sondern vielmehr ein Dualismus zwischen einer kapitalistischen, auf den nationalen und internationalen Markt gerichteten Produktion einerseits, und einer Subsistenz-Wirtschaft andererseits, die auf die unmittelbare Produktion der Lebensmittel (Nahrungsmittel, Kleidung, Gerätschaften) für den Eigenbedarf des Produzenten zielt[11].

Dieser Dualismus aber trennt nun nicht primär die städtische von der ländlichen Bevölkerung, oder "kapitalistische" (weiße) von "nicht-kapitalistischen" (indianischen) Agrarproduzenten: er charakterisiert vielmehr unmittelbar die Wirtschaftsweise jeder bäuerlichen Produktionseinheit in den Anden. Sie alle sind heute unmittelbar in beiden Produktionssphären engagiert, d.h. ihre Mitglieder sind sowohl (Klein)-Bauern, die einen mehr oder minder großen Anteil ihres familiären Bedarfs an Nahrungsmitteln und Gebrauchsgütern selbst produzieren, als auch Produzenten, die einen Teil ihrer Produkte oder ihrer Arbeitszeit "auf dem Markt" gegen Geld verkaufen. Es ist die spezifische Vernetzung dieser beiden Sphären, welche die Lebensweise und das Erscheinungsbild des heutigen Indianers in den Anden bestimmt. Die relative Traditionalität wie auch die Modernität vieler Individuen, Dörfer und Regionen in den Anden reflektiert nur die Dominanz entweder der einen oder der anderen dieser zugleich antagonistischen und komplementären Wirtschaftssphären.

Die marktgerichtete Produktion hat ihren Ursprung in der kolonialen und post-kolonialen kapitalistischen Expansion auf dem amerikanischen Kontinent[12]. In ihr werden Güter (Waren, Dienstleistungen etc.) produziert, deren Wert für ihre Produzenten ausschließlich in ihrem Tauschwert liegt, welchen sie in Form von Geld (Preise/Löhne) realisieren. Demgegenüber kann die Subsistenz-Sphäre in gewisser Weise als Fortsetzung einer präkolonialen indianischen Ökonomie und

---

11 Das Modell, welches im folgenden kursorisch angerissen werden soll, ist das Ergebnis einer breiten Diskussion innerhalb der Altamerikanistik in den letzten Jahrzehnten. Es ist hier unmöglich, diese Diskussion im Detail darzustellen. Die Grundzüge des Modells werden detailliert begründet in Golte y de la Cadena 1983 sowie Golte 1980. Siehe auch das reiche Datenmaterial in Caballero 1981; Gonzales de Olarte 1984. Zur beispielhaften Demonstration der Fruchtbarkeit des Modells siehe Brown 1978.

12 Die Formen und strukturellen Ergebnisse dieses Prozesses sind in der breiten "Dependencia"-Literatur detailliert untersucht worden. Siehe Cardoso u. Faletto 1976; Frank 1968 sowie insbesondere Senghaas (Hg.) 1972, 1974 u. 1979; Wallerstein 1974 u. 1979.

Gesellschaft gesehen werden, da in ihr ökologische Anpassungsformen, Technologien und soziokulturelle Interaktionsformen eine zentrale Rolle spielen, die im vorspanischen Andenraum entwickelt wurden[13].

Zentrales Moment dieser dualistischen Konzeption der Wirtschaft indianischer Bauern in den Zentralanden ist es nun, daß in ihr der Subsistenzbereich als ein aus den Notwendigkeiten der kapitalistischen Marktökonomie selbst erzwungener und von diesen in ihrem Ausmaß und Formen mitbestimmter Bereich betrachtet wird, dessen Fortbestehen eher die Schwäche der nationalen Märkte als eine "traditionelle Einstellung" des andinen Indianers dokumentiert. Mit anderen Worten: Es ist die offensichtliche Schwäche der Güter- und Arbeitskraftmärkte in Ecuador, Peru und Bolivien, welche die Masse der indianischen Bevölkerung dieser Staaten dazu zwingt, eine breite Sphäre traditioneller ökonomischer und sozialer Handlungsmuster neben ihrer Marktproduktion aufrechtzuerhalten, da ohne sie ihr physisches Überleben gefährdet wäre.

Ethnographische Monographien aus dem Andenraum behandeln also Menschengruppen (Dörfer, Regionen, Sprachgruppen etc.)[14], welche aus verschiedensten Gründen gezwungen sind, traditionelle Produktionsformen und Produktionsbeziehungen, und damit eine traditionelle Lebensweise aufrechtzuerhalten, die außerhalb einer kapitalistischen Marktlogik funktioniert. Das wichtigste Produktionsmittel dieser Gruppen ist Ackerland. Daher stellen ökologische, soziale und rechtliche Faktoren, welche die Nutzbarkeit sowie den individuellen und kollektiven Zugriff auf Land regulieren, das zentrale Problem der heutigen indianischen Bevölkerung dar.

Anbauland ist rar in den Anden. Das Gelände ist zumeist steil, ein Großteil der andinen Hochfläche liegt oberhalb der Anbaugrenze, und in vielen Teilen der Region gibt es entweder Bewässerungs- oder Entwässerungsprobleme. In Peru, wo das andine Bergland 30% des nationalen Territoriums ausmacht, in dem aber 40% der Bevölkerung leben, sind nur etwa 5% dieser Fläche überhaupt für den Anbau

13 Das heißt nicht, daß nicht auch in der Marktproduktion z.T. Techniken und Produkte zur Anwendung kommen, die indianischen Ursprungs sind.

14 Die Masse der ethnographischen Monographien aus dem Andenraum bezieht sich auf "comunidades" (Dörfer) als Untersuchungseinheit. Herausragende Beispiele sind Brown 1978; Brush 1973; Fuenzalida et al. 1968; Isbell 1978; Lewellen 1977; Skar 1982 und Webster 1972.

nutzbar[15]. Verschärft wird diese ungünstige Situation noch durch relativ geringe Durchschnittserträge in nahezu allen Anbauzonen. Gründe hierfür sind 1) der geringe Grad an Technifizierung (und Technifizierbarkeit!) der Produktion, 2) eine generell geringe Bodenfruchtbarkeit, 3) Erosion etc.

Das Problem der Landknappheit in den Anden wird heute weiterhin dramatisch gesteigert durch politisch abgesicherte Besitzverhältnisse, welche einen Großteil der besten Anbauflächen in den Händen einer Minderheit nicht-indianischer agrarischer Großproduzenten konzentrieren[16].

Eine Jahrhunderte währende Entwicklung hat freilich schon in vorspanischer Zeit zur Herausbildung charakteristischer Formen landwirtschaftlicher Produktion geführt, welche den gravierenden öko-geographischen Beschränkungen solcher Produktion in den Anden in hervorragender Weise zu begegnen in der Lage sind, und auch noch unter den heutigen, soziopolitisch bedingten verschärften Bedingungen der Masse andiner Indianer ein Überleben als Kleinbauern und Marktproduzenten (bzw. Saisonarbeiter) erlauben. Zentralelement dieser indianischen Überlebensstrategie ist die Optimierung der Auslastung ihrer familiären Arbeitskraftreserven[17].

Durch Streuung ihrer oft winzigen Anbauflächen innerhalb vertikal geschichteter Ökozonen[18], die von den heißen Talböden bis in die immer kalte Puna reichen können, durch den zeitlich gegeneinander verschobenen Anbau einer Vielzahl sowohl alt-andiner als auch importierter Kulturpflanzen mit unterschiedlichen vegetativen Perioden, unterschiedlichen Standortbedürfnissen und unterschiedlichen Arbeitserfordernissen[19] schaffen es die andinen Bauern, mit einem Maximum an Arbeitseinsatz ihrer ganzen Familien, ihren kargen Böden das

---

15 Pro km^2 Anbauland bedeutet dies eine durchschnittliche Bevölkerungsdichte von fast 350 Personen. In den übrigen andinen Nationalstaaten sind die Verhältnisse ähnlich, wenn auch insbesondere in Kolumbien und Ecuador weniger drastisch. Alle Angaben zu Peru: Dobyns and Doughty 1976; siehe auch Caballero 1981.

16 Ecuador, Peru und Bolivien haben in den vergangenen 25 Jahren mehr oder minder radikale Agrarreformen durchgeführt. An der grundlegenden Situation haben diese freilich zumeist wenig geändert. Siehe Caballero 1981; Handelman 1981, Matos Mar y Mejia 1980 sowie Carter 1967.

17 Siehe hierzu insbes. Golte 1980.

18 Zur Geo-Ökologie der Anden, siehe die immer noch klassischen Arbeiten von Troll (Hg.) 1968; Murra (Ed.) 1975 sowie Winterhalder and Thomas 1978, Molina and Little 1981.

19 Die zentralen Anden stellen ein Zentrum der Pflanzendomestikation dar. Das bekannteste Produkt dieses Zentrums ist sicherlich die Kartoffel. Ein Untersucher fand nun, daß Bauern in Zentral-Peru nicht weniger als 77 Varietäten der Kartoffel benennen können (Carney 1980).

Notwendigste zum Überleben zu entreißen. Schließlich nutzen sie oft noch die kurzen Perioden geringeren Arbeitsaufkommens in ihrem jährlichen Produktionszyklus für komplementäre Migrationsarbeit in den Städten, den Talböden der interandinen Täler, dem Küstentiefland oder dem östlichen Waldland am Fuße der Anden, um sich dort als Tagelöhner jene Geldmittel zu verdienen, die sie für Produkte ausgeben müssen, die sie nicht selbst produzieren können.

Das Überleben der andinen Indianer wäre freilich dennoch in dieser Form unmöglich ohne ein komplexes, räumlich umfangreiches Netz der wechselseitigen Hilfe und des Austausches von Produkten und Arbeitskraft zwischen den bäuerlichen Produzenten auf lokaler und regionaler Ebene[20]. Solche Netzwerke müssen das Risiko zu geringer Ernteerträge, unverschuldeter Notfälle in den Familien und ähnliches auffangen, dem sich die indianischen Bauern in den Anden periodisch ausgesetzt sehen. Diese notwendigen Hilfs- und Austauschnetzwerke, in denen die Lohn- und Preisrelationen des nationalen Marktes keine wesentliche Rolle spielen dürfen, regeln den manchmal über Jahre verzögerten Tausch "äquivalenter" Einheiten von Arbeit gegen Arbeit, Arbeit gegen Produkte, Produkte gegen Produkte sowie Produkte/Arbeit gegen Dienstleistungen wie Unterkunft auf Reisen, Unterstützung in Auseinandersetzungen mit Dritten, Überlassung von Arbeitsmitteln und ähnliches.

Ihre Grundlage bilden soziale Beziehungen zwischen den Produzenten. Eine zentrale Rolle in ihnen spielen einerseits das Dorf und andererseits weiterreichende, reale und fiktive Verwandtschaftsbeziehungen.

Es ist vielfach versucht worden, das andine Dorf (die "comunidad") als die entscheidende soziokulturelle Einheit der andinen Indianer in unmittelbarar nachfolge prä-kolonialer lokaler Organisationsformen (*ayllu*, *aini*) zu beschreiben. Diese Auffassung ist in letzter Zeit empirisch kritisiert worden[21]. Unbestreitbar aber scheint, daß die indianischen Dorfgemeinschaften, insbesondere dort, wo sie es geschafft haben, sich kommunale Ländereien zu erhalten, auch weiterhin ein zentrales Strukturelement in den Anden bilden.

---

20 Siehe Alberti y Mayer (Comp.) 1974; Lehman 1982.

21 Auch die heute existenten Interaktionsnetzwerke in den Anden erscheinen demnach als ein Produkt aus sowohl traditonellen als auch modernen Elementen (z.B. Nationalstaatl. Gesetzgebung!), und weniger als ein "Überbleibsel" einer vorspanischen Existenzweise in den Anden (Moßbrucker 1987).

Verwandtschaft und Heirat etablieren überall den Kern der so lebensnotwendigen lokalen und regionalen Austauschnetzwerke, in denen sich die heutigen Indianer in Ecuador, Peru und Bolivien einbinden müssen und eingebunden sehen[22]. Enge verwandtschaftliche Beziehungen determinieren den Kreis von Personen, innerhalb dessen Hilfs- und Austauschverhältnisse primär etabliert und unterhalten werden. In weiten Bereichen der Anden erweitern die Individuen im Laufe ihres Lebens dieses Kernnetz ganz gezielt und in erheblichem Umfang durch eine Fülle "fiktiver" Verwandtschaftsbeziehungen auf der Basis des sogenannten "Compadrazgo-Systems" (Paten- und Gevatternschaftsbeziehungen). Aber auch nicht-verwandtschaftliche Beziehungen, z.B. durch gemeinsame Mitgliedschaft in lokalen u.a. religiösen Vereinigungen, gehen in den Aufbau individueller Austauschnetzwerke ein.

Eine stürmische demographische Entwicklung, zusammen mit der im Andenraum fast universellen Erbregelung, welche die gleichmäßige Aufteilung des elterlichen Besitzes unter allen Kindern fordert, hat nun aber, besonders in jüngster Zeit, trotz der weiterbestehenden sozialen Netzwerke sowie der ökologischen Angepaßtheit andiner Produzenten an ihr schwieriges Terrain zu einer kritischen Situation geführt. Sie zeigt sich einerseits in einer wachsenden sozialen Differenzierung innerhalb der bäuerlichen Produzenten und drückt andererseits die Landbasis von mehr und mehr Kleinbauern in den Anden unter jenes absolute Minimum, das zur Lebenssicherung über die Subsistenzproduktion unumgänglich ist. Das logische Ergebnis hiervon ist eine massive Migration aus den ländlichen andinen Räumen entweder in küstennahe oder amazonische Kolonisationsgebiete[23] oder in die städtischen Ballungszentren (Quito, Guayaquil, Lima, La Paz)[24].

Kolonisation, insbesondere der Randgebiete des amazonischen Waldlandes durch andine Bauern, hat eine lange Tradition im Andenraum. Sie ist aber dennoch erst in den letzten Jahrzehnten zu einem Massenphänomen geworden, welches die ökologischen und sozialen Gegebenheiten in jenen Gebieten radikal zu verändern droht.

Die Masse der indianischen Abwanderer aus den ländlichen Räumen der Anden strömt aber in die städtischen Zentren. Lima mit

---

22 Mayer y Bolton (Comp.) 1980.

23 Schuurman 1980; Barbira Scazzocchio (Ed.) 1980; Aramburu et al. 1982 sowie die ausgezeichnete Monographie von Shoemaker 1981.

24 Siehe z.B. Albo et al. 1981 bis 1983; Golte y Adams 1987.

seinen rund 6 Mill. Einwohnern (d.i.: 40% aller Peruaner) ist hier das erschreckendste Beispiel. Das jährliche Wachstum dieser Stadt liegt mit 6% um mehr als 100% über dem Landesdurchschnitt. Wovon dieses rapide Wachstum gespeist wird, erkennt man, wenn man erfährt, daß gleichzeitig der Bevölkerungsanstieg in den Hochlandprovinzen Perus nur etwas mehr als 50% des nationalen Durchschnitts ausmacht.

Die Probleme heutiger Indianer, Campesinos, oder wie immer man diese Menschen in den ländlichen Räumen der Anden auch nennen will, sind vielschichtig und gravierend. Sie variieren mit den ökologischen, demographischen, politischen und kulturellen Gegebenheiten von Staat zu Staat, Region zu Region und vielfach selbst Gemeinde zu Gemeinde. Die Ethnographie dieser Menschen innerhalb der Altamerikanistik versucht, diese Gegebenheiten zu erfassen und in ihrer Wechselwirkung zu analysieren. Sie kann keine unstrittigen Lösungen der Probleme anbieten. Aber sie kann dazu beitragen, daß nicht weitere Scheinlösungen auf der Basis von Vorurteilen, Unkenntnis und Ideologien diesen Menschen – häufig in bester Absicht – aufgezwungen werden, deren oft katastrophale Folgen dann doch wieder nur sie selbst zu tragen haben.

Literatur

Alberti, Giorgio y Enrique Mayer (Comp.)
1974 Reciprocidad e Intercambio en los Andes Peruanos. Lima.

Albo, Xavier et al.
1980-83 Chukivawa. — La Cara Aymara de la Paz. (3 Tomos). La Paz.

Aramburu, Carlos et al.
1982 Colonización en la Amazonia. Lima.

Bastien, Joseph
1985 Mountains of the Condor. Prospect Heights.
1987 Healers of the Andes. Prospect Heights.

Bastien, Joseph and John Donahue (Eds.)
1981 Health in the Andes. Washington.

Barbira-Scazzocchio, Françoise (Ed.)
1980 Land, People, and Planning in Contemporary Amazonia. Cambridge.

Belote, Linda
1978 Prejudice and Pride. (unpublizierte Ph.D.-thesis). University of Illinois.

Beleta, Carlos
1983 Legislación Peruana sobre Comunidades Campesinas y Comunidades Nativas. Lima.

Brown, Paul
1978 Fuerza por Fuerza. (unpublizierte Ph.D.-thesis). University of Colorado.

Brush, Stephen
1973 Subsistence Strategies and Vertical Ecology in an Andean Community. (unpublizierte Ph.D.-thesis). University of Wisconsin.

Caballero, José
1981 Economía Agraria de la Sierra Peruana. Lima.
Cardoso, Fernando u. Enzo Faletto
1976 Abhängigkeit und Entwicklung in Lateinamerika. Frankfurt.
Carney, Howard
1980 Diversity, Distribution, and Peasant Selection of Indigenous Varieties in the Mantaro Valley. Lima.
Carter, William
1967 Comunidades Aymaras y Reforma Agraria en Bolivia. México.
Castro Pozo, Hildebrando
1924 Nuestra Comunidad Indígena. Lima.
Degregori, Carlos et al.
1978 Indigenismo. Clases Sociales y Problema Nacional. Lima.
Dobyns, Henry and Paul Doughty
1976 Peru. New York.
Frank, André
1968 Kapitalismus und Unterentwicklung in Lateinamerika. Frankfurt.
Fuenzalida-Volmer, Fernando et al.
1968 El Desafio de Huayopampa. Lima.
1970 El Indio y el Poder en el Peru. Lima.
Fuenzalida-Volmer, Fernando et al. (eds.)
1971 Peru hoy. México.
Golte, Jürgen
1980 La Racionalidad de la Organización Andina. Lima.
Golte, Jürgen y Marisol de la Cadena
1983 La Codeterminación de la Organización Social Andina. Allpanchis, Año XIII. Tomo XIX, No. 22:7-34.
Golte, Jürgen y Norma Adams
1987 Los Caballos de Troya de los Invasores. Lima.
Gonzales de Olarte, Efrain
1984 Economía de la Comunidad Campesina. Lima.
Gonzales Prada, Manuel
1946 Horas de Lucha. Buenos Aires.
Handelman, Howard
1981 Ecuadorian Agrarian Reform. H. Handelman (Ed.): The Politics of Agrarian Change in Asia and Latin America, pp.63-81. Bloomington.
Hartmann, Roswith (Hg.)
1985 Rimaykullayki. Berlin.
Isabell, Billyie Jean
1978 To Defend Ourselves. Austin.
Johnsson, Mick
1986 Food and Culture among Bolivian Aymara. Uppsala.
Klein, Harriet and Louisa Stark (Eds.)
1985 South American Indian Languages. Austin.
Lehman, David
1982 Ecology and Exchange in the Andes. Cambridge.
Lewellen, Ted
1977 The Aymara in Transition. (unpublizierte Ph.D.-thesis). University of Colorado.
Mariatequi, José
1928 Siete Ensayos de Interpretación de la Realidad Peruana. Lima.
Matos Mar, José y José Mejia
1980 La Reforma Agraria en el Peru. Lima.
Mayer, Enrique y Ralph Bolton (Comp.)
1980 Parentesco y Matrimonio en los Andes. Lima.
Molina, Enrique and Michael Little
1981 Geoecology of the Andes. Mountain Research and Development 1,2:115-144.

Moßbrucker, Harald
1987 Quinches. Bonn.
Müller, Wolfgang
1984 Die Indianer Lateinamerikas. Berlin.
Murra, John (Ed.)
1975 Formaciones Económicas y Políticas del Mundo Andino. Lima.
Ortiz, Sutti
1973 Uncertainties in Peasant Farming. London.
Rösing, Ina
1987 Die Verbannung der Trauer. Nördlingen.
Schuurman, Frans
1980 Van Anden Naar Oriente. Amsterdam.
Schwarz, Ronald
1973 Guambia. (unpublizierte Ph.D.-thesis). Michigan State University.
Senghaas, Dieter (Hg.)
1972 Imperialismus und strukturelle Gewalt. Frankfurt.
1974 Peripherer Kapitalismus. Frankfurt.
1979 Kapitalistische Weltökonomie. Frankfurt.
Shoemaker, Robin
1981 Peasants of El Dorado. Ithaka.
Skar, Harald
1982 The Warm Valley People. Oslo.
Troll, Carl (Ed.)
1968 Geo-ecology of the Mountainous Regions of the Tropical Americas. Bonn.
Urton, Gary (Ed.)
1985 Animal Myths and Methaphors in South America. Salt Lake City.
Van den Berghe, Pierre (Ed.)
1974 Class and Ethnicity in Peru. Leiden.
Wallerstein, Imanuel
1974 The Modern World System. New York.
1979 The Capitalist World System. Cambridge.
Walter, Lynn
1976 Interaction and Organization in an Ecuadorian Indian Community. Madison.
Webster, Steven
1972 The Social Organization of a Native Andean Community, (unpublizierte Ph.D.-thesis), University of Washington.
Winterhalder, Bruce and Brook Thomas
1978 Geoecology of Southern Highland Peru. Boulder.
Wolf, Eric
1955 Types of Latin American Peasantry. American Anthropologist 57:452-471.

b. Ethnographische Daten und historische Kulturbeschreibung als Quellen altamerikanistischer Forschung

Peter Masson

Für das südliche Zentralamerika, die nördlichen und mittleren Anden sowie angrenzende Teile Südamerikas sind ethnographische Daten in historisch-kulturwissenschaftlicher wie in sozialhistorischer Hinsicht von besonderer Bedeutung. Ein grundlegender Unterschied zwischen diesem Großraum einerseits und Mesoamerika andererseits besteht darin, daß es außerhalb Mesoamerikas nur sehr wenige umfangreichere schriftliche Quellen indianischer Autoren gibt, die über die Verhältnisse der voreuropäischen und der kolonialen Zeit Aufschluß geben. So ist beispielsweise aus dem Andenraum nur ein einziges langes Dokument mit "authentischen" Berichten über Riten, Glaubensvorstellungen und Mythen in einer Quechua-Sprache erhalten: die Texte von Huarochirí (Trimborn und Kelm 1967; Taylor 1987)[1]. Es mag eine Ironie des Schicksals sein, daß sie ihre Entstehung den massiven Bemühungen um die Ausrottung der einheimischen Religion im Vizekönigreich Peru an der Wende vom 16. zum 17. Jahrhundert verdanken.

Analogien zur Lage in Mesoamerika bestehen durchaus. Dies gilt vor allem für die methodischen Probleme (→ 1-IIIb). Skepsis und Vorsicht sind jedoch nicht erst bei der Rekonstruktion weit zurückliegender Zusammenhänge soziokultureller Phänomene angebracht; vielmehr stellen auch ethnographische Daten aus jüngerer Zeit Ergebnisse komplexer Vorgänge interkultureller Verständigung und Interpretation zwischen Feldforschern und einheimischen Informanten dar (zur theoretischen Reflexion dieser Probleme vgl. Masson 1981). Das Potential an Fehlinterpretationen und Mißverständnissen ist demnach bereits im ethnographischen Rahmen sehr hoch, die Chance kulturadäquater Beschreibung von jeweils sehr unterschiedlichen Bedingungen abhängig.

Die Beziehungen zwischen zu erschließenden Aspekten eines Kulturbildes oder soziokultureller Prozesse vergangener Zeit und Daten aus empirischer ethnographischer Forschung sind sodann grundsätzlich wechselseitig; auch rezente Arbeitsergebnisse können durch Einbe-

[1] Zum sozialhistorischen Hintergrund siehe Spalding (1984).

ziehung historischer Quellen oder archäologischer Funddaten beträchtlichen Erkenntniszuwachs erfahren. Die Problematik der Beziehbarkeit soziokultureller Daten unterschiedlicher Zeitstellung und Konstitution aufeinander darf ferner nicht mit der Frage soziokultureller Kontinuität (d.h. der rekonstruierbaren Wandlungsprozesse und des Beharrens) versus Diskontinuität (also des "Bruchs" soziokultureller Entwicklungen) verwechselt werden.[2)]

Kontinuität oder Diskontinuität zwischen Rezentem und längere Zeiträume Zurückliegendem läßt sich nur selten markant herausarbeiten und bleibt meistens eher unscharf. So kann beispielsweise bei den Kágaba (Kogi) der Sierra Nevada de Santa Marta Nord-Kolumbiens aufgrund des seinerzeitigen vehementen Widerstandes gegen die spanische Eroberung (Bischof 1970) und ihrer relativen Isolation eine zumindest partielle Kontinuität zur vorspanischen Tairona-Kultur vermutet werden, etwa bezüglich religiös-kosmologischer Symbole in Sakral-Architektur, Webgeräten oder Begräbnisriten (Reichel-Dolmatoff 1950-51,1985,1987; Preuss 1926-27). Dennoch bleibt hier jeder plausible Rekonstruktionsversuch hypothetisch. Anders sieht dies bei älteren ethnographischen Objekten (Holzmasken, Figurine) aus, die zumindest eindeutige formale Gemeinsamkeiten mit dem Tairona-Stil zu haben scheinen (Oyuela Caicedo 1986; Bischof 1974).

Bei den Cuna in der San-Blas-Region Panamas läßt sich ebenso eine (mindestens ethnische) Kontinuitätsbeziehung zu den Bevölkerungen des Isthmus von Darién vermuten, die in Quellen aus der Zeit der Conquista genannt werden. Jedoch sind die Veränderungen beträchtlich, die sich in Siedlungsweise, politisch-sozialen Strukturen, Begräbnissitten oder in Bestandteilen der Frauentracht ("mola"-Blusen) zwischen dem 18. und 20. Jahrhundert ergeben haben (vgl. Dillon 1984; Helms 1979; Nordenskiöld 1938; Hartmann 1980; Helbig 1983).

Bei Ethnien Südamerikas östlich der Anden lassen sich hingegen soziokulturelle Phänomene in vielen Fällen nicht sehr weit in die Prozesse ihres Werdens zurückverfolgen, selbst dann nicht, wenn die mehrhundertjährigen Konflikt- und Abhängigkeitsbeziehungen zu den Europäern bzw. Mestizo-Kreolen in deren Geschichtsquellen gut dokumentiert sind. Gute historische und gute ethnographische Datenlage

---

[2] Die im folgenden zu verschiedenen Problembereichen angeführten Arbeiten haben selbstverständlich nur eine Beispielsfunktion. Für nützliche Hinweise danke ich Manuela Fischer (Berlin) und Albert Meyers (Bonn).

können einander zwar manchmal wechselseitig verstärken (wie z.B. bei Oberem 1980), leisten dies jedoch eher selten. Dennoch scheint, ausgehend von kohärenten ethnographischen Beschreibungen, selbst die rekonstruktive Erschließung kognitiver bzw. normativer Konzepte und ihrer Wandelsprozesse innerhalb gewisser Grenzen möglich zu sein (vgl. Masson 1978). Am Beispiel der Interpretation relativ neuer Vokabularien, z.B. der Muchik-Sprache der Nordküste Perus (Schaedel 1987), erweist sich, daß Aspekte früherer konzeptueller Systeme und Lebenswelten wenigstens in Umrissen rekonstruktiv beschrieben werden können, wenn quellenkritisches Arbeiten möglich ist. Das gilt insbesondere auch für die Analyse alter Vokabularien und Sprachdaten vor dem Hintergrund moderner Ethnographie, z.B. des spät-inkaischen und frühkolonial-andinen Quechua-Agrarwortschatzes (Dedenbach-Salazar Sáenz 1985).

Bezüglich kulturspezifischer Konzepte von Raum, Zeit, beseelter Welt und Körperlichkeit im Rahmen von Ritualkalender, Lebenszyklus, Heilungszeremonien oder mythischem Geschichtsverständnis ergibt sich im mittleren Andenraum eine komplexe Beziehung zwischen rezenten und zu erschließenden voreuropäischen Daten, in der sich Kontinuitätsmerkmale wie Brüche erkennen lassen (vgl. Zuidema 1982; Allen 1982,1984; Molinié-Fioravanti 1985; Rösing 1987ff.).

Eine rekonstruktiv-"ethnographische" Interpretation objektbezogener archäologisch-ikonographischer Kulturdaten kann sich entweder innerhalb des gesamten "Kontextes" von Ikonographie und Grabungsbefunden bewegen, wie z.B. die Deutung von Fruchtbarkeitssymbolen oder rituellen Spielen in Gefäßmalerei der Moche-Kultur (vgl. Golte 1985; Donnan 1985). Sie kann sich jedoch auch rezenter ethnographischer Vergleichsdaten wie archäologischer Parallelen anderer Zeiten und Regionen bedienen. Beispiele hierfür sind Studien zur Moche-Ikonographie, die den gesamten Andenraum (und ggf. Amazonien, Zentral- und Mesoamerika) einbeziehen (Hocquenghem 1987; Donnan 1976), oder zur kosmologischen Symbolik des Kaimans in archäologischen Kulturen des Andenraumes und Zentralamerikas (Lathrap 1973, 1985; Helms 1977), oder etwa zur Interpretation von Ton-Reiben der Tumaco-La Tolita-Kultur (Pazifik-Küste, Kolumbien-Ecuador) mit Hilfe ethnographischer Daten aus dem ostperuanischen Tiefland (Baer 1984).

Umgekehrt lassen sich bei Untersuchungen zu ethnographischen Objekten fruchtbare Erkenntnisse aus der Anwendung archäologischer Methoden anwenden, wie z.B. Studien zu Formen, Technologien und

Stiltraditionen von Keramik in Peruanisch-Amazonien (De Boer and Lathrap 1979; Vossen 1969). Eine derartige "Ethnoarchäologie" dürfte sich einen festen Platz in der Forschung geschaffen haben. Sehr erfolgreich hat sie z.B. im zentralandinen Raum Technologie und Kulturökologie miteinander verbinden helfen (Lechtman y Soldi 1981; Ravines 1978; Masuda et al. 1985).

Historisch-rekonstruktive Ethnographie aufgrund rezenter ethnographischer Daten hat, je nach Lebensbereichen und konkreter Datenlage, in Südamerika und Süd-Zentralamerika recht unterschiedliche Erfolgschancen. Die Rekonstruktion vorspanischer Verwandtschaftsterminologie mit Hilfe neuerer ethnosoziologischer Daten aus dem Andenraum (Bolton and Mayer 1977; Ossio 1980) impliziert beispielsweise die Erfassung der partiellen Transformation eines traditionellen Systems in ein koloniales, neues, das dem spätmittelalterlich-europäischen weitgehend entspricht. Trotz verbleibender unklarer Elemente scheint sie möglich zu sein. Die agrarische und tierhalterische Nutzung verschiedener ökologisch-klimatischer Zonen und Höhenstufen der Anden ("Vertikalität"), früher teilweise auch in räumlich nicht zusammenhängenden Gegenden ("Archipelen"), läßt sich auch heute noch sehr gut dokumentieren (z.B. Müller und Müller-Herbon 1986). Sie zeigt Formen höherer Komplexität jedoch eher in ethnohistorischer Perspektive (Murra and Morris 1876; Oberem 1978; Masuda et al. 1985). Ein eindeutig präziseres Verständnis der Darstellungen der inkaischen Ritualkalender- und Lebenszyklus-Feste im Werk des indianischen Chronisten Guaman Poma (1980) wird durch detaillierte ethnographische Forschungen jüngster Zeit (z.B. Valderrama y Escalante 1988; Allen 1988) ermöglicht. Stellt man die historischen Daten über alt-andine und kolonial-andine Religion generell neueren ethnographischen Arbeiten gegenüber, so ist eine wechselseitige Erhellung in vielen Bereichen allerdings nicht unbedingt gegeben, selbst wenn man die Verflechtungen autochthoner und christlich-mediterraner Traditionen und Konzepte in Rechnung stellt (vgl. Valcárcel 1980; Urbano 1980; Wachtel 1976; Millones 1980; Tord y Lazo 1980; Silva Santisteban 1980).

Zu diskutieren ist indessen auch die entgegengesetzte Blickrichtung: die Frage nach vielversprechenden Ansätzen der Interpretation rezenter ethnographischer Daten vor dem Hintergrund archäologischer und ethnohistorischer Daten. Neben das Forschungsziel, den soziokulturellen Stellenwert des Kunststils der Shipibo Peruanisch-Amazoniens (in Keramik und Textilien) zu verstehen, ist beispielsweise die Frage nach seiner Herkunft zu stellen, die dabei helfen kann, Bevölkerungsgeschichte und Prähistorie jener Region weiter aufzuklären (vgl. die Diskussion: Lathrap et al. 1985; De Boer and Raymond 1987; Lathrap et al. 1987; Gebhardt-Sayer 1987; Illius 1987). Die spärlichen – aufgrund der Skizze des indianischen Autors Pachacuti Yamqui (1950, urspr. ca. 1613) überlieferten – Daten zur visuellen Darstellung der religiösen Kosmologie im inkaischen Sonnenheiligtum Coricancha in Cuzco verhelfen beispielsweise dazu, rezente Daten zur andinen Kosmologie und Sakralwelt in größeren Zusammenhängen zu sehen (vgl. Isbell 1978).

Generell läßt sich neuere andine Vorstellungs- und Gedankenwelt unter Einbeziehung historischer Daten in viel kohärenterer Weise erfassen (vgl. Bouysse-Cassagne et al. 1987; Hocquenghem 1985). Bei einigen (hier nicht zitierten) derartigen Studien wird jedoch, ähnlich wie bei der Analyse sowohl "alter" und traditioneller als auch millenaristisch-"utopischer" Mythen (vgl. Ortiz Rescaniere 1973,1980; Ossio, ed. 1973; Gow 1980), ein "strukturalistischer" Ansatz betrieben, der zwar von hohem heuristischem Wert sein kann, aber der Vielfalt inhaltlicher Dimensionen häufig nicht gerecht wird. Bemühungen anderer Art waren auf die Klärung der europäischen bzw. autochthonen Herkunft von Kulturelementen bei als "Indios" geltenden Bauern gerichtet, teilweise aufgrund historisch-soziologischer Vergleichsstudien (z.B. Foster 1960), teilweise auf dem Wege vergleichender Feldforschung (z.B. Arguedas 1987). Daß sie unbefriedigend bleiben, hängt jedoch mit der Natur sozialhistorischer Verflechtungen, kultureller Transformationsprozesse und kreativer Umdeutungen zusammen.

Ein anderer, nur scheinbar die Polarität "indianisch"-"europäisch" spiegelnder Phänomenbereich, Oralität versus Literalität, darf in seiner ethnographischen wie historischen Relevanz nicht unterschätzt werden (vgl. Scharlau und Münzel 1986; Adorno, Ed. 1982; Adorno 1986; López-Baralt 1981; Kramer 1970). Quellen und Werke indianischer Autoren, im Medium lateinischer Schrift, spanisch oder muttersprachlich, sind von den Intentionen wie Adressaten jener her zu beurteilen, um ihr jeweiliges ethnographisches Potential einschätzen zu können. Der zuweilen hinzukommende Einsatz des Bildmediums schriftlich erläuterter Illustrationen (besonders eindrucksvoll bei Guaman Poma 1980) ist vom indianischen Autor meistens klar kalkuliert und schafft eine (historisch wie ethnographisch sehr produktive) beachtliche kommunikative Flexibilität und Inhaltsdichte, die bei reinen Schriftquellen selten, bei nur piktographischen "Texten" (z.B. der

Aymara Boliviens oder der Cuna Panamas) niemals erreicht werden konnte.

Literatur

Adorno, Rolena
1986 Guaman Poma: Writing and Resistance in Colonial Peru. Austin.
Adorno, Rolena (Ed.)
1982 From Oral to Written Expression: Native Andean Chronicles of the Early Colonial Period. Syracuse.
Allen, Catherine J.
1982 Body and Soul in Quechua Thought. Journal of Latin American Lore 8.2:179-196.
1984 Patterned Time: The Mythic History of a Peruvian Community. Journal of Latin American Lore 10.2:151-163.
1988 The Hold Life Has: Coca and Cultural Identity in an Andean Community. Washington.
Arguedas, José María
1987 Las comunidades de España y del Perú. Madrid. (Urspr. 1968).
Baer, Gerhard
1984 Präkolumbische Tonreiben (ralladores) aus Kolumbien und Ecuador. Tribus 33:65-74.
Bischof, Henning
1970 Die spanisch-indianische Auseinandersetzung in der nördlichen Sierra Nevada de Santa Marta (1501-1600). Bonn.
1974 Una colección etnográfica de la Sierra Nevada de Santa Marta (Colombia) — Siglo XVII. Atti del XL Congresso Internazionale degli Americanisti 2:391-398. Genova.
Bolton, Ralph L. and Enrique Mayer (Eds.)
1977 Andean Kinship and Marriage. Washington, D.C.
Bouysse-Cassagne, Thérèse, Olivia Harris, Tristan Platt y Verónica Cereceda
1987 Tres reflexiones sobre el pensamiento andino. La Paz.
De Boer, Warren R. and J. Scott Raymond
1987 Roots Revisited: The Origins of the Shipibo Art Style. Journal of Latin American Lore 13.1:115-132.
De Boer, Warren R. and Donald W. Lathrap
1979 The Making and Breaking of Shipibo-Conibo Ceramics. Carol Kramer (Ed.): Ethnoarchaeology: Implications of Ethnography for Archaeology, pp. 102-138. New York.
Dedenbach-Salazar Sáenz, Sabine
1985 Un aporte a la reconstrucción del vocabulario agrícola de la época incáica. ... Bonn.
Dillon, Brian D.
1984 Island Building and Villages of the Dead: Living Archaeology in the Comarca de San Blas, Panama. Journal of New World Archaeology 6.2:49-74. Los Angeles.
Donnan, Christopher B.
1976 Moche Art and Iconography. Los Angeles.
1985 Archaeological Confirmation of a Moche Ceremony. Indiana 10:371-381.
Foster, George M.
1960 Culture and Conquest: America's Spanish Heritage. New York.
Gebhardt-Sayer, Angelika
1987 Die Spitze des Bewußtseins: Untersuchungen zu Weltbild und Kunst der Shipibo-Conibo. Hohenschäftlarn.
Golte, Jürgen
1985 Los recolectores de caracoles en la cultura Moche (Perú). Indiana 10:355-369.

Gow, David D.
1980 The Roles of Christ and Inkarrí in Andean Religion. Journal of Latin American Lore 6.2:279-296.
Guaman Poma [Waman Puma] de Ayala, Felipe
1980 El Primer Nueva Corónica y Buen Gobierno ... Edición crítica de John V. Murra y Rolena Adorno. 3 Bde. México.
Hartmann, Günther
1980 Molakana: Volkskunst der Cuna, Panama. Berlin.
Helbig, Jörg Wolfgang
1983 Religion und Medizinmannwesen bei den Cuna. Hohenschäftlarn.
Helms, Mary W.
1977 Iguanas and Crocodilians in Tropical American Mythology and Iconography with Special Reference to Panama. Journal of Latin American Lore 3.1:51-132.
1979 Ancient Panama: Chiefs in Search of Power. Austin.
Hocquenghem, Anne Marie
1985 El orden andino. Berlin.
1987 Iconografía mochica. Lima.
Illius, Bruno
1987 Ani Shinan: Schamanismus bei den Shipibo-Conibo. Tübingen.
Isbell, Billie Jean
1978 To Defend Ourselves: Ecology and Ritual in an Andean Vilage. Austin.
Kramer, Fritz
1970 Literature Among the Cuna Indians. Göteborg.
Lathrap, Donald W.
1973 Gifts of the Cayman: Some Thoughts on the Subsistence Basis of Chavín. Donald W. Lathrap and J. Douglas (Eds.): Variation in Anthropology, pp.91-105. Urbana.
1985 Jaws: The Control of Power in the Early Nuclear American Ceremonial Center. Christopher B. Donnan (Ed.): Early Ceremonial Architecture in the Andes, pp. 241-267. Washington, D.C.
Lathrap, Donald W., Angelika Gebhardt-Sayer and Ann M. Mester
1985 The Roots of the Shipibo Art Style: Three Waves on Imiríacocha ore There were "Incas" Before the Incas. Journal of Latin American Lore 11.1:31-119.
Lathrap, Donald W., Angelika Gebhardt-Sayer, Thomas P. Myers and Ann M. Mester
1987 Further Discussion of the Shipibo Art Style: A Rejoinder to De Boer and Raymond. Journal of Latin American Lore 13.2:225-271.
Lechtman, Heather y Ana María Soldi (eds.)
1981 Runakunap kawsayninkupaq rurasqankunaqa — La tecnología en el mundo andino. 1: Subsistencia y mensuración. México.
López-Baralt, Mercedes
1981 La crónica de Indias como texto cultural: Policulturalidad y articulación de códigos semióticos múltiples en el arte de reinar de Guaman Poma de Ayala. PhD diss., Cornell University. Ithaca, N.Y.
Masson, Peter
1978 Traditionelle soziale Werte der Tukuna und das 'Verstehen': Zur diachronischen Sekundäranalyse normativer Kultur. Bonn.
1981 Interpretative Probleme in Prozessen interkultureller Verständigung. Wolfdietrich Schmied-Kowarzik und Justin Stagl (Hg.): Grundfragen der Ethnologie, S. 125-149 (und 393-451 passim). Berlin.
Masuda, Shozo, Izumi Shimada and Craig Morris (Eds.)
1985 Andean Ecology and Civilization. Tokyo.
Millones S., Luis
1980 La religión indígena en la Colonia. Historia del Perú 5:421-497.
Molinié-Fioravanti, Antoinette
1985 Tiempo del espacio y espacio de tiempo en los Andes. Journal de la Société des Américanistes 71:97-114. Paris.

Müller, Thomas und Helga Müller-Herbon
1986 Kinder der Mitte: Die Q'ero-Indianer. Bornheim.
Murra, John and Craig Morris
1976 Dynastic Oral Tradition, Administrative Records and Archaeology in the Andes. World Archaeology 7.3:269-279. London.
Nordenskiöld, Erland
1938 A Historical and Ethnological Survey of the Cuna Indians. Göteborg.
Oberem, Udo
1978 Archipel-System oder Handel? Ein Beitrag zur wirtschaftlichen Organisation der Indianer Ecuadors im 16. Jahrhundert. Jürgen Schneider (Hg.): Wirtschaftskräfte und Wirtschaftswege 4: Übersee und allgemeine Wirtschaftsgeschichte, pp.187-199. Nürnberg.
1980 Los Quijos: Historia de la transculturación de un grupo indígena en el Oriente ecuatoriano, 1538-1956. Otavalo (Ecuador).
Ortiz Rescaniere, Alejandro
1973 De Adaneva a Inkarrí: Una visión indígena del Perú. Lima.
1980 Huarochirí, 400 años después. Lima.
Osslo, Juan M.
1980 La estructura social de las comunidades andinas. Historia del Perú 3:203-377.
Ossio, Juan M. (ed.)
1973 Ideología mesiánica del mundo andino. Lima.
Oyuela Caicedo, Augusto
1986 Von der Tairona-Kultur zu den Kogi: Eine Interpretation des Kulturwandels. Corinna Raddatz (Hg.): Tairona — Goldschmiede der Sierra Nevada de Santa Marta, pp. 9-13. Hamburg.
Pachacuti Yamqui [Salcamaygua], Joan de Santa Cruz
1950 Relación de antigüdades deste Reyno del Pirú [ca. 1613]. Marcos Jiménez de la Espada (ed.): Tres relaciones peruanas, pp. 207-281. Asunción.
Preuss, Konrad Theodor
1926-27 Forschungsreise zu den Kággaba: Beobachtungen, Textaufnahmen und sprachliche Studien bei einem Indianerstamme in Kolumbien, Südamerika. 2 Bde. Wien.
Ravines, Rogger (ed.)
1978 Tecnología andina. Lima.
Reichel-Dolmatoff, Gerardo
1950-51 Los Kogi, una tribu de la Sierra Nevada de Santa Marta, Colombia. 2 Bde. Bogotá.
1985 Funerary Customs and Religious Symbolism Among the Kogi. Patricia J. Lyon (Ed.): Native South Americans; 2nd, rev. ed., pp. 289-301 (und 403-432 passim). Prospect Heights.
1987 The Great Mother and the Kogi Universe: A Concise Overview. Journal of Latin American Lore 13.1:73-113.
Rösing, Ina
1987- Mundo Ankari 1ff. [Gesamttitel und jeweiliger Band-Untertitel; mehrbändiges Werk, erst z.T. erschienen]. Nördlingen.
Schaedel, Richard P.
1987 2000 años de la continuidad cultural de los Muchik en la Costa Norte del Perú. Ibero-Amerikanisches Archiv (N.F.) 13.1:117-128. Berlin.
Scharlau, Birgit und Mark Münzel
1986 Qellqay: Mündliche Kultur und Schrifttradition bei Indianern Lateinamerikas. Frankfurt.
Silva Santisteban, Fernando
1980 El pensamiento mágico-religioso en el Perú contemporáneo. Historia del Perú 12:9-114.
Spalding, Karen
1984 Huarochirí: An Andean Society Under Inca and Spanish Rule. Stanford.
Taylor, Gerald
1987 Ritos y tradiciones de Huarochirí: Manuscrito quechua de comienzos del siglo XVII. Lima.

Tord Nicolini, Javier y Carlos Lazo García
1980 Economía y sociedad en el Perú colonial — movimiento social. Historia del Perú 5:9-328.
Trimborn, Hermann und Antje Kelm
1967 Francisco de Avila. Berlin.
Urbano, Henrique-Osvaldo
1980 Dios Yaya, Dios Churi y Dios Espíritu Santo: Modelos trinitarios y arqueología mental en los Andes. Journal of Latin American Lore 6.1:111-127.
Valcárcel, Luis E.
1980 La religión incáica. Historia del Perú 3:73-202.
Valderrama, Ricardo y Carmen Escalante
1988 Del Tata Mallku a la Mama Pacha: Riego, sociedad y ritos en los Andes peruanos. Lima.
Vossen, Rüdiger
1969 Archäologische Interpretation und ethnographischer Befund: Eine Analyse anhand rezenter Keramik des westlichen Amazonasbeckens. 2 Bde. Hamburg.
Wachtel, Nathan
1976 Los vencidos. Madrid.
Zuidema, Reiner Tom
1982 Myth and History in Ancient Peru. Ino Rossi et al. (Eds.): The Logic of Culture, pp. 150-175. New York.

3. Hauptteil:

ÜBERGREIFENDE THEMEN

I. Institutionen und Verfahrensweisen der spanischen Kolonialherrschaft

Günter Vollmer

Kolonialverwaltung und Kolonialgeschichte

Verwaltung: eine Projektion der Wirklichkeit

Wer heiraten will, muß nachweisen, daß er geboren wurde. Die physische Präsenz der Brautleute beweist nichts. Erst die Urkunde gibt Auskunft. Die Wünsche oder das Betragen der Brautleute besagen nichts. Sie müssen einen Antrag stellen. Der Antrag muß die Angaben enthalten, die zu seiner Bearbeitung erforderlich sind. Die Fragen sind an behördlichen Verfahrensweisen orientiert, und wer seinen guten Gewissens ausgefüllten Fragebogen liest, hat Schwierigkeiten, sein Leben in diesem Datenskelett wiederzufinden. Der Antrag wird bearbeitet. Damit beginnt der Vorgang. Die beteiligten Personen und die realen Umstände treten zurück. Grundlage alles Folgenden ist die Akte, und in der Regel kennt und benutzt der Bearbeiter nur die darin enthaltenen Fakten. Was nicht aktenkundig ist, wird – so wichtig und selbstverständlich es auch sein mag – nicht berücksichtigt.

Was geschieht, ist dies: Wirklichkeit wird verschriftlicht, und in dieser schriftlichen Form setzt man sich mit ihr auseinander. Zwischen Anlaß und Ergebnis liegt eine Prozedur auf anderer Ebene. Dabei entsteht die Akte. Sie zeugt nicht von dem, was die Brautleute in jener Situation gewollt oder getan haben, sondern von den Formalitäten, die das behördliche Verfahren für diese Situation vorschrieb. Die Akte bleibt, die Realität verliert sich mit den Beteiligten. Dies ist keine Eigentümlichkeit hiesiger und heutiger Verwaltung. In Mexiko oder Lima war es vor vierhundert oder zweihundert Jahren nicht anders.

Amerika: Objekt der Verwaltung

Außenpolitische Konflikte waren selten in Spanischamerika, und die wenigen Entscheidungen sind im Mutterland getroffen worden. Krieg gab es nach Abschluß der Conquista nur noch in Randzonen; die Landesverteidigung beschränkte sich auf Maßnahmen gegen sporadische Piratenüberfälle. Im Innern war die Lage so stabil, daß gelegentliche Unruhe unter Spaniern und Indianern wie Verschwörung und Aufstand wirkten. Die Übertragung spanischer Feudalstrukturen hat man von vornherein verhindert, und neue Oligarchien und Eliten mit eigenen Machtansprüchen sind erst im Laufe sehr langer Zeit entstanden. Dies vollzog sich unter der Oberfläche und brauchte drei Jahrhunderte bis zum Ausbruch.

Die spanischen Kolonien waren nicht Gegenstand innen- oder außenpolitischer Auseinandersetzungen: Sie wurden verwaltet. Die Geschicke des Landes lagen in Händen von Beamten, die aus Spanien oder aus einem spanisch geprägten Milieu kamen. Sie dirigierten ein Netz von Institutionen, die die Bedürfnisse des Mutterlands und der Kolonien in Einklang bringen sollten.

Die Institutionen waren Räder eines großen Getriebes. Ihre Aufgaben und Kompetenzen waren geordnet und aufeinander abgestimmt. Die spanische Krone hat dieses Räderwerk unmittelbar nach der Conquista – und meist auf Kosten der Conquistadoren – in Gang gesetzt, und sie hat in keiner Phase über eine solche Fülle so guter Administratoren verfügt wie in der frühen Kolonialzeit. Was damals in wenigen Jahren geschaffen wurde, ist im Laufe der Zeit differenziert und erweitert worden. Wirklich Neues hat man erst in den letzten Jahrzehnten versucht, aber in die alltägliche Verwaltungsarbeit ist auch davon nur wenig eingegangen.

Akten der Verwaltung: Quellen zur Geschichte

Das spanische Amerika war ein verwaltetes Land. Die Beamten regierten, und in der Regel bedeutete das: Sie bearbeiteten Akten.

Das Leben wurde in behördliche Vorgänge umgesetzt, und die Akten sind so vielfältig wie die Probleme, die sich den Beamten stellten: Prozesse und Rechnungen, Berichte und Erlasse, alles was Behörden wahrnehmen und mit ihren Mitteln ausdrücken können. Routineangelegenheiten wurden nach Standardverfahren bearbeitet und dokumentiert, bis man die Maschinerie stoppte, und auf neue Probleme reagierte der Staat auch damals mit der Gründung von neuen Institutionen, die nach traditionellen Mustern neue Akten anlegten.

Im Kompetenzgewirr des Behördenapparats mußte jeder Schritt dokumentiert werden, und was von der Arbeit der Beamten blieb, sind diese Papiere: ein unübersehbarer Berg von Akten.

Geschichte: Geschichte der Verwaltung

Geschichtsschreibung stützt sich auf Quellen, und die Quellen zur Geschichte Spanischamerikas sind im wesentlichen die Akten der Kolonialverwaltung. In erster Linie geben sie Auskunft über die Arbeit der Institutionen. Geschichte Spanischamerikas ist daher auch lange Zeit Geschichte der Verwaltung gewesen oder Geschichte der Institutionen, die die Verwaltung betrieben. Da die Bürokratie in Spanien und in seinen amerikanischen Besitzungen schon sehr früh einen hohen Grad von Perfektion – d.h. von reibungslosem, widerspruchsfreiem Ablauf – hatte, war das Bild überwiegend positiv.

Es ließ sich jedoch nicht übersehen, daß Aussagen, die aus anderen, aus nicht-amtlichen Bereichen kamen, nicht in dieses Bild paßten. Sie zeigten eine Welt, die in der Behördendokumentation nicht oder nur sehr verfremdet vorkam. Der Schluß lag nahe: Die Institutionen beschäftigten sich nicht oder in falscher Weise mit den tatsächlichen Gegebenheiten, und ihre Akten spiegeln eine imaginäre Welt.

Aussagen dieser Art zeichnen die Wirklichkeit schärfer. Sie korrigieren die Akten. Aber sie sind zu heterogen und zu willkürlich überliefert, um Zusammenhänge zu klären. Die Geschichtsschreibung bleibt daher auf die Akten angewiesen: Nur dort ist Vergangenes auf breiter Ebene, zusammenhängend und kontinuierlich dokumentiert, und in der Regel ist nur das, was dort dokumentiert worden ist, heute allgemein zugänglich.

Akte und Wirklichkeit

Ein wesentlicher Teil der Akte sind formale Dinge: Bearbeitungsvermerke, Instanzenweg, Beglaubigungen und Entscheidungsgrundlagen, Formeln und Floskeln. Sie sind wichtig, wenn man das Verfahren (die Verurteilung) rekonstruieren will; sie sind nicht wichtig, wenn man Aufschluß über den Gegenstand des Verfahrens (das Delikt) sucht. Diese Formalitäten sind leicht zu erkennen, und man kann sie je nach Fragestellung berücksichtigen oder ignorieren.

Das Juristisch-bürokratische der Akte beschränkt sich jedoch nicht auf die Dokumentation des Procedere. Es wirkt sich auch auf die Darstellung von Tatsachen aus.

Die geographische Beschreibung eines Bezirks ist ein denkbar konkreter Text, der über Dörfer, ihre Bewohner, über Flüsse und Bäume informiert. Dem Text nach wurde eine statistische Erhebung durchgeführt; in Wirklichkeit hat eher ein amtlicher Lokaltermin stattgefunden: Der spanische Visitator erscheint mit seinem Fragebogen. Er steht vor den Bäumen und fragt: "Gibt es Bäume?", und die Information, die er erhält und protokolliert, ist umso glaubwürdiger, je älter der Zeuge ist. Wenn die Bäume im Fragebogen fehlen, fragt er nicht. Wenn die Bäume in der Landschaft fehlen, berichtet er nicht über die Büsche. Untersucht wird nicht, welche Tatbestände gegeben sind, sondern ob bestimmte Tatbestände gegeben sind. Ziel ist nicht, die Wirklichkeit zu erfassen, sondern festzustellen, ob sie in den vorgegebenen Rahmen paßt. Den Rahmen setzen Anlaß und Ziel der Maßnahme.

Einen Rahmen gibt es immer, und meist sind es – der zentralen Funktion der Verwaltung entsprechend – fiskalische Interessen, die den Gang der Ermittlung und die Tendenz der Dokumentation programmieren. Die Frage, wie die Azteken ihre Angelegenheiten früher geregelt haben, taucht auf, wenn die Verwaltung mit der aztekischen Gegenwart Probleme hat.

Außerdem: Der Untersuchende ist Beamter, in der Regel Jurist. Sein Ziel ist vorgegeben; er nähert sich ihm im Rahmen seiner Erfahrung. Er hat eine spezifische Art, die Dinge zu sehen und sie in Worte zu fassen. Lange Übung hat ihn gelehrt, jede Wirklichkeit prozedurgerecht zu schematisieren.

All das ist in der Akte enthalten. Aber es ist schwer zu erkennen. Der Kontext gibt manchmal einen Hinweis; meist fehlt er jedoch, und oft ist der Zusammenhang auch dem Beamten nicht bewußt gewesen. Jedenfalls ist Mißtrauen angebracht: Eine Akte ist selten gefälscht, aber sie ist immer durch irgendeinen Zweck programmiert. Selten enthält sie die ganze Wahrheit, und die wiedergegebene Wahrheit ist meist durch Absicht des Beamten, Ziel der Maßnahme oder Prozedur der Behörde verzerrt.

Geschichte und Verwaltung

Was wir über die Kolonialzeit wissen, wissen wir im wesentlichen aus den Akten, und um Weiteres zu erfahren, bleiben wir auf die Akten angewiesen. Nicht Verzicht auf die Akten also, sondern Vorsicht im Umgang mit ihnen: Sie sind nicht für den Historiker angelegt worden; der Historiker darf ihre Informationen deshalb auch nicht wörtlich nehmen. Um aus der Arbeit der Behörden und aus der davon zeugenden Dokumentation herauszufiltern, was war, müssen die Institutionen und Verfahrensweisen der Verwaltung vertraut sein – so vertraut wie den damaligen Beamten und vertrauter als jenen Historikern, für die die Rekonstruktion von Verwaltungsvorgängen bereits Darstellung der Wirklichkeit war (und ist).

Institutionen und Verfahrensweisen der Kolonialverwaltung

Der Indienrat

Das Zentrum der Kolonialverwaltung war der Indienrat, der "Consejo Real y Supremo de las Indias". Nach verschiedenen Anläufen 1524 gegründet, hat er bis weit ins 18. Jahrhundert die Richtlinien der Amerikapolitik gesetzt.

Der Indienrat war oberste Verwaltungsbehörde, zugleich oberste Instanz in Zivil- und Strafprozessen. Er kontrollierte die Finanzen und regelte die Personalangelegenheiten. Die Entscheidung über die Besetzung aller wichtigen Beamtenstellen in Amerika wurde im Indienrat getroffen. Bis Philipp II. Madrid zur Residenz machte, zogen die Räte mit dem König von Ort zu Ort.

Für zwei Bereiche galten Sonderregelungen: Die Landesverteidigung unterstand seit 1597 der "Junta de Guerrra de Indias", die sich aus je zwei Vertretern des Indienrats und des spanischen Kriegsrats zusammensetzte. Mit Krieg ist die Junta kaum konfrontiert worden, aber die Präventivmaßnahmen gaben ihr Einflußmöglichkeiten.

Der andere Sektor berührte einen Nerv des Kolonialreichs: die Seeverbindung nach Amerika. Fracht- und Passagierdienst, Ausreisegenehmigungen, Warenkontrolle und Zolleinnahmen, Bereitstellung von Schiffen und Ausbildung von Seeleuten wurden seit 1503 von der

"Casa de la Contratación" organisiert. Die Casa wurde später dem Indienrat unterstellt, behielt aber ihren Sitz in Sevilla, da der gesamte Amerikaverkehr zur besseren Kontrolle nur über diese Stadt – später, seit 1717, nur über Cádiz – abgewickelt werden durfte. Dieses Monopol wurde erst Ende des 18. Jahrhunderts aufgehoben.

Der Indienrat war eine Kollegialbehörde. Die Ratsmitglieder waren Juristen ("letrados"), gelegentlich auch Theologen. In der Regel stammten sie aus dem Bürgertum. Die Interessen der Krone wurden von einem "Fiscal" vertreten. Zu Beginn der Sitzungen gab er seine Stellungnahme ("dictamen") ab; es folgte eine allgemeine Erörterung der Angelegenheit; dann wurde abgestimmt, wobei die einfache Mehrheit genügte. Dieser Beschluß wurde mit einer Begründung ("consulta") dem König vorgelegt. Auf Grund der vom König genehmigten und unterzeichneten Consulta stellte der Indienrat einen königlichen Erlaß ("Real Cédula") aus. Die Cédula wurde als Anweisung an die untergeordneten Instanzen in Amerika geschickt.

Das Verfahren war natürlich umständlich. Uneinigkeit der Räte, Ablehnung durch den König, Rückfragen mit langen Postwegen verursachten Wartezeiten. Viele Ratsmitglieder waren nie in Amerika gewesen; andere verfügten nur über begrenzte Lokalkenntnisse, die obendrein meist veraltet waren. Geographisch-statistische Unterlagen ("Relaciones geográficas") sind zwar immer wieder angefordert worden, aber eine umfassende und benutzbare Landeskunde ist nie zustande gekommen. Im wesentlichen war der Indienrat daher auf die Fakten angewiesen, die ihm je nach Bedarf aus Amerika mitgeteilt wurden. Bei lückenhafter Landeskenntnis der Räte und gezielter Informationspolitik der Betroffenen kompetente Sachentscheidungen zu treffen, war schwer. Viele Anweisungen des Indienrats waren denn auch wirklichkeitsfremd oder so dehnbar konzipiert, daß die überseeischen Behörden interpretieren konnten, was davon gültig und praktikabel war.

Die Vizekönige

Gestützt auf den Indienrat, herrschte der König über Amerika. In der Praxis war dies Routinearbeit der in seinem Namen arbeitenden Behörden. Aber der Monarch war nicht nur oberster Dienstherr, er war auch Spitze eines politischen und sozialen Systems, und zur Demonstration dieser theokratischen Vorrangstellung schickte er Vizekönige nach Übersee. Sie sollten dort den Glanz seines Hofs zur Geltung bringen.

Die Vizekönige vertraten die Person des Königs. Für eine solche Aufgabe kamen nur Mitglieder des hohen spanischen Adels in Frage. Die Hoheitsrechte des Vizekönigs waren jedoch weder erblich, noch wurden sie auf Lebenszeit verliehen. Es war ein Amt auf Zeit, dessen Dauer nicht geregelt war. Längere Amtsperioden waren selten; meist herrschten sie nur wenige Jahre. Wenn sie sich dabei bewährten, wurden sie von Mexiko nach Lima versetzt oder umgekehrt.

Zunächst gab es zwei Vizekönigreiche: "Nueva España" und "Perú". Zu Nueva España (Sitz in Mexiko; gegründet 1535) gehörten alle spanischen Besitzungen nördlich von Panama, außer dem Venezuela und die Philippinen. Das Vizekönigreich Peru (Lima; 1543) umfaßte das gesamte Südamerika. Im 18. Jahrhundert wurde dieses Gebiet unterteilt: Nuevo Reino de Granada (Bogota; 1717, definitiv 1739; Kolumbien, Venezuela, Ecuador), La Plata (Buenos Aires; 1776; Argentinien, Uruguay, Paraguay, Bolivien) und Peru (Peru, Chile).

Der Vizekönig war weisungsbefugt in allen Verwaltungsangelegenheiten. Er hatte den militärischen Oberbefehl und die Aufsicht über die Rechtsprechung. Von Amts wegen war er Präsident der Audiencia seiner Residenzstadt. All diese Vollmachten galten jedoch nur für den Bereich dieser Audiencia (Mexiko, Lima, Bogota, Buenos Aires). In den übrigen Audiencias und in den Territorien mit Sonderstatus – es gab mehr als 30 "Capitanes Generales" und "Gobernadores de Provincia", die de facto dem Indienrat direkt unterstanden – führte er nur die Oberaufsicht.

Die Audiencias

Das Vizekönigtum war im Grunde ein zwiespältiges Amt: eine theokratische Position in einem bürokratischen System. Der Indienrat hat lange opponiert, hatte aber mit seinem Plan, die Stelle zu säkularisieren und den adligen Vizeregenten durch einen juristisch geschulten bürgerlichen Behördenleiter zu ersetzen, bei Philipp II. keinen Erfolg.

Die Vizekönige waren Spaniens höchste Repräsentanten in Amerika, aber nur wenigen ist es gelungen, die Geschicke des Landes wirklich und nachhaltig zu gestalten. Die eigentliche Macht lag woanders: bei den Gerichtshöfen, den "Audiencias".

Fast jede Verwaltungsfrage ist in irgendeiner Form auch eine juristische Frage. Irgendwann – und meist am Anfang – passiert die Akte die Audiencia, wird dort genehmigt oder angelehnt oder modifiziert, um dann programmiert an die ausführenden Instanzen weitergegeben zu werden. Erst dann beginnt die Verwirklichung. Es ist kein Zufall, daß die tatsächlichen Vollmachten des Vizekönigs nur für das Gebiet der Audiencia galten, deren Präsident er von Amts wegen war.

Die Audiencia war wie der Indienrat eine Kollegialbehörde, und ihre Positionen waren ebenfalls mit Berufsjuristen besetzt. In der Regel bestand sie aus vier Richtern ("oidores") und einem Vertreter der Krone ("fiscal"). In den Audiencias Mexiko und Lima gab es außerdem eigene Kammern für Strafsachen ("sala del crimen") mit nur dafür zuständigen Richtern ("alcaldes del crimen"). Leiter der Audiencia ("presidente") war der Vizekönig bzw. der zuständige Generalkapitän – beide durften jedoch nicht in die Rechtsprechung eingreifen – oder einer der Oidores.

In Amerika gab es 13 Audiencias: Santo Domingo (1511), Mexiko (1527), Panama (1538), Lima (1543), Guatemala (1543), Guadalajara (1548), Bogota (1548), Charcas (1559), Quito (1563), Chile (1543-73, 1606), Buenos Aires (1661-72, 1776), Caracas (1786), Cuzco (1787).

Die Audiencias waren für Zivil- und Strafsachen zuständig. In der Regel waren sie letzte Instanz. Nur bei hohem Streitwert konnte noch an den Indienrat appelliert werden. Darüber hinaus überwachte die Audiencia den Verwaltungsablauf: Sie hatte die Zulässigkeit und die Modalitäten von Maßnahmen zu überprüfen. Sie konnte anfechtbare Anordnungen oder Maßnahmen unterbinden und war befugt, bei Verdacht Untersuchungsbeamte an alle Orte und in alle Institutionen zu entsenden.

Mit diesen Befugnissen hatte die Audiencia eine Schlüsselstellung. Sie brachte dabei gute Voraussetzungen mit: Von Ausnahmen abgesehen wurden nur Juristen mit abgeschlossener Ausbildung eingestellt. Durch häufige Versetzung hatten die Richter einen breiten Erfahrungshorizont. An ihrem neuen Arbeitsplatz fanden sie aber immer landeskundige Kollegen vor. Die Audiencia wurde dadurch zu einer sich ständig erneuernden, gleichzeitig aber auch sehr kontinuierlich arbeitenden Einrichtung. Mit dieser sachlichen Kompetenz hat sie unter der Oberfläche mehr Einfluß ausgeübt als die meisten Vizekönige. Wie groß ihre Bedeutung war, ist auch daran abzulesen, daß die heutigen Staatsgrenzen weitgehend an die Grenzen der kolonialen Audiencias angelehnt sind (Ecuador = Audiencia Quito, Peru = Audiencias Lima und Cuzco). Und schließlich finden wir im Archiv des Indienrats in Sevilla die Korrespondenz der Vizekönige von Neuspanien noch heute unter "Audiencia de México".

Die Provinzverwaltung

Wer sich mit der Dokumentation der Behörden beschäftigt, wird irgendwann den Mut verlieren. Er findet dort mehr über Dinge, die gemacht werden sollten, als über Dinge, die gemacht wurden. Einerseits ist das ein allgemein menschlicher und ein speziell bürokratischer Zug: Wollen ist leichter, und gerade Behörden neigen dazu, für ausgeführt zu halten, was nur angewiesen wurde. Disposition zum Beamten und lange bürokratische Tätigkeit verwischen den Unterschied zwischen dem Ausdenken und dem Ausführen. Aber das ist nur eine Erklärung.

Eine andere ist wichiger: Der Indienrat entwirft einen Plan, der Vizekönig macht eine Anweisung daraus, die Audiencia entscheidet, ob sie rechtens ist. Ausgeführt werden all diese Maßnahmen vor Ort – in den Provinzen. Dies ist Aufgabe der Distriktsgouverneure, der "Alcaldes Mayores" oder "Corregidores".

Unsere Dokumentation stammt aus den Ablagen der zentralen Behörden. Ihr Gegenstand ist Planung und Anweisung. Die Archive der Distriktsgouverneure sind selten erhalten, und entsprechend wenig wissen wir über die Ausführung der Anweisungen oder die Verwirklichung der Pläne.

Die Alcaldes Mayores und Corregidores setzten die Absichten in Wirklichkeit um (oder nicht, was auch Wirklichkeit ist). Im Verwaltungsablauf hatten sie damit eine zentrale Funktion. Aber wir wissen wenig über ihre Arbeit; wir wissen nicht einmal viel über ihre Aufgaben. Die Arbeit des Indienrats war durch 245 Paragraphen geregelt; die Dienstordnung der Audiencias hatte 312 Paragraphen. Ein Reglement für Distriktsgouverneure gab es nicht. Ihre Kompetenzen und Pflichten sind nie allgemeinverbindlich definiert worden.

Es gibt einige Gesetze und Bestimmungen zur Distriktsverwaltung. Geregelt ist, wer die Beamten ernennt – der König (Corregidores) oder der Vizekönig (Alcaldes Mayores) –, wie lang ihre Dienstzeit ist, wie sie bezahlt werden, welche Gesichtspunkte sie bei ihrer

Arbeit leiten sollen und dergleichen. Aber wie sie ihre Arbeit zu machen haben, ist nicht geregelt.

Alcalde Mayor wurde man für drei, später für fünf Jahre. Man kam in eine entlegene, meist ländliche Gegend. Man war fremd im Ort, beim größten Teil der Bevölkerung auf Dolmetscher angewiesen. Meist hatte man Unkosten gehabt, bevor man das Amt und den Ort erreichte. Das Einkommen war mäßig. Nun sollte man Dinge, die in den Metropolen vernünftig und einfach schienen, in die Tat umsetzen. Dabei boten sich natürlich zusätzliche Einnahmequellen. Amt und Umstände machten es leicht, davon Gebrauch zu machen. Die Quellen waren die Abhängigen, die Schwächeren. Daß der Stärkere Geld brauchte und dementsprechend "Gebühren" einzog, war allgemeine Praxis. Schließlich hatte auch der Alcalde im Rahmen des Ämterkaufs eine "Gebühr" an seine Vorgesetzten entrichten müssen, um dieses Amt überhaupt zu bekommen.

Es ist viel über Korruption und Machtmißbrauch der Alcaldes Mayores geschrieben worden. Korruption ist in solcher Situation schwer zu definieren. Die Grenzen sind fließend: Der Alcalde Mayor war verpflichtet, bestimmte lebensnotwendige Güter für den Verkauf an Indianer bereitzustellen ("repartimiento"). Daraus ist bald eine Verpflichtung der Indianer geworden, dem Alcalde diese Dinge abzukaufen. Berühmt geworden ist der Zwangskauf von Brillen. Wo aber die Fürsorge aufhört und der Zwang anfängt, wird nur in Extremfällen deutlich.

Der Alcalde Mayor war zuständig für Justiz, für Steuereinziehung, für die Förderung von Handel und Wirtschaft. Er war dabei mit entsprechenden Polizeibefugnissen ausgestattet. Seine Aufgaben und Kompetenzen lieferten ihm die ganze Bandbreite legaler, halblegaler und illegaler Bereicherungsmöglichkeiten. Man konnte gegen ihn klagen, aber wenn man gewann, war der Verurteilte meist der Vollstrecker des Urteils. In seinem Distrikt hatte er Macht, und er war Alcalde Mayor geworden, weil er Macht mochte.

Außer ihm gab es andere im Distrikt, die Macht hatten: alteingesessene Familien von Landbesitzern und Unternehmern. Auch für deren Interessen war er zuständig. Seine Aufgabe war es, Gerechtigkeit zu üben und die Schwachen, die Indianer, zu schützen. Gegen Übergriffe der mächtigen Familien konnte man sich bei ihm beschweren, man konnte sogar klagen. Aber selbst wenn die Klage die Audiencia erreichte und dort positiv entschieden wurde: Es war der Alcalde Mayor, der das Urteil aus der fernen Hauptstadt in die Tat umsetzen mußte – gegen die großen Familien, gegen die einzigen in seinem Distrikt, mit denen er sich unterhalten konnte, mit denen er Karten spielte und auf deren Festen er tanzte. Das, was er wirklich tat, ist meist nicht dokumentiert. Oft kann man es nur aus der Tatsache ableiten, daß nach Ablauf von Jahren über die gleiche Geschichte erneut prozessiert wurde (woraus viele Historiker dann wiederum geschlossen haben, wie nachhaltig sich die Behörden für die Gerechtigkeit einsetzten).

Die Alcaldes Mayores hatten in der Kolonialverwaltung eine Schlüsselstellung. Sie sollten in die Tat umsetzen, was in den Zentralen geplant und in Auftrag gegeben wurde. Für die hohen Beamten war dies eine niedere Tätigkeit, der sie wenig Beachtung schenkten und die – gemessen an anderen Ämtern – schlecht honoriert wurde. Die Alcaldes Mayores sollten die Konzeptionen des Indienrats Wirklichkeit werden lassen. Aber auf die Kontrolle dieser Verwirklichung hat man weniger Mühe verwandt als auf die Kontrolle der Buchführung in den lokalen Rechnungshöfen.

An dieser Stelle klafften die Ziele der Verwaltung und die Bedürfnisse der Wirklichkeit auseinander. Was geschah, wurde von der Zentralverwaltung, solange es keinen neuen "Vorgang" gab, ignoriert, und dementsprechend ist es auch nur in Ausnahmefällen dokumentiert.

Die Rechnungshöfe

Nach den wortreichen Diskussionen und Verlautbarungen und dem dabei beschriebenen Papier galt das Interesse des spanischen Staates den Menschen in Amerika und ihrem Wohlergehen. Geht man aber von den Anstrengungen um Effizienz und Kontrolle der staatlichen Maßnahmen aus, dann galt das Interesse den Einkünften: dem Gold aus den Minen, den Rohstofferlösen und den Steuern. Auch dies war Gegenstand der Verwaltung, allerdings war die Arbeit selten spektakulär. Dafür war sie allgegenwärtig. Denn wo immer verwaltet wird – an irgendeiner Stelle geht es um Geld: um Einkünfte, Kosten und Gebühren. Solche Beträge werden nicht einfach eingenommen; sie werden berechnet, verrechnet, abgerechnet. Nichts wird so kontinuierlich und planmäßig dokumentiert wie Geld. Wegen der Bedeutung für den Dienstherrn wird in diesem Bereich gründlicher und professioneller gearbeitet als in anderen.

Diese Arbeit war im wesentlichen Aufgabe der Rechnungshöfe ("Cajas Reales"), von denen bis zu 50 in Amerika eingerichtet worden sind. Die Leitung einer Caja lag bei den "Oficiales Reales": dem "Tesorero", dem "Contador" und dem "Factor" oder "Veedor". Ihre Aufgabe war es, die Einnahmen aus den Provinzen zu verbuchen und weiterzuleiten. Natürlich wurde das kontrolliert. Der Indienrat hatte dazu eine "Contaduría" eingerichtet, die jedoch schon nach kurzer Zeit überlastet war. Man schickte daher "Contadores de Cuentas" in die amerikanischen Cajas. 1605 hat man dieses Verfahren institutionalisiert: In Mexiko, Lima und Bogota wurden "Tribunales de Cuentas" eingesetzt. In der Folgezeit ist das Kontrollsystem differenziert und ausgebaut worden, und am Ende der Kolonialzeit gab es für jede Steuer eine eigene Behörde. Das engmaschige Netz von Kontrollinstanzen fraß zwar einen erheblichen Teil der Einnahmen, aber die Überwachung der Finanzen berührte den Nerv der Verwaltung (wobei es natürlich immer nur um das Geld ging, für das es einen Beleg gab).

Diesem Verwaltungsaufwand entsprechend war der Papierausstoß. Nun ist es gemeinhin so, daß das erste, von dem man sich beim Sichten alter Papiere trennt, die erledigten Rechnungen sind. Von dem immensen Material der Finanzverwaltung ist nur ein Bruchteil erhalten. Die "Reste" sind trotzdem reichhaltig. Meist sind sie Teil von Ermittlungen, in denen die Buchführung von Beamten oder Behörden untersucht wird. Diese "Toma de Cuentas" war eine übliche Routineprozedur während der ganzen Kolonialzeit. Der Beamte wurde dabei mit seinen Einnahmen belastet ("cargo") und von seinen Ausgaben entlastet ("data"). Der Saldo war seine Schuld oder Nichtschuld, deren Feststellung Gegenstand der Untersuchung gewesen war.

Die Rechnung gibt Auskunft über die Beträge, über deren Herkunft und Verwendungszweck. Aus den Einnahmen erfährt man zum Beispiel, woher Goldtribut geliefert wurde, in welcher Menge und mit welchem Feingehalt; und unter Ausgaben ist belegt, für welche Verdienste oder Tätigkeiten einer Person Geld gezahlt wurde. Natürlich werden auch Hüte, Festmahlzeiten oder Bearbeitungsgebühren für Vorgänge der entlegensten Art abgerechnet. Die Informationen der "Cuentas" gehen also weit über das Ziel der Finanzverwaltung – die Verrechnung der Beträge – hinaus. Die Frage, ob bei irgendeinem Vorgang öffentliche Gelder eine Rolle gespielt haben, kann daher zu einer reichhaltigen Dokumentation führen.

Die Kontinuität der Institutionen

Eine Behörde ist eine in sich geschlossene Welt, ein Organismus, der nach eigenen Gesetzmäßigkeiten funktioniert. Dies macht es schwer, wesentliche Änderungen einzuführen. Anstöße von außen werden auf dem Instanzenweg absorbiert. Anstöße von innen verhindert das System, da die etablierte Behörde selbst regelt, wer in ihr tätig wird. Sie prüft die Eignung des Beamten. Das bedeutet: Sie prüft, ob er geeignet ist, eine vom Organismus gestellte Aufgabe zu erfüllen. Hält der Beamte diesen Rahmen nicht ein, wird er vom Organismus isoliert und ausgeschieden (oder zur Wirkungslosigkeit verurteilt).

Gelegentlich fegt ein eiserner Besen durch die Amtsstuben. In Amerika waren es meist Visitadoren aus Spanien. Bei ihren Aktionen hatten sie allerhöchste Unterstützung, aber kaum einer hat nach seiner Rückkehr Dank geerntet, und der aufgewirbelte Staub wurde von den weiterarbeitenden Behörden (und von "diplomatischeren" Nachfolgern) diskret beiseitegekehrt.

Die Kolonialverwaltung war zählebig. Änderungen ergaben sich aus der alltäglichen Arbeit und betrafen die Organisation. Vorhandene Machtstrukturen wurden dabei differenziert, Kompetenzen wurden anders verteilt.

Im Indienrat wurden neue Abteilungen eingerichtet: etwa die "Cámara de Indias", die seit 1600 die Personalangelegenheiten der amerikanischen Verwaltung bearbeitete. Vizekönigreiche wurden aufgeteilt. Neue Audiencias mit neuen Abteilungen, neue Cajas, neue Steuerbehörden wurden geschaffen. Solche Änderungen ergaben sich aus der Notwendigkeit, trotz anwachsender Arbeit und sinkender Effizienz die Kontrolle über das Land zu behalten (und aus der Notwendigkeit, Ansprüche verdienter Untertanen durch Vergabe von Pfründen zu befriedigen). Dies war eine Reorganisation oder Korrektur des Behördenwesens. Die zu Beginn etablierten Strukturen wurden dabei nicht geändert. Sie waren mehr als zweieinhalb Jahrhunderte in Kraft.

Erst gegen Ende der Kolonialzeit wurde eine wirkliche Änderung versucht. Der Anstoß kam von oben: Die Bourbonen – seit 1700 auf dem spanischen Thron bevorzugten ein anderes, ein an der französischen Verwaltung orientiertes Modell – das Intendantensystem.

Die spanischen Kollegialbehörden ("consejos") wurden ersetzt durch Ministerien ("Secretarías de Estado", da sie aus den Sekretariaten des dem König unterstellten Staatsrats hervorgegangen waren).

Die Aufgaben des Indienrats übernahm das Indienministerium. Amerika wurde in 43 "Intendencias" eingeteilt, die sich aus "Subdelegaciones" – den ehemaligen Alcaldías Mayores oder Corregimientos – zusammensetzten. Der "Subdelegado" war direkt dem "Intendente" unterstellt, der Intendant war in den wesentlichen Fragen weisungsgebunden an den "Secretario de Estado" in Madrid. Diese Umstrukturierung ging zu Lasten der Vollmachten und des Handlungsspielraums der amerikanischen Zentralen (Vizekönig, Audiencia) und stieß dort und bei der kreolischen Gesellschaft auf Widerstand, zumal die eigentliche Absicht dieser Politik ein direkterer Anschluß Amerikas an die spanischen Zentralen mit dem Ziel einer effektiveren Nutzung der amerikanischen Steuern und Ressourcen war.

Konsequent ist diese Politik nur während der Regierung Karls III. verfochten worden. Ihr Motor war der Indienminister José de Gálvez. Nach beider Tod (1787/88) wurden Kompromisse geschlossen, und die Reformansätze gerieten in den Strudel der napoleonischen Kriege in Spanien und der beginnenden Unabhängigkeitsbewegungen in Amerika. In den drei Jahrhunderten der Kolonialzeit war das zwischen 1782 und 1790 eingeführte Intendantensystem eher eine das bürokratische Gleichgewicht störende Episode.

Die Dokumentation der Institutionen

Behörden setzen sich selten direkt mit der Realität auseinander. Sie bearbeiten Vorgänge. Den Anfang macht der Antrag, die Eingabe, die Vorlage: Jeder Vorgang braucht einen Träger. Dieses Papier durchläuft einen vorgezeichneten Instanzenweg, auf dem zuständige Beamte auf Grund der in ihm enthaltenen Angaben nach einem bestimmten Reglement Entscheidungen treffen, begründen und aufschreiben. Ist der Vorgang abgeschlossen, wandert er in die Ablage. Dort – im Archiv – findet ihn der Historiker.

Das Archiv hat daher nur wenig mit einer Bibliothek gemeinsam, auch wenn dort gelegentlich Manuskripte aufbewahrt werden. Seine Bestände sind nicht nach irgendwelchen Kriterien im Laufe der Zeit gesammelt worden. Es ist vielmehr die Schlußstelle eines behördlichen Arbeits- und Dokumentationsvorgangs. Nicht von der Sammelpolitik der Archivare, sondern vom Instanzenweg des Verwaltungsvorgangs hängt ab, wo ein Dokument heute aufbewahrt wird.

Kenntnis des Instanzenwegs ist also Voraussetzung, eine Akte zu finden. Die klare und konstant gebliebene Struktur der Kolonialverwaltung vereinfacht diese Suche.

Die Ablage des Indienrats – und der anderen spanischen Zentralbehörden (Casa de la Contratación, Ministerien usw.) – ist das "Archivo General de Indias" in Sevilla. Dort befinden sich die Papiere des Indienrats ("consultas", "dictámenes", "reales cédulas") und sein Schriftverkehr mit den amerikanischen Behörden: die Korrespondenz mit den Vizekönigen und Audiencias (in den Abteilungen "Audiencia de ..."), mit den Cajas (Abt. "Contaduría"); die Prozeßakten bei Appellationen an den Indienrat (Abt. "Justicia") und vieles andere in anderen Abteilungen. Das Indienarchiv enthält 43.175 Aktenbündel: Das sind mehr als 80.000.000 Manuskriptseiten. Es wurde im 18. Jahrhundert eingerichtet. Die heutige Systematik stammt aus dieser Zeit.

Interne Angelegenheiten der amerikanischen Verwaltung, mit denen der Indienrat nicht befaßt war, sind also nicht oder nur "zufällig" in Sevilla. "Zufällig" bedeutet, daß sie in anderem Zusammenhang an den Indienrat berichtet wurden: als Beweisinstrumente in einem Prozeß, als Gegenstand einer Ermittlung von zentralem Interesse, als Teil eines größeren Berichts. Dieses Material ist sehr reichhaltig, planmäßig aber nur über den jeweiligen Vorgang auffindbar.

Angelegenheiten, die in die Kompetenz des Vizekönigs fielen und von ihm ohne Rücksprache geregelt wurden, blieben in seiner Ablage; ebenso war es mit Streitfragen, die von der Audiencia in letzter Instanz entschieden wurden. Der Schriftverkehr zwischen den amerikanischen Metropolitanbehörden und den untergeordneten Dienststellen blieb ebenfalls in den Metropolen. Im allgemeinen befinden sich Vorgänge auf dieser Ebene heute im jeweiligen "Archivo General de la Nación". Bei der wechselvollen Geschichte vieler Nationalarchive sind jedoch – im Gegensatz zum Indienarchiv – oft Teile der Bestände in andere Hand oder andere Dienststellen geraten (oder auch verloren gegangen).

Die untergeordneten Behörden hatten ebenfalls eine Ablage. In einzelnen Städten sind – meist in den Stadtarchiven – noch Dokumentationsreste der kolonialen Distriktverwaltung vorhanden. In der Regel sind diese Ablagen jedoch verloren gegangen. Wichtig ist in jedem Fall die Klärung der Rechtsnachfolge. Welche heutige Institution entspricht der kolonialen Behörde? Angelegenheiten des Vizekönigs sind im Archiv der heutigen Landesregierung zu suchen, Angelegenheiten der Kathedrale im Kathedralarchiv, Angelegenheiten der Diözese im Diözesanarchiv usw. Manche Beamte haben ihre Akten allerdings auch zu Hause bearbeitet, und – wenn die Erben sie nicht an private oder öffentliche Sammlungen verkauft haben – liegen sie noch dort.

Es kommt daher immer wieder vor, daß Quellen – und bisweilen die wichtigsten – zufällig gefunden werden. Geschichsschreibung aber basiert auf zusammenhängender und kontinuierlicher Dokumentation. Die planmäßige Suche setzt voraus, daß vorher geklärt wird, wer zuständig war und welchen Dienstweg der Vorgang vermutlich nahm. Auch dann bleiben noch genug Zufälligkeiten – zum Beispiel die Versuche der Archivare, Ordnung zu schaffen – übrig.

Indianer und Kolonialverwaltung

Indianer, Gott und Verwaltung

Die wichtigste Aufgabe, die der spanische König in Amerika hatte, war, die Indianer dem christlichen Glauben zuzuführen. So war es festgelegt worden, als der Papst ein Jahr nach der Entdeckung die Neue Welt dem König als Kirchenlehen übertrug. Für die Wahrnehmung dieser Aufgabe – das "Real Patronato" – wurden ihm Einflußnahmen auf die spanische Kirche eingeräumt. Jeder Funktionär der Krone hatte seitdem den Auftrag, im Rahmen seiner dienstlichen Tätigkeit zur Verbreitung des Glaubens beizutragen. Dies legitimierte seine übrige Arbeit (und macht einen großen Teil seiner Begründung von Verwaltungsmaßnahmen aus).

Die Missionierung der Indianer war Sache der Kirche. Zunächst wurde sie von Mönchsorden betrieben; später kamen Weltgeistliche hinzu, und am Rande der Bekehrung wurden bald auch in Amerika die damals schwelenden innerkirchlichen Rivalitäten zwischen den verschiedenen Orden und zwischen den Orden und den Klerikern ausgetragen.

Im Laufe eines langen Ringens konnte sich die weltgeistliche Linie – und damit der kirchliche Zentralismus – durchsetzen. Aus der diffusen Kompetenzregelung zwischen den Bistümern auf der einen und den Klöstern, Ordensprovinzen und römischen Ordenszentralen auf der anderen Seite wurde eine einfache Hierarchie, in der die Pfarrer ausschließlich einem der vierzig amerikanischen Bischöfe unterstanden und die amerikanischen Bischöfe unter Mitwirkung des Indienrats eingesetzt wurden.

An den internen Streitigkeiten der Missionare waren die Beamten weniger interessiert. Sie wollten ein christliches Amerika und brauchten dazu die Missionierung; denn dies war auch der Weg, auf dem aus indianischen Heiden spanische Untertanen wurden. Die Verwaltung hat daher auf vielen Ebenen fördernd und regulierend in die Arbeit der Kirche eingegriffen.

All das geschah zum Wohle der Indianer. Was aber den Indianern das Seelenheil bringen sollte, ordnete sie gleichzeitig – fester als dies mit militärischen Mitteln möglich war – in die koloniale Gesellschaft ein und zwar an unterster Stelle. Erst die Missionierung schuf den inneren Frieden, der den Aufbau der kolonialen Gesellschaft möglich machte.

Die Bedürfnisse der Indianer sind dabei gerade von führenden Repräsentanten der Kirche mit Vehemenz vertreten worden. Langfristig war jedoch nicht so wichtig, was eine Vielzahl intellektueller Priester in Predigten, Briefen und Büchern gefordert, sondern was das Gros der Landpfarrer im Alltag vermittelt hat. Die alltäglichen Botschaften waren kein Gegenstand für Traktate, und sie fehlen dementsprechend in unserer Dokumentation. In ihnen wurde ein soziales System zementiert, das zu Lasten der Indianer ging. Dies war kein perfides Programm und kein zynisches Handeln, es ergab sich einfach aus der Tatsache, daß der Stärkere seine sozialen Vorstellungen übertrug und daß die Religion unbestritten alle Bereiche des Daseins – auch diesen – durchdrang.

Die Indianer waren nicht rechtlos in diesem System. Man hat frühzeitig ein Netz von Gesetzen zu ihrem Schutz geschaffen. Aber man hat wenig Mühe darauf verwandt, sie zu lehren, diese Gesetze zu nutzen und die Behörden in Anspruch zu nehmen.

Behörden und Indianer

Verwaltung erledigt Routineaufgaben. Ständig sich wiederholende Vorgänge – wie etwa Steuereinnahmen – werden nach festliegendem Schema kontinuierlich bearbeitet. Einmal in Gang gesetzt, läuft die Maschinerie bis auf Widerruf. Für andere Arbeiten braucht sie einen

Anstoß. Der Anstoß kommt entweder von oben in Gestalt einer Anordnung oder Anfrage, oder er kommt von unten in Gestalt einer Eingabe oder Beschwerde. Eine Beschwerde erfolgt, wenn einem Anspruch nicht genügt oder eine Regel verletzt wird. Was der Norm entspricht, bedarf keines Einschreitens. Aktenkundig wird also der Sonderfall, die Abweichung von der Regel.

Die Beschwerde muß an der richtigen Stelle und in der richtigen Form vorgetragen werden, wenn sie Wirkung haben soll. Voraussetzung dazu ist Kenntnis des Verwaltungsablaufs oder Vertrauen zu einem Rechtsanwalt (und die Möglichkeit, ihn zu bezahlen, natürlich). Diese Voraussetzungen sind unterschiedlich verteilt: Gutsituierte, erfahrene und erfolgsgewohnte Menschen sind eher bereit, sich auf ein solches Unternehmen einzulassen, als arme, unwissende und mißtrauische. Wendige Städter oder reiche Landjunker nehmen die Verwaltung daher leichter in Anspruch als Leute, die die Amtssprache nicht beherrschen, nicht schreiben können und in dem Bewußtsein ihrer Macht- und Einflußlosigkeit aufgewachsen sind.

Es mußten wirklich gravierende Anlässe sein, die einen Indianer bewogen, Einspruch zu erheben und die koloniale Verwaltung in Gang zu setzen. Sie konnten von allen Rechtsmitteln Gebrauch machen, aber die Schwelle, die dabei überschritten werden mußte, war hoch, und was schließlich herauskam, war erfahrungsgemäß ungewiß. Der Erfolg ihres Aufbegehrens wurde weniger durch die Befangenheit der Richter als durch die mangelnde Geschicklichkeit der Kläger bestimmt.

Die Indianer haben von den Möglichkeiten, die der Gesetzgeber ihnen einräumte, wenig Gebrauch gemacht. Und umgekehrt hat auch der Staat sie nur begrenzt zur Kenntnis genommen. Der Staat war an den Reichtümern Amerikas interessiert. Ein Wirtschaftsfaktor aber waren die Indianer nur als Arbeitskräfte. Ihre Arbeitsverhältnisse wurden privat geregelt (und sind, wenn überhaupt, auch nur privat – in den Archiven von Haciendas oder Betrieben – dokumentiert). Dies war eine Angelegenheit der amerikanischen Unternehmer. In der Verantwortung des Staates lag es, dazu geordnete Voraussetzungen zu schaffen und dafür zu sorgen, daß die Ressourcen nicht versiegten.

Zunächst hat man humanistisch verbrämt, dann wirtschaftlich unverbrämt argumentiert. José del Campillo y Cossío, Finanzminister, Indienminister und wirtschaftspolitischer Vordenker der spanischen Administration seiner Zeit, hat die Sache Mitte des 18. Jahrhunderts auf den Punkt gebracht: "Die Indianer ... sind ... die reichste Mine der Welt, die mit der gewissenhaftesten Ökonomie ausgebeutet werden muß. ... 12 oder 15 Millionen vernunftbegabte Untertanen des Königs, die unbeachtetsten der Welt, die ohne jeden Nutzen die schwerste Last der Erde tragen und die zu allem bereit sind, was man ihnen auch befehlen mag. Welch herrlicher Stoff für einen großen Monarchen, sein Talent, seine Humanität und sein politisches Geschick zu entfalten!" ("Nuevo sistema de gobierno económico para la América", p. 55, Madrid 1789).

Ein solches wirtschaftspolitisches Konzept in Verwaltungspraxis umzusetzen, war schwer, und die Verwaltung überließ die Praxis den Unternehmern. Für die Verwaltung waren die Indianer nur in einer Beziehung wichtig: als Steuerzahler. In dieser Eigenschaft haben sie in der alltäglichen Routinearbeit der Behörden allerdings wirklich eine Rolle gespielt. In den meisten Ländern Spanischamerikas gehörten die Einkünfte aus der indianischen Kopfsteuer zu den Haupteinnahmequellen des Staates. Als "tributarios" waren sie staatstragend. Das Interesse der spanischen Behörden an Indianern hat dementsprechend auch meist irgendwo einen fiskalischen Grund.

Die Encomiendas

Kolonialpolitik war im wesentlichen Finanzpolitik. Verwaltung war "Steuereinnahme mit begleitenden Maßnahmen", und der Kern neuer kolonialpolitischer Ansätze war meist der Versuch, die Steuern zu ordnen, was bedeutet: die Einkünfte zu steigern. Steuern haben eine zentrale Rolle gespielt. Es gab viele: Verkaufssteuern, Zölle, Steuern auf Tabak, Spielkarten, Eis usw. Der Staat war – besonders wenn er so in permanenten Geldnöten steckte wie der spanische – sehr erfindungsreich auf diesem Gebiet.

Das ausgeklügelte, sich ständig erweiternde Steuerprogramm galt für Spanier und Mestizen. Die Indianer waren von den meisten Steuern befreit oder nicht betroffen. Sie zahlten stattdessen eine Kopfsteuer, den "tributo". Tributverwaltung war nicht nur Festsetzung und Einziehung von Geldbeträgen; es war vielmehr ein sehr komplexes Gebiet. Der Zahlungspflicht entsprach die soziale Stellung des Indianers in seiner Kommune. Mit der Zahlung begannen Rechte, zum Beispiel der Anspruch auf eine Parzelle aus dem Gemeindeland. Für die Spanier bedeutete Tribut zunächst einmal "Encomienda", und die Encomienda war eine zu Beginn heftig umkämpfte, später viel untersuchte und heute immer noch häufig mißverstandene Institution.

Encomienda hängt mit Conquista zusammen. Amerika ist nicht von Berufssoldaten oder Söldnern erobert worden. Eher waren die Conquistadoren Aktionäre, die Kampfkraft und Ausrüstung in das Unternehmen einbrachten und nach einem vorher festgesetzten Schlüssel am Gewinn beteiligt waren. Die Hoffnung auf schnelle Beute – Gold, Edelsteine, Wertgegenstände und dergleichen – erfüllte sich selten. In der Regel wurde dem Eroberer als Entschädigung eine Anzahl unterworfener Indianer zur beliebigen Verwendung zugeteilt. In der Karibik hat sich dieser "repartimiento" verheerend ausgewirkt: Bereits nach wenigen Jahren waren die Indianer ausgerottet. Bei der Eroberung des Festlandes ist das Verfahren daher geändert worden.

Als Modell diente dabei das aztekische Steuersystem: Klar definierte Bezirke lieferten festgesetzte Mengen von Naturalien in die Hauptstadt. Solche Lieferungen wurden nun den Conquistadoren zugesprochen. Die Entschädigung bestand zwar weiterhin in der Zuteilung eines indianischen Bezirks, aber es war nicht mehr eine Zuteilung der dort lebenden Indianer, sondern eine Zuteilung ihres Steueraufkommens. Je nach Verdienst wurden kleine, große oder mehrere Bezirke verliehen. Formal wurde dabei ein Kazike mit seinem Hoheitsgebiet übertragen. Die indianischen Herrschaftsverhältnisse blieben dadurch auf dieser Ebene relativ intakt, und die Encomiendabezirke – die Grundelemente aller späteren Territorialgliederung – geben durch diese Art der Übertragung in vielen Fällen die vorspanische politische Demarkation wieder.

Die Zuteilung von Encomiendas hatte formale Ähnlichkeit mit dem europäischen Lehnswesen. Aus der Sicht der Conquistadoren war es eine Belehnung, wenn auch mit "Schönheitsfehlern". Sie forderten vor allem die Erblichkeit ihrer Encomienda. Die Krone war jedoch an der Bildung eines neuen Feudalsystems nicht interessiert und trat diesen Ansprüchen entgegen, ohne sie jedoch kategorisch abzulehnen. Da es zu dieser Zeit kein Berufsheer in Amerika gab, war sie auf das militärische Potential der Encomenderos angewiesen. Die Anträge auf Erblichkeit waren fast ein Jahrhundert lang auf dem Instanzenweg. Eine Entscheidung wurde nicht getroffen, und dies war eine der wichtigsten Entscheidungen in der spanischen Amerikapolitik.

Zunächst war die Encomienda auf ein "Leben" beschränkt, auf das des zu entschädigenden Conquistadors. Danach sollte sie an die Krone zurückfallen ("incorporación"). Im Laufe der Auseinandersetzung wurde die Frist auf ein zweites und auf ein drittes "Leben" ausgedehnt. Dies war der Stand gegen Ende des 16. Jahrhunderts. Die meisten Encomiendas waren zu dieser Zeit bereits in Kronbesitz übergegangen, da ihre Inhaber gestorben waren, ohne Erben zu hinterlassen. Das Problem hatte auf diese Weise – und durch die Bildung anderer Eliten – an Brisanz verloren. Hinzu kam, daß mit dem Bevölkerungsrückgang auch das Steueraufkommen gesunken war. Der Wert der Encomiendas war immer sehr unterschiedlich gewesen. Aber nun waren die Erträge, von Ausnahmen abgesehen, unbedeutend geworden. Übrig geblieben war ein Statussymbol: Eine Encomienda zu besitzen, bedeutete, Nachkomme eines Spaniers der ersten Stunde zu sein.

Im 17. Jahrhundert entwickelten sich neue Formen. Noch gültige Titel konnten durch Geldzahlungen um weitere Leben verlängert werden. Oder es wurden neue Renten bewilligt, die aus dem Tribut vakanter Encomiendas ("indios vacos") gezahlt wurden. Dies wurde über die zuständigen Zahlstellen abgewikelt. Zwischen Encomendero und indianischem Tributbezirk bestand keine Beziehung mehr.

Ein Encomiendatitel war kein Adelsbrief. Die Encomienda war auch kein Grundbesitz: Mit der Hacienda hat sie nur das "-ienda" gemeinsam. Sie war nicht einmal ein Steuerregal: Höhe und Modalitäten des Tributs wurden von vornherein über die Audiencia vom Staat festgesetzt, der später auch die Einziehung regelte. Der Encomendero hatte darauf keinen Einfluß. Auch seine Rechte waren begrenzt. Er war verpflichtet, für den Schutz und die religiöse Unterweisung "seiner" Indianer zu sorgen. Aber er hatte keine Gerichtbarkeit und keine Weisungsbefugnis. Solche Funktionen nahm der Corregidor (oder Alcalde Mayor) wahr, der bei Vakanz einer Encomienda die Leitung des Bezirks übernahm und bald auch für die angrenzenden privaten Encomiendas zuständig wurde. Dies war der Anfang der Territorialstruktur. Alle übergeordneten Einheiten – Alcaldías Mayores, Audiencias, Diözesen usw. – sind aus diesen Bausteinen zusammengesetzt worden.

Die Encomiendas sind unmittelbar nach Abschluß der Conquista verliehen worden. Theoretisch wurden sie nach dem Verdienst des Conquistadors bemessen, praktisch aber nach der Bedeutung, die der Conquistador in der neuen Situation für den Hauptmann hatte. Die Situationen wechselten und die Hauptleute, und bei jedem Wechsel wurden Encomiendas eingezogen und neu verteilt. Über die Besitzrechte ist jahrzehntelang gestritten worden. Aus diesen Auseinandersetzungen, vor allem aus den dabei vorgelegten Beweisinstrumenten, stammt ein großer Teil unseres Wissens über die Indianer der frühen Kolonialzeit.

Der Tribut

In ihrer Eigenschaft als Tributarios haben die Indianer die spanischen Behörden sehr beschäftigt. Der Streit um das Tributaufkommen, d.h. der Streit mit den Encomenderos, war nur eine Seite des Problems. Die andere war die Festsetzung und Einziehung der Tributbeträge, eine aufwendige und sich als Routinegeschäft durch die ganze Kolonialzeit hinziehende Verwaltungsarbeit.

Den Tribut hatten die Spanier in Mexiko vorgefunden. Wir haben wenig konkrete Anhaltspunkte, wie das vorspanische System organisiert war und wie es im ersten Jahrzehnt der Kolonialzeit angewandt wurde. Nachdem jedoch der Indienrat die ersten wirklichen Beamten nach Mexiko geschickt hatte, ist es in wenigen Jahren gelungen, die aztekische Praxis den Verfahrensweisen der spanischen Bürokratie einigermaßen anzupassen. Dies war eine der großen Leistungen der Zweiten Audiencia, die in den Jahren 1531-33 über die Tributverwaltung die Infrastruktur des Landes schuf. Was damals entwikelt wurde, ist – mehr oder weniger modifiziert – auf die übrigen Länder Spanischamerikas übertragen worden.

Im wesentlichen waren es zwei behördliche Vorgänge. Der eine war die Festsetzung der Beträge: Dies bestimmte während der ganzen Kolonialzeit die Audiencia. Der andere war die Einziehung der Beträge: Dies machte die Caja Real, später eine eigene Behörde, die Contaduría de Tributos.

Zunächst wurde der Tribut in Naturalien gezahlt: Produkte, die in dem jeweiligen Gebiet angebaut oder hergestellt wurden und die bereits in aztekischer Zeit erhoben worden waren. Mengen, Maße, Fristen und andere Modalitäten entsprachen der lokalen Praxis. Es wurde lediglich auf Leistungen verzichtet, die für Spanier keinen Wert hatten: Lippenpflöcke, Federn und dergleichen.

Zu dieser Zeit waren fast alle Encomiendas noch in Privatbesitz. Die Lieferungen wurden zwischen den Encomenderos und Vertretern der Bezirke vor der Audiencia ausgehandelt ("concierto"). Menge und Zusammensetzung richteten sich dabei nach den Möglichkeiten des Bezirks und den Bedürfnissen der Encomenderos: Webwaren, Mais, Fleisch (an Abstinenztagen Fisch), Brennholz, Kalk und was sonst gebraucht wurde. Die Vereinbarungen konnten zehn oder zwanzig verschiedene Posten enthalten. Geliefert wurde in das Haus des Encomenderos.

Mit diesen Leistungen wurde ein Teil des spanischen Bedarfs der ersten Kolonialzeit gedeckt. In dem Maße, in dem eine spanische Produktion aufgebaut und ein spanischer Handel organisiert wurde, verloren die Naturallieferungen an Bedeutung. Sie wurden auf ein überschaubares Sortiment reduziert, das in der Hauptsache aus Dekken und Mais bestand.

Eine solche Standardisierung wurde ohnehin angestrebt, wenn die Encomiendas an die Krone zurückfielen. Die Naturalien mußten in die Hauptstadt transportiert und dort von der Caja Real versteigert werden. Erst der Erlös floß in die Staatskasse. Dies war ein umständliches Verfahren mit einer aufwendigen, trotzdem schwer kontrollierbaren Rechnungsführung. Bürokratisch war es unbefriedigend. Behörden haben eine Abneigung gegen Sachleistungen und Tauschhandel. Sie bevorzugen den Geldverkehr und vor allem die bargeldlose Verrechnung, weil solche Transaktionen mit ihren Methoden transparenter zu bewältigen sind.

Mitte des 16. Jahrhunderts begann man daher, den Tribut auf eine Geld- und Maisabgabe umzustellen. Die Maislieferung wurde später zu Festpreisen verkauft und schließlich durch eine Geldzahlung ersetzt. Dieser Betrag ist im Laufe der Zeit durch einige Zusatzsteuern ergänzt worden: Kommunalabgaben, Abgaben zur Finanzierung der Indianerhospitale und der Kathedralen. Insgesamt lag die Pro-Kopf-Belastung bei 1-2 pesos/Jahr. Das System ist zwischen 1560 und 1570 etabliert worden und hat sich bis Ende der Kolonialzeit nicht mehr wesentlich geändert.

Verwaltung und Tributarios

Nach welchen Kriterien die Menge der Naturalien festgesetzt wurde, ist nicht klar. Der Geldtribut war jedenfalls eine eindeutige Kopfsteuer. Abgabenpflichtig waren Indianer, die in Dorfgemeinschaften oder in indianischen Stadtvierteln wohnten. Indianer, die außerhalb ihrer Kommunen auf Haciendas oder in städtischen Haushalten lebten, und Mestizen waren nicht betroffen. Der Tribut entsprach der Stellung in der Kommune: Volle Bürgerrechte mit Anspruch auf Gemeindeland bedeutete volle Quote; reduzierte Rechte – etwa in Peru die "indios forasteros", die Handwerker ohne Anspruch auf Gemeindeland – bedeutete reduzierte Quote. Tribut ist daher eigentlich eine Besteuerung von Haushalten (weshalb "tributario" und "casa" in der frühen Kolonialzeit auch synonym gebraucht werden).

Tributpflichtig wurde man, indem man einen Hausstand gründete. Für die Behörde begann der eigene Hausstand mit dem formalen Eheschluß, d.h. mit der Eintragung im Heiratsregister des Pfarrers. Das Konkubinat war behördlich nicht existent: Es gab keine Akte – und dementsprechend gab es auch keine Ehe, keinen Hausstand und keinen Tribut. Damit "diese Beleidigungen Gottes, unseres Herrn, unterbunden werden und die Indianer christlich und politisch leben", wurde 1578 per Gesetz bestimmt, daß die Tributpflicht zwar weiterhin mit dem Eheschluß, spätestens aber mit dem 18. Lebensjahr beginnt ("Recopilación de Leyes", 7.5.6). Im 18. Jahrhundert ist dieses abgeschwächte System, das immer noch Heirat und Tributpflicht in Zusammenhang brachte, als ehefeindlich attackiert worden, aber erst in den letzten Jahrzenten der Kolonialzeit wurde nur noch die Altersgruppe (18-50 Jahre) maßgebend. Als Nachweis galt die Eintragung im Taufregister des Pfarrers.

Zur Festsetzung der Tributmenge einer Encomienda oder eines Corregimientos mußte die Anzahl der Tributpflichtigen bekannt sein. Dazu wurde eine Kommission in den Bezirk geschickt, die ein Register der Bevölkerung anlegte. Diese "Matrícula de Tributarios" wurde der Audiencia vorgelegt, die ihre Rechtmäßigkeit prüfte und über die beantragten Steuerbefreiungen entschied. Die Audiencia machte nach einem festen Muster einen Aktenvermerk über die Höhe der Leistung und die Berechnungsgrundlage. Von dieser "Tasación de Tributos" wurde eine Kopie an das Sekretariat des Vizekönigs, eine andere an die Caja Real geschickt. Alle drei Behörden führten Lose-Blatt-Folgen, in die die neuen Taxierungen eingelegt wurden. Was wir über die Tributveranlagungen wissen, stammt im wesentlichen aus einem dieser "Libros de Tasaciones". Die ausführlicheren und informativeren "Matrículas" sind selten erhalten.

Theoretisch mußte die Matrikel erneuert werden, sobald sich der Bevölkerungsstand änderte. Praktisch ist dies jedoch meist nur erfolgt, wenn eine der Parteien – Encomienda oder Encomendero – Einspruch erhob. Später wurde ein Turnus von fünf Jahren festgesetzt, der aber erst in der letzten Phase der Kolonialzeit einigermaßen pünktlich eingehalten wurde. Oft hatten die Matrikeln ein Alter von mehreren Jahrzehnten.

Hatte die Audiencia eine Matrikel in Kraft gesetzt, wurde ein Auszug gemacht und an den Corregidor geschickt. Diese Liste war Grundlage der Tributeinziehung. Wie der Corregidor dabei vorging, ist wiederum eine jener Provinzangelegenheiten, die kaum belegt sind. Ob jemand von Haus zu Haus ging oder ob ein Lokalgewaltiger die Summe vorschoß und sich die Einzelbeträge von den Zahlungspflichtigen irgendwie entgelten ließ, geht aus den Belegen – wenn es überhaupt welche gibt – nicht hervor. Auch hier konzentriert sich die Kontrolle nicht darauf, was der Corregidor einzog, sondern ob der fällige Betrag abgeführt wurde. Dies war mit den Methoden und Daten der Behörden machbar: Die von der Audiencia ausgefertigte Taxierung war das Soll, die Abrechnung des Corregidors das Haben. Auf dieser Ebene wird der Vorgang wieder transparent.

Ziel all dieser Aktiväten war die Einziehung einer Steuer. Es ging um Fälligkeit und Entrichtung von Geldbeträgen, um quantitative Dinge also. Die Quantitäten mußten dabei erläutert werden: Begründung von Ansprüchen, Erklärung von Schulden usw. Damit flossen qualitative Informationen über die Bezirke in die Rechnungsführung ein.

Über diese abrechnungsbezogenen Informationen hat sich der Tribut auch in anderer, allgemeinerer Dokumentation niedergeschlagen. Der Zusammenhang ist dabei oft nicht mehr erkennbar, weil auf anderer Ebene argumentiert wird: Hinter dem Wunsch, daß die "Indianer christlich und politisch leben", steht die Sorge um Steuerflucht.

Oft wird auch gar nicht argumentiert. Der Anlaß des Interesses am Indianer bleibt ungenannt, und man kann sogar vermuten, daß er auch dem Fragenden nicht bewußt war. Es ist lediglich so, daß Anlaß und Art des behördlichen Interesses präzise in einen fiskalischen Kontext passen. Gefragt wird dann, wenn Einnahmen sinken oder gesteigert werden sollen.

In Mexiko äußerte sich das zum Beispiel so: Der Tribut wurde zunächst in Naturalien gezahlt. Die Bevölkerung sank rapide; die zu liefernden Mengen wurden reduziert. Gleichzeitg stieg aber der Preis der Naturalien, und der Erlös – die Steuereinnahme – blieb gleich. Seit Anfang der fünfziger Jahre wurde die Abgabe in eine Geldzahlung mit fester Pro-Kopf-Quote umgewandelt. Seitdem sanken die Einnahmen analog zum Bevölkerungsrückgang. Das Aussterben der

Indianer wurde in diesen Jahren – und nicht etwa unter dem Eindruck der verheerenden Epidemie von 1545 – zum Gegenstand behördlicher Überlegungen. Es wurde gefragt, wie die Indianer vorher ihr eigenes Steuer-und Staatswesen organisiert hatten.

Hier traf man sich mit Überlegungen von Missionaren, die festgestellt hatten, daß im ersten Anlauf aus Indianern keine kastilischen Katholiken geworden waren, und die nun ebenfalls nach historischen und psychologischen Ursachen suchten, um Ansätze zu finden, ihre Arbeit effektiver zu gestalten.

Gesucht wurde die Identität des Indianers, um sie gegen eine neue auszuwechseln. Bei manchen Missionaren und Beamten hat sich das Verstehen-Wollen selbständig gemacht. Sie verließen den politischen Rahmen und wurden Wissenschaftler.

Kolonialverwaltung, Akten und Gegenwart

Ein Punkt muß klargestellt werden: Hier wurde spanische Kolonialverwaltung beschrieben, bürokratische Denk- und Verfahrensweisen in einer Zeit, die zweihundert oder fünfhundert Jahre zurückliegt, und in Ländern, die weit entfernt sind. Manche Wesenszüge sind uns trotzdem geläufig: Wir begegnen ihnen hier und heute im ganz alltäglichen Verkehr mit irgendwelchen Behörden. Die Ähnlichkeiten sind nicht zufällig, und Orte oder Zeiten wurden auch nicht verwechselt. Es liegt einfach daran, daß sich am Wesen der Bürokratie wenig geändert hat. Die Objekte der Bürokratie haben sich geändert, vielleicht haben sich auch die Bürokraten geändert, aber die bürokratische Mechanik ist im wesentlichen gleich geblieben. Die Mechanik stellt sich ein, wenn Tag für Tag jede Art von Wirklichem schematisiert, in Akten umgesetzt und in dieser Form bewältigt wird. Die Notwendigkeit, dies zu tun, ist geblieben und damit auch die Mechanik. Revolutionen und soziale Umwälzungen haben die Bürokratie manchmal außer Kraft gesetzt, aber wenig später ist sie dann gestärkt aus der Asche wieder hervorgegangen.

Von einer gewissen Größenordnung der Geschäfte an ist diese bürokratische Mechanik unvermeidbar. Das mag bedenklich stimmen, aber für den Historiker hat es einen Vorteil: Das Dokumentieren in der Gegenwart kann ihm Einblicke geben in die Dokumentation der Vergangenheit.

Der Historiker, der Geld beantragt hat, um alte Akten zu studieren, sollte nicht nur die alten Akten, sondern auch seine eigenen Anträge und Abrechnungen analysieren. Zur Abrechnung hat man ihm ein Standardformular vorgelegt, und darin hat er alles eingetragen, was zur Bearbeitung des Vorgangs erforderlich ist. Er hat dabei keine falschen Angaben gemacht, aber er hat den Verlauf seiner Archivreise dem Schema des Formulars angepaßt. Ebenso war bereits sein Antrag weniger an seinen eigenen Forschungsprioritäten orientiert als an dem, was der Geldgeber für Forschung und damit für förderungswürdig hielt.

Die Akten dienten der Bewilligung und Abrechnung der Archivreise, und sie sind in dieser Beziehung korrekt. Aus ihnen die Wirklichkeit der Reise abzuleiten, ist allerdings problematisch, denn meist ist die Reise nicht so formulargerecht verlaufen. Von der Reise zeugt später nur noch diese Akte, so wie die 43.175 Aktenbündel des Indienarchivs von den Zuständen im kolonialen Amerika zeugen.

Bibliographischer Anhang

Über fast jede Verwaltungseinrichtung in fast jedem Verwaltungsdistrikt des kolonialen Amerika dürfte inzwischen eine Dissertation geschrieben worden sein. Es gibt auch einige zusammenfassende Darstellungen, und was das besondere dabei ist: Die beste wurde auf Deutsch geschrieben. Sie stammt von Richard Konetzke, der wie kaum ein anderer mit diesen Dingen vertraut war. Was er – gestützt auf profunde Archiv- und Literaturkenntnis – 1965 in der "Fischer Weltgeschichte" auf einen Nenner gebracht hat, braucht nicht neu geschrieben zu werden. Nur: Man sollte es "mit Brille" lesen. Denn wie die penible Aktenführung der damaligen Bürokraten ist auch deren wissenschaftliche Analyse durch moderne Historiker nicht frei von "vorgeburtlichem Wissen". Konetzke war Preuße, er glaubte an Gesetz, Staat und Behörde und an die Unfehlbarkeit von Amtspersonen. Die Welt der Institutionen und der Verwaltung war nicht die wirkliche, aber bisher ist die Welt der Institutionen nicht besser dargestellt worden. Wer eine kürzere Synthese will, findet sie in Konetzkes Beitrag zur "Historia Mundi". Einen neueren Forschungsstand (und die neuere Literatur) bringen die Arbeiten Horst Pietschmanns, vor allem sein Beitrag zum "Handbuch der lateinamerikanischen Geschichte".

Als Konetzke sein Buch schrieb, hatte sich bei vielen Historikern bereits eine Art "Behördenmüdigkeit" eingestellt. Vermutlich hing das auch damit zusammen, daß das Vertrauen der Historiker in die öffentlichen Einrichtungen der Gegenwart gelitten hatte. Verwaltungsgeschichte war jedenfalls lange Zeit verpönt. Seit einigen Jahren deutet sich jedoch – vor allem im angelsächsischen Bereich – eine Wende an: Versuche, von den Akten nicht mehr auf die Arbeit der Behörden zu schließen, sondern auf die Situation, die Anlaß der Arbeit und der Akten war (die behördliche Arbeit also "rückgängig zu machen"). Ein Meilenstein auf diesem Weg ist Borahs Buch über den Juzgado General de Indios. Aber das sind Grundsatzerörterungen.

Zunächst geht es um konkrete Dinge: Wie funktionierte die Audiencia von Mexiko? Welche Funktion hatte dort Alonso de Zurita? Auch darüber gibt es zahlreiche Detailstudien. Die klassische Gesamtdarstellung stammt von Ernst Schäfer: mehr als tausend Seiten über den Indienrat und seine Einrichtungen. Vor allem der zweite Band über die amerikanischen Behörden ist wichtig. Der Anhang "Los altos funcionarios" bringt Listen der vor 1700 amtierenden Vizekönige, Gobernadores, Oidores und Bischöfe. Eine Art Fortsetzung sind Burkholders "Biographical Dictionaries". Von Schäfer stammt auch noch ein anderes, ein sehr nützliches, aber auch sehr verstecktes Hilfsmittel: Auf der Suche nach "kleinen Funktionären" – nach Leuten, die es nicht zu einer Eintragung in einem biographischen Lexikon gebracht haben – hat man eine Chance, in Schäfers Index zu den 67 Bänden der "Colección de Documentos Inéditos" (1864-1932) wenigstens einen Hinweis zu finden. Was die "ganz hohen Funktionäre" betrifft, die Vizekönige, so ist dieses Problem gelöst: Lewis Hanke hat in beispielhaft übersichtlicher Form die entsprechende Dokumentation in spanischen und lateinamerikanischen Archiven erschlossen. Der erste Band seines "Guía" enthält außerdem Kurzbiographien der Vizekönige mit der weiterführenden Literatur.

Hankes "Guía" ist auch in anderer Beziehung wichtig. Die Publikationen über Archive würden inzwischen die Einrichtung einer eigenen Bibliothek rechtfertigen. Fast tausend Titel sind allein im Ibero-Amerikanischen Institut Berlin (Schlagwort "Archive") nachgewiesen.

Je nach Fragestellung können solche Arbeiten wichtig sein. Sucht man aber eine praxisorientierte Einführung, findet man sie in Hankes Band über die lateinamerikanischen Archive oder in den "Research Guides" von Grieb und TePaske.

In einem Fall genügt das jedoch nicht: Wer nach Sevilla fährt, sollte vorher Peñas Beschreibung des Indienarchivs gelesen haben. Sonst steht er dort plötzlich vor einem Labyrinth von Abteilungen und vor Bergen von Papier (und flieht nach drei Tagen an die Küste).

Literatur

Borah, Woodrow W.
1983 Justice by Insurance. The General Indian Court of Colonial Mexico and the Legal Aides of the Half-Real. Berkeley — Los Angeles, Calif.

Burkholder, Mark A.
1986 Biographical Dictionary of Councilors of the Indies, 1717-1808. Westport, Conn.

Burkholder, Mark A. and D. S. Chandler
1982 Biographical Dictionary of Audiencia Ministers in the Americas, 1687-1821. Westport, Conn.

Guía de las fuentes
1977 Guía de las fuentes en el Archivo General de Indias para el estudio de la adminsitración virreinal española en México y en el Perú, 1535-1700. Lewis Hanke, Hg. (unter Mitarbeit von Celso Rodríguez). 3 Bde., Köln (Lateinamerikanische Forschungen 7/1-3).
1980 Guía de las fuentes en Hispanoamérica para el estudio de la administracíon virreinal española en México y en el Perú, 1535-1700. Lewis Hanke und Gunnar Mendoza, Hg. (unter Mitarbeit von Celso Rodríguez). Washington, D.C.

Konetzke, Richard
1959 "Das spanische Weltreich." Historia Mundi 8:319-373. Bern.
1965 Süd- und Mittelamerika I. Die Indianerkulturen Altamerikas und die spanisch-portugiesische Kolonialherrschaft. Frankfurt (Fischer Weltgeschichte 22).

Peña y Cámara, José María de la
1958 Archivo General de Indias de Sevilla. Guía del visitante. Madrid.

Pietschmann, Horst
1980 Die staatliche Organisation des kolonialen Iberoamerika. Stuttgart (Handbuch der lateinamerikanischen Geschichte, Teilveröffentlichung).

Research Guide
1981 Research Guide to Andean History. Bolivia, Chile, Ecuador, and Peru. John J. TePaske (Ed.). Durham, N.C.
1985 Research Guide to Central America and the Caribbean. Kennth J. Grieb (Ed.). Madison, Wisc.

Schäfer, Ernesto
1935/47 El Consejo Real y Supremo de las Indias. 2 Bde., Sevilla. Bd.1: "Historia y organización del Consejo y de la Casa de la Contratación de las Indias" [deutsche Fassung der ersten drei Kapitel (16. Jahrhundert): Der Königl. spanische Oberste Indienrat, Hamburg 1936]. Bd. 2: "La labor del Consejo de Indias en la administración colonial".
1946 Indice de la Colección de Documentos Inéditos de Indias. Bd. 1: "Indice alfabético de personas". Madrid.

II. Fachliteratur, Lehr- und Forschungsstätten, Museen

Ulrich Köhler

a. Fachliteratur

In den einzelnen Abschnitten des Buches ist ausführlich auf weiterführende Literatur zum jeweiligen Thema verwiesen worden. Hier soll deshalb nur eine knappe Übersicht über Handbücher gegeben werden, sowie eine Auswahl von Zeitschriften, deren regelmäßige Konsultierung einen Einblick in den laufenden Forschungsstand vermittelt. Dabei werden nur die Angaben gemacht, die zum Auffinden der Titel in Bibliothekskatalogen erforderlich sind.

Ein Handbuch für die gesamten altamerikanischen Hochkulturen gibt es nicht, wohl aber je eines für die beiden Unterregionen. Schon in den vierziger Jahren erschien das von Julian H. Steward herausgegebene siebenbändige "Handbook of South American Indians" (1946-50), dessen zweiter Band sich mit den andinen Hochkulturen befaßt. Nach vier Jahrzehnten ist es vor allem im archäologischen Bereich aber weitgehend veraltet. Etwa zwanzig Jahre später entstand das von Robert Wauchope herausgegebene sechzehnbändige "Handbook of Middle American Indians" (1965-72). Nicht zuletzt wegen des geringeren zeitlichen Abstandes ist es für die meisten Themen immer noch ein guter Einstieg. Außerdem wird es neuerdings durch thematisch angelegte Ergänzungsbände auf den neuesten Stand gebracht. Von diesen sind bislang vier erschienen, weitere sind in Arbeit. Den Gesamtbereich indianischer Kulturen behandelt das "Amerikanistische Wörterbuch" von Georg Friederici (1947), das auch für die Hochkulturen die Etymologie indianischer Termini zu klären versucht.

Ähnlich wie die Handbücher, behandeln auch die Zeitschriften entweder nur die Hochkulturen Mittel- oder Südamerikas (bzw. einzelne davon), oder sie beziehen sich auf die indianische Welt insgesamt unter Einschluß der Indianer Nordamerikas und des südamerikanischen Tieflandes. Zunächst werden allgemeiner ausgerichtete Zeitschriften genannt, danach auf Mesoamerika oder das Andengebiet spezialisierte und zum Schluß generelle ethnologische Zeitschriften, die von Zeit zu Zeit gute Beiträge über die Hochkulturen Altamerikas enthalten.

Auf ganz Amerika bezogen und thematisch nicht spezialisiert sind das "Journal de la Société des Américanistes" (Paris), "Indiana" (Berlin) und das "Bulletin de la Société Suisse des Américanistes" (Genf). Zur Archäologie finden sich häufig Beiträge in "American Antiquity" (Washington), seit einigen Jahren dominieren dort jedoch Artikel über Grabungen in Nordamerika. In diesem Jahr soll nun von derselben Gesellschaft eine neue Zeitschrift mit dem Titel "Latin American Antiquity" herausgegeben werden. Diese wird dann voraussichtlich für das Studium der altamerikanischen Hochkulturen wichtiger sein. Es lohnt sich auch, das "Journal of Field Archaeology" (Boston) durchzusehen sowie die "Cuadernos Prehispánicos" (Valladolid), die ebenfalls hauptsächlich archäologische Abhandlungen drucken. Spezialisiert auf linguistische Themen ist das "International Journal of American Linguistics" (Chicago), während "América Indígena" (Mexiko) über heutige Indianer (vorwiegend Lateinamerikas) informiert. Einen recht guten Einblick in den jeweiligen Forschungsstand und gerade aktuelle Themen vermittelten über hundert Jahre die Akten der Internationalen Amerikanistenkongresse (Titel ständig wechselnd, da in der Sprache des jeweiligen Gastlandes). Seit dem Jubiläumskongreß 1976 in Paris ist die Veröffentlichung der Beiträge jedoch unvollständig. Nur für eine der nachfolgenden Tagungen (Bogo tá 1985) sind die Kongreßakten geschlossen gedruckt worden.

Für Mesoamerika liefert "Mexicon" (Berlin) aktuelle Informationen, kurze Artikel und jeweils einen Zeitschriftenspiegel sowie eine Auflistung von Neuerscheinungen. Diese bibliographischen Hinweise sind von besonderem Wert. Einschlägige Zeitschriften aus Mexiko bzw. Guatemala sind die "Revista Mexicana de Estudios Antropológicos" (Mexiko), die "Anales de Antropología" (Mexiko) und "Mesoamérica" (Antigua/Woodstock). In diesem Jahr wird erstmals "Ancient Mesoamerica" erscheinen, die Namen der Herausgeber lassen ein hohes Niveau erwarten. Über neueste Grabungen berichtet "Arqueología" (Mexiko) in der Tradition des früheren "Boletín del INAH". Auf die Architektur spezialisiert sind die "Cuadernos de Arquitectura Mesoamericana" (Mexiko); auf Texte in indianischen Sprachen "Tlalocan" (Mexiko). Auf bestimmte Kulturen ausgerichtet sind die "Estudios de Cultura Náhuatl" (Mexiko) und die "Estudios de Cultura Maya" (Mexiko); ebenfalls diese beiden Kulturen behandeln "Mayab" (Madrid) und "Xochpilli" (Madrid).

Für das Andengebiet sind die ”Revista del Museo Nacional” (Lima), ”Ñawpa Pacha” (Berkeley) und ”Arqueológicas” (Lima) von besonderer Bedeutung. Zeitschriften, die neben anderen Themen auch solche aus Archäologie, Ethnohistorie und Linguistik enthalten, sind ”Boletín de Lima” (Lima), ”Revista Andina” (Cuzco) und ”Allpanchis” (Cuzco). Hauptsächlich über Ecuador informieren die ”Miscelánia Antropológica Ecuadoriana” (Cuenca, Guayaquil, Quito) und die ”Cuadernos de Historia y Antropología” (Guayaquil), vorwiegend über Kolumbien die ”Revista Colombiana de Antropología” (Bogotá) und das ”Boletín de Arqueología” (Bogotá). Weitere Zeitschriften mit regional eng begrenztem Themenkreis sind in den einzelnen Artikeln genannt.

Auch in allgemeinen ethnologischen Zeitschriften erscheinen häufig Arbeiten über die altamerikanischen Hochkulturen. Es lohnt sich also, auch diese von Zeit zu Zeit zu konsultieren. Aus der großen Zahl dieser Zeitschriften seien nur folgende ausgewählt: ”Current Anthropology” (Chicago), ”American Anthropologist” (Washington), ”Anthropos” (Sankt Augustin), mit gutem Zeitschriftenspiegel, ”Journal of Anthropological Research” (Albuquerque), ”American Ethnologist” (Washington), ”Ethnohistory” (Durham) sowie von deutschsprachigen Periodika ”Zeitschrift für Ethnologie” (Berlin), ”Baessler Archiv” (Berlin), ”Tribus” (Stuttgart), ”Archiv für Völkerkunde” (Wien) oder ”Ethnologisch-Archäologische Zeitschrift” (Berlin). Damit ist nur ein Bruchteil der Periodika genannt, in denen von Zeit zu Zeit Beiträge mit altamerikanistischen Themen erscheinen. Nicht zuletzt durch die genannten Zeitschriftenspiegel ist es aber erleichtert, sich auch über die Arbeiten zu informieren, die andernorts veröffentlicht werden.

b. Lehr- und Forschungsstätten

Ausführliche Informationen zu diesem Thema sind im von Rolf Husmann und Godehard Baeck herausgegebenen "Handbuch der deutschsprachigen Ethnologie" (Edition Re, Göttingen 1990) enthalten, das etwa gleichzeitig mit dem vorliegenden Buch erscheint. Dort finden sich nicht nur Detailbeschreibungen der Institute, einschließlich Zulassungs- und Studienbedingungen, sondern auch genauere Angaben über die einzelnen Lehrenden und ihre Forschungsschwerpunkte.

Nachstehend sind die Universitätsinstitute des deutschsprachigen Raumes aufgeführt, an denen Altamerikanistik als selbständiges Fach (Berlin und Hamburg) oder in Rahmen des Studiums der Völkerkunde (alle übrigen) durch mindestens einen Hochschullehrer (d.h. Prüfungsberechtigten) vertreten ist, der regelmäßig Lehrveranstaltungen über präkolumbische Hochkulturen abhält. Zur jeweiligen Spezialisierung wird hier nur grob zwischen Meso- und Südamerika unterschieden, Einzelheiten können ebenfalls dem oben genannten Handbuch entnommen werden. Diese regionale Zuordnung erfolgt auf der Basis der Forschungsschwerpunkte, die meisten der genannten Hochschullehrer behandeln jedoch in der Lehre die Hochkulturen beider Unterregionen. Beim Mittelbau sind nur Wissenschaftler in unbefristeter Anstellung namentlich aufgeführt. Das thematisch anders ausgerichtete Lehrpersonal der Institute ist nicht genannt.

Basel

Ethnologisches Seminar (Direktor: Prof. Dr. Meinhard Schuster). Münsterplatz 19. CH-4001 Basel.
PD Dr. Gerhard Baer (hauptamtl. Direktor des Museums für Völkerkunde). Südamerika.

Berlin

Lateinamerika-Institut, Rüdesheimer Str. 54-56, D-1000 Berlin 33.
Prof. Dr. Jürgen Golte (Südamerika).
Die zweite Professur war bei Drucklegung noch vakant.

Bonn

Seminar für Völkerkunde, Römerstr. 164, D-5300 Bonn 1.
Prof. Dr. Hanns J. Prem (Mesoamerika), Prof. Dr. Berthold Riese (Mesoamerika), Dr. Roswith Hartmann (Südamerika), Dr. Albert Meyers (Südamerika).

Freiburg

Institut für Völkerkunde, Werderring 10, D-7800 Freiburg.
Prof. Dr. Ulrich Köhler (Mesoamerika).

Göttingen
Institut und Sammlung für Völkerkunde, Theaterplatz 15, D-3400 Göttingen.
Prof. Dr. Gordon Whittaker (Mesoamerika).

Hamburg
Archäologisches Institut, Arbeitsbereich VII Altamerikanistik, Johnsallee 35, D-2000 Hamburg 13.
Prof. Dr. Eike Hinz (Mesoamerika), Prof. Dr. Ortwin Smailus (Mesoamerika).

Köln
Institut für Völkerkunde, Albertus-Magnus-Platz, D-5000 Köln 41.
Prof. Dr. Peter Tschohl (Mesoamerika).

Wien
Institut für Völkerkunde, Universitätsstr. 7/IV, A-1010 Wien.
Dozent Dr. Ferdinand Anders (Mesoamerika).
Dozent Dr. Christian Feest (Nordamerika, Mesoamerika)

Zu den Forschungsstätten zählen neben den Universitätsinstituten und den Völkerkundemuseen (vgl. nachstehenden Abschnitt) auch zwei Spezialinstitute, das Ibero-Amerikanische Institut (D-1000 Berlin 33, Potsdamer Str. 37) und die Kommission für Allgemeine und Vergleichende Archäologie des Deutschen Archäologischen Instituts (D-5300 Bonn 1, Endenicher Str. 41). Das Ibero-Amerikanische Institut in Berlin hat im deutschsprachigen Raum die umfangreichste auf Lateinamerika – und auch Altamerika – spezialisierte Bibliothek.

An den Universitäten beschränkt sich altamerikanistische Forschung nicht auf die oben aufgelisteten Institute, an denen diese Richtung auch in der Lehre regelmäßig vertreten ist. Relativ gute Voraussetzungen bieten sich in München, Münster und Tübingen, wo die präkolumbischen Hochkulturen bis vor kurzem einen Schwerpunkt in der Lehre bildeten und die dafür benötigte Literatur angeschafft wurde. Für das Rhein-Main-Gebiet sollte schließlich auch das Frobenius-Institut in Frankfurt genannt werden, das hinsichtlich der Forschung zwar auf Afrika ausgerichtet ist, dessen Bibliothek jedoch gute altamerikanistische Bestände aufweist.

c. Museen

Optimal wäre es gewesen, die altamerikanischen Sammlungen der wichtigsten Museen wenn schon nicht weltweit, so doch für ganz Europa zumindest stichwortartig aufzulisten. Mit dem Titel "Pre-Columbian Collections in European Museums" (Budapest 1987) verspricht ein kürzlich von A.-M. Hocquenghem, P. Tamási und Chr. Villain-Gandossi herausgegebener Band, diese Arbeit bereits geleistet zu haben. Leider ist es nicht so. Das insgesamt durchaus nützliche Buch berücksichtigt nur eine Auswahl von europäischen Museen und behandelt hauptsächlich die Bestände aus den südamerikanischen Hochkulturen.

Erfreulich ist die Dokumentation für die Niederlande, da die von Roswitha Manning verfaßte Schrift "Pre-Columbian collections in Dutch museums. Inventory and historical perspective" (Amsterdam 1988) tatsächlich die Informationen liefert, die der Titel erwarten läßt. Hier sind die Sammlungen von 13 Museen detailliert beschrieben, auch nach Art der Objekte. Vorangestellt ist ein Abriß der Entstehungsgeschichte der Sammlungen.

Um für den deutschsprachigen Raum zumindest einen groben Überblick liefern zu können, wurde Anfang Februar 1990 eine Umfrageaktion vorgenommen, die ein bemerkenswert positives und rasches Echo fand. Den Leitern bzw. Abteilungsleitern der nachstehenden Museen sei deshalb sehr herzlich für ihre Mitarbeit gedankt.

BASEL

Museum für Völkerkunde und Schweizerisches Museum für Volkskunde, Augustinergasse 2, CH-4001 Basel, Schweiz.

Öffnungszeiten: Mai-Oktober: Di-So, 10-17 Uhr, November-April: Di-So, 10-12 Uhr und 14-17 Uhr. Mo geschlossen.

Etwaige Gesamtzahl altamerikanischer Objekte: 6000.

Regionale Schwerpunkte: Mexiko, Guatemala, Costa Rica, Peru, Kolumbien.

Schwerpunkte auf bestimmten Kulturen: Azteken, Westmexiko, Maya (Tiefland, Guatemala), Costa Rica, Peruanische Küstenkulturen (Moche, Chimú, Paracas, Nazca).

Besonderheiten: Sammlung Lukas Vischer: Steinskulpturen, Keramik, Lienzos. Tikal-Tafeln. Costa Rica. Gr. Sammlung altperuanischer Textilien.

In Daueraustellung: Teile der Azteken-Sammlung (i.b. Steinskulpturen). Tikal-Tafeln, Guatemala. Westmexiko: Nayarit, Colima, Jalisco (Keramik). Metallschmuck: Panama, Kolumbien, Peru, eine altperuanische Tunika.

Veröffentlichungen:

Anders, Ferdinand, M. Pfister-Burkalter und Chr. Feest

1967 Lukas Vischer (1780-1840): Künstler — Reisender — Sammler. Ein Beitrag zur Ethnographie der Vereinigten Staaten von Amerika sowie der Archäologie und Volkskunde Mexikos. Hannover, Völkerkundliche Abhandlungen 2.

Baer, Gerhard

1971 Figuren und Gefässe aus Alt-Mexico. 41 S., 14 Fototafeln. Basel.

1985 Die Azteken — Maisbauern und Krieger. Begleitschrift zu den Altamerika-Ausstellungen: Mexico, Guatemala (mit Beiträgen von U. Bankmann, S. Hammacher, A. Seiler-Baldinger, B. Riese) ca. 115 S., 42. Tafeln, div. Karten und Zeichnungen. Basel.

Baer, Gerhard und Ulf Bankmann

1990 Altamerikanische Skulpturen der Sammlung Lukas Vischer, Museum für Völkerkunde Basel. Corpus Americanensium Antiquitatum Basel.

Brack-Bernsen, Lis

1975 Die Basler Maya-Tafeln. Separatum aus: Verhandlungen der Naturforschenden Gesellschaft Basel, Vol. 86.1/2, 1975 (76 S. Text, 23 Abb., 4 Tabellen).

Bühler-Oppenheim, A. und K.

1948 Die Textilien-Sammlung F. Ikle-Huber, Schweiz. Naturforschende Gesellschaft Basel, Bd. 78, Abh. 2.

BERLIN

Staatliche Museen Preußischer Kulturbesitz — Museum für Völkerkunde, Abt. Amerikanische Archäologie, Arnimallee 23-27, 1000 Berlin 33.

Öffnungszeiten: Di-Sa 9-17 Uhr, So 10-17 Uhr.

Etwaige Zahl altamerikanischer Objekte: 130.000.

Regionale Schwerpunkte: Mexiko, Costa Rica, Peru.

Schwerpunkte auf bestimmten Kulturen: alle peruanischen Kulturen, Kulturen der Golfküste Mexikos, Colima, Maya, Azteken, Cozumalhuapa (Stelen).

Besonderheiten: Sammlung peruanischer Textilien: ca. 7500.

In Dauerausstellung: Mesoamerika, Zentralamerika, Ecuador, Kolumbien, Peru — Bolivien, Nordwestargentinien.

Veröffentlichungen:

Eisleb, D.:

1961 Steinplastiken im Mezcala-Stil aus den Sammlungen des Berliner Museums für Völkerkunde. Baessler Archiv N.F. 9:217-232. Berlin.

1963 Beitrag zur Systematik der altperuanischen Ruder aus der Gegend von Ira. Baessler Archiv N.F. 10:105-128. Berlin.

1964 Altperuanische Ikat-Gewebe aus den Sammlungen des Berliner Museums für Völkerkunde. Baessler Archiv N.F. 12:179-191. Berlin.

1968 Westmexikanische Steinplastiken aus den Sammlungen des Berliner Museums für Völkerkunde. Baessler Archiv N.F. 16:9-30. Berlin.

1971 Westmexikanische Keramik. Berlin.

1975 Altperuanische Kulturen I (frühe Kulturen). Berlin.

1977 Altperuanische Kulturen II (Nazca). Berlin.

1987 Altperuanische Kulturen IV (Recuay). Berlin.

Eisleb, Dieter und Renate Strelow

1965 Altperuanische unechte Partialgewebe mit Plangimusterung. Baessler Archiv N.F. 13:293-308. Berlin.

1969 Töpferkunst der Maya. Bilderhefte des SMPK Nr. 13. Berlin.

1980 Altamerikanische Kulturen III (Tiahuanaco). Berlin.

1985 Nachtrag zu den Katalogen "Altperuanische Kulturen I-III". Baessler Archiv N.F. 33:21-75. Berlin.

Haas, Richard

1987 Estudio de una colección de cerámicas precolombinas del Museo Etnográfico de Berlín. Anne-Marie Hocquenghem, Peter Tamási and Christiane Villain-Gandossi (Eds.): Pre-Columbian Collections in European Museums, pp. 163-168. Budapest.

Schuler-Schömig, Immina von

1970 Figurengefäße aus Oaxaca. Berlin.

1972 Werke indianischer Goldschmiedekunst. Beihefte der SMPK Nr. 17. Berlin.

1987 The Central Andean Collections at the Museum für Völkerkunde Berlin, Staatliche Museen Preußischer Kulturbesitz — Their Origin and Present Organization. Anne-Marie Hocquenghem, Peter Tamási and Christiane Villain-Gandossi (Eds.): Pre-Columbian Collections in European Museums, pp. 163-168. Budapest.

BONN

Archäologisch-Ethnographische Lehr- und Studiensammlung des Seminars für Völkerkunde der Universität Bonn. Regina-Pacis-Weg 7 (Universitätsgebäude, III. Stock).

Besuchsmöglichkeit auf Anfrage.

Etwaige Zahl altamerikanischer Objekte: 3.000. (Archäologika ca. 1.200, größtenteils Fragmente, aber auch intakte Stücke aus Ecuador, Bolivien, Peru, Mexiko und Ethnographika; dabei letztere überwiegend.

Regionale Schwerpunke: Andengebiet (Ecuador, Peru, Bolivien), Brasilien und Mexiko.

Schwerpunkte auf bestimmten Kulturen: Archäologische Kulturen Ecuadors (Küste u. Hochland); neuzeitliche ethnographische Sammlungen aus Ecuador (Hochland, Oriente, Küste); Brasilien, Ostbolivien.

Besonderheiten: Textilien, ca. 70 Stücke, fast ausschließlich Fragmente unterschiedlicher Größe; Peru/Küste: Nazca, Chancay.

In Dauerausstellung: Ecuador: Archäologie und Ethnographie als gesonderte Ausstellung; des weiteren an Archäologika Beispiele vorspanischer Kulturen Lateinamerikas sowie Ethnographika aus Südamerika (Tiefland), Peru/Bolivien (Hochland), Mexiko, Nordamerika.

Veröffentlichungen:

Hartmann, Roswith

1990 "Einmal ging der Ekeko auf Reisen — Zur Geschichte der Archäologisch-Ethnographischen Lehr- und Studiensammlung des Seminars für Völkerkunde der Universität Bonn". Volker Harms u.a.: Festschrift Helga Rammow (im Druck).

BRAUNSCHWEIG

Städtisches Museum Braunschweig. Am Löwenwall, 3300 Braunschweig.

Öffnungszeiten: Di-So 10-17 Uhr, Do bis 20.30 Uhr.

Etwaige Zahl altamerikanischer Objekte: 1000.

Regionale Schwerpunkte: Mexiko, Peru.

Schwerpunkte auf bestimmten Kulturen: Moche, Chimú.

In Dauerausstellung: keine.

BREMEN

Übersee-Museum, Bahnhofsplatz 13, 2800 Bremen.

Öffnungszeiten: Di-So 10-18 Uhr, außer montags.

Etwaige Zahl altamerikanischer Objekte: 5.500.

Regionale Schwerpunkte: Mexiko, Costa Rica, Peru.

Schwerpunkte auf bestimmten Kulturen: Moche, Chimú.

Besonderheiten: 144 Goldobjekte aus Kolumbien, große Sammlung rezenter indianischer Textilien aus Mesoamerika.

In Dauerausstellung: Mexiko 128 Objekte, Costa Rica 151 Objekte, Peru 254 Objekte.

Veröffentlichungen:

Raddatz, Corinna

1981 Der kolumbianische Goldschatz des Übersee-Museums Bremen. Acta Humboldtiana, Series Geographica et Ethnographica 8. Wiesbaden.

DETMOLD

Lippisches Landesmuseum, Ameide 4, 4930 Detmold.
Öffnungszeiten: Di-Fr 10-12.30 u. 14-17.30 Uhr, Sa u. So 10-17.30 Uhr durchgehend.
Etwaige Zahl altamerikanischer Objekte: 2.000.
Regionale Schwerpunkte: Peru, Bolivien, Nord-Chile, Mexiko.
Schwerpunkte auf bestimmten Kulturen: Nazca, Moche, Chancay, Maya.
Besonderheiten: Große Sammlung altperuanischer Textilien (Chancay), Sammlung Dr. Eduard Gaffron; Sammlung von 300 Originalfotos des Maya-Forschers Teobert Maler.
In Dauerausstellung: Präkolumbische Hochkulturen Südamerikas, Spezialabteilung "Alt-Peru-Textilien".

Veröffentlichungen:

Luley, Helmut
1986 Eröffnung der Alt-Amerika-Abt. des Lippischen Landesmuseums Detmold. Aus westfälischen Museen 2,1:60-63, 3 Abb., Münster i.W.

Meyer, Roger
1987 Alt-Peru, leben — hoffen — sterben. Führer durch die Alt-Peru-Sammlung der Völkerkunde-Abteilung des Lippischen Landesmuseums Detmold. 191 S., 187 Abb.; mit Beiträgen von Henning Bischof u. Rainer Springhorn. Detmold (im Selbstverlag).

Springhorn, Rainer
1988 Stiftung Konsul Otto Rosenkranz (1846-1938). Die Sammlung des Maya-Forschers Teobert Maler im Lippischen Landesmuseum Detmold. Aus westfälischen Museen 4,2:67-71, 3 Abb., Münster i.W.

DRESDEN

Staatliches Museum für Völkerkunde Dresden, Japanisches Palais, DDR — 8060 Dresden.
Etwaige Zahl altamerikanischer Objekte: ca. 3.000.
Regionale Schwerpunkte: Peru, Mexiko.
Schwerpunkte auf bestimmten Kulturen: Küstenkulturen Perus.
Besonderheiten: Größere Sammlungen alt-peruanischer Keramik und Textilien.
In Dauerausstellung: nichts.

Veröffentlichungen:

Neumann, P.
1982 Amerika. In: Ethnographisches Mosaik (aus den Sammlungen des Staatl. Museums für Völkerkunde Dresden). Berlin.

DÜSSELDORF

Hetjens-Museum der Landeshauptstadt Düsseldorf. Deutsches Keramik-Museum. Schulstraße 4, 4000 Düsseldorf 1.
Öffnungszeiten: Di-So 11-17 Uhr, montags geschlossen.
Etwaige Zahl altamerikanischer Objekte: 200.
Regionale Schwerpunkte: Ecuador, Kolumbien, Costa Rica.
Schwerpunkte auf bestimmten Kulturen: ausschließlich Keramik.
Besonderheiten: Querschnitt, ca. 100 Objekte.

FRANKFURT

Museum für Völkerkunde, Schaumainkanal 29, 6000 Frankfurt am Main.
Öffnungszeiten: Di 10-17 Uhr, Mi 10-20 Uhr, Do-So 10-17 Uhr.
Etwaige Zahl altamerikanischer Objekte: 2.236.
Regionale Schwerpunkte: Alt-Mesoamerika 1.024 Objekte, Alt-Peru 829 Objekte.
Schwerpunkte auf bestimmten Kulturen: Kunstregion Peru: Moche, Chimú, Chancay; Alt-Guatemala.

Besonderheiten: Neben Keramik etwa 260 Textilien aus Alt-Peru.
In Dauerausstellung: nichts.

Veröffentlichungen:

Hahn-Hissink, Karin

1940 Eine Nazca-Schale des Städtischen Völkerkundemuseums zu Frankfurt am Main. Paideuma 1:333-340.

1960 Prekolumbische Kunst. Frankfurt — Lebendige Stadt 5:20-26.

1966 Mexico, Peru, Bolivien. Katalog "Baststoffe und Gewebe" des Städtischen Museums für Völkerkunde, Frankfurt am Main, S.29-63.

Kelm, Heinz und Mark Münzel

1973/74 Herrscher und Untertanen. Indianer in Peru 1.000 v.Chr. — Heute. Roter Faden zur Ausstellung 1. Frankfurt/M.

FREIBURG

Museum für Völkerkunde, Gerberau 32, 7800 Freiburg Br.
Öffnungszeiten: Di-Fr 9.30-17 Uhr, Sa u. So 10.30-17 Uhr.
Etwaige Zahl altamerikanischer Objekte: 1800-2000.
Regionale Schwerpunkte: Mexiko, Peru, Bolivien, Chile, Costa Rica; keine eindeutigen Schwerpunkte.
Schwerpunkte auf bestimmten Kulturen: Chimú, Moche, Nazca, Azteken, Maya.
In Dauerausstellung: Moche, Chimú, Nazca, Inka, Maya, Azteken.

Veröffentlichungen:

Spranz, Bodo

1964 Kunst im alten Mexiko. Freiburg.

1978 Amerika — Asien. Ein Führer durch die Ausstellungen. Freiburg.

HAMBURG

Hamburgisches Museum für Völkerkunde. Binderstr. 14, 2000 Hamburg 13.
Öffnungszeiten: Di-So 10-17 Uhr.
Etwaige Zahl altamerikanischer Objekte: 17.000.
Regionale Schwerpunkte: Mexiko, Guatemala, Peru, Bolivien, Chile.
Schwerpunkte auf bestimmten Kulturen: Azteken, Taino, Nazca, Moche, Chimú, Atacama.
Besonderheiten: Sammlung präkolumbischer Goldarbeiten aus verschiedenen Kulturen.
In Dauerausstellung: Alt Peru; aztekische Plastik; Taino; Erfindungen und Entdeckungen der amerikanischen Ureinwohner.

Veröffentlichungen:

Antze, Gustav

1930 Metallarbeiten aus dem nördlichen Peru. Mitteilungen aus dem Museum für Völkerkunde Hamburg XV. Hamburg.

HANNOVER

Völkerkunde-Abteilung, Niedersächsisches Landesmuseum Hannover, Am Maschpark 5, 3000 Hannover 1.
Öffnungszeiten: Di-So 10-17 Uhr Do 10-20.30 Uhr, Mo geschlossen.
Etwaige Zahl altamerikanischer Objekte: 3000.
Regionale Schwerpunkte: Peru (ca. 1700), Mexiko (ca. 500) Mittelamerika (ca. 80).
Schwerpunkte auf bestimmten Kulturen: Peru (Sammlung Gretzer u.a.) mit wenigen Ausnahmen, z.B. Chavin, alle wichtigen Kulturen vertreten. Westmexiko: Jalisco, Colima.
Besonderheiten: ca. 400 altperuanische Textilfragmente, 6 Mumien, Gold- und Silberobjekte, Keramik.
In Dauerausstellung: Im Bau, voraussichtliches Eröffnungsjahr 1992.

Veröffentlichungen:

Raddatz, Corinna

1985 "Ein Hannoveraner in Lima". Die Sammlung praecolumbischer Altertümer Christian Theodor Wilhelm Gretzer (1847-1926). Hannover.

1987 Christian Theodor Wilhelm Gretzer and his Per-Columbian Collection in the Niedersächsisches Landesmuseum of Hannover. Anne-Marie Hocquenghem, Peter Tamási and Christiane Villain-Gandossi (Eds.): Pre-Columbian Collections in European Museums, pp. 163-168. Budapest.

HILDESHEIM

Roemer- und Pelizaeus-Museum, Am Steine 1-2, 3200 Hildesheim.
Öffnungszeiten: Di, Do-So 10-16.30, Mi 10-21, Mo geschlossen.
Etwaige Zahl altamerikanischer Objekte: 800.
Regionale Schwerpunkte: Alt-Peru.
Schwerpunkte auf bestimmten Kulturen: Nazca (Keramik).
Besonderheiten: Schmuck und Zeremonialgerät.
In Dauerausstellung: Alt-Peru. Auf den Spuren der Zivilisation (Keramik, Textilien, Schmuck und Zeremonialgerät).

Veröffentlichungen:

Boetzkes, Manfred, Wolfgang Gockel und Manfred Höhl (Hg.)

1986 Auf den Spuren der Zivilisation. Hildesheim: Roemer-Museum.

KÖLN

Rautenstrauch-Joest-Museum (Museum für Völkerkunde), Ubierring 45, 5000 Köln 1.
Öffnungszeiten: Di-So 10-17 Uhr; jeden 1. Mittwoch im Monat bis 20 Uhr, montags geschlossen.
Etwaige Zahl altamerikanischer Objekte: unbearbeitete Sammlungen und Einzelstücke geschätzt ca. 1200 Objekte, einschließlich Fragmente und Steinklingen.
Regionale Schwerpunkte: Mesoamerika (ca. 300), Costa Rica (ca. 150), Columbien/Ecuador (ca. 150), Chile (ca. 100), Zentrales Andengebiet ca. 500).
Schwerpunkt auf bestimmten Kulturen: Nordküste Peru.
Besonderheiten: Das RJM betreut außerdem als Dauerleihgabe des Museums Ludwig, Köln, die altamerikanischen Objekte der Sammlung Ludwig.
In Dauerausstellung: "Alt-Peru" und etwas Mesoamerika.

Veröffentlichungen:

Bolz, Ingeborg

1975 Meisterwerke altindianischer Kunst. Die Sammlung Ludwig im Rautenstrauch-Joest Museum. Recklinghausen. (Auch als Bd. 7 der Reihe "Ethnologica").

Bolz-Augenstein, Ingeborg und Hans-Dietrich Disselhoff

1970 Werke präkolumbischer Kunst. Mesoamerika und Peru. Sammlung Ludwig, Aachen. Monumenta Americana 6. Berlin.

KREFELD

Deutsches Textilmuseum Krefeld, Andreasmarkt 8, 4150 Krefeld.
Öffnungszeiten: Di-So 10-18 Uhr (Sommer), 10-13 Uhr und 14-17 Uhr (Winter).
Etwaige Zahl altamerikanischer Objekte: 400.
Regionale Schwerpunkte: Peru.
Schwerpunkte auf bestimmten Kulturen: Chimú, Tiahuanaco.
Besonderheiten: Schwerpunkt auf Vielseitigkeit der textilen Techniken.
Nur Wechselausstellungen.

LEIPZIG

Museum für Völkerkunde, DDR-7010 Leipzig, Täubchenweg 2.
Öffnungszeiten: Di-Fr. 9.30-18 Uhr, Sa 10-16.00 Uhr, So 10-13 Uhr.
Etwaige Zahl altamerikanischer Objekte: ca. 12.000.
Regionale Schwerpunkte: 1. Peru; 2. Mexiko; 3. Kolumbien.
Schwerpunkte auf bestimmten Kulturen: Ancón, Chancay, Moche, Chimú; Zapoteken, Azteken, Colima; Muisca.
Besonderheiten: Zapotekische Figurengefäße, aztekische Skulpturen, kleine Sammlung von Goldobjekten aus Kolumbien und Panama.
In Dauerausstellung: Zur Zeit keine Objekte aus Altamerika.

Veröffentlichungen:

Boos, Frank H.
1964 An Analysis and Classification of the Oaxacan Urns in the Collection of the Museum für Völkerkunde Leipzig. Jahrbuch des Museums für Völkerkunde zu Leipzig XX:360-373. Berlin. (Dazu Ergänzungen in JB 1966 XXIII:68-71. Berlin).

Krause, Fritz
1922 Schleiergewebe aus Alt-Peru. Jahrbuch des Museums für Völkerkunde zu Leipzig VIII:30-37. Leipzig.

Krusche, Rolf
1987 Some Remarks Concerning Pre-Columbian Collections in the GDR. Anne-Marie Hocquenhem et al., Pre-Columbian Collections in European Museums, S. 158-162. Budapest.

Uhle, Max
1888/90 Kultur und Industrie südamerikanischer Völker. Nach den im Besitze des Museums für Völkerkunde zu Leipzig befindlichen Sammlungen von A. Stübel, W. Reiss und B. Koppel. 2 Bde. Berlin.

LÜBECK

Völkerkunde-Sammlung der Hansestadt Lübeck. Gr. Bauhof 14, 2400 Lübeck 1.
Öffnungszeiten: Di-Fr 10-16 Uhr.
Etwaige Zahl altamerikanischer Objekte: 294.
Regionale Schwerpunkte: Mittelamerika 181, Südamerika 113.
Schwerpunkte auf bestimmten Kulturen: Westmexiko.
Nur Wechselausstellungen.

MANNHEIM

Völkerkundliche Sammlungen der Stadt Mannheim. Museum für Archäologie und Völkerkunde, D 5, 6800 Mannheim.
Öffnungszeiten: Mo-Sa 10-13 Uhr und 14-17 Uhr, Mi. bis 19 Uhr, So. 10-17 Uhr, Mo. geschlossen.
Etwaige Zahl altamerikanischer Objekte: Etwa 5000, davon ca. 2.000 Archäologie.
Regionale Schwerpunkte: Mexiko, Peru (andine Bauernkultur).
Schwerpunkt auf bestimmten Kulturen: Costa Rica, Chimú.
Besonderheiten: traditionelle andine Kultur (Silberarbeiten, Textilien).
In Dauerausstellung: keine.

Veröffentlichungen:

Bischof, Henning
1977 Volkstümliches Silber aus Peru und Bolivien. Beihefte des Reiss-Museums, Völkerkundliche Sammlungen, Nr. 1. Mannheim.
1982 Federschlange und Königsgeier. Altindianische Kunst aus Costa Rica. Beihefte, Völkerkundliche Sammlungen Nr. 3. Mannheim.

1989 Die völkerkundlichen Sammlungen der Stadt Mannheim. Ein historischer Rückblick. Mannheimer Hefte 1:28-34. Mannheim.

Gagern, Axel von
1968 Jaguar — Kondor — Himmelsschlange (Ausstellung Alt-Peru, Katalog). Mannheim.

Pfaff-Giesberg, Robert
1964 Die völkerkundlichen Sammlungen der Stadt Mannheim. Mannheim.

MARBURG

Fachgebiet Völkerkunde der Philipps-Universität, Kugelgasse 10 (Kugelhaus), 3550 Marburg/Lahn.
Besuchsmöglichkeit auf Anfrage.
Etwaige Zahl altamerikanischer Objekte: 50.
Regionale Schwerpunkte: Peru.
Besonderheiten: Bestände von heutigen Indianern: ca. 1.000, davon Huichol: Zeichnungen (39), Wollbilder (77); Cuna: Molas (71); Tarasken: Keramik-Figuren (54).
In Dauerausstellung: Etwa 20 Gegenstände.

MÜNCHEN

Staatliches Museum für Völkerkunde, Maximilianstr. 42, 8000 München 22.
Öffnungszeiten: Di-So 9.30-16.30 Uhr. Mo geschlossen.
Etwaige Zahl altamerikanischer Objekte: Mesoamerika über 7.000; Zentralamerika ca. 2.000; Zentralanden über 12.000; darunter jeweils auch zahlreiche Kleinfunde.
Regionale Schwerpunkte: Mexiko (Zentralmexiko, Puebla), Guatemala (v.a. Gebiet von Quetzaltenango, Quiché, Huehuetenango), Zentralanden (Peru).
Schwerpunkte auf bestimmten Kulturen: Mesoamerika: Teotihuacan, Azteken, Zapoteken und Mixteken, Maya; Zentralanden: Nazca, Moche-Chimú, Tiahuanaco-Wari, mittlere Küste, u.a. Chancay.
Besonderheiten: Zentralamerika: Mehrere dutzend Goldobjekte; Zentralanden: Große Sammlung peruanischer Textilien und Keramikobjekte.
In Dauerausstellung: nichts.

Veröffentlichungen:

Hecker, Wolfgang und Giesela
1988 Keramik des späten Horizontes und der frühen Kolonialzeit aus der Region des unteren Jequetepeque-Tales, nordperuanische Küste. Baessler-Archiv N.F. XXXVI: 149-252.

Neudecker, Angelika
1979 Archäologische Forschungen im Nazca-Gebiet, Peru. Das Tal des Rio Santa Cruz in praespanischer Zeit aus der Sicht der Forschungen Professor Dr. Ubbelohde-Doerings im Jahre 1932. Münchner Beiträge zur Amerikanistik 3. Hohenschäftlarn.

Zerries, Otto
1968 Katalog 'Altamerikanische Kunst, Mexico-Peru'. München. 2. Aufl. 1977.

STUTTGART

Linden-Museum Stuttgart, Hegelplatz 1, 7000 Stuttgart 1.
Öffnungszeiten: Di-So 10-17 Uhr, Do bis 20 Uhr.
Etwaige Zahl altamerikanischer Objekte: 12.000.
Regionale Schwerpunkte: Peru.
Schwerpunkte auf bestimmten Kulturen: Chavín, Moche, Nazca.
Besonderheiten: Relativ große Sammlung von Chavín-Keramik; ebenfalls Moche-Keramik und Textilien (vor allem Chancay).
In Dauerausstellung: Alt-Peru mit Chavín, Paracas, Nazca, Huari, Chimú, Inka, Virú, Salinar, Moche, Vicús, Chancay, Recuay.

Veröffentlichungen:

Schulze-Thulin, Axel
1974 Im Zeichen des Jaguars — Indianische Frühkulturen in Alt-Peru. Linden-Museum Stuttgart. Stuttgart.
1982 Amerika. In: Ferne Völker — Frühe Zeiten. Kunstwerke aus dem Linden-Museum Stuttgart. Recklinghausen.
1989 Amerika-Abteilung. Führer durch die Ausstellungen des Linden-Museums Stuttgart. Stuttgart.

WIEN

Museum für Völkerkunde, Neue Burg, Heldenplatz, A-1014 Wien.
Öffnungszeiten: Mo, Do, Fr, Sa 10-13 Uhr, Mi 10-17 Uhr, So 9-13, Di geschlossen.
Etwaige Zahl altamerikanischer Objekte: 13.700.
Regionale Schwerpunkte: Mexiko, Costa Rica, Peru, NW-Argentinien.
Schwerpunkte auf bestimmten Kulturen: Azteken, Moche, Chimú.
Besonderheiten: Altamerikanische Gegenstände aus Mexiko und Hispaniola aus der Eroberungszeit. — Zwei mexikanische Bilderhandschriften (Codex Becker I, II).
In Dauerausstellung: Mexiko, Peru (Neuaufstellung Altamerika 1992).

Veröffentlichungen:

Feest, Christian F.
1987 Survey of the Pre-Columbian Collections from the Andean Highlands in the Museum für Völkerkunde, Vienna. Anne-Marie Hocquenghem, Peter Tamási and C. Villain-Gandossi (Eds.): Pre-Columbian Collections in European Museums, pp. 71-76. Budapest.
Feest, Christian F.
o.J. Aufsatz über altmexikanische Kunstkammerobjekte (noch ohne Titel, Archiv für Völkerkunde, voraussichtlich Bd. 44 (1990). Wien.
Nowotny, Karl A.
1960 Mexikanische Kostbarkeiten aus Kunstkammern der Renaissance. Museum für Völkerkunde Wien. Wien.
1965 Die mexikanischen Sammlungen des Museums für Völkerkunde, Wien. Wien.

ZÜRICH

Museum Rietberg Zürich, Gablerstrasse 15, CH 8002 Zürich.
Öffnungszeiten: Di-So 10-17 Uhr, Mi auch 17-21 Uhr.
Etwaige Zahl altamerikanischer Objekte: 400.
Regionale Schwerpunkte: Peru, Mexiko.
Schwerpunkte auf bestimmten Kulturen: keine
Besonderheiten: Mit guten bis sehr guten Einzelbeispielen soll ein Überblick ermöglicht werden. Nur Wechselausstellungen.

Veröffentlichungen:

Haberland, Wolfgang
1971 Die Kunst des Indianischen Amerika. Museum Rietberg Zürich. Zürich.

Verzeichnis der Abbildungen

Verzeichnis der Tabellen

Verzeichnis der Autoren

PD Dr. Gerhard **Baer**, Museum für Völkerkunde, Basel

Dr. Henning **Bischof**, Völkerkundliche Sammlungen der Stadt Mannheim, Mannheim

Dr. Jürgen **Brüggemann**, Instituto Nacional de Antropología e Historia, Mexiko

Dr. Beate **Engelbrecht**, Institut für den Wissenschaftlichen Film, Göttingen

Dr. Erwin **Frank**, Berlin

Dr. Richard **Haas**, Museum für Völkerkunde, Berlin

Dr. Roswith **Hartmann**, Seminar für Völkerkunde der Universität, Bonn

Prof. Dr. Eike **Hinz**, Archäologisches Institut der Universität, Arbeitsbereich Altamerikanistik, Hamburg

Dr. Bruno **Illius**, Institut für Völkerkunde der Universität, Freiburg

Dr. Antje **Kelm**, Museum für Völkerkunde, Hamburg

Prof. Dr. Ulrich **Köhler**, Institut für Völkerkunde der Universität, Freiburg

Dr. Viola **König**, Völkerkunde-Abteilung, Niedersächsisches Landesmuseum, Hannover

Dr. Peter **Masson**, Ibero-Amerikanisches Institut, Berlin

Dr. Albert **Meyers**, Seminar für Völkerkunde der Universität, Bonn

Prof. Dr. Udo **Oberem** †

Prof. Dr. Hanns J. **Prem**, Seminar für Völkerkunde der Universität, Bonn

Prof. Dr. Berthold **Riese**, Seminar für Völkerkunde der Universität, Bonn

Dr. Immina von **Schuler-Schömig** †

Prof. Dr. Ortwin **Smailus**, Archäologisches Institut der Universität, Arbeitsbereich Altamerikanistik, Hamburg

Renate **Strelow**, Museum für Völkerkunde, Berlin

Prof. Dr. Peter **Tschohl**, Institut für Völkerkunde der Universität, Köln

Dr. Günter **Vollmer**, Ibero-Amerikanisches Institut, Berlin

Prof. Dr. Rudolf A.M. **van Zantwijk**, Rijksuniversiteit te Utrecht, Leerstoel v. Antropologie en ethnohistorie van de Indiaanse Volken van Latijns Amerika, Utrecht